中国石油中东公司志

1996—2022

《中国石油中东公司志》编纂委员会 编

石油工业出版社

图书在版编目（CIP）数据

中国石油中东公司志：1996—2022/《中国石油中东公司志》编纂委员会编. ——北京：石油工业出版社，2024.6
ISBN 978-7-5183-6360-5

Ⅰ.①中… Ⅱ.①中… Ⅲ.①石油企业—海外企业—概况—中东—1997-2022 Ⅳ.①F426.22

中国国家版本馆CIP数据核字（2023）第182474号

中国石油中东公司志1996—2022
ZHONGGUO SHIYOU ZHONGDONG GONGSI ZHI 1996—2022

策划编辑：吴保国
责任编辑：邵冰华
出版发行：石油工业出版社
　　　　　（北京安定门外安华里2区1号楼 100011）
　　　　　网　　址：http://www.petropub.com
　　　　　图书营销中心：（010）64523731
　　　　　编辑部：（010）64523592
经　　销：全国新华书店
印　　刷：北京中石油彩色印刷有限责任公司

2024年6月第1版　2024年6月第1次印刷
787×1092毫米　开本：1/16　印张：31　插页：34
字数：750千字

定　价：190.00元
（如出现印装质量问题，请与图书营销中心联系）
版权所有　侵权必究

《中国石油国际勘探开发有限公司志 1993—2022》系列丛书

编纂委员会

高级顾问：	史训知	吴耀文	周吉平	汪东进	王莎莉	吕功训
	王仲才	叶先灯	贾　勇			
主　　任：	陈金涛					
副 主 任：	何文渊	赵　颖	张品先	王贵海	窦立荣	刘　毅
	宋泓明	刘合年	吕建池	王行义	吴　杰	刘有超
	刘文涛	蒲海洋	黄先雄	高　伟	张　宇	李程远
	胡纯钰	李书良	付吉林	章亚泉	李　勇	史卜庆
	徐　冰					
	陈欣荣	卜德智	刘英才	刘志勇	卢江波	武军利
	黄　革	王俊仁	杨　涛	孟繁春	孟向东	钟　凡
	金庆国	蒋　奇	张成武			
	陈怀龙	方甲中	成忠良	卫玉祥	李树峰	王印玺
	万广峰	李自林	韩建强			
执行副主任：	宋泓明					
委　　员：	祝宝利	杨桂荣	齐金郦	潘校华	戴瑞祥	阎世和
	蒋满裕	吕　菁	谷孟哲	朱　巍	邵定波	冯　辉
	于　添	鲁　燕	李志勇	罗　强	陈伟山	赖泽武
	肖　岚	韩　涛	于海涛	高晓姝	薄勇浩	赵成斌
	马文杰	唐　玺	池德峰	李敏杰	李　杜	马海珍
	汪望泉	余国义	聂昌谋	冯建华	叶秀峰	魏建武

石振民 陈 磊 李兴涛 李 伟 曹 敏 崔东辉
刘双涛 李 志
韩绍国 李永红 胡红民 刘志勇 李 刚 朱继刚
靳凤兰 王国林 耿玉锋 钱凤章 郑剑华 裴建胜
刘廷富 田大军 邓细泉 陈大有 付振民 胡 泉
丁 滨 李勇明 李世群

编纂委员会办公室

主　　　任： 徐 冰
常务副主任： 冯 辉
副　主　任： 范存强 罗黛琛 王欣昀 崔 茉 白福高 杨云洁
　　　　　　　李霄阳 赵书怀 汪向东 韩武艺 彭继轩 张春雷
　　　　　　　杨 超 郭晓辉 曹立华 王仁冲 张宸恺 闫 军
　　　　　　　孙立国 孙 瑜 于震红 董玉明 杨宝君 唐振华
　　　　　　　张 杰 严 瑾 刘金杼 马文良 刘 峰 王滨成
　　　　　　　田大军 王正安 黄贺雄 耿长波 蒋周琳 王延华
　　　　　　　宋国华 熊 杰 张兆敏 王二庆 王红岩 李长龙
　　　　　　　吕 丽 黄文良 徐 刚 胡立强 张海荣 徐文凯
　　　　　　　戴海林 辛世磊 许 涛 黄绪春 唐春梅 吴 淼
　　　　　　　张 鑫 张书义 宋代文 陈 刚 韦 旺 邓鹏飞
　　　　　　　田 蕾 宋敬国 何恒远
成　　　员： 时 菁 宋 菁 汪芮羽 李晓双

编 写 组

主　编： 宋泓明

副主编： 韩绍国　李永红　胡红民　刘志勇　李　刚　朱继刚
靳凤兰　王国林　耿玉锋　钱凤章　郑剑华　孟繁春
孟向东　钟　凡　裴建胜　刘廷富　田大军　邓细泉
陈大有　付振民　胡　泉　丁　滨　李勇明　李世群
李自林　韩建强

编　辑： 时　菁　马剑波　孙小玉　俞　灵　崔　茉　徐金忠
黄心艺　葛海明　金书荐　安　阳　王乙森　胡　静
曹仁波　李阳阳　李晓钰　张玉洁　田慧颖　贺晓珍
张光荣　徐海英　陈　雯　赵博渊　郭旭光　张淑琴
邓　焱　黄　磊　耿相争　张　琦　禹胜阳　孔祥吉
唐振华　刘贵洲　胡晓辉　许　昕　王一帆　刘姝丽
石　峡　程　玉　张平雨　梁嘉倩　周　浩　汪杆泽
金　珊　李必超　唐　滨　耿长波　伍鸿锦　李长龙
张雅妮　黄清清　郑芳婕　韩　朔　杨　帆　孙梦媛
唐春梅　张　鑫　金光军　赵建军　田　蕾　刘楠楠

专 家 组

特邀专家： 邱新立　张恒彬　陈　华　王守亚　王国庆　王　鹏
　　　　　　尚　真　王志明　王铁夫　马　纪　王学海　戴瑞祥
　　　　　　刘玉娟　李玉屏　唐振华

离退休领导： 王永杰　王明才　张林生　孙贤胜　宋亦武　张　兴
　　　　　　王保记　陈曙东　王俊仁　冯亚平　黄一兴　康明章
　　　　　　李国诚　卢　宏　牛　刚　薛良清　杨　震　张德亮
　　　　　　程存志　李庆学　高希峰　刘英才　裴建胜　范建平
　　　　　　李书良

业务专家：（按姓氏笔画排列）
　　　　　　王　权　王　革　王武和　尹承军　朱怀顺　刘志华
　　　　　　刘贵洲　孙耀祥　李　超　李延川　李希林　杨保东
　　　　　　吴林钢　张　杰　张　军　张立志　张兆武　张春良
　　　　　　张战敏　张思宇　陈明师　陈振贵　周旭奇　郑承虎
　　　　　　俞颐和　赵雄飞　高　蓉　高德双　盛宝成　梁　明
　　　　　　蔡　昊　魏　军

石油工业出版社项目组

组　　　长： 雷　平　李俊军
副 组 长： 张　镇　韩青华
执行副组长： 吴保国
成　　　员： 朱世元　杨天龙　邵冰华　付　红　孟楚楚
专　　　家： 宋向程　王金凤　方代煊　潘玉全
特 别 专 家： 杨静芬　贾　迎　张传英

《中国石油中东公司志 1996—2022》

编纂委员会

高级顾问：王永杰　王莎莉　李庆平　祝俊峰　黄永章　王保记
主　　任：王贵海
副 主 任：张建立　成忠良　李应常　李庆学　许岱文　范建平
　　　　　姜明军　张红斌　宫长利　李智明　陈　涛
执行副主任：韩绍国
委　　员：冀成楼　邓细泉　孙开江　王志峰　田大军　汪　华
　　　　　徐　东　王正安　魏广庆　陈剑飞　朱　明
主　　编：王贵海
副 主 编：王正安　黄贺雄

编委会办公室

主　　任：王正安
副 主 任：黄贺雄
成　　员：李必超　唐　滨　董本京　金光军　韩延忠　涂阿朋
　　　　　李全明　成　勇　郭　泳　徐利军　张海奎

编 写 组

总　　纂：黄贺雄

编纂人员：（按姓氏笔画排列）

于久柱　于立松　马　思　王正安　王永利　王孝金
王良善　王朝丽　王瑞瑞　车洪昌　石建科　成　勇
朱　明　朱　锦　刘　敏　刘卫东　刘　扬　刘　浪
孙建平　孙　燕　李全明　李　郁　李洪君　李　振
李海荣　杨思玉　肖　岚　张海奎　陈　刚　陈安之
范洪祖　林士尧　尚松峰　金光军　周贤文　周明平
周景伟　赵世昱　赵益康　胡元甲　胡菁菁　袁　波
徐利军　高　尚　郭　泳　涂阿朋　黄贺雄　黄颂婷
彭丹丹　董本京　董　菁　韩延忠　韩国金　谭红旗

资料提供人员：（按姓氏笔画排列）

丁海涛　王文训　王永海　王　刚　王　玮　王欣然
王俊文　王　冠　王振伟　王　慧　尹　鹏　甘俊奇
占焕校　叶玉锋　田馥滔　成志军　朱庆阳　朱奕璁
朱　辉　刘　昂　刘晓锋　刘德峰　孙应桃　孙唯童
李建设　李建斌　李树春　李锋辉　李默然　李　骥
杨月庆　张华北　张宏宇　张建国　张　烨　张朝元
陈　良　陈　铁　陈翰林　武力军　林云涛　和冠慧
周　兵　周国勇　赵　双　胡嘉靖　饶良玉　姜　治
洪龙超　贺晓珍　贺　鹃　索明武　贾雪丹　徐　星
郭金光　桑曹龙　崔　勇　梁奇敏　揭君晓　彭笑威
雒维旗　薛钢军　霍正宗

专 家 组

特邀专家：秦安江　陈　镭　冯亚平　雷　明
业务专家：刘尊斗　徐中军　马顺明　蔡开平　黄洪庆　冯佩真
　　　　　　赵丽敏　靳　松　张兆武

凡　例

一、《中国石油国际勘探开发有限公司志 1993—2022》（简称《公司志》）的编纂以马克思列宁主义、毛泽东思想、邓小平理论、"三个代表"重要思想、科学发展观、习近平新时代中国特色社会主义思想为指导，坚持辩证唯物主义和历史唯物主义的立场、观点和方法，存真求实，全面、客观地记述中国石油国际勘探开发有限公司的发展历程和主要业绩，力求突出反映时代特征、行业特色和企业特点，是中国石油"走出去"和文化建设的资料性文献。

二、中国石油天然气集团有限公司在海外业务发展中，对中国石油国际勘探开发有限公司、大区公司、项目公司进行过多次行政隶属及业务隶属调整。其中，2022年5月根据《关于印发中国石油国际勘探开发有限公司职能配置、内设机构和人员编制规定的通知》[1]，大区公司及项目公司行政管理隶属关系由原来的中国石油国际勘探开发有限公司变更为中国石油天然气集团有限公司。为保持海外勘探开发业务历史统一性，《公司志》编纂按照企业生产要素与内部分工，将海外油气投资业务作为一个整体进行框架设计，分为综合专业志、大区公司志、项目公司志共23卷，以篇、章、节、目等层级构成。

三、《公司志》上限始于1993年中标海外独立作业油田；下限截至2022年12月31日。各卷上限以本单位成立时间为准，依据机构变化、资料收集等情况，可适当向前追溯。

四、采用述、记、志、传、图、表、录7种修志体裁，以志体为主。坚持"横分门类，纵向记述，详今略远，述而不论"的编纂原则。

五、采用规范语体文、记叙体，行文力求准确、简洁、顺畅。

六、对国家名称、机构名称，生产、经营专业术语等的记述，在首次出现时使用全称并标注规范简称，再次出现时使用简称。如中国石油（CNPC）通指中国石油天然气总公司、中国石油天然气集团公司、中国石油天然气集团有限公司。中国石油（PetroChina）指代中国石油天然气股份有限公司。中油国际（CNODC）含管理型和股权型称谓形式，通指中国石油开发公司、中国石油天然气勘探开发公司、中国石油海外勘探开发分公司、中国石油国际勘探开发有限公司。

七、计量单位使用《中华人民共和国法定计量单位》。

八、标点符号使用新版《标点符号用法》（国家标准）。

九、资料及统计数据以中国石油天然气集团有限公司、中国石油国际勘探开发有限公司、大区公司、项目公司的资料和统计部门公布的数据为依据，并经各卷编纂委员会审核确认。

十、《公司志》编委会办公室组织初审、复审、终审和验收。各卷编委会组织编纂并开展"内评内审"和保密审查。经各卷编委会审定通过后，报送《公司志》编委会办公室备案并提交石油工业出版社出版发行。

---

[1] 2022年5月，中国石油天然气集团有限公司党组印发《关于印发中国石油国际勘探开发有限公司职能配置、内设机构和人员编制规定的通知》，按照"总部直管+专业化管理+区域化监管"三位一体的海外油气业务管理架构，开展海外业务体制机制等优化调整。

编纂说明

一、《中国石油中东公司志 1996—2022》坚持以辩证唯物主义和历史唯物主义的立场、观点和方法为指导，突出时代特征，体现中东公司的特点，实事求是地记述中国石油中东公司创业、发展和生产经营的历史和现状，充分发挥志书的存史、资政、教化功能。

二、本志记述上限为 1996 年 5 月 20 日，根据中东公司前期工作发展变化情况适当上溯；下限截至 2022 年 12 月 31 日。

三、本志结合中东公司机构设置和生产经营实际，采用篇、章、节、目结构，设组织机构、油气勘探、开发地质与开发部署、钻井与地面工程、采油技术与油气生产、合同模式与区域管理体系、经营管理、科技创新与信息化建设、质量与健康安全环保、企业文化建设、人物与荣誉等 11 篇，文前设彩页、概述、大事记，文后设附录和后记。

四、本志涉及的机构、术语名称，在首次出现时采用全称加括注简称，再次出现用简称。如中国石油天然气勘探开发公司（1984 年 8 月—2008 年 9 月）简称为勘探开发公司，中国石油海外勘探开发分公司（2008 年 9 月—2017 年 6 月）简称为海外勘探开发公司，中国石油国际勘探开发有限公司（2017 年 6 月—2022 年 12 月）简称为中油国际（CNODC），中国石油天然气集团公司中东公司、中油国际中东公司、中国石油中东公司均简称为中东公司。

五、本志大事记记录中东公司组织机构及主要领导变更；重要规章制度的实施；重要会议召开；上级领导来公司的调研；重要对外交往和重大项目合同的签署；油田生产重要节点、生产建设和科学研究的重大成就、安全事件和其他重要事件。采用编年体与纪事本末体相结合的方式。

六、本志人物简介部分收录中东公司前期组织机构原伊拉克、伊朗公司主要负责人，中东公司主要领导，国家级劳动模范，按任职先后时间排序。荣誉部分收录中东公司在国家、中国石油（CNPC）和中油国际（CNODC）及中东公司的历年先进和科研评比中获得的不同等级的荣誉，以及中东公司获得的资源国荣誉。

七、表格选用针对性强、资料价值高的入志，并与志书形成内容的和谐统一。照片选用符合国家有关出版物规定，图像真实，主题突出，配置得当，存史价值高，无广告色彩。

八、本志附录收录统计数据、访谈录、领导和员工文章、媒体报道、出版著作列表及中英文对照表等。

九、本志资料以中东公司有关部门和项目公司提供的数据和文字资料、档案资料为主，参考内部文件及公开出版物。

序

作为中国石油海外油气事业发展的亲历者，翻开这套卷帙浩繁、洋洋大观的系列志书，我的心情久久不能平静，尘封的记忆仿佛又回到海外创业那些激情燃烧的岁月。

1993年，我国从石油净出口国变为净进口国。立足于保障国家能源安全的责任使命和企业全球化发展的内在驱动，中国石油认真贯彻落实中共中央、国务院"充分利用国内外两种资源、两个市场"重大决策，走出国门，实施国际化经营，开始了海外的艰苦创业。从"走出去"伊始，我就有幸参与其中，见证了海外波澜壮阔的发展历程。在巴布亚新几内亚，这个被称为世界油气勘探作业最困难的热带雨林国家，我们克服诸多挑战，首次以作业者身份牵头组织8家国际公司成功实施勘探作业；在秘鲁，我们发挥中国石油特有的提高采收率的竞争优势，使百年老油田重新"焕发青春"；在苏丹，我们首次成为世界级大项目的牵头作业公司，实现风险勘探重大突破，在最短的时间内开发建设了千万吨级大油田，帮助苏丹建立起完整的石油工业体系，并以榜样的力量带动在乍得、尼日尔等非洲国家油气合作项目的蓬勃发展；在哈萨克斯坦，我们成功实施当时中国企业最大的海外资源并购项目，成为全球能源行业企业并购的典型案例，被《人民日报》评论员文章誉为"重剑无锋、大巧不工"；在伊拉克，我们在两轮国际石油招标中与国际大石油公司同台竞技，成功中标，成为令国际石油界瞩目的焦点；在俄罗斯北极地区，我们克服极寒天气和西方制裁的严峻挑战，按时建成投产亚马尔项目，成功开辟"冰上丝绸之路"，通过市场化方式带动金融、工程技术服务和装备制造等中国元素"走出去"，成为高质量共建"一带一路"的标志性工程。30年来，经过几代海外石油人的艰苦创业，中国石油海外业务从无到有、从小到大、从弱到强，一次次成为国际油气市场的"黑马"，实现了历史性跨越式发展。

回顾中国石油海外业务艰苦创业的历程，我们用30年的时间走过了西方公司近百年的国际化发展之路，成绩斐然、成果辉煌。创业之路洒满汗水，充满艰辛。

在血与火的考验中，石油人不怕困难、顽强拼搏，在磨砺中成长，在探索中总结，在实干中创新，在合作中共赢，以"天时、地利、人和"搏击五洲、扬帆四海。我们在国际上建成了五大油气合作区，构筑起四大油气战略通道，实现了我国油气供应的多元化，有效保障了国家能源安全，并在国际上树立了中国国有企业的良好形象。

30年来，我们抢抓"天时"，坚持用国家改革开放和能源发展战略指导中国石油海外业务不断发展。党中央、国务院对中国石油"走出去"高度重视，几任总书记、历届中央领导同志亲自关心、亲自推动重大油气合作项目，国家有关部门及驻外机构对海外油气合作业务的发展给予了有力指导和全方位支持。2013年9月7日，我在哈萨克斯坦纳扎尔巴耶夫大学，现场聆听了习近平主席首次提出的共建"丝绸之路经济带"重大倡议，引起的长时间热烈掌声和广泛共鸣，给我留下深刻印象。十年过去，弹指一挥，中国石油海外油气合作已经成为推动"一带一路"高质量发展的先行军与主力军，成为国家能源安全战略的重要组成部分，成为巩固发展我国与资源国政治经济外交关系、深化中外人民友谊的桥梁和纽带。

30年来，我们紧握"地利"，充分发挥自身比较优势。中国石油走出国门，走向国际，迎来了一片前景广阔的发展天地，也进入了一个充满挑战的未知领域。面对激烈的国际油气市场竞争和复杂多变的海外投资环境，海外石油人充分发挥中国石油自身的技术、资金、一体化和政治文化优势，遵守国际规则和国际惯例，尊重资源国法律法规和重大关切，遵循我国与发展中国家的传统友谊，形成了一整套具有中国石油特色的海外业务管理体制机制、符合国际规范的项目投资决策和经营运作体系，积累了不同合作模式下的国际化经营管理经验。

30年来，我们用好"人和"，培育形成了被中央领导称赞的"特别能战斗、特别能吃苦、特别能奉献、特别能胜利"的"四特"海外队伍。30年的峥嵘岁月，海外石油人远离祖国和亲人，不计得失，不畏艰辛，在异国他乡拼搏奉献，有的同志甚至献出了宝贵的生命。海外事业培养锻炼了一大批国际化人才，形成了一支忠于祖国和石油事业、恪守国际规范、追求专业专注、崇尚和谐共赢、具有顽强作风和奉献精神的海外员工队伍，建设和发展了一批认同中国石油文化的当地员工和国际雇员队伍。国际化人才队伍的建设，是30年发展历程最突出的成果，为中国石油海外事业的可持续发展提供了坚强保障。

习近平总书记指出："一切向前走，都不能忘记走过的路；走得再远、走到再光辉的未来，也不能忘记走过的过去，不能忘记为什么出发。"系列志书紧扣海外油气业务的历史纵深感、发展成就感、员工获得感，多角度、全景式重现了海外油气业务历史性变革、系统性重塑、整体性重构的完整脉络，展示了开辟海外市场的战略性举措、开创性实践、标志性成果，讲述了从"走出去"到"走上去"的历史飞跃，记述了海外企业推进油气国际合作走深、走实的铿锵步伐，展现了海外创业的艰辛与坎坷、改革的探索与激情、发展的豪迈与辉煌。在丰富发展海外石油文化基础上，通过述录过来人的开拓，启迪后来者的奋斗，用优秀文化熏陶人、伟大成就激励人、优良传统教育人、成功经验启发人，为公司高质量发展提供智力支持和精神动力。

系列志书在编纂中强化精准思维，做到谋划时统揽大局、操作中细致精当，以绣花功夫把工作做扎实、做到位，体现出较高的编纂质量。系列志书具有四个显著特点：一是设计科学。坚持总体架构与公司实际相结合，谋篇布局与业务特点相适应，条目设置与机构分布相协调，紧扣公司本部、大区公司、项目公司三个维度，精心设计23卷志书，形成了既有综合专业卷，又有大区公司卷和不同项目公司卷的编纂格局，使系列志书规模宏大、体系完整、逻辑严密，创新性强；二是系统全面。站在公司全局的高度，正确处理系列志书总述卷与各分卷之间的关系，使之既自成体系又互为补充，纲目分明，相互呼应，形散神聚，浑然一体；三是真实准确。坚持对历史负责、对读者负责、对社会负责，综合运用大量珍贵的重要文献、历史数据和图片、图表，用史料说话、让档案发言，还原历史原貌，确保志书的真实、准确、公正，具有较强的史料性、权威性、可读性和收藏价值；四是规范严谨。遵循志书编纂标准和原则，按"志"体"志"例，说"志"言"志"语，披沙沥金，去伪存真，严格筛选素材，审慎严细编纂，表现出精益求精的"工匠精神"、精雕细琢的"绣花功夫"。

当前，全球百年未有之大变局加速演进，我们正经历世界之变、历史之变、时代之变。海外事业新的发展充满挑战和希望。三十而立、风华正茂的海外石油人，站在新的历史起点，正开启穿越惊涛骇浪的远航，奔赴充满光荣与梦想的远征，始终牢记"能源的饭碗必须端在自己手里"重大嘱托，萃取历史精华，把握时代大势，坚定理想信念，凝聚精神力量，踔厉奋发，笃行不息，争做实施"一带一路"倡议的践行者、深化国际油气合作的拓展者、国家能源安全的保障者、建设世界一流综合性国际能源公司的推动者，为全面建设社会主义现代化国家贡献石油力量，为构建人类命运共同体增添能源动力，创造属于这一代人的业绩和荣光！

谨以此文为系列志书作序，并真诚祝贺成功付梓！

世界石油理事会原副主席

中国石油天然气集团有限公司原董事长、党组书记

周吉平

2024 年 5 月

前　言

中东公司是深入贯彻落实国家"走出去"战略和"一带一路"倡议的坚定实践者，长期致力于在中东这一全球最大油气富集区建设海外最大油气合作区，成为中国石油海外业务的主力军，其油气产量及经营效益指标居中国石油海外业务的"半壁江山"。《中国石油中东公司志1996—2022》（简称《中东公司志》）全面系统地记述了26年来中国石油在中东地区开展石油合作的发展历程、做法和主要业绩。这部资料性文献的出版，为我们坚定文化自信，进一步加强与中东主要资源国的油气战略合作，不断推进人类命运共同体的建设具有十分重要的意义。

中国石油以1996年5月20日艾尔瓦哈（绿洲）石油有限责任公司成立为始点，开启了在中东地区的石油勘探与开发合作历程。1997年签署的伊拉克艾哈代布油田开发项目，由于伊拉克战争被搁置到战后。"十五"期间，中国石油在阿曼、叙利亚和伊朗分别获得小油田、老油田油气勘探开发合作项目，在中东油气市场取得突破性进展。"十一五"期间，战后伊拉克艾哈代布项目得到恢复，中国石油与西方石油大公司合作获得鲁迈拉、哈法亚油田项目。在伊朗抓住机遇，获得伊朗三区风险勘探、伊朗北阿扎德甘油田、南帕斯11区块、南阿扎德甘油田等勘探开发项目。通过在伊拉克和伊朗连续取得大中型油气田项目，中国石油实现了规模进入中东的石油梦。"十二五"期间，中国石油通过收购埃克森美孚在伊拉克西古尔纳－1油田部分股权，进一步扩大了伊拉克石油市场份额，与阿联酋阿布扎比国家石油公司签署陆海勘探开发联营协议，进入阿联酋油气高端市场。"十三五"期间，中国石油进一步加强与阿联酋阿布扎比国家石油公司合作，签署了陆上和海上合作项目，全面进入阿联酋油气高端市场。中国石油在中东油气业务规模由小到大，实力由弱到强，范围由陆到海，形成了以"两伊和阿联酋"为重点的区域布局。

中国石油在中东地区以技术服务、回购、矿税制、产品分成等4种合同模式，同埃克森美孚、英国石油、法国道达尔能源、壳牌石油等18家合作伙伴，运营了15个石油勘探和开发投资项目。特别是通过作业者项目，充分发挥中国石油"一体化"优势，快速建成了以艾哈代布项目年产能力600万吨、北阿扎德甘项目年产能力400万吨和哈法亚项目年产能力2000万吨为代表的中大型数字油田，完美展示了"中国制造，中国建设，中国速度"。阿曼5区项目成功实施碳酸盐岩油藏水平井注水开发，通过对油田区块滚动勘探开发，油田产量从2002年中方进入时年产24万吨增加到2019年年产260多万吨，是接手时10多倍，彰显了中国石油的勘探开发技术水平。截至2022年底，中东公司连续4年保持原油作业产量1亿吨、权益产量5000万吨以上规模，QHSSE保持良好业绩，生产安全、平稳、受控运行。投资业务带动服务业务发展，17家中国石油所属服务保障单位在中东地区8个国家开展业务，业务涵盖原油贸易、工程建设、工程技术、物资装备、技术支持、金融服务、后勤保障等产业链。中国石油在中东地区进行投资和服务的同时，积极履行社会责任，在油田社区进行教育捐赠、医疗帮扶、灾害救助、基础设施建设等公益活动，改善社区基本生活条件，促进当地社会经济发展。加强油田当地员工培训，提高当地化比例，解决人员就业。通过石油合作，帮助伊拉克实现油气复产和上产，重振伊拉克石油工业。

为把中东公司在中东地区的创业和发展历程全面、客观、系统地记录下来，按照中国石油国际勘探开发有限公司的统一部署，《中东公司志》结合中东公司和所属项目及单位实际，设置彩页、概述、大事记、组织机构、油气勘探、开发地质与开发部署、钻井与地面工程、采油技术与油气生产、合同模式与区域管理体系、经营管理、科技创新与信息化建设、质量与健康安全环保、企业文化建设、人物与荣誉、附录和后记等内容和篇目。《中东公司志》突出了中国石油在开发大型碳酸盐岩油藏一体化技术应用优势、建设水平和建设成果；突出了中东公司国际化区域管理能力、生产经营成绩和成就；突出了中东公司在政局动荡、宗教矛盾复杂、社会安全形势严峻复杂的中东地区，发展成为海外最大油气合作区，建成海外油气作业产量和权益产量"半壁江山"的挑战与艰辛；突出了广大干部员工弘扬大庆精神铁人精神和以"苦干实干三老四严"为核心的石油精神。其记述的中东油气业务成长历程，正是中国石油国际化业务实现跨越式发展的真实写照。

《中东公司志》编委会组织了精干的编纂团队，编纂资料涉及16个项目和机关12个部门，120多人参与资料收集、编辑和审查工作。项目公司和机关部门层层把关，编纂者在编纂过程中，克服历史资料收集困难、新冠肺炎疫情等影响，本着对历史负责，对公司和项目负责的态度，怀着强烈的责任感和使命感，去芜取精、数易其稿。志编纂做到以类记事、以实叙事、以数代事、以表明事，让中东公司大事要事历历在目。

《中东公司志》作为中东公司和所属项目公司创业发展的记录，寓存史、资政和教化功能于一体，在客观记述 26 年中东地区项目建设发展的重大事件和史实细节的同时，注重挖掘海外石油人在执行项目和开拓创新的实践中所蕴含的精神价值和经验智慧，为我们在今后工作中引用、研究、比对和参考历史资料提供最有效的基础凭据和信息资源，必将为中东地区"十四五"乃至今后一段时间新战略制定和新目标达成提供丰富的文献资料支持和强大的精神动力源泉。

中东公司总经理
中国石油中东地区协调组组长

2024 年 6 月

领导视察

2010年1月18—22日，中国石油天然气集团公司副总经理汪东进（右三）到伊朗MIS项目进行春节慰问和工作调研

2016年10月11日，中国石油天然气集团公司纪检组组长徐吉明（左二）看望慰问中东地区中外方员工

领导视察

2017年3月15日，中国石油天然气集团公司副总经理覃伟中（前排左一）到中东公司调研

2017年8月28—29日，中国石油天然气集团公司总经理章建华（前排左三）一行到中东公司调研

领导视察

2017年9月24日，中国石油天然气集团公司总会计师刘跃珍（左一）到伊朗项目慰问员工

2018年3月10日，中国石油天然气集团公司副总经理侯启军（前排左四）参观哈法亚油田三期

领导视察

2018年7月4日，中国国有资产管理委员会海外形象建设检查团到中东公司调研

2019年10月18日，中国石油天然气集团公司董事长周吉平（左二）到中东公司调研慰问

现场调研

2010年8月11日，伊拉克公司总经理王莎莉（右三）到鲁迈拉油田现场调研

2010年12月18日，伊朗公司总经理李庆平（右二）到北阿扎德甘油田试油现场调研

现场调研

2015年9月28日，伊朗公司总经理黄永章（右一）在北阿扎德甘油田现场办公

2016年4月18日，中东公司副总经理兼北阿扎德甘项目总经理成忠良（左二）现场指导工作

现场调研

2016年4月26日，中东公司常务副总经理黄永章（右一）到北阿扎德甘油田现场调研

2018年7月21日，中东公司副总经理王贵海（前排左三）在伊拉克哈法亚年产2000万吨现代化大油田投产启动调试现场

现场调研

2019年1月，中东公司总经理黄永章（左四）到伊朗项目进行新年慰问

2020年1月28日，中东公司副总经理李庆学（右三）一行到德黑兰慰问调研，对伊朗项目人员致以春节问候，并到伊朗北阿扎德甘公司、MIS项目公司办公室与伊朗当地员工亲切交谈

现场调研

2020年2月2日，中东公司总经理黄永章（前排左二）到艾哈代布油田现场慰问

2021年10月17—20日，中东地区协调组组长、中东公司总经理王贵海（左二）一行到阿曼片区检查指导新冠肺炎疫情防控和安全工作，慰问干部员工。图为10月19日在阿曼5区油气处理厂检查工作

现场调研

2022年4月2—4日，中东公司总经理、中东地区协调组组长王贵海（左二）一行到沙特片区，对中国石油在该国的服务保障单位进行安全生产和新冠肺炎疫情防控检查，并慰问一线干部员工

2022年12月20日，中国石油中东公司总经理王贵海（右四）一行到哈法亚天然气处理厂（GPP）项目现场检查指导工作

重大事件

2005年5月9日，中国石油天然气集团公司副总经理汪东进（前排左）与伊朗国家石油公司总裁贾山萨兹在德黑兰签署伊朗三区（KUHDASHT）服务合同

2009年11月3日，中国石油天然气集团公司副总经理汪东进（前排左一）与英国石油中东区总裁麦克汤森（前排左二）和伊拉克石油部部长沙哈尔斯塔尼（前排右二）在伊拉克首都巴格达鲁迈拉油田技术合同草签现场

重大事件

2010年4月2日，绿洲石油有限公司与中国石油工程建设公司在北京举行签订艾哈代布油田地面工程项目总承包合同

2011年5月28日，中国石油伊拉克项目中方实现第一船提油，首船原油从伊拉克巴士拉港启航，发运中国大连港

重大事件

2011年6月21日,艾哈代布油田一期300万吨产能建成投产,是伊拉克20多年来首个新建投产项目。图为局部油处理设施

2012年6月16日,哈法亚油田召开500万吨投产仪式,哈法亚油田一期产能提前15个月投产,成为伊拉克第二轮中标项目中首个投产油田

重大事件

2014年9月4日，在伊拉克巴士拉省鲁迈拉项目部中、英、伊三方代表共同签署鲁迈拉技术服务合同的补充协议

2014年12月17日，鲁迈拉油田项目举办5周年庆祝大会，油田累计生产原油超过20亿桶

重大事件

2016年1月8日，中东公司成立后在迪拜召开《关于调整理顺中东业务管理体制的通知》动员部署会

2016年8月23日，中东公司阿曼5区项目庆祝日产原油突破5万桶，是项目接手时原油日产量的10倍

重大事件

2016年11月13日，中东公司伊朗北阿扎德甘油田竣工庆典在油田现场举行

2017年3月6日，中东公司总经理祝俊峰（右）和中国石油勘探开发研究院院长赵文智（左）为中国石油勘探开发研究院迪拜技术支持分中心揭牌

重大事件

2017年7月3日，由中国石油、法国道达尔及当地伙伴组成的联合体与伊朗国家石油公司在德黑兰伊朗石油部签署伊朗南帕斯11区项目天然气开发合同

2017年7月3日，中国石油海外勘探开发分公司总经理吕功训（左二）参加与伊朗国家石油公司签约南帕斯11区开发IPS合同仪式

重大事件

2017年11月20日，中东公司伊朗MIS油田维修复产项目进油投产，项目公司、伊朗国际石油公司和合同方的代表共同开启阀门

哈法亚油田三期投产剪彩仪式

2018年3月10日，中东公司哈法亚油田三期投产剪彩仪式在油田现场举行

重大事件

2018年3月15日，中东公司西古尔纳油田DS6C脱盐站投产仪式在西古尔纳油田营地举行

2018年3月20日，中国石油阿布扎比技术分中心揭牌

重大事件

2018年4月16日，中国石油大学中东培训中心揭牌

2018年12月27日，中东公司和中国石油勘探开发研究院邀请参加波斯湾盆地综合地质研究研讨会的院士团组到中东公司访问

重大事件

2019 年 12 月 19 日，中东公司在迪拜召开全球油气勘探开发形势与启示座谈交流会

2019 年 2 月 22 日，中国石油海外 HSE 技术支持中心在中东公司揭牌

重大事件

2020年1月28日，阿布扎比当地时间上午9点30分，布哈塞油田南平台BR003井接入生产管汇，标志着陆海油田项目一期工程竣工，布哈塞油田进入全面开发生产阶段

重大事件

2020年2月25日,中东地区协调组组长、中东公司总经理黄永章一行应邀出席陆海项目联合公司(Al Yasat)5年成就庆祝活动

2021年12月28日,中国石油迪拜研究院揭牌仪式以视频方式在北京和迪拜举行。图为迪拜分会场

油田建设

2011年11月23日，阿曼5区项目油田现场中心处理站

2013年5月3日，哈法亚打造伊拉克数字化油田样板。图为油田生产控制中心

油田建设

2013年10月21日，规模应用水平井与分支井技术，在中东地区取得良好效果，图为水平井采油取样现场

2013年10月23日，中国石油工程技术队伍在中东地区创造多项钻井作业纪录，图为钻井现场

油田建设

2014年11月，艾哈代布700万吨年原油处理系统扩建竣工投产，包括86MMSCFD天然气处理系统、500米^3/日的LPG生产系统以及配套的公用系统和集输系统。图为LPG处理厂

2015年10月28日，北阿扎德甘油田投油。图为北阿扎德甘油田中心处理站

油田建设

2016年4月25日,陆海项目布哈塞油田早期投产阶段,安全、高效完成全部4口生产井钻井。图为陆海项目钻井平台

2016年10月7日,科技创新为中东项目插上腾飞的翅膀。图为丛式井平台采油现场

油田建设

2017年11月4日,陆海项目布哈塞油田早期投产阶段,北平台完成建造,海上安装就位。图为陆海项目布哈塞北平台

2018年3月10日,哈法亚油田三期油气处理站投产,油田产能2000万吨。图为三期处理厂局部鸟瞰图

油田建设

2018年3月28日，鲁迈拉电站投产，每年可向伊拉克巴士拉地区提供13亿千瓦·时电能。图为鲁迈拉电站全景图

2018年11月30日，MIS油田维修复产成功后累计生产原油250万桶，迈出平稳生产步伐。图为油田联合处理厂

2019年1月5日，西古尔纳新建初始原油处理列项目全景照片

安全环保

2010年3月30日，围墙、瞭望塔、铁丝网、水沟隔离带及土墙组成钻井平台物理安防网。图为伊拉克某钻井平台作业现场全景图

2012年10月2日，艾哈代布油田废钻井液处理站环保景观

安全环保

2013年5月6日，伊拉克哈法亚项目石油警察阅兵仪式

2014年2月23日，中东项目在极其复杂严峻的安全形势下，10多年来保持良好HSSE纪录。图为施工前的清雷作业

安全环保

2015年1月2日，中东项目始终践行能源与环境和谐环保理念，图为湿地钻井

2016年2月25日，阿曼5区项目开展安全警示日活动

安全环保

2016年5月9日,北阿扎德甘项目在湿地作业区修建高标准的涵洞,创建可持续发展生态环境。图为湿地涵洞

2016年9月8日,西古尔纳-1油田开展现场质量月活动

安全环保

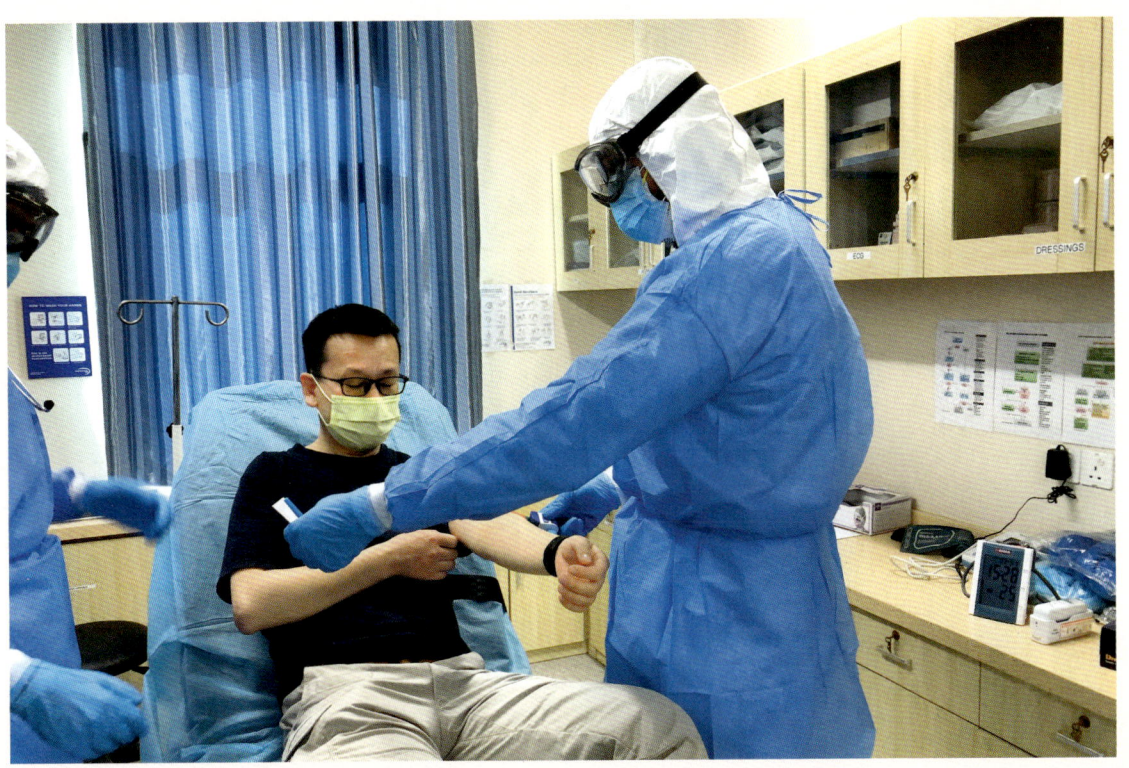

2020年4月3日，哈法亚油田项目对现场医务人员进行新冠肺炎疫情防控相关培训

2020年10月2日，宝石花医疗队在伊拉克哈法亚检查新冠肺炎疫情防控情况

社会公益

2010年9月3日，中国石油伊拉克公司总经理王莎莉、副总经理韩绍国在中方营地为巴士拉孤儿院举行奉献爱心公益捐赠

2011年8月20日，中国石油伊拉克公司开展伊拉克社区儿童捐助活动

社会公益

2016年4月25日，艾哈代布项目公司和新疆石油管理局伊拉克分公司向油田所在地镇政府捐赠体育用品

2016年5月27日，伊朗北阿扎德甘油田项目修建的桥梁通车，为当地百姓出行带来便利

社会公益

2017年4月13日，哈法亚油田成为当地大学生实践基地

2017年4月17日，哈法亚油田为当地电厂免费提供天然气，照亮了千家万户。图为气体接收站一角

社会公益

2011年10月，伊拉克公司表彰优秀雇员，并邀请优秀雇员到中国石油天然气集团公司总部参观学习。图为优秀雇员合影

2020年2月13日，在国内新冠肺炎疫情严峻时期，艾哈代布项目在伊拉克采购78吨防疫物资，援赠国内

社会公益

2020年4月1日,哈法亚项目向油区内村庄分发阿语版新冠肺炎防疫手册

2020年4月26日,艾哈代布项目向当地捐赠新冠肺炎防疫物资

荣誉评价

2012年11月29日，鲁迈拉项目获合作伙伴英国石油公司最佳团队奖

2013年9月25日，伊拉克石油部部长写信给中国石油董事长周吉平，授予哈法亚项目公司为最佳外国石油公司

2013年4月14日，哈法亚项目公司总经理祝俊峰获伊拉克石油部授予的"哈法亚油田发展特殊贡献奖"

荣誉评价

2015年，阿曼5区项目获阿曼政府颁发的履行社会责任最佳单位奖

2016年，伊朗北阿扎德甘项目获伊朗国家石油工程开发公司HSE部颁发4200万工时安全无事故HSE荣誉证书

荣誉评价

2018 年，伊朗 MIS 项目获 MIS 市"杰出 HSE 管理团队奖"

2017 年，伊朗北阿扎德甘项目获伊朗劳工部迄今为止颁发给外国公司的第一个安全资质证书

2018 年 2 月 28 日，阿曼公司获阿曼油服协会（OPAL）2017 年度最佳技术实践奖

文体活动

2012年7月18日,哈法亚油田举行一期500万吨投产活动,进行文艺表演

2014年8月6日,哈法亚油田举办二期1000万吨投产活动,进行文艺表演

文体活动

2015年11月18日，阿曼5区联合公司员工共庆阿曼国庆日

2017年1月17日，艾哈代布项目举行团队建设活动，图为拔河比赛

文体活动

2017年除夕,埃克森美孚公司员工与中国石油驻守现场的员工共迎中国新年

2018年7月19日,阿布扎比国家石油公司举办欢迎中国石油嘉宾到来活动

2019年,鲁迈拉项目联合公司管理层与中方员工共度新春佳节

文体活动

2019年1月16日，中东公司组织员工在阿布扎比观看中国国家队和日本国家队足球比赛，为中国国家队加油

2019年2月6日，中东公司员工参加阿联酋中国商会在迪拜举行的春节大巡游活动

2019年10月8日，阿布扎比项目公司和阿布扎比国家石油公司举办庆祝中华人民共和国成立70周年纪念活动表演

文体活动

2019年11月22日,中东公司组织员工到韶山参加"不忘初心、牢记使命"主题教育活动

2020年1月20日,艾哈代布公司编排并选送的舞蹈《艾哈代布亚克西》参加中国石油国际勘探开发有限公司"唱响新时代、海外立新功"文艺汇演。汇演结束后,《艾哈代布亚克西》在最受关注节目的投票活动中,以6万多选票在线排名第一

2020年1月24日,中东公司举行春节团拜活动

总 篇 目

1 中国石油国际勘探开发有限公司志 1993—2022　总述

2 中国石油国际勘探开发有限公司志 1993—2022　大事记

3 中国石油国际勘探开发有限公司志 1993—2022　图志

4 中国石油国际勘探开发有限公司志 1993—2022　油气勘探志

5 中国石油国际勘探开发有限公司志 1993—2022　油气田开发志

6 中国石油国际勘探开发有限公司志 1993—2022　工程建设志

7 中国石油国际勘探开发有限公司志 1993—2022　油气管道志

8 中国石油国际勘探开发有限公司志 1993—2022
　　炼油化工与液化天然气（LNG）志

9 中国石油国际勘探开发有限公司志 1993—2022
　　质量健康安全环保志

10 中国石油国际勘探开发有限公司志 1993—2022　人物与荣誉志

11 中国石油国际勘探开发有限公司志 1993—2022　附录

12 中国石油中东公司志 1996—2022

13 中国石油尼罗河公司志 1995—2022

14 中国石油拉美公司志 1993—2022

15 中国石油西非公司志 2003—2022

16 中国石油秘鲁公司 6/7 区项目志 1993—2022

17 中国石油（哈萨克斯坦）阿克纠宾公司志 1997—2022

18 中石油阿姆河天然气勘探开发（北京）有限公司志 2007—2022

19　中国石油（伊拉克）哈法亚公司志 2009—2022

20　中油国际管道公司中缅油气管道公司志 2008—2022

21　中油国际管道公司志 2007—2022

22　中国石油俄罗斯公司志 2007—2022

目 录

概述 ··· 1
大事记 ·· 13

第一篇　组织机构

第一章　前期组织机构 ·· 57
 第一节　中国石油天然气股份有限公司伊拉克公司 ······························ 57
 第二节　中国石油天然气集团公司伊朗公司 ·· 66
第二章　中国石油中东公司 ·· 76
 第一节　领导机构 ·· 77
 第二节　机关部门 ·· 78
 第三节　所属项目公司 ·· 83

第二篇　油气勘探

第一章　地质背景 ·· 95
 第一节　区域地质 ·· 95
 第二节　含油气盆地简介 ·· 96
 第三节　石油地质特征与油气富集规律 ··· 96
第二章　勘探技术 ·· 103
 第一节　地震勘探 ·· 103
 第二节　钻井评价 ·· 105
第三章　勘探成果 ·· 108
 第一节　滚动勘探增储上产 ·· 108
 第二节　地质勘探研究与水平钻井结合发现油田 ··································· 109
 第三节　勘探钻井为项目决策提供依据 ·· 109
 第四节　新三维地震与钻井地质综合评价获发现 ·································· 110

i

第三篇　开发地质与开发部署

第一章　开发地质 ... 113
第一节　构造特征 ... 114
第二节　储层特征 ... 116
第三节　油藏特征 ... 127
第四节　油田储量 ... 131

第二章　开发部署 ... 135
第一节　陆上未开发油田 ... 135
第二节　陆上已开发油田 ... 144
第三节　海上油气田 ... 154

第四篇　钻井与地面工程

第一章　钻井工程 ... 161
第一节　水平井钻井 ... 161
第二节　钻井新技术应用 ... 163
第三节　油田钻井 ... 164

第二章　地面工程 ... 172
第一节　陆上油田产能建设 ... 173
第二节　陆上油田升级改扩建 ... 185
第三节　海上项目工程建设 ... 198

第五篇　采油技术与油气生产

第一章　采油工艺与配套技术 ... 203
第一节　油田注水 ... 203
第二节　油田气举 ... 207

		第三节 完井与措施	207
		第四节 配套技术	216
第二章	油气生产		227
		第一节 阿曼5区块油田生产	227
		第二节 叙利亚项目油气生产	228
		第三节 MIS油田生产	231
		第四节 艾哈代布油田生产	233
		第五节 北阿扎德甘油田生产	234
		第六节 鲁迈拉油田生产	236
		第七节 哈法亚油田生产	237
		第八节 南阿扎德甘油田生产	239
		第九节 西古尔纳-1油田生产	240
		第十节 陆海项目油气生产	241
		第十一节 陆上项目油气生产	242
		第十二节 海上乌纳项目油气生产	243
		第十三节 海上下扎项目油气生产	244

第六篇　合同模式与区域管理体系

第一章	合同模式		247
		第一节 产品分成合同	247
		第二节 伊朗油田回购合同	249
		第三节 伊拉克油田开发生产服务合同	254
		第四节 伊朗南帕斯11区伊朗石油合同	259
		第五节 阿布扎比矿税制合同	262
第二章	区域管理体系		267
		第一节 区域管理协调机制	267
		第二节 三级决策体系	269
		第三节 规划计划管理体系	271
		第四节 三级技术支持体系	271

		第五节 人力资源管理协调机制	274
		第六节 提油销售管理体系	275
		第七节 内部防控体系	278
第三章	管理创新		281
		第一节 中东国际合作发展战略实施	281
		第二节 高端市场技术引领参股项目行权管控	284

第七篇　经营管理

第一章	规划计划		293
		第一节 中长期规划	293
		第二节 计划与经营管理	294
		第三节 经营策略	295
第二章	财务管理		297
		第一节 资金管理	297
		第二节 成本管理	300
		第三节 会计核算	302
第三章	采购与原油销售管理		306
		第一节 采购与招投标管理	306
		第二节 供应商与承包商管理	308
		第三节 库房管理	310
		第四节 原油销售管理	312
第四章	法律与股东事务管理		314
		第一节 重大商务与涉法事项	314
		第二节 合规管理体系与法律风险防控	315
		第三节 股东事务管理	316
		第四节 法治宣传教育	317
		第五节 股东事务	318

第五章	审计与内控管理	321
第一节	制度建设	321
第二节	审计监督	322
第三节	内控管理	323
第四节	风险管理	324
第六章	服务保障业务协调	327
第一节	市场协调	327
第二节	沟通交流	328
第三节	后勤保障	329
第四节	专项协调	330
第七章	人力资源管理	333
第一节	干部队伍建设	333
第二节	业绩考核与薪酬管理	336
第三节	培训管理	337
第八章	行政管理	338
第一节	文秘工作	338
第二节	行政事务	340
第三节	保密管理	344
第四节	档案管理	346

第八篇　科技创新与信息化建设

第一章	科技创新成果	351
第一节	阿曼5区古近系岩性碳酸盐岩油藏综合评价	351
第二节	哈法亚油田上产稳产千万吨采油工程关键技术研究	355
第三节	艾哈代布复杂碳酸盐岩油藏水平井注水配套技术研究	356
第四节	伊朗北阿扎德甘油田四百万吨建产稳产技术研究	358
第五节	鲁迈拉大型海相三角洲砂岩油藏高效开发关键技术及工业化应用	361

v

第二章 信息化建设 ··· 364
第一节 信息化管理与标准化建设 ··· 364
第二节 信息基础设施建设 ··· 364
第三节 信息系统建设 ··· 366
第四节 信息系统应用与维护 ··· 368
第五节 网络安全建设 ··· 369

第九篇 质量与健康安全环保

第一章 QHSSE 管理体系 ··· 373
第一节 管理机构 ··· 373
第二节 管理制度 ··· 373
第二章 质量管理 ··· 375
第一节 质量检查监督 ··· 375
第二节 质量安全月活动 ··· 376
第三章 健康管理 ··· 377
第一节 医疗支持转运 ··· 377
第二节 职工健康管理 ··· 378
第三节 新冠肺炎疫情防控 ··· 378
第四章 安全管理 ··· 382
第一节 开展检查审核 ··· 382
第二节 工作交流与培训 ··· 385
第五章 社会安全管理 ··· 387
第一节 形势研判与预警 ··· 387
第二节 应急处置与救援 ··· 389
第六章 环保管理 ··· 390
第一节 环保合规评价 ··· 390
第二节 环保隐患治理 ··· 391

第十篇　企业文化建设

第一章　群团工作 ··· **395**
　　第一节　工会工作 ·· 395
　　第二节　共青团工作 ··· 396
第二章　文化宣传与企业精神建设 ··· **398**
　　第一节　文化活动 ·· 398
　　第二节　新闻宣传 ·· 399
　　第三节　评优树先 ·· 401
　　第四节　践行大庆精神 ·· 403
第三章　社会责任 ··· **409**
　　第一节　当地经济发展 ·· 410
　　第二节　当地员工成长与安全健康 ·· 411
　　第三节　绿色低碳发展 ·· 415
　　第四节　社区和谐发展 ·· 417

第十一篇　人物与荣誉

第一章　人物简介 ··· **423**
　　第一节　历任领导简介 ·· 423
　　第二节　国家级劳动模范简介 ·· 431
第二章　中东公司级以上荣誉 ·· **433**
　　第一节　国家级荣誉 ··· 433
　　第二节　中国石油级荣誉 ··· 435
　　第三节　中油国际（CNODC）公司级荣誉 ······································· 440
第三章　资源国荣誉 ·· **445**
　　第一节　资源国集体荣誉 ··· 445
　　第二节　资源国个人荣誉 ··· 446

第四章　中东公司级荣誉 ·· 447
　　第一节　中东公司级集体荣誉 ·· 447
　　第二节　中东公司优秀个人荣誉 ·· 448

附录 ·· 451
后记 ·· 489

概 述

2015年12月，中国石油天然气集团公司（简称中国石油，英文缩写CNPC）强化对中东地区油气业务布局的战略管理，整合伊拉克、伊朗公司，以及中国石油海外勘探开发分公司（简称海外勘探开发公司）直接管理的中油国际（阿联酋）公司、中油国际（叙利亚）公司、中油国际（阿曼）有限责任公司组建中国石油天然气集团公司中东公司（简称中东公司）。中东公司统筹管理中东油气投资业务，是项目运营协调和利润实现组织监控者，作为中国石油国际勘探开发有限公司［简称中油国际（CNODC）］职能延伸，代表中方履行股东权利，承担海外投资业务运营管理协调职能。2017年7月，中国石油（CNPC）实施海外油气业务体制机制改革，中国石油天然气集团公司中东公司更名为中油国际中东公司。2021年3月，根据中国石油（CNPC）海外油气业务体制改革的需要，中油国际中东公司又更名恢复为中国石油中东公司。2022年3月，中国石油（CNPC）海外油气业务体制机制的优化调整，中东公司代表中国石油（CNPC）和中国石油天然气股份有限公司（简称中国石油，英文缩写PetroChina）作为中东地区海外业务区域协调机构。

中东公司在全球油气富集的中东高端市场，作为中国石油（CNPC）海外业务的主力军，全面践行"走出去"战略和积极响应国家"一带一路"倡议，在中国石油（CNPC）和中油国际（CNODC）的正确领导下，抓住并利用好战略发展机遇期，积极开展国际油气合作，中东业务由小到大，形成以"两伊和阿联酋"为重点的区域布局。2019年，中东公司原油作业产量达1亿吨，权益产量规模达5000万吨，并连续4年保持中东地区产量贡献占据中国石油（CNPC）海外油气权益产量"半壁江山"，成为海外油气业务生产经营"压舱石"。

中东公司在中东伊拉克、伊朗、阿曼、阿联酋、叙利亚等5个国家，以技术服务、回购、矿税制、产品分成等4种合同模式，同埃克森美孚（ExxonMobil）、英国石油（BP）、法国道达尔能源（Total Energies）、壳牌石油（Shell）等18家公司合作伙伴，经营着15个石油勘探和开发投资项目。并协调8个国家和地区的17家中国石油（CNPC）所属服务保障单位，业务涵盖工程建设、工程技术、物资装备、技术支持、后勤保障、原油贸易、金融服务等产业链。

中东公司在中东地区以作业者身份打造艾哈代布、哈法亚、北阿扎德甘等中大型项目。践行海外"大庆精神铁人精神"，实现艾哈代布项目比合同规定提前3年完成一期年600万吨产能项目建设。第一次在底格里斯河畔建立起一个现代化油田,第一次在伊拉克完美亮相"中国制造,中国建设,中国速度"。不到4年建成哈法亚千万吨级大油田,创造地面工程、产能建设和油田投产等多个第一,高效领跑伊拉克第二轮中标的7个国际项目,被誉为伊拉克国际招标项目中"速度最快、执行最好的项目",其油田增产效果、成本控制和建设工期均创伊拉克同类油田最好水平。弘扬"独立自主、自力更生"精神,在美国第四轮制裁下,创新伊朗回购合同合作,建成伊朗自动化程度最高的北阿扎德甘油田。

中东公司在油气合作中,积极履行社会责任,促进当地社会经济发展。帮助伊拉克实现油气复产和上产,重振伊拉克石油工业。在中东地区各项目油田社区进行教育捐赠、医疗帮扶、灾害救助、基础设施建设等公益活动。注重加强当地员工培训,创造就业机会,提升当地员工在管理、专业技术、操作技能等重要岗位上比例。截至2022年底,中东地区员工48463人,其中中国石油（CNPC）员工5380人,本地化率88.8%以上。投资业务员工28062人,其中中石油员工414人,本地化率98.5%以上；服务保障业务员工20401人,其中中国石油（CNPC）员工4966人,本地化率75.6%以上。

一、践行"走出去"

20世纪90年代初,随着中国经济的快速发展,能源不足的矛盾日益凸现,中国石油（CNPC）以保障国家能源供应为己任,在国家"走出去"战略指导下,提出"稳定东部、发展西部,多元开发、多种经营,扩大对外合作、开展国际化经营"三大战略,审时度势,适时抓住有利时机,科学地作出走出国门,开展国际化石油合作的决策。1994年5月,中国石油天然气总公司[后变更为中国石油天然气集团公司、中国石油天然气集团有限公司,三者均简称为中国石油（CNPC）]与中国北方工业（集团）总公司联合与伊拉克石油部签订开发艾哈代布油田初步协议。1996年5月20日,中国石油（CNPC）与中国北方工业（集团）总公司成立绿洲石油有限责任公司（Alwaha Petroleum. Co. Ltd.,简称绿洲公司）。1997年6月4日,中国石油（CNPC）签署伊拉克艾哈代布油田项目,在中东地区的石油勘探与开发合作开始起步。然而,中东地区内外部形势复杂多变,项目开展非常困难,进展缓慢。在极其艰难的条件下,中国石油（CNPC）坚持对油田进行实地考察和科学研究,对伊拉克当地人员进行技术培训,筹划开展三维地震采集工作。1999年因美国对伊拉克境内轰炸,项目三维地震合同被迫终止,2000年伊拉克单方面宣布终止项目开发合同。1997—2003年,绿洲公司根据合同规定,先后完成7期伊方70多人技术培训,编制油田初步开发方案,完成巴格达分公司注册,完成二维地震资料重新处理解释,召开6次联管会会议,配合伊方完成联合账审计。2003年3月,艾哈代布项目因受到当时联合国对伊拉克严厉经济制裁和第二次海湾伊拉克战争,合同恢复谈判工作终止。

2001—2005年,中国石油（CNPC）坚持"走出去"的脚步始终没有停滞,把进入中东作为实现全球油气业务战略布局的重点。2002年4月,中国石油（CNPC）与日本石油勘探公司（JAPEX）签约购买阿曼5区块油田项目,进入阿曼石油勘探和开发市场。2003年3月获叙利亚戈贝贝勘探开发项目进入叙利亚油气合作市场，2004年5月获MIS老油田提高采收率项目进入伊朗油气合作市场。2005年5月，中国石油国际有限责任公司［CNPC International Ltd.，简称中油国际（CNPCI）］与伊朗国家石油公司（National Iraniam Oil Company，简称"NIOC"）签署"Kuhdasht Block油田勘探开发作业服务合同"，在伊朗实现油气勘探和开发合作。在阿曼、叙利亚和伊朗获得油气合作市场，使中国石油（CNPC）实现"走出去"并在中东油气市场取得突破性进展。

2006—2010年，中国石油（CNPC）加强国际互利合作的能源战略，更加重视海外业务发展。2005年，中国石油（CNPC）提出资源、市场和国际化新"三大战略"，把发展国际业务作为新"三大战略"目标之一，坚持把国家利益作为合作的出发点和落脚点，加快中东油气业务"走出去"的步伐，在国家支持下深入开展伊拉克项目维权工作，2007年3月，中国石油天然气勘探开发公司（简称勘探开发公司）与北方石油工业公司组团到伊拉克，就恢复艾哈代布项目合同进行伊拉克战后首轮谈判，启动战前所签合同维权工作。经过6轮谈判，2008年11月10日，中国石油（CNPC）总经理与伊拉克石油部部长侯赛因沙赫里斯塔尼，在伊拉克首都巴格达签署《艾哈代布项目开发生产服务合同》，使停滞8年多的项目尘埃落定。随后，在2009年6月伊拉克第一轮国际招标和12月第二轮国际招标中，中国石油（PetroChina）均取得佳绩，与英国石油合作中标获伊拉克鲁迈拉油田项目，与法国道达尔公司及马来西亚石油公司（PETRONAS）合作中标哈法亚油田项目。在西方公司撤离伊朗市场的大环境下，中国石油（CNPC）抓住机会，迎难而上，相继在2009年1月和6月分别获伊朗北阿扎德甘油田、南帕斯11区块开发项目。2010年10月，又获伊朗南阿扎德甘油田开发项目。在伊拉克和伊朗连续取得大型油气田项目，实现国家"走出去"和规模进入中东的石油梦。

2011—2015年，中国石油（CNPC）加强五大油气合作区建设，提出以油气投资业务为重点，带动和促进工程技术服务等相关业务协同发展。2013年11月，果断决策与印度尼西亚国家石油公司伊拉克勘探生产分公司（PT. Pertamina Irak Eksplorasi Produksi）合作分别收购埃克森美孚在伊拉克西古尔纳1油田项目部分股份。2013年5月，与阿联酋阿布扎比国家石油公司（ADNOC）签署陆海勘探开发联营协议，实质性进入阿联酋油气高端市场。中东地区投资业务年均原油作业产量和权益产量分别实现千万吨和500万吨增长。中国石油（CNPC）实现国家"走出去"和与主要国际大油公司及油气高端市场合作。

2016—2020年，中国石油（CNPC）对中东地区油气业务发展提出新的更高要求，确定"做大中东、打造成中国石油（CNPC）国际化经营"和"一带一路"油气合作"旗舰"战略定位和部署。2017年2月19日，中国石油（CNPC）与阿布扎比国家石油公司签署《阿布扎比陆上油田开发合作协议》，获取该项目8%权益，成为阿布扎比国家石油公司继法国道达尔、英国石油公司之后又一重要合作伙伴。2018年3月21日，中国石油（CNPC）与阿布扎比国家石油公司签署乌姆沙依夫—纳斯尔（Umm-Shaif & NASR）油田开发项目（即海上乌纳项目）和下扎库姆（Lower Zakum）油田开发项目（即海上下扎项目）合作协议，获得该海上油田区块10%权益，连续两年在中东油气高端合作市场获得重大突破。"十三五"期间服务保障业务在中东地区累计完成合同额约 179 亿美元，新签合同额约 146 亿美元。中国石油（CNPC）实现国家"走出去"和中东地区业务获得长足发展，迎来辉煌时期。

2021 年以来，中东公司围绕"十四五"规划，按照在中东地区打造"一带一路"油气合作旗舰，夯实以"两伊和阿联酋"为重点的区域布局，努力把中东地区建成中国石油（CNPC）海外产量规模大、综合效益好、国际化水平高、可持续发展的油气合作区。截至 2022 年底，中东公司连续 4 年保持原油作业产量 1 亿吨、权益产量 5000 万吨以上，无重大质量、安全和环保事故，生产安全、平稳、受控运行。

二、油气合作成果

中东公司在世界油气资源最丰富的中东地区进行项目开发，需要面对战后伊拉克安全形势恶化、美国对伊朗持续制裁、国际油价跌宕起伏、政府限产、部分资源国政府对项目管控力度加大、新冠肺炎疫情蔓延，以及复杂严峻的地缘政治和社会安保形势等挑战。中东公司自始至终贯彻落实中国石油（CNPC）和中油国际（CNODC）决策部署，坚持稳中求进、稳健发展总基调，担当使命，主动作为，围绕工作目标，发扬大庆精神铁人精神，上下团结一致，自觉加压，攻坚克难，扎实工作。油田勘探开发经历从小项目、参股者到大项目、作业者项目，从小型油田到大型、巨型油田建产，从老油田挖潜到新油田规模生产，从砂岩为主油气藏到碳酸盐岩油气藏为主开发，从利用自然天然能量衰竭加抽油机到注水、注气加气举、电泵采油，从采用直井、定向井到丛式井、水平井钻井作业，从陆上地面工程到海上工程建设，从分成和矿税合同到技术服务和回购合同。勘探部署以二维、三维地震和钻井评价为手段，以发现新油田和滚动勘探开发增储上产为目的；开发部署以中国石油（CNPC）成熟实用的开发技术为手段，以油田科学合理、高效开发为原则，以实现合同规定产量为依据，以实现较好投资回报率为目标，发挥中国石油（CNPC）技术服务单位技术支持能力，推广最新技术创新成果应用。在阿曼、伊拉克、伊朗和阿联酋地区的主要勘探开发项目，运作良好，取得一个又一个成绩。2019 年作业产量迈上 1 亿吨台阶，权益产量达 5000 万吨。在 2020 年发生新冠肺炎疫情持续肆虐情况下，中东公司连续 4 年保持原油年产量 1 亿吨、权益产量 5000 万吨以上。截至 2022 年 12 月，中东公司年度原油作业产量 10767.7 万吨，权益产量 5338 万吨，12 月油田日产水平达 508 万桶（1 桶 =0.14 吨）以上。

阿曼 5 区项目成功实施碳酸盐岩油藏水平井注水开发，不仅有效遏制主力油田产量递减趋势，同时通过对油田区块纵向和横向滚动勘探在新层系、新断块不断获得突破，20 年来勘探发现和探明 9 个油田，油田产量从 2002 年中方进入时年产 24 万吨增加到 2019 年年产 260 多万吨，是接手时 10 多倍。项目充分发挥中国石油（CNPC）技术优势，在中国石油（CNPC）海外油田技术应用上创造多个第一：第一个成功应用多分支水平井钻井技术；第一个成功应用水平井进行碳酸盐岩裂缝油藏注水开发；第一个开展聚合物驱先导试验。阿曼 5 区项目是中国石油（CNPC）海外投资项目中产品分成收益最好项目之一。

艾哈代布项目是伊拉克战后重建的第一个对外石油合作项目，也是中国石油（CNPC）进入伊拉克的第一个油田开发项目。项目快速推进产能建设，2011年6月油田一期年产300万吨产能建成，比合同规定提前半年实现早期商业生产目标，进入投资回收。2011年建成年产600万吨原油处理系统，提前3年实现合同规定高峰产量11.5万桶/日目标。2013年12月，油田实现高峰产量700万吨。2016年10月，项目实现静态回收，较合同预期提前1年。该项目是在伊拉克战后条件非常艰苦情况下，发挥中国石油（CNPC）投资与服务一体化优势，快速建成投产，实现回收的项目。

鲁迈拉项目是中国石油（PetroChina）在伊拉克战后第一轮国际招标中中标的项目，是中国石油（PetroChina）第一次在伊拉克与国际大油公司BP合作项目，实现年产原油达7000多万吨，是伊拉克油田年产量最大油田。项目在接管当年便实现增产10%初始产量目标，比合同规定提前2年开始成本回收。2011年5月中方实现第一船提油，2016年10月实现静态回收。

哈法亚项目是中国石油（PetroChina）在伊拉克战后第二轮国际招标中标项目，是中国石油（PetroChina）与国际大油公司道达尔等合作且担当作业者项目，也是中国石油（PetroChina）依靠自己技术在伊拉克建成的首个2000万吨大油田。项目运作开始，在一年半时间内，实现合同规定的日产7万桶初始商业产量，启动成本回收，踏上方案设计日产油10万桶台阶。两年后二期产能建设工程投产，实现年产油1000万吨目标。三期产能建设2018年12月完工实现投产，建成2000万吨大油田。2013年底项目实现中方投资整体静态回收，比计划提前4年步入滚动发展阶段。

北阿扎德甘项目是中国石油（CNPC）第一个在伊朗采用回购合同执行油田产能建设项目，要求在合同规定的开发方案下、以一定的投资、在一定的时间内、完成一定的工作量、实现一定的回报率。项目公司克服各种制裁影响，采用中国石油（CNPC）技术建成产能400多万吨油田。2016年建成投产，10月启动投资回收。2019年实现项目整体静态回收。

阿布扎比项目是中国石油（CNPC）实施投资策略和资产优化战略，在中东高端市场扩大与国际大油公司合作的成果，储量和产量规模显著提升，区域资产得到优化，是中国石油（CNPC）践行国家实施"一带一路"倡议具体体现。作为项目参股者，阿布扎比项目创新高端市场技术引领参股项目行权管控，通过技术引领驱动实现项目管控和运营、通过资产领导者创新运营建立适应高端市场"三位一体"技术支持体系、通过搭建自动化信息化管控系统等3个途径实现行权，体现股东权益。陆海项目实现勘探突破，通过在一区块陆地区域实施2300平方千米新三维地震，部署钻井，在常规和非常规油气勘探领域获得发现，发现1个油藏和2个气藏，新增地质储量2000万吨，海上一期实现新建产能投产。陆上项目中国石油（CNPC）获得授标NEB资产组领导者，碳酸盐岩油藏开发配套技术获得阿联酋国家油公司认可。每年通过陆上、海上下扎和乌纳及陆海项目，实现稳定的股东投资汇报。

伊朗MIS项目是中国石油（CNPC）在伊朗第一个采用回购合同实施挖潜提高采收率项目，项目运作以来，克服制裁影响，依靠中国石油（CNPC）技术，在油藏地层压力系数只有0.34的情况下,通过泡沫钻井,成功实现在碳酸盐岩裂缝性高含硫化氢油藏建成年产100多万吨油田。项目克服限产停产困难,开展维修复产,实现投资静态回收。

西古尔纳-1项目,是中国石油(PetroChina)第一次以购买股份方式,参与国际一流油公司埃克森美孚石油公司合作项目。通过参与对油田老设备更新改造和扩建,实现油田日产40多万桶,年产2000万吨产能。通过项目合作,学习国际一流石油公司经营管理经验,培养国际合作人才,中国石油(PetroChina)在伊拉克与其他项目形成协同效益,助力在中东地区上游业务做大做强。

三、经营管理绩效

中东公司按照中国石油(CNPC)战略部署和要求,不负重托,开拓创新,借鉴国际油公司成功经验,按照"管理、协调、支持、服务"职能定位,创新构建"区域协调和管控—业务管理和支持—风险防控和保障"三个维度区域国际化管理运行机制和管理体系。中东公司针对国际合作和生产经营面临突出问题,坚持疫情防控和生产经营"两手抓、两不误",一体推动"战严冬、转观念、勇担当、上台阶"主题教育,开展党史学习教育,推进"转观念、勇担当、高质量、创一流"主题教育活动,开展提质增效及提质增效"升级版"专项行动,在区域统筹、管理创新和措施落实等方面狠下功夫,公司治理水平全面提升。发挥项目合同模式多样化的特点和优势,实现高油价下突出的效益表现和低油价下稳定的效益贡献,成为中国石油(CNPC)海外业务的压舱石和稳定器,在生产经营极其困难时期,中东公司为中国石油(CNPC)海外业务优质高效可持续发展作出重大贡献。中东公司发展态势持续稳健,生产经营指标超出预期,质量健康安全安保环境(QHSSE)保持良好业绩。2021年实现所有项目投资整体静态回收,创出产量和效益良好记录。2022年,原油生产超计划完成,其中9个项目超额完成计划产量目标,实现"十四五"良好开局。

中东公司贯彻落实中国石油(CNPC)决策部署,稳步推进业务整合,2016年如期实现中国石油(CNPC)要求的中东业务全方位融合。为应对中东地区复杂投资环境和激烈市场竞争,推动科学决策、资源共享和一体化协同,中国石油(CNPC)整合中东地区原来相对分散机构设置,构建以中东地区组织工作委员会为核心、投资业务为主导、区域为单元、涵盖投资方和服务方的行政、协调组、HSSE"四位一体"区域管理协调机制。建立配套制度体系以及风险防控体系。以中东地区组织工作委员会为核心的"四位一体"区域管理协调机制是体系的顶层架构,组织工作委员会发挥定方向、议大事、抓重点的作用,统筹协调投资方和服务方业务、综合一体化优势发挥和HSSE工作。在"四位一体"机制统一管理协调下,油气投资合作、商务管理、产能建设、人才管理、技术支持、提油销售、HSSE和风险防控等关键环节打造自身竞争优势,相互协调配合和市场化运作,实现中国石油(CNPC)整体竞争力提升和利益最大化。其中,油气投资环节建立三级决策管理体系,实施柔性计划预算管理,保证决策科学性和灵活性,多措并举推进提质增效工程,打造低成本竞争优势。产能建设环节以大安保、大后勤、大环境、统一管理协调"三大一统"体系为依托，通过市场化规范运作及专业化全周期上产工程管理，在复杂市场和安全环境下保证油田产能建设高效推进。技术支持环节整合中国石油（CNPC）技术资源，搭建区域技术支持平台，构建三级技术支持体系，支撑中东油气田高质量开发。项目人力需求和人才接替以人力资源管理协调体系为依托，为项目执行提供人才保障。提油销售体系通过实现上、中、下游协同，保证份额油销售及时性、稳定性和价格优势，保证投资回收。项目运行风险通过内控管理体系降到最低。中东公司根据管理定位，提出"建设国际水平海外最大油气合作区"构想。

中东公司投资业务创新构建油气投资环节建立的三级决策管理体系，在动荡的国际油气市场中保持竞争力。中国石油（CNPC）主导和参与的中东地区各项目展现"中国速度""中国质量"和"中国创新"，推动与中东主要资源国的战略油气合作关系向纵深发展。中国石油（CNPC）在中东地区产量效益、速度质量及社会贡献等方面领跑中东高端市场，成为国际油公司战略合作伙伴，受邀与国际同行合作开发新项目，用实力赢得合作伙伴尊重。中东公司经过十几年探索，在中东地区实现15个项目与世界一流国际能源公司合作。合作伙伴包括埃克森美孚、英国石油、法国道达尔能源、壳牌石油、阿布扎比国家石油公司、意大利埃尼（Ani）等。在西方石油公司长期垄断的中东高端石油市场，实现同西方石油公司同台竞争、分享市场。

中东公司发挥中国石油（CNPC）综合一体化优势，投资业务带动服务业务，服务业务支持投资业务，两者相互促进、共同发展局面基本形成。因地制宜创新工程管理，合规市场运作，确保油田上产工程高效建设。针对伊拉克持续复杂严峻的社会安保形势，创新构建大安保、大后勤、大环境、统一管理协调"三大一统"体系，为产能建设保驾护航。发挥不同业务链条之间协同效应，投资业务和服务保障业务相互促进，提升整体竞争力。国际油气投资业务下全周期工程管理，从油气田开发方案管理开始，包括工程设计、采办招标、施工建设、油田生产等主要环节管理。通过持续提升上述五个管理环节专业化水平，构建起工程建设项目竞争优势。在伊拉克等安全风险高、社会依托差的国家，服务业务支持投资业务推动油田上产，建成艾哈代布、哈法亚、北阿扎德甘等一批标志性项目。通过提升全产业链竞争力构建，在投资业务带动下，大庆油田中东分公司、中国石油工程建设公司中东分公司、勘探开发研究院、中联油等17家中国石油（CNPC）所属工程服务与保障单位在中东8个国家开展业务，业务领域涵盖工程技术和建设、技术支持、油气贸易等完整油气服务产业链。服务业务企业更多地参与国际竞争，国际管理经验、队伍规模、装备实力、技术支持体系等都有了较大提升。截至2022年底，中东公司投资带动服务保障单位累计完成合同额达417亿美元，其中中方投资项目完成合同额183亿美元。服务保障单位在中东地区执行合同164.1亿美元。服务保障单位在中东地区员工20401人，当地员工15435人，当地化率75.6%以上。

在中东油气高端市场，面临更为激烈的人才竞争，中东公司吸引人才、留住人才、发挥人才潜力，提升国际化管理和国际竞争力。面对中方管理模式与联合公司管理模式巨大差异，建立有效决策体系，实现对项目运营有效管控。采用项目公司负责执行，地区公司负责决策的国际石油公司通用管控模式。同时建立一套有效激励机制，加强青年人才培养，使得人才脱颖而出。通过学习教育、群团工作、评优树先等一系列人性化团队组织活动，凝心聚力，激发广大员工热情。弘扬大庆精神铁人精神，干事创业，通过与国际油公司项目合作，在实践中培养大批国际管理人才。截至 2022 年 12 月，投资业务员工 28062 人，其中当地员工 27648 人，中国石油（CNPC）员工 414 人，当地化率 98.5% 以上。

中东公司通过打造区域技术支持平台，构建三级技术支持体系，提高协同创新和技术支持能力，应对中东油气田高质量开发技术挑战。主要油田以碳酸盐岩油藏开发为主，部分油田进入开发中后期，开发难度加大。中东公司采用水平井注水配套技术提高碳酸盐岩油藏采收率，采用酸化压裂技术对低渗透油藏改造，采用周期注水和完井工艺技术对高渗透层实现调剖，形成一套大型非均质碳酸盐岩油藏规模高效开发技术。这些技术采用保证了主导项目油田长期稳产以及参股项目话语权。在技术攻关方面，年年有研究技术应用成果，在国家、中国石油（CNPC）、中油国际（CNODC）不同层次获各种科学技术进步奖和创新奖多项。其中"中东巨厚复杂碳酸盐岩油藏亿吨级上产稳产及高效开发"获 2019 年国家科学技术进步奖一等奖。

中东公司建立一套有效预算管理、风险内部防控体系，在项目管理过程中，以合同为依据，实施柔性计划预算管理，结合市场和资源国政策变化，对项目开发、项目执行工作计划预算及方案措施进行适时优化和动态调整，保证决策科学性和灵活性。通过商务管理和运作机制，项目按照工作计划和预算执行，满足政府要求和市场变化，落实生产经营任务，克服低油价风险、克服各种政府限产变化、克服小股东行权困难，降本增效把项目运行风险降到最低，油田产量和效益符合预期，持续实现良好经济效益。其油气产量及效益指标居中国石油（CNPC）海外业务前列。

中东公司通过构建中东地区原油销售一体化协作体系，打破原有提油工作中按国别提油固有模式，整合中东区域丰富原油资源，优化提油销售模型，实现提油销售效益提升，加快提油回收效率和灵活性。通过整合中国石油（CNPC）集团体系内上下游资源，优化配置供给端和需求端，进一步实现提油销售操作弹性，实现中国石油（CNPC）上游油气投资、中游原油贸易及下游炼厂协同，保证份额油销售及时性、稳定性和价格优势，保证投资回收，实现中国石油（CNPC）全局利益最大化。

中东公司分析复杂严峻生产经营形势，持续开展提质增效工作，发挥一体化优势和低成本优势，坚持"一切成本皆可降"的理念，注重加强区域内统筹协调和服务保障，引导各所属项目发挥专业优势，研究解决各项目生产经营中出现的新情况新问题，根据参股程度分类施策差异化落实提质增效工作方案，夯实中东公司低成本战略优势。积累采办优化、机构优化、库存优化、技术优化等"四优化"成本管控经验，桶油作业成本保持在同行业中最低水平。

中东公司面对中东地区错综复杂政治社会局势及动荡不安安保局势，以及两伊"三高"油田工业安全高风险实际，开创地实行投资方和服务方统一管理这一独具特色健康安全安保环境管理体制，形成中东地区统一管理、甲乙方统筹协调、统一应急、整体联动的 HSSE 战略格局。以 QHSSE 管理体系建设为基础，安全管理、健康管理、环境保护、社会安全风险防范等方面不断完善。在全球政治和社会风险高危中东地区，各方势力利益争夺激烈，在伊拉克、叙利亚地区反政府组织和恐怖组织对油田造成各种不安定因素，枪击、爆炸恶性事件、游行示威、罢工频出，区域QHSSE管理体系行之有效，妥善处理各种社会应急事件，应对油田各种生产和生活困难。特别是在新冠肺炎疫情全球蔓延情况下，一边抗疫情抓安全保证员工身心健康，一边降成本抓生产保证生产任务完成。中东公司年年超额完成经营计划指标同时，无重大生产安全伤亡事故和环保事故，保持良好QHSSE纪录，得到当地政府好评。

中东公司积极履行社会责任，通过油气合作，促进当地社会经济发展。中东公司发挥整体优势，高效组织产能建设，推进油田快速建产和高水平开发，帮助伊拉克实现油气复产和上产，重振伊拉克石油工业，促进当地经济复苏。在油田社区进行教育捐赠、医疗帮扶、灾害救助、基础设施建设等公益活动，解决当地社区急需而又难以解决的问题，提高社区基本生活条件。注重创造就业机会，加强当地员工培训，提升当地员工在管理、专业技术、操作技能等重要岗位上比例，截至2022年底，投资和服务保障业务员工本土化率88.8%以上，当地油区民众成为石油经济发展直接受惠者。截至2022年，中国石油（CNPC）在中东为项目所在国百姓累积创造16245个就业岗位，惠及民众378380人，公益事业（社会贡献）总投入7385万美元。

中东地区加强组织领导，强化政治引领，探索形成"建强一个领导中枢，搭建两个议事决策平台，建立三级管理体系，构建四位一体格局"组织工作委员会一体化管理模式，切实将国有企业政治优势转化为企业竞争和发展优势。中东地区组织工作委员会始终高度重视发挥组织政治核心作用，全面落实"两个责任"，深入开展"重塑形象"大讨论。组织认真学习贯彻党的十八届六中全会精神，深入学习党的十九大各项会议精神，深刻领会习近平新时代中国特色社会主义思想深刻内涵及习近平治国理政新理念。坚定落实党中央、中国石油天然气集团有限公司党组（简称中国石油集团公司党组）关于全面从严治党各项要求，抓实"不忘初心、牢记使命"主题教育。切实压实"两个责任"，坚持加强队伍建设不放松，推进队伍建设上台阶，廉政建设不停步，凝心聚力，努力营造干事创业良好政治生态，为中东业务发展提供坚强政治组织保障。广大干部职工大力弘扬石油精神、铁人精神大庆精神，克服各种困难和挑战，不畏强手、不畏艰难，舍小家顾大家，远离祖国、远离亲人，经受住高温、风沙等恶劣环境考验，经受住绑架、路边炸弹、火箭弹等暴恐袭击生死考验，在最艰苦、最危险地方，创造不平凡业绩，树立新时期中国石油（CNPC）良好形象。

四、挑战与机遇

中东公司经过26年发展，在项目运作过程中取得巨大成绩，在市场开发、国际合作、生产经营管理、安全环保管理和风险防控等方面积累丰富经验。国际政治形势变化和不可抗力是项目合同能否完成的重要影响因素；尊重资源国的法律法规和当地传统风俗文化是项目执行的前提条件；遵守项目合同条款是项目执行的依据；按照石油合作国际惯例进行管理、以人为本是项目执行的基本要求；发挥中国石油（CNPC）"一体化"优势是保证项目按期完成获得预期收益的利器；弘扬大庆精神是项目攻坚克难的法宝。在项目执行中遇到项目勘探风险和开发项目因战争、制裁等原因无法执行问题，艾哈代布项目因联合国制裁和伊拉克战争，从无法执行，被迫终止，维权多年，到伊拉克战后，在国家影响下，经过艰苦协商谈判，最终以修改合同模式获得重生；伊朗三区项目在合同规定的勘探和评价期内，完成规定的勘探与评价工作量，有油气发现，但经济评价不具商业开发价值，未进入开发阶段；地区政治动荡对项目执行产生严重影响，不可抗力对项目执行带来风险。叙利亚项目由于战争，项目设施相继被破坏，油田人员不得不撤离，油田失去控制，不能正常生产，投资权益不能得到保障；国际关系和形势对项目合作影响巨大。伊朗南帕斯11区项目两次合作均因美国制裁，不能履行合同要求而半途终止。南阿扎德甘项目投资进度也因美国制裁，不能满足资源国要求被终止。

2021年以来，世界百年未有之大变局进入加速演变期，各种冲突风险迅速外溢，新冠肺炎疫情持续演变，全球能源加速转型，中东业务面临内外部困难挑战显著增加，提油回收、新项目获取、项目运营、资金安全等构成严峻挑战。主要表现在地区投资政治环境趋于复杂，安保防恐面临较大压力；新冠肺炎疫情导致中东部分资源国经济下滑，失业率持续上升，资源国为改善民生，诉求持续增加，将加大对油气行业监管力度，进一步收紧财税政策；高油价下风险隐患出现新变化，环保要求日益严格，对中东油气业务合规经营提出新要求；大部分油田已开采多年，主力油藏开采处于中后期，稳产增产、提质增效工作难度增加；低碳转型大势所趋，中东加快清洁低碳发展步伐、挖掘新的业务增长点提出新的更高要求。面对百年未有之大变局，中东公司肩负着中国石油（CNPC）海外业务在中东地区实施"做大中东"战略，高质量打造"一带一路"油气合作旗舰重任。

中东油气业务依然具有高质量发展基础。一是中国和中东之间的战略关系日益紧密。中国与中东地区已经形成非常紧密的油气投资和贸易关系，首届中阿峰会召开，习近平主席成功访问沙特阿拉伯，与伊拉克总理进行会谈，中国与中东国家建立全面战略合作关系，为中国与中东国家加大油气合作奠定政治基础。二是中东地区油气合作孕育新发展机遇。长期来看，能源转型大背景下，油气资源国将进一步深化和巩固与消费国合作，中方与中东优势互补的油气合作将长期存在。中国推动共建"一带一路"高质量发展，加快构建"双循环"新发展格局，中东油气合作迎来新的机遇期。三是中东油气业务高质量发展具有扎实发展基础。中东油气资源丰富，全周期开发成本低，在世界能源低碳转型中具有很强竞争力，未来中东地区油气合作仍具有较大发展潜力。中国石油（CNPC）在中东经过十余年规模发展，已经在生产经营、技术创新、企业文化和人才培养、服务保障一体化运作等各方面积累丰富经验，取得出色业绩，与重点资源国和国际油公司建立起深度合作关系，为中东业务高质量发展提供有力支撑。四是中东主要国家在地区事务上日益加强战略自主，国家之间关系缓和推动地区局势趋向平稳，中东地区油气合作孕育新的战略机遇。

中东公司将把握好新的发展机会，坚定实现"做大中东"战略。积极持续响应国家"一带一路"合作倡议，继续加强与中东地区各国政府、组织和人民联系，巩固石油合作成果，扩大油气合作范围，进一步履行社会责任，为当地人民提供更多就业机会，为当地社区改善更多教育、医疗、道路等基础设施，带动当地社会经济发展，深化传统友谊。继续加强与国际一流能源公司深度合作，提升国际合作经营管理水平，培养更多国际合作人才，共担风险，共享成果和经验，实现合作共赢。

中东公司将围绕"十四五"规划，按照牢牢把握稳中求进工作总基调，按照中东大区业务授权和职责定位，坚持以"做大中东"为目标，以提升经营效益为核心，以海外业务体制机制改革为遵循，以充分发挥区域协调管理职能为抓手，以"稳油、增气、减排、拓新、协同"为发展策略，突出抓好新冠肺炎疫情防控、提质增效、安全环保和生产经营各项工作。强化经营意识，优化生产部署，完成各年度生产经营指标；着眼未来发展，抓好商务运作和优质项目获取；坚持以人为本，确保 QHSSE 业绩稳中向好；突出依规合法管理，提升竞争实力及抗风险能力；发挥区域优势，进一步发挥中国石油（CNPC）投资和服务业务"一体化"优势，实现投资和服务业务协同发展；聚力机制调整，提升发展内生动力活力；加强政治建设，凝聚推进中东业务高质量发展强大合力；积极创新，开拓油气低碳业务。

中东公司将为实现中东业务高质量发展，把中东地区建成中国石油（CNPC）海外产量规模大、综合效益好、国际化水平高、绿色低碳、可持续发展的油气合作区，为中国石油（CNPC）建设基业长青的世界一流综合性国际能源公司作出新的更大贡献，以实际行动践行"一带一路"合作倡议，为推动实现人类命运共同体添砖加瓦。

大事记

1996 年

5月20日　中国石油天然气总公司发文决定与中国北方工业（集团）总公司共同投资组建绿洲公司，中国石油（CNPC）和中国北方工业（集团）各持股50%，合作开发伊拉克艾哈代布油田。

5月31日　绿洲公司第一次董事会在中国石油天然气总公司国际合作局召开，董事史训知、黄如镇、王永杰、王莜、寿铉成、史习盐、董峰、刘继才、周吉平（代付志达）参加绿洲会议。

6月13日　中国石油天然气总公司决定王永杰任绿洲公司总经理（正局级）。

7月6日　中国石油天然气总公司总经理助理、勘探开发公司总经理吴耀文代表总公司和中国北方工业（集团）总公司代表在巴格达与伊拉克政府代表草签伊拉克艾哈代布油田开发石油合同。

10月21日　绿洲公司总经理王永杰致函中国石油天然气总公司外事局、国际合作局，关于伊拉克石油部勘探公司经理阿里萨迪（Radwan Al-Sadi）一行9人10月25日到访中国的事宜。技术专家磋商艾哈代布油田合同签字日期，并讨论哈法亚油田地面建设方案及经济评价。

1997 年

3月27日　中国石油天然气总公司决定，调整勘探开发公司职能和机构设置，原总公司所属绿洲公司划归勘探开发公司统一经营管理，统一核算。

6月4日　中国石油天然气总公司、中国北方工业（集团）总公司与伊拉克政府在伊拉克石油部签订艾哈代布项目。合同模式为产品分成合同。

7月20日—8月5日　绿洲公司总经理王永杰组织中国石油物探局及胜利、中原、华北和大港油田技术人员，与合作伙伴中国北方工业（集团）总公司相关人员到伊拉克访问，拜访伊拉克石油部和相关部门领导，座谈、讨论开展艾哈代布油田开发、资料交接及具体商务问题。考察伊拉克北方石油公司、石油城——基尔库克，以及伊拉克勘探公司在北部山区的地震队伍及钻、修、测井等服务能力。

8月12日　伊拉克国家最高权力机构革命指挥委员会以法律形式批准艾哈代布项目开发生产合同及附件备忘录，合同于当日生效。9月，合同获伊拉克国民大会批准。合同有效期26年，可书面申请再延长5年，合同规定在6年内建成日产9万桶生产规模。合同者在规定的区域内进行油藏开发和生产，承担资金、设备、技术和相关服务。合同为产品分成形式。

10月17日　绿洲公司代表、总经理王永杰参加国家对外贸易经济合作部国际合作司二处召开的在伊拉克项目协调会，会议就艾哈代布、哈法亚、拉菲丁油田项目合作征询相关单位意见。

12月19日　国家对外贸易经济合作部批准设立绿洲公司，法定地址为英属维尔京群岛，注册资本5万美元，经营年限25年。

1998年

3月16日　勘探开发公司任命王永杰为绿洲公司董事会副董事长。

同日　绿洲公司开始与伊拉克石油部勘探公司实施艾哈代布油田三维地震合同谈判。4月21日，合同谈判完成，双方同意于当年8月9日开工。

11月中旬　中国驻伊拉克大使馆通知，美国将于下月再次空袭伊拉克，绿洲公司中方人员从伊拉克撤回北京。

1999年

4月29日　绿洲公司代表在北京会见伊拉克石油部勘探公司总经理拉西德博士（Dr. Rasheed），双方就艾哈代布油田三维地震勘探合同实施进行讨论。

5月11日—6月20日　勘探开发公司派员代表绿洲公司到伊拉克，与伊方就艾哈代布油田项目进行工作讨论。包括三维地震合同处置，现有井试采合同继续洽谈，1998年度财务审计，伊拉克钻井公司（Iraq Drill Company，简称"IDC"）有关钻井服务协议探讨，合作伙伴接洽关于联合作业协议（Joint Operation Agreement，简称"JOA"）事宜，向油田地面工程设计公司递交地面工程建设方案工艺包（初始版），输油管线建设有关问题讨论，未来所产原油输送、出路问题讨论，伊拉克石油部员工培训下一步安排等。期间，再次考察三维地震作业现场。

2000年

7月11日　绿洲公司召开2D地震资料处理及综合研究项目技术评标会。中国石油物探局、大港油田物探公司和测井公司分别就研究成果作汇报。

2001年

4月8—15日　勘探开发公司副总经理王莎莉带领工作组到伊拉克，与伊拉克石油部合同条法局讨论伊方提出的艾哈代布合同模式由产品分成合同变更为回购合同议题，并探讨在拉菲丁和哈法亚油田合作的可能性。

2002 年

7月7日　阿曼国王签署第63号国王令，批准玛祖恩石油天然气有限责任公司［英文名称为 Mazoon Petrogas（BVI），由勘探开发公司和中国石油（香港）公司控股公司合资，简称"BVI"］受让日本石油勘探公司（JAPEX）的合同。阿曼5区项目合同为产品分成合同模式，BVI和阿曼MB集团下属子公司阿曼玛祖恩石油天然气有限责任公司（Mazoon Petrogas SAOC，简称"SAOC"）各占股50%，开发期至2019年8月。15日，第63号国王令颁布生效。

7月26日　BVI和SAOC组成的联合体接管工作小组完成阿曼5区块作业权接管。组长为陈镭（公司首席执行官），副组长为靳德尼斯·包卫尔（Jean Denis Bouvier，公司首席作业官）和吕剑锋（公司首席财务官）。

8月18日　勘探开发公司收到阿曼5区项目第一船原油销售款。

10月15日　阿曼5区项目联合作业公司达利石油有限责任公司（Daleel Petroleum LLC，简称达利公司）在阿曼首都马斯喀特完成工商登记。

10月18日　阿曼5区项目获国家计委批复，批复同意收购阿曼5区块50%石油资产权益项目可行性研究报告，批复中方投资。

2003 年

3月2日　勘探开发公司与叙利亚石油矿产资源部及叙利亚国家石油公司，在大马士革签署戈贝贝（Gbeibe）油田开发生产合同。合同期包括先导试验期和开发生产期。先导试验期为2年，可延期半年；开发生产期23年，可延期5年。

7月17日—8月2日　中国驻伊拉克大使孙必干会见多名伊拉克临时管理委员会重要成员，表明中国政府关注并愿意参与伊拉克战后重建工作，强调各国在伊拉克权益必须得到保障。

9月27日　中国石油天然气总公司总经理马富才致信伊拉克石油部部长易卜拉欣·穆罕默德·巴赫尔·乌卢姆，表达与伊拉克继续深化合作意愿。

11月24日　绿洲公司总经理秦安江致信勘探开发公司法律部《关于对艾哈代布油田生产开发合同有关条款和法律问题的研究与建议》，即绿洲公司对油田开发合同被冻结的背景以及将来合同重新谈判中可能遇到的问题进行分析。

12月2日　经外交部批准，亚洲司司长翟隽率外交部、国家发展改革委、商务部、财政部、中国人民银行等部门和中国石油天然气集团公司等单位组成代表团，在华盛顿与美方就中国在伊拉克经贸权益、参与重建等问题进行磋商，美方积极评价中国向伊拉克提供2500万美元援助，希望在伊拉克重建问题上建立伙伴关系，愿考虑中方在伊拉克合法权益，愿将中方有关项目清单转交联军当局和伊拉克。

12月22日　中油国际（CNPCI）和振华石油控股有限公司（简称振华石油）东方石油有限公司在英属维尔京群岛共同出资组建中油国际东方公司（CNPC International-Oriental，英文简称

"CNPCIO")。2004年7月，勘探开发公司将其叙利亚戈贝贝项目全部股权转到中油国际东方公司。

2004年

5月25日　中油国际（CNPCI）与加拿大纯粹能源（Sheer Energy）公司签署股权转让协议，获得MIS（Masjid-i-Sulaiman，英文简称"MIS"）项目49％作业权，与伊朗纳夫特格兰工程公司（Naftgaran Engineering Services Company，简称"NESSCO"）共同开发MIS油田。纳夫特格兰工程公司是伊朗上市公司——石油投资公司（Oil Investment Company，简称"OIC"）旗下一家全资子公司，主要从事伊朗境内油气资源工程服务业务。MIS项目是伊朗国家石油公司与加拿大公司和伊朗纳夫特格兰工程服务公司2002年5月28日签署的共同投资项目，合同模式为回购服务合同，开发期4年，投资回收期3年。合同工作量是钻2口评价直井和8口水平井，建成100万吨产能。

7月26日　叙利亚戈贝贝项目进入开发生产期，成立合资公司叙中阿尔考卡布石油公司（Syria-Sino Al Kawkab Oil Company，简称"SSKOC"），勘探开发公司和叙利亚国家石油公司双方各占50％股份，接管油田开始实质性油田操作，比合同规定提前一年半进入开发生产期。

10月29日　绿洲公司总经理秦安江致信中国驻伊拉克大使馆，简单介绍艾哈代布项目维权工作开展情况。

2005年

1月21日　伊朗MIS项目核准报告《关于中国石油天然气集团公司收购伊朗密斯（MIS）油田部分权益及投资开发项目核准的批复》由国家发展改革委批复。

2月2日　绿洲公司总经理秦安江致信勘探开发公司法律部，提交协助为绿洲公司在约旦设立代表处提供相关法律咨询和法律文书的报告。

3月27日　阿曼5区项目长21千米的16英寸（1英寸=2.54厘米）输水管线及其配套工程施工完毕并投入运行。解决达利（Daleel）油田注水开发水源问题。该项工程共钻水源井18口（13口生产井、5口观察井），最大供水设计80000桶/日，第一批投入使用3口水源井，日供水量20000桶（1桶=0.159立方米）。

5月9日　中油国际（CNPCI）和伊朗国家石油公司签署伊朗三区勘探开发服务合同，合同于2005年6月8日批准生效。三区勘探开发服务合同是中油国际（CNPCI）与伊朗国家石油公司签署的第一个勘探开发一体化回购（Buyback）服务合同。

6月2日　绿洲公司向国内4家知名涉外律所发标书，要求一周内就艾哈代布油田合同效力和维权方案提出基础计划书，北京市理和律师事务所于8月1日中标并开展相关研究工作。

6月11—12日　中国石油（CNPC）总经理陈耕等陪同国务院副总理曾培炎访问阿曼，视察并听取中油国际（阿曼）公司工作汇报。

10月8日　中油国际（CNPCI）再次从伊朗纳夫特格兰工程公司购买获MIS项目股权26%，中油国际（CNPCI）占75%股份，纳夫特格兰工程公司占25%股份。

11月2日　中油国际（CNPCI）在伊朗德黑兰市当地注册中油国际伊朗分公司运作伊朗三区项目。

11月24日　叙利亚戈贝贝项目营地主体项目建设完成，举行竣工典礼及新营地揭牌仪式。叙利亚石油矿产部部长易普拉辛哈达德博士（Dr. Ibrahim Haddad），哈萨克省省长、哈萨克省委书记及中叙联合公司总经理共同为新营地主体项目竣工典礼剪彩。石油部部长和哈萨克省省长为油田作业区新营地揭牌。

11月30日　阿曼5区项目开展的科研项目"多分支水平井优快钻井配套技术在Daleel油田应用"通过勘探开发公司专家组验收。

12月20日　由勘探开发公司和印度国家石油公司（简称ONGC）各占50%股份成立的合资公司博戈姆控股有限公司［Bergom Holding B.V，后改名为喜马拉雅能源叙利亚有限公司（Himalaya Energy Syria B.V）］购买加拿大石油公司在叙利亚幼发拉底石油公司所拥有的全部股份，其工作权益分布在5个产品分成协议中。

2006年

4月12日　伊朗国家石油工程开发公司（Petroleum Engineering and Development Company，简称"PEDEC"）认为MIS项目进展迟缓，向项目公司提出终止合同警示，限期90天进行整改。4月30日，MIS项目公司提出改变合同工作范围、增加工作量的调整方案：合同补充协议1。8月10日，伊朗MIS项目合同补充协议1，即调整方案得到伊朗国家石油公司开发局批准。工作量变更为钻3口评价直井、12口水平井和2口污水回注井，原油年产能由100万吨增加到125万吨。

6月11日　中国国家开发银行代表团访问阿曼，到中油国际（阿曼）公司视察、听取工作汇报并与全体中方工作人员进行座谈。

7月20日　叙利亚戈贝贝项目主站一期改造工程竣工，并举行剪彩仪式。勘探开发公司副总经理宋亦武、叙利亚国家石油公司（Syrian Petroleum Company，简称"SPC"）总裁、哈萨克省省长、省委书记等参加剪彩仪式。主站改造后原油年处理能力从52.5万立方米提高到76.2万立方米，由中国石油工程建设公司（CPECC）承建。

12月22日　新任中国驻阿曼大使潘伟芳应邀到中油国际（阿曼）公司驻地访问、听取工作汇报。

2007年

3月4—12日，应伊拉克石油部邀请，勘探开发公司与中国北方工业（集团）公司联合组团，由勘探开发公司高级副总经理王莎莉率队到巴格达，就恢复艾哈代布项目合同及权益进行战后首轮谈判。

4月30日　国家发展改革委常务副主任陈德铭，在访问阿曼期间听取阿曼5区项目工作汇报并视察中方驻地。

6月20日　中国石油（CNPC）与随总统访华的伊拉克石油部部长侯赛因·沙赫雷斯塔尼（Hussein al-Shahristani）商议，一致同意恢复1997年签订的艾哈代布油田开发合同，并依据《伊拉克石油天然气法》对商业条款进行修订。

6月23日　伊朗最高经济委员会批准伊朗MIS项目合同补充协议1协议。伊朗MIS项目《开发方案（可行性研究）报告批复》由伊朗最高经济委员会批复。

8月17日　伊朗三区钻探第一口探井BAB-1井试油结束，共完成7层测试，包括2次中测和5次完井测试。试油结果表明，三区勘探获得重大成果。新增石油地质储量84979万桶、可采储量15296万桶；新增天然气地质储量4990.86亿立方英尺、可采储量3743.12亿立方英尺。

8月20日　伊朗MIS项目公司收到伊朗国家石油公司签发的《关于批准伊朗MIS项目合同补充协议的通知书及补充协议》，MIS项目进入合同期。合同主要内容为利用3+1年完成17口井钻井及5口井试油工作；建设1座脱硫、脱盐、脱水日处理原油25000桶的中心处理站（PU&DP）和1座日处理原油12500桶的转接站（FPF）及相应集输系统，日产原油达到25000桶；建成后生产设施整体移交给伊朗国家石油公司（National Iranian Oil Company，简称"NIOC"）南方公司进行生产和管理，中方投资成本回收时，将总额平均分摊至每个季度，根据实际产量进行回收，回收期3年。

10月22日　勘探开发公司成立伊拉克工作领导小组及工作小组，领导小组组长汪东进，副组长王莎莉、宋亦武。伊拉克项目工作小组组长由王莎莉担任。

10月29日—11月1日　由勘探开发公司高级副总经理王莎莉率由勘探开发公司和中国北方工业（集团）总公司组成的联合工作组到伊斯坦布尔，参加艾哈代布油田项目战后重启第二轮谈判。

12月19日　伊朗国家石油公司批准三区项目第一口探井BAB-1井为商业发现井。

2008年

4月3—5日　中国石油（CNPC）总经理率代表团访问阿曼，与阿曼国民经济大臣、工商大臣、石油大臣就油气合作事宜进行会谈，会后听取阿曼项目公司工作汇报并对工作提出要求。

6月9—21日　勘探开发公司高级副总经理王莎莉率联合工作组在伊拉克首都巴格达与伊拉克石油部代表团就恢复艾哈代布项目举行第五轮谈判。之前分别于2008年2月20日、4月21—23日进行了第三轮、第四轮谈判。

7月18日　中国石油（CNPC）代表在国家发展改革委召开联席会议上，就艾哈代布项目谈判进展做汇报，中国北方工业（集团）总公司代表对艾哈代布项目谈判未能达成的原因做分析，建议国家协调促成艾哈代布项目。会议确定外交部代表向上级领导汇报会议情况，驻伊拉克大使与伊政府石油部、财政部等接触，首先推动艾哈代布项目。

8月6日　伊朗国家石油公司批准三区项目巴巴哈比比（Babahabibi）油田总体评价方案，同意项目转入评价期。评价期为2009年6月—2011年6月。按照伊朗国家石油公司批准的巴巴哈比比油田总体评价方案，中方需要完成采集200平方千米三维地震、钻2口评价井。

8月23—26日　伊拉克艾哈代布项目第六轮谈判在北京勘探开发公司总部举行，双方就合同最关键点内部收益率达成一致。

8月27日　中国石油（CNPC）总经理、中国北方工业（集团）总公司总经理、伊拉克石油部部长、伊拉克驻华大使、伊拉克瓦西特省省长等在北京钓鱼台国宾馆八方苑参加艾哈代布项目合同签署仪式。

11月10日　中国石油（CNPC）总经理与伊拉克石油部部长，在伊拉克首都巴格达签署《艾哈代布项目开发生产服务合同》。合同者由绿洲公司（75%）和伊拉克石油销售公司（25%）组成，合同期限23年（可延长5年）。

11月18日　中国海外勘探开发公司收到《国家发改委关于伊拉克艾哈代布油田开发项目核准的批复》，批准产能建设规模600万吨/年。要求抓紧项目施工，落实相关配套条件，研究当地法律法规，积极规避风险，以利项目取得预期效益。

2009年

1月12日　伊拉克瓦西特省省长一行查看艾哈代布项目营地建设推进情况，指示承包商配合中国公司做好工作。1月9日开始营地建设。

1月14日　中国石油（CNPC）与伊朗国家石油公司签订北阿扎德甘项目回购服务合同。7月6日生效，中方合同权益100%。

2月11日　阿曼5区项目在现场隆重举办天然气处理厂投产剪彩仪式，阿曼卡布斯国王特别顾问穆巴拉克，渔业大臣穆罕默德，油气次大臣纳赛，油田所在易卜瑞省省长哈雷尔，中国驻阿曼大使潘伟芳，董事会主席巴瓦尼，阿曼5区项目公司总经理冯建华、首席作业官（COO）摩莎，天然气处理厂运营商代表及员工代表等150余人出席剪彩仪式。

2月21日　国务院法制办副主任张穹率团访问阿曼，代表团听取中油国际（阿曼）公司工作汇报，与项目公司领导就阿曼石油立法等进行交流。

3月18日　绿洲公司总经理陈镭等一行三人从伊拉克基尔库克北方石油公司总部返回巴格达途中遭遇路边炸弹袭击，人员无恙。

4月30日　海外勘探开发公司设立中油国际（绿洲）公司，代表中国石油（CNPC）负责管理伊拉克艾哈代布项目的中方管理机构。

5月11日　伊拉克艾哈代布油田首口新井AD-008井开钻。兑现中国石油（CNPC）在合同签署6个月后开始钻井作业的承诺。

6月2日　石油工程师协会阿曼分会在阿曼首都马斯喀特召开协会委员会会议，达利公司勘探开发部代表参加会议。经委员会提名，达利公司勘探开发部被授予技术应用团队奖，阿曼油气部部长拉姆希博士向达利公司勘探开发部颁发奖牌。

6月3日　中国石油（CNPC）总经理与伊朗国家石油公司总裁签署南帕斯11区块开发服务合同（伊朗回购合同）。合同期为16年，建设期为52+8个月，回收期7—9年。

6月30日　伊拉克政府在美军撤出伊拉克当天，举行第一轮国际石油合作招标，当场开标和评标，向全球直播。其中，英国石油和中国石油（PetroChina）联合中标伊拉克鲁迈拉项目。英国石油占股38%，中国石油（PetroChina）占股37%，伊拉克石油销售公司（Satate Oil Marketing Organisation，简称"SOMO"）占干股25%。

7月24日　伊朗国家石油公司批复北阿扎德甘项目总体开发方案。

10月22日　伊朗国家石油公司批准北阿扎德甘地面设施基本设计，2009年10月开工，2013年7月完成。

10月24日　伊朗国家石油公司签署中油国际提交的南帕斯11区块主开发方案（Main Development Plan，简称"MDP"）。

11月3日　《鲁迈拉油田技术服务合同》（Technical Service Contract，简称"TSC"）签署。原始股比为英国石油占股38%，中国石油（PetroChina）占股37%，伊拉克国家销售公司干股25%。英国石油为合同主导方，实际出资比例50.6667%，中国石油（PetroChina）实际出资比例49.3333%。鲁迈拉联合作业机构（Rumaila Operating Organization，简称"ROO"）为项目作业者，合同期20年，日均高峰产量285桶。

11月12日　中国人大常委会副委员长王兆国率团访问阿曼，在中国驻阿曼大使官邸接见阿曼5区项目公司总经理冯建华等中资企业代表。

12月11日　中国石油（PetroChina）与合作伙伴法国道达尔公司、马来西亚石油公司（PETRONAS）组成的联合体中标哈法亚项目，中国石油（PetroChina）担任作业者。伊拉克南方石油公司股份25%，中国石油（PetroChina）37.5%，马来西亚石油公司股份18.75%和法国道达尔勘探与生产伊拉克公司股份18.75%。中国石油（PetroChina）、马来西亚石油公司和道达尔的出资比例分别为50%，25%和25%。合同有效期为2010年3月1日至2030年2月28日。

12月17日　《鲁迈拉油田技术服务合同》合同生效。原始股比为英国石油股份38%，中国石油（PetroChina）37%，伊拉克国家销售公司干股25%。英国石油为合同主导方，实际出资比例50.6667%，中国石油（PetroChina）实际出资比例49.3333%。

12月23日　中国石油（PetroChina）成立中国石油股份有限公司伊拉克公司（简称伊拉克公司），行政上由中国石油（PetroChina）直接管理，业务上由中国石油海外勘探开发分公司归口管理，机构规格为正局级。中国石油天然气勘探开发公司所属中油国际（绿洲）公司划入伊拉克公司。

同日　中国石油（CNPC）决定，在中油国际（伊朗）公司基础上成立中国石油伊朗公司，机构规格为正局级，李庆平任公司总经理。伊朗公司设MIS、三区、北阿扎德甘、南帕斯4个项目部。

2010 年

1月18—22日　中国石油（CNPC）副总经理汪东进到伊朗 MIS 项目进行春节慰问和工作调研。

1月27日　由中国石油（PetroChina）与合作伙伴法国道达尔公司、马来西亚石油公司组成联合体与伊拉克米桑石油公司（Missan Oil Company，简称"MOC"）签署为期20年的《哈法亚油田开发生产服务合同》。同日，中国石油（PetroChina）作为作业者组建中国石油（哈法亚）项目公司（PetroChina Halfaya），按照合同要求，开始启动项目的前期工作。合同2010年3月1日生效。

2月4日　中油国际（CNPCI）与伊朗国家石油公司签署的南阿扎德甘项目服务合同一号修改协议生效。

2月27日　经伊朗国家石油公司批准，伊朗纳夫提兰国贸公司（Naftiran Intertrade Company Limited，简称"NICO"）转让70%合同权益给中油国际（CNPCI），形成新的股权分配比例为纳夫提兰国贸公司20%、中油国际（CNPCI）70%、日本国际石油10%，并由中油国际（CNPCI）出任作业者；日本国际石油公司退出，其10%股权转给纳夫提兰国贸公司。形成纳夫提兰国贸公司30%、中油国际（CNPCI）70%的股权分配。中油国际（CNPCI）开始南阿扎德甘项目总体开发方案的重新研究。

3月19日　伊朗北阿扎德甘项目 NAZ-1 井开钻。NAZ-1 井为北阿扎德甘项目第一口井，实行日费制合同，技术决策由伊朗国家石油公司现场监督审批，技术指令由项目公司现场监督下达，钻井及相关技术服务由长城钻探公司承担。

4月2日　绿洲石油有限责任公司与中国石油工程建设公司在北京签订艾哈代布油田地面工程项目总承包合同。

4月4日　伊朗帕斯石油天然气公司（POGC）发函给中油国际（CNPCI）通知伊朗南帕斯11区块开发服务合同生效。自生效起，合同者在开发期内以伊朗国家石油公司名义代表伊朗国家石油公司进行作业。伊朗国家石油公司为回收期（生产期）内的作业者。开发期结束时，合同者将在开发期内建成的油井及其他设施移交给伊朗国家石油公司，合同者按技术支持协议提供技术支持服务。中方作为合同者在开发建设期内，完成包括两个海上平台，两条直径32寸、长136千米的海底管线和一套地面接收、存储和处理装置以及其他相关设施的建设，钻生产井24口（每个平台钻井12口），以实现在开发期内每年产气200亿立方米和凝析油380万立方米的目标。5月1日，中油国际（CNPCI）收到伊朗帕斯石油天然气公司的确认函，表明在4月4日生效信发出之前，已收到"伊朗国家石油公司董事会和其他相关政府部门的批准"。

4月12日　伊拉克艾哈代布项目地面工程项目，在伊拉克现场举行土建工程开工仪式，标志该项目地面工程建设设计采办建设和投产（EPCC）合同全面启动。

4月20日　中油国际（CNPCI）总经理向伊朗帕斯石油天然气公司发出关于南帕斯项目生效

的澄清函。

5月11—12日　伊朗南帕斯11区块项目公司根据中国石油（CNPC）副总经理汪东进的"积极推进，加大与道达尔等公司合作的指示"，配合中油国际（CNPCI）相关部门，推进南帕斯11区项目与道达尔公司合作，双方进行交流并形成会议纪要，双方一致认为上游合作与下游LNG合作基于互利共赢、风险共担，上游的合作协议、下游的保密协议以及道达尔对中油国际（CNPCI）的技术支持协议将一起签署。

5月18日　伊朗南帕斯11区块项目公司与伊朗帕斯石油天然气公司完成南帕斯11区块陆上油气处理厂的土地交接，包括管理营地、工人营地和施工办公室。

5月26日　伊朗石油部部长宣布要求所有南帕斯项目加快进程，在35个月内完成，合同者要在此时间框架内移交项目。伊朗国家石油公司和伊朗帕斯石油天然气公司要求中油国际（CNPCI）加快进程，要求按45个月排出该项目投产计划表。

7月1日　伊拉克鲁迈拉联合作业机构为项目作业者，从伊拉克南方石油公司（South Oil Company，简称"SOC"，后改名为巴士拉石油公司，Basra Oil Company，简称"BOC"）接管油田作业。

7月20日　伊朗南帕斯11区项目在德黑兰召开第一届联合管理委员会（简称联管会，Joint Management Committee，英文简称"JMC"），会议批准2010年工作计划与预算、人员动迁计划及联合资本上限确定分委会（Joint Capital Cost Ceiling Determination Subcommittee，简称"JCDS"）和联合伊朗当地化分委会（Joint Iranian Content Subcommittee，简称"JICSC"）。会后成立一个联合技术移交分委会（Joint Transfer of Technology Subcommittee，英文简称"JTOTS"）。

8月18日　海外勘探开发公司高级副总经理王仲才带队到阿曼5区项目调研水平井钻井、完井和注水工艺进展，落实项目原油生产情况。

8月21日　伊朗三区项目评价井Bab-2井开钻，该井根据Bab-1井的钻探测试成果，结合巴布三维地震数部署。设计井深2600米，井身结构为2600米直导眼+500米水平段，主要目的层班格斯坦（Bangestan）组灰岩储层，主要的地质风险是构造圈闭的有效性。

8月29日　伊拉克石油部发函批准艾哈代布项目2011年底提前三年建成日产12万桶产能方案，建成中东标志性项目提供法律依据。

9月19日　由中油国际（CNPCI）副总经理黄永章组织中油国际（CNPCI）计划部、采办部、法律部、中联油等到伊朗与伊朗帕斯石油天然气公司举行会议，启动凝析油和天然气销售协议（LTCSA）谈判。

9月20日　伊拉克米桑石油公司的批复哈法亚项目以实现初始商业产能（First Commercial Production，简称"FCP"）为重点的《哈法亚油田初始开发方案》（Preliminary Development Plan，简称"PDP"）。

10月11日　中油国际（CNPCI）与伊朗国家石油公司签署南阿扎德甘项目服务合同二号修改协议，日本国际石油公司退出，其10%股权转给伊朗纳夫提兰国贸公司。形成纳夫提兰国贸公司30%、中油国际（CNPCI）70%的股权分配。中油国际（CNPCI）获得南阿扎德甘开发项目，提出一期32万桶/日、二期60万桶/日的产量目标。根据阿扎德甘油田评价和开发一体化服务合同，成立中油国际（伊朗）南阿扎德甘公司，负责伊朗南阿扎德甘油田的开发和建设。

10月26日　伊朗三区项目2010年8月21日开钻的评价井BAB-2井，钻至2600米伽拉（Garau）组地层完钻，钻进过程中分别在古丕（Gurpi）地层、伊纳姆（Ilam）地层和萨瓦克（Sarvak）地层见油气显示，完成3次中测，其中第2次钻杆测试（1667—2070米）伊纳姆地层在24/64英寸（9.525毫米）油嘴下获油212桶/日，伊纳姆灰岩裸眼酸化测试，折算日产油150—200桶、气67万立方英尺工业油气流。

11月6日　中共中央政治局常委、中国人民政治协商会议主席贾庆林率团访问阿曼，贾庆林在下榻的君悦酒店接见中油国际（阿曼）公司总经理宫长利等中资企业代表并讲话，对中油国际（阿曼）公司在阿曼取得的成绩表示肯定。

12月25日　伊拉克鲁迈拉项目在接管当年便实现增产10%的初始产量目标，比合同规定提前2年开始成本回收。

2011年

2月18日　伊拉克哈法亚项目第一口评价井水平井HF003-S001H完井，井深3700米。

3月1日　伊朗公司成立南阿扎德甘项目部，李庆平兼任项目总经理。

3月11日　中国石油（CNPC）与中国海油签署共建米桑省原油外输管线（Missan Oil Export Pipeline，简称"MOEP"）的输油管道建设协议，解决哈法亚原油的出路问题。

4月3日　伊朗三区项目第二口评价井BAB-3井钻至2630米伽拉组地层完钻，钻进过程中发生井漏、井涌和气窜，原因是浅部地层裂缝发育，无承压能力，导致井涌后地层发生漏失，全井漏失钻井液5318立方米，严重井漏给钻井工程施工带来诸多井下复杂及工程安全风险。5月17日，伊朗三区项目第二口评价井BAB-3井完井。对伊纳姆层试油，伊纳姆灰岩裸眼酸化测试获少量油气，无工业产能，完成评价期规定工作量。

4月25日　伊朗MIS项目完成整个建设和试运准备工作，开启第一口井试投。

5月28日　伊拉克鲁迈拉项目中方实现第一船提油，首船原油从伊拉克巴士拉港启航，发运中国。

5月31日　伊朗南帕斯11区项目导管架详细设计完成，导管架的大包合同工程采办建造和安装（EPCI）招标策略获中油国际（CNPCI）批准并发标。

6月10日　中国石油（CNPC）和中油国际（CNPCI）批复同意关闭伊朗三区项目，石油合同同时终止。

6月19日　伊朗南阿扎德甘项目第一届联合管理委员会在伊朗德黑兰召开，年度预算、组织机构和提油小组等多项议题达成一致。

6月21日　伊拉克艾哈代布项目油田一期300万吨油处理产能建成，通过分期建设、阶梯性上产和快速推进产能建设，比合同规定提前半年实现早期商业生产目标2.5万桶/日，进入成本回收。这是伊拉克 20 多年来首个投产的新建产能项目。

7 月 1 日　伊朗南阿扎德甘项目完成前线营地交接，接管 19 名前线人员，并签署合同。项目中方人员 30 名，当地雇员 24 名，项目进入实质性开展阶段。

7 月 25 日　伊拉克哈法亚项目三维地震勘探数据采集工作全部完成，实际采集面积 496 平方千米。

同日　伊朗 MIS 油田通过 21/30 天的生产测试，进入投资回收。

9 月 19 日　伊拉克哈法亚项目第一口评价井水平井主力油层 Mishrif 层试油获高产油流，1 英寸油嘴求产产量 4458 桶 / 日，井口压力 415 磅力 / 英寸^2。

9 月 23 日　伊朗 MIS 项目按合同要求将油田设施及生产、管理整体移交给伊朗当地伊朗国家石油公司南方公司，中方承担相关技术服务。项目进入商业回收阶段。

11 月 23 日　伊拉克艾哈代布项目建成年 600 万吨油处理系统，提前 3 年实现合同规定高峰产量目标 11.5 万桶 / 日。

12 月 4 日　完成亚丁湾、索马里海域护航任务的中国海军第九批护航编队武汉舰和玉林舰抵达阿曼首都马斯喀特的苏丹卡布斯港，对阿曼进行为期 5 天的友好访问。中油国际（阿曼）公司总经理宫长利参加举行的甲板招待会和护航编队答谢晚宴，阿曼 5 区项目公司中方部分人员参加军民联谊篮球赛。

12 月 8 日　伊拉克米桑石油公司批准哈法亚项目为实现日产油 20 万桶 / 日产能为目标的《初始开发方案的补充方案》（Supplementary PDP，简称"SPDP"）。

12 月 29 日　伊拉克艾哈代布项目首次启动提油，项目开始投产成本回收。

2012 年

1 月 16 日　伊朗公司领导层在阿布扎比向中国石油（CNPC）董事长汇报项目执行情况。

同日　中华全国总工会授予中国石油伊朗公司北阿扎德干项目作业部"工人先锋号"称号。

1 月 17 日　中国石油（CNPC）与阿布扎比国家石油公司在阿布扎比签署战略合作协议。在油气勘探开发、工程技术服务、工程建设、装备物资、石油贸易和人员教育培训等方面开展合作。中国国务院总理温家宝和阿联酋阿布扎比王储穆罕默德的出席签字仪式。

2 月 16 日　中国驻伊拉克大使倪坚参观考察艾哈代布油田现场，表示"艾哈代布项目水平高，充分展示中国进步和中国实力！"

2 月 26—29 日　中国石油（CNPC）总会计师王国樑访问伊朗。期间，召开中国石油（CNPC）驻伊朗地区领导干部会议，拜见伊朗石油部长诺斯坦·卡撒米（Rostam Gasemi）、伊朗石油部副部长兼伊朗国家石油公司总裁卡勒巴尼（Galebani）和伊朗央行总裁等，拜会中国驻伊朗大使郁红阳，与伊朗央行和伊朗国家石油公司分别签署金融合同的备忘录（MOU）。

2 月 29 日　中国石油（CNPC）总会计师王国樑率团到阿曼 5 区项目调研，肯定中国石油（CNPC）甲乙方在阿曼均取得的成绩，对下一步的工作做具体指示。

3月8日　伊朗中资企业商会召开第五届理事会议，中国石油（CNPC）再次当选会长单位，伊朗公司总经理李庆平当选伊朗中资企业商会会长。

3月11日　中国石油（PetroChina）、中国海油（CNOOC）、伊拉克石油部（MoO）在巴格达共同签署《米桑石油公司原油外输管线协议》，三方确定中国石油哈法亚项目公司作为管线建设操作者。

3月23日　中国石油（CNPC）召开驻伊朗各单位应急工作会议，就应急撤离方案更新、当前伊朗国内、国际形势进行沟通。

3月24日　中国石油伊朗公司与中国石化伊朗公司一并与中国驻伊朗大使郁红阳进行座谈，就当前两个公司遇到的问题及伊朗国内、国际形势交换看法，使馆政务参赞、领事出席座谈会。

4月4日　中国石油伊朗公司与伊朗国家石油公司签署南阿扎德甘项目、MIS项目相关会议纪要，解决MIS项目超投资回收事宜，同意在项目最终总投资成本、银行利息确定后，通过调整报酬费来实现MIS项目13%的投资收益率（ROR），并对后续新钻井和二期工作做出部署。

4月25日　中国石油（CNPC）副总经理汪东进、中国石油（PetroChina）副总裁及中国石油（CNPC）计划部、财务部、国际事业部和海外板块相关领导在迪拜石油大厦听取伊朗公司的《北阿项目工期及投资汇报》和《南阿项目整体实施策略》专题汇报。汪东进还单独听取南帕斯项目汇报。

4月26日　中国石油伊朗公司内控建设与流程梳理启动会在迪拜石油大厦召开，中国石油（CNPC）内控部领导、海外勘探开发公司领导及内控部领导、伊朗公司领导及相关业务人员参加启动会。

5月30日　伊拉克哈法亚项目核心工程油气中心处理站一期（CPF1）圆满实现机械完工，为6月底顺利实现一期初始商业产能目标，提供保障。

6月6日　中国石油长城钻探GW262钻机在南阿扎德甘油田开钻，启动伊朗南阿扎德甘项目过渡期作业。

6月7日　中国石油（CNPC）董事长与到访的伊朗石油部部长诺斯坦·卡撒米（Rostam Gasemi）在北京举行会谈，就中国石油（CNPC）在伊朗投资项目进展、金融合作、装备制造合作等交换看法。会谈后，伊朗国家石油工程开发公司和中油国际（CNPCI）签署南阿扎德甘项目重新修订的油田开发主方案（Revised Main Development Plan，简称"RMDP"），包括早产稳产方案生效的会议纪要。

6月10日　伊拉克哈法亚项目第一口油井投产。当地时间8时58分，哈法亚项目第一口油井HF011-N003开井，油头到达联合站，进入A处理列。

6月14日　叙利亚戈贝贝油田大马士革中方员工撤离。

6月16日　伊拉克哈法亚项目一期500万吨产能投产，提前15个月用28口井（含6口老井）实现合同规定的日产7万桶的初始商业产量，是伊拉克第二轮招标项目中第一个投产油田。

7月18日　当地时间上午，伊拉克哈法亚油田举行投产庆典。庆祝哈法亚油田提前15个月实现 7 万桶/日的初始商业产量目标。伊拉克副总理沙赫里斯塔尼，伊拉克石油部部长阿卜杜·克里木·鲁艾比，中国驻伊拉克大使倪坚，中国石油（CNPC）副总经理汪东进出席庆典仪式，为哈法亚油田建成一期 500 万吨产能剪彩，并分别发表讲话。中国石油伊拉克地区公司、哈法亚项目，联合体伙伴道达尔、马来西亚石油公司、米桑石油公司代表，中国石油（PetroChina）各参建单位代表，伊拉克社会各界人士近千人参加庆典仪式。伊拉克当地和外国媒体 37 家采访报道。

7 月 24 日　伊朗国家石油公司批准 MIS 项目技术服务合同（TSA）延期一年，完成技术服务合同延期一年相关合同签署工作。

8 月 6 日　伊朗国家石油公司与中油国际（CNPCI）签署伊朗南帕斯 11 区服务合同终止协议。协议生效后，伊朗国家石油公司补偿中油国际（CNPCI）执行项目期间所发生的成本和费用。

8 月 13 日　伊朗国家石油公司南方公司以 MIS 油田管线腐蚀为由单方面将油田停产，中方回收暂停。

8 月 25—28 日　中国石油办公厅保密工作调研团对伊朗公司保密工作进行调研。

9 月 4 日　在伊拉克巴士拉省鲁迈拉项目总部，伊拉克总理能源顾问、石油部合同局局长、南方石油公司、米桑石油公司、原油销售公司代表与 BP、中国石油（PetroChina）共同完成技术服务合同核心条款修订，修订后日均高峰产量为 210 万桶，稳产 10 年，合同期 25 年，报酬费 2 美元/桶，基础产量递减率 7.50%，高峰期 P 因子限定性终止。BP 权益增加至 47.6267%，中国石油（PetroChina）权益增加至 46.3733%，伊拉克石油销售公司权益减少至 6%（仍为干股）。

9 月 6 日　伊朗南阿扎德甘项目合同生效，进入方案实施阶段。南阿扎德甘油田合同期含建设期和回收期，其中建设期 52 个月，回收期为移交后的 78 个月。同日，伊朗南阿扎德甘项目购股款中最后一笔回收款到账，中方收购南阿项目 70% 参与权益所付资金全部回收。根据与伊方的会议纪要，资金到账标志南阿扎德甘项目进入一期开发。

9 月 11 日　中国石油（CNPC）总经理周吉平在伊朗向来访的人大常委会委员长吴邦国作汇报，吴邦国与长城钻探 262 井队进行现场视频连线并作指示。

9 月 21 日　伊朗副总统穆罕默德·扎德（MOHAMMAD ZADEH）在胡泽斯坦省省长伽法·赫加兹（JAFAR HEJAZI）及环保部等官员，到阿扎德干作业现场视察阿扎德甘湿地生态保护区环保工作，并到长城钻探公司伊朗项目部 GWDC 261 队参观钻井岩屑无害化处理系统。伊朗公司副总经理冯亚平及伊方项目经理汇报现场作业环境保护工作情况。

9 月 22 日　阿曼 5 区项目被授予"2011—2012 年度阿曼最佳石油生产企业"，这个奖项评选是由阿曼油气部、阿曼石油服务社团、阿曼国家石油开发公司（Petroleum Development Oman，简称"PDO"）及媒体石油和天然气年刊（The Oil and Gas Year）等发起和组织的。

9 月 30 日　伊朗南阿扎德甘项目三号修改协议生效。合同期含建设期和回收期，其中建设期 52 个月，自修改的主体开发方案生效起（2012 年 9 月 6 日—2017 年 1 月 5 日），回收期为移交后的 78 个月。

10 月 6 日　叙利亚幼发拉底项目的艾拉瓦德（El Ward）油田被反政府武装占领，原油外输枢纽被控制，原油外输中断。

11月10日　由中国石油长城钻探262井队承钻的伊朗AZNS-027井完钻，该井是海外勘探开发公司接管南阿扎德甘项目后完钻的第一口井。

11月18—21日　海外勘探开发公司对阿曼5区项目联合公司实施首次与国际接轨的HSE审核。

12月14日　梦想号油轮装载200万桶原油，由伊拉克巴士拉港驶向中国。哈法亚项目成为伊拉克第二轮中标的7个国际项目中第一个实现投产，第一个进入投资成本回收阶段的项目。

12月15日　中国政协副主席白立忱率代表团到中国石油伊朗公司驻地，听取中国石油（CNPC）在伊朗的投资和作业情况汇报。

12月19日　中国驻阿曼苏丹国大使吴久洪等到阿曼5区项目油田现场参观，并慰问钻井现场作业的中外方员工。

12月23日　伊拉克哈法亚项目第一口水平分支井完井。哈法亚项目第一口水平分支井HF121-M121ML井完成钻井施工作业，主井眼完钻井深4077米，分支井眼3550米，总进尺4677米，是伊拉克第一口分支井。

12月24日　中国石油伊朗公司总经理李庆平获中国驻伊朗中资企业商会颁发的2012年度杰出领导奖。

2013年

1月4日　伊拉克哈法亚项目油田生产指挥控制中心办公大楼启用。中心通过大屏幕和专用软件，实现对油田生产运行的实时监控，为哈法亚数字化油田建设助力。

1月16日　中国石油（CNPC）副总经济师关晓红率代表团到哈法亚油田现场参观慰问，向在伊拉克海外石油员工致以新春问候。

1月19日　叙利亚戈贝贝油田现场被叙利亚反政府军占领，油田被迫全面停产。

2月19日　伊拉克哈法亚油田油气中心处理站一期外输天然气到天然气接收站，向卡哈拉电厂供气，是伊拉克境内第一家供给当地原油伴生气发电的油田。

2月15日　中国驻伊朗大使郁红阳在政务参赞倪汝池陪同下，视察南阿扎德甘和北阿扎德甘油田现场。

2月26日　伊拉克鲁迈拉项目完成2013年第一船提油，提油量196.5万桶。

3月5日　伊拉克哈法亚项目第1口分支水平井（双分支）HF121-ML121井投产，日产油5800桶。标志分支水平井技术在哈法亚进入规模应用阶段。

3月9日　中国石油（CNPC）批复撤销伊朗三区项目部。

4月9日　中国石油大学（北京）与伊拉克米桑大学在北京签署合作备忘录，为支持哈法亚油田中长期专业技术人才需求拓宽渠道。

4月14日　伊拉克总理马利基和石油部部长鲁艾比出席哈法亚油田二期奠基仪式。为哈法亚油田机场、生产运行控制中心落成剪彩，为油气处理中心二期工程和米桑石油外输管线工程奠基，参观哈法亚油田一期油气处理中心控制室，开启油田伴生气输往卡哈拉电厂供气阀门。

4月23日　伊拉克哈法亚项目员工为四川雅安地震灾区捐款。

5月10—13日，海外勘探开发公司高级副总经理王仲才一行到伊朗公司德黑兰办公室和阿瓦士油田现场检查指导工作。

5月15日　伊拉克石油部批准米桑石油外输管线建设授标中国石油管道局有限公司（简称管道局，英文名称China Petroleum Pipeline Engineering Co. Ltd.，简称"CPP"）及中国石油（PetroChina）、中国海油与伊拉克南方石油公司三方组建的联合体（SCOP）。米桑石油外输管线7月23日开工建设。

5月18日　伊拉克海关总署指派南方海关、米桑海关对哈法亚油田免税区项目前期设计和现场区域检查，哈法亚免税区项目启动。

5月19日　阿联酋阿布扎比国家石油公司和中国石油（CNPC）签署陆海勘探开发联营协议，合同模式为租让矿税制，期限30年，中国石油（CNPC）和阿布扎比国家石油公司分别持有40%和60%的权益。

5月27日　MIS项目公司接到伊朗国家石油工程开发公司关于终止技术服务合同的通知。

7月23日　伊拉克战后第一条战略管道米桑石油外输管道举行开工仪式。

8月18日　中国石油西部钻探XDEC-59钻机动员到伊朗南阿扎德甘项目，开钻第一口井AZNS-033井。

8月19日　伊拉克哈法亚项目以高峰产量53.5万桶/日为目标的《哈法亚油田最终开发方案》（Final Development Plan，简称"FDP"）获伊拉克政府批准。

9月25日　伊拉克石油部部长致信中国石油（PetroChina）董事长周吉平，祝贺哈法亚在伊拉克石油部对国际油公司（IOC）阶段业绩评比中，生产经营、HSE等7项指标名列前茅。

10月11日　伊拉克哈法亚项目油田生产平台管护工作交接仪式举行。项目为当地创造就业机会，构建和谐油区的一项重要举措。

11月2日　中国驻伊拉克大使倪坚一行访问哈法亚油田现场，肯定哈法亚为伊拉克石油工业发展和增进中伊友谊做出贡献。

11月7日　中国石油（PetroChina）收购埃克森美孚公司在西古尔纳-1项目25%权益项目获国家发改委批复。

11月11日　阿曼5区项目获英国标准协会（BSI）颁发的质量管理、职业健康和安全及环境管理体系国际认证证书，是在阿曼苏丹国唯一同时获3个ISO国际认证证书的石油公司。

11月26日　伊拉克哈法亚油田贝日杰/上部克库克（Jeribe/Upper Kirkuk）油藏的第一口先导性试验水平井HF075-JK075H完钻。该井完钻井深2200米，水平段长192米，其中在贝日杰组目的层水平段钻遇油层125米。

11月28日　中国石油（PetroChina）、埃克森美孚石油公司和印度尼西亚国家石油公司（Pertamina）三方代表，在阿联酋迪拜完成伊拉克西古尔纳-1项目（West Qurna Phase 1 Oil Field）

油田服务合同购股协议相关交割文件签署，中国石油（PetroChina）成为该油田技术服务合同伙伴之一。伙伴权益比例分别为埃克森美孚25%、中国石油（PetroChina）25%、壳牌15%、印度尼西亚国家石油公司10%、伊拉克石油勘探公司（Oil Exploration Company，简称"OEC"）25%（干股）。埃克森美孚石油伊拉克公司（Exxonmobil Iraq Ltd.，英文简称"EMIL"）为作业者合同牵头方，牵头组建联合体。

12月18日　中国石油（PetroChina）和印度尼西亚国家石油公司作为新伙伴加入西古尔纳-1项目后的第一次合同商管理委员会（Contractor Committee of Management，简称"CCM"）会议在迪拜召开。

12月31日　伊拉克哈法亚项目实现中方投资整体静态回收，比计划提前4年步入滚动发展阶段。

2014年

1月15日　伊拉克艾哈代布油田稳定塔系统工程投产，是艾哈代布项目2013年启动的中心处理站剔瓶颈三大工程之一。

2月6日　首班50座喷气式支线客机降落伊拉克哈法亚油田机场，实现员工动迁安保风险降低。

2月19日　伊拉克南方石油公司总经理德赫雅嘉法（Dheyaa Jaffar）与埃克森美孚伊拉克总经理杰梅阿达蒙（Jame Adams），以及中国石油（PetroChina）伊拉克公司总经理王莎莉等伙伴代表共同签署西古尔纳1油田技术服务合同修改协议4（TSC Amendment No.4）。根据修改协议，变更后合同者的股权比例为埃克森美孚及中国石油（PetroChina）各占32.7%、壳牌占19.6%、印度尼西亚国家石油公司占10.0%、伊拉克石油勘探公司占5.0%干股。

3月2日　伊拉克艾哈代布油田中心处理站剔瓶颈三大工程之一的5万立方米新储罐完工投运。新储罐投产后，艾哈代布油田原油存储能力提高到一周时间，油田抗风险能力增强。

3月17日　阿曼5区项目天然气发电厂二期工程并网发电，发电机组总数达四运一备，设计供电能力22兆瓦。

3月23日　伊拉克西古尔纳1项目实现中方首次提油，提油量为279791桶。本次提油采用与中联油长期合同拼装的方式实现，标志西古尔纳1项目开始通过提油销售实现投资回收。

4月1日　中国石油（PetroChina）首批16名中方员工进入西古尔纳-1项目，标志中国石油（PetroChina）与国际石油巨头埃克森美孚开启合作。

4月14日　伊拉克哈法亚油田天然气外输管线项目交接给伊拉克米桑石油公司管理。气外输管线包括18千米天然气管线和凝析油管线，以及1座天然气接收站。

4月15日　伊拉克艾哈代布项目建成通向油区10千米的公益路，降低油田作业区的安保风险，解决当地道路交通问题，被当地居民称为"中伊友谊之路"。

4月29日　伊朗国家石油公司致函南阿扎德甘项目公司，以工期滞后重大违约为由，单方面终止南阿扎德甘项目合同。同日，南阿扎德甘项目回函给伊朗国家石油公司，认为项目执行偏差，不构成对"合同主要义务违反"，伊方单方面终止合同，缺乏充分的合同和事实依据。

4月30日　根据中油国际（CNPCI）对伊朗公司及项目公司工作指示，伊朗公司立即成立南阿扎德甘项目应对工作组，下设合同条法等6个小组，负责与伊方的交接及后续工作。

5月30日　受伊方单方面终止合同影响，伊朗南阿扎德甘项目现场钻井、地面等作业施工被迫全部停止，项目公司开始对合同进行全部清理，对其他在执行合同发出终止函，最大限度减少由于合同终止对项目公司及承包商带来的损失。

6月20日　在伊拉克安全局势突变、反政府武装进攻威胁中国石油（CNPC）人员安全和项目正常运行的情况下，中国石油（CNPC）总经理助理王铁军一行抵达伊拉克项目前线，检查指导安保防恐工作。

7月5日　为了解决现场运输、解决当地村民出行的问题，伊朗北阿扎德甘项目扎赫热合（Zahirieh）修路合同签订。

7月16日　伊拉克鲁迈拉联合作业机构在南鲁营地召开生产20亿桶原油庆祝大会，伊拉克石油部部长卢艾比出席会议并作重要讲话。

8月10日　伊拉克战后第一条全自动化控制的米桑原油外输管道投产，全长272千米，管径42英寸，输油能力5000万吨。

8月12日　伊朗北阿扎德甘项目安全接应27名东方物探公司中方员工取道伊朗从伊拉克遣散。

8月18日　伊拉克哈法亚项目按照《初始开发方案的补充方案》实施二期产能建设工程投产。哈法亚二期启动原油外输，油田原油日产量突破20万桶，比合同要求提前两年实现1000万吨产能投产。

9月4日　在伊拉克巴士拉省鲁迈拉项目总部，伊拉克总理能源顾问、石油部合同局局长、原油销售公司代表与英国石油、中国石油（PetroChina）完成鲁迈拉项目技术服务合同修订协议签署。英国石油权益增加至47.6267%，中国石油（PetroChina）权益增加至46.3733%，伊拉克国家石油销售公司权益减少至6%（仍为干股）。合同期延长至25年，日均高峰产量降为210万桶，稳产10年。

同日　伊拉克政府与南方石油公司、中国石油（PetroChina）、道达尔和马来西亚签署《哈法亚油田开发生产服务合同的第一号修正协议》，高峰日产油调整为40万桶，稳产期延长为16年，合同有效期从20年延长至30年，中国石油（PetroChina）、道达尔和马来西亚石油权益分别调整为45%、22.5%和22.5%，伊拉克南方石油公司权益为10%。

9月6日　伊拉克哈法亚二期投产仪式举行，伊拉克当地民众以阿拉伯传统礼仪隆重庆祝，伊拉克石油部部长、米桑省省长、议长、米桑石油公司前总经理现国会议员阿里，中国石油（PetroChina）副总裁吕功训出席庆典仪式，剪彩并致辞。

9月8日　中国石油（PetroChina）副总裁吕功训访问伊朗，双方就南阿项目中止等事宜进行讨论，重申中方立场，伊方将邀请中方对南阿项目进行继续谈判。

9月20日　伊朗MIS油田服务主合同到期，伊朗公司就油田服务主合同延期及其他相关事宜补充协议（3）与伊朗政府进行谈判。

9月26日　海外勘探开发公司总经理吕功训在北京主持北阿扎德甘项目协调会，与各长线设备厂商及总部相关部门沟通关于长线产品的及时交付、地面工程下一步安排、北阿扎德甘项目整体进度。

10月3日　伊朗公司组织海外天然气技术中心、中国石油工程建设公司北京分公司、川庆钻探公司、大港中成公司、经济管理研究院和规划设计总院等单位成立技术团队，就开展MIS油田产量和维修复产研究工作，与伊朗方沟通，达成初步共识，形成MIS油田维修复产方案。

11月30日　伊拉克西古尔纳项目油气中心处理站扩建工程建成投产。该工程2013年8月开工建设。

12月7日　伊朗国家石油公司总裁参观北阿扎德甘油田施工现场，对油气中心处理站施工进度给予表扬。

12月17日　鲁迈拉油田项目举办5周年庆祝大会，油田累计生产原油超过20亿桶。

12月19日　中国石油（CNPC）董事长周吉平在北京会见阿布扎比国家石油公司总裁，推进陆上项目事宜。

2015年

1月6日　伊拉克哈法亚油田营地机场新办公楼和新航站楼投用。伊拉克米桑省长、米桑石油公司高层出席投用剪彩仪式。

1月9日　叙利亚戈贝贝油田8号集油站（OGM8）遭美国主导的联军轰炸。

2月9日　伊拉克石油部合同与许可证局致信第一轮、第二轮合同者征求石油合同修改建议，寻求互利的方式共同度过低油价时期难关。伊拉克政府正面临低油价时期财政紧张问题，难以以原油形式及时足额支付合同者服务费。哈法亚项目油田三期产能建设被伊拉克政府临时叫停。

2月19日　伊朗北阿扎德甘油田方案设计的58口井钻完井完成，总进尺241159米，钻井工程成功率100%。

3月9日　伊拉克哈法亚油田水库项目获伊拉克水资源部部长批复，哈法亚油田作业注水工程河流取水问题得到解决。

3月10日　驻伊朗大使馆参赞崔巍在伊朗公司副总经理姜明军陪同下视察北阿扎德甘油田现场。

同日　叙利亚戈贝贝油田GH-280井区遭到美国主导的联军轰炸，地面设施被毁。

3月11日　伊朗MIS项目向伊朗国家石油工程开发公司递交油田维护复产技术方案。

3月15日　叙利亚戈贝贝油田28井区遭到美国主导的联军轰炸。

4月15日　阿布扎比国家石油公司上游董事访问北京，与中国石油（CNPC）就陆上项目事宜沟通。

4月27日　伊朗公司组建北阿扎德甘项目部采油厂，担负北阿扎德甘油田投产前"三查四定"、试运及投产等工作任务。

5月30日　伊拉克石油部部长阿迪勒·阿卜杜勒·迈赫迪一行首次到哈法亚项目访问。迈赫迪对中国石油哈法亚项目国际水准油田管理表示赞赏，感谢中国石油（PetroChina）及合作伙伴携手共进，为油田开发建设所做出的卓越努力，促进当地经济发展、提供就业、培养人才等方面作出的贡献。对哈法亚油田未来发展寄予期望，期待中伊能源合作再创新里程碑。期间，迈赫迪与中国驻伊拉克大使馆商务参赞李壮松进行会谈。双方就深化中伊能源合作、经贸关系、人才培训、安保力量等问题交换意见。伊拉克中南部12省省长、议长及国会议员，在哈法亚油田召开中央政府和地方政府油气工业合作会议。

6月6日　伊拉克公司与中联油一起，拓宽伊拉克公司份额油的销售渠道，提升市场应对能力，完成首船100万桶克库克（Kirkuk）原油和200万桶巴士拉重油提油销售工作。

6月10日　伊拉克哈法亚项目污水处理升级改造工程试运投产成功。标志哈法亚油田进入先导性注水试验阶段，为未来提产稳产奠定基础。

同日　伊拉克公司与埃克森美孚就中东1号项目合作事宜签订保密协议。

6月14日　中国石油（PetroChina）、埃克森美孚与伊拉克石油部就中东1号项目合作在约旦安曼召开三方会议，交流相关技术情况。

6月17日　伊朗北阿扎德甘采油厂自备电站第一台双燃料（燃油/燃气）发电机组2号燃机第一次用柴油点火成功。

6月23日　中国石油（CNPC）总经理助理王铁军拜会伊拉克石油部副部长法亚德，就如何推进中国石油（CNPC）在伊拉克石油市场的发展进行交流。

6月24日　中国石油（PetroChina）、埃克森美孚和伊拉克石油部三方签署中东1号项目排他性协议。

6月29日　伊拉克公司总经理祝俊峰在迪拜会见卢克石油全球高级副总裁，讨论纳西里耶项目合作事宜。卢克石油原则同意接受中方在项目前期主导，轮流操作的建议。

7月14日　伊拉克公司与埃克森美孚在迪拜签订中东1号合作框架协议，就两个油田项目前期中方研究成果第一次进行讨论。

8月21日　中国石油（PetroChina）副总裁、海外勘探开发公司总经理吕功训到阿布扎比项目公司调研。

8月25日　伊拉克鲁迈拉电站项目开始现场施工，建设任务包括5台燃气透平发电机组（GTG）组装，3台燃气压缩机（FGC）、燃气处理橇（固定床脱硫）、控制室、变配电间、8.6千米的输气管线、1.5千米高空输电线路塔及配套工艺系统、公用工程等。

8月27—28日　中国石油（PetroChina）、埃克森美孚和伊石油部召开中东1号项目三方会议，澄清关键性技术条款、设计依据、合同模式及后续研究计划。

9月20—24日　中国石油（PetroChina）与埃克森美孚在北京就中东1号项目最终技术评价、

投资测算进行讨论，技术评价方案达成一致，双方明确项目运营基本原则和策略，并形成项目运营方案和工作分解。

10月5日　阿曼5区项目在沙迪（Shadi）油田部署勘探评价水平井SDS-1井完钻，日产油1400桶左右，日产气642百万立方英尺，新增石油可采储量期望值（EV）值26万吨。

10月12—14日　伊拉克公司中东1号项目组一行7人，在休斯敦与埃克森美孚就项目商务条款、组织架构、工程范围、经济模型及下阶段工作安排等进行讨论。

10月28—29日　第三届伊拉克油气大会在哈法亚油田现场体育馆举行，伊拉克石油部部长阿迪勒·阿卜杜勒·迈赫迪出席大会开幕式。

10月29日　伊朗石油部部长赞加内、副部长兼伊朗国家石油公司总裁贾瓦迪等一行到北阿扎德甘油田，视察中心处理站站内设施，与中国石油伊朗公司人员进行交谈。赞加内感谢中国石油（CNPC）各参建单位对项目建设所作贡献。

10月31日　伊朗北阿扎德甘项目资本性投资上限获伊朗国家经济委员会批准。

11月30日　伊拉克艾哈代布油田地面建设工程被中国建筑业协会授予"2014—2015年度中国建设工程鲁班奖"。

12月9日　叙利亚戈贝贝油田主站遭到美国领导的联军轰炸，炸毁800立方米储油罐6座、5000立方米新罐1座，以及主控室和配电房，油田设施损失约1.35亿美元。

12月10日　中国石油（CNPC）《关于调整理顺中东地区业务管理体制的通知》，整合伊拉克公司、伊朗公司，并将海外勘探开发公司直接管理的中东各项目公司划入，成立中国石油中东公司。撤销伊拉克公司、伊朗公司及中东各国别公司。以中东公司为组长单位，中东各油气投资业务及服务保障单位为成员，组建中国石油中东地区协调组。

12月10日　中国石油（CNPC）发文《关于祝俊峰等3人任职的通知》，祝俊峰任中东公司总经理，黄永章任中东公司常务副总经理（正局级），王保记任中东公司副总经理。

同日　中国石油（CNPC）发文《关于明确中东地区协调组组长、副组长的通知》，祝俊峰任中国石油中东地区协调组组长，黄永章、王保记任中国石油中东地区协调组副组长。

12月23日　海外勘探开发公司召开视频会议，传达中国石油（CNPC）《关于调整理顺中东业务管理体制的通知》。

2016年

1月8日　中东公司在迪拜召开整合启动工作会议，贯彻落实中国石油（CNPC）关于调整理顺中东业务管理体制文件精神，研究部署中东地区整合和启动工作。明确近期抓好安全生产、队伍稳定、重大事项报告、过渡期间汇报制度、节假日值班、"三严三实"专题教育等工作，部署2016年生产经营工作和中长期发展远景规划，提出整合过渡期间工作要求和进度安排。

1月11日　伊拉克米桑石油公司总裁阿德南率代表团，与中国石油哈法亚项目副总裁李庆学所率代表团，以及道达尔、马来西亚石油公司代表参加哈法亚水厂交接剪彩仪式。

2月19日　中国石油（CNPC）人事部批复中东公司机构设置，中东公司机关设综合办公室、人力资源部、规划计划部、财务部、销售采办部、股东与法律事务部、审计监察部、HSSE部、技术部9个部门及中东地区组织工作委员会办公室。明确中东协调组与中东公司合署办公，依托中东公司相关职能部门履行协调组职责，下设协调组办公室，负责日常协调组事务。

2月21日　伊朗当地政府为中国石油中东公司伊朗北阿扎德甘项目颁发环保荣誉证书，对其在生产建设过程中作业区湿地保护、生态保护等方面作出的努力和取得的成就进行表彰。北阿扎德甘项目是近年来唯一获得伊朗当地政府表彰的项目。

3月30日　中国石油（CNPC）发文《关于郭月良等9人任职的通知》，任命郭月良、陈镭、李庆学、许岱文、成忠良、姜明军、刘朝全、王贵海、范建平9人为中东公司副总经理，蔡勇任中东公司总会计师。

4月1日　中国石油（CNPC）总会计师刘跃珍到中东地区调研，在迪拜中国石油（CNPC）办公大楼召开工作座谈会，代表中国石油（CNPC）慰问中东地区干部员工。中东公司和工程技术服务保障单位对在国际低油价严峻形势下，中东企业生产运营情况、面临的困难，以及应对低油价挑战成功经验和做法作汇报。

4月8日　阿联酋陆海项目第二口海上评价井BM003井完成侏罗系和白垩系4个层段测试工作，在侏罗系上阿若几（Upper Areaj）、阿拉伯C（Arab C）和阿拉伯D（Arab D）油藏及白垩系塔玛玛（Thamama IV）油藏测试均获商业高产油流，全井测试层段合计产量14719桶/日。

4月13日　中东公司北阿扎德甘项目原油外输，标志项目启动投产。北阿扎德甘项目是伊朗重点工程，也是中国石油（CNPC）在伊朗主要投资项目。在投产现场，伊朗石油部部长对中国石油（CNPC）表示感谢，肯定中国石油（CNPC）对项目建设所作出的努力和贡献。

4月25—27日　伊拉克哈法亚项目应伙伴建议在北京中国石油勘探开发研究院召开技术研讨会，项目公司、伙伴代表及勘探院有关专家参加会议。会议讨论哈法亚各油藏开发现状、阶段认识及下一步开发部署优化等问题，对勘探开发技术支持成果表示肯定，对部分关注问题提出建设性意见。

5月19—20日　中东公司与埃克森美孚与伊拉克石油部在约旦首都安曼召开中东1号技术交流会，就进一步优化油田开发节奏和工作进度、成本估算基础进行讨论，取得进展。

6月4日　中东地区第一次组织工作委员会常委会议在迪拜召开。

6月12日　中东公司与伊拉克石油部在巴格达就哈法亚三期建设、合同修改及2016年工作计划与预算（WPB）进行磋商。

6月26日　伊朗国家石油公司董事会批准伊朗MIS项目维修复产计划及主合同修改文件。

6月27日　中东公司总经理祝俊峰到伊朗就北阿扎德甘项目提油、南阿扎德甘项目合作及MIS项目复产等事项与伊朗石油部副部长（兼伊朗国家石油公司总裁）、伊朗国家石油工程开发公司总裁进行沟通。

7月1日　国务院国资委监事会主席季晓南代表团一行到中东公司伊朗项目调研，中东公司常务副总经理黄永章、副总经理兼北阿扎德甘项目总经理成忠良陪同到伊朗北阿扎德甘油田现场视察。

同日　中国驻伊朗大使庞森致函伊朗石油部部长，就中国石油（CNPC）北阿扎德甘项目、中国石化在伊朗项目提油启动投资回收等事宜，敦促伊方尽快履行合同义务。

7月21日　中东公司总经理祝俊峰、总会计师蔡勇在巴格达会见伊拉克石油部代部长，就其访问北京及中东1号、2号项目、哈法亚三期启动等事宜进行交流。

7月24日　中东公司副总经理李庆学到伊朗就北阿扎德甘项目回收提油等有关事宜与伊朗国家石油公司投资部经理莫斯塔法（Mostafavi）进行沟通。

7月25日　伊朗政府批准MIS项目维修复产协议。

8月23日　中东公司阿曼5区项目庆祝日产原油突破5万桶，是项目接受时原油日产量的10倍。

10月11日　中国石油（CNPC）纪检组组长徐吉明看望慰问中东地区中外方员工。

10月20日　中油国际（CNPCI）与伊朗国家石油公司在伊朗签署北阿扎德甘油田原油销售协议。

10月27日　中东公司副总经理兼南阿扎德甘项目总经理姜明军赴法国道达尔总部，与道达尔高层就双方在伊朗的南阿扎德甘油田、南帕斯11区气田合作前景进行交流。

10月28日　北阿扎德甘项目4季度第一船203万桶、第二船105万桶伊朗重油分别离港发运，完成提油308万桶（伊重）的任务，北阿扎德甘项目进入投资回收期。

11月8日　中油国际（CNPCI）与伊朗国家石油公司、道达尔和帕斯石油（Petropars）签署联合开发伊朗南帕斯11区框架协议。合同模式为伊朗石油合同（Iran Petroleum Contract，英文简称"IPC"）。

11月13日　中东公司伊朗北阿扎德甘油田竣工庆典在油田现场举行。

11月15日　中国石油（CNPC）首船200万桶伊朗权益油，历经22天抵达大连港。第二船从伊朗发运的100万桶权益油抵达法国拉瓦莱炼厂。中国石油（CNPC）伊朗北阿扎德甘项目进入投资回收阶段。

11月22日　中东公司祝俊峰、王贵海、蔡勇等与伊拉克石油部部长卢艾比在巴格达举行会谈，就哈法亚项目三期重启、哈法亚项目转股、伊拉克新项目及艾哈代布项目历史遗留商务问题等进行讨论。

11月30日　中东公司、大庆油田公司代表共同会见迪拜自由贸易区副总裁，推动哈法亚项目转股大庆油田批复。

同日　伊拉克艾哈代布项目累计净现金流转正，实现项目静态回收，较合同预期提前1年。

12月5日　中东公司北阿扎德甘项目获伊朗国家石油工程和开发公司颁发的4200万工时安全无事故HSE荣誉证书，表彰其为北阿扎德甘油区湿地生态和环境保护作出的贡献。

12月13日　因2016年下半年原油市场出现复苏回暖，伊拉克政府要求哈法亚项目重启三期产能建设。

12月14日　中国石油（CNPC）副总经理汪东进在伊朗德黑兰会见伊朗国家石油公司副总裁

马诺车赫里，双方就推动北阿扎德甘项目合作、解决南阿扎德甘项目相关问题以及海洋平台销售项目等事宜交换意见。

12月15日 海外勘探开发公司总经理吕功训在伊朗就北阿扎德甘项目一期回收、交接和南阿扎德甘项目历史问题等与伊朗国家石油公司副总裁马诺车赫里会谈，双方同意就北阿、南阿相关问题分别以会议纪要、备忘录形式落实讨论情况。

同日 埃克森美孚全球副总裁高立信访问伊拉克石油部，会后伊石油部同意将中东1号项目的排他性协议延期半年，计划于2017年1月16日在巴格达召开三方专题会议。

12月16—18日 伊拉克哈法亚项目出资伙伴分别在安曼和巴格达与伊拉克合同局局长马赫迪和石油部部长阿利比会面，就三期建设时间安排、伊方提供的支持与保障等事项进行商谈取得进展，形成补充信函协议，待伙伴签署后生效。

12月19日 伊拉克哈法亚油田水力压裂技术在HF055-N055井实施，加陶粒40立方米，压后日产原油1370桶。该井是伊拉克历史上第一口水力压裂井。

2017年

1月7日 伊朗北阿扎德甘项目自备电站4台燃机全部采用自产天然气并网发电运行。

1月16—20日 伊拉克哈法亚项目公司组织技术支持团队与伙伴在北京召开关于《哈法亚油田最终开发方案修正版1号》的审查会，获伙伴理解和支持。

2月2日 伊拉克政府批准中东1号项目排他性协议延长半年至7月，项目投资达成一致。

2月14日 中东公司代表团到巴格达拜访伊拉克石油部及合同局，介绍中国石油（CNPC）与中国石化在中东2号项目的合作意向。伊方同意取消工程设计采办建造融资（EPCF）模式，重新回到一体化模式，提出新的技术和商务方案要求。

2月15日 阿联酋陆海项目海上二区块一期布哈塞（Bu Haseer）油田开发方案获中国国家发改委批准。

2月19日 中国石油（CNPC）与阿布扎比国家石油公司签署《阿布扎比陆上油田开发合作协议》。中国石油（CNPC）获取该项目8%权益。

2月20日 道达尔与伊朗国家石油公司启动伊朗石油合同谈判，邀请中油国际（CNPCI）和帕斯石油各派一人作为观察员参与谈判过程。中东公司副总经理姜明军代表中油国际（CNPCI）参加谈判。

2月23日 中国石油（CNPC）与中国石化代表团在迪拜召开第一次中东2号项目伙伴筹备会，就技术和商务方案进行交流，确定项目推进路线。

2月28日 伊拉克哈法亚项目三期增产1000万吨/年计划预算获联管会批准，与中国石油工程建设公司签署三期中心处理站EPC合同，合同额8.2亿美元，创伊拉克地区单项合同最高纪录。

3月6日 中东公司与中国石油勘探开发研究院在迪拜签署战略合作框架协议，举行迪拜技术支持分中心揭牌仪式和技术支持研讨。中东公司总经理祝俊峰和勘探开发研究院院长赵文智共同签署协议，并为迪拜技术支持分中心揭牌。

3月15日　中国石油（CNPC）副总经理覃伟中到中东公司现场调研。

3月16日　伊朗北阿扎德甘项目草签合同修改协议，按设定的谈判目标对项目移交、回收等关键事项进行约定。

同日　伊朗南阿扎德甘项目与伊朗国家石油公司就项目历史投资回收达成一致，草签会议纪要。伊方首次书面确认将对中方的投资做出补偿，明确规定如中油国际（CNPCI）在新伊朗石油合同模式下参与项目开发，经审计的成本将作为项目历史成本在未来进行回收，如中油国际（CNPCI）未能成为新伊朗石油合同者，则在新合同授标后一年内予以支付剩余未回收投资。

3月26日　中国石油（CNPC）、中国石化联合工作组与伊拉克石油部在北京举行会谈，签署中东2号项目包含排他性条款的合作备忘录。

4月1日　伊拉克哈法亚项目三期主体工程油气中心处理站三期地面建设总包合同EPC签署，合同金额8.2亿美元，EPC承包商中国石油工程建设公司，合同工期18个月。

5月24日　中东公司伊拉克哈法亚项目举行三期工程开工建设仪式。该油气处理站设计日处理能力20万桶。哈法亚三期包括油气中心处理站及配套系统项目。中国石油（PetroChina）副总裁孙龙德、伊拉克米桑石油公司总经理阿德南等出席开工仪式。

6月6日　中国石油（PetroChina）副总裁、海外勘探开发公司总经理吕功训在阿布扎比召开现场办公会，确定阿布扎比项目公司"一体化"方案，明确发展新方向、新阶段。

7月1日　伊朗南阿扎德甘油田现场营地移交给伊朗国家石油公司，前线员工遣散。

7月3日　由中国石油（PetroChina）、法国道达尔及当地伙伴组成的联合体，与伊朗国家石油公司在德黑兰伊朗石油部签署南帕斯11期天然气开发合同。高峰产量为每天20亿立方英尺天然气，合同期20年。项目总投资预计53亿美元，其中中方持股30%，道达尔公司持股50.1%，当地伙伴持股19.9%，道达尔为作业者。该合同是伊朗新的石油合同条件下签署的第一个合同。伊朗石油部部长赞加内、中国驻伊朗大使庞森、中国石油（PetroChina）副总裁吕功训、道达尔公司总经理普亚内、伊朗国家石油公司总裁阿里卡多等出席签字仪式。

7月8日　伊拉克石油部部长贾巴尔·阿里·侯赛因、副部长卡里姆·哈塔卜等石油部代表团乘专机抵达伊拉克哈法亚油田，为哈法亚三期项目开工奠基。中油国际中东公司、哈法亚项目、米桑石油公司负责人以及米桑省议会成员等参加活动。

8月1日　伊朗北阿扎德甘项目油田生产操作权转交给阿尔万丹油气公司（AOGC，伊朗国家石油公司负责油田生产的子公司），中油国际（CNPCI）负责协作并提供必要的技术支持。

8月28—29日　中国石油（CNPC）总经理章建华到中国石油驻中东地区企业调研，召开工作座谈会，看望慰问中外方员工。期间，章建华与阿拉伯联合酋长国国务部部长兼阿布扎比国家石油公司首席执行官贾贝尔，以及上、下游董事举行会晤，双方就进一步加强能源战略合作交换意见，与中国驻阿联酋大使倪坚就中国石油在阿联酋项目发展及共同关心问题进行工作交流。中国石油（PetroChina）副总裁吕功训，中国石油总部有关部门、驻中东地区各企业负责人参加相关活动。

9月24日　中国石油（CNPC）总会计师刘跃珍到伊朗项目慰问员工。

10月17日　伊朗MIS项目获由伊朗MIS市卫生局颁发的杰出HSE管理团队奖。该奖项是MIS市卫生系统首次开展的专项表彰，MIS项目是唯一获此奖项的在伊朗的国际石油公司。

10月31日　道达尔邀请伊朗国家石油公司、伊朗帕斯石油天然气公司、中油国际（CNODC）和帕斯石油代表在德黑兰召开南帕斯11区项目第一次联合管理会议。中东公司副总经理成忠良代表中油国际（CNODC）参加本次会议。会议审议并通过两项决议，即作业者道达尔提出的2018年工作预算和合同采办策略，推荐将两项决议提交给伊朗国家石油公司批准。

11月12日　中东公司发挥中国石油（CNPC）一体化优势，利用投资业务引领工程服务，中国石油工程建设公司签约陆上项目15.19亿美元EPC合同。

11月12日　中国石油（CNPC）与阿布扎比国家石油公司签署战略合作协议备忘录。

12月13日　阿联酋陆海项目陆上一区块经过详细论证、周密部署，第一口探井开钻。

12月14日　中国石油副总经理覃伟中视察阿布扎比项目，对阿布扎比项目执行中国石油（CNPC）一体化战略所作出的贡献表示肯定和认可。

同日　伊拉克哈法亚项目获得由法国船级社颁发由英国皇家认可委员会（UKAS）认可的职业健康安全认证证书（OHSAS 18001：2007），认证范围包括一期、二期油气中心处理站、站外油气集输管线和平台系统（FSF-1&2），哈法亚泵站（HPS）、水厂、电站、库房、加油站和营地。

11月20日　中东公司伊朗MIS油田维修复产项目进油投产，项目公司、伊朗国家石油公司和合同方的代表共同开启阀门。

12月27日　中国石油碳酸盐油藏开发配套技术得到阿布扎比国家石油公司认可，阿布扎比国家石油公司授标中国石油陆上项目"NEB资产组领导者"。资产组领导者获取的税收减免激励，带动技术应用、转让、工作订单和培训等。

12月31日　中东公司超额完成2017年度生产经营任务指标，在国际低油价窗口期，原11个项目权责制下实现整体静态回收（不含2017年新获取项目），继续保持零伤害、零事故、零污染的HSSE纪录。

2018年

1月2日　伊朗MIS项目一次性通过21/30天的产量测试，项目维修复产成功，重启商业回收。

1月7日　伊拉克鲁迈拉项目，利用油田伴生气资源，减少燃空造成的环境污染，实现150兆瓦早期电站投产。

2月26—27日　伊朗南帕斯11区项目在德黑兰召开第3次技术委员会会议。会上作业者道达尔就项目现阶段的工作进展、研究成果和下一步计划等分多个专题进行汇报。项目进展滞后，伙伴要求道达尔更新执行计划以及工作预算，更新伙伴派遣人员动员计划。会议决定4月中旬召开第二次财务委员会会议和第三次作业委员会会议，审查和批准招标结果和供货商及承包商名单等事项。

2月28日　阿曼5区作业公司达利石油有限责任公司获阿曼石油服务社团协会2017年度最佳技术实践奖。表彰阿曼项目不断创新，在天然气排放、环境保护、探索新油藏、优化钻井等方面走在阿曼石油行业创新实践的前列。

3月5日　中油国际（CNODC）董事长王仲才在德黑兰会见道达尔中东北非地区勘探开发总裁史蒂芬米歇尔。就南帕斯11区项目受美国制裁的影响等交流看法。

3月10日　中国石油（CNPC）总经理侯启军到哈法亚油田三期现场参观。

同日　中东公司哈法亚油田三期投产剪彩仪式在油田现场举行。

3月15日　中东公司西古尔纳油田DS6C脱盐站投产仪式在西古纳尔油田营地举行。

3月20日　中油国际阿布扎比技术分中心揭牌成立，为陆海、陆上、下扎库姆、乌姆沙伊夫—纳斯尔等项目提供技术支持，以及作为资产领导者，推进中国石油特色技术应用，探索技术驱动创效新模式。

3月21日　中东公司陆海项目首次投油庆祝活动在阿布扎比举行，中国石油国际开发有限公司董事长王仲才、中东公司总经理黄永章和阿布扎比国家石油公司首席执行官贾贝尔参加庆祝活动。

3月21日　中国石油（CNPC）与阿布扎比国家石油公司签署乌姆沙依夫—纳斯尔油田开发项目和下扎库姆油田开发项目合作协议，实现中东公司在中东地区资产多元化配置。

3月24日　阿联酋阿布扎比陆海项目实现首油，为中国石油（CNPC）在阿联酋油气合作高水平发展奠定基础。

3月28日　鲁迈拉项目油田作业区在现场举行鲁迈拉电站投产仪式，伊拉克石油部部长贾巴·阿里·阿拉鲁艾比（Jabbar Ali Al-Luaibi）出席庆典仪式。电站由中国石油工程建设公司承建，总装机容量235兆瓦，是鲁迈拉联合作业机构接管鲁迈拉油田以来最大的单体工程项目。

4月1日　伊拉克鲁迈拉油田克玛特阿里（Qarmat Ali）水厂至北鲁迈拉油田中心处理站（CPS）内注水站新建的48寸外输水管线投产，北鲁迈拉油田的注水能力提高到140万桶/日，并为北鲁迈拉各原油脱气站提供6万桶/日工业用水。

4月16日　中国石油大学中东培训中心揭牌。

5月21日　道达尔向中油国际（CNODC）递交南帕斯11区项目"无法继续履行"通知，提出由于美国5月8日退出《伊核问题全面协议》并将逐步恢复对伊朗的制裁，道达尔公司暴露于美国制裁风险之下，构成合同规定的"无法履行"事项，将寻求法国政府的保护以豁免美国制裁，如60天内无法获取，将退出并在11月4日前完成退出工作。

5月22日　中油国际（CNODC）总经理与伊朗国家石油公司副总裁马诺切瑞在德黑兰举行高层谈判会议，就北阿扎德甘项目报酬计算（K表）签署会议纪要，小签合同修改协议二文本。

5月27日　日本伊藤忠收购伊拉克西古尔纳-1项目壳牌19.6%投资股份，技术服务合同补充协议签订。

6月20日　伊朗国家石油公司召集道达尔、中油国际（CNODC）和帕斯石油三家伙伴召开关于南帕斯 11 区项目交接前的准备工作会议。道达尔向伊朗国家石油公司介绍移交工作初步方案时间表和所做的移交准备工作。中油国际（CNODC）代表向伊朗国家石油公司介绍准备工作，包括组织和动员接手团队、准备移交前审计、变更投资主体、重新评价开发方案、调研中国压缩机解决方案等。提出中方接手后，有必要重新评价道达尔的招标工作、修改已批准的供应商和承包商名单，希望伊朗国家石油公司考虑适当延长合同期，以弥补项目工期滞后给合同者带来的损失。如果接手后，发现制裁严重影响中方继续执行该项目，中方将不得不退出。

7 月 1 日　伊拉克石油部副部长视察哈法亚三期施工现场，对项目施工现场的安全规范表示肯定，对工程的尽早投产充满期待，表示要推动并尽快解决项目遇到的清关问题。

7 月 4 日　中国国有资产管理委员会海外形象建设检查团到中东公司调研。

8 月 1 日　中油国际（CNODC）与道达尔在德黑兰召开第一次伊朗南帕斯 11 区项目交接工作会议，讨论整个交接工作具体安排。道达尔将第一批资料超过 25000 个项目文件移交给中油国际（CNODC），决定整个交接于 10 月 29 日结束。

8 月 30 日　道达尔和中油国际（CNODC）召开第二次南帕斯 11 区项目移交工作会议，讨论移交工作中存在的问题以及后续的行动。道达尔与中油国际（CNODC）的律师就项目移交的重要法律文件《转让协议》(Deed of Assignment) 展开交流。

9 月 20 日　伊拉克哈法亚项目三期油气中心处理站火炬点火成功，5 个井场 12 口油井开井产油入站。比原计划提前 70 天，建成年产 2000 万吨生产能力，中国石油（CNPC）成为伊拉克国际石油公司中第一个完成合同要求高峰产能建设的作业者。

9 月 29 日　伊拉克哈法亚油田三期油气中心处理站外输原油到达哈法亚外输首站（HPS），实现原油外输。

10 月 16 日　中油国际（CNODC）总经理叶先灯与道达尔代表在德黑兰就南帕斯 11 区项目事宜进行会谈，指出中油国际（CNODC）接收道达尔权益需要中国政府的批准，在中国政府没有明确中油国际（CNODC）应"接收或退出南帕斯项目"的态度之前，中油国际（CNODC）不能签署《转让协议》。

10 月 17 日　中东公司伊朗 MIS 项目荣获由伊朗 MIS 市卫生局颁发的杰出 HSE 管理团队奖。MIS 市卫生系统首次开展专项表彰，MIS 项目是唯一获此奖项的在伊朗国际石油公司。

10 月 18 日　中国石油（CNPC）董事长周吉平到中东公司调研慰问。

11 月 3 日　中东地区份额油提油销售一体化工作研讨会在迪拜召开。会议总结中东地区近年来提油销售一体化实践的经验，探讨如何继续挖掘一体化潜力，应对份额油市场渠道不足、价格风险较大等难题，提升海外油气合作抗风险能力。

11 月 15 日　中东公司与工程技术研究院有限公司在迪拜签署战略合作框架协议，举行中东工程技术支持中心揭牌仪式。促进中东地区国际化技术支持体系和平台建设，提高中东地区技术支持水平。

11 月 22—25 日　国务院国资委保密检查团到中东公司进行保密工作检查。检查团认为中东公司对保密工作高度重视，认识到位、措施有力、计算机及网络管理规范、制度执行严格、台账清楚。检查提升中东公司全员保密意识，强化保密制度和责任落实。

12月2日　伊朗北阿扎德甘项目获伊朗当地健康医疗政府部门颁发的HSE证书，表彰项目多年来在员工安全和职业健康与卫生方面所付出的努力与取得的成绩。

12月9日　中国石油（CNPC）副总经理侯启军到阿联酋看望慰问中国石油（CNPC）驻中东地区企业员工，要求执行中国石油（CNPC）关于海外业务优质高效发展的意见，以经济效益为中心，突出整体优势，突出实力提升，突出风险防范，抓好新项目开发和现有项目提质增效，践行"做大中东"战略，打造国际化经营和"一带一路"油气合作典范。

12月12日　伊拉克哈法亚项目举行三期新增1000万吨产能工程投产庆典，庆祝哈法亚油田产能达到2000万吨级。中国石油（CNPC）副总经理侯启军，伊拉克石油部副部长卡里木·哈塔布，中国驻伊拉克大使陈伟庆，中国石油（CNPC）及来自伊拉克米桑省、米桑石油公司、道达尔、马来西亚石油公司等600余人出席庆典，参观哈法亚三期工程现场。

12月27日　中东公司和中国石油勘探开发研究院邀请参加波斯湾盆地综合地址研究研讨会的院士团组到中东公司访问。

2019年

1月11日　中东公司召开2019年度工作会议，部署2019年重点工作，动员全体干部员工全力推进中东油气业务优质高效发展。

2月18日　伊拉克西古尔纳公司4万桶/日原油处理列进油投产，中国石油（PetroChina）参股的西古尔纳油田原油上产工作迈上新台阶。

2月22日　中国石油海外HSE技术支持中心在中东公司揭牌。

2月25日　中东公司副总经理李应常在德黑兰代表中油国际（CNODC）签署关于南帕斯11区项目与道达尔的权益和作业权《转让契约》，签字日确定为2018年10月29日。

3月3日　伊朗MIS项目公司获当地政府颁发的1397（伊斯兰历）年度"最佳安全与卫生委员会"证书。

3月5日　伊拉克艾哈代布项目公司召开伊拉克杰出雇员表彰会议，为21名杰出雇员颁发荣誉证书并给予嘉奖。

3月7日　伊拉克哈法亚油田日外输原油40万桶，并持续30天，达到合同规定要求，实现高峰产量目标，保持40万桶高峰产量稳产。

4月3日　阿联酋阿布扎比项目代表中国石油（CNPC）参加与阿布扎比国家石油公司数字油田技术专题交流活动，推进中国石油先进技术在阿布扎比国家石油公司应用，促进双方合作发展注入新动力。

4月12日　中东公司在第5届驻阿联酋使馆及中资机构体育节中获5项冠军。

4月14日　中油国际（CNODC）总地质师刘合年率团到伊朗与伊朗国家石油公司就南帕斯11区项目有关事宜进行第一轮会谈。

4月18日 首次由中油国际（CNODC）HSSE技术支持中心、中东公司HSSE部与阿曼合作伙伴阿曼石油天然气有限责任公司（Petrogas LLC Oman，简称"Petrogas"）组成股东联合审核组完成对中油国际（阿曼）公司的QHSSE审核。

5月1日 伊拉克哈法亚项目营地宿舍区A列一座营房下方发现一枚地雷，项目公司安保部封锁营地，上报当地石油警察（OPF SF）进行处理。地雷被移除，未造成人员伤亡。

5月8日 伊拉克哈法亚油田天然气处理厂（Gas Processing Plant，简称"GPP"）项目授标意向函签字仪式在伊拉克首都巴格达举行，伊拉克副总理兼石油部部长塔米尔·加德班（Thamir Ghadhban），中国驻伊拉克大使张涛，中油国际中东公司常务副总经理兼哈法亚项目总经理王贵海及中国石油工程建设公司总经理刘海军等出席签约仪式。中国石油工程建设公司获该天然气处理厂项目，项目投产后将彻底解决米桑省电力缺乏问题。

5月26日 中东公司参加斋月慈善活动，派发开斋晚餐。中东公司代表中国石油（CNPC）连续第二年参加斋月慈善活动。

6月30日 中油国际（CNODC）成功运作回购合同，伊朗北阿扎德甘公司实现静态回收。

8月7日 阿曼5区石油合同延期协议签署，标志中国石油（PetroChina）与阿曼油气合作进入新阶段。新签署的延期合同期限为15年。

8月8日 伊朗国家石油公司根据伊朗石油合同条款，给中油国际（CNODC）公司董事长王仲才发来《终止南帕斯11区项目服务合同的意向通知》。伊朗国家石油公司给中油国际（CNODC）90天缓冲期，然后终止合同。

9月1日 中东公司以"回归质量本源、聚焦质量提升，推进高质量发展"为主题，在各项目组织开展2019年"质量月"活动。

9月29日 中油国际（CNODC）和伊朗国家石油公司签署南帕斯11区项目《退出协议》。协议规定中油国际（CNODC）与帕斯石油在2019年10月28日前完成项目转让。

10月14日 伊朗国家石油公司批复签署北阿扎德甘油田开发合同修改协议二。

10月17日 阿布扎比项目公司，为中阿文化交融向当地Yas学校举行捐赠图书活动。

11月7日 中油国际（CNODC）决定中油国际中东公司副总经理成忠良兼任中油国际（伊拉克）哈法亚公司总经理。

11月27日 伊拉克哈法亚项目第1口碳酸盐岩特低渗油藏萨迪（Sadi）油藏HF005-S005H1水平井的分段加砂压裂试验施工完成，产量2000桶/日，是伊拉克的第1口水平分段压裂井。

12月19日 中东公司在迪拜召开全球油气勘探开发形势与启示座谈交流会。

2020年

1月2日 伊拉克艾哈代布项目油田注水关键工程高密度聚乙烯纤维（HDPE）穿管作业完成。

同日 中国石油工程建设公司的分包商一辆防弹客车（B6 Bus）在伊拉克哈法亚项目油田三期油气中心处理站附近被3名当地村民枪击，车辆外部、车胎等多处被子弹击中，无人员伤亡。

1月3日　伊朗伊斯兰革命卫队下属特种部队"圣城旅"旅长苏莱曼尼将军在伊拉克巴格达国际机场附近的道路上被美军无人机刺杀。受此影响，西古尔纳项目联合公司在巴士拉国际雇员14人，包括中方4人，乘坐上午航班撤回至迪拜。

1月6日　中东公司召开2020年度工作会议，部署2020年重点工作，动员全体干部员工认清形势、明确目标，统一思想、坚定信心，勇于担当、主动作为，完成2020年各项生产经营及工作目标，高质量打造"一带一路"油气合作旗舰，谱写中东业务优质高效发展新篇章。

1月8日　伊拉克哈法亚项目油田承包商安东石油公司3名中方人员乘坐一辆由运输承包商提供的车辆前往平台（Pad7635）作业。在距离井场约500米处，遭到一辆皮卡车中不明身份的两名伊拉克当地人枪击，约射击12发子弹，造成两名中国员工受伤，经医疗急救脱离生命危险。

1月10日　2019年度国家科学技术奖励大会在北京人民大会堂召开。"中东巨厚复杂碳酸盐岩油藏亿吨级产能工程及高效开发"重大科研项目获国家科学技术进步奖一等奖。项目参与人有宋新民、黄永章、王贵海、田昌炳、成忠良、李勇、范建平、刘合年、许岱文、郭睿、欧瑾、李保柱、冀成楼、朱光亚、穆龙新。

1月23日　伊拉克哈法亚项目油田HF107平台，中国石油工程建设公司报告称3辆当地皮卡车上的持枪人向其承包商射击。

1月26日　中东公司成立新冠肺炎防疫指导小组，召开应急防疫会议，部署疫情防控工作，要求按照中国石油（CNPC）、国际部和中油国际（CNODC）对新冠肺炎作出的指示和预警要求，抓好中东地区疫情防控阻击战，停止人员动迁。

1月28日　中国驻迪拜总领事李旭航一行5人到访中油国际中东公司，向春节期间坚守一线的工作人员送来新春问候和节日祝福。李旭航总领事一行与中东公司领导班子及各部门负责人进行交流座谈。

同日　阿布扎比项目陆海油田布哈塞油田南平台BR003井接入生产管汇，标志陆海油田项目一期工程竣工，布哈塞油田进入开发生产阶段。

2月12日　中东公司召开传达中国石油（CNPC）、中油国际（CNODC）2020年工作会议精神的会议。动员全体干部员工统一思想、坚定信心，凝心聚力、开拓进取，按照中国石油（CNPC）和中油国际（CNODC）的统一部署，推进海外油气业务优质高效发展，完成2020年各项工作目标，为"做大中东"，高质量打造中国石油（CNPC）国际化经营和"一带一路"油气合作旗舰作出新贡献。

2月14日　由中东公司等伊拉克中资企业及商会联合发出的新冠肺炎疫情防控应急救援物资抵到北京。艾哈代布项目公司在伊拉克境内组织采购到78吨紧急防疫物资并通过国际货运专机从巴格达国际机场运抵北京。

2月16日　伊拉克哈法亚油田承包商中国石油工程建设公司16名中方人员乘坐的防弹中巴，在前往高压注水泵站施工场地途中遭枪击。随车护卫向歹徒还击，迫使歹徒逃跑。

2月20日　中油国际（CNODC）举行2020年度"唱响新时代、海外立新功"文艺汇演，中东公司艾哈代布项目的节目《艾哈代布油田亚克西》获特等奖，伊朗北阿扎德甘项目的舞蹈《波斯玫瑰》获二等奖。《艾哈代布油田亚克西》获 6 万多张网络投票，成为本次文艺汇演最受关注的节目。

2月25日　中东地区协调组组长、中东公司总经理黄永章一行应邀出席陆海项目联合公司（Al Yasat）5 年成就庆祝活动。

3月2日　伊朗、伊拉克地区企业新冠肺炎疫情防控工作视频会在迪拜中国石油大楼召开。会议由中东公司总经理黄永章主持，中国石油国际部、中油国际（CNODC）和在两伊地区的各项目相关负责人以视频方式参会。就两伊地区疫情的重点难点问题，商讨解决方案，防控疫情在项目发生和蔓延。

3月17日　中国驻伊拉克大使馆参赞卞长征率援助伊拉克医疗专家到达艾哈代布项目油田指导新冠肺炎疫情防控工作，油区中资企业代表 50 余人参加现场培训和互问答疑。

3月21日　中油国际（CNODC）健康环保部、中东公司和宝石花医疗，为中国石油（CNPC）在伊拉克各项目提供新冠肺炎疫情医疗物资保障。中东公司采购的首批医疗防护物资（医用口罩、体温计、防护服）经过检验，从天津通过包机启运。第二批医药物资（药品、试剂盒、呼吸机）从广州发往迪拜。

3月26日　中国驻伊拉克大使馆向中国石油（CNPC）发来表扬信，对中东公司为代表的中资企业主动作为、履职尽责、扎实做好新冠肺炎疫情防控工作提出表扬。

4月10日　伊拉克哈法亚项目公司根据中国红十字会与宝石花机构的医疗专家指导建议，完成一级、二级隔离区的建设工作，完善新冠肺炎疫情防控应急硬件设施准备。

4月20日　中油国际（CNODC）、中东公司从国内协调的大批口罩、防护服、防护手套和药品等防疫物资到达哈法亚营地，支援伊拉克其他兄弟单位。

4月26日　中东公司中油国际（伊拉克）艾哈代布公司代表与伊拉克瓦西特省政府代表在油田现场就向当地医疗卫生部门捐赠医用防护服和防护手套等医疗物资举行交接仪式。

4月29日　中油国际（CNODC）、中国石油北京勘探开发研究院和中东公司哈法亚项目公司以视频形式召开哈法亚项目开发调整方案研讨会。哈法亚项目公司和勘探开发研究院分别作《哈法亚项目方案执行和下步计划》《哈法亚项目开发调整策略编制计划和哈法亚项目 FDPR2 编制计划》汇报。结合油田开发形势、安保形势、新冠肺炎疫情防控形势及严峻的经营形势，与会人员进行讨论，同意启动框架方案和最终开发方案第二版的编制，指导油田下一阶段开发。

5月11日　伊拉克库特市有组织的反政府抗议人员持武器围堵艾哈代布油田基地，造成车辆人员无法出入。

5月18日　伊拉克中部石油公司总经理乘直升飞机到访艾哈代布油田基地，与绿洲公司总经理宫长利就库特反政府组织围堵基地事宜进行紧急磋商。在绿洲公司当地雇员有组织的干预下，油田石油警察一举击溃库特反政府组织，油田安保危机解除。

5月22日　中国国际广播电台华语环球栏目记者连线中东公司总经理助理、中国石油中东地区协调组办公室主任冀成楼，对中油国际中东公司在生产工作不间断的情况下，做好新冠肺炎疫情防控工作，履行企业社会责任，帮助伊拉克抗疫方面等情况进行专访。

5月31日　受伊拉克政府消减预算影响，鲁迈拉项目联合公司终止所有油田开发井钻机合同，给2020年钻井计划的完成带来影响。

6月21日—7月5日　伊拉克哈法亚油田项目现场100—200名当地员工持续围堵主营地大门和主路，在路边搭起帐篷，在主路设置路障禁止任何车辆和人员出入营地，造成整个油田的交通全部中断，对油田生产和员工生活造成严重影响。经过各方协调努力，示威人群于7月5日离开。

7月14—15日　伊拉克哈法亚项目动用4架次包机组织动迁97名中方人员前往伊拉克巴格达，乘坐首架中国石油（CNPC）包机回国。

7月17日　中东公司组织包机接回26名从国内返回伊拉克哈法亚现场的中方人员。协助哈法亚项目开展新冠肺炎疫情防控工作5名中国石油宝石花医疗队成员一同抵达哈法亚现场接受2周隔离。

同日　中东公司与中国海油在阿布扎比海上区块的合资合作项目完成交割。交易完成后，中油国际（CNODC）提前回收投资，合同期内部收益率提高，实现通过资本运营创造价值的首次尝试；中国海油通过交易涉足阿布扎比油气业务，其海上优势得以发挥。

7月19日　伊拉克哈法亚项目与米桑石油公司双签确认2020年3—6月限产产量。为后续限产补偿协议的签署做准备。

7月26日　中东公司作为阿联酋中国商会会长单位，参加"阿联酋中国商会线上文体节"获多个奖项。

8月3日　中东公司召开2020年上半年工作会议。通过主会场加视频连线的方式传达中国石油（CNPC）、中油国际（CNODC）领导干部会议精神，总结回顾中东公司上半年在疫情防控、提质增效、稳健生产等领域取得的成绩及面临挑战，部署安排公司下半年生产经营、项目管理、安全环保等工作。会议强调完成年度生产经营目标，提出实现中方员工新冠肺炎"零感染"、HSSE平稳受控的奋斗目标，担当好海外油气业务"稳定器"和"压舱石"。

8月6日　中东公司阿布扎比项目巴布油田综合设施项目远程7号脱气站（RDS7）升级改造项目投产。

8月18日　迪拜中国学校筹备组向中东公司发来感谢信。感谢中东公司在新冠肺炎疫情期间展示国企担当，为筹备组成员解决异国他乡的生活起居、工作开展等方面难题。

9月29日　中国石油（CNPC）抗击新冠肺炎疫情表彰大会在石油大厦举行。中东公司总经理王贵海、总经理助理冀成楼和哈法亚项目陈鑫3人获"先进个人"称号，北阿扎德甘项目获"先进集体"称号。中东公司副总经理李应常代表中东地区协调组，作题为《在迎战疫情中展示中国石油力量》的发言，讲述中东石油人抗击疫情情况。

10月5日　中东公司阿曼5区项目滚动探井E-22井获发现，该井在两个目的层测井解释均见良好显示，已连续自喷试采一个月，产量、井口压力稳定，实现构造—岩性复合圈闭勘探的首次突破。

10月15日　中东公司西古尔纳项目向中油国际（CNODC）提交《西古尔纳-1油田Mishrif

油藏开发项目可行性研究报告》。同日，为达到欧佩克（OPEC）+协议中规定的产量配额，伊拉克政府采取限产措施，西古尔纳油田日限产减少6万—10万桶。

11月29日　伊拉克哈法亚项目克服新冠肺炎疫情影响，第2口萨迪层水平井HF0224-S0224H1井分段加砂压裂施工完成。该井为萨迪层"次甜点区"的第一口先导试验井，水平段长1000米，分12段压裂。

12月8日　中油国投伊拉克公司（PetroChina International Iraq FZE）与英国石油伊拉克（BP Iraq N.V.）公司在迪拜签订《伊拉克及中东地区合资公司框架协议》（HOA），就伊拉克鲁迈拉项目及中东地区其他合作机会组建合资公司事宜原则达成一致。

12月10日　中国石油（CNPC）召开劳动模范和先进集体表彰大会，对各条战线涌现出的劳动模范和先进集体进行表彰。中油国际（阿曼）公司总经理张建立获"特等劳动模范"称号，获颁"铁人奖章"。中油国际（伊拉克）哈法亚公司副总经理刘尊斗获"劳动模范"称号。中油国际（伊拉克）艾哈代布项目、中油国际（伊朗）北阿扎德甘项目获"先进集体"称号。

同日　伊朗MIS项目公司3口油井的修井作业完成，实现油田产量翻番。修井由长城钻探伊朗公司承担。

12月17日　中东公司成立公司志与年鉴编纂工作组。通过视频会议启动公司志的编纂工作。会议由公司副总经理韩绍国主持。

12月23日　中东公司举办"坚守初心使命·放飞青春梦想"第二届青年英语演讲比赛。19名选手用英语讲述海外石油青年的"使命与担当"，吸引线上观看251人次。中东公司总经理王贵海、副总经理韩绍国、李庆学等担任评委并为获奖选手颁奖。

12月30日　2020年中东地区HSSE工作会暨HSSE委员会会议在迪拜办公大楼召开。公司会议室为主会场，各片区协调组和统筹协调小组为视频分会场，中东地区各安全委员会委员，各项目领导、各保障单位主要负责人约127人参会。中东地区协调组组长、中东公司总经理王贵海主持会议并发表讲话。

2021年

1月14日　中东公司组织召开2020年实践锻炼"传帮带"推进会。9名实践锻炼青年员工及13名由公司各部门领导及专家组成的导师团分别在4个国家、横跨8个时区共同与会，中东公司副总经理韩绍国出席会议并发表讲话。会议由人力资源部组织，旨在通过实践锻炼人员分享和总结3个月以来的工作心得与收获，与导师们互谈对部门业务的思考，推动实践锻炼工作走深走实，进一步完善"师带徒"机制，帮助实践锻炼青年员工明确未来发展方向。

1月21日　中东公司副总经理李庆学、销售采办部经理陈剑飞一行到伊拉克首都巴格达，与伊拉克国家石油销售公司副总经理阿里·纳兹尔（Ali Nazar）会谈，就中东公司2021年伊拉克提油销售工作展开交流，协调推动提油销售工作。伊拉克国家石油销售公司相关业务负责人参加会议。

1月30日　在伊朗国家石油公司开发局见证下，北阿扎德甘项目项目完成环境在线监控项目对伊朗当地环保部（DOE）的移交，并签署移交会议纪要。

2月2日　伊朗北阿扎德甘项目收到伊朗国家石油工程开发公司来信，根据伊朗国家石油公司董事会最新决议，负责北阿扎德甘油田现场生产作业的伊方业主由伊朗国家石油开发公司变更为阿尔万丹油气公司（伊朗国家石油公司负责油田生产的子公司），考虑到与中国石油（CNPC）的合作必要性，将中油国际（CNODC）在北阿扎德甘油田的生产操作服务期限从18个月延长到26个月（延期至2021年7月31日）。

2月3日　中国石油（CNPC）召开2021年国际业务新冠肺炎疫情防控专题视频会。中国石油（CNPC）总经理李凡荣通过视频巡检中油国际（伊拉克）哈法亚公司，肯定哈法亚项目疫情防控工作成效，向坚守在项目一线员工表达慰问，送上新春问候与祝福。中东地区协调组组长、中东公司总经理王贵海、副总经理兼哈法亚项目总经理成忠良参会发言，项目总经理助理黄洪庆汇报片区疫情防控、生产运行和安保情况。

2月8日　中东公司通过视频形式召开2021年工作会议，贯彻落实中国石油（CNPC）、中油国际（CNODC）2021年工作会议精神，总结中东公司在2020年及"十三五"期间工作成果，安排部署2021年重点工作，动员干部员工认清形势、统一思想、明确目标，为实现中国石油（CNPC）"做大中东"战略和海外油气业务高质量发展作出更大贡献。总经理王贵海作题为《善育新机，勇开局面，奋力续写中东业务高质量发展新篇章》工作报告。

2月21日　中国驻迪拜总领事李旭航、经济商务参赞吴毅代表总领事馆视频连线中东公司，向中东公司全体干部员工表示春节慰问。李旭航总领事高度肯定中东公司2020年积极应对疫情冲击，实现"两稳""外防输入"的工作目标，中东公司为支持国内抗疫和阿联酋当地抗疫作出贡献。

3月8日　伊朗北阿扎德甘项目收到伊朗国家石油公司董事长签批的主合同修改协议三文本，以合同形式确认中方自2018年6月至2021年7月31日的油田生产操作合规性和操作费回收权益。

3月31日　中东公司地区协调组对科威特协调小组就新冠肺炎疫情防控及安全生产情况进行视频巡查。长城钻探、渤海钻探和中国石油工程建设公司3家单位驻科威特项目为迎检单位；大庆钻探、川庆钻探、库尔德统筹小组为列席单位参加视频巡检交流。科威特迎检单位基层队依次汇报各自在现场人员、设备情况，交流疫情防控和安全生产的有益经验和措施。

4月2日　中东公司总经理王贵海、总会计师张红斌到中油国际（阿布扎比）公司调研，副总经理兼项目公司总经理姜明军向其汇报陆上、陆海、海上4个项目整体执行情况。

5月3日　伊拉克艾哈代布项目与伊拉克瓦西特省政府举行签字仪式，向当地政府捐赠一批防疫物资。艾哈代布项目紧急筹措专项资金，通过国际招标渠道采购总价值20万美元的防疫物资。

5月3日　伊拉克西古尔纳项目首口致密油藏水平井多级压裂改造成功，产量6200桶/日，是改造前的5倍。

5月4日　中东公司团委获2019—2020年度中国石油（CNPC）直属"五四红旗团委"称号。中东公司团委是海外油气业务获此殊荣的唯一团组织。

5月27日 阿曼项目新部署的勘探评价井EXP-23井获勘探新发现，生产测试自喷日产油1025.36桶，含水率0.77%。该井是针对5区块中浅层莎玛拉（Shammar）层部署的第一口井。

5月30日 伊朗北阿扎德甘项目建成投产5年后，取得伊朗国家石油公司所属伊朗国家石油工程开发公司及阿尔万丹油气公司签字的项目开发建设完工证书，为中方权益确认和未来有效回收提供法律层面保障。

6月1日 中东地区协调组组长、中东公司总经理王贵海在伊拉克埃尔比勒拜会中国驻伊拉克库尔德地区总领事倪汝池。王贵海倪汝池介绍中东公司在伊拉克业务的发展、新冠肺炎疫情防控取得的成绩，以及中方骨干团队建设工作开展情况，感谢总领馆对中国石油（CNPC）的支持，特别感谢总领馆对伊拉克包机在埃尔比勒起降给予的帮助。倪汝池对中国石油（CNPC）各单位在库尔德地区出色的业务表现、疫情防控取得的成绩等方面工作的具体做法给予肯定。

6月23—25日 受中国石油（CNPC）副总经理黄永章和中油国际（CNODC）董事长叶先灯委托，中东公司总经理王贵海一行与伊朗国家石油公司和伊朗国家石油工程开发公司管理层会谈，并拜访中国驻伊朗大使。

7月8—10日 中东公司常务副总经理卢江波赴艾哈代布项目开展工作调研和安全防疫检查，代表总经理王贵海慰问油田现场广大员工，并到大庆钻探、中国石油工程建设公司、中国石油技术开发有限公司（CPTDC）等单位营地，实地查看办公区域、员工宿舍和餐饮情况，将关爱员工行动落到实处。

7月21日 中东公司召开2021年领导干部会议。传达中国石油（CNPC）、中油国际（CNODC）2021年领导干部会议精神。总经理王贵海作题为《戮力同心、砥砺奋进，全力推动中东业务高质量发展迈上新台阶》工作报告。会议以迪拜为主会场，在艾哈代布、哈法亚、北阿扎德甘、阿布扎比和阿曼多地设立分会场线上召开。

8月2日 中国石油（PetroChina）与BP在鲁迈拉项目合资组建的合资公司巴士拉能源有限公司（Basra Energy Company Limited，简称"BECL"）在迪拜注册成立。

9月1日 中东公司举办"任重添辅翼、技精展风采"首届青年员工技能大赛。技能大赛由中东公司人力资源部和团委主办，旨在落实中国石油（CNPC）"人才强企工程"工作方针，促进岗位人员深入挖掘业务领域，加强跨业务技能、经验分享交流，鼓励青年员工勤于思考、善于合作、勇于创新、敢于拼搏，为青年员工技能得以精进、才华得以施展搭建平台。中东公司常务副总经理卢江波受总经理王贵海委托作总结讲话。

9月18日 中东公司获中国石油（CNPC）科技工作先进单位表彰。中东公司技术分中心获中国石油（CNPC）科技创新团队表彰。

9月26日 按照全国"质量月"活动部署和中国石油（CNPC）、中油国际（CNODC）要求，中东公司组织召开质量管理工作经验交流会。中东公司和各项目主管质量工作和井筒作业的相关部门代表40人参会。

10月4日 中东地区协调组组长、中东公司总经理王贵海一行到中国石油工程建设公司海湾地区公司阿布扎比国家石油公司巴布油田综合设施项目和哈伯善脱瓶颈项目现场考察，为项目建设现场一线员工送去节日慰问。王贵海一行先后参观哈伯善脱瓶颈项目、巴布项目的中心处理站、远程脱气站 RDS-1 和 RDS-9、井场平台 103 和单井 Bb-1453 等 6 个作业站点。王贵海对海湾地区公司在新冠肺炎疫情防控和生产作业两不误的情况下取得的成绩表示肯定。

10 月 5 日　中国国际贸易促进委员会副会长张慎峰一行到中东公司调研。中东公司总经理王贵海主持会议，汇报中国石油中东地区的业务发展现状及展望，中东公司作为阿联酋商会会长单位汇报商会的基本情况。参会人员就中东地区油气投资环境状况、防疫情况、国家能源保障以及全球能源转型等进行讨论。张慎峰副会长对中国石油（CNPC）为保障国家能源安全作出的贡献给予肯定，就中东公司对迪拜世博会中国馆的支持表示感谢。

10 月 11 日　中油国际（阿布扎比）公司开展主题为"网络安全为人民，网络安全靠人民"网络安全周宣传活动。中东公司副总经理兼项目公司总经理姜明军和其他公司领导带领在岗所有员工参观网络安全图片展、观看网络安全宣传视频，在宣传周启动会上宣贯学习《中华人民共和国数据安全法》和《中华人民共和国个人信息保护法》。从数据安全与发展、数据安全制度、数据安全保护义务和政务数据与开放 4 个方面讲解数据安全法。

10 月 17—20 日　中东地区协调组组长、中东公司总经理王贵海一行到阿曼片区检查指导新冠肺炎疫情防控和安全工作，慰问坚守项目一线的广大干部员工。王贵海一行在油田现场听取 QHSE 和生产情况汇报，参观阿曼 5 区油田现场油气处理厂、在油田作业的长城钻探 GWDC19 队和阿曼当地 Rig3 钻井队、地面管线穿管营地、交油点（LACT）、油田现场营地等 6 个作业站点，对各单位疫情防控措施落实情况及 HSSE 工作情况进行现场检查。

11 月 4 日　中东公司贯彻习近平总书记"七一"重要讲话精神，深化大庆精神铁人精神再学习、再教育、再实践。中东公司机关与团委联合举办"弘扬大庆精神、分享英模事迹"故事会暨"弘扬大庆精神 勇做标杆石油新青年"表态动员会。

11 月 10 日　伊拉克政府、中国石油（PetroChina）和英国石油（BP）三方签署鲁迈拉合资公司合作协议，中国石油（PetroChina）和英国石油（BP）在成立的合资公司中占股分别为 51% 和 49%。

11 月 15 日　全球能源行业规模最大、最重要和最有影响力的展会——阿布扎比国际石油展（ADIPEC）开幕。中东公司总经理王贵海、副总经理姜明军出席开幕式和相关活动。

12 月 13 日　伊朗北阿扎德甘公司与伊朗国家石油公司石油工程开发公司现场操作方阿尔万丹油气公司、分包商裴图尼亚（PETUNIA）进行现场核查，对中心处理站地管阴极保护改造项目签署项目移交会议纪要。北阿扎德甘项目一期地面剩余尾项、争议项及升级改造项目全部完成。

12 月 23 日　中东公司总经理王贵海在迪拜以视频方式主持召开 2021 年中东公司学习研讨会，会议以"全球能源绿色低碳转型趋势下的中东公司业务发展策略"为主题。公司领导班子成员、各项目公司和机关各部门相关人员以现场和视频结合方式参加会议。中东公司规划计划部介绍全球能源绿色低碳转型趋势以及各国政策和各公司的应对，评估中东低碳能源资源和节能减排情况，对中东高质量可持续发展的思路和策略进行初步梳理。与会人员立足自身业务，围绕中东高质量发展，结合能源转型背景，对绿色发展理念、新能源合作、碳减排措施、油公司转型策略、核心竞争力构建、技术和商业模式创新、法律风险防范等议题，提出有针对性、建设性的意见和建议。

2022 年

1月25日 中东公司召开2022年工作会议，贯彻落实中国石油（CNPC）、中油国际（CNODC）2022年工作会议精神，总结中东公司2021年工作，安排部署2022年重点工作。会上，中东公司总经理王贵海作题为《凝心聚力、勇毅前行，奋力续写中东业务高质量发展新篇章》工作报告；中东公司常务副总经理卢江波传达中国石油（CNPC）、中油国际（CNODC）2022年工作会议精神并主持会议，总会计师张红斌作2021年生产经营工作报告，总经理助理冀成楼作2021年HSSE工作报告，会议宣读《关于表彰中东公司2021年度先进集体、十佳员工和优秀员工的决定》。

1月26日 中国驻迪拜总领馆举行春节线上慰问活动，总领事李旭航向中东公司全体干部员工送上新春祝福，对中东公司2021年各项工作取得的成绩表示祝贺。

同日 中油国际（CNODC）研究决定，张建立兼任中国石油鲁迈拉公司总经理，免去范建平兼任的中国石油鲁迈拉公司总经理职务。

2月27日 中东地区以线上视频会议方式召开QHSSE管理工作交流会。中东公司领导班子成员、来自投资业务及服务保障单位的15家单位主要领导和HSSE委员、主管安全业务的分管领导和相关业务人员127人参加。中东地区HSSE委员会办公室做2021年QHSSE工作暨2022年工作汇报，5个投资项目单位、5家服务保障单位结合其在中东业务实际作工作汇报。

3月16日 中东公司召开伊拉克跨文化传播专项工作推进会。办公室主任王正安代表工作组介绍伊拉克跨文化传播专项工作实施方案，就建设运营伊拉克社交媒体账号、加强与伊拉克媒体对接合作、开展线上线下公众开放日活动、建设开放的"中伊油气合作"成果展、做好与当地高校文化项目融合、加强与伊拉克智库、知名公关公司常态化合作、做好舆论动态收集和检测管理、编制和发布"中国石油在伊拉克"国别社会责任报告、开展"在伊传播话语体系建设"子课题研究，以及扩大中国书架的文化传播力等10个方面的工作进行讲解。

4月26日 中东公司召开第二次中东公司志与年鉴编纂工作交流会，推进做好中东公司志与年鉴的编纂工作。项目公司10位编撰负责人和公司机关部门10位编撰人员分别就志与年鉴编撰情况进行发言。编委会办公室对前期工作进行回顾，对编纂材料收集、材料提交质量和文字要求进行点评。

4月29日 中东地区召开主题教育活动推进会。中东公司副总经理韩绍国对中东地区"转观念、勇担当、强管理、创一流"主题教育活动进行再动员、再部署，明确当前和下一阶段着力抓好的7个方面重点工作。哈法亚项目、艾哈代布项目和大庆油田、中国石油工程建设公司4家单位分别交流本单位主题教育活动进展情况、特色作法及下一步工作安排。中东地区协调组组长、中东公司总经理王贵海作《深化主题教育、推进管理提升，筑牢中东业务高质量发展坚实根基》主题教育宣讲报告。

5月4日 中东公司团委组织召开"奉献青春勇担当、赓续辉煌创一流"岗位讲述暨纪念建团百年中东青年座谈会。中东公司总经理王贵海参会，听取优秀团员青年岗位讲述发言。

5月26日　伊拉克艾哈代布项目表彰伊拉克杰出雇员，为26名杰出雇员颁发荣誉证书并给予嘉奖。

5月31日　中油国际（伊拉克）西古尔纳公司新井WQ1-0513在酸化氮举措施后投产，为8寸半大井眼水平井，裸眼段长2000米，是第一口大井眼长水平段水平井试验井，预计产能5000—8000桶/日。

6月1日　巴士拉能源有限公司［2021年8月在阿联酋由中国石油（CNPC）和英国石油（BP）合资注册成立，中国石油（CNPC）和英国石油分别占股51%和49%］开始运行。张建立任巴士拉能源有限公司董事会成员兼首席执行官（CEO），孙国宏任巴士拉能源有限公司首席财务官（CFO），魏广庆任巴士拉能源有限公司合规官（Controller）。

6月5日　在阿曼政府社会发展部组织的年度表彰大会上，社会发展部部长萨伊德·卡米·阿拉萨迪（Sayyid Kamil Al Said）授予阿曼5区联合作业公司（达利公司）"社会发展与支持荣誉公司"称号。

6月30日　中东地区召开庆"七一"主题活动大会，中东公司副总经理韩绍国主持会议，中东地区组织工作委员会常委、委员，中东公司机关干部，以及部分服务保障单位的领导和代表，40余人参加会议。会议宣读关于表彰中东地区2021—2022年度先进中方骨干团队、优秀中方骨干员工和优秀中方骨干管理人员的决定，号召大家以先进为榜样，营造学习先进、争做先进氛围。

7月2日　伊拉克西古尔纳项目注水工作迎来新的里程碑。连续23天高位运行，平均日注水80.3万桶，最高日注水83万桶，创历史最好纪录。

7月26日　中国石油（阿曼）5区公司组织中国石油海外天然气技术中心、西南石油大学国家重点实验室就碳酸盐岩油藏水平井注水开发后期提高采收率（EOR）实验与阿曼5区联合公司进行技术交流。中国石油海外天然气技术中心综合前期研究成果作《阿曼5区碳酸盐岩油藏提高采收率物模与玻璃刻蚀微观驱替实验认识》报告，与会人员结合5区油田前期提高采收率试验情况对实验方案、实验认识以及提高采收率措施优化等进行研讨，并达成开展合作、深化研究的初步意向。

8月5日　中东公司召开2022年领导干部会议。会议传达学习中国石油（CNPC）董事长戴厚良、总经理侯启军和副总经理黄永章在中国石油（CNPC）和中油国际（CNODC）2022年领导干部会议上的讲话精神。中东公司总经理王贵海作题为《发挥区域协同优势、强化依法合规治企，全力推进中东业务高质量发展迈上新台阶》工作报告，总结2022年上半年公司取得的成果，分析当前面临的形势与挑战，安排部署2022年下半年重点工作任务。

8月10日　阿曼5区勒克威尔油田（Lekhwair）第一口油井杜东5井（DME-05）投产，测试产量432桶/日，实现油田首油，标志阿曼勒克威尔油田项目进入回收阶段。

9月6日　中国驻伊拉克大使崔巍到艾哈代布油田现场调研指导工作。艾哈代布项目总经理官长利在油田现场会议室向崔大使汇报艾哈代布项目概况、组织建设、安全与防疫、面临的困难和挑战、下一步重点工作等情况。崔巍肯定艾哈代布项目取得的成绩和工作思路。

9月19日　伊拉克艾哈代布项目2022年度伊拉克员工培训暨本地化培训启动仪式举行，培训项目第一期技术类培训班同步开班,来自生产一线岗位的33名伊拉克员工参加培训。艾哈代布公司总经理助理兼绿洲公司副总经理申家峰出席培训班开班仪式,对培训工作提出具体要求,对参训学员提出希望并给予鼓励。

9月22日　中国石油(伊拉克)哈法亚公司总经理方甲中、中国石油海外业务高级专家成忠良拜会伊拉克石油部副部长哈米德、石油部合同管理局局长阿里、中国驻伊拉克大使崔巍、经商处参赞许春等,双方针对项目发展面临的关键问题交换意见。

9月27—29日　中东公司总经理王贵海到阿曼调研,看望中国石油(CNPC)阿曼片区工作的员工,会见中国驻阿曼大使、BP集团中东北非区总裁、阿曼能矿大臣。

10月3日　中东公司为贯彻落实中国石油(CNPC)海外业务体制机制优化调整要求,切实履行大区公司职责,研究制定地区业务发展策略,总经理王贵海一行到阿布扎比,对中国石油集团东方地球物理勘探有限责任公司(简称东方物探公司,英文名称Bureau of Geophysical Prospecting,英文缩写"BGP")阿联酋项目部和工程建设海湾地区公司等服务保障单位开展专项业务调研。

10月9日　中国驻阿联酋大使张益明到中东公司检查指导工作。张益明一行参观中国石油(CNPC)在中东地区的业务展览,并听取中东公司工作汇报,了解公司生产经营情况、发展成果与业务展望。张益明对中国石油(CNPC)在中东地区取得的成绩给予肯定。

10月14日　伊朗北阿扎德甘项目完成二期技术和商务草案的编制,通过专家评审,提交给伊朗国家石油公司,首次明确启动北阿项目二期联合研究工作。

10月16日　中东公司组织1540名干部员工通过电视、网络、手机视频等各种方式,收看党的二十大开幕盛况,聆听总书记习近平作的大会报告,了解会议精神。

11月20日　中国石油(伊拉克)哈法亚公司向伊拉克米桑省捐赠学生教材仪式在米桑省教育局举行,米桑省教育局局长里亚德·梅吉贝(Riyad Mejbel),米桑石油公司代表贾巴加思孟(Jabbar Jasim)及中国石油(伊拉克)哈法亚公司代表田大军先生等出席捐赠仪式并致辞。伊拉克多家新闻媒体对捐赠进行报道,米桑石油公司和米桑省教育局在其官方脸书进行报道。

11月23日　阿曼5区项目勒克威尔油田部署的勘探评价井L-001井完钻并获勘探新发现,自喷投产测试日产油446桶,含水率2.43%。L-001井是5区项目在勒克威尔油田部署的第一口勘探评价井。

11月24日　阿布扎比陆上项目技术中心(TC)组织陆上项目第三届股东技术研讨会在线上召开,阿布扎比国家石油公司所属子公司和陆上项目6家国际股东300余人在9个专业分会场参会,项目公司各专业部门、技术分中心和推介团队参会,与国际同行技术交流。

12月4日　伊拉克总理能源事务顾问伊马德·哈米德·阿拉克博士访问哈法亚油田。米桑石油公司总经理侯赛因·卡齐姆,哈法亚油田联管会主席萨勒姆·拉西姆,米桑石油公司哈法亚部经理贾巴尔·贾西姆陪同访问。哈法亚公司副总经理何艳辉陪同代表团参观哈法亚油田天然气处理厂建设施工现场、油田二期中心处理站等油田设施。伊马德·哈米德·阿拉克询问天然气处理厂的建设进度,以及油田发电厂和伴生气外输情况,对低碳减排、绿色发展表示关注,并感谢中国石油（CNPC）为开发哈法亚油田作出的努力，赞扬中国石油（CNPC）在促进当地经济发展、解决当地民众就业、助力提升当地民众生活水平和生活条件等方面作出的突出贡献。

12月11日　中东公司、中国光华科技基金会共同捐建的"筑梦丝路青年中文书屋"，在伊拉克萨拉赫丁大学举办揭牌仪式。中东公司总经理王贵海发表视频致辞。

12月15日　中东公司在迪拜、北京、巴格达三地同时发布《中国石油助力伊拉克石油工业发展策略研究报告》及《中国石油在伊拉克企业社会责任专题报告》。报告由中东公司与国内外有关单位，伊拉克智库、高校联合撰写。中国驻伊拉克特命全权大使崔巍，国务院国资委相关领导，中阿改革发展研究中心秘书长、上海外国语大学教授王广大，伊拉克大学教授阿明·阿巴斯，摩苏尔大学教授阿卜杜勒·卡里姆，巴格达大学教授拉希德·法里德，中国石油（CNPC）企业文化部副总经理沈中，中东公司总经理王贵海，迪拜中阿卫视台长、中阿卫视国际智库首席专家杨威等中伊两国政府、企业代表、高校学者、智库专家、新闻记者、伊拉克青年学生团体、中东公司管理层及员工代表、艾哈代布项目、哈法亚项目、鲁迈拉项目、西古尔纳项目及中国石油（CNPC）在伊工程技术服务单位等100余人参加线上发布会。

12月21日　AL Roya 报业和阿中友好协会在马斯喀特举行颁奖仪式，阿曼5区合资公司达利石油有限责任公司获得阿曼第十届 AL Roya 商业奖。

12月29日　中国石油（CNPC）向中东公司发来感谢信，对中东公司在伊拉克央企国际传播能力建设项目中的表现予以表扬。

第一篇 组织机构

1996年5月20日，中国石油天然气总公司与中国北方工业集团总公司合作成立绿洲公司，在中东伊拉克执行艾哈代布油田开发项目。2002年6月，中国石油勘探开发公司根据阿曼业务发展的实际情况，成立中油国际（阿曼）有限责任公司，作为在阿曼中方统一协调和管理机构。2002年9月，中国石油和伊朗石油工程建设公司注册成立伊中能源工业有限责任公司简称伊中能源公司。2003年3月，为集中管理在叙利亚的勘探开发及炼化等投资项目，中国石油勘探开发公司成立中油国际（叙利亚）公司。2004年5月，中国石油勘探开发公司在伊朗成立MIS项目部，2005年6月，成立伊朗三区项目部。2009年4月，中国石油海外勘探开发公司北阿扎德甘项目部成立，2009年4月30日，中油国际（绿洲）公司成立负责艾哈代布项目管理中方事务。2009年12月，鲁迈拉项目部、哈法亚项目部分别成立。2009年12月中国石油伊拉克公司（简称伊拉克公司）和中国石油天然气集团公司伊朗公司（简称伊朗公司）成立。

　　原地区公司伊拉克公司下属有中油国际（绿洲）公司、鲁迈拉项目部、哈法亚项目部、西古尔纳项目部。原地区公司伊朗公司下属有伊中能源工业有限公司、MIS项目部、三区项目部、北阿扎德甘项目部、南帕斯项目部、南阿扎德甘项目部。2012年12月，中国石油天然气勘探开发公司决定成立阿布扎比项目部。2013年6月，中国石油天然气勘探开发公司成立中油国际（阿联酋）公司（简称阿联酋公司），将原阿联酋阿布扎比项目部更名为陆海项目部，隶属阿联酋公司管理。2015年12月，中国石油天然气集团公司整合伊拉克公司、伊朗公司，以及海外勘探开发公司直接管理的中油国际（阿联酋）公司、中油国际（叙利亚）公司、中油国际（阿曼）有限责任公司，共同组建中国石油天然气集团公司中东公司。2017年7月，中东公司更名为中油国际中东公司。下属各项目部相应更名，即中油国际（伊拉克）艾哈代布公司、中油国际（伊拉克）哈法亚公司、中油国际（伊拉克）鲁迈拉公司、中油国际（伊拉克）西古尔纳公司、中油国际（伊朗）北阿扎德甘公司、中油国际（伊朗）南阿扎德甘公司、中油国际（伊朗）南帕斯11区项目公司、中油国际（阿布扎比）公司、中油国际（阿曼）公司、中油国际（伊朗）MIS项目公司、中油国际（叙利亚）公司。2021年3月，中国石油（CNPC）体制机制优化调整，中油国际中东公司更名为中国石油中东公司。

第一章 前期组织机构

原地区公司伊拉克公司设有13个机关部门，即综合协调办公室、财务部、人力资源部、计划和业务发展部、安保部、HSE部、法律部、公共关系部、技术部、北京办事处、迪拜办事处、伦敦办事处、巴格达办事处。所属单位4个，即中油国际（绿洲）公司、鲁迈拉项目部、哈法亚项目部、西古尔纳项目部。

原地区公司伊朗公司设有11个机关部门，即综合办公室、人力资源部、计划部、财务部、合同采办部、HSE部、法律内控部、开发生产部、钻井作业部、工程建设部、北京办事处。所属单位6个，即伊中能源工业有限公司、MIS项目部、三区项目部、北阿扎德甘项目部、南帕斯项目部、南阿扎德甘项目部。

第一节 中国石油天然气股份有限公司伊拉克公司

一、领导机构

1996年5月20日，中国石油天然气总公司决定与中国北方工业集团总公司共同投资组建绿洲公司，中国石油（CNPC）和中国北方工业（集团）总公司各持股50%，合作开发伊拉克艾哈代布油田。5月31日，绿洲公司第一次董事会议在中国石油天然气总公司国际合作局召开，董事史训知、黄如镇、王永杰、王莜、寿铉成、史习盐、董峰、刘继才、周吉平（代付志达）参加会议。

1997年6月4日，中伊双方在伊拉克石油部签订艾哈代布油田开发合作协议。12月19日，国家对外贸易经济合作部批准设立绿洲公司，副董事长和总经理由中国石油天然气总公司派遣，副总经理双方派一名，绿洲公司设立油藏工程部、采油工程部、地面建设部、销售贸易部、财务资金部、合同条法部、综合管理部，人员编制30人［包括中国北方工业（集团）总公司5人］。公司住所为阿拉伯联合酋长国迪拜，生活基地在河北省廊坊市，法定地址为英属维尔京群岛。王永杰（1996年）、秦安江（2005年）先后被任命为绿洲公司总经理。辛俊和（2000年）、秦安江（2003年）担任副总经理。雷明（1998年9月23日—1999年4月22日）任命为总地质师兼工程部经理。潘根平（1998年11月6日）担任财务部经理，雷明（1997年11月11日—1998年9月23日）担任工程部经理，刘定武（1997年11月11日）担任工程部副经理，李世举（1997年11月11日）担任销售贸易部副经理，姜明军（1997年11月11日）担任综合部副经理。

2008年11月10日，绿洲公司与伊拉克政府签署《艾哈代布项目开发生产服务合同》生效。合同者由绿洲公司和伊拉克石油销售公司组成，合同期限23年。

2009年4月30日，海外勘探开发公司设立中油国际（绿洲）公司，代表中国石油（CNPC）负责管理艾哈代布项目的中方事务管理机构。6月，伊拉克政府在油气田国有化近20年后，首次对外进行国际招标，中国石油（CNPC）与英国石油成功中标鲁迈拉项目。9月，海外勘探开发公司为加快推进伊拉克鲁迈拉项目前期各项工作，成立伊拉克鲁迈拉项目部筹备组。12月23日，中国石油（PetroChina）成立中国石油天然气股份有限公司伊拉克公司，行政上由中国石油（PetroChina）直接管理，业务上由海外勘探开发公司归口管理，机构规格为正局级。并成立中共伊拉克公司组织工作委员会，在伊拉克的中国石油（CNPC）所属其他单位组织关系隶属于伊拉克地区组织工作委员会，实行统一管理。同月，海外勘探开发公司所属的中油国际（绿洲）公司划入伊拉克公司。同月，中国石油（PetroChina）和合作伙伴法国道达尔公司、马来西亚石油公司及伊拉克南方石油公司组成的联合体中标伊拉克哈法亚项目。

2010年3月，伊拉克公司在阿拉伯联合酋长国迪拜的杰贝利阿里（Jebel Ali）自由区注册登记，注册名称为"PetroChina International Iraq FZE"（简称"FZE"）。机关办公地点在伊拉克南方石油公司所属的巴士拉省巴士拉市波杰西亚地区。8月，中国石油（CNPC）批准成立哈法亚项目部组织机构。

2013年7月，中国石油（签约代表公司为PetroChina International Iraq FZE）和印度尼西亚国家石油公司伊拉克勘探生产分公司（PT. Pertamina Irak Eksplorasi Produksi）分别收购埃克森美孚在西古尔纳1项目25%和10%的权益。

2014年8月，中国石油（CNPC）批准成立伊拉克公司西古尔纳项目部。2015年12月，伊拉克公司撤销，所属项目划入中国石油天然气集团公司中东公司。

（一）伊拉克公司领导名录（2009.11—2015.12）

总　经　理：王莎莉（兼任，女，2009.11—2014.4）

　　　　　　祝俊峰（2014.4—2015.12）

常务副总经理：祝俊峰（正局级，2009.12—2014.4）

副 总 经 理：郭月良（2009.12—2013.11）

　　　　　　陈　镭（2009.11—2015.12）

　　　　　　张德亮（2009.11—2015.12）

　　　　　　韩绍国（2009.11—2013.9）

　　　　　　王贵海（2013.8—2015.12）

　　　　　　范建平（2014.7—2015.12）

　　　　　　钱明阳（2014.7—2015.12）

总 工 程 师：黄一兴（2010.3—2015.12）

总 会 计 师：潘成刚（2010.11—2013.11）

　　　　　　蔡　勇（2013.11—2015.12）

（二）中国石油驻伊拉克地区企业协调组领导名录（2009.11—2015.12）

组　　　长：王莎莉（兼任，女，2009.11—2014.4）
　　　　　　祝俊峰（2014.4—2015.12）
成　　　员：陈　镭（2009.11—2015.12）
　　　　　　张德亮（2009.11—2015.12）
　　　　　　韩绍国（2009.12—2013.9）
　　　　　　林宽海（2009.12—2011.2）

（三）总经理助理、副总师领导名录（2010.7—2015.12）

安全副总监：韩瑞民（2010.7—2015.12）
总经理助理：冀成楼（2010.7—2015.12）
　　　　　　钱明阳（2010.7—2014.7）
　　　　　　王印玺（2010.7—2014.2）
　　　　　　邵定波（2010.7—2013.12）
　　　　　　张长宝（2012.9—2015.12）
　　　　　　王志峰（2014.8—2015.12）
副总工程师：郑小武（2014.8—2015.12）

二、机关部门

2009年12月，伊拉克公司成立，并成立地区公司机关、办事处，机关部门专职人员编制19人。

综合协调办公室。2009年12月，伊拉克公司机关设立综合协调办公室，负责行政综合事务协调、重点工作协调及督办、外事签证管理及邀请函办理、高访及内部接待、外宾访华团接待协调、营地管理、生活后勤、IT管理、礼品管理以及巴士拉营地固定资产实物管理。负责企业文化建设、评先争优推荐和表彰工作；宣传报道、信息报送、档案、保密工作；纪检监察和廉政建设工作；公司文件的起草、公文核稿及文控工作；工会组织建设、业余文化活动、员工疗养、慰问等工作。负责审查、批复各项目部重大采办招标策略和重大合同的授标，指导、参与和协助各项目部重大采办项目招标，落实中国石油（PetroChina）采办工作的文件；地区公司机关、办事处、巴士拉营地采办；落实中国石油（PetroChina）、海外板块原油销售的有关文件和指示，负责协调各项目原油销售工作，负责不具备销售条件的项目原油销售工作，统计分析各项目原油销售工作，制定地区公司原油销售策略或战略，负责地区公司与伊拉克政府就原油销售提油等工作的联系。

主　　任：曹　钧（2009.12—2015.6）
　　　　　王正安（2015.6—2015.12）

财务部。2009年12月，伊拉克公司机关设立财务部，负责财务预算编制、预算执行分析和监管、财务系统初始及维护、报销审核、往来管理、债权清欠、关联交易、资金计划、资金筹款、银行账户管理、现金流分析及管理、伊拉克税法宣贯、公司税收统筹、伊拉克境内所得税及当地雇员社保的申报和计缴、可回收费用核算、固定资产核算、收入确认、成本归集、税收及往来核算、财产保险管理、收入发票管理、固定资产价值管理、报表编制、财务分析、内控与风险管理、负责公司财务政策制定与执行、配合各项审计、哈法亚和鲁迈拉项目技术服务核算管理、中方账管理等事宜。

经　理：郑绪平（2009.12—2010.7）
　　　　国　霞（女，2010.7—2013.11）
　　　　韩保庆（2013.11—2015.12）

人力资源部。2009年12月，伊拉克公司机关设立人力资源部，负责班子建设、组织机构、编制定员、干部管理、薪酬福利、社会保险（属地化用工）、个税缴纳（配合财务部）、考勤休假及探亲、人员选聘、员工调配与轮换、劳动组织、对口（技术）支持、教育培训、职业发展规划、绩效考核（配合计划和业务发展部）、劳动合同、职称评聘和岗位定级、员工档案及员工信息管理、管理和技术专家及双序列管理、工作关系调入、员工及家庭成员户口办理、因私护照审批、人事和劳资相关证明开具、中国石油（CNPC）驻伊拉克单位人力资源协调和支持、鲁迈拉义务培训基金、用工当地化管理等工作。

经　理：张长宝（2009.12—2012.9；兼任，2012.9—2015.12）

计划和业务发展部。2009年12月，伊拉克公司机关设立计划和业务发展部，计划和业务发展部为伊拉克地区规划、年度计划、概算后评价、新项目评估、经营策略、业绩管理、授权管理等投资业务归口管理部门，负责公司投资业务规章制度建立与执行；所属项目五年规划的审查及公司五年规划的编制及上报；所属项目年度工作计划与投资预算的审查及公司年度工作计划与投资预算的编制和上报；投资建设项目前期可行性研究概算审查及上报；所属项目后评价审查及上报；新项目前期可行性研究编制和上报；经营策略研究及滚动经济评价；业绩指标确定、业绩合同制作、业绩考核管理；授权体系建立、调整与基本业务授权管理等工作。

经　理：宫长利（2009.12—2010.7）
　　　　宋代文（2013.8—2015.3）

安保部。2009年12月，伊拉克公司机关设立安保部，负责组织和协调中国石油（CNPC）在伊拉克单位社会安全突发事件应急处理、人员紧急撤离工作，负责组织防恐培训和应急演练工作，负责社会安全信息管理及安全预警、安保方案备案工作，负责"三大一统一"管理模式下"大安保"综合协调、伊拉克安保力量协调工作，负责组织有关伊拉克政治局势和安全形势分析及应对策略研究工作。

经　理：韩瑞民（2009.12—2015.12）

HSE部。2009年12月，伊拉克公司机关设立HSE部，负责组织各所属单位生产作业HSE管理的检查和监督工作，负责宣传和贯彻执行HSE相关法规和制度及推进HSE体系化管理工作，负责组织HSE突发事件调查处理、应急演练和医疗紧急转运工作，负责组织实施HSE业绩指标监控、HSE培训、职工健康管理和心理健康促进工作。

经　理：高建民（2009.12—2011.11）

法律部。2009年12月，伊拉克公司机关设立法律部，负责法律研究、合同管理、采办支持、公司注册与管理、法律审查、法律纠纷的处理等事宜。

经　理：王志峰（2009.12—2010.9）

公共关系部。2009年12月，伊拉克公司机关设立公共关系部，负责公益事业、对外宣传、清关运输、公共关系及社区建设、当地承包商和用工管理、当地信息收集、当地雇员表彰、协调中国石油（CNPC）驻伊队伍公关事务等活动。

经　理：阎世和（2009.12—2010.7）
　　　　付依力（女，满族，2010.7—2011.11）
　　　　王正安（2012.7—2015.6）

技术部。2009年12月，伊拉克公司机关设立技术部，技术部为伊拉克地区勘探、开发生产、作业、地面建设、科研、业务发展及信息管理等技术业务的归口管理单位，协助贯彻执行中国石油（PetroChina）、海外板块等有关业务部门的相关政策，为伊拉克地区各项目相关业务部门提供技术支持。

经　理：罗占刚（2009.12—2010.7）
　　　　郑小武（2010.7—2014.8；兼任，2014.8—2015.12）

北京办事处。2009年12月，伊拉克公司设立北京办事处，负责上传下达各类外事政策和规章制度、办理出国立项、因公护照、签证、邀请函、出境证明、小额采购、办事处车辆、仓储、FZE备用金、餐卡餐票，六铺炕办公室的安全、物业、水电、电话、网络等，在京团组接待、安排托运及其他服务公司、服务领导、服务员工、服务家属的工作，协助办理公司及其他部门委托的各类事务。

主　任：雷　明（2009.12—2011.5）
　　　　张长宝（2011.5—2013.2）
　　　　付依力（女，满族，2013.2—2015.12）

迪拜办事处。2009年12月，伊拉克公司设立迪拜办事处，负责为公司在迪拜的业务提供支持与服务，负责公司在迪拜的后勤服务，负责协调安排和接待海外板块的访问团组，协助办理公司委托的事务。

主　任：崔吉秀（朝鲜族，2011.5—2015.12）

巴格达办事处。2009年12月，伊拉克公司设立巴格达办事处，负责为公司在巴格达的业务提供支持与服务，负责公司出差人员在巴格达的后勤服务工作，负责协调安排和接待海外板块的访问团组，协助办理公司委托的事务。

主　任：徐占峰（2012.12—2015.12）

伦敦办事处。2009年12月，伊拉克公司设立伦敦办事处，负责公司及其所属项目领导和员工在英国出差期间的日程安排和接待、英国商务邀请函办理、为派遣到英国工作的鲁迈拉项目中方人员办理工作许可及签证，以及派遣员工在英国涉及法律、财务、税收、审计、社会等事宜的协调工作。2012年10月起，伦敦办事处不再负责为派遣到英国工作的鲁迈拉项目中方人员办理工作许可及签证以及派遣员工在英国涉及法律、财务、税收、审计、社会等事宜的协调工作。

主　　任：宋丽娟（兼任，女，2009.12—2015.12）

三、所属单位

（一）中油国际（绿洲）公司

2009年4月30日，海外勘探开发公司下发关于成立中油国际（绿洲）公司的通知，决定中油国际（绿洲）公司代表海外勘探开发公司在伊拉克艾哈代布项目内部管理和协调机构。12月，中油国际（绿洲）公司划入伊拉克公司统一管理。2012年3月，中国石油（PetroChina）批复中油国际（绿洲）公司组织机构的调整。下设15个机构，包括行政管理部、信息部、公共关系部、技术支持部、地面工程部、钻井作业部、生产管理部、勘探开发部、HSSE部、计划部、人力资源部、财务部和采油厂、巴格达分公司、油田现场作业区。同意人员编制为260人，其中中油国际（绿洲）公司员工（含市场化用工）控制在60人以内，设置领导班子职数5人，其中副局级1人，处级职数27人，其中正处级10人（含领导班子副职4人，总经理助理、副总师等职数3人）。

2009年4月30日，中油国际（绿洲）公司成立，陈镭任总经理，负责公司日常全面经营管理工作。2010年3月，伊拉克公司任命汪绪刚为总工程师，协助总经理分管油田开发和作业工作。2010年9月，伊拉克公司任命党希波为HSSE总监，协助总经理分管HSE和安全工作。2012年3月，中国石油（PetroChina）批复中油国际（绿洲）公司组织机构的调整。规定公司有15个下设机构，包括行政管理部、信息部、公共关系部、技术支持部、地面工程部、钻井作业部、生产管理部、勘探开发部、HSSE部、计划部、人力资源部、财务部和采油厂、巴格达分公司、油田现场作业区。同意人员编制为260人，其中中油国际（绿洲）公司员工（含市场化用工）控制在60人以内，设置领导班子职数5人，其中副局级1人，处级职数27人，其中正处级10人（含领导班子副职4人，总经理助理、副总师等职数3人）。2012年12月，伊拉克公司任命汪绪刚为副总经理，协助总经理分管油田开发、作业和生产工作。2014年7月，伊拉克公司任命党希波为副总经理，协助总经理分管HSE、安全和IT工作；伊拉克公司任命张斌为副总经理，协助总经理分管生产协调、后勤保障、公共关系和外联工作；伊拉克公司任命苗友良为总工程师，协助总经理分管勘探开发、开发方案研究和部署、钻井和井下作业；伊拉克公司任命汪华为总经济师，协助总经理分管计划、财务和采办工作。

截至2015年12月，绿洲公司石油有限责任公司员工总数1220人，其中中油国际（绿洲）公司61人，振华石油公司43人，采油厂302人（其中新疆准东油田209人、川庆钻探93人），国际雇员4人，当地员工810人。

中油国际（绿洲）公司领导名录：

总 经 理：陈　镭（兼任，2009.12—2015.12）

副总经理：汪绪刚（2012.12—2014.5）

　　　　　党希波（2014.7—2015.12）

　　　　　张　斌（2014.7—2015.12）

总工程师：汪绪刚（2010.3—2014.5）

苗友良（2014.7—2015.12）
HSSE 总监：党希波（2010.9—2015.12）
总 经 济 师：汪　华（2014.7—2015.12）
总经理助理：张　斌（2012.12—2014.7）
　　　　　　张　军（2012.12—2015.12）
　　　　　　李　岩（2014.7—2015.12）
副总经济师：汪　华（2012.12—2014.7）
副总工程师：张兆武（2012.12—2015.12）

（二）鲁迈拉项目部

2009 年 9 月，海外勘探开发公司成立伊拉克鲁迈拉项目部筹备组。由王莎莉任组长，张德亮、李方明、黄一兴、韩瑞民任副组长。筹备组主要职责为负责跟踪鲁迈拉油田资产交易双方监管机构对交易的审批；负责与伊拉克政府、伊拉克南方石油公司、英国石油公司等有关方面沟通联系，推进项目前期各项工作；负责与本项目有关的公司的注册成立；负责鲁迈拉项目前期工作计划和预算的制定及财务管理体系的建立；根据项目推进情况，负责研究制订鲁迈拉项目部的组织机构及人员编制方案，并履行相关报批手续。前期主要开展油田现场计量、资料接收、地面调研等过渡期工作。鲁迈拉联合作业机构总部办公地点设在伊拉克巴士拉，伦敦设立鲁迈拉支持组。

2009 年 12 月，鲁迈拉项目部成立。2010 年 4 月，鲁迈拉项目部对领导班子进行分工。总经理韩绍国全面负责鲁迈拉项目中方生产、经营、安全环保、队伍建设等各项工作，分管人事部、计划部、财务部、总经理办公室。副总经理黄一兴协助总经理负责全面生产工作；负责项目中方专业技术的全面管理；主抓实现 IPT、PPT 的地面工程规划方案，系统更新改造方案设计及工程建设项目管理的沟通协调和推动工作。HSSE 总监韩瑞民主抓项目公司安保、HSE、后勤服务、公共关系管理，分管安保部、HSE 部、后勤保障部。副总经理王印玺负责油田油田生产等近期及长远开发方案的研究编制、沟通协调和推动工作；负责地质系统专业技术的管理、科技管理工作和勘探院鲁迈拉项目技术支持组的协调工作；全面负责伦敦鲁迈拉项目支持组中方人员的管理、业务协调、队伍建设工作，分管开发部。副总经理冀成楼负责油田钻修井作业管理、物资采办管理及乙方队伍的协调，分管作业部、采办部。副总经理邵定波负责地面工程方案、工程建设项目的组织实施以及日常生产运行的协调，负责项目的科技管理工作，分管工程部、生产部。总经理助理刘胜协助冀成楼副总经理负责钻井作业管理、修井作业管理及物资采办工作，全面负责钻修井专家组的管理工作。副总工程师周鼎潮协助邵定波副总经理负责科技管理工作，全面负责项目信息化建设，分管 IT 部。

2011 年 10 月，中国石油（PetroChina）人事部明确鲁迈拉项目部设立办公室等 16 个部门，人员编制控制在 150 人以内，同意鲁迈拉项目部领导职数 7 人，其中副局级 3 人（含兼任公司领导职务人员）；总经理助理、副总师等职数 5 人；核定鲁迈拉项目部内设部门处级职数 31 人，其中正处级职数 14 人，副处级职数 17 人。鲁迈拉项目部设办公室、人力资源部、财务部、计划部、采办部、信息管理部、安保部、健康安全环保部、开发部、作业部、生产部、工程部、公关部、法律部、后勤保障部、鲁迈拉支持组（RST-Rumaila Support Team）等16个部室。

截至2015年12月，鲁迈拉项目在岗中国石油（PetroChina）派出员工90人，英国石油公司446人（其中英国石油公司员工115人、英国石油公司国际第三方合同化用工331人），伊拉克南方石油公司雇员5937人、伊拉克第三方合同化用工719人。鲁迈拉项目总经理，由英国石油公司、伊拉克国家原油销售公司每两年轮流担任，中方有权指派人员担任联合作业机构副总经理。

项目部领导名录（2009.12—2015.12）

总　经　理：韩绍国（2009.12—2013.8）
　　　　　　王贵海（2013.8—2015.12）
副总经理：李方明（2009.12—2010.2）
　　　　　　黄一兴（2009.12—2010.3；副局级，2010.3—2015.12）
总会计师：潘成刚（兼任，2010.11—2013.11）
　　　　　　蔡　勇（兼任，2013.11—2015.12）
HSSE总监：韩瑞民（兼任，2009.12—2011.11）
副总经理：冀成楼（2009.12—2015.10）
　　　　　　王印玺（2009.12—2014.2）
　　　　　　邵定波（2009.12—2013.12）
　　　　　　王贵海（2011.9—2013.8）
　　　　　　梅景彬（2015.10—2015.12）
总经理助理：刘　胜（2009.12—2011.9）
　　　　　　刘文涛（2012.7—2015.12）
　　　　　　陈　涛（2014.7—2015.12）
　　　　　　周明平（2014.7—2015.12）
副总工程师：周鼎潮（2009.12—2012.12）
副总会计师：王静波（满族，2012.7—2015.12）

（三）哈法亚项目部

哈法亚项目是中国石油（PetroChina）与合作伙伴法国道达尔公司、马来西亚石油公司同伊拉克南方石油公司组成联合体运作的项目，也是中国石油（PetroChina）第一次以作业者身份，在大型项目上与西方大石油公司进行合作的项目，机构规格为正局级。2009年12月11日项目中标后，中国石油（PetroChina）成立哈法亚项目部。

2010年8月，中国石油（PetroChina）批复哈法亚项目部组织机构，设行政部、人力资源部、经营计划部、财务会计部、勘探部、开发部、生产部、工程部、作业部、HSSE部、采办部、法律事务部、信息技术部等13个部门，人员编制控制在70人以内（含作业区中方人员），其中项目部领导职数5人、处级职数39人（含总经理助理、副总师职数5人）。2012年3月，中国石油（PetroChina）人事部同意哈法亚项目部增设管道部和作业控制中心，产能高峰期的中方人员编制控制在160人以内，处级职数调整为46人，其中总经理助理、副总师等职数调整为6人。根据业务需要，成立井下作业部（2013年6月）、内控审计部（2014年3月）和电力部（2014年12月）。

2009年12月，中国石油（PetroChina）任命祝俊峰为伊拉克公司常务副总经理兼哈法亚项目部中方总经理；郭月良为伊拉克公司副总经理兼哈法亚项目部中方副总经理。2010年3月中国石油（PetroChina）任命李庆学、许岱文为哈法亚项目部副总经理。同年4月，哈法亚项目对领导班子进行分工。总经理祝俊峰负责班子和干部。副总经理郭月良负责HSSE工作。

2014年3月，哈法亚项目部对领导班子成员分工重新调整，总经理祝俊峰主持项目部全面工作并具体负责三期产能建设项目筹备工作。副总经理李庆学分管人力资源部、采办部、法律部、行政部工作，负责迪拜车辆及交通安全管理。副总经理许岱文分管勘探开发生产大部各部门工作，同时代表公司管理层负责现场HSSE工作。蔡勇总会计师分管财务会计部、经营计划部、信息技术部工作。

截至2015年12月，哈法亚项目在迪拜设行政部、人力资源部、经营计划部、财务会计部、勘探部、开发部、生产部、工程部、作业部、井下作业部、内控审计部、HSSE部、采办部、法律事务部、信息技术部、管道部、电力部等17个部门，在伊拉克境内由油田作业区进行统一管理。作业公司有中方派遣员工208人，法国道达尔公司派遣员工3人，米桑石油公司派遣员工345人，国际雇员391人，当地雇员637人。

项目部领导名录

总　经　理：祝俊峰（正局级，兼任，2009.12—2015.12）

副总经理：郭月良（兼任，2009.12—2013.11）
　　　　　　李庆学（2010.3—2015.12）
　　　　　　许岱文（2010.3—2015.12）

总会计师：潘成刚（兼任，2010.11—2013.11）
　　　　　　蔡　勇（兼任，2013.11—2015.12）

副总地质师：雍凤军（2010.10—2013.2）

总经理助理：邓细泉（2010.10—2015.12）
　　　　　　阎世和（2010.10—2015.12）
　　　　　　王　煜（2011.10—2015.12）
　　　　　　孙开江（2012.9—2015.12）
　　　　　　乔振勇（2013.10—2015.12）
　　　　　　朱新民（2014.7—2015.12）

副总会计师：蔡　勇（2011.10—2013.11）

（四）西古尔纳项目部

2013年11月，中国石油（PetroChina）与印度尼西亚国家石油公司伊拉克勘探生产分公司合作分别收购埃克森美孚在伊拉克西古尔纳1油田项目部分股份。

西古尔纳联合公司（简称联合公司）的项目总经理由埃克森美孚、伊拉克南方石油公司每两年轮流担任。作业公司决策层形式为出资伙伴指导委员会和联合管理委员会，日常运营由西古尔纳 1 油田作业部（West Quarna I Field Operation Division，简称"WQIFOD"）组织。

2014 年 8 月，中国石油（PetroChina）批准成立中国石油天然气股份有限公司伊拉克公司西古尔纳项目部，下设办公室、计划部、财务部、人力资源部、采办部、HSSE 部、作业部、开发部、工程部、生产部、大项目部等 11 个部门。人员编制控制在 100 人以内（不设置中方专职人员）。领导职数 5 人，其中副局级 1 人，处级 4 人；总经理助理 1 人；部门处级职数 16 人，其中处级 5 人，副处级 11 人。

2014 年 8 月，西古尔纳项目部成立，范建平任项目部总经理；罗占刚、曹钧任项目部副总经理，赵立娜任项目部总经理助理。总经理范建平分管计划部、财务部、人力资源部及大项目部；副总经理罗占刚分管作业部、开发部、工程部、生产部；副总经理曹钧分管办公室、HSSE 部；总经理助理赵立娜分管采办部。

截至 2015 年 12 月，联合公司有员工 1885 人，其中中国石油（PetroChina）28 人、埃克森美孚 325 人、印度尼西亚国家石油公司 12 人、壳牌 2 人、伊拉克南方石油公司 1518 人。

项目部领导名录（2014.8—2015.12）

总　经　理：范建平（2014.8—2015.12）

副 总 经 理：罗占刚（2014.8—2015.12）

　　　　　　曹　钧（2014.8—2015.12）

总经理助理：赵立娜（女，满族，2014.8—2015.12）

第二节　中国石油天然气集团公司伊朗公司

一、领导机构

2002 年 9 月，中国石油（CNPC）和伊朗石油工程建设公司在伊朗基什岛自由贸易区注册成立伊中能源工业有限责任公司，伊中能源公司是中国石油（CNPC）及勘探开发公司在伊朗石油天然气市场的窗口公司，负责中国石油伊朗市场的开发工作。

2004 年 5 月，中油国际（塞浦路斯）公司与加拿大纯粹能源公司签署"MIS 项目股权转让协议"，获得该项目 49% 合同权益，MIS 项目部成立。

2005 年 5 月，中油国际（CNPCI）与伊朗国家石油公司签署"三区勘探开发作业服务合同"，中方合同权益 100%。6 月，合同生效，三区项目部成立。

2008 年 6 月，勘探开发公司决定成立中油国际（伊朗）有限责任公司，负责伊中能源工业有限责任公司中方业务的统一管理协调。

2009 年 1 月，中油国际（CNPCI）与伊朗国家石油公司签署"北阿扎德甘油田开发作业服务合同"，4 月成立北阿扎德甘项目部。4 月，中国石油（CNPC）批准中油国际（伊朗）有限公司机构规格调整为副局级，主要负责三区项目部、MIS 项目部、北阿扎德甘项目部和伊中能源公司的管理。9 月，发改委核准同意中油国际（CNPCI）100% 投资南帕斯 11 项目和帕斯 LNG 项目,南帕斯项目部成立。12月,中国石油(CNPC)决定,在中油国际(伊朗)有限公司基础上成立中国石油天然气集团公司伊朗公司(简称伊朗公司),机构规格为正局级。伊朗公司行政上由中国石油(CNPC)直接管理,业务上归口海外勘探开发公司管理,作为中国石油(CNPC)内部海外业务区域性管理机构,不进行工商注册,总部设在伊朗德黑兰。同时,成立伊朗地区组织工作委员会,在伊朗的中国石油(CNPC)所属其他单位组织关系隶属伊朗地区组织工作委员会。伊朗公司设MIS、三区、北阿扎德甘、南帕斯等4个项目部。

2010年10月,中油国际(CNPCI)与纳夫提兰国际贸易有限公司(Naftiran Intertrade Company limited,简称"NICO",或"纳夫提兰国贸",为伊朗国家石油公司的子公司)同伊朗国家石油公司签署"阿扎德甘油田综合评价及开发作业服务合同2号修改协议"。

2011年1月,中国石油(CNPC)批准成立南阿扎德甘项目部。3月,伊朗公司成立南阿扎德甘项目部。

2015年12月,伊朗公司撤销,所属项目划入中国石油天然气集团公司中东公司。

伊朗公司领导名录(2009.12—2015.12)

总　经　理:李庆平(2009.12—2012.12)
　　　　　　黄永章(2014.4—2015.12)
副 总 经 理:成忠良(2010.3—2015.12)
　　　　　　冯亚平(2010.3—2013.11)
　　　　　　姜明军(2010.7—2015.12)
总 会 计 师:刘朝全(2011.8—2015.12)

伊朗公司总经理助理、副总师名录

总 经 理 助 理:周云章(2010.5—2014.9)
　　　　　　　周作坤(2010.5—2015.12)
　　　　　　　刘朝全(2010.8—2011.8)
高级行政顾问:张静玲(返聘,女,2010.5—2014.6)

二、机关部门

2009年12月,中国石油伊朗公司成立,机关设综合办公室、人力资源部、计划财务部、HSE部、技术部等5个部门,专职人员10人,其余岗位由项目部人员兼任。

2010年8月,机关计划财务部分拆为计划部和财务部,同时增设合同采办部、开发作业部、工程建设部,撤销技术部。调整后机关职能部门为8个。专职中方人员编制10人。

2012年5月,开发作业部更名为开发生产部,增设法律内控部、钻井作业部,机关职能部门增至10个。

截至2015年12月,伊朗公司机关有10个职能部门,即综合办公室、人力资源部、财务部、法律内控部、计划部、合同采办部、开发生产部、HSE部、钻井作业部、工程建设部。

综合办公室(2009.12—2015.12)。2009年12月,伊朗公司设综合办公室。负责中国石油

（CNPC）、海外勘探开发公司文件信息的上传下达及执行情况跟踪；负责组织制定公司有关行政管理及规章制度，跟踪有关制度的执行及落实；负责纪检监察、审计、工会、共青团、女工委员会、综合治理及企业文化建设等工作；负责公司各类会议，包括总经理办公会、联席会等的组织，起草会议纪要及会议决议的跟踪落实；负责公司各项目的联管会、伙伴会等会议的组织、协调安排；负责公司有关文件的收、发、存及档案的管理；负责公司的保密工作；负责公司对外联络、外事及公共关系工作；负责公司来访团组的接待；负责公司中方人员及家属的签证、机票、接送站等工作；负责公司后勤服务管理，包括对阳光国际、当地承包商的管理，后勤服务点包括德黑兰、阿瓦兹及前线作业区；负责公司IT业务管理；负责公司实物资产的管理；负责公司北京、迪拜办事处的管理等。

主任：李永产（2015.12）

人力资源部（2009.12—2015.12）。2009年12月，伊朗公司成立，原人事部更名为人力资源部。负责制定人事管理制度和程序，包括根据中国石油（CNPC）的有关管理制度和规定制定伊朗公司有关管理制度和程序；根据海外勘探开发公司的要求，起草和修改"CNPC外派员工薪酬福利政策"，经伊朗公司审查，报海外勘探开发公司审批后执行；根据伊朗法律和合同规定起草、修改当地员工人事管理政策和程序，上报管理层批准后执行。负责组织机构的设置，制订各部门工作职责；负责领导干部和员工的考核与管理工作；配合中国石油（CNPC）人事部做好集团管理干部的业绩考核与薪酬福利管理；负责处级以下（含处级）干部的管理和后备干部选拔、培养和考核等工作；负责管理干部的调配，协助做好伊朗公司与海外勘探开发公司、其他地区公司干部间的调配等工作；负责对口支持、借聘等人员管理工作，负责第三方劳务人员合同等管理工作；负责技术干部职称评审等管理工作；负责员工的薪酬福利管理，包括劳动合同、考勤、奖惩、各类保险的管理和工资、奖金、各类津补贴的计算与发放以及员工休假、家属探亲等工作；负责员工的培训工作；负责根据年度工作计划编制年度人员需求计划和预算；负责员工信息管理系统的建立、完善与维护和人事统计工作等。

经理：李 杜（2014.9—2015.12）

计划财务部（2009.12—2010.8）。2009年12月，伊朗公司成立计划财务部。2010年8月，计划财务部分拆为财务部和计划部。计划财务部负责制订各项计划、财务会计管理制度；负责财务预算、资金会计、税收保险、投资回收等工作；负责编制和项目的财务预算与资金计划，监督公司财务预算和资金计划的执行，定期进行经济活动分析；负责编制中方账预算、中方账的统一核算和各类财务报表的上报工作；负责研究资金收支的安全运作模式，建立长期、安全、稳定的汇划路径，监督银行账户的规范管理和风险控制；负责会计核算工作，对各项经济活动实施财务监督，检查各项财务指标的执行落实情况；负责编制受托管理的中油国际（CNPCI）全资子公司、控股子公司的对外报表，安排会计师事务所的审计工作；负责协调与伊朗财政、税务等政府部门，银行、证券等金融机构及会计师事务所等的关系；参与公司重大投资计划和重大经济合同的可行性研究，提供财务意见；协调配合国内、伊朗各级审计机构对公司的审计工作，组织落实审计意见的整改工作等；负责公司及各项目业务发展计划等的编制和管理；负责公司及各项目年度工作计划、预算的编制和调整；负责各项目进度计量体系、工作量分解、成本分解及项目执行计划的编制；负责资本性支出预算的编制及管理工作；负责公司及各项目服务及材料申请单的审核和预算审批工作；负责各项目经济评价及后评价工作；负责协助中国石油（CNPC）和海外勘探开发公司完成对各项目可行性研究报告的报审及报批工作；负责各项目生产经营统计及分析工作；负责双控工作执行情况及效果分析和总结等。

经理：刘立君（2009.12—2010.8）

财务部（2010.8—2015.12）。2010年，计划财务部分拆为计划部和财务部。财务部负责制订公司各项财务会计管理制度；负责财务预算、资金会计、税收保险、投资回收等管理工作；负责制订财务业务流程；负责编制公司和项目的财务预算和资金计划，监督公司财务预算和资金计划的执行，定期进行经济活动分析；负责编制公司中方账预算、中方账的统一核算和各类财务报表的上报工作；负责研究公司资金收支的安全运作模式，建立长期、安全、稳定的汇划路径，监督银行账户的规范管理和风险控制；负责公司会计核算工作，对各项经济活动实施财务监督，检查各项财务指标的执行落实情况；负责编制公司受托管理的CNPCI全资子公司、控股子公司的对外报表，安排会计师事务所的审计工作；负责协调与伊朗财政、税务等政府部门，银行、证券等金融机构及会计师事务所等的关系；参与公司重大投资计划和重大经济合同的可行性研究，提供财务意见；协调配合国内各级审计机构和伊朗国家对公司的审计工作，组织落实审计意见的整改工作；负责选拔、培训和考核财务会计人员，并对所属项目财务与会计机构设置、人员的配备和任用、专业职务的聘任等事项提出建议等。

经理：张红斌（2010.8—2014.7）

　　　李程远（2014.12—2015.12）

计划部（2010.8—2015.12）。2010年8月，计划财务部分拆为计划部和财务部。计划部负责制定公司计划管理制度、规定和办法；负责公司及各项目业务发展计划、滚动规划的编制和管理；负责公司及各项目年度工作计划、预算的编制和调整；负责公司各项目进度计量体系、工作量分解、成本分解及项目执行计划的编制；负责公司资本性支出预算的编制及管理工作；负责公司及各项目服务及材料申请单的审核和预算审批工作；负责公司各项目的经济评价和后评价工作；负责协助中国石油（CNPC）和海外勘探开发公司完成对各项目可行性研究报告的报审及报批工作；负责公司各项目生产经营统计及分析工作；负责双控工作执行情况及效果分析和总结等。

经理：刘　成（2010.8—2013.4）

　　　韩武艺（2014.12—2015.12）

合同采办部（2010.8—2015.12）。2010年8月，伊朗公司机构编制调整后，增设合同采办部，负责制定公司及各项目的合同采办管理制度和工作程序，包括招标委员会工作、合同采办、库房管理程序等；负责编制公司半年、年度采办工作计划和预算；负责公司招投标工作，包括审查承包商资质，编制招标策略，准备招标文件，进行技术、商务澄清，开标、评标报批，授标等；负责组织实施公司物资和材料采购，包括询价、报批、订单准备和签署、催交催运等；负责公司采办合同的起草、签订和管理工作；负责库房管理；负责材料进出口工作，包括进出口许可的申请、清关及运输等；配合信息管理部门建立合同采办管理信息化系统等。

经理：陈　奇（2010.11—2015.3）

法律内控部（2012.5—2015.12）。2012年5月，伊朗公司机构编制调整后，增设法律内控部，负责公司法律事务和内控管理工作，负责建立公司内控体系、制订法律事务、内控管理办法；负责研究伊朗法律、法规，跟踪伊朗法律、法规的变化，及时提出应对策略建议；负责公司重大合同的起草并参加相关谈判；负责公司各类合同的审查、审核；负责公司合同专用章的使用和管理；负责公司重要规章制度和对外签发信函草稿的审查、审核；负责办理或协助海外勘探开发公司与伊朗公司有关的公司登记注册事项；负责或协助上级机关处理与公司有关的诉讼案件；负责跟踪伊朗国际制裁新动向，及时提出有关应对策略；负责公司的普法培训工作等。

法律业务经理：郭跃辉（2011.7—2014.7）

内控与风险管理业务经理：毛及欣（兼任，2014.5—12）

李志刚（2014.12—2015.12）

HSE部（2009.12—2015.12）。2009年12月，伊朗公司设HSE部。负责制定公司QHSSE、标准规范管理制度并组织实施；负责建立或完善QHSSE管理体系；负责公司QHSSE日常综合管理、监督、标准工作；负责编制公司QHSSE工作计划和预算；负责协助人力资源部将各岗位QHSSE职责纳入岗位职责；考核各职能部门的QHSSE执行力，对各部门及人员的安全履职提出考评及奖惩意见；负责组织开展或协助人力资源部开展安全培训工作；负责与伊朗国家石油公司、伊朗政府有关部门、承包商保持经常性接触，共同研究解决QHSSE管理中存在的问题；负责协助并督导作业、采办、后勤等职能部门对承包商实施覆盖"队伍资质关、QHSSE业绩关、人员素质关、监督监理关、现场管理关"的QHSSE管理，落实"三同时"制度；负责开展周期性检查、审计工作，指导危害识别及事故调查等工作；负责建立与海外勘探开发公司应急预案衔接的综合应急预案、专项应急预案和现场应急处置预案，落实应急资源，按照要求组织培训和演练，至少每年开展一次防恐、安全风险评估、修订防恐、安全应急预案；按照安委会的决策，督促各职能部门落实防恐安全、人防、技防、物防措施；负责QHSSE工作的信息报告；负责监督职业健康和职业卫生管理，提出个人职业健康及职业卫生防护措施方案意见，监督PPE的采购、配备、发放及使用；督导有关职能部门按伊朗公司安全管理细则的要求落实相关职业健康工作；负责监督环境管理工作，督促作业、后勤等职能部门做好对承包商现场作业废弃物的管理及其他环境保护工作和措施的落实等。

副经理：杨德银（2010.8—2014.11，主持工作）

开发生产部（2009.12—2015.12）。2009年12月，伊朗公司设技术部。2010年8月，增设开发作业部，撤销技术部。2012年5月，开发作业部更名为开发生产部。开发生产部负责编制油气田开发方案；负责油气田动态分析、油气藏地质跟踪研究及方案调整；负责油气田的日常操作管理；负责单井地质设计；负责测井和地质录井监督管理；负责编制、审核完井、试油、酸化技术方案；负责编制本部门半年、年度工作计划和预算；负责上报开发生产周月报、半年报和年报等。

经理：徐忠军（2010.8—2015.12）

钻井作业部（2012.5—2015.12）。2012年5月，伊朗公司机构编制调整，增设钻井作业部。负责编制钻井工程设计；负责钻井作业；负责现场钻井作业的日常运行管理，包括钻井监督的管理；负责井场、道路、供水管网建设及维护维修；负责编制、审核完井、修井、试油、酸化施工方案并组织实施等；负责编制钻、修井运行计划和预算；负责编制钻完井、修井报告及存档工作等。

经理：朱怀顺（2014.12—2015.12）

工程建设部（2010.8—2015.12）。2010年8月，伊朗公司增设工程建设部。负责建立和完善工程建设项目管理细则；负责公司工程建设项目进度计划的编制和调整，监督计划执行情况；负责公司工程建设项目的设计、施工、调试、监理、试运和投产等各环节中的进度、质量、费用、风险管理及控制等；负责协助采办部制定工程建设项目招标策略、招标方案等。

经理：孙立国（兼任，2012.1—2014.9）
　　　徐　东（2014.12—2015.12）

北京办事处（2009.12—2015.12）。2009年12月，伊朗公司成立，北京办事处纳入伊朗公司机关部门序列，由伊朗公司和中国石油国际事业部（外事局）双重管理。负责伊朗公司北京办事处业务管理，包括文件管理、保密工作、固定资产及车辆管理；负责中国石油（CNPC）和海外勘探开发公司下发文件、指示、政令的上传下达及执行情况的跟踪；负责公司中方人员中国境内商务行程安排、会议组织及跟踪落实；负责伊朗来京团组接待工作；负责公司中方人员护照、签证、机票、出入境安全及接送机管理；负责项目所需物资境内采购等。

主任：武　越（兼任，2010.8—2015.12）

三、所属单位

（一）伊中能源工业有限责任公司

2002年9月，中国石油（CNPC）和伊朗石油工程建设公司（Oil Industries Engineering and Construction Company，简称"OIEC"）在伊朗基什岛自由贸易区注册成立伊中能源工业有限责任公司（Iran—China Energy Industries Company，简称伊中能源公司），双方各持股50%，注册资金1亿里亚尔，中方部分由中油国际有限责任公司（CIPCI）出资。伊中能源公司是中国石油（CNPC）及勘探开发公司在伊朗石油天然气市场的窗口公司，负责中国石油（CNPC）伊朗市场的开发工作。伊中能源公司由勘探开发公司管理，由中油国际（CNPCI）拨付经费。中国石油外事局代表中国石油（CNPC）任命冯亚平为伊中能源公司总经理。中国石油伊朗油气投资业务开启探索阶段。

2002年9月，冯亚平任伊中能源公司总经理（2002.9—2012.2）。

2012年2月，随着MIS、三区、北阿扎德甘、南帕斯及南阿扎德甘油田等作业合同的签订以及中国石油（CNPC）在伊油气业务市场的逐步扩大，伊中能源公司注销。

（二）伊朗MIS项目部

2004年5月，中油国际（塞浦路斯）公司与加拿大纯粹能源公司签署《MIS项目股权转让协议》，获得伊朗MIS项目49%合同权益。

2004年5月，伊朗MIS项目部成立，隶属勘探开发公司。项目部设8个部门：人力资源部、财务部、计划部、开发部、钻井部、作业部、采油厂、油田作业区。姜明军为第一任总经理。8月，伊朗MIS项目完成法律交割，进入中方运作阶段。10月，中国石油国际事业部同意勘探开发公司参与伊朗MIS油田开发。

2005年10月，再次获得26%权益。

2007年3月，中油国际（CNPCI）与伊朗国家石油公司签署《MIS油田开发作业服务合同1号修改协议》，是中油国际（CNPCI）与伊朗国家石油公司签订的第一个回购服务合同，约定在合同期内完成日产25000桶原油的产能建设。4月，为更好地为MIS项目提供技术支持与服务，勘探开发公司成立"伊朗MIS项目总部支持小组"。总协调为叶先灯；组长邓民敏；副组长黄一兴、钱明阳、王印玺。

2007年8月，《MIS油田开发服务合同1号修改协议》生效。

2010年2月，中油国际（CNPCI）最终收购伊朗当地股东伊朗纳夫特格兰工程服务公司剩余25%股份。

2011年7月，伊朗MIS项目投产时，员工总数87人，其中中方员工22人、当地员工65人。

2012年3月，伊朗国家石油公司要求MIS项目技术服务支持延期一年。8月，伊方单方面停止油田生产。2013年3月，根据海外勘探开发公司的指示，以及在中伊双方的沟通和努力下，MIS油田复产。

截至2015年12月，伊朗MIS项目员工总数19人，其中中方员工8人、当地员工11人。

MIS项目部领导名录（2009.12—2015.12）

总 经 理：姜明军（2004.6—2005.12）

周作坤（2005.12—2007.8）

王印玺（2007.8-2009.12）

周作坤（兼任，2009.12—2012.11）

孙立国（兼任，2012.11—2014.9）

张建立（2014.9—12；正处级，2014.12—2015.12）

副总经理：周作坤（2005.4—11；代理总经理，2005.11—12）

马俊峰（2007.3—2008.3）

陈　奇（2007.11—2011.12）

孙立国（2009.12—2012.12）

张建立（2012.12—2014.9）

总经济师：刘立君（2009.12—2011.12）

（三）伊朗三区项目部

2005年5月，中油国际（CNPCI）与伊朗国家石油公司签署《Kuhdasht Block油田勘探开发作业服务合同》，中方合同权益100%。6月，合同生效。6月，伊朗三区项目部成立，冯亚平任总经理。项目部设4个部门即综合行政部、财务部、勘探部和作业部。

截至2011年6月三区项目合同终止，员工总数21人，其中中方员工6人、当地员工15人。2012年3月，中国石油（CNPC）批准撤销（伊朗）三区项目部。

伊朗三区项目部领导机构名录（2009.12—2011.6）

总 经 理：冯亚平（兼任，2005.6—2009.11）
　　　　　胡　泉（2009.11—2011.12）
副总经理：胡　泉（2007.12—2008.6）
　　　　　侯广兴（2009.12—2011.7）

（四）北阿扎德甘项目部

2009年1月，中油国际（CNPCI）与伊朗国家石油公司签署《北阿扎德甘油田开发作业服务合同》，中方合同权益100%。4月，伊朗北阿扎德甘项目部成立。机关设综合办公室、计划财务部、开发作业部、前线作业区4个部门。

截至2015年12月，项目部设15个部门即综合办公室、后勤保障部、人力资源部、法律部、财务部、计划部、费用控制与计划部、采办部、开发部、HSE部、作业部、地面工程部、工程建设部、油田支持部、采油厂。员工总数285人，其中中方员工68人、当地员工217人。

伊朗北阿扎德甘项目部领导名录（2009.12—2015.12）

总　经　理：冯亚平（兼任，2009.12—2012.11）
　　　　　　成忠良（兼任，2012.11—2015.12）
常务副总经理：刘朝全（兼任，2010.4—2015.12）
副 总 经 理：徐忠军（2009.12—2015.12）
　　　　　　俞曼丽（2012.12—2014.1）
　　　　　　李　杜（兼任，2014.9—2015.12）
　　　　　　徐　东（兼任，2014.12—2015.12）
总 会 计 师：郑绪平（2013.7—2015.12）
总 经 济 师：刘朝全（2009.12—2010.4）
　　　　　　韩武艺（兼任，2014.12—2015.12）

伊朗北阿扎德甘项目部经理助理、副总师领导名录（2010.1—2015.12）

总经理助理：朱怀顺（兼任，2014.12—2015.12）
　　　　　　冯佩真（兼任，2014.12—2015.12）
副总工程师：王克宁（2010.1—2011.1）
　　　　　　于成金（兼任，2012.1—2014.1）
　　　　　　徐　东（2012.12—2014.12）
副总会计师：徐　岩（兼任，2012.1—2013.7）
副总经济师：韩武艺（兼任，2012.1—2014.12）

（五）南帕斯项目部

2009年6月，中国石油（CNPC）通过杰巴利泛能源有限责任公司与伊朗国家石油公司签署

《南帕斯11区块开发服务合同》。9月，南帕斯项目部成立。

2012年8月6日，中油国际（CNPCI）和伊朗国家石油公司签署关于南帕斯11区项目的《有关合同终止和投资补偿过渡协议》和《新项目会议纪要》，并于8月21日经双方董事会批准生效。

截至2012年8月，南帕斯项目部设4个大部，即开发生产、钻井、地面工程和海洋工程；4个大部设有19个部门，即总经理办公室、HSSE部、后勤保障部、人力资源部、财务部、合同法律部、计划部、采办部、地质部、油藏部、开发生产部、海底管线部、基什岛营地、路上终端营地、工程部、地面工程部、海上工程部、海工项目控制部、作业部。员工总数60人，其中中方员工34人、当地员工26人。

《有关合同终止和投资补偿过渡协议》及《新项目会议纪要》签署后，项目进入收尾阶段，大部分中伊方人员安置到伊朗南阿扎德甘项目部和北阿扎德甘项目部，部分中方人员返回国内单位或被派往其他项目。

伊朗南帕斯项目部领导机构名录（2009.12—2013.5）

总　　经　　理：成忠良（兼任，2009.12—2012.11）

常务副总经理：周云章（兼任，2009.12—2011.3）

副　总　经　理：聂昌谋（2009.12—2012.12；代理总经理，2012.11—2013.4）

　　　　　　　　黄贺雄（2010.6—2012.8）

　　　　　　　　杨龙明（2010.6—2013.4）

　　　　　　　　俞曼丽（女，2011.7—2012.12）

总　会　计　师：张红斌（2010.6—2011.3）

总　经　济　师：刘　成（2010.6—2013.4）

伊朗南帕斯项目部经理助理、副总师领导名录（2019.12—2020.6）

总经理助理：黄贺雄（2009.12—2010.6）

　　　　　　杨龙明（2009.12—2010.6）

副总经济师：刘　成（2009.12—2010.6）

（六）伊朗南阿扎德甘项目部

2010年10月，中油国际（CNPCI）与纳夫提兰国际贸易有限公司签署转股协议、垫资协议等，约定中油国际（CNPCI）获得70%作业权益，另为纳夫提兰国际贸易有限公司垫资10%。中油国际（CNPCI）与纳夫提兰国际贸易有限公司同伊朗国家石油公司签署《阿扎德甘油田综合评价及开发作业服务合同2号修改协议》，中油国际（CNPCI）为作业者。11月，合同2号修改协议生效。合同约定开发一期建设期4年，生产回收期6.5年。根据合同约定，项目一期将建成32万桶/日（约1600万吨/年）原油产能；开发二期建成60万桶/日原油产能。11月，李庆平兼任南阿扎德甘项目部总经理；姜明军兼任常务副总经理。

2011年1月，中国石油（CNPC）批准伊朗公司设南阿扎德甘项目部，李庆平兼任总经理。项目部设总经理1人，副总经理（含总师）4人。人员编制35人。3月，伊朗公司成立南阿扎德甘项目部。4月，周云章任副总经理；张红斌任总会计师。12月，陈奇任副总经济师。

根据南阿扎德甘项目第一届联管会决议，项目部设 17 个部门，即综合办公室、财务部、人力资源部、HSE 部、计划部、法律部、采办部、IT 部、钻前部、钻井工程部、钻井工程成本与质量控制部、开发部、生产部、前线支持服务部、工程设计部、工程计划与成本控制部、工程建设部。

2012 年 8 月，黄贺雄任总工程师。12 月，周作坤兼任副总经理；同月，根据南阿扎德甘项目第五届联管会决议，组织机构调整后增加 2 个境外（迪拜、北京）支持中心，职能部门增加总经理办公室、作业监管部，采办部分设为合同部与采办部，计划部分设为计划管理与进度控制部和预算管理与成本控制部。调整后，南阿扎德甘项目部共 21 个职能部门。

2014 年 4 月，南阿扎德甘项目部收到伊朗国家石油公司合同终止函。

截至 2015 年 12 月，员工总数 36 人，其中中方员工 11 人、当地员工 25 人。

伊朗南阿扎德甘项目部领导名录

总　经　　理：李庆平（兼任，2010.11—2012.12）
常务副总经理：姜明军（兼任，2010.11—2015.12）
副　总　经　理：周云章（2011.4—2014.9）
　　　　　　　　周作坤（2012.12—2015.12）
总　工　程　师：黄贺雄（2012.8—2015.12）
总　会　计　师：张红斌（2011.4—2014.7）

伊朗南阿扎德甘项目部经理助理、副总师领导名录

副总经济师：陈　奇（2011.12—2015.3）

第二章　中国石油中东公司

2015年12月，中国石油（CNPC）强化对中东地区布局战略管理，整合伊拉克公司、伊朗公司，以及海外勘探开发公司直接管理的中油国际（阿联酋）公司、中油国际（叙利亚）公司、中油国际（阿曼）有限责任公司，组建中国石油天然气集团公司中东公司并和中东地区协调组合署办公。中东公司统筹管理中东油气投资业务，是项目运营协调和利润实现组织监控者，作为海外勘探开发公司职能延伸，代表中方履行股东权利，承担海外投资业务运营管理协调职能，实现对项目的有效监管；重点负责地区经营策略研究、投资业务发展规划、商务经营策划、年度生产经营和投资计划、中方人才和干部队伍建设、项目管理基础制度和体系建设、技术支持、股东事务、HSSE、公共关系、本地法律事务以及对所属项目的监督管理和绩效考核等工作。项目公司是海外投资业务生产运营主体，行政上隶属地区公司，主要负责项目日常生产经营和队伍管理，确保项目按合同、协议合规运行。对于中方承担作业者职责的项目，项目公司全面履行合同义务，重点负责项目个性化的生产经营策略研究、年度生产经营和投资计划的执行和落实、日常生产经营运作和管理、中外方人才队伍建设和管理、HSSE以及绩效合同的分解、落实和全员考核兑现等工作。对于中方非作业者的项目，项目公司代表中方参与、监督、协调项目生产经营和投资计划的执行和落实，负责中方派出人员管理，以及中方绩效合同的分解、落实和中方人员考核兑现等工作。

2016年6月8日，根据中国石油（CNPC）《关于调整理顺中东业务管理体制的通知》精神和要求，中东公司组建后，撤销中东各国别公司，建立地区和项目两级管理体制。中东公司所属项目的中方名称明确为中东公司伊拉克哈法亚项目部、中东公司伊拉克艾哈代布项目部、中东公司伊拉克鲁迈拉项目部、中东公司伊拉克西古尔纳项目部、中东公司伊朗北阿扎德甘项目部、中东公司伊朗南阿扎德甘项目部、中东公司伊朗MIS项目部、中东公司阿联酋陆海项目部、中东公司阿曼项目部、中东公司叙利亚项目部（包括戈贝贝和幼发拉底两个项目）。各项目注册的法律实体名称保持不变。

2017年7月，中国石油（CNPC）实施海外油气业务体制机制改革，中东公司更名为中油国际中东公司。

2018年10月，中油国际（CNODC）对海外中方管理机构名称进行规范调整，中东公司11个所属项目分别更名为：中油国际（伊拉克）艾哈代布公司、中油国际（伊拉克）哈法亚公司、中油国际（伊拉克）鲁迈拉公司、中油国际（伊拉克）西古尔纳公司、中油国际（伊朗）北阿扎德甘公司、中油国际（伊朗）南阿扎德甘公司、中油国际（伊朗）MIS项目公司、中油国际（伊朗）南帕斯11区项目公司、中油国际（阿布扎比）公司、中油国际（阿曼）公司、中油国际（叙利亚）

公司。

2018年9月，中国石油（CNPC）明确中油国际中东公司为一级一类企业。中东公司下设12个机关部门，包括综合办公室、中东地区组织工作委员会办公室、中东地区纪工委办公室、人力资源部、规划计划部、财务部、销售采办部、股东与法律事务部、审计监察部、HSSE部、技术部、中东地区协调组办公室。

2021年3月，中国石油（CNPC）海外体制机制优化调整，中油国际中东公司改名为中国石油中东公司。所属11个项目公司，即中油国际（伊拉克）艾哈代布公司、中油国际（伊拉克）哈法亚公司、中油国际（伊拉克）鲁迈拉公司、中油国际（伊拉克）西古尔纳公司、中油国际（伊朗）北阿扎德甘公司、中油国际（伊朗）南阿扎德甘公司、中油国际（伊朗）MIS项目公司、中油国际（伊朗）南帕斯11区项目公司、中油国际（阿布扎比）公司、中油国际（阿曼）公司、中油国际（叙利亚）公司。

2022年3月，按照中国石油（CNPC）海外业务体制机制优化调整工作方案，中东公司作为海外业务中东区域协调机构，代表中国石油（CNPC）和中国石油（PetroChina），协调中东区域内企业组织建设工作，统筹协调区域内公共资源、公共关系、公共安全，统一处理对外事务，负责甲乙方协调管理，负责油气、国际贸易、工程服务等市场信息的收集、分析和报告；负责社会安全和HSE综合协调监督；负责外事管理、当地使领馆联络、对外宣传，联系资源国政府部门、国家石油公司及合作伙伴；提供商务、法律、合规管理和风险防控支持，开展区域内国家税收政策研究和税收筹划协调指导。2022年5月，根据中国石油（CNPC）海外业务体制机制优化调整，中东公司设综合管理部（人力资源部）、运营和HSSE部、公共关系部、商务法律部。

第一节　领导机构

中东公司领导机构由中东公司总经理、副总经理、总经理助理和工会主席组成。

一、中东公司行政领导名录

总　经　理：祝俊峰（2015.12—2018.1）

　　　　　　黄永章（2018.1—2020.8）

　　　　　　王贵海（2020.8—2022.12）

常务副总经理：黄永章（2015.12—2018.1）

　　　　　　王贵海（2018.10—2020.8）

　　　　　　卢江波（2021.4—2022.7）

副 总 经 理：王保记（2015.12—2016.7；正局级，2016.7—12）

　　　　　　郭月良（2016.3—2018.10）

　　　　　　陈　镭（2016.3—2016.7）

　　　　　　　李庆学（2016.3—2022.3）
　　　　　　　许岱文（2016.3—2022.7）
　　　　　　　成忠良（2016.3—2022.7）
　　　　　　　姜明军（2016.3—2022.7）
　　　　　　　刘朝全（2016.3—2016.7）
　　　　　　　王贵海（2016.3—2018.10）
　　　　　　　范建平（2016.3—2022.12）
　　　　　　　李应常（2018.10—2022.7）
　　　　　　　宫长利（2018.10—2022.7）
　　　　　　　张建立（2021.4—2022.4）
　　　　　　　李智明（2022.7—2022.12）
　　　　　　　耿玉锋（2022.9—2022.12）
　　　　　　　陈　涛（2022.9—2022.12）
总 会 计 师：蔡　勇（2016.3—2018.4）
　　　　　　　张红斌（2018.10—2022.7）
安 全 总 监：黄永章（兼任，2017.7—2018.10）
　　　　　　　王贵海（兼任，2018.10—2022.9）
　　　　　　　陈　涛（兼任，2022.9—2022.12）
总经理助理：冀成楼（2016.3—2022.12）
　　　　　　　邓细泉（2016.3—2022.9）
　　　　　　　孙开江（2016.3—2022.12）
　　　　　　　王志峰（2016.3—2022.12）
　　　　　　　田大军（2016.3—2022.9）
　　　　　　　汪　华（2016.3—2022.7）

二、中东公司工会领导名录

主　　　　席：王保记（2016.7—2016.12）
　　　　　　　韩绍国（2016.12—2022.9）
　　　　　　　耿玉锋（2022.9—2022.12）

第二节　机关部门

　　2016年3月，中东公司机关设综合办公室、人力资源部、规划计划部、财务部、销售采办部、股东与法律事务部、审计监察部、HSSE部、技术部共9个职能部门，以及中东地区组织工作委员会办公室、中东地区纪工委办公室、中东地区协调组办公室。中东地区组织工作委员会办公室与综合办公室合署办公，中东地区协调组与 HSSE 部合署办公。2022 年 5 月，中东公司设综合管理部（人力资源部）、运营和 HSSE 部、公共关系部、商务法律部。

一、改制前机构设制

（一）综合办公室

2016 年 3 月，综合办公室成立，未明确编制人数。负责行政、外事外联、公共关系、信息化、公文、档案、保密、后勤及北京办公室的工作。

主　　任：田大军（2016.3—2022.9）
副主任：王正安（2016.3—2022.11，正处级）
　　　　付依力（2016.3—2018.12，正处级）
　　　　崔吉秀（2016.3—2019.11，正处级）
　　　　李振民（2016.8—2022.8）
　　　　王　睿（2019.12—2022.9）

（二）中东地区组织工作委员会办公室

2016 年 3 月，组织工作委员会办公室成立，未明确编制人数。负责中东地区甲乙方组织建设、企业文化、宣传等工作，以及组织工作委员会的日常工作。

主　　任：王正安（2016.3—2022.11）
副主任：谷孟哲（2016.3—2018.3）
　　　　孙　燕（2018.7—2022.9，正处级）

（三）中东地区纪工委办公室

中东地区纪工委办公室负责贯彻落实中国石油（CNPC）和中东地区组织工作委员会、纪工委的工作部署，组织协调并开展各项具体工作；中东地区纪工委办公室与中东公司审计监察部合署办公。

主　　任：毛及欣（2017.4—2021.12）

（四）人力资源部

2016 年 3 月，人力资源部成立，未明确编制人数。负责中方人力资源规划、组织机构、干部、人事、考核、薪酬、职称、培训、信息化；外派人员派遣、合同、薪酬；乙方机构设置及处级干部考核任免建议等工作。

经　　理：张长宝（2016.3—2017.12）
　　　　　谷孟哲（2019.2—2021.2）
副经理：谷孟哲（2018.3—2019.2）
　　　　迟艳波（2018.3—2019.8）
　　　　徐大鹏（2016.3—2022.9）
　　　　石建科（2019.12—2022.12）

（五）规划计划部

2016年3月，规划计划部成立，未明确编制人数。负责规划、投资计划和预算管理、现有项目经济评价与后评价、生产经营统计及投资效益分析、授权管理和业绩考核、项目商务支持等工作。

经　　　理：汪　华（2016.3—2021.1）
　　　　　　肖　岚（2021.2—2021.12）
副　经　理：韩　涛（2016.3—2017.1）
　　　　　　冯文康（2016.3—2017.4）
　　　　　　肖　岚（2016.1—2016.8，无级别；2016.8-2021.2）
经 理 助 理：赵益康（2018.8—2019.5）
预算业务经理：韦　旺（2019.3—2021.1）

（六）财务部

2016年3月，财务部成立，未明确编制人数。财务制度建设、财务预算、资金、会计核算和财务报表、税收和保险、代垫费用收支、财务报表外部审计、作业者项目财务管理、项目财务规范、区域税收协调和金融支持等工作。

经　　　理：王静波（2016.3—2016.9）
　　　　　　魏广庆（2016.9—2022.12）
副　经　理：贾永昌（2016.3—2016.8，正处级）
　　　　　　李程远（2016.3—2018.1，正处级）
　　　　　　王　刚（2016.3—2019.12）
　　　　　　王　磊（2016.8—2018.3）
　　　　　　蔺雨辰（2018.3—2019.8）
　　　　　　李　振（2019.12—2022.12）
　　　　　　李凌艳（2019.12—2021.4）

（七）销售采办部

2016年3月，销售采办部成立，未明确编制人数。负责中东公司各项目份额油的提油和销售工作；授权范围内采办合同审核，采办业务支持、指导和监督，以及机关部门的采办工作。

经　　　理：陈剑飞（2016.3—2016.7，副处级；2016.7—2022.12）
副　经　理：韩　涛（2016.3—2017.1）
　　　　　　王建军（2016.3—2017.7；2016.8—2022.9，正处级）
　　　　　　王孝金（2019.5—2022.12）
经 理 助 理：王孝金（2018.8—2019.5）

（八）股东与法律事务部

2016年3月，股东与法律事务部成立，未明确编制人数。负责股东事务与法律事务，并协调甲乙方的区域法律研究、法律体系建设和法律支持服务等工作。

经　　　　理：王志峰（2016.3—2021.1）
副　经　　理：李志刚（2016.3—2017.8，正处级）
　　　　　　　吴大伟（2019.12—2022.9）
　　　　　　　林士尧（2019.8—2022.12）

（九）审计监察部

2016年3月，审计监察部成立，未明确编制人数。负责内控与风险管理、审计、纪检监察等工作，参与中东地区乙方单位巡视、审计和纪检监察等工作。

经　理：陈海燕（2016.3—2018.8；2017.4—2017.7，兼任）
　　　　朱　明（2019.8—2022.12）
副经理：毛及欣（2016.3—2017.4；2017.4—2021.12，正处级）
　　　　朱　明（2019.2—2019.8）

（十）HSSE部

2016年3月，HSSE部成立，未明确编制人数。负责甲方HSSE管理，区域安全风险防控，应急救援统筹协调；负责乙方HSSE监督、考核和应急救援工作。

经　理：冀成楼（2016.3—2022.9）
副经理：肖书奎（2016.3—2019.4，正处级）
　　　　李　瑾（2017.4—2018.3）
　　　　刘　敏（2018.3—2022.9）
　　　　周　兵（2019.12—2022.12）

（十一）技术部

2016年3月，技术部成立，未明确编制人数。负责项目勘探开发、钻井采油以及生产建设（炼化）的业务管理，以及科研技术管理工作。

经　　　　理：郑小武（2016.3—2018.1）
副　经　　理：徐忠军（2016.3—2022.9，正处级）
　　　　　　　欧　瑾（2016.3—2017.7；2017.4—2019.4，兼任迪拜技术支持中心副主任，正处级）
　　　　　　　刘兴顺（2016.10—2018.4，正处级）
　　　　　　　周景伟（2019.3—2022.12）
　　　　　　　靳　松（2019.12—2022.10）
综合业务经理：徐　星（2018.7—2020.12）
IT业务经理：周景伟（2018.8—2019.3）

（十二）中东地区协调组办公室

2016年3月，协调组办公室成立，未明确编制人数。负责区域一体化市场协调管理、内部市场准入、合规运作、区域政策研究、信息要情收集整理报告、资源共享统筹，以及迪拜自贸区基地管理等工作。

主　　　　任：韩瑞民（2016.3—2016.8）
　　　　　　　冀成楼（2016.8—2022.9）
副　主　　任：张　雷（2016.3—2017.1）
　　　　　　　陈　龙（2018.3—2018.7）
　　　　　　　于久柱（2017.1—2022.9）

二、改制后机构设制

2022年5月，海外体制机制优化调整后，中东公司设置4个部门。在中东公司原机关部门担任唯一职务的人员，过渡期内原职务保持不变。

（一）综合管理部（人力资源部）

负责企业文化、宣传、公文、档案，人力资源，组织工作，纪检、巡视巡查、中方审计，群团工作。

主　　任：王正安（2022.11—2022.12）
副主任：孙　燕（2022.9—2022.12，女，正处级）
　　　　朱　锦（2022.9—2022.12）

（二）运营和HSSE部

负责油气、国际贸易、工程服务等业务综合协调和监督，健康和疫情防控，生产安全，社会安全，防控应急协调和监督，质量管理。

主　　任：冀成楼（兼任，2022.9—2022.12）
副主任：于久柱（2022.9—2022.12）
　　　　刘　敏（2022.9—2022.12）

（三）公共关系部

负责东道国政府和国家石油公司、合作伙伴联络，外事管理，反奸防谍和保密，驻外使领馆联络，信息要情的收集、分析和报告；负责文控，行政，后勤等。

副主任：王　睿（2022.9—2022.12）
　　　　张　冲（2022.9—2022.12）

（四）商务法律部

负责商务、法律、合规和风险防控，协助境外财务资金管控和监督检查，开展国家税收政策研究和税收筹划指导协调，负责大区公司财务；负责市场开发策略研究、长期发展战略规划、业绩考核、企业管理。

主　　任：吴大伟（2022.9—2022.12）
副主任：胡菁菁（2022.9—2022.12）

第三节　所属项目公司

2018年10月，中油国际（CNODC）对海外中方管理机构名称进行规范调整。中油国际（绿洲）公司、伊拉克哈法亚项目部、伊拉克鲁迈拉项目部、伊拉克西古尔纳项目部、伊朗北阿扎德甘项目部、伊朗南阿扎德甘项目部、伊朗MIS项目部、伊朗南帕斯项目部、中东公司阿布扎比项目、中油国际（阿曼）有限责任项目、中东叙利亚项目，依次分别更名为：中油国际（伊拉克）艾哈代布公司、中油国际（伊拉克）哈法亚公司、中油国际（伊拉克）鲁迈拉公司、中油国际（伊拉克）西古尔纳公司、中油国际（伊朗）北阿扎德甘公司、中油国际（伊朗）南阿扎德甘公司、中油国际（伊朗）MIS项目公司、中油国际（伊朗）南帕斯11区项目公司、中油国际（阿布扎比）公司、中油国际（阿曼）公司、中油国际（叙利亚）公司。2022年5月，根据中国石油（CNPC）海外体制机制改革优化调整，中油国际（伊拉克）艾哈代布公司、中油国际（伊拉克）哈法亚公司、中油国际（伊拉克）鲁迈拉公司、中油国际（伊拉克）西古尔纳公司、中油国际（阿布扎比）公司、中油国际（阿曼）公司、中油国际（叙利亚）公司分别改名为中国石油（伊拉克）艾哈代布公司、中国石油（伊拉克）哈法亚公司、中国石油（伊拉克）鲁迈拉公司、中国石油（伊拉克）西古尔纳公司、中国石油阿布扎比公司、中国石油（阿曼）5区公司、中国石油（叙利亚）公司，成立了中国石油伊朗公司管理伊朗北阿扎德甘、伊朗南阿扎德甘、伊朗MIS、伊朗南帕斯11区项目。其中中国石油（伊拉克）鲁迈拉公司、哈法亚公司、西古尔纳公司、中国石油（阿曼）5区公司机构序列属于中国石油（PetroChina），其他公司机构序列属于中国石油（CNPC）。

一、中油国际（伊拉克）艾哈代布公司

2015年12月中东公司组建后，2016年6月，伊拉克公司艾哈代布项目部，改为中东公司伊拉克艾哈代布项目部。

2018年10月，伊拉克艾哈代布项目部更名为中油国际（伊拉克）艾哈代布公司。2022年5月，海外体制机制调整，中油国际（伊拉克）艾哈代布公司更名为中国石油（伊拉克）艾哈代布公司。机构序列归属中国石油（CNPC）。

项目公司领导名录（2015.12—2022.12）

总　经　理：陈　镭（2015.12—2016.7）

　　　　　　王　煜（2016.7—2018.7，代总经理）

　　　　　　宫长利（2018.7—2022.12）

副总经理：党希波（2015.12—2019.5）

　　　　　　张　斌（2015.12—2017.1）

　　　　　　郭兴海（2017.1—2019.1）

　　　　　　孙洪坤（2019.5—2022.10）

　　　　　　赵连兴（2019.12—2022.12）

　　　　　　申家锋（2022.10—2022.12）

韩凤君（2022.10—2022.12）

齐晓成（2022.10—2022.12）

总 工 程 师：苗友良（2015.12—2020.1）

齐晓成（2021.2—2022.12）

HSSE总监：党希波（兼任，2015.12—2019.5）

孙洪坤（兼任，2019.5—2022.10）

申家锋（2022.10—2022.12）

总 会 计 师：韩凤君（2021.2—2022.12）

总 经 济 师：汪　华（2015.12—2017.1）

李　岩（2017.4—2018.10）

赵连兴（2018.10—2019.12）

总经理助理：张　军（2015.12—2017.6）

李　岩（2015.12—2017.4）

申家锋（2017.7—2022.10）

徐占峰（2019.12—2022.12）

副总工程师：张兆武（2015.12—2017.7）

赵丽敏（女，2017.7—2022.12）

二、中油国际（伊拉克）哈法亚公司

2015年12月中东公司组建后，2016年6月，伊拉克公司哈法亚项目部更名为中东公司伊拉克哈法亚项目部。

2018年10月，伊拉克哈法亚项目部更名为中油国际（伊拉克）哈法亚公司。2022年5月，海外体制机制优化调整，中油国际（伊拉克）哈法亚公司更名为中国石油（伊拉克）哈法亚公司。机构序列归属中国石油（PetroChina）。

项目公司领导名录（2015.12—2022.12）

总　　经　　理：祝俊峰（兼任，2016.1—2016.6）

王贵海（一级副，兼任，2016.7—2018.10）

王贵海（一级正，兼任，2018.10—2019.11）

成忠良（一级副，兼任，2019.11—2022.7）

方甲中（一级正，2022.7—2022.12）

高级副总经理：张红斌（一级副，2022.10—2022.12）

田大军（一级副，2022.10—2022.12）

常务副总经理：蔡　勇（兼任，2017.1—2018.4）

副 总 经 理：李庆学（一级副，2016.3—2016.6）

许岱文（一级副，2016.3—2016.6）

邓细泉（兼任，2017.4—2022.12）

朱新民（2017.4—2018.7）

乔振勇（2017.4—2019.11）

王静波（2019.12—2022.12）

刘尊斗（兼任，2019.3—2022.6）

田大军（兼任，2021.4—2022.10）

张红斌（一级副，2022.7—2022.10）

何艳辉（兼任，2022.10—2022.12）

总 会 计 师：蔡　勇（兼任，一级副，2016.1—2016.6）

总经理助理：邓细泉（兼任，2016.1—2017.4）

阎世和（兼任，2016.1—2016.2）

王　煜（2016.1—2016.7）

孙开江（2016.1—2016.6）

乔振勇（兼任，2016.1—2017.4）

朱新民（兼任，2016.1—2017.4）

黄洪庆（兼任，2018.7—2022.12）

王静波（兼任，2019.3—2019.12）

刘尊斗（兼任，2019.3—2019.12）

王喻雄（2021.1—2022.6）

副总经济师：宋代文（兼任，2021.1—2022.12）

安 全 总 监：刘尊斗（兼任，2020.12—2021.6）

何艳辉（兼任，2022.10—2022.12）

安全副总监：何艳辉（兼任，二级正，2021.1—2021.12）

三、中油国际（伊拉克）鲁迈拉公司

2015年12月中东公司组建后，2016年6月伊拉克公司鲁迈拉项目部更名为中东公司伊拉克鲁迈拉项目部。2018年10月，伊拉克鲁迈拉项目部更名为中油国际（伊拉克）鲁迈拉公司。2022年5月，海外机制体制优化调整，中油国际（伊拉克）鲁迈拉公司更名为中国石油（伊拉克）鲁迈拉公司。机构序列归属中国石油（PetroChina）。

项目公司领导名录（2015.12—2022.12）

总　　经　　理：王贵海（2015.12—2016.6）

范建平（2016.6—2022.1）

张建立（2022.1—2022.12）

高级副总经理：刘尊斗（2022.4—2022.12）

刘文涛（2022.10—2022.12）

副 总 经 理：黄一兴（2015.12）
　　　　　　梅景彬（2016.1—2018.12）
　　　　　　王喻雄（2016.8—2019.11）
　　　　　　刘文涛（2018.7—2022.9）
　　　　　　李　岩（2018.10—2022.10）
　　　　　　付依力（2019.12—2022.10）
　　　　　　周明平（2021.7—2022.10）
　　　　　　刘尊斗（2022.2—2022.3）
总 会 计 师：蔡　勇（兼任，2016.1—2016.6）
　　　　　　孙国宏（2018.7—2022.12）
安 全 总 监：刘文涛（兼任，2022.10—2022.12）
总经理助理：刘文涛（2016.1—2017.7）
　　　　　　陈　涛（2016.1—2017.1）
　　　　　　周明平（2016.1—2017.4）
副总会计师：王静波（满族，2015.12—2016.8）
　　　　　　陈　奇（满族，2017.7—2019.8）
副总经济师：陈　奇（满族，2016.10—2017.7）
总经理助理：刘文涛（2017.7—2018.6）

四、中油国际（伊拉克）西古尔纳公司

2015年12月中东公司组建后，2016年6月，伊拉克公司西古尔纳项目部更名为中东公司伊拉克西古尔纳项目部。2018年10月，伊拉克西古尔纳项目部更名为中油国际（伊拉克）西古尔纳公司。2022年5月，海外体制机制优化调整，中油国际（伊拉克）西古尔纳公司更名为中国石油（伊拉克）西古尔纳公司。机构序列归属中国石油（PetroChina）。

项目公司领导名录（2015.12—2022.12）
总 经 理：范建平（2015.12—2016.6）
　　　　　许岱文（2016.6—2022.12）
副 总 经 理：罗占刚（2014.8—2017.8）
　　　　　　曹　钧（2014.8—2018.3）
　　　　　　赵立娜（女，满族，2018.3—2020.4）
　　　　　　蔡开平（2019.12—2022.12）
　　　　　　薛立林（2022.10—2022.12）
安 全 总 监：蔡开平（兼任，2020.12—2022.12）
总经理助理：赵立娜（女，满族，2014.8—2018.2）
副总会计师：薛钢军（2017.7—2021.9）

五、中油国际（伊朗）北阿扎德甘公司

2015年12月中东公司组建后，2016年6月，伊朗公司北阿扎德甘部更名为中东公司伊朗北阿扎德甘项目部。2018年10月，伊朗北阿扎德甘项目部更名为中油国际（伊朗）北阿扎德甘公司。2022年5月，海外体制机制优化调整，中油国际（伊朗）北阿扎德甘公司作为项目部，归属新成立的中国石油伊朗公司管理。

项目公司领导名录（2015.12—2022.12）

总　经　理：成忠良（兼任，2015.12—2019.4）
　　　　　　李应常（兼任，2019.4—2022.12）
常务副总经理：刘朝全（兼任，2015.12—2016.8）
副 总 经 理：徐忠军（2015.12—2022.9）
　　　　　　王建军（2015.12—2022.12）
　　　　　　齐国良（2021.2—2022.12）
　　　　　　张　剑（2021.9—2022.12）
总 会 计 师：郑绪平（2016.1—2016.8）
　　　　　　李程远（兼任，2016.8—2018.11）
　　　　　　蔺雨辰（2019.8—2022.12）
总 经 济 师：韩武艺（兼任，2015.12—2016.8）
总经理助理：朱怀顺（兼任，2015.12—2019.10）
　　　　　　冯佩真（兼任，2015.12—2019.10）
　　　　　　齐国良（2018.3—2021.2）
　　　　　　李洪君（2021.2—2022.12）
　　　　　　董本京（2021.1—2022.12）

六、中油国际（伊朗）南阿扎德甘公司

2015年12月中东公司组建后，2016年6月，伊朗公司南阿扎德甘项目部更名为中东公司伊朗南阿扎德甘项目部。2018年10月，伊朗南阿扎德甘项目部更名为中油国际（伊朗）南阿扎德甘公司。2022年5月，海外体制机制优化调整，中油国际（伊朗）南阿扎德甘公司作为项目部，归属新成立的中国石油伊朗公司管理。

项目公司领导名录（2015.12—2022.12）

总　经　理：姜明军（兼任，2016.6—2019.4）
　　　　　　李应常（兼任，2019.4—2022.12）
常务副总经理：姜明军（兼任，2015.12—2016.6）
副 总 经 理：周作坤（2015.12—2017.8）
总 工 程 师：黄贺雄（2015.12—2017.11）

七、中油国际（伊朗）南帕斯 11 区项目公司

2017 年 7 月 2 日，中国石油（PetroChina）与道达尔和帕斯石油就南帕斯 11 区气田开发项目再次合作，吕功训代表中油国际签署南帕斯 11 区气田开发联合作业协议主体及附件。7 月 3 日，吕功训代表中国石油（PetroChina）与伊朗国家石油公司、道达尔和帕斯石油签署南帕斯 11 区气田开发项目石油合同主体及附件。2017 年 7 月 13 日，国家发展改革委员会令第 9 号，对海外勘探开发公司投资伊朗南帕斯 11 区气田项目予以备案。2017 年 7 月 16 日，南帕斯 11 区开发项目石油合同生效。2017 年 7 月 19 日，中国石油（PetroChina）给道达尔和帕斯石油发函，告知南帕斯 11 区项目的中方负责人是成忠良。2018 年 10 月南帕斯项目部更名为中油国际（伊朗）南帕斯 11 区项目公司。2022 年 5 月，海外体制机制优化调整，中油国际（伊朗）南帕斯 11 区项目公司作为项目部，归属新成立的中国石油伊朗公司管理。

项目设 7 个部门即综合服务部、QHSE 部、采办与法律合同部、计划部、财务部、钻井作业部、海洋工程部。员工总数 4 人，其中中方员工 4（含兼职）人。

南帕斯 11 区领导机构名录（2018.6—2020.12）

总　经　理：成忠良（兼任，2018.7—2019.4）
　　　　　　李应常（兼任，2019.4—2022.12）
副总经理：董本京（2018.7—2021.1）

八、中油国际（阿布扎比）公司

2011 年 12 月世界石油大会期间，中国石油（PetroChina）总裁周吉平会见阿布扎比国家石油公司总经理苏瓦迪（Suwaidi），确定陆海合作区域。

2012 年 1 月，中华人民共和国总理温家宝出访阿联酋时，中国石油（CNPC）与阿布扎比国家石油公司签署战略合作协议。12 月，为推动在阿业务，海外勘探开发公司决定成立阿布扎比项目部。

2013 年 5 月 19 日，阿布扎比国家石油公司和中国石油（CNPC）签署陆海勘探开发联营协议。6 月，勘探开发公司成立中油国际（阿联酋公司）公司（简称阿联酋公司），将原阿联酋阿布扎比项目部更名为陆海项目部，隶属阿联酋公司管理。

2014 年 4 月 28 日，阿联酋总统哈利法·本·扎耶德·阿勒纳哈扬签署法令，批准成立由双方组建合资公司阿拉雅特（Al Yasat）石油作业有限责任公司，对合作区块进行生产开发。

2015 年 11 月，海外勘探开发公司调整阿联酋公司机构、人员编制和职数。国别公司下设行政人事部、销售采办部、计划部、HSSE 部、新项目发展部、财务部等 6 个部门和陆海项目部，陆海项目部下设勘探部、开发部、钻井部、工程与生产部等 4 个部门。国别公司人员编制 12 人。其中总经理 1 人，副总经理、总师 3 人。其中部门 6 个，部门正、副职 12 人。陆海项目部人员编制 15 人。总经理 1 人（由国别公司总经理兼任），副总经理、总师 3 人。部门 4 人，部门正、副职 8 人。阿联酋公司总编制 27 人，其中中方专职岗位不超过 5 人；处级职数 10 人（其中正处级 5 人、副处级 5 人）。本次组织机构、人员编制调整由于中国石油（CNPC）整合中东地区业务，并未实

际执行。12月，中国石油（CNPC）整合中东地区业务，中油国际（阿联酋）公司划入中国石油中东公司，国别公司机构不再使用，名称变更为中东公司阿布扎比项目，下设行政人事部、销售采办部、计划部、HSE部、新项目发展部、财务部6个部门和陆海项目部，陆海项目部下设勘探部、开发部、钻井部、工程与生产部4个部门，中方在册人数15人。

2017年2月19日，中国石油（CNPC）与阿布扎比国家石油公司签署《阿布扎比陆上油田开发合作协议》，中国石油（CNPC）获取该项目8%权益。4月，设立中东公司阿布扎比陆上项目。阿布扎比项目下辖陆上项目、陆海项目，统筹管理各项目运营。截至2017年7月31日，中东公司阿布扎比项目下设勘探部、开发部、钻井部、HSE部、天然气与非常规油气部、计划部、财务部、综合管理部8个部门，中方在册人数15人。

2018年3月21日，中国石油（CNPC）与阿布扎比国家石油公司签署乌姆沙依夫—纳斯尔（Umm-Shaif & NASR）油田开发项目（即海上乌纳项目）和下扎库姆（Lower Zakum）油田开发项目（即海上下扎项目）合作协议，中国石油（CNPC）分别获得该海上油田10%的权益。10月，中油国际（CNODC）对海外中方管理机构名称进行规范和调整，名称变更为中油国际（阿布扎比）公司。中油国际（阿布扎比）公司下辖陆上项目、陆海项目、海上乌纳项目和海上下扎项目，负责承担原中东公司阿布扎比项目的各项工作职责；负责制定和执行在阿联酋的油气合作项目中长期发展规划，组织实施项目的生产经营活动；负责处理与合作伙伴的关系，经公司本部授权，开展中方在联合公司的相关业务及管理工作，参加联合公司相关技术和经营专业会议；在公司本部授权下对项目公司中方员工统一管理，实施中方内部计划、财务的统一管理；协助公司本部开展在阿联酋的油气新业务开发工作；负责中方公司的HSE和安保工作；负责与阿联酋政府及中国使（领）馆的沟通与联系；协调与中国石油（CNPC）乙方服务单位的关系；完成公司本部授权或安排的其他工作。12月31日，中油国际（阿布扎比）公司下设勘探部、开发部、生产技术部、销售采办部、综合办公室、计划财务部、股东事务部7个部门。中方在册人数27人。

2019年12月，中油国际（阿布扎比）公司根据当前公司的业务情况调整部门名称，截至2019年12月31日，中油国际（阿布扎比）公司下设勘探部、开发部、生产作业部、工程部、销售采办部、综合办公室、计划财务部、股东事务部8个部门。中方在册人数30人。

2020年12月31日，中油国际（阿布扎比）公司下设勘探部、开发部、生产作业部、工程部、销售采办部、综合办公室、计划财务部、股东事务部8个部门。中方在册人数29人。

2021年2月，中油国际（阿布扎比）公司根据业务和项目人员配置实际情况调整部门名称，中油国际（阿布扎比）公司下设勘探部、开发工程部、生产作业部、销售采办部、综合办公室、计划部、财务部、股东事务部8个部门。中方在册人数27人。

2022年5月，海外体制机制优化调整，中油国际（阿布扎比）公司更名为中国石油阿布扎比公司。机构序列归属中国石油（CNPC）。

项目公司领导名录（2013.6—2022.12）

  总 经 理：郭月良（2013.11—2018.10）

      姜明军（2018.11—2022.12）

副 总 经 理：朱向东（2013.6—2014.4，兼任陆海项目部总经理）
　　　　　　纪迎章（2013.6—2022.10）
　　　　　　蔡开平（2016.10—2019.10）
　　　　　　尹小融（2016.10—2018.3）
　　　　　　刘兴顺（2018.7—2022.12）
　　　　　　定明明（2021.12—2022.12）
　　　　　　冯佩真（2019.12—2022.12）
总 经 济 师：郝元琪（2013.6—2018.7）
总 工 程 师：韩　冬（2018.7—2020.9）
总 会 计 师：沈海东（2018.7—2021.10）
总经理助理：定明明（2018.7—2019.8；2019.8—2022.12，正处级）
　　　　　　张　剑（2018.7—2021.10）
　　　　　　赵向国（2019.12—2022.12）
安 全 总 监：纪迎章（兼任，2018.7—2022.10）
　　　　　　冯佩真（兼任，2022.10—2022.12）

九、中油国际（阿曼）公司

2002年4月，勘探开发公司所属的玛祖恩石油天然气有限公司［MAZOON PETROGAS（BVI）LTD，简称"BVI"］与日本石油勘探公司签约购买阿曼"5区块"项目。BVI与MB集团所属玛祖恩石油天然气SAOC公司（Mazoon Petrogas SAOC，简称"SAOC"）签约，BVI转让其50%的股份给SAOC，BVI和SAOC各自拥有阿曼5区块项目50%股份。6月，勘探开发公司根据阿曼业务发展的实际情况，为进一步加强中方内部管理，决定中油国际（阿曼）有限责任公司为勘探开发公司在阿曼中方统一协调和管理机构，对其组织机构和职责进行调整，负责落实和执行阿曼油气合作中长期发展规划，组织实施阿曼5区块的建设和运行；负责处理与合作伙伴的关系，受勘探开发公司委托参加需伙伴公司参加的所在国家生产技术和经营专业会议；负责资源国政府、国家石油公司、油区地方政府以及中国大使馆和新闻机构的沟通与联系；负责管理所在国家项目公司中方HSE事务和防恐、反恐工作；协调与中国石油（CNPC）各乙方服务单位的关系；负责所在国家项目公司中方财务的统一管理。办公地点设在阿曼首都马斯喀特市。中油国际（阿曼）有限责任公司机关设勘探开发部、生产作业部、计划财务部、采办部和行政管理部5个部门，领导职数3人，项目公司领导和各部门人员定员9人。

2014年10月23日，海外勘探开发公司联席会议核定中油国际（阿曼）公司机构职数，领导班子成员1正2副；部门经理、副经理5人，正处级职数1个，副处级职数3个。

2015年6月18日，海外勘探开发公司联席会议调整中油国际（阿曼）公司人员编制和职数，人员编制为8人，职数设置为总经理1人，副总经理2人；部门5个，分别为勘探开发部、生产作业部、计划财务部、行政管理部、地面工程部，部门正、副职5人；处级职数4人，其中正处级1人、副处级3人。12月，公司在册员工8人。

2018年10月，中油国际（阿曼）有限责任公司更名为中油国际（阿曼）公司。2022年5月23日，海外油气业务体制机制优化调整，中油国际（阿曼）公司更名为中国石油（阿曼）5区公司，机构序列归属中国石油（PetroChina）。设综合管理部（人力资源部）、计划财务部、勘探开发部、生产作业部4个部门，中方人员编制为8人，其中，设总经理（二级特类正）1人，副总经理等（二级正）2人，助理副总师（二级副）1人，部门经理中二级副职数2人。截至2022年12月，在册中方员工10人，其中领导班子3人，包括总经理1人、副总经理2人；部门（副）经理4人。

项目公司领导名录（2002.6—2022.12）

总　经　理：陈　镭（2003.1—2005.5）
　　　　　　冯建华（2005.5—2010.7）
　　　　　　宫长利（2010.7—2018.7）
　　　　　　张建立（2018.7—2022.6）
　　　　　　汪　华（2022.7—2022.12）
副总经理：耿文志（2002.8—2003.6）
　　　　　　蒋连生（2003.7—2006.10）
　　　　　　李方明（2003.10—2004.12）
　　　　　　周丽清（2004.12—2008.6）
　　　　　　李从琼（2008.9—2009.4）
　　　　　　王文训（2012.12—2018.6）
　　　　　　薛钢军（2022.10—2022.12）
　　　　　　靳　松（2022.10—2022.12）
总会计师：吕剑锋（2006.11—2008.6）
　　　　　　孙国宏（2008.6—2015.12）
　　　　　　金立浩（2016.1—2021.5）
　　　　　　薛钢军（2021.10—2022.12）

十、中油国际（伊朗）MIS项目公司

2015年12月中东公司组建后，2016年6月，伊朗公司MIS项目部更名为中东公司MIS项目部。2018年10月，伊朗MIS项目部更名为中油国际（伊朗）MIS项目公司。2022年5月23日，海外油气业务体制机制优化调整，中油国际（伊朗）MIS项目公司更名为中国石油伊朗公司MIS项目。

项目公司领导名录（2015.12—2022.12）

总　经　理：张建立（2015.12—2018.7）
　　　　　　徐　东（2018.7—2022.12）
副总经理：庞宏伟（2016.8—2018.8）

高　尚（2018.12—2022.12）

总会计师：葛海明（2016.8—2020.10）

安全总监：李　峰（2016.8—2021.3）

十一、中油国际（叙利亚）公司

2003年3月2日，勘探开发公司和叙利亚石油矿产资源部和叙利亚国家石油公司，在大马士革签署《戈贝贝油田开发生产合同》。2003年3月，为集中管理中国石油（CNPC）在叙利亚的勘探开发及炼化等投资项目，中国石油（CNPC）决定成立中国石油国别公司中油国际（叙利亚）公司（简称叙利亚公司），机构规格为正处级。叙利亚公司行政和业务归口勘探开发公司管理，作为海外业务区域性管理机构，不进行工商注册，总部设在叙利亚大马士革。

2005年12月，中国石油（CNPC）和印度石油公司（Oil and Natural Gas Company，简称"ONGC"）双方购买加拿大石油（Petro-Canada）公司在幼发拉底石油公司（Al Furat Petroleum Company，简称"AFPC"）的股份。

2010年11月，因前景不明，炼油厂项目撤销。

2011年3月，叙利亚爆发反政府示威随后内战爆发，同年11月油田中方员工撤离。2012年6月，中方员工撤离到迪拜、北京办公。2013年1月，油田被反政府武装占领，中方员工逐渐分流到其他项目。2015年10月，海外勘探开发公司决定项目进入休眠状态，归业务发展部管理。2015年12月，项目划归中东公司管理，简称中东叙利亚项目。2018年10月中东叙利亚项目更名为中油国际（叙利亚）公司。2022年5月，海外油气业务体制机制优化调整，中油国际（叙利亚）公司更名为中国石油叙利亚公司。

（一）项目公司领导机构（2016.1—2022.12）

2016年6月，中东公司任命李庆学为总经理；2016年8月，任命何卫平为副总经理；2017年1月，任命张斌为副总经理。

总 经 理：李庆学（兼任，2016.6—2022.12）

负 责 人：何卫平（2016.1—2016.6）

副总经理：何卫平（2016.8—2017.11）

　　　　　张　斌（2017.1—2018.11）

总会计师：何卫平（2016.1—2016.7）

（二）戈贝贝项目（2016.1—2022.12）

总 经 理：李庆学（兼任，2016.6—2018.12）

负 责 人：何卫平（兼任，2016.1—2016.8）

（三）幼发拉底项目（2017.7—2022.12）

总 经 理：李庆学（兼任，2017.7—2022.12）

第二篇 油气勘探

阿拉伯盆地和扎格罗斯盆地，是中东最主要的含油气盆地，形成世界著名的油气最富集含油气区，中东已发现储量的99%处于该油气区内。中东公司主要在阿曼5区项目、阿布扎比陆海项目、伊朗三区项目、叙利亚戈贝贝项目开展油气勘探工作。2002年以来，阿曼5区在阿曼盆地西北部，利用三维地震资料和钻井资料，区域综合地质研究，向达利油田南滚动，发现达利油田南部EF/F断块—东梅祖恩含油区域。2017年10月，在五区东部布沙拉（Bushra）区域发现多个断块圈闭油田。通过滚动勘探发现和探明11个油田即达利、布沙拉、梅祖恩（Mezoon）、东梅祖恩（Mezoon East）、沙迪、南沙迪（Shadi South）、发拉底（Furat）、朱迪（Jood）、纳米尔（Namir）、巴斯拉赫（Basirah）和德哈哈比（Dhahab），其中达利油田为主力油田，累计提交探明地质储量1.32亿桶。陆海项目位于鲁卜哈利盆地，2017—2021年，利用钻井地质和地震资料先后执行三期地质和地球物理综合研究，有利区带评价与圈闭优选。通过在一区块陆地区域实施2300平方千米新三维地震，部署钻井，在常规和非常规油气勘探领域获得发现，发现1个小规模油藏和2个气藏，率先投产布哈萨油田。二区块，通过350平方千米三维地震，部署探井和评价井，确定5个待开发油田，证实地质储量10.4亿桶。伊朗三区项目，位置处于扎格罗斯前陆盆地逆冲构造带，临近伊朗主要产油区，通过二维地震资料采集处理，部署第一口探井，在巴巴哈比比背斜构造有油气发现，后续部署的两口评价井均未获工业油流，经济评价不具商业开发价值，未进入开发阶段，项目退出。叙利亚戈贝贝项目位于西阿拉伯盆地，通过钻井滚动扩边增储稳产，2005—2012年，采用滚动钻井扩边、断裂带预测等多种新技术，可采储量增加2584万立方米。

第一章　地质背景

中东区域地质构造主体为阿拉伯板块，所在沉积盆地为阿拉伯板块内的阿拉伯盆地和扎格罗斯前陆盆地。阿拉伯盆地又称波斯湾盆地，自北向南分为西阿拉伯盆地、维典—美索不达米亚盆地、中阿拉伯盆地、鲁卜哈利盆地和阿曼盆地等5个盆地，盆地面积约300万平方千米，跨越16个国家和地区。阿曼5区块位于阿曼盆地，伊拉克项目位于维典—美索不达米亚盆地，阿布扎比的陆海项目和陆上项目位于鲁卜哈利盆地，叙利亚的戈贝贝和幼发拉底项目位于西阿拉伯盆地。伊朗三区位于扎格罗斯前陆盆地逆冲构造带，阿扎德甘油田位于扎格罗斯前陆逆掩断裂带西南侧。

第一节　区域地质

阿拉伯板块北部和东北部边界以扎格罗斯（Zagros）和比特利斯（Bitlis）缝合线为界，西北边界至塞浦路斯及地中海东部，西南边界是红海裂谷系统和阿喀巴（Aqaba）湾，东南边界是欧文（Owen）裂隙带和亚丁湾裂谷。阿拉伯板块在漫长的地质演化过程中主要表现为陆块性质，自西向东由侵蚀区向沉积区过渡，西部的阿拉伯地盾一直演化至今，东部发育巨大的古生代、中生代大陆边缘和新生代前陆叠合盆地，西南部发育一系列北北西—北西西方向展布的中生代裂谷盆地。板块基底埋深自西南向东北逐渐增大。

阿拉伯板块在全球构造中处于一个比较特殊的位置，经历多次的板块间相互作用，在反复板块离散—聚敛、扩张—碰撞过程中形成阿拉伯板块构造格局，其地层沉积就是在这种区域构造背景下进行的。长期以来，阿拉伯板块与非洲板块连在一起，一个巨大的刚性地体导致其内部的构造运动相对平稳，除板块边缘外，板块内部未曾发生强烈的造山运动和火山活动，使得被动大陆边缘沉积的生储盖组合得以保存，这是阿拉伯板块内沉积盆地成为世界上油气资源最丰富的沉积盆地的重要前提。

阿拉伯板块内构造单元展布受南北向、北西—南东向和南西—北东向断裂系统的控制。南北向的构造单元主要发育于沙特中部、东部。北西—南东向的构造以中生代发育起来的地堑和前寒武纪末期—寒武纪初期形成的纳加德（Najd）走滑断裂系统为代表。北东—南西向的构造包括迪北巴（Dibba）断层、巴提（Batin）断层和阿曼的盐盆等。这些构造在基底构造图上有明显的显示，表明基底断裂的重新活动在盆地演化过程中起重要作用。

第二节　含油气盆地简介

阿拉伯板块内阿拉伯盆地和扎格罗斯盆地，是中东最主要的含油气盆地，形成世界著名的油气最富集含油气区，中东已发现储量的 99% 处于该油气区内。扎格罗斯和阿拉伯盆地在不同地质历史阶段含油气区具有不同特点。在整个显生宙期间，中东油气区大部分地区都接受沉积，在前寒武纪基底上最早的沉积物是前寒武纪霍尔木兹混合岩，而后随着盆地的演化而发育不同的沉积，现盆地形态则是在新近纪才形成的。

扎格罗斯和阿拉伯盆地的形成和发展过程分为四个重要阶段，第一阶段前寒武纪盐盆发育阶段，发育四个盐盆，分别为北海湾盐盆、南海湾盐盆、费胡德（Fahud）盐盆和伽巴（Ghaba）—南阿曼盐盆。第二阶段古生代碎屑岩发育阶段，以冈瓦纳内克拉通盆地和弧后碎屑岩为主的沉积物遍及整个扎格罗斯和阿拉伯盆地，少量浅海相碳酸盐岩沉积只发生于早寒武世、泥盆纪和石炭纪。第三阶段晚二叠世—三叠纪浅海陆架发育阶段，期间气候炎热且干燥，沉积以大型稳定碳酸盐岩台地相为主。在水体较深的沉积区边缘（如伊朗中部）礁体发育。二叠纪中期发生过一次大规模海进，陆地向西收缩，形成广泛海进砂岩，此后中东油气区过渡到以碳酸盐岩沉积为主的沉积背景，非海相碎屑岩仅局限于阿拉伯地盾的边缘地带。第四阶段侏罗纪—白垩纪陆架内盆地发育阶段，是中东油气区最重要的演化阶段，期间发育扎格罗斯和阿拉伯盆地内最重要的生油层和储集层。

第三节　石油地质特征与油气富集规律

一、阿曼盆地石油地质特征与油气富集规律

2002 年 7 月，中国石油（CNPC）与阿曼 MB 集团下属子公司阿曼石油天然气有限责任公司签署的阿曼 5 区项目，位于阿曼盆地。

由于阿拉伯板块内纳加德断裂带的左旋应力场与扎格罗斯构造带的右旋应力场的共同作用，形成阿曼 3 个盐盆—费胡德、哈巴和南部盐盆，沉积浅海相的碳酸盐岩、碎屑岩及盐岩，其中碳酸盐岩是盆地的第一套生油岩。另一个主要特点是该区海西构造运动和三叠纪因印度洋打开造成的抬升作用十分强烈导致上古生界和三叠系剥蚀殆尽。盆地南北地质结构差异明显，北部基底起伏相对较小，沉积岩厚度大，构造变形主要受盐底辟作用，形成一系列背斜构造，东西方向同一个沉积凹陷整体向西倾斜。南部基底起伏明显，中间有一北东—南西走向的凸起——古丹卡斯法凸起（Ghudun Kasfah Hight）将盆地东西方向分为两个截然不同的构造单元—阿曼南部盐盆和鲁卜哈利盆地东南翼，其地层分布、成藏特征，油气控制因素可能有所不同。

阿曼盆地属下坳型沉积盆地，包括 3 个前寒武纪—早寒武世的含盐盆地，即法胡德盐盆、加

巴盐盆及阿曼南部盐盆；法胡德盐盆与加巴盐盆之间的马卡拉姆—马布鲁克（Makarem-mabrouk）凸起，位于盐盆翼部的东部盆地、侯格夫凸起及胡丹—哈斯法赫—勒克瓦（Ghudun-Khasfah-Lekhwair）凸起等。其中，阿曼盆地以凸起胡丹—哈斯法赫—列克瓦为界与鲁卜哈利盆地分开。

阿曼油气分布主要与三大盐盆密切相关。加巴盐盆沉积岩厚度14千米，阿曼南部次盐盆沉积岩厚度10千米，为油气的生成、运移和聚集创造条件。阿曼盆地的北部边界为阿曼山脉的前缘推覆体，东部边界为侯格夫（Huqf）隆起的构造顶部。在东南部，阿曼盆地以一条正断层与第三纪盆地分开。阔若（Qara）隆起的构造顶部构成阿曼盆地的南边界。在西边，阿曼盆地与鲁卜哈利盆地以卜塔布欧—皂里耶（Butabul-Zauliyah）高地和胡丹—哈斯法赫（Ghudun-Khasfah）断裂相隔。整个盆地的形态似月牙形，盆地内沉积物的最大厚度约9000米。

阿曼盆地的油气大多源于前寒武—寒武Huqf群、志留系、侏罗系和白垩系源岩。最重要的烃源岩是Huqf群Shuram和Ara泥岩，其次是志留系萨菲克（Safiq）群Sahmah组泥岩，侏罗系Hanifa/Diyab组和白垩系Natih组源岩。阿曼盆地内大多油源来自Huqf群烃源岩，Huqf群的生油岩不仅为阿曼南部该群内部的储层提供油气。另外，在阿曼南部中生界碎屑岩产层中的原油也来自Huqf群源岩。其次，为下志留统Safiq组。

阿曼盆地储层发育多套油气储层，时代从晚前寒武到第三纪都有。最老的是Huqf群的Abu mahara组碎屑岩，最早证明有烃类聚集的是晚前寒武世的Buah组同裂谷白云岩。油气主要聚集于上石炭统—下二叠统Al Khlata组碎屑岩、下二叠统Gharif组碎屑岩、下白垩统Shuaiba组碳酸盐岩和中白垩统Natih组碳酸盐岩。

阿曼盆地盖层包括区域盖层和局部盖层，岩性为页岩，蒸发岩和致密碳酸盐岩。阿曼盆地最重要的盖层为Nahr Umr组页岩形成的区域性盖层，是古生代储层的有效盖层。其他重要的盖层包括Ara组蒸发岩和Haushi群页岩，后者包括Rahab/Al Khlata组湖相页泥岩。

阿曼盆地已发现构造圈闭成因均与盐的运动有关。区内盐运动主要有两期，一个是二叠纪—三叠纪，另一个则起源于扎格罗斯造山时期。盐刺穿作用开始于白垩纪，但它所引起的垂向运动对附近构造的影响持续到第四纪。根据已发现油气田圈闭类型统计，主要圈闭类型有龟背状背斜或断背斜圈闭如玛姆勒（Marmul）油气田、深部盐运动形成的穿窿型背斜或断背斜圈闭如伊巴勒（Yibal）油田，以及与盐的沉积有关的地层圈闭如地层不整合、地层尖灭、礁体等。在阿曼南部鲁卜—哈利盆地的东南部，寒武系—奥陶系的Haima及石炭系—二叠系的席状洪积砂岩中均有隐蔽圈闭发育。

阿曼盆地储层中的大部分油气源自前寒武系—下寒武统侯格夫群烃源岩，而主要储层为中生界层系，这就意味着油气必须运移足够长的距离才能聚集成藏。来源于Huqf群烃源岩的油气运移在东翼垂直距离为1.3千米而在南阿曼盐盆中超过2千米。早费胡德盐盆，油气从埋深5—6千米的Huqf群垂向运移到位于1.2千米的中生代储层甚至更浅的地方。阿曼盆地也存在着油气水平运移的证据。在下寒武统Ara组盐层连续的地区，该组覆盖于Huqf群烃源岩之上，油源与主要储层无直接接触，所以油气可能首先进行长距离的上倾方向的横向运移，直到盐层遭受溶蚀的地方横向运移才终止，然后再进入上覆的储层，做垂向运移。

阿曼盆地总体上可以划分为4个含油气系统，第一个 Huqf-Andam/Haushi 含油气系统是该盆地最主要的含油气系统，对盆地每个区带都有贡献。烃源岩为侯格夫群的富含有机质的钙质页岩和沥青质白云岩，Huqf 群蒸发岩盖层保存完好的地方，烃源岩在该群运聚。在蒸发岩范围以外，上覆的海马群碎屑岩成为良好输导层。储层包括侯格夫群、海马群和哈什群的储层。中生界储层的部分原油也源自侯格夫群烃源岩。盖层为 Ara 组、Haushi 群、Nahr Umr 组和 Fiqa 组。第二个 Safiq-Haushi 含油气系统位于鲁卜哈里盆地部分的阿曼西部。Safiq 组海相页岩为烃源岩，输导层很可能是 Haushi 群碎屑岩，储层是 Haushi 群，盖层是 Haushi 群内的页岩。第三个 Diyab-Kahmah 含油气系统在海湾地区很重要，只在 Fahud 盐盆中起作用；烃源岩为 Diyab 组的沥青质海相陆架内盆地相泥质石灰岩，输导层为横向上与烃源岩相当的孔渗陆架石灰岩，油藏为 Shuaiba 组油藏，Nahr Umr 组为该系统的盖层。第四个 Natih-Natih 含油气系统侧向上与海湾区的 Shilaif 组系统相当，在 Fahud 盐盆中出现，在 Ghaba 盐盆也有可能存在；Natih 组内的两组富有机质层段（很可能是沥青质页岩和/或灰质泥岩）为生油岩层，输导层很可能是横向上与 Natih 组相当的多孔渗透性纯石灰岩，储层是费胡德盐分内的 Natih 组，生油岩生成的油也可通过正断层充注至更老一些的储层，盖层为 Fiqa 组。

二、西阿拉伯盆地石油地质特征与油气富集规律

2003年3月2日，中国石油（CNPC）签署的叙利亚戈贝贝项目和2005年12月20日中国石油（CNPC）与印度石油公司签署的叙利亚幼发拉底项目位于西阿拉伯盆地。

西阿拉伯盆地的北部边界为托罗斯—扎格罗斯褶皱带的南部边界，东以黑尔茹巴赫（Ha'il Rutbah）背斜与维典—美索不达米亚盆地相邻，南界为阿拉伯地盾的出露边界，西界是黎凡特断裂系统。西阿拉伯盆地可细分为9个次级构造单元，其中包括3个地堑和4个台地，它们相间分布。3个地堑分别为幼发拉底（Euphrates）、帕米日德（Palmyride）和辛贾尔（Sinjar）地堑，4个台地分别是阿勒波（Aleppo）、黑雷斯亚（Khleisia）、茹巴赫—泰布克（Rutbah-Tabuk）和土耳其东南—叙利亚北部台地，油田分布在3个地堑和茹巴赫—泰布克台地内。

西阿拉伯盆地的储层主要为碎屑岩和碳酸盐岩，从奥陶系到上中新统都有分布，不同地区具有不同的油气储层。在茹巴赫—泰布克台地（约旦），上奥陶统塞拜斯砂岩组产少量轻质油，下志留统康纽拉若砂岩组产气，下白垩统克奴勃群的砂岩和石灰岩产少量的油。帕米日德地堑内已知两套储层，三叠系 Mulussa 组海相石灰岩和白云岩储有地堑内的绝大部分油气，白垩系 Hayane 组碳酸盐岩为次要的储层。幼发拉底地堑是西阿拉伯地质省内油气最富集的地区，油气储于9套储层内，最主要的储层为白垩系 Rutbah 组河流三角洲砂岩。另外奥陶系 Khabour 组砂岩、三叠系 Mulussa 组砂岩和中新统 Jeribe 组白云质海相石灰岩变为重要的储层。辛贾尔地堑内80%以上的油气储量储于古近系浅海相石灰岩和白云岩，中新统 Jeribe 组是最重要的储层，其次是渐新统 Chilou 组。另外三叠系和白垩系的碳酸盐岩和碎屑岩中也储有少量的油气。

西阿拉伯盆地的主要盖层包括上白垩统 Shiranish 组的泥灰岩、中新统 Dhiban 组和下 Fars 组的蒸发岩及白垩系 Souknne 组的泥灰岩和页岩。古生界储层以层间页岩为盖层，三叠系白云岩储

层以层间硬石膏为盖层，侏罗系、白垩系和古近系碳酸盐岩储层的局部和区域盖层为页、泥灰岩和致密碳酸盐岩，新近系碳酸盐岩以上覆的蒸发岩为盖层。

西阿拉伯盆地发育有拉张和挤压两种不同类型的构造样式。拉张构造主要指在陆内凹陷、断裂和被动边缘凹陷期形成的断块，拉张构造形成的时代为古生代至渐新世。挤压构造包括背斜和反转构造的上升盘等，在幼发拉底地堑和茹巴赫—泰布克（Rutbah-Tabuk）台地，还发育有扭压构造。圈闭以背斜为主，还有断块、地层圈闭等。

西阿拉伯盆地，油气主要分布于幼发拉底地堑，该地堑有两个已知的含油气系统：Mulussa组含油气系统和Shiranish组含油气系统。前者以三叠系Mulussa组的白云岩和泥岩为烃源岩，储层为三叠系层系内的砂岩，该系统自晚白垩世开始生油。后者以Shiranish组的泥岩、页岩和泥灰岩为烃源岩，从新近纪开始生油。另外，在幼发拉底地堑还可能存在志留系Tanf组（相当于Qusaiba段页岩）和石炭系Markada组等含油气系统。

西阿拉伯盆地发育两个已知含油气系统，还有一些推测和假想含油气系统。已知油气系统上白垩统Shiranish—下白垩统Rutbah含油气系统，该含油气系统是幼发拉底地堑最重要的含油气系统，许多油气发现都属于该系统；源岩是上白垩统Shiranish组泥岩，页岩和泥晶灰岩；储层是下白垩统—中中新统储层，盖层是下白垩统—中中新统致密碳酸盐岩、页岩和膏岩；油气形成时间为古新世末，圈闭形成时间为晚白垩世—全新世；油气运移通道比较复杂，因为主力储层Rutbah组位于Shiranish源岩之下，二者之间的Judea和Souknne组致密是Rutbah组的盖层；可能不整合面和断层起着关键作用。三叠系—上三叠统Mulussa/Kurrachine含油气系统，分布在帕米日德（Palmyride）和辛加尔（Sinjar）地堑，源岩为Amanus Shale组泥岩、Kurrachine白云岩、Butmah白云岩和Sergelu组黑色沥青质灰岩和页岩，其中Kurrachine白云岩作为源岩只在辛加尔地堑有效；根据未公开资料，辛加尔地堑所有三叠系源岩对生油来说都过成熟，处于生气窗；输导层是源岩本身，孔渗性好的灰岩和白云岩夹层，储层是三叠系—下侏罗统，盖层是泥岩夹层和致密碳酸盐岩以及上覆Kurrachine膏岩，晚白垩世进入生油阶段，古近系沉积后源岩进入生湿气和凝析油阶段。圈闭形成为中新世—上新世。

三、扎格罗斯盆地石油地质特征与油气富集规律

2005年5月9日，中油国际和伊朗国家石油公司签署伊朗三区项目位于扎格罗斯盆地。

扎格罗斯盆地丰富的油气聚集，不仅与盆地本身的形成和演化有关，而尤为重要的是与其成盆前的演化历史密切相关。扎格罗斯盆地内沉积有前寒武纪—新近纪地层，古生界埋藏较深，三叠系至上新统—更新统基本上是一套连续沉积地层。在晚白垩世之前，扎格罗斯地区的造陆运动一直控制该区以碳酸盐岩和页岩沉积为主的沉积作用。上白垩统、古新统、始新统和渐新统的沉积则受到扎格罗斯造山运动的影响，这些地层以强烈的相变和厚度变化为特征，随后沉积渐新统—下中新统Asmari石灰岩，接着沉积蒸发岩系，再接着盆地则被来自东北边的正在上升的扎格罗斯山的沉积碎屑所充填。不整合于Fars群之上的上新统Bakhtiari组砾岩的沉积标志着盆地充填结束。

99

扎格罗斯盆地从前寒武纪到新近纪发育有 7 套烃源岩层。其中以侏罗系 Sargelu，白垩系 Garau、Kazhdumi、Gurpi 和古近系 Pebdeh 组为主的烃源岩最重要。

扎格罗斯盆地自下而上有多套以碳酸盐岩为主的储层。由于强烈的造山和褶皱作用，次生裂缝型孔隙已取代储层中的大部分原生孔隙，从而成为最主要的储集空间。最重要的储层为渐新统—下中新统 Asmari 组石灰岩和与其相当的 Kirkuk 群石灰岩，其次为白垩纪的 Bangestan 组石灰岩，与 Khuff 组对应的是 Dalan 组，但是在扎格罗斯盆地分布局限。古近系探明原油储量占盆地总储量的 90%，白垩系储层占 10%。

扎格罗斯盆地最重要的盖层是中新统 Gachsaran 组（下法尔斯组），它封盖盆地内 66% 的原油储量。此外，上白垩统 Gurpi 组泥岩也是重要的区域性盖层。

扎格罗斯盆地最重要的生储盖组合为 Kazhdumi–Asmari–Gachsaran 组合，其次为 Kazhdumi–Sarvak–Gurpi 组合。

在扎格罗斯盆地，已发现的圈闭几乎全部为新近纪褶皱作用形成的背斜，其他类型的构造圈闭及地层、岩性圈闭数量极少，发现的油气全部储于褶皱背斜。伊朗南部构造包括单斜挠曲、简单褶皱和叠合褶皱，在贺姆兹（Hormuz）岩和 Asmari 石灰岩内发育滑脱构造，背斜长 190 千米，宽 5—10 千米。在伊朗的法尔斯省，Fars 组大部分被抬升、剥蚀，其北西—南东向背斜构造被霍尔木兹盐底辟刺穿。

扎格罗斯盆地包括 9 个已知的含油气系统和 1 个假想含油气系统，分布在伊朗境内的含油气系统主要有 5 套：(1) 志留系 Gakhum—二叠系 Deh Ram 含油气系统，烃源岩最可能是志留系 Gakhum 组，海相Ⅱ型干酪根，与中阿拉伯盆地的区域烃源岩 Qusaiba 组属于同期沉积，分布在扎格罗斯省的南端，油气也有可能从临近的鲁卜哈利盆地和北部海湾盐盆运移过来。烃源岩在早白垩世进入生油窗，中新世以后处于生气窗。主要储层是伊朗南部的二叠系 Deh Ram 群。盖层是 Kazerun 群白云岩和膏岩。根据构造形成时间推测白垩纪进入生油窗，中新世以来处于生气窗内。圈闭形成时间为中新世末—第四纪；(2) 侏罗系 Surmeh/ 白垩系、古近系含油气系统。烃源岩是中上侏罗统 Sargelu 组，海相Ⅱ型干酪根，盖层是 Hith 和 Gotnia 组白云岩和膏岩。在伊朗法尔斯省隆起区的主要储层是白垩系和古近系。根据构造形成时间推测中新世晚期进入生油窗，圈闭形成时间为中新世末—第四纪。(3) 中—下白垩统至中—下白垩统 / 古近系含油气系统，烃源岩是 Garau 和 Gadvan 组页岩，油气生成时间为第三纪晚期，主要储层是下白垩统 Fahliyan 和 Dariyan 组灰岩。白垩系烃源岩没有识别出来的地区，这些储层主要含气，烃源岩可能是侏罗系。(4) 中—上白垩统至中—上白垩统 / 古近系含油气系统，中上白垩统泥灰岩可能是最重要的烃源岩，在伊朗的德兹夫（Dezful）湾地区，Kazhdumi 是最重要的烃源岩。该地区中上白垩统和古近系碳酸盐岩储层中的油气聚集来源于 Balambo 组泥灰岩，也可能来自 Shiranish 组，是最可能的烃源岩。油气生成时间为中新世末—现今，生油高峰是第四纪。在伊朗 Dezful 湾，上白垩统 Bangestan 群和古近系 Asmari 组储层中的油气来源于下白垩统 Kazhdumi 泥灰岩。(5) Pabdeh—Asmari 含油气系统，古新统—渐新统 Pabdeh 组是伊朗大部分地区和伊拉克东南 [靠近努若斯坦（Lurestan）省] 的烃源岩，海相Ⅱ型干酪根。在扎格罗斯盆地的大部分地区未熟。中新世—上新世进入生油气窗，更新世进入生烃高峰。油气自中新世晚期开始运移，经较短运移距离进入上覆和下伏 Asmari 石灰岩储层中，下伏 Kazhdumi 烃源岩中生成的油气也有可能进入该系统，甚至有人认为在伊朗和伊拉克的部分地区，尽管 Asmari 组的总有机炭含量低，但其本身也可以作为生油岩。生成的油气聚集在中新世—上新世 Asmari 灰岩储层中，储层岩性为贝壳灰岩，孔隙类型为裂缝型。

四、鲁卜哈利盆地石油地质特征与油气富集规律

阿布扎比国家石油公司和中国石油（CNPC）2013 年 5 月 19 日签署的陆海项目和 2017 年 2 月 19 日签署陆上项目，位于鲁卜哈利地盆。

盆内正向构造除西部哈乌塔赫（Hawtah）台地为地表正地形外，其他隆起均为地下隐伏构造，且地震资料揭示西鲁卜哈利盆地内局部构造的隆起幅度比较小。西鲁卜哈利盆地和东鲁卜哈利盆地为负向构造单元，具有明显不同的发育时期。西鲁卜哈利盆地是在前寒武纪—早寒武世西鲁卜哈利裂谷基础上发育而成，早志留世时表现为一个南北走向陆架内坳陷。海西构造运动之后，西鲁卜哈利盆地逐渐走向消亡。此时，东鲁卜哈利盆地开始出现，并逐渐发育壮大，该盆地地为一晚二叠世—三叠纪盆地。自侏罗纪以后，鲁卜哈利盆地成为阿拉伯板块上发育起来的阿拉伯盆地的一部分，而不再是一个独立的沉积坳陷。

鲁卜哈利盆地及其附近地区，存在众多已知的和潜在的烃源岩。主要烃源岩从老至新依次为，下志留统 Qalibah 组的 Qusaiba 页岩、中生界侏罗系 Diyab 和白垩系 Bab 等多套烃源岩层。其中晚侏罗世时期鲁卜哈里盆地近岸和近海部分主要源岩为侏罗统 Dukhan、Diyab 和 Hanifa 泥岩。早白垩世晚期到晚白垩世早期源岩为 Khatiyah 组和 Shilaif 组，岩性为含黏土的沥青质灰泥岩，粒状灰岩以及在底部的钙质沥青质页岩。鲁卜哈利盆地主要的储层分布于白垩系，其次在侏罗系、二叠系和部分古近系地层。在鲁卜哈利盆地，下白垩统 Thamama 群 Shuaiba 组储层最重要，油气储量占油气总储量绝大部分。另一个主要产层为上侏罗统 Arab 组。鲁卜哈利盆地上石炭系—下二叠系 Haushi 群内的层间页岩是该群砂岩储层的局部盖层，上二叠统 Khuff 组的石灰岩和下三叠统 Sudair 组页岩是组油气藏的盖层。

鲁卜哈利盆地始寒武世—早寒武世构造主要发育地堑、半地堑、倾斜断块、地垒，断裂为基底断裂。寒武纪—志留纪构造主要是在基底断块之上发育的披覆背斜、盐构造，盐枕上发育的挠曲背斜和刺穿构造。泥盆纪—石炭纪构造主要为地垒、倾斜断块、宽缓背斜和盐运动形成的构造。中生代构造主要为基底断块上发育的披覆背斜（背斜轴向为北西—南东、南北向，极少见东西向），以及盐枕、盐刺穿构造。白垩纪末形成的构造主要为断背斜（带逆冲性质，南北向断层）、断块及盐构造。第三纪以来形成的构造主要为逆冲褶皱和盐运动形成的构造。

在中阿拉伯隆起和其东南侧的鲁卜—哈利盆地，这套烃源岩最早于中侏罗世晚期开始生油，在埋藏较深的地区，开始生油的时间为土仑期（中白垩世晚期）。最早的生气时间为早白垩世［卢特菲（Loutfi）等，1989］或土仑期［阿布阿里（Abu Ali）等，1991］。据毕晓普［(Bishop)，1995］的研究，波斯湾海域的志留系烃源岩则于晚白垩世开始生油，于中—晚新生代开始生气。上二叠统胡夫组和中三叠统吉勒赫（Jilh）组的烃源岩于阿林期（中侏罗世初期）—提垓期（晚侏

罗世晚期）开始生油［李冀巴赤和阿兰（Lijmbach et al.），1992］。中侏罗统萨金鲁组生油岩于土仑期—马斯特里赫特期开始生油［史东尼（Stoneley），1990］。中侏罗统兹鲁迈组和阿拉杰组的生油岩于土仑期时开始生油，在马斯特里赫特期和古新世早期生油达到高峰。早中新世之后，中侏罗统烃源岩开始生气。上侏罗统烃源岩的生油时间为晚白垩世—始新世。下白垩统烃源岩开始生油的时间早为古新世—始新世［亚伯拉罕（Ibrahim），1983］，晚为中新世［斯通利（Stoneley），1990］。中白垩统卡兹杜米生油岩于早中新世开始生油［薄德纳为和伯伍德（Bordenave and Burwood），1990］。鲁卜哈利亚盆地东部的中白垩统 Khatiyah 生油岩从早中新世开始生油。

鲁卜哈利盆地有 4 套油气系统、5 套主要目的层，存在 5 套成藏组合。第一套 Shilaif-mishrif-Laffan 成藏组合中，Shilaif 烃源岩在区块内不成熟，南部临近的 Ghurab 处于生油洼陷，已经开始生成油气。区块中南部处于该生油洼陷生成油气的运移通道上，可能有油气运移并在区块内南部形成的圈闭中聚集成藏。该成藏组合，埋藏浅，储层物性好，储集性能优越，并且直接为 Laffan 泥岩封盖。不利条件是区块内烃源岩不成熟，仅在临近洼陷有成熟烃源岩，油气在区块内运移聚集风险较大；第二套 Diyab/Bab-Thamama（Shuaiba）-Nahr Umr 成藏组合烃源岩有本地 Diyab 泥岩和来自盆地生烃中心的 Bab 泥岩；第三套 Diyab-Arab-Hith 成藏组合在生储盖组合上十分优越，Diyab 烃源岩直接被 Arab 碳酸岩储层覆盖，而 Hith 蒸发岩又直接覆盖 Arab 储层。但 Arab 碳酸岩普遍厚度薄，物性差，储量丰度低。第四套 Areaj-Diyab 成藏组合油气条件比较成熟，以凝析气聚集为主。区块内评价工作重在落实圈闭，主要风险是有效层薄、物性差、储量丰度低。第五套古生界 Qusaiba-Khuff-Kuhff 泥岩成藏组合烃源岩为志留系 Qusaiba 热页岩，储层主要为 Khuff 碳酸岩，盖层为 Khuff 泥岩和致密灰岩。该成藏组合埋深较大，主要以形成气藏为主，油气地质条件良好，陆地区块内没有钻探，主要风险是埋藏过深，储层物性差，只有较大的构造圈闭值得进一步勘探评价。

第二章　勘探技术

中东公司采用的勘探技术主要是地震勘探和钻井评价。通过二维和三维地震采集的资料，进行数字处理和地质解释，通过勘探钻井获得直接的地质和油藏资料信息，进行地质、地震和油藏综合研究，评价有利的勘探圈闭和潜在油藏。2002年开始，阿曼5区项目在开发合同区内开展三维地震采集和处理、滚动勘探钻井。相继在横向和纵向上获得勘探突破，扩大老油田的开发层系，发现新油田，储量和产量稳步上升，滚动勘探获成效。叙利亚戈贝贝项目，开展滚动钻井评价，地质储量增加，稳产得到保障。2006年开始，三区项目在合同规定的勘探和评价期内，进行二维地震勘探、探井及评价井钻井，完成规定的勘探与评价工作量，有油气发现，但经济评价不具商业开发价值。阿布扎比项目按照"效益勘探、滚动发展"指导思想，深化地质研究审查，把控勘探成本，确保实现效益勘探，在陆海和陆上项目进行三维地震和探井作业，获得发现。

第一节　地震勘探

中东公司地震勘探主要在阿曼5区、阿布扎比陆海和陆上项目、伊朗三区和叙利亚戈贝贝项目开展。总体完成二维地震采集815千米，重新处理二维地震资料990千米。完成三维地震采集7139平方千米，三维地震处理9080平方千米。通过三维地震解释与评价，开展地质研究，为滚动勘探钻井评价和新区探井部署提供依据。

一、阿曼5区项目

2002年，阿曼5区项目公司在滚动勘探方面，突破原有地质认识，树立在老油田内部找油田和油田上下找油田的思路。分别在2003年、2006年，部署5区西部和东部的三维地震资料采集625平方千米。2013—2014年，部署完成覆盖全区的三维地震资料采集约1877.11平方千米。2015年，阿曼5区完成三维地震资料处理400平方千米。

二、阿布扎比项目

（一）陆海项目

1954—1996年，西方公司完成了阿布扎比陆海一区块二维采集；1992—2006年，完成三维采集。2013年，中国石油（CNPC）进入后，开展地震地质综合研究，推动三维地震部署。2018

年，陆海项目一区块 925 平方千米三维地震由东方物探公司采集完成。同年，完成 140 千米二维地震、纳哈迪印（Nahaidiin）地区 515 平方千米三维地震以及一区块 925 平方千米三维地震资料处理。2019 年，完成二区块 1044 平方千米三维地震和 931 平方千米三维地震资料采集与处理。2020 年，完成一区块陆地区域的滨哈迪（Bin Hadi）、Nahaidii 及补丁 1、补丁 2、补丁 3（Patch-Ⅰ、Patch-Ⅱ 和 Patch-Ⅲ）五块三维约 3500 平方千米地震资料连片处理。

（二）陆上项目

阿布扎比陆上勘探工作始于 1935 年，前期由于缺少地震资料，未取得成功。直至 1960 年基于二维地震资料，第一口井 Murban-3 井发现巴布 Bab 油田。1967 年以前及 1967—1981 年，勘探有发现。2017 年，中国石油（CNPC）进入项目后，油田构造主体部位已经全三维覆盖。共发现 15 个油田，其中 12 个油田已开发，3 个油田未开发，划分为巴布（Bab）、布哈萨（Bu Hasa）、东南巴布（SE）和东北巴布（NEB）4 个资产组 / 油田群。陆上项目勘探研究和作业，按合同要求平均每年部署 2 口探井。每年不定期召开 2—3 次勘探分委会向全体股东发布最新研究成果，征求批准勘探部署方案。2019 年，通过精细论述，把胡瓦纳（Huwaila）油田新三维地震采集纳入中国石油集团东方物探公司在阿布扎比国家石油公司三维地震采集合同中。该新三维采集于 2020—2021 年完成。2020—2021 年，在阿拉娄夫（Al Nouf）油田北部开展 726 平方千米过渡带宽频带、宽方位、高密度新三维地震数据采集。采集方案统一纳入东方物探公司中标阿布扎比国家石油公司三维地震大合同，大幅缩短采集时间，最大限度地节约动迁费等成本，实现降本增效，体现出资产组领导者的重要作用。

三、伊朗三区项目

2005 年，中国石油（CNPC）进入前，伊朗三区采集处理二维地震资料 89 条 1224.05 千米。测网密度工区北部大约 5 千米 ×6 千米，南区部分地区 2 千米 ×5 千米。该批地震资料由于采集年度不一致，且采集处理选择参数也不一致，资料品质差别较大。从地震资料频谱分析图看，地震剖面主频较低，仅 8—30 赫兹，中南部主要目的层段在深层的地震能量较弱，加之山地地形条件及地下地质条件复杂，造成地震资料品质差别大，波形特征变化较大，信噪比较高、反射层次较清晰剖面较少，总体上地震资料品质较差。2005 年中国石油（CNPC）进入项目后，2006 年、2007 年，完成二维地震采集 674.8 千米，重新处理二维地震资料 850 千米。2009 年 2 月，完成三维地震采集 210 平方千米。2009 年，完成三维地震资料处理 200 平方千米。

四、叙利亚戈贝贝项目

2005 年 5 月 7 日—6 月 13 日，项目完成三维地震勘探采集任务。2006 年 3 月 27 日，四川石油研究院完成三维地震解释和地质综合研究。2009 年 11 月 15 日，油田东部三维地震测量和采集开工，2010 年 1 月完成。2012 年 2 月，阿派克斯油藏服务公司（APEX Reservoir Service, Inc.）完成 286 平方千米三维资料解释，通过验收。

第二节 钻井评价

中东地区钻井勘探评价主要在阿曼 5 区、阿布扎比陆上和陆海项目及伊朗三区项目开展。阿曼 5 区通过钻探发现多个新的断块和新的储层，阿布扎比项目在陆上和陆海项目部署的探井获得新发现，为油田实现油田稳产和上产提供保证。三区项目通过钻井取得新发现，也通过钻井证实区块无工业油流。

一、阿曼 5 区项目

2003 年，阿曼 5 区项目钻探 DL-59H 井、DL-63H 井（单井产量 3025 桶/日），揭开老区滚动勘探的序幕，发现 AB 断块。2003—2004 年，钻探 DL-62H 井、DL-64H 井、DL-66H 井，在 D 块东部和南部发现 E1 储层的存在。2004 年，钻探 DL-67H 井、DL-69H 井，在 E 块东南部也发现 E1 储层，随即发现并钻探 EF 块，并继续南扩滚动 F 块。2005 年，钻探 DL-99H 井，在 AB 块东部发现未动用的 B 层裂缝性储层。2005 年，根据地震反演在 A 块西部与 9 区交界处，钻探 DL-85H 井，发现未动用的 D 层。2006 年，钻探 DE 块 DL-105H 井，有良好发现。2007 年，在 AB 块南断块钻探 DL-122H 井、DL-129H 井，有发现。2015 年，阿曼 5 区完成探井 1 口。2016 年，完成探井 3 口。2017 年 7 月，新部署的探井 NMR-01 井测试获产，进一步证实西部 Up Shuaiba-B 储层连片分布，展示良好的勘探潜力。2018 年 10 月 1 日，第一口深层探井 MZPD-1 井开钻，该井位于 5 区西南部梅祖恩区域，目的是评价深层古生代二叠 Haushi 组和奥陶系 Haima 组地层油气资源潜力。2019 年 3 月 19 日，钻至奥陶系 Haima 组 Nimr 层完钻，完钻井深 6177 米，钻井过程中在 Haima 组中发现录井气测显示。完钻后开展深层岩屑分析化验和储层综合评价，分析认为 5220—5275 米 Amin 层及 5455—6105 米 Ghadir 的 3 个层位有致密气潜力。由哈里伯顿公司完成深层压裂测试设计和现场压裂施工，压裂后测试日产气 1 万立方米。由于深层地层物性较差，井口压力下降快，产量逐渐下降。该井的完钻和压裂测试为后续继续开展深层研究和延期合同义务探井部署决策取得宝贵动静态资料。截至 2020 年底，共完钻探井 22 口，成功 16 口，探井成功率 72.7%；完成 7 口井取心，完成常规物性、薄片、压汞等各类分析样品 1071 块次。2021 年 5 月 27 日，在阿曼 5 区项目中部达哈布构造部署的第一口勘探评价井 Exp-23，获勘探新发现。该井于 2021 年 4 月 26 日直井段钻至目的深度 1868 米完钻。根据录井和测井解释结果，在 825 米深度 U 层发现油气显示和 3 个 1—3 米厚油层，在 1082 米深度的 Shammar 层发现 3.79 米和 0.7 米油层，重复式地层压力测试（MDT）两个地层流体取样分别含油 94% 和 100%。根据 Shuaiba 层有效厚度、储层孔隙度、含油饱和度及流度情况，经确定在舒艾巴层进行直井完井，对舒艾巴层 2 个油层 4.49 米的有效厚度进行射孔后自喷投产。投产后地面分离测试器量油日产 808.9 桶，不含水，油嘴 20/64 英寸，井口油压保持在 200 磅力/英寸^{2}左右。经初步评估，该新发现 Dhahab 构造 Shammar 油藏可新增控制地质储量 828 万桶。项目公司紧跟 Dhahab 发现良好形势，在距离

EXP-23 井一千米距离部署 DHB-2 井,在 Shammar 层发现 2.5 米厚纯油层,下电潜泵（ESP）生产,测试产量 923.55 桶 / 日,含水率 0.13%。EXP-23 井及 DHB-2 井的钻探成功,新增潜力层位,为下一步继续在该层寻找勘探潜力圈闭和发现新的勘探储量提供支持。2022 年,部署的 2 口勘探评价井,获油气显示和有效油气层,EXP-25 井在目的层 Natih A 层发现 20.4 米有效厚度油气层,EXP-26 在目的层 Natih A 和 Shuaiba 层分别发现 14.6 米和 3.96 米有效厚度油层。

二、阿布扎比项目

（一）陆上项目

2017—2021 年,共部署 5 口探井,其中 3 口商业发现。2018 年 1 月 16 日,MN67 井部署于蒙德（Mender）油田,2019 年 4 月 27 日,在 LK-3 层测试获 125 桶 / 日油流,探明地质储量 2600 万桶油。2021 年 3 月 18 日,在 UER 层测试获 160 桶 / 日油流,探明地质储量 4860 万桶油。2018 年,QW215 井部署于曲萨未拉（Qusahwira）油田,在 Habshan、Jubaila、Hanifa 和 Tuwaiq Mountain 层有少量油流,未达到商业发现标准。2019 年,部署于阿萨布（Asab）油田北部 XN56 井,在 SH-1 层和 KH-2 层有少量油流,未达到商业发现标准。2021 年 11 月 7 日,在布哈萨（Bu Hasa）油田部署 BU994 井,在 Mauddud 层 10 英尺的垂直段压裂测试后获 200 桶 / 日油流,探明石油地质储量 5.040 亿桶油。2021 年 9 月 12 日,在胡瓦纳（Huwaila）油田部署 HU81 井,为陆上项目第一口非常规油井,评价 Shilaif 非常规油藏的连续产能,11 月 14 日完钻,该井使用 20 级分段压裂,测试峰值产量近 1600 桶。

（二）陆海项目一区块

陆海项目一区块原部署钻井 11 口,仅 3 口获得发现。中国石油（CNPC）进入后部署实施探井和评价井 6 口,其中 4 口获得成功。2018 年,在 Nahaidiin 地区部署的探井 XN004 井在 Tuwayil 组砂岩储层获得发现取得突破,评价井 NN005 井在 Mishrif 组钻遇高产油流,在滨哈迪（Bin Hadi）地区实施的探井 HI003 井失利。2019 年,在滨哈迪地区实施的探井 HI002 井在侏罗系 Diyab 组钻遇致密油气层和油气显示,HI001 井在 Shilaif 组录井气测异常,在纳哈迪印地区实施的评价井 NN006 井获得油流。

三、伊朗三区项目

1967 年,开始油气勘探,在全区范围内对 SK-1、MK-1、HH-1、VR-1、GR-1、KS-1、DB-1、AM-1、Bab-1 9 个背斜构造相继完钻探井 13 口,发现咸鱼谷（Maleh Koh）、萨尔坎（Sarkan）、哈鲁什（Halush）和巴布（Bab）4 个高产油气田,以及威泽哈尔（Veyzenhar）和加瓦尔（Gavar）2 个低产油气田,Amiran、Khaneh Sunkh 和 Darreh Baneh 等 3 个圈闭落空。中国石油（CNPC）进入项目后,为探索巴巴哈比比（Babahabib）背斜构造含油气性,2006 年 12 月 30 日三区项目第一口探井 BAB-1 井开钻,2007 年 5 月 14 日钻至 2664 米 Garau 组完钻。该井在钻进过程中钻至 404 米处发现井漏,漏失钻井液 20 立方米,分析认为可能钻遇缝洞发育带或断层破碎带,经历 6 次堵漏作业方告成功。完成 7 层测试,包括 2 次中测和 5 次完井测试,第 1 次钻柱测试

（1928—1955米）少量气产出，第2次钻柱测试1928—2297米，Ilam和上Sarvak地层，40/60英寸油嘴下试出API为49高产轻质油气流，折算日产油2665桶（423.7立方米），日产气437万立方英尺（12.4万立方米）。完井后测井解释Gurpi油层1层12米，Ilam差油层2层60米，Sarvak差油层8层102米。完井测试5层，其中第3次完井测试（2270—2664米），日产油768桶（122.1米^3/日），日产气175万立方英尺（4.95万立方米）；第6次完井测试（1867—1930米），日产油7桶（1.1米^3/日）；其余层试油无产出或仅产出少量油气。8月17日试油结束。试油结果表明，三区勘探获得重大成果。新增石油预测地质储量（P3）84979万桶、可采储量15296万桶；新增天然气预测地质储量（P3）4990.86亿立方英尺、可采储量3743.12亿立方英尺。2007年12月19日，伊朗国家石油公司批准三区项目由中方钻探的BAB-1井为商业发现井。2007年12月30日，开始第二口探井（DB.E-1）的钻探工作，2008年4月11日完钻，历时103天。完钻深度2451米，超过设计深度431米。随后录井见油气显示，试油未获得油流。2008年8月6日，伊朗国家石油公司批准巴巴哈比比油田总体评价方案，同意项目转入评价期，评价期为2009年6月—2011年6月。按照伊朗国家石油公司批准的巴巴哈比比油田总体评价方案，中方需要完成采集200平方千米三维地震、钻2口评价井。2008年10月21日，开始第三口探井GR-E-1井的钻探工作，原设计井深2500米，2009年4月钻至3261.61米，因构造反转，未钻遇目的层。为落实巴巴哈比比构造圈闭的有效性和其东南部含油潜力，确定油水边界和Sarvak地层的产能，根据BAB-1井的钻探测试成果，结合Bab三维地震数部署评价井BAB-2井，预测圈闭长21千米，宽3千米，圈闭高500米，圈闭面积47平方千米，风险后控制石油地质储量分别为1.1亿立方米和5632万立方米，但巴巴哈比比构造超出三维地震资料覆盖区，该井设计井深2600米，井身结构为2600米直导眼+500米水平段，主要目的层Bangestan组灰岩储层，主要的地质风险是构造圈闭的有效性。BAB-2井2010年8月21日开钻，10月26日钻至2600米Garau组地层完钻，钻进过程中分别在Gurpi、Ilam和Sarvak地层见油气显示，完成3次中测，其中第二次钻杆测试（1667—2070米）Ilam地层在24/64英寸油嘴下获日产油212桶、气67万立方英尺工业油气流，Ilam灰岩裸眼酸化测试，折算日产油150—200桶，2010年12月11日完井。为弄清巴巴哈比比背斜西翼高部位是否存在气顶，落实巴巴哈比比构造圈闭的有效性和其西部含油潜力，评价圈闭油气储量和Ilam层产能经济性，为下一步开发落实可能建产区，尽可能确定气油界面或油水界面，根据BAB-1井、BAB-2井的钻探成果，结合二维和三维地震资料，部署该区第二口评价井BAB-3井。BAB-3井2011年1月5日开钻，设计井深2600米，井身结构为2600米直导眼+500米水平段，主要目的层Bangestan组灰岩储层。2011年4月3日钻至2630米Garau组地层完钻，钻进过程中发生井漏、井涌和气窜，全井漏失钻井液5318立方米，严重井漏给钻井工程施工带来诸多井下复杂及工程安全风险，浅部地层裂缝发育，无承压能力，导致井涌后地层发生漏失，无法有效堵漏和压井。4月3—17日对Ilam层试油，Ilam灰岩裸眼酸化测试获少量油气，无工业产能，2011年5月17日完井。完成评价期规定工作量。

第三章 勘探成果

阿曼5区利用滚动勘探实现项目增储稳产，利用精细地质勘探综合研究与水平井相结合发现新油田，阿曼5区块滚动勘探发现和探明11个油田即达利、布沙拉、梅祖恩、东梅祖恩、沙迪、南沙迪、发拉底、朱迪、纳米尔、巴斯拉赫和德哈哈比。其中达利油田为主力油田。叙利亚戈贝贝项目通过钻井滚动扩边增储稳产，2005—2012年，采用滚动钻井扩边、断裂带预测等多种新技术，可采储量增加2584万立方米。伊朗三区利用勘探井和评价井对项目进行综合评价为项目执行提供决策，通过二维地震资料采集处理，部署第一口探井，在巴巴哈比比背斜构造有油气发现，后续部署的两口评价井均未获工业油流，经济评价不具商业开发价值，未进入开发阶段，项目退出。阿布扎比陆海项目通过评价井为开发方案提供依据，部署新三维地震，通过地质资料与钻井地质资料的综合研究评价获得新发现。

第一节 滚动勘探增储上产

阿曼5区块。2002年以前，仅发现达利油田区块A—E块，沙迪油藏和Mezoon油藏。2002年中国石油（CNPC）参与项目后，最大限度利用三维地震资料综合信息，多资料、多学科充分融合，大胆解放思想，系统开展地震资料重新处理与解释、区域综合地质研究、沉积储层分析、圈闭成藏分析、老井失利原因分析等工作，转换勘探思路，提出一系列新认识、新理论，达利油田向南滚动评价获得新进展，新发现达利油田南部EF/F断块—东梅祖恩含油区域。2017年10月，东部断层圈闭型油藏勘探突破，三维地震资料解释，建立4种断层圈闭模式，在阿曼5区东部布沙拉（Bushra）区域发现多个断块圈闭油田，开发区块由1个断块增加到4个断块，累计提交探明地质储量1.32亿桶。在西部发现Shadi South、Furat等多个构造+岩性油藏。在对中浅层开展滚动勘探的同时，开展对深层油气资源的勘探和评价。阿曼5区块滚动勘探发现和探明11个油田即达利、布沙拉、梅祖恩、东梅祖恩、沙迪、南沙迪、发拉底、朱迪、纳米尔、巴斯拉赫和德哈哈比。其中达利油田为主力油田。阿曼5区经过深入地质研究和三维地震地质建模研究，发现达利油田早白垩系Shuaiba油藏是南北由断层封堵，东西由岩性尖灭构成的构造岩性油藏，形成一个个地堑和地垒断块，底水不发育；在达利油田利用水平井滚动探边的钻井优势，在地堑断块中找油，成功发现地堑断块AB块的优质油藏，后来又不断滚动勘探，找到DE、EF和F断块。使达利油田早白垩系Shuaiba油藏由原来的5个断块增加到9个断块，成功实现油田内部找油田。为在老油田 Shuaiba 油层上部找油田，通过达利油田晚白垩系 Natih 层研究和相邻 6 区块开发的对比，认为老井 DL-20 晚白垩系 Natih 层具有开发潜力，对该层进行水平井侧钻，成功找到 Natih 油层，获得工业油流，实现油田上下找油田。老油田的开发层系扩大，含油面积也得到很大范围的扩展，滚动勘探获显著成效。通过滚动勘探，助力增储上产，阿曼 5 区块日产原油从 2002 年接手时的 4500 桶/日增长到 2019 年高峰期产量的 54000 桶/日左右，年产原油从 2002 年的 24.1 万吨增长到 2019 年高峰期产量的 267.4 万吨，是接手时的 10 多倍。2021 年，对 Shadi South、Jood、DWD 3 个油田 USH-D 和 USH-B 层老井复查，Busirah 勘探新区的储量计算，新增石油可采储量 60.8 万吨。2022 年，阿曼 5 区项目完钻 2 口勘探评价井，新增油气权益可采储量 31.85 万吨。

叙利亚戈贝贝项目。通过钻井滚动扩边增储稳产。2007 年，叙利亚戈贝贝项目在油田中区北部成功完钻滚动扩边井 GB-H220 井和 H221 井，分别在 4 月和 6 月投产后相继获得 100 米³/日和 210 米³/日的高产。2008 年 1 月 6 日，在油田西区成功完钻的滚动勘探扩边井 GB-H227 井投产，获 100 米³/日的高产，发现 H227 块，为项目的持续稳产奠定基础。2005—2012 年，采用滚动扩边勘探开发、断裂带预测等多种新技术，截至 2012 年底，含油面积由 33.8 平方千米增加到 114.87 平方千米。地质储量由原开发方案的 7608 万立方米增加到 1.86 亿立方米，可采储量由 1094 万立方米增加到 3678 万立方米。

第二节　地质勘探研究与水平钻井结合发现油田

2013—2021 年，阿曼 5 区通过进行复杂断块碳酸盐岩成藏综合评价技术、海相碳酸盐岩沉积体系综合研究技术、复杂断块碳酸盐岩精细构造解释与小断层识别技术、薄储层碳酸盐岩油藏储层预测技术和复杂断块、薄储层碳酸盐岩油藏地质建模技术研究，认为达利油田早白垩系 Shuaiba 层是一个北西南东向在礁间洼地浅海环境下形成的一套生物碎屑灰岩储层，在达利油田西部、北部有沙迪油田，南部有梅祖恩油田，虽然油层较薄，存在着北西南东向连片成藏的可能性较大。在这种地质认识的指引下，不断进行精细地震解释和地质研究，利用水平井钻井控制勘探面积大的钻井优势。2017 年，证实北部沙迪油田和南部梅祖恩油田连片成藏的认识，找到东梅祖恩油田。阿曼 5 区块西部属于焦外滩浅海相沉积，储层厚度 2—4 米，含油面积大，原始地层压力，相继钻探一些高产井。2021 年，项目针对中浅层勘探领域开展重新评价和系统研究，通过精细构造解释和地震属性多方位分析，在 5 区中南部新发现 Dhahab 构造和 Mushriq 构造。

第三节　勘探钻井为项目决策提供依据

伊朗三区项目根据实钻、地震、测井、试油等资料综合研究认为制约伊朗三区项目油气勘探进程的主要因素有 4 个方面。第一是油气藏分布受构造—岩相带控制，需要区分每个背斜圈闭是否处于有利的沉积相带，需要在大背斜内预测有利的储层发育区。此外，碳酸盐岩储层非均质性强，物性变化大，带来勘探风险。第二是由于地震勘探程度低、资料品质差，已发现的背斜圈闭多以地面构造为依据圈定，落实程度不高。第三是山地地表条件十分复杂，交通不便，勘探作业困难，油田建设不方便。第四是系统基础研究、油藏评价研究和综合评价研究开展甚少，勘探目标优选比较困难。伊朗三区项目在合同规定的勘探和评价期内，完成规定的勘探与评价工作量，有油气发现，但经济评价不具商业开发价值，未进入开发阶段，项目退出。

2015年，阿布扎比陆海项目，完钻海上评价井，在Arab C和Arab D试油出油。该井是中国石油（CNPC）进入阿联酋市场以来完成的首口义务评价井，为编制开发方案提供重要依据，为率先投产布哈萨油田、实现首油目标奠定基础。

第四节　新三维地震与钻井地质综合评价获发现

阿曼5区利用新三维地震资料，进行精细解释和深入地质研究，认为阿曼5区块含油圈闭面积很小、复杂多样。东部布沙拉（Bushra）油田主要是由背斜和断层形成的构造油藏，发现反向断块弧形断层和反向断块底层牵引回倾形成的油藏成功率很高，而顺向断块底层牵引回倾和顺向断层形成的圈闭成功率很低。2002年，东部布沙拉油田只有一口井，处于关井状态，安装抽油机恢复生产。经过勘探，成功发现多个构造油藏，成为阿曼5区项目的产量接替和补充的油田。通过地震恢复古构造和沉积环境，利用新三维地震解释和精细地质研究，在阿曼5区块西部，成功实现北部沙迪（Shadi）油田和南部梅祖恩油田薄油层连片成藏的突破。

2017—2021年，阿布扎比陆海项目通过在一区块陆地区域实施2300平方千米新三维地震，部署钻井，在常规和非常规油气勘探领域获得发现，发现1个小规模油藏+2个气藏，开辟阿布扎比西部新的勘探领域。在纳哈迪印地区实施的2口探井和1口评价井，发现Mishrif和Tuwayil两个含油层，新增预测地质储量近2000万吨，是阿联酋西部近60年来首次获得的重要发现。滨哈迪地区实施的HI002井在Diyab组压裂测试4层，3层产气，折合日产气8000立方米，初步揭示非常规油气潜力。2019年通过胡瓦纳（Huwaila）油田新三维地震部署和钻井进一步落实储量，上覆Shilaif为非常规潜力油藏，下Habshan和Arab有油气发现。Al Nouf油田部署新三维地震后，资料评价认为，Al Nouf油田Thamama A—G层地质储量达10.15亿桶，下Habshan组也有一定潜力。北部目标区内两口评价井的成功钻探进一步证实其巨大潜力。

阿布扎比陆海项目一区块利用钻井地质和地震资料先后执行三期地质和地球物理综合研究、叠前反演与AVO分析、岩相古地理分析、烃源岩评价及油气成藏规律分析等系列基础研究，进一步提升陆海项目基础地质和油气成藏规律认识。通过有利区带评价与圈闭优选，在一区块识别有利目标与远景圈闭，完善"十四五"勘探规划方案，制订分层次勘探部署方案。

第三篇　开发地质与开发部署

中东公司开发的油田主要分布在阿拉伯板块内阿拉伯盆地和扎格罗斯盆地。构造单元展布受南北向、北西—南东向和南西—北东向断裂系统的控制，油藏以长轴背斜构造为主。主要产油层分布在新近系、古近系、第三系、白垩系、二叠系、三叠系地层中，其中白垩系是主要产油层系，白垩系上白垩统、中白垩统、下白垩统都是重要的储集层段。地层以碳酸盐台地沉积为主，储层厚度大、储层类型多样，孔隙型、裂缝型、复合型储层同时存在。一方面由于沉积范围广、构造运动弱，使储层的横向连通性较好，而且储层的横向变化呈非常缓慢的渐变过程。另一方面，这些储层在沉积和成岩过程中经历不同的演化过程，因此储层的垂向非均质性十分明显。油藏地饱压差大，属于未饱和油藏。油藏类型主要包括厚层块状底水油藏、层状边水油藏和岩性圈闭油藏。原油主要为常规原油，特点是黏度低、气油比中等、有些油藏含硫量比较高。

2002—2022年，中东公司经历从开始的小项目开发（阿曼5区、叙利亚项目）到大项目开发（伊拉克、伊朗项目），从小型油田（MIS）到大型、巨型油田（哈法亚油田、鲁迈拉油田），从老油田挖潜（叙利亚戈贝贝）到新油田规模生产（艾哈代布、哈法亚、北阿扎德甘），从砂岩为主（叙利亚戈贝贝）到碳酸盐岩为主（伊拉克油田）。开发项目15个，伊拉克地区包括哈法亚、鲁迈拉、西古尔纳1和艾哈代布油田4个项目，伊朗地区包括北阿扎德甘、南阿扎德甘油田、MIS油田和南帕斯11区块等4个项目，阿联酋地区包括阿布扎比陆上、陆海及海上下扎库姆和乌纳项目4个项目。其他地区包括阿曼5区、叙利亚戈贝贝和叙利亚幼发拉底3个项目。开发部署以项目合同为依据，以油田科学合理开采为基础，以实现合同规定的产量和高效开发为原则，以实现较好投资回报率为目标。自2002年以来，中东公司对15个油田进行开发部署，其中南帕斯11区，由于伊朗制裁影响，只进行开发方案设计，未能进入实质开发阶段。南阿扎德甘油田因伊朗国家石油公司在执行过程中以项目投资进度慢为由，单方面被终止。叙利亚项目因叙利亚国内战争，暂停油田开发。

第一章 开发地质

中东地区油气资源极其丰富，已探明的油气主要分布于阿拉伯板块内阿拉伯盆地和扎格罗斯盆地。探明的油田主要分布于美索不达米亚前渊盆地地、大贾瓦尔隆起、扎格罗斯褶皱带和鲁布哈利盆地。探明的天然气主要分布于卡塔尔隆起、扎格罗斯褶皱带、美索不达米亚前渊盆地、大贾瓦尔隆起和鲁布哈利盆地。板块内构造单元展布受南北向、北西—南东向和南西—北东向断裂系统的控制，以长轴背斜构造为主。

地层以碳酸盐台地沉积为主，基本上包含两种类型的碳酸盐沉积环境。一种缓坡型台地，是均匀缓斜的碳酸盐台地，由二叠纪到早侏罗世，哈法亚的 Sadi 组，哈法亚和艾哈代布的 Khasib 组均属于缓坡型台地。另一种镶边型台地，由中侏罗世到第三纪中新世末。哈法亚、鲁迈拉和阿扎德甘油田的主力层沉积环境类似，均为台地边缘礁滩复合体，前两者均为生屑滩夹薄层高渗的厚壳蛤条带。鲁迈拉的 Mishrif 实际上是由一系列条带状的前积体复合而成，沉积相的变迁导致不同井区油水界面的变迁，即油水界面随着前积前沿的起伏而变化。

优质储层广泛分布于中东油气区，这些储层以厚度大、储层类型多样为主要特征。一方面由于沉积范围广、构造运动弱，使储层的横向连通性较好，而且储层的横向变化呈非常缓慢的渐变过程。另一方面，这些储层在沉积和成岩过程中经历不同的演化过程，因此储层的垂向非均质性十分明显。

孔隙型、裂缝型、复合型储层同时存在，宏观上体现在沉积相、成岩作用和构造作用 3 个方面，微观上则体现在多种多样的空隙（孔、洞、缝）类型。哈法亚、阿扎德甘和鲁迈拉油田主力层均为台地边缘礁滩复合体，孔隙类型以粒间孔为主；艾哈代布油田的 Khasib 组发育台内生屑滩，以溶蚀孔为主，主力层段的垂直渗透率大于水平渗透率；阿扎德甘与艾哈代布主力层顶部均存在卡斯特岩溶特征；MIS 油田的 Asmari、哈法亚油田的 Yamama 发育裂缝性储层。

中东油气主要集中在中生界二叠系、三叠系、侏罗系、白垩系以及第三系的碳酸盐岩中，中东公司已开发油藏以白垩系碳酸盐岩油藏为主，中东碳酸盐岩油藏均发育一套生物碎屑灰岩主力油层，对油田开发和新建产能起决定作用。储层主要是孔隙型生物碎屑灰岩，物性相对较好，平均孔隙度 14%—25%，渗透率 2—38 毫达西。油藏属正常温压未饱和油藏，原油重度 19—26° API。油藏主要为具有层状特征的块状边底水油藏，底水和边水不活跃，天然能量较弱。主力油田均在注水初期阶段，油藏非均质性严重，隔夹层发育且多数油藏储层纵向物性差异大，内部存在高渗透条带。单个油藏规模大，地质储量 3 亿—55.9 亿吨，单个油藏储量占全油田储量的 40%—99%。

第一节 构造特征

伊拉克艾哈代布油田构造上，各目的层均为一北西—南东走向的长轴背斜，长轴长约29千米，短轴长约8千米。构造两翼倾角十分平缓，北翼构造倾角约为2度，南翼构造倾角为0.7—0.9度。背斜由AD1、AD2和AD4［AD为艾哈代布（Ahdeb）的英文缩写］等3个构造高点构成，其中AD1构造高点最高。各目的层圈闭形态相似，闭合幅度为47—66米，闭合面积为87—167平方千米。

伊拉克哈法亚油田构造上，位于美索不达米亚盆地南部的前渊带内，整体呈北西—南东向的宽、缓长轴背斜，长约35千米（合同区内约30千米）、宽8—9千米，背斜构造形态完整，主体部位两翼地层倾角2—3度，高点位于HF-1井附近。哈法亚背斜形成于第三纪末期，新近纪扎格罗斯造山运动，自下而上背斜高点基本一致，具有继承性。油田范围内第三系及白垩系地层断裂不发育，深层侏罗系和三叠系发育一系列走滑逆断层，断距30—50米。

伊拉克鲁迈拉油田构造为北西—南东向宽缓狭长背斜，纵向各个地层构造具有很好的继承性，南北分别具有一个高点，将其划分为南北鲁迈拉油田。合同区构造南北长74.3千米，东西宽14—17千米，南北两个构造高点之间以低鞍连接。南部构造高点埋深2142米，北部构造高点埋深2120米，构造幅度310—380米，圈闭面积571平方千米。Upper Shale油藏南部高点埋深2940米，北部高点埋深2980米。北Upper Shale长轴轴向为近南北向，南Upper Shale长轴轴向为北北西—南南东向，形成南高北低的构造格局，构造幅度190—220米，构造圈闭面积约540平方千米。背斜翼部地层平缓，但东西两侧略有差异，北部西侧构造倾角略大于东侧，南部东侧构造倾角略大于西侧。Main Pay油藏为完整的近对称长轴背斜构造油藏，南部高点埋深3035米，北部高点埋深3070米，构造幅度170—220米，构造面积约567平方千米，构造坡度较缓，通常小于5度。伊拉克南部整体位于阿拉伯板块稳定台地一侧，构造运动不活跃，未见明显的断层发育，岩心和成像测井也基本未见构造裂缝。但鲁迈拉周边油田三维地震资料发现有少量断层存在，鲁迈拉油田断层发育情况存在一定的不确定性。

伊拉克西古尔纳-1油田构造为南—北走向背斜，是鲁迈拉油田向北延伸部分。合同区面积约442平方千米，长约26千米，宽约17千米。不同油层构造形态具有继承性。

伊朗阿扎德甘油田位于伊朗西部扎格罗斯褶皱冲断带西南侧，该区是一个巨型油田富集区。研究区构造简单，表现为不对称的南北向长轴背斜，背斜整体走向为北—南向，在南阿扎德甘南部逐渐转变为北东—南西向，背斜轴部构造高点由南—北向下倾斜，东西翼倾角2—7度，西翼相对较陡。北阿扎德甘油田位于阿扎德甘油田的北部，北阿扎德甘油田为不对称的近南北向长轴背斜，轴部构造高点由南向北倾斜，西翼地层相对较陡，倾角3—7度，东翼地层相对缓，倾角2—5度，北部Sohrab井区为另一个小的构造背斜。整体构造从深层到浅层继承性好。

伊朗MIS油田主要储层Asmari组顶界构造为不对称的狭长状背斜，构造形态完整圈闭面积大（大于165平方千米），闭合度高（723米），油藏为完整的背斜圈闭油藏，从上至下构造形态特征基本一致。分析认为Asmari组内部可能存在规模较小的断层，但在钻井或测井中不易被发现。(1)背斜西南翼Asmari组之下发育大型Lahbari逆冲断层，是Zagros褶皱带一系列逆冲断层之一，断面向东北，呈斜坡状。(2)背斜东南段—中段构造剖面形态完整；西北段由于Lahbari逆断层断面呈阶梯状斜坡，使构造轴线形成2个分枝，平面上形成2个高点，构造的西南翼地层倾角变陡（达42度），东北翼地层倾角平缓。(3)Asmari组之上的Gachsaran组膏盐层在构造运动中地层滑脱，形变强烈，岩层破碎，且构造两翼产生多条逆断层，钻井中也钻遇断层。在背斜构造有244口井钻入Asmari组，在有井控制区，Asmari组顶界构造落实，形态完整，圈闭条件良好，圈闭完整的大背斜是形成整装大油田的主要条件。

伊朗南帕斯11区油田所在区域构造整体为北北东走向的巨型背斜，南帕斯11区位于背斜东南翼部，目的层为二叠—三叠系Khuff组。目的层顶面埋深2710—2780米，地层产状平缓，倾角小于1度，为一北东向单斜，区内断层不发育。

阿曼5区达利油田构造近北东—南西展布，长15千米，宽4千米，面积约60平方千米，总体上为西南高、东北低的单斜构造背景下（地层倾角2—5度）的断块油田。达利油田断层极其发育，主要断层走向为北西—东南向，均为正断层，断距较小（10—70米，最大120米），形成地垒与地堑相间断块构造。达利油田构造发育极其平缓，各断块构造圈闭不发育，仅D块发育完整构造圈闭（闭合高35米，圈闭面积0.15平方千米）。

阿布扎比陆海项目所在海上油田构造为北东—南西走向穹窿背斜，东西两翼地层相对较陡，地层倾角10—15度，断层不发育。

阿布扎比陆上项目所在区域构造为一个北西—南东向背斜，受阿曼山隆起时区域挤压和走滑作用而在盆地中心形成的大型长轴背斜构造；主力油田为完整的背斜构造，构造幅度100—200米左右，地层倾角0.5—10度；断层总体不发育，断距小，基本5米左右，一般没有断开；个别裂缝发育的油田没有明显双重介质特征，裂缝基本是充填缝；全三维覆盖，井数多，构造落实，上下构造具有继承性。

阿布扎比下扎库姆油田构造为一东西向展布的大型背斜，圈闭闭合高度约1000英尺，地层倾角1—3度，油气聚集后圈闭翘倾，古今油水界面不一致。主要目的层Lower Zakum由3个构造组成，从上到下依次为Thamama Ⅳ、Thamama Ⅴ、Thamama Ⅵ。

阿布扎比乌纳项目乌姆沙依夫（Umm Shaif）油田，为背斜构造，上下构造具有继承性。断层主要发育在上部Thamama层。倾角2.15—4度，构造幅度500米；94条断层，最小断距约30米，两组方向断层。构造顶深1600米左右。阿布扎比纳斯尔（Nasr）油田，为背斜构造，区块长18千米，宽14千米；构造幅度90米，顶深2300米左右，上下构造具有继承性，断层不发育。

叙利亚项目地处阿拉伯地台北端，属西阿拉伯盆地。叙利亚东部地区内部构造单元自北向南可分为阿布德拉阿兹兹（Abdel Aziz）构造带、德楼（Derro）高地、幼发拉底断坳带和茹巴赫（Rutbah）隆起带。幼发拉底断坳带走向北西—南东向，是中生代衰亡裂谷。晚白垩世转换拉张断陷，晚第三纪构造反转。沿走向分为三段，西北段较浅，反转明显；中段与巴尔米拉断褶带相连，走滑活动显著；东南段深，反转不明显。幼发拉底断坳带晚期整体变形较大。晚期断陷使古生界深埋，石炭系顶部埋深 4.5 千米，寒武系顶部埋深 7.5 千米。奥陶系和志留系的不整合面北部埋深浅。石炭系和下三叠统、上三叠统与下白垩统之间为两个主要不整合。幼发拉底断陷位于伊拉克西部安纳（Anah）断陷与叙利亚中部的巴尔米拉褶皱带之间，宽 100 千米，长 160 千米，是一个晚白垩世衰亡裂谷。幼发拉底断陷是叙利亚石油地质条件较为优越的地区之一。幼拉底项目总含油面积为 327 平方千米，纵向上共发育下白垩统—三叠系的 4 套含油层系 Rutbah、Judea、Post Judea 和 Mulussa，埋深 800—3750 米，主要为大型砂岩断块油藏，构造类型主要为单斜构造、披覆构造。戈贝贝油田位于叙利亚东北部 Jbissah 油区，距大马士革 650 千米，合同区面积 200 平方千米，最东端距伊拉克边境 5 千米。戈壁地貌，夏季干旱高温，冬季为雨季。油田发现于 1973 年，1976 年投产。该区域构造处于阿拉伯地台北端，属多旋回内克拉通盆地。

第二节　储层特征

伊拉克、伊朗、阿联酋和阿曼的主要产油层分布在新近系、古近系、白垩系、二叠系、三叠系地层中。其中白垩系是主要产油层系，白垩系下白垩统、中白垩统、上白垩统都是重要的储集层段。

伊拉克油田地层发育齐全，厚度巨大，从始寒武系到第四系均有分布，残余最大厚度 14000 余米。其中古生界（包括始寒武系）以陆相和海陆交互相沉积为主，中—新生界主要为陆棚盆地沉积。白垩系地层包括上白垩统、中白垩统、下白垩统。上白垩统有 Shiranish 组、Hartha 组、Sadi 组、Tanuma 组和 Khasib 组。中白垩统有 Mishrif 组、Rumaila 组、Ahamadi 组、Mauddud 组和 Nahr Umr 组。下白垩统有 Shuaiba 组、Zubair 组、Ratawi 组、Yamama 组和 Sulaiy 组。

其中 Mishrif 组是伊拉克东南部重要的碳酸盐岩储集单元，沉积环境为浅海大陆斜坡沉积、开阔海、礁和礁前环境，向西南变为滨海环境，属中东地区典型的礁滩相孔隙型碳酸盐岩储层。该组原油储量占伊拉克四大油田白垩系储量的 40% 和伊拉克总石油储量的 30%。Mishrif 组上覆地层为 Khasib 组，Mishrif 顶部为一个区域可对比的不整合面。下伏地层为 Rumaila 组，Mishrif 地层与下部 Rumaila 地层呈整合接触。在哈法亚油田其厚度最大，局部地区厚达 400 米以上，艾哈代布油田次之，厚度在 250 米左右，鲁迈拉油田和西古尔纳油田其厚度最薄，但也在 100—200 米。Zubair 和 Nahr Umr 组属于海相三角洲砂岩沉积环境，以碎屑岩沉积为主。Zubair 地层是伊拉克南部最为优质的油藏。古近—新近系沉积 Jeribe 组白云岩和 Upper Kirkuk 组砂岩在哈法亚油田均有油气发现。

一、艾哈代布油田储层

艾哈代布油田中上白垩统生物碎屑灰岩构成两类储集层，中高孔渗储集层和中高孔低渗储集层。两类储集层的形成环境，储集空间，孔隙结构及孔渗性能等均不相同。前者主要发育在台内滩亚相颗粒灰岩类中，以铸模孔，非组构选择性溶孔，粒内溶孔和粒间孔为主，具有良好的孔喉配置关系，储渗性能较好，为本区最优质的储集层。后者主要发育在能量较低的泥晶灰岩类中，以体腔孔和晶间孔等孔隙为主，孔喉配置稍差，渗透性能较差。储集层受到沉积相和建设性成岩作用的控制。台内滩亚相是最有利的沉积相带，溶蚀作用、变形作用和白云石化作用是本区绝大多数次生孔隙形成的主控因素，其中同生期和表生期的溶蚀作用是本区有利储层形成的关键。根据录井、岩心描述和薄片鉴定等资料，依据 Dunham 碳酸盐岩分类标准，结合优势颗粒为定语的方法，对 Khasib 组—Mauddud 组储层岩石类型进行更新，划分为内碎屑颗粒灰岩、生屑颗粒灰岩、内碎屑泥粒灰岩、绿藻泥粒灰岩、生屑泥粒灰岩、绿藻粒泥灰岩、生屑粒泥灰岩、浮游类粒泥灰岩和白云质灰岩 9 类。Khasib 组储层主要发育在 Kh2 段，主要岩石类型为砂屑颗粒灰岩，砂屑／生屑／藻泥粒灰岩，生屑／藻粒泥灰岩，浮游类泥粒／粒泥灰岩。Mishrif 组储层主要发育在 Mi4 段，主要岩石类型为绿藻泥粒／粒泥灰岩，生屑泥粒／粒泥灰岩，浮游类粒泥灰岩。Rumaila 储层主要发育在 Ru1 段、Ru2a 小层、Ru2b-U 和 Ru2b-L 亚小层。Ru1 段主要岩石类型以生屑粒泥／泥粒灰岩为主；Ru2a 小层主要岩石类型为 Ru2a-2 内碎屑颗粒／泥粒灰岩和生屑粒泥灰岩，其余小层生屑粒泥灰岩；Ru2b-U 主要岩石类型为生屑粒泥灰岩和内碎屑泥粒灰岩，Ru2b-m 为灰色致密灰岩，Ru2b-L 为藻／生屑泥粒灰岩。Ru3 以生屑粒泥／泥粒灰岩为主。Mauddud 储层主要发育在 Ma1 段，以生屑泥粒／泥粒灰岩为主。基于 8 口评价井柱塞样的孔渗结果分析白垩系储层的物性特征，整体为中高孔—中低渗储层。Khasib 组储层主要发育在 Kh2 段，Kh2 段岩心孔隙度分布范围 10%—30%，平均值 24.0%；透率分布范围 0.24—1042 毫达西，平均值 20 毫达西。Mishrif 组储层主要发育在 Mi4 段，Mi4 段岩心孔隙度范围 3.4%—27.2%，平均值 18.4%，岩心渗透率范围为 0—254.14 毫达西，平均值 4.1 毫达西。Rumaila 储层主要发育在 Ru1 段、Ru2a 小层、Ru2b-U 和 Ru2b-L 亚小层。Ru1 段岩心孔隙度分布范围 8.4%—28.8%，平均值 22.7%，岩心渗透率分布范围 0—86.5 毫达西，平均值 10.6 毫达西。Ru2a 小层岩心孔隙度分布范围 1.8%—27.4%，平均值为 14.7%，岩心渗透率分布范围 0—368.5 毫达西，平均值 2.0 毫达西。Ru2b-U 亚小层储层岩心孔隙度分布范围 2.5%—27.7%，平均值 16.4%，岩心渗透率分布范围 0—99.7 毫达西，平均值 3.3 毫达西。Ru2b-L 亚小层岩心孔隙度分布范围 2.6%—23.2%，平均值 10.5%，岩心渗透率分布范围 0—461.0 毫达西，平均值 2.4 毫达西。Ru3 段岩心孔隙度分布范围 9.3%—29.9%，平均值 21.1%，岩心渗透率分布范围 0.1—784.0 毫达西，平均值 21.1 毫达西。Mauddud 储层主要发育在 Ma1 段，Ma1 段的岩心孔隙度分布范围 2.7%—28.5%，平均值 18.1%，岩心渗透率分布范围 0—47.9 毫达西，平均值 3.6 毫达西。

二、哈法亚油田储层

哈法亚油田已在第三系与白垩系的碳酸盐岩和砂岩储层中发现 9 套含油层系。第三系 Jeribe 组白云岩，顶部埋深约 1890 米；Upper Kirkuk 组砂岩，顶部埋深约 1900 米；上白垩统 Hartha 组灰岩，顶部埋深约 2550 米；上白垩统 Sadi B 组灰岩，顶部埋深约 2600 米；上白垩统塔努玛（Tanuma）组灰岩，顶部埋深约 2720 米；上白垩统 Khasib 组灰岩，顶部埋深约 2730 米；中白垩统 Mishrif 组灰岩，顶部埋深约 2800 米；中白垩统 Nahr Umr 组 B 段砂岩，顶部埋深约 3650

米；下白垩统 Yamama 组灰岩，顶部埋深约 4210 米。哈法亚油田储层有两类岩性。一类是 Jeribe、Hartha、Sadi、Tanuma、Khasib、Mishrif 和 Yamama 层以碳酸盐岩为主。Jeribe 层岩石矿物主要为白云石（72.3%），其次是硬石膏（15.4%）、石英（9.9%）以及极少黏土矿物；Hartha—Mishrif 层岩石矿物组成主要为方解石（93.7%），其次是白云石（3.4%）、石英（1.3%），黏土矿物含量 1.7%。碳酸盐岩储层分布连续性较好，具有中低孔、特低渗—低渗的特征，主要沉积于碳酸盐岩台地边缘的浅滩、陆棚和潟湖环境，以铸模/溶蚀孔隙、微孔为主，微裂缝不发育。另一类是 Upper Kirkuk 和 Nahr Umr B 主要以砂岩为主。Upper Kirkuk 岩石矿物主要为石英（52.6%），其次为白云石（27%）、黏土矿物（12.6%）、硬石膏（3.8%）；Nahr Umr 层岩石矿物组成主要为石英（80%—90%），其次是白云石、菱铁矿，黏土矿物含量 3%—13%。储层为细—中粒砂岩与泥岩互层，在纵向上有多个单砂层叠置而成，平面上具有多个砂体不连续或局部不连续的特点。具有中高孔、中高渗特征，主要沉积于潮坪和潮控三角洲沉积环境，以粒间孔隙为主。

表 3-1-1　哈法亚油田储层特征统计表

序号	层名	小层	岩性	沉积环境	孔隙类型	储层厚度（米）	储层孔隙度（%）	储层渗透率（毫达西）
1	Jeribe	Jeribe	白云岩	潟湖	铸模孔	2—6	13—19	2—10
2	Kirkuk	Upper Kirkuk	砂岩	潮坪	粒间孔隙	80—100	20—23	300—1600
		Middle Kirkuk	砂岩	潮控三角洲	粒间孔隙	51—98	21—24	15—2500
3	Harhta	Hartha A	粒泥灰岩/泥粒灰岩	潟湖	铸模孔	5—15	9—27	0.1—185
4	Sadi B	Sadi B1	泥粒灰岩	中陆架	生屑孔	13—20	16—19	0.05—0.09
		Sadi B2	泥粒灰岩	中陆架	生屑孔	20—30	16—20	1.0—1.3
		Sadi B3	泥粒灰岩	滩缘	铸模孔/溶蚀孔	8—15	15—19	1.1—5.0
5	Tanuma	Tanuma	泥粒灰岩	内陆架	铸模孔/溶蚀孔	5—8	14—18	0.3—1.7
6	Khasib	KA1-2	骨架泥粒灰岩	中陆架	铸模孔/微孔	5.3—13.2	11.3—20.6	0.1—55.4
		KA2	粒泥灰岩	中陆架	微孔	1—17.4	9.4—22.1	0.1—61
		KB	泥粒灰岩	滩	晶间孔隙	4.5—17.5	10—22.6	0.1—76.7
7	Mishrif	MA2	粒泥灰岩/泥粒灰岩	潟湖	生物铸模孔/溶蚀孔	6—11	13—16	0.8—2.7
		MB1-2	泥粒灰岩	滩后	铸模孔，微孔，等	76—88	10.7—24.6	12.2—62.6
		MB2	颗粒灰岩/泥粒灰岩	滩	铸模孔/溶蚀孔	40—50	19—25	4.4—34
		MC1-1/1-2	泥粒灰岩	滩	铸模孔/溶蚀孔	40—45	16—27	3—13
		MC2-3	泥粒灰岩	滩	铸模孔/溶蚀孔	30—75	12—24	1—41
		MC3-2	泥粒灰岩	滩	铸模孔/溶蚀孔	16—28	14—26	2.3—19
8	Nahr Umr	Nahr Umr B	砂岩	潮控三角洲	粒间孔隙	9—20	18—21	400—700
9	Yamama	Yamama	粒泥灰岩	局限台地		20—37	10—13	0.1—0.5

三、鲁迈拉油田储层

鲁迈拉油田主要储层为白垩系的 Mishrif、Nahr Umr、Zubair 组地层。Mishrif 组可分为两个二级层序，且两个二级层序沉积时期对应的成岩环境存在较大变化。下部二级层序对应储层段的发育主要受沉积作用控制，底栖有孔虫滩、厚壳蛤滩、厚壳蛤点礁等边缘高能相带，为有利储层发育区，储层发育范围广，但由北向南逐渐变薄，物性逐渐变差；上部二级层序对应储层段的发育除受沉积作用控制外，还受成岩作用的影响，局部存在致密胶结区，主要发育在于北部。Mishrif 碳酸盐岩总体沉积于缓坡台地之上，从北至南逐渐由缓坡相向盆地相过渡，地层岩性也逐渐变细，储层品质逐渐变差，纵向上 5 个层序均表现出一致的变化趋势，但不同层序的沉积模式和微相分布具有一定差异。受沉积微相和成岩作用的共同控制，Mishrif 组地层储层物性自北向南逐渐变差，北鲁迈拉广泛发育生物碎屑滩相储层，局部发育生物礁，这两类是最优质的沉积微相储层岩石类型，但生物碎屑滩和局部点礁的发育与储层物性并非完全对应，Mishrif A 由于受强烈的成岩胶结作用，生物碎屑滩和点礁相的孔隙都被胶结物充填，导致其储层物性变差。总体来看，Mishrif B 储层较 Mishrif A 更为发育，物性更好。Zubair 地层包括 Upper Shale、Main Pay 和 Fourth Pay 层。上部 Upper Shale 和 Main Pay 为主力油藏，这两个主力油藏属于同一个三角洲体系的连续沉积，其沉积模式相似，但储层分布与物性特征有一定差异。Zubair 为大型海相三角洲体系，沉积于坡度非常平缓的陆架边缘，其沉积作用的主要控制因素为河流，同时也不同程度受潮汐和波浪影响。整个 Zubair 地层沉积时期海平面不断变化导致纵向上储层发育特征存在差异，具体表现在 Main Pay 为厚度大、物性好的块状砂岩油藏，而 Upper Shale 为砂泥交互、物性中等的层状油藏。Zubair 地层主要储层沉积微相有三角洲平原切叠的河道砂、下三角洲平原到三角洲内前缘的分流河道砂、三角洲前缘河口坝砂和三角洲间或者分流平原间的潮汐砂坪。其中三角洲平原切叠的河道砂纵向厚度大、平面连续好、泥质含量少、储层物性高，是最为优质的储层类型。Main Pay 油藏主体沉积于三角洲平原至三角洲前缘部分，包含一个较为完整三级层序，并以 K 层为初始海泛面将该层序分割为一个下降半旋回和一个上升半旋回。层序内发育有厚层三角洲平原沉积，该沉积砂体有较高的物性和良好的连通性。Upper Shale 油藏位于三角洲平原及其延伸的前缘区域。油藏内部砂体从南至北逐渐减少，沉积相也由三角洲平原渐变过渡至前三角洲。Upper Shale 油藏最主要的砂体有两大类，一类是分流河道纵向叠置与侧向拼接形成的连续性较好的砂体；另一类是受浪控改造形成的较大规模的河口坝砂体。此外，在北鲁迈拉还发育受强烈浪控作用改造的滨岸相连片分布的海滩砂。主力储层 Zubair 为砂岩油藏，砂岩石英含量在 90% 以上。其中主力油藏 Main Pay 油藏整体物性较好，属中高孔中高渗储层。储层平均孔隙度 19.1%，平均渗透率 631 毫达西。Mishrif 为碳酸盐岩油藏，储层平均孔隙度 16.2%，平均渗透率 31.5 毫达西。次主力油藏 Upper Shale 油藏储层平均孔隙度 16%，平均渗透率 134 毫达西。

四、西古尔纳-1油田储层

油田发育6套白垩系油藏,分别是碳酸盐岩Sadi、Khasib、Mishrif、Mauddud和Yamama,以及砂岩油藏Zubair。主力油藏Mishrif埋深2400米,地层厚度225—310米,平均孔隙度19.3%,渗透率0.01—1000毫达西;储层纵向划分4个细分层,生物碎屑层段主要分布在MB2(横向连续性好),其次是MB1(横向不连续),平面上地层沿轴部厚,向两翼变薄,且呈现由南向北逐渐变薄的趋势。次主力油藏Yamama(合同规定发现未开发油藏)埋深3490米,地层厚度300—350米,孔隙度4%—13%,渗透率1—10毫达西,储层物性北部好于南部;Sadi油藏发育缓坡型台地碳酸盐岩储层,北部储层物性相对较好,向南部逐渐变差。埋深2100米,地层厚度30—50米,孔隙度10%—20%,渗透率1—20毫达西;Khasib油藏发育缓坡型台地碳酸盐岩储层,背斜高部位储层物性相对较好,两翼逐渐变差。埋深2250米,地层厚度35—45米,孔隙度10%—20%,渗透率1—5毫达西;Mauddud油藏发育缓坡型台地碳酸盐岩储层,北部背斜高部位储层物性相对较好,向南部及向两翼逐渐变差。埋深2600米,地层厚度30—50米,孔隙度10%—30%,渗透率1—10毫达西。Zubair油藏为砂岩油藏,埋深3200米,地层厚度100—120米,孔隙度10%—30%,渗透率50—1000毫达西。

五、阿扎德甘油田储层

伊朗南阿扎德甘和北阿扎德甘属于阿扎德甘油田南北两部分,地层从上至下依次为第四系/上新统薄层现代堆积,第三系中新统—始新统泥岩—灰岩混合序列,白垩系泥岩、灰岩、砂岩序列,侏罗系火山岩、灰岩序列。油层主要发育在白垩系,该套地层从上到下依次为Gurpi灰岩,Ilam灰岩,Laffan泥岩,Sarvak灰岩,Kazhdumi灰岩和砂岩、泥岩互层,Dariyan灰岩,Gadvan砂岩、泥岩、灰岩互层,Fahliyan灰岩。阿扎德甘油田4套油层的岩相可粗略地分为碳酸盐岩和硅质碎屑岩。Sarvak为镶边陆架型碳酸盐岩台地沉积,4个主要的沉积相带:台地边缘浅滩、开阔台地、局限台地和潮道。Sar3、Sar8层以台地边缘浅滩相沉积为主,属于高能环境,储层洁净,分选较好,以块状颗粒灰岩或泥粒灰岩为主;Sar4、Sar5、Sar6层以开阔台地相沉积为主,水体能量低—中等,局部发育高能浅滩,以块状泥粒灰岩或粒泥灰岩为主,局部夹颗粒灰岩;Sar2、Sar7层以局限台地相沉积为主,属于低能静水环境,泥晶灰岩或粒泥灰岩为主。Kazhdumi和Gadvan层含油层位是一套砂泥岩互层,全油田广泛分布,向北减薄,甚至尖灭,为缓斜坡边缘的鸟足状三角洲沉积,主要沉积微相为水下分支河道及三角洲前缘河口沙坝形成主要储层砂体。Fahliyan层为浅海碳酸盐岩台地沉积。

储层主要为灰岩(Sarvak和Fahliyan),而在Kazhdumi和Gadvan层中下部的硅质碎屑岩形成次要砂岩储层。Sarvak储层的碳酸盐岩序列沉积在平缓起伏的碳酸盐岩台地上。尽管由于经历大气、海水及埋藏成岩作用,沉积结构已有所改变,台地的古地形仍对储层特性起着重要的控制作用。在储集层段内孔隙度与渗透率呈正相关关系,而在储油岩内铸模孔和溶蚀孔洞发育。该部分由于经历潮间到潮下环境,导致次生孔隙发育,使原生的碳酸盐岩组构发生变化。由于白云岩化导致孔隙发育，各种胶结作用，溶解作用和裂缝导致渗透率增加，球粒白云质的泥粒灰岩和白云岩化的泥晶灰岩表现出一个较宽范围的孔渗值，如连通的生物铸模孔和裂缝已明显增加碳酸盐岩储层渗透率，而孔隙度值变化不大，互不连通的铸模孔发育表现出较高的孔隙度值，而渗透率却较低。上白垩统的 Sarvak 组为主力油藏，岩性以生物碎屑灰岩为主，局部含有一定的裂缝，储层厚度大，油层有效厚度60—160米，南端变薄，主要产出重质油（API 重度小于 22）。Sarvak 组储层分为 13 个小层，含油层段主要位于上部 Sar1—8，下部 Sar9、Sar10、Sar11、Sar12、Sar-Intra 为致密层或含水层。Sar1 岩性主要为浅棕、棕和深褐色不含油灰岩，含厚壳蛤碎屑和海胆属白垩及有孔虫类化石。显示为油迹，测井解释含油饱和度在 57.7%，该层试油不产出。Sarvak2 岩性主要由生物碎屑泥岩，泥质灰岩和泥灰岩组成，存在陆源泥，单元物性较差，岩心显示不含油。个别井点即使存在孔隙度大于 6% 的储层，其储层也是呈薄层，不连续的零星分布。该层可作为稳定隔层。主要产油小层为 Sar3—Sar8，含油层段岩性及含油性有差异，根据孔渗饱参数，表现为明显的分层性，可划分为 3 类含油小层，即 Sar3，Sar4—Sar7 和 Sar8。Sar3 为最好的含油小层，厚度 10—20 米，孔渗相对较高，连通性好，隔夹层不发育，以生物扰动和生物碎屑的泥粒灰岩和粒状灰岩为主，发育有大量溶蚀孔洞，岩心显示为饱含油。测井解释含油饱和度 83%，该层是 Sarvak 储层中最好的开发单元。从储层物性来看 Sar8 次之，以生物碎屑泥粒灰岩和粒灰岩为主。岩性粒度较粗，储层发育稳定，连通性好，隔夹层发育较少，孔隙度接近 Sar3，相对较高，但因为溶蚀孔洞不发育，渗透率较低。该小层靠近底水，部分井段油水同层，含油饱和度较低，岩心显示浅褐色。中部的 Sar4—Sar7 小层物性相对较差，厚度大，平均油层厚度 70 米，占整个产油层段的一半以上。主要为粒泥灰岩和泥粒灰岩。偶见溶蚀孔洞，储层与隔夹层交互沉积，非均质性较强。岩心显示油斑状，含油性中等，测井解释含油饱和度在 60%—70%。Sar7 相对其他单元，粒度较细，泥质含量较高。除 Sar2 外，该单元物性最差，含油性较差，岩心只在部分井段显示油迹，含油饱和度 58%。Kazhdumi 中部为一灰岩地层。顶部 5—10 米的泥岩，底部 40—50 米的砂泥岩互层，与下覆地层呈不整合接触，总厚度 120—180 米；Kazhdumi 油层主要分布于该层底部的碎屑岩储层，称为 Kazhdumi 砂岩层，砂体在整个阿扎德甘油田广泛分布，在南阿扎德甘油田储层较厚，储层平均孔隙度 17%，平均渗透率 35 毫达西。下伏的 Gadvan 地层可以分为 3 段，上 Gadvan 为低密度砂泥岩地层，中部的卡利杰（Khalij）为低 GR 高密度灰岩地层。下段为泥岩和灰岩互层，厚度 180 米左右。Kazhdumi 和 Gadvan 为次主力砂岩油藏，顶部埋深分别为 3400—3600 米和 3700—3900 米，油品属轻质油（30—34API 重度），Gadvan 组油层位于该组中部的 Gadvan3 和 Gadvan5 小层，相当于东南伊拉克的 Zubair 层。岩性以砂岩为主，夹薄层页岩。砂体在整个油田广泛分布，由南向北减薄。储层平均孔隙度为 17%—18%，平均渗透率为 76—115 毫达西。Fahliyan 储层主要为生物碎屑灰岩，仅在南阿部分区域发育，相对埋藏最深，异常高压。地层以高密度灰岩为主，夹泥岩及泥灰岩，厚度 276 米。F 层划分为 6 个小层。油层主要分布于阿扎德甘油田南部 AZN-4—AZN-6 井区，岩性以灰岩为主，夹泥岩及泥灰岩。对应于伊拉克 Yamama 组。油层厚度较厚（10—110 米），但变化大，平均 70 米，平均孔隙度 14.4%，平均渗透率 20 毫达西。油品属轻质油，油藏为异常高压系统。

六、南帕斯 11 区块储层

区块目的层为二叠系—三叠系的 Upper Dalan—Kangan 地层，其中二叠系 Upper Dalan 组和三叠系 Kangan 组一起又合称为 Khuff 组。根据沉积旋回，自上而下分为 K1—K4 共 4 个层，其中 Kangan 组分为 K1 和 K2，Upper Dalan 组分成 K3—K4，埋深 2810—3240 米，岩性主要为灰岩、白云岩，夹有石膏和薄层泥岩。K1 层上部为泥粒云岩、粒屑云岩、层状或块状的云质泥灰岩、粒泥灰岩、鲕粒灰岩、云质泥粒灰岩、灰质白云岩等，见角砾和风暴沉积；下部以鲕粒云岩、泥质球粒云岩为主，含有泥粒云岩及粒泥云岩，具窗格孔构造、生物扰动构造等。地层平均厚度 110 米左右。K2 层主要为白云岩，包括核形石云岩、球粒云岩、鲕粒云岩、白云质颗粒灰岩互层，有孔虫、贝壳类碎片很丰富，地层平均厚度 45 米左右。K3 层主要为颗粒云岩、灰质颗粒云岩、云质泥粒灰岩、粒泥灰岩、云质泥岩、灰质粒泥云岩及硬石膏薄层，地层平均厚度 123 米左右。K4 层上部主要为孔隙发育的云质泥粒灰岩、灰质泥粒云岩、粒泥云岩、鲕粒灰质粒屑云岩，含贝壳、纺锤䗴化石等；下部主要为鲕粒、球粒屑灰岩、泥粒灰岩，底部主要为球粒白云岩、球粒泥粒云岩、泥粒云岩、鲕粒泥粒云岩、粒屑云岩以及角砾状硬石膏薄层等，见生物扰动构造及风暴沉积，地层平均厚度约 160 米，为 4 个层中厚度最大。南帕斯 11 区块及周边区块目的层 Khuff 组平均地层厚度 438 米，K4 层平均地层厚度 164 米，为 4 个层中厚度最大，K3 层平均地层厚度 119 米，厚度次之，K1 层平均地层厚度 110 米，K2 层平均地层厚度 45 米，为 4 个层中最薄。

七、MIS 油田储层

MIS 油田新生界渐新统—中新统 Asmari 地层为碳酸盐台地相沉积，Asmari 组地层从上至下分为 6 个层（层 1—层 6），总厚约 320 米。从下至上二个沉积旋回。第一沉积旋回为层 6—层 4，第二沉积旋回为层 3—盖层。层 6—层 5 为局限台地相，层 4 为蒸发岩台地相，层 3—层 2 下部为局限台地相，层 2 上部—层 1 中部为开阔海台地相，层 1 上部为局限台地相。Asmari 组油藏的烃源岩为始新统—渐新统和白垩系海相页岩；盖层为中新统中上部 Gachsaran 大段硬石膏、盐岩及泥岩地层，烃源岩及盖层厚度大，分布面积大；储层为渐新统—中新统的 Asmari 组的灰岩和白云岩。该储层厚度大，孔隙度、渗透率高，物性好，在纵向上连续厚度相对较大。其中层 1—层 5 为发育储层，层 6 为高含泥质的非储层。层 1—层 3 岩性主要为灰岩、云岩，层 4 为硬石膏层夹灰岩、云岩，顶底均为石膏，又称为中石膏层。层 5 为灰岩、云岩，层 6 为泥质灰岩，非储层。油田储层纵向上主要分布在层 1—层 2，占总厚度的 70%，为裂缝—孔隙性储层，岩性以白云岩、灰质白云岩为主，次为白云质灰岩、灰岩，储集空间以次生晶间溶孔为主，未充填的张开构造缝较发育，为主要渗流通道。根据岩心统计，基质储层高孔低渗特征明显，基质孔隙度平均 12.9%，平均水平渗透率 1.32 毫达西，平均垂直渗透小于 0.75 毫达西。平均缝隙度 0.38%，平均裂缝渗透率 3357 毫达西。MIS 油田以 Asmari 组为目的层的井钻遇的地层层序见表 3-1-2。

表 3-1-2　MIS 油田地层层序表

地层层序				厚度（米）	主要岩性	资料来源
界	系	统	组			
新生界	古近—新近系	中新统—渐新统	Aghajari	87	泥岩为主夹砂岩	Q273 井，为残厚
^	^	^	Mishan	186	页岩为主	^
^	^	^	Gachsaran	705	硬石膏、盐岩为主	Q273 井
^	^	^	Asmari 层1	65	灰岩为主，夹云质灰岩、灰质云岩、云岩、薄层泥岩及页岩，Zone4 夹硬石膏	V1 井、V2 井、V3 井等
^	^	^	Asmari 层2	72	^	^
^	^	^	Asmari 层3	44	^	^
^	^	^	Asmari 层4	41	^	^
^	^	^	Asmari 层5	53	^	^
^	^	^	Asmari 层6	45	^	^

八、阿曼 5 区油田储层

阿曼 5 区油田主要储层上白垩统的 Natih 组，储层埋深 1210—1450 米，厚度约 400 米，纵向上分为 A—G 共 7 个小层，主要储层段为 Natih-C&D。下白垩统的 Up Shuaiba 组，储层埋深 1360—1600 米，厚度 38.6—63.7 米，平均厚度 52.2 米，纵向上分为 A—E 共 5 个小层，主要储层段 USH-D&E 小层。上白垩统 Natih 组是伸入内地的一套大型（大于 1000 千米或 621 米）浅海热带碳酸盐岩台地沉积体系。

上 Shuaiba 段（USH）是阿曼北部达利地区主要的含油层；在纵剖面上分为 A、B、C、D、E 5 层，D 层和 E 层是主要的层面。USH 层沉积于掩埋碳酸盐岩浅滩内低洼环境，这种环境发育于对冲性陆坡之上的区域性浅海开放地台，并有间或性陆源碎屑供应。D 层和 E1 层均发育于水深小于 50 米的限制性低能水动力环境。E1 层的古水深度略小于 D 层。在 USH 沉积期间，古季风的方向与达利地区和含油地区的方向一致，即指向达利北部的 Salamah；都是北北西—南南东方向。该地区总的波浪强度较低；与古海岸线斜交或垂直的沉积构架主要受控于海潮活动。另外，受北北西—南南东走向的海岸线及北北西—南南东风向的古季风影响，该地区经常发生风暴事件。在 E1 层沉积期间，风暴事件在 DL-92 区域发生过 3 次；水动力条件和沉积物的沉积明显受到那些风暴的影响，并且形成 3 组风暴沉积，在 DL-92 区域每次风暴时都有丰富的大生物碎屑积累。受海流及那些风暴的影响，丰富的微晶、有孔虫及其他生命形式都在较浅的后浅滩对冲断层和浅滩之间的低能水动力浅滩内低洼环境中得到积累；这种颗粒组合主要受沉积过程的控制并在成岩作用后得到重构，它成为该区域中支撑 USH 形成良好油气藏的主要因素。

达利油田 USH-E&D 组储层岩性主要为生屑粒泥灰岩、生屑泥粒灰岩和生屑颗粒灰岩；储集空间主要为各类溶蚀孔，以生屑体腔孔、粒内孔为主，粒间孔次之，有少量裂缝与缝合线发育。

USH-E1 和 USH-D 两套储层均为高孔低渗储层，其中 USH-E1 平均孔隙度 24.6%，平均渗透率 4.63 毫达西；USH-D 平均孔隙度 27.4%，平均渗透率 5.25 毫达西。储层孔渗关系较好。纵向上，USH-D 层孔渗分布具有反韵律特征。USH-D&E 储层渗透率均质性较好，渗透率变异系数 0.49、渗透率极差 14.3（最大值 21 毫达西、最小值 1.47 毫达西）、渗透率均质系数 0.43。横向上，水平渗透率与垂直渗透率基本相当。相渗曲线表明 USH 储层岩石为弱亲水性，可动油区间较大。压汞曲线表明 USH 储层岩石孔隙内吼道分选好、偏细歪度，孔隙结构比较均质。

九、阿联酋油田储层

阿联酋油田地层层序上，在前寒武系结晶基底之上持续沉积古生界、中生界和新生界地层。纵向上地层岩性在盆地形成演化的整个过程中，经历由下向上从前寒武系裂谷盐岩和碎屑沉积为主，到寒武系—下二叠统碎屑岩沉积为主，上二叠统—古近—新近系以碳酸岩沉积为主，到最后前陆坳陷碎屑岩沉积以及消亡的过程。钻遇的最老地层为二叠系 Khuff 灰岩。从下向上自二叠系 Khuff 组发育三叠系 Sudair 组、Julailah 组和 Minjur 组。侏罗系发育 Marrat 组、Hamlah 组、Izhara 组、Areaj 组灰岩和泥页岩。白垩系发育 Diyab、Arab、Hith、Thamama、Nahr Umr、Mauddud、Shilaif、Mishrif、Laffan、Halul、Fiqa、Simsima 等灰岩、泥灰岩和泥岩地层。

以阿拉达比亚油田（Al Dabb'iya，简称"DY"）为例。油田整个白垩系根据两次较大规模的不整合面可分为三个大旋回，分别为下中上白垩统。油田下白垩统总体为碳酸盐岩缓坡环境。其经历一次完整的海退和海侵过程。沉积相下部 Habshan 组以台地边缘滩、局限台地到潟湖为主。到 Lekhwair 组进积为潮下带高能碳酸盐岩颗粒与深水泥灰岩互层，并伴有泥质（黏土）含量的增加，可能接受少量陆源细粒沉积的影响。向上到 Kharaib 组退积到边缘陆棚区域，发育斜坡相的多孔颗粒灰岩与深水致密灰岩。到 Shuaiba 组海平面继续上升，DY 油田加深为开阔陆棚及开阔浅海的细粒碳酸盐岩，并伴有 Bab 组的页岩层。中孔低渗储层占主导。DY 油田 Habshan 组为较为纯净的碳酸盐岩（含少量硬石膏）沉积，其岩性可分为两种类型：致密灰岩层和多孔灰岩层。多孔灰岩层在 DY 油田发育有 4 套，其中上部 2 套含有油气。

（一）陆海项目油田储层

陆海项目油田主要储层分布于白垩系和侏罗系、二叠系，其中下白垩统 Thamama 群及其顶部 Shuaiba 组灰岩储层最重要，油气储量占油气总储量绝大部分。另一个主要产层为上侏罗统 Arab 组灰岩和白云岩。其次，还包括古生界 Khuff 组、Areaj 组灰岩和白垩系 Mishrif 灰岩。Thamama 群按从老到新分为 Habshan 组、Lekhwair 组、Kharaib 组和 Shuaiba 组。Habshan、Lekhwair、Kharaib 为陆架发育的碳酸盐缓坡、潟湖和潮下环境，Habshan 组岩性为泥灰岩，小部分白云岩化；Lekhwair 组由泥岩、粒泥灰岩变为泥粒灰岩和储层性质的粒状灰岩组成；Kharaib 组由交替的泥岩和泥粒灰岩组成，发育少量储层。Shuaiba 组为内陆架外缘灰岩沉积，向东相变为 Bab 泥灰岩和泥岩。Arab 组分布广泛，岩性为部分白云岩化陆架泥岩和粒泥灰岩，浅滩鲕粒灰岩，潮坪夹白云岩的泥岩，最后为沉积在广阔的潮上撒布哈环境上的硬石膏。储层具有良好的储集空间，异常高孔隙度达 30%，在 2300 米大于 20%。Diyab 组发育向上变浅的沉积旋回，上部发育含生物碎屑泥粒灰岩、鲕粒灰岩以及顶部白云岩。Araej 组主要为开放碳酸盐台地或陆架上的石灰泥岩、粒泥灰岩和泥粒灰岩，少量白云岩化。Khuff 组在开放陆架的岩性包括含生物碎屑灰岩和粒泥灰岩，浅滩环境的白云岩化鲕粒灰岩和粒状灰岩，潟湖和潮上萨布哈环境的白云岩，含硬石膏白云岩和硬石膏；在盆地边缘为滨岸平原砂岩和红色、绿色泥岩。储集空间类型为孔隙、溶蚀孔洞及微裂缝。主要为孔隙性储层，缝洞局部发育，溶蚀孔洞偶见于 Arab C 组，微裂缝局部存在与 Arab D3—D5 层。整体以中低孔、中低渗轻质油油藏为主。

（二）陆上项目油田储层

陆上项目油田主要发育孔隙型碳酸盐岩，区域上西南部部物性变好，东北部变差，东北部油田陆迈萨/莎纳叶勒及 DY（Rumaitha/Shanayel, Al Dabbiya）油田物性较差。Bab 油田群主力产层 Thamama B（Th B），平均厚度达到 48 米，岩性为颗粒灰岩到泥灰岩。孔隙度 2%—35%，渗透率 0.1—1000 毫达西，上部 B 层渗透率 200—300 毫达西，伴有高渗透条带（大于 1000 毫达西），底部 B 渗透率低（7—8 毫达西），原因主要是底部 B 白云岩化作用降低储层物性，其他非主力层渗透率相对较低，5 毫达西以下。Bu Hasa 油田群主力产层 Shuaiba，含油面积 640 平方千米，有效厚度 60—104 米，南部巨厚，层间基本连通层间连通，北部渗透率相对较低，层间不连通；次主力产层 Th B，物性和 Bab 油田 Th B 物性相近。东南（SE）油田群主力油层 Th B，分布在阿萨布（Asab）和萨赫勒（Sahil）油田，储层物性和 Bab 油田 Th B 物性特征相似，只是阿萨布（Asab）油田 Th B 渗透性要高于 Bab 油田 Th B 的储层渗透率。Shah、Sahil、QW、Mender 油田埋藏浅，油品性质有变化，裂缝较发育，特别是 Simsima 油藏，渗透率高达 2000 毫达西以上。NEB 油田群物性整体变差，基本为低渗透油藏，Th B 储层为主力产层，剩余可采储量占比 80%，但物性变差，渗透率低于 10 毫达西，储层变薄。

（三）海上乌纳项目油田储层

乌姆沙依夫（Umm Shaif）油田岩石类型主要有白云岩、灰岩，硬石膏为隔、夹层。储集空间以粒间孔和晶间孔为主，储层厚度、岩性在区域上稳定。塔玛玛（Th）Ⅱ、塔玛玛（Th）Ⅳ和上阿若几（Upper Areaj）储层孔隙类型为粒间孔和溶洞；Arab（A、B、C、D）、Khuff 储层孔隙类型为晶间孔和溶洞。乌姆沙依夫油田有 10 套油藏，23 个小层，Arab 为主力开发层，12 个小层，地层横向连续好，厚度稳定。纳斯尔油田有 2 套油藏，分别为 Thamama 油藏、Arab 油藏，5 个小层。

（四）海上下扎项目油田储层

海上下扎项目油田储层为白垩系 Thamama 群及 Shuaiba 组灰岩。2 个油藏，即 Thamama 和 Diyab，6 套开发层系。Thamama 又可细分为Ⅳ层、Ⅴ层、Ⅵ层，Thamama Ⅳ 油藏分层为 A 层、B 层、C 层，Thamama Ⅴ 油藏分层为 U 层、M 层、L 层。各小层横向分布稳定，各分层之间致密灰岩隔开。

十、叙利亚油田储层

叙利亚油田地层自上而下为古近—新近系、白垩系、侏罗系、三叠系、二叠系、石炭系、泥盆系、志留系、奥陶系、寒武系，以海相沉积为主。

幼发拉底断陷前寒武系变质基底埋深9000米左右，古生界厚达4000米，碎屑岩为主，上覆三叠系—新近系碳酸盐岩、蒸发岩（夹泥岩）和砂岩。中寒武统Burj灰岩区域分布。奥陶系泥岩和砂岩沉积，厚度3000米以上。Swab井钻遇奥陶系3400米。下志留统Tanf组页岩，厚750米。下石炭统Markada组在多口井钻遇，砂岩为主，夹泥岩和白云岩，厚度在1000米以上。志留系和石炭系之间为区域性不整合。研究区基本缺失上石炭统、二叠系和下三叠统沉积。

三叠系—上白垩统Santonian组沉积以碳酸盐岩和蒸发岩为主，含泥页岩、燧石和白垩系局部砂体。白垩系Rutba砂岩可能是三角洲沉积，是本区重要的储集层。Rutba隆起上上三叠统的显著减薄，说明这一阶段有抬升活动。Derro组顶底均为不整合，底部不整合明显，可能反映幼发拉底断陷活动的开始。顶部不整合则指示同裂谷沉积和裂谷后沉积的边界。侏罗系碳酸盐岩在Sinjar地区厚达800米，本区缺失。白垩系下部不整合反映本次区域抬升剥蚀，缺失部分三叠系和侏罗系地层。古近系沉积以钙质页岩和灰岩为主。中新统中下部为蒸发岩。新近系和第四系为陆相砂岩，厚度400米，本区广泛出露。

烃源岩主要为白垩系Soukhne和Shiranish组泥岩、泥灰岩，志留系页岩。储层主要为下白垩统砂岩，上白垩统灰岩和砂岩。白垩系Rutba组和三叠系Mulussa组砂岩，是本区最重要的储集层。盖层为古近—新近系和上白垩统泥岩。运移以侧向沿不整合面和断层运移为主。圈闭类型以构造圈闭为主。

4套主要含油层位，早白垩系Rutba组（滨浅海相）；三叠系Mulussa组（河流、滨浅海和浅海相）；早白垩系Judea组（浅海相）；早白垩系Post Judea组（滨浅海相）。其中Rutba与Mulussa为主产层。储层岩性以砂岩为主，储集类型为孔隙型，局部发育薄层碳酸盐岩储层。

奥马尔（OMar）油田，共发育3套储层。Rutba砂岩储层，总厚度160米，净毛比73%，孔隙度10.4%，渗透率100毫达西，含水饱和度11%；Mulussa F砂泥岩互层，总厚度440米，净毛比28%，孔隙度11.3%，渗透率50毫达西，含水饱和度19%；Mulussa C/D/E碳酸盐岩储层，非主力层，厚度不确定。

斯基安（Sijan）油田，共发育3套储层。下Rutbah砂岩储层，总厚度82—115米，净毛比73%—86%，孔隙度11%—14%，渗透率250—2000毫达西，含水饱和度12%—73%；Post Judea砂岩储层，总厚度0—53米，净毛比0—40%，孔隙度3%—15%，渗透率0—1100毫达西，含水饱和度10%—76%；Judea碳酸盐岩储层，总厚度0—51米，净毛比0—49%，孔隙度5%—9%，渗透率0—2毫达西，含水饱和度6%—82%。

阿兹拉克（Azraq）油田，共发育2套储层。下Rutbah砂岩储层，总厚度70米，净毛比92%，孔隙度16%，渗透率200—1700毫达西，含水饱和度7%；Mulussa F砂泥岩互层，总厚度187米，净毛比34%，孔隙度17%，渗透率100—1500毫达西，含水饱和度9%。

玛勒赫（Maleh）油田，共发育3套储层。Post Judea砂岩储层，总厚度20—100米，净毛比80%，孔隙度14.9%，渗透率500—3000毫达西，含水饱和度19%；Derro砂岩储层，总厚度20—40米，净毛比21%，孔隙度9.3%，渗透率10—100毫达西，含水饱和度42%；R'mah砂岩储层，总厚度35米，净毛比84%，孔隙度9.4%，渗透率100—2000毫达西，含水饱和度15%。

Tanak 油田，发育 1 套储层。下 Lower Rutbah/Mulussa F 砂岩储层，总厚度 500 米，净毛比 43%，孔隙度 16%，渗透率 30—1000 毫达西，含水饱和度 6%—13%。

戈贝贝油田，储层为上新近系 Chilou 层石灰岩，埋深 800—1200 米（海拔），分 A、B 两层。幼拉底项目储层主要为河流相和海相三角洲相的中—低孔、中—高渗砂岩储层，也发育有少量灰岩和白云岩储层，储层厚度大（最大达到 500 米），含油饱和度较高。

第三节　油藏特征

中东地区油田原油主要为常规原油，特点是黏度低、气油比中等、有些油藏含硫量比较高。地面原油密度较高，最小为 0.714 千克/米^3（伊拉克哈法亚油田 Yamama 油藏），最大为 0.95 千克/米^3（伊朗北阿扎德甘油田 Sarvak 油藏）。地层原油黏度较低，最低 0.55 毫帕·秒（伊拉克哈法亚油田 Yamama 油藏），最高 5—7 毫帕·秒（伊朗北阿扎德甘油田 Sarvak 油藏）。体积系数中等，分布范围为 1.1—1.48 米^3/米^3；气油比中等，分布范围为 16.4—130.6 米^3/米^3；原油含硫量较高，主要分布范围为 2.5%—3%。达比亚（Dabbiya）油田原油为弱挥发原油，具有低密度、低黏度、气油比高、体积系数高等特点。原油密度约为 0.628 克/厘米^3，黏度 0.307 厘泊，溶解气油比为 1198.8 英尺^3/桶。

溶解气主要成分甲烷含量中等，平均含量 63%—70%，属于湿气，哈法亚 Mishrif 油藏和艾哈代布 Khasib 油藏溶解气含 H_2S，含量主要为 0.15%—0.5%。地层水类型为氯化钙（$CaCl_2$）型，矿化度较高，为 73.1—220 毫克/升，地层水比重为 1.08—1.17 克/厘米^3，pH 值 6.13—6.18。

中东地区油藏地饱压差大，属于未饱和油藏。油藏类型主要包括厚层块状底水油藏、层状边水油藏和岩性圈闭油藏。其中伊拉克哈法亚、西古尔纳的 Mishrif 油藏和伊朗的 Sarvak 油藏主要为厚层块状油藏，油层厚度可达 70—118 米，具有边底水。艾哈代布油田主要为层状边水油藏。

艾哈代布油田是一个具有边底水的多层系背斜构造—岩性油田。纵向上发育有多套储盖组合，形成多个独立的油藏。油藏埋深在 2600—3100 米，油水关系复杂，大致可划分为 8 套油水系统。各油藏主要受长轴背斜构造控制，同时还受到储层物性、岩性、古构造及地层不整合面的影响。综合各油藏构造、储层及油水分布等资料认为，各个油藏均为构造起主导作用的构造油藏。4 套开发层系，即 Kh2（Khasib2）层、Mi4—Ru1（Mishrif4—Rumalia）层、Ru2—Ru3（Rumaila2—Rumaila3）层、Ma1（Mauddud）层，油藏为典型的孔隙型碳酸盐岩油藏。根据水体的产状和分布，具体将各油藏分为边水和底水油藏。其中，Kh2 油藏主要为层状边水油藏，Mi4 油藏为层状边水油藏；Ru1 油藏为底水油藏；Ru2a 油藏为层状边水油藏；Ru2a-5 油藏为薄层状边水油藏；Ru2b-U 油藏为层状边水油藏；Ru2b-L 和 Ru3 油藏为底水油藏；Ma1 油藏为边（弱底）水油藏。

该油田温度梯度为 2.26℃/100 米，与正常地层温度梯度（3℃/100 米）相比，油田温度梯度偏低。利用 9 口井压力测试结果开展艾哈代布油田地层压力系数计算。结果表明，其地层压力系数为 1.12—1.14 属常压油藏。

哈法亚油田是一个高丰度、低渗透、原油以中—重质为主、具有边底水的多层系背斜构造—岩性油田。9 套含油层系分属 4 种油藏类型。从上往下分别为 Jeribe/Upper Kirkuk 油藏，该为层状边底水油藏，油藏有较强的边底水能量支持，地层压力下降缓慢，油井产量未见明显递减，基本不含水，原油密度分别为 21.9° API、原油密度 21.6° API。Hartha 和 Khasib 油藏，储层非均质性强，流体分布复杂，存在高挥发轻质油区和常规油区。产能差异大，轻质油区投产即脱气。Hartha 油藏为近饱和灰岩油藏，原油密度 29.5° API。Khasib 油藏为带有挥发性油顶的构造灰岩油藏，原油密度 18.6° API、轻原油密度 50° API。Sadi 油藏，原油密度 25.8° API，超低渗透油藏，单井产能低。由于地层供液不足，酸化后产量递减快且生产不连续。主力油藏 Mishrif，原油性质纵向变化大，属中等偏差，以重油为主，油藏天然气含有硫化氢，地层水矿化度高达 16 万—20 万微克/克。由于储层的强非均质性及分布特征，单井的产能在平面上显示出较大的差异，同样的井型在油藏的中部产量最大，东部次之，西部最低；不同井型对比，分支井的单井产能高于直井和水平井，对油田初期快速上产贡献较大；由于油藏天然能量较弱，在衰竭开采阶段，同样井型的新井产能，随压力递减逐年下降。其中 Mishrif A2 油藏为薄层边水灰岩油藏，原油密度 23° API。Mishrif（MB1—MC1）油藏为弱边底水的生物灰岩油藏，原油密度 20.6° API。Mishrif C3 为边水灰岩油藏，原油密度 30° API。Nahr Umr 砂岩油藏，砂体分布不稳定，多油水界面，油水关系复杂。厚度变化大，油井初产产能差异较大。储层物性及油品性质好，原油密度 30.5° API，有一定的边水能量；油井自喷能力强，无水采油期较长，但水突破后含水迅速上升。油井生产时，井筒有沥青析出并且影响油井正常生产，需要定期清洗井筒维持正常生产。Yamama 油藏，测试产量较高，原油密度 32.7° API 为高温高压裂缝性灰岩油藏。哈法亚油田在 3500 米以上地层地温梯度为（2—2.7）℃/100 米，3500 米以下地温梯度为 3℃/100 米。大多数油藏地层压力系数在 1.1—1.16；Sadi B、Tanuma、Khasib A1—A2 层压力系数大于 1.2，特别是 Yamama 层压力系数高达 1.9，属于异常高压。

西古尔纳油田是一个具有边底水的多层系背斜构造—岩性油田。西古尔纳 -1 油田发育 6 套白垩系油藏，分别是碳酸盐岩 Sadi、Khasib、Mishrif、Mauddud 和 Yamama，以及砂岩油藏 Zubair。主力油藏 Mishrif（合同规定发现已开发油藏）平均孔隙度 19.3%，渗透率 0.01—1000 毫达西；原油密度 21.5° API，气油比（GOR）为 500 英尺³/桶。地层压力 4015 毫克/升，饱和压力 2310 毫克/升。次主力油藏 Yamama（合同规定发现未开发油藏）原油密度 34° API，气油比为 600—1600 英尺³/桶，H_2S 含量 2%—8%。原始地层压力 7200 磅力/英寸²，异常高压。Sadi 油藏原油密度 31° API，气油比为 850 英尺³/桶；原始地层压力 3530 磅力/英寸²，饱和压力 2245 磅力/英寸²。Mauddud 油藏原油密度 25° API，气油比为 50 英尺³/桶；原始地层压力 4200 磅力/英寸²，饱和压力 1500 磅力/英寸²。Zubair 油藏原油密度 24°—32° API，气油比为 380—950 英尺³/桶；原始地层压力 5150 磅力/英寸²，饱和压力 2400—3200 磅力/英寸²。

鲁迈拉油田是一个具有边底水的多层系背斜构造—岩性油田。已发现并投入开发 5 个油藏，自上而下分别为 Mishrif、Nahr Umr、Upper Shale、Main Pay 油藏和 Fourth Pay 油藏。其中主力油藏 3 个，分别为 Mishrif 油藏、Upper Shale 油藏、Main Pay 油藏。Mishrif 油藏为碳酸盐岩油藏。油藏埋深 2200 米左右，单井钻遇油藏最大厚度约 130 米，油藏高度可以达到 250 米以上。局部发育高孔高渗层段，非均质性强。依据 PVT 和试油资料可知，油藏原油 API 度 24°—28°，油藏原始气油比 440—620 英尺³/桶，原油黏度 1.15—2.33 厘泊，原油体积系数 B_o 1.25—1.34。油藏温度压力是正常温度、压力系统，油藏温度约 72℃，原始地层压力大约 3940 磅力/英寸²，PVT 泡点压力 1900—2600 磅力/英寸²。北部有弱边水，油水界面约在 -2508 米，南部没有明确的油水界面。Zubair 油藏为常规砂岩油藏，地层厚度约 130 米，纯砂岩厚度约 100 米。Upper Shale 油藏为常规中孔中渗砂体油藏。油藏原油 API 28°—35.6°，油藏原始气油比 450—836 英尺³/桶，原油黏度 0.39—1.37 厘泊，原油体积系数 B_o 1.29—1.56。油藏温度、压力为正常温度、压力系统，油藏温度 99℃；原始油藏压力 5190 磅力/英寸²，PVT 测试泡点压力为 1900—2900 磅力/英寸²。Main Pay 油藏具有较强的边水能量，北部边水能量较南部弱。原始油水界面较为统一，位于海拔 -3269 米附近。Upper Shale 油藏边水能量较 Main Pay 弱。原始油水界面有一定差异，USM5 南部油水界面不一致，靠南油水界面更高（-3236 米），北部则为（-3258 米）。USM2-USM4 和 USM6 油水界面与 Main Pay 一样，同为 -3269 米。

阿扎德甘油田是一个具有边底水的多层系背斜构造-岩性油田。阿扎德甘油田在垂向上包括 Sarvak、Kazhdumi、Gadvan、Fahliyan 4 个油藏，均为构造—岩性油藏，其中 Sarvak 为边、底水块状灰岩油藏，Kazhdumi 和 Gadvan（K/G）油藏为边水层状砂岩油藏。结合钻杆测试（DST）及生产测试（PT），经测井对比，主力油藏 Sarvak 单井油水界面基本落实，但各井油水界面均不相同，整体上有由南向北逐渐变低的趋势。Kazhdumi 和 Gadvan 油藏砂体分布零散，平面连通性差，油水界面不统一。为了保守计算地质储量，在没有钻遇明显油水界面的井区，仅确定已知最低油底（LKO），各井已知最低油底深度有差异，也有由南向北变低趋势。Fahliyan 各小层彼此不连续，受岩性控制较大，油水关系较为复杂，总体为层状边底水灰岩油藏，由于钻井较少，不确定性较大。Sarvak 为主力油藏，全区分布，油层埋深 2600—2800 米，油层厚度大，平均有效厚度达到 87.8 米，含油面积达 700 平方千米。Kazhdumi、Gadvan 为次主力砂岩油藏，油层埋深分别为 3400—3600 米、3700—3900 米。Kazhdumi（简称"K"）层在油田中北部部分井区发育，南部储层不发育。Gadvan（简称"G"）层油层主要分布在南阿，北阿仅在 AZNN-001 井的构造高部位小范围分布。Fahliyan（简称"F"）油藏仅在阿扎德甘油田南部的 AZN-4 井区和 AZN-6 井区钻遇。Sarvak 灰岩油藏的原油为高硫含蜡重质油：密度介于 17.2—22.30API，凝点为 -20.0℃，含硫介于 1.0%—4.1%（质量百分比），含盐为 0.57 克/升，含沥青 10%，含蜡 4.90%，黏度介于 143—580 厘斯（20℃）、45—159 厘斯（40℃），气油比 200—500 英尺³/桶，地下原油黏度 5—7 厘泊，体积系数 1.21—1.34，伴生气含硫化氢 290—2436 微克/克。Kazhdumi 和 Gadvan 油藏原油为含硫含蜡轻质油，重度为 30—32API，原油含硫 1.8%—2.30%（质量百分比），含盐 62.7—200 毫克/升，含沥青 2%—4.4%，含蜡 5.7%—5.9%，原始溶解气油比为 915—1588 英尺³/桶，地下原油黏度为 0.32—0.52 厘泊，伴生气含硫化氢浓度 5.5—662 微克/克。Fahliyan 油藏原油为高硫含蜡轻质油，重度为 38API，原油含硫 1%（质量百分比），含盐 85.5 克/升，含沥青 0.4%，含蜡 7.1%，原始溶解气油比为 1518—1995 英尺³/桶，地下原油黏度 0.28—0.37 厘泊，伴生气含硫化氢浓度很高 1728—3650 微克/克。各油藏均为未饱和油藏，正常温度系统，S/K/G 油田为正常压力系统，F 油藏为异常高压油藏，根据驱动类型及岩性分类，Sarvak 为边、底水块状灰岩油藏，K&G 为边水层状砂岩油藏，Fahliyan 为边、底水层状灰岩油藏。根据油品性质分类，Sarvak 为重质油藏，K/G/F 为轻质油藏。根据地层温度、压力分类，S/K/G 为常温常压油藏，F 为异常高压油藏。本区油层水矿化度普遍很高，可达 130—262 克/升。

MIS 油田 Asmari 油藏是一个具有低渗透、裂缝—孔（洞）型、弱边水、含轻质原油的背斜构造油藏。为带次生气顶的弱边水裂缝—孔隙型碳酸盐岩油藏，呈"油环"状分布。地层压力特低（压力系数 0.35），高含 H_2S，约 13 万毫升/米³。油藏原始状态下是饱和油藏，天然能量充足，以溶解气驱为主，辅以弱水驱。据历史生产情况分析，水体为边水，能量有限。1918 年开始形成次生气顶，1964 年侏罗系天然气窜入油藏，使气顶迅速膨胀，地层压力低于饱和压力，仍以溶解气驱为主，次为气顶驱，再次为水驱，弹性驱动能量很弱。

南帕斯 11 区。整个南帕斯气田为一弱边水气藏，南帕斯 11 区局部为一弱底水气藏。Khuff 气藏属于偏异常高压、硫化氢含量中度、二氧化碳含量低的中含凝析油弱底水气藏。南帕斯 11 区块内 Khuff 气藏地层压力系数为 1.26；原始地层温度为 212℉（100℃），温度梯度为 3.2℃/100 米，属于偏异常高压的压力系统。从测试资料来看，Khuff 组气藏凝析油含量为 123—185 克/米³，为中等凝析油气藏。气藏中含有少量的非烃气体，其中氮气的平均含量 4.29%（摩尔体积）；二氧化碳平均含量 2.3%，硫化氢平均含量 0.96%，各层之间差别不大，属于硫化氢含量中度、二氧化碳低、中凝析油含量凝析气藏。从气柱高度来看，南帕斯 11 区块 Khuff 组气柱高度约 398 米，气水高度比大（约 10∶1），就 K4 层来说，气柱高度约 125 米，气水高度比约 3∶1。从储层物性来看，南帕斯 11 区块储层平均孔隙度 14.3%，平均渗透率 13.9 毫达西，平均含气饱和度 70%，为中孔、中渗储层。

阿曼 5 区。达利油田为断块—岩性的封闭油田，南北受断层封隔，东西方向靠岩性尖灭控制，断层垂直断距大于储层厚。各断块油藏具有独立油水系统和气—油、油—水界面，油柱高度 35—53 米，油藏边底水不活跃，地层能量严重亏空。原油品质好、黏度低、油水黏度差大。正常的温压系统。原油重度 39 API，油黏度 0.75 厘泊，饱和压力 1685—2385 磅力/英寸²（11.6—16.4 兆帕），地层原始压力 2466 磅力/英寸²（17.0 兆帕）@1475 米，压力系数 1.06—1.20，体积系数 1.21—1.36，油藏温度 90℃（194℉），初始油藏压力 2500 磅力/英寸²（17.2 兆帕），地层水矿化度 170000—190000 微克/克，地层水黏度 0.45 厘泊@135℉，地层水密度 1.02875（1.02875 克/厘米³@135℉），地层水类型氯化钠，地表水密度 1.129 克/厘米³，气油比 280—560 英尺³/桶（49.8—99.7 米³/米³）。

阿布扎比海上项目油藏类型为层状边水碳酸盐岩油藏，原油为轻质低粘挥发油。乌姆沙依夫油田整体为凝析气顶油藏；Thamama、Arab A0、A1 为未饱和油藏；Arab A2、B1、B2、C、D、Upper Araej、Uweinat、下部 Araej 均为带凝析气顶油藏（或带油环凝析气藏）。纳斯尔油田为纯油边水油藏。陆上项目 Bab 油田群主力油藏为带气顶油环的构造油气藏，具有统一油水界面。Bu

Hasa 油田群主力油藏为层状构造油气藏，具有统一油水界面。SE 油田群主力油藏为层状构造油气藏，具有统一油水界面。NEB 油田群主力油藏为层状构造油气藏，具有统一油水界面。陆海项目 Bu Haseer 油田 Arab C 油藏为层状边水油藏，非均质性强。

叙利亚幼发拉底区块油藏类型以层状边底水砂岩油藏为主。具有明确的油水界面，个别油藏具有溶解气顶。属于正常压力及温度系统、地温梯度 24—36℃/千米、压力系数 1.16，油井投产后多数具有自喷能力，多数油藏具有一定的自喷开采期。根据测井以及钻柱测试的古生界地层温度资料，最佳拟合直线为，温度梯度为 3.04℃/100 米，属于正常温度系统。地层压力资料表明，各油田油层压力梯度为 0.23—0.26 磅力/（英寸^2·英尺），水层压力梯度为 0.4—0.53 磅力/（英寸^2·英尺）。压力系数为 1.16，属于正常偏高的压力系统。38 个样品统计结果表明，泡点压力 P_b 为 880—4640 磅力/英寸^2，原油体积系数 B_o 为 1.181—2.094，气油比 GOR 为 182—1768 英尺^3/桶，原油黏度 0.16—1.25 厘泊，原油密度 0.585—0.761 克/厘米^3。原油物性较好，为轻质原油。以气油比较低的 AKASH 101 井（GOR 为 232 英尺^3/桶）和气油比较高的 SABAN 105 井（GOR 为 1331 英尺^3/桶）为例，流体组分中不含硫化氢，二氧化碳含量低。不同孔隙度等级下相渗曲线系列表明，对于孔隙度小于 11% 的岩样，表现为水湿；对于孔隙度大于 11% 的岩样，表现为油湿。

第四节　油田储量

据英国石油公司网世界能源统计回顾，截至 2020 年 12 月，中东地区石油地质探明储量为 2444 亿吨（据 BP 公布），储采比 82.6，占全球石油地质探明储量 48.3%。其中：伊朗石油地质探明储量 217 亿吨，储采比 139.8，占全球石油地质探明储量的 9.1%；伊拉克石油地质探明储量 196 亿吨，储采比 96.3，占全球石油地质探明储量的 8.4%；阿联酋石油地质探明储量 130 亿吨，储采比 73.1，占全球探明石油地质储量的 5.6%；阿曼石油地质探明储量 7 亿吨，储采比 15.4，占全球探明石油地质储量的 0.3%；叙利亚石油地质探明储量 3 亿吨，储采比为 158.8，占全球探明石油地质储量的 0.1%。

据英国石油公司网世界能源统计回顾，截至 2020 年 12 月，中东地区天然气地质探明储量 75.8 万亿立方米（据 BP 公布），储采比 110.4，占全球天然气探明储量 40.3%。其中：伊朗天然气地质探明储量 32.1 万亿立方米，储采比 128，占全球天然气探明地质储量的 17.1%；伊拉克天然气地质探明储量 3.5 万立方米吨，储采比 336.3，占全球探明天然气地质储量的 1.9%。阿联酋天然气地质探明储量 5.9 万亿立方米，储采比 107，占全球探明天然气地质储量的 3.2%；阿曼天然气地质探明储量 0.7 万亿立方米，储采比 18，占全球探明天然气地质储量的 0.4%；叙利亚天然气地质探明储量 0.3 万亿立方米，储采比 89.6，占全球探明天然气地质储量的 0.1%。

截至 2022 年 12 月，中东地区 15 个项目，地质储量 3746 亿吨，可采储量 163.5 亿吨。

艾哈代布油田基于工区 408 口钻井资料及生产动态资料，结合新的地质认识，按照 SPE 储量计算标准，对原始地质储量进行复算。石油储量主要集中在 Kh2、Mi4 和 Ru1 等油藏，其中，Kh2 油藏的地质储量最大，占油田总地质储量的 53.6%（2P），为艾哈代布油田的主力产层。根据经验公式、相似油藏类比、数值模拟等油藏工程综合取值，确定艾哈代布油田各开发层系的弹性驱采收率和水驱采收率参数。技术可采量是在现有技术条件下可以开采的最大储量。根据采收率取值，计算出艾哈代布油田合同区的技术可采储量。

鲁迈拉油田 Main Pay 油藏、Mishrif 油藏、Upper Shale 油藏三大主力油藏地质储量占总储量的 98.5%。截至 2022 年 12 月，地质储量采出程度 33.21%。

哈法亚油田通过采用容积法，依据新的构造成图、测井解释等结果对 9 个含油层系、16 个油藏（组）、27 个小层为储量单元的原始地质储量进行估算。根据油藏工程研究推荐的开发方式，利用数值模拟动态模型预测各油藏采收率。假设合同期结束后无任何措施和新井补充，预测到 2050 年末（预测约 40 年开发期），油田采收率可达到 20.6%。

西古尔纳 –1 油田。2015 年中国石油勘探开发研究院西古尔纳 1 项目技术支持组对西古尔纳 –1 油田地质储量进行复核，上报海外版块并获得批准。中方储量评价参数选取依据为 2004 年《中国石油天然气勘探开发公司石油及天然气储量规范》，分 6 个油藏 21 个计算单元分别复算地质储量。与联合公司整体开发方案（2013）提交储量相比，总地质储量减少 14.1 亿吨，主要原因是中方采用的储量计算标准与埃克森美孚主导的联合公司采用的标准不同导致。2019 年 6 月西古尔纳 –1 联合公司完成 ERP2019（不包含 Yamama 油藏）开发调整方案的更新工作，根据最新研究成果，储量参数及结果有所变化。复算的原始地质储量、可采储量与整体开发方案（2013）地质储量相比，分别增长 14.17% 和 9.55%。主力油藏 Mishrif 地质储量、可采储量分别占西古尔纳 –1 油田总地质储量的 61.6% 和总可采储量的 67.9%；次主力油藏 Yamama 暂未开发，地质储量、可采储量分别占西古尔纳 –1 油田总地质储量的 26.8% 和总可采储量的 23.2%；由于次主力油藏 Yamama 和 Sadi、Khasib、Mauddud 等其他小油藏认识程度低，投入研发和现场工作量较少，需通过开展先导试验和深入研究，增加岩心、动态资料来进一步落实储量规模。

北阿扎德甘油田储量计算主要是根据测井评价，结合测试资料确定油层标准，储量计算参数与南阿扎德甘油田相同，针对目的层建立 3 个储层地质模型，基于地质模型利用容积法计算储量。Sarvak 层根据测井，结合钻杆测试和生产测试确定单井油水界面，各井油水界面不同，有由南向北倾斜的趋势，按倾斜的油水界面确定含油范围。Sohrab 井区的油水界面构造与南部大长轴背斜构造的油水界面对比，落差较大，倾斜趋势变大，结合流体性质的差别，为保守计算储量，认为北部 Sohrab 与南部大背斜构造为两个油藏，采用不统一的油水界面计算储量。Kazhdumi 和 Gadvan 层由于钻井较少，油水界面难以落实，在没有钻遇明显油水界面的井区，按最低已知油底确定含油范围，油井和水井间含油界线，取井距之半。一期产能建设完成后，根据新获取资料更新地质模型，复算储量结果如下：Sarvak 层储量占 93%，其中中南部长轴背斜构造为主要含油区域，Sarvak 地质储量占 92%。Kazhdumi 层储量占 5%，主要分布在北阿扎德甘合同区的中部和南部。Gadvan 层储量占 2%，主要分布在北阿合同区的北中部和南部。

南阿扎德甘油田储量计算主要是根据测井评价，结合测试资料确定油层标准，针对目的层建立 4 个储层地质模型，基于地质模型利用容积法计算储量。Sarvak 油层全油田分布，各井油水界面不同，有由南向北倾斜的趋势，按倾斜的油水界面确定含油范围。Kazhdumi 油层局部分布，主要分布于 AZN-5、AZN-1、AZN-4、AZN-14 井区。Gadvan 油层局部分布，主要分布于 AZN-1、AZN-4、AZN-6 井区。由于 Kazhdumi、Gadvan 油层钻井较少，油水界面难以落实，按最低已知油底确定含油范围，油井和水井间含油界线，取井距之半。Fahliyan 油层主要分布于油田的南部，油层厚度变化大。采用容积法，利用所建的储层参数（主要净毛比和孔隙度）模型计算储量，通过原油取样分析得到体积系数。最终计算得出南阿扎德甘油田地质储量，其中 Sarvak 层储量占 91.8%，Kazhdumi、Gadvan、Fahliyan 层储量占 8.2%，储量较落实。

伊朗 MIS 油田。2004 年，伊朗国家石油公司提供 Asmari 组概率统计法计算的原始地质储量 6270 百万桶。2004 年，中方研究人员开展多次老油田储量复算工作。2004 年 9 月，MIS 项目编写的《伊朗"MIS"油田项目可行性研究报告》上报 MIS 油田地质储量。2006 年，中方对储量进行复核，通过分析常规容积法（基质+裂缝）、油藏模型中的容积法、蒙特卡洛（Monte Carlo）法，3 种计算方法计算出的石油地质储量较为接近，最终采用油藏模型容积法计算石油地质储量。2009 年，根据评价井 V1 井、V2 井、V3 井资料，采用多种方法计算油藏地质储量，利用数值模型（容积法）计算的油田地质储量。

南帕斯 11 区气田。该气田与延伸到卡塔尔境内的北方气田构成世界最大规模气田。北方—南帕斯气田储量超 40 万亿立方米，天然气剩余可采储量约占全球 40%。伊朗境内的南帕斯气田总储量估计天然气 434 万亿立方英尺（12.3 万亿立方米），凝析油 30 亿桶。南帕斯 11 区块面积 98.1 平方千米，南帕斯 11 区块内共有完钻井 2 口，周边区块共有完钻井 5 口，为较准确地评价南帕斯 11 区块 Khuff 组气藏原始地质储量，采用地质模型、概率法和容积法 3 种方法计算。南帕斯 11 区块地质建模首先是在地质综合研究的基础上，进行单井的小层划分对比，开展单井岩相的划分；根据地震构造解释成果，以单井分层为校正，建立工区的构造模型；以单井岩性、岩相划分为基础，以地震资料的属性提取和反演技术为约束，采用截断高斯算法，建立工区的岩相模型；在岩相模型的基础上，以单井测井解释的孔、渗、饱参数为基础，以地震波阻抗反演资料为约束，采用序贯高斯法（SGS），建立工区的属性模型；通过模型验证后，计算得到模型地质储量。

阿曼 5 区。截至 2021 年 7 月末，阿曼 5 区油田主要包括 2 个含油层系、7 个油田、19 个断块。地质储量 1.27 亿吨。

阿布扎比陆海项目二区块老油田阿扎纳哈（Arzanah），1979 年 8 月投产，1998 年弃置；开发区块 Bu Haseer 和北勒巴泽区块，4 个新油田，地质储量 12.6 亿桶。

阿布扎比海上项目两个合同区 3 个油田乌姆沙依夫油田和纳斯尔油田和下扎库姆油田。合同区油藏 21 个，15 个已开发，6 个未开发。截至 2021 年 12 月，地质储量采出程度 27.68%。

阿布扎比陆上项目包括陆地和 3 米左右滩海，Bab、Bu Hasa、NEB、SE 4 个资产群；合同区油田 14 个，12 个已开发，2 个未开发。合同区油藏 112 个，39 个已开发，9 个早期评价、64 个未开发。截至 2021 年底，地质储量采出程度 28.03%。

叙利亚幼发拉底项目所属 39 个油田生产原油、凝析油、溶解气、游离气，油以常规原油为主,气以溶解气为主。储量计算方法采用壳牌石油公司标准。以容积法为基础,计算参数的确定主要依靠地质模型实现。按照落实程度,采用概率法,按照产品类型,储量构成分为两大部分:油和凝析油、溶解气和游离气。截至2011年,原始地质储量原油5229百万桶、天然气49620亿立方英尺。戈贝贝项目,2012年底,地质储量由原开发方案的7608万立方米增加到1.68亿立方米。含油面积由33.8平方千米增加到114.87平方千米。

第二章　开发部署

截至 2022 年底，中东公司有开发项目 15 个，主要分布在伊拉克、伊朗、阿联酋、阿曼和叙利亚等国家。伊拉克地区包括哈法亚、鲁迈拉、西古尔纳 1 和艾哈代布油田 4 个项目，伊朗地区包括北阿扎德甘、南阿扎德甘油田、MIS 油田和南帕斯 11 区块 4 个项目，阿联酋地区包括阿布扎比陆上、陆海及海上下扎库姆和乌纳项目共 4 个项目。其他地区包括阿曼 5 区、叙利亚戈贝贝和叙利亚幼发拉底 3 个项目。合同类型涵盖服务合同、回购合同、矿税制和产品分成 4 种类型。开发部署以项目合同为依据，以油田科学合理开采为基础，以实现合同规定的产量和高效开发为原则，以实现较好投资回报率为目标。

自 2002 年以来，中东公司对 15 个油田进行开发部署，其中南帕斯 11 区，由于美国对于伊朗制裁，只进行开发方案设计，未能进入实质开发阶段。南阿扎德甘油田因伊朗国家石油公司在执行过程中以项目投资进度慢为由，单方面被终止。叙利亚项目因叙利亚国内战争，暂定油田开发。

第一节　陆上未开发油田

一、艾哈代布油田

艾哈代布油田是伊拉克战后重建的第一个对外石油合作油田，第一个采用石油生产服务合同，也是中国石油（CNPC）进入伊拉克的第一个合作开发油田。油田位于伊拉克中部瓦西特省首府库特城附近，北邻底格里斯河，东邻两伊边界，西北距首都巴格达约 180 千米，东南距离巴士拉入海口约 500 千米，油区地处两河流域的冲积平原农业区，地势平坦，海拔约 20 米，气候炎热干燥。油田合同面积约 300 平方千米。

2008 年 11 月 10 日，中伊双方在巴格达签署《艾哈代布项目开发生产服务合同》。中方发挥自身作业者的主导作用，积极支持和引导中国石油（CNPC）工程技术服务队伍参与项目建设，业务涵盖地震作业、钻井作业、工程设计、工程建设、管道建设、技术支持等几乎所有油田技术服务和工程建设领域。在"合规运作""市场意识""注重保障""系统思维"的引领下，中东公司充分整合甲乙方力量，最大化发挥整体协同效应，实现中国石油（CNPC）投资和服务方双赢，在伊拉克市场创造"中国奇迹，中国速度"。

根据《合同》条款 2.1 规定，合同者应该在合同生效之日起，产量须在 3 年内达到 2.5 万桶/

日，6年内达到高峰产能（PPT）11.5万桶/日。

油田整体开发规划，早期利用油藏天然能量，主要采用水平井衰竭开采。适时开始注水，实施注采优化调整，恢复油藏压力，陆续复产关停井，提高开井率，减缓产量递减和含水快速上升，推进先导试验实施和加大增产措施工作量，优选新井和侧钻井井位，强化潜力层综合评价和试采，储备三次采油技术，实现油田持续稳定生产。

2007年，初版开发方案完稿。2009年，召开第一次联合管理委员会会议，讨论初始开发方案并提交批复。2009—2011年6月为开发评价阶段，主要是利用已获取的完钻井、二维地震及三维地震等资料，进行初步评价，并完钻新的评价井进行试采，为储量评估和产能评价提供重要基础。2011年6月—2012年5月为产能建设阶段，2011年6月21日项目一期300万吨/年产能建设投产，初期产能6万桶/日。该项目成为伊拉克20年来第一个投产的新建产能项目；2011年12月30日，二期600万吨/年产能建成投产，比原计划提前3年。

2012年，完成第一版开发方案，推荐高峰产量14万桶/日，稳产13年，总井数404口。2012年5月油田高峰期日产能力达到14万桶，油田产量快速进入高峰期。2012年6月—2017年12月，为产量稳产和注水开发前期阶段。2012年开始注水试验，在AD1和AD2区开始进行注水先导试验；7月，项目产能扩建至700万吨/年方案获伊拉克石油部批准。2013年，在AD1和AD2低压区域逐步扩大注水先导试验，12月，油田实现高峰产量700万吨，稳产5年后产量逐渐递减。2014年开始规模注水，2014—2015年逐步完善AD1和AD2区注采井网。

2016年，根据开发形势的变化，进行开发调整方案编制。2016—2017年在AD4区实施转注，前期采取点强面弱的强注强采开发策略，部分生产井含水快速上升，老井产量大，单井注水见效存在明显差异。2016年油田实现原油产量708.09万吨，液化石油气产量7.93万吨，达到历史最高水平。

2018年1月开始，进入产量递减阶段。2018年初，由于前期高速开发、地面管线腐蚀结垢、注水能力低位运行，主力Kh2油藏地层压力接近饱和压力，下部层系地层压力下降明显，油田进入产量递减阶段。针对产量递减情况，油田先后进行交替注采试验、直井酸压和潜力层试油试采等先导试验，保障产量稳定在300万吨以上。

2019年，主力油藏Kh2实现注够水、地层压力开始全面恢复，下部层系注水开始受效。采取主力层"注好水"、下部层系"注够水"的开发策略，在有限窗口期提前完成防腐目标，实现日注水量峰值30万桶/日，逐步恢复油田压力，保持合理产量水平。

2020年，注水开发效果得到改善，油藏压力恢复到相对高的水平，大部分关停井已经具备复产条件。2020年底，油田总生产井数405口，其中油井251口（自喷井38口，转泵井213口），注水井154口。2020年因为政府频繁限产实现油田原油产量314.7万吨（5.94万桶/日），油田综合含水率60.4%，日均注水量21.2万桶/日，年注采比1.1，累计注采比0.52，平均气油比334英尺^3/桶，地质储量采油速度0.54%，采出程度9.59%。2020年，基于先导试验实施效果，启动油田开发调整方案编制，逐步完善油田开发调整方案。

油田开发层系划分以及井网井距。2013年油田开发方案中已明确该油田需要采取注水开发方式，在实际运行中，按照先注水先导试验、注水扩大规模、全面注水的3个过程来实施。由于油田碳酸盐岩油藏相对比较复杂，主力层有不同主控因素影响，下部层系存在边水、底水、高渗层、沥青层、物性较差层段等情况，造成主力层注水后含水上升快且压力恢复慢，下部层系注水见效慢且压力未完全恢复至合理水平。随着开发阶段的深入，层系细分和注采井网的完善是减少层间矛盾和改善开发效果的重要手段，2021 年可行性研究方案中将层系逐步细分为 7 套，分别为 Kh2、Mi4、Ru1、Ru2a、Ru2bU、Ru2bL&Ru3 及 Ma1。每个层系采用独立的注采井网进行开发。在前期实施的井网下，主力层仍然保持原注采井网，下部层系按照 300—600 米井距逐步完善水平井采油 + 直井注水开发的井网。在开发调整方案中 Kh2 层主要是水平井排状注采井网，井距为 100 米，排距为 300 米，主体部位井网基本完善，水平段长度以 800 米为主，边部井根据情况考虑 1100 米或 1500 米。Mi4 层中间部位是反九点直井井网，井距是 600 米，边部及未动用部位部署水平井井网，试验表明 600 米井距较佳。Ru1、Ru2a、Ru2bU 及 Ru2bL/Ru3 共 4 套层系直井开采，2017 年逐步部署水平井开采，后期直井逐步转注水井，水平井作为生产井，实现分层系开采。Ma1 层保持水平井网开采，排距 300 米，由于水平井均钻在高部位，不适合转注水井，考虑从其他层系的直井转注水井及部署新水平井注水来补充能量。

  Kh2 层开发规划和策略。分区优化注采，恢复压力到合理水平，压力恢复到原始地层压力 80%，不同主控因素采用合理注采比的界限，全区控制在 0.94—1.20，保持地层压力 0.8 倍原始地层压力生产；结合油藏 "不同位置主控因素 + 压力" 对注采进行适当调整，保持断裂带地层压力，控制断裂带含水，同时控制高黏区含水和恢复地层压力；关停井复产可维持油田开井率在较高位置，延缓油田产量递减；二次非均匀酸化，改善产液剖面不均匀，提高单井产液产油能力；从交替注水论证及已实施的交替注水井组看，注水井交替注水可扩大水驱波及程度，扩大交替注采区；调剖堵水论证可有效提高单井组低效低渗层的动用，有效封堵水流优势通道，在调剖堵水先导试验基础上，再扩大应用；高渗层影响导致油井周围剩余油富集，侧钻可直接动用油井周围剩余油，提高采出程度；新井投产完善注采井网，提高储量控制程度，进一步挖潜剩余油。

  Mi4—Ru3 层开发规划和策略。针对 Mi4—Ru3 层在开发中存在的问题，提出两方面改善开发效果的技术对策：一是利用水平井在 Mi4 层构造高部位加密井网，同时对 Ru3 构造高部位局部剩余油富集区进行完善，提高单井产能提高储量控制程度；二是实施直井转注，完善注采井网，补充 Mi4、Ru2a、Ru2b-u 地层压力，降低自然递减；三是加强水井调配，Ru1 和 Ru3 均为底水油藏，物性相近，考虑两个油藏同时注水，建立水平井生产、边部直井注水井网，达到合理利用底水与注入水能量，改善水驱开发效果的目的。

  Ma1 开发策略。Ma1 油藏物性差，天然能量弱，前期衰竭式开采造成油藏整体地层压力大幅降低，需进行注水补充能量。由于地层压力的降低，该油藏水平井初始产量已由 2000 桶 / 日降至 800 桶 / 日，亟须注水以恢复地层压力提高单井产能。主要开发策略：一是根据已有的注采井网，部分水平生产井注采关系对应较差，仍需进一步完善注采井网，保障有效注水，补充地层能量，恢复地层压力；二是针对部分低产油井应适当考虑进行近井区域的储层改造，以提高单井产能；三是较低的渗透率也导致 Ma1 油藏直井注入能力有限，尽量形成水平井注采井网，注采井距以 300 米为宜；对于注水的直井可考虑定期酸洗，以保证注入能力。总策略是 Ma1 油藏开发需要完善注采井网，提高水平井产能，同时部署新水平井，提高采油速度，注水恢复地层压力，以保证长期有效开发。

二、哈法亚油田

哈法亚油田位于伊拉克东南部，距首都巴格达约 400 千米，位于伊拉克米桑省南部阿玛拉市东南 35 千米处。哈法亚油田开发项目合同区面积 288 平方千米，归属伊拉克米桑石油公司管辖。该油田 1974—1978 年采集二维地震资料，1976 年完钻第一口探井（HF-1）。至 2010 年中国石油（CNPC）接管前，米桑石油公司在哈法亚油田共打井 8 口，发现 8 套含油目的层系。

早在伊拉克战争前，中国石油（CNPC）在签署艾哈代布合同后，应伊拉克石油部邀请，开始对哈法亚油田地质资料进行研究，完成初步开发方案。在伊拉克战后第二轮石油合作招标中，推出 10 个油气项目，中国石油（CNPC）经过综合评价，锁定哈法亚和马基隆等 4 个油田。经过慎重研究选择马来西亚国家石油公司和法国道达尔石油公司合作共同投标。2009 年 12 月 11 日，中国石油（CNPC）在投标产量排名的第三的情况下，通过调整报酬费，最终以总分高出第二名挪威石油联合体的微弱优势险胜对手，成功中标，2009 年 12 月 22 日合同草签。2010 年 2 月，中国石油（CNPC）向国家发改委提交《伊拉克哈法亚油田技术服务合同项目可行性研究报告》，并获批准。

2010 年 6 月，按照合同要求，完成以实现初始商业产能为重点的《哈法亚油田初始开发方案》，于 2010 年 9 月 20 日获米桑石油公司的批复。按照合同中义务工作量的要求，2010 年 11 月 14 日开始三维地震资料采集，2011 年 7 月完成野外地震物探作业，采集面积 496 平方千米，并完成地震资料的处理和解释。2011 年初，完成为实现日产油 20 万桶产能为目标的《初始开发方案的补充方案》，12 月 8 日获得米桑石油公司批准。

2011 年 11 月 8 日，《初始开发方案》和《初始开发方案的补充方案》获得批准后，哈法亚项目公司按两期产能建设，分别启动一期初始商业产能建设和二期日产 20 万桶产能建设。

2012 年 3 月 11 日，在伊拉克石油部的推动下，中国石油（CNPC）与中国海油共建米桑省原油外输管线的输油管道建设协议签署，解决哈法亚原油的出路问题。2012 年 6 月和 12 月海外勘探开发公司对上述初始开发方案及其补充方案予以批复。

2012 年 6 月 16 日，随着一期产能（500 万吨）建设工程配套基本完成，22 口新井投产，实现合同规定的日产油不低于 7 万桶的初始商业产量。同年 9 月底，日产油达到 10 万桶，实现初始开发方案的设计指标。

2013 年初，以高峰产量 53.5 万桶/日为目标的《哈法亚油田最终开发方案》按照合同规定的时间，提交伙伴和米桑石油公司审查，8 月 19 日方案获得伊拉克政府的批准。项目公司 11 月向中国石油（CNPC）上报《哈法亚油田最终开发方案》。在《哈法亚油田最终开发方案》获得政府批准之后，哈法亚项目一边继续按照《初始开发方案的补充方案》加紧实施二期产能建设，一边按照"两步走"的部署，开始三期产能建设的前期准备工作。

2014 年 8 月 18 日，二期产能建设主体工程项目—二期油气处理中心站投产；9 月 10 日，38

口新井联入二期油气处理中心站,原油日产能力达到 20 万桶,哈法亚迈上千万吨大油田的新台阶。

一期初始商业产量阶段。开发策略一是推动新井投产和措施实施,强化油井管理,确保日产水平稳定在 10 万桶以上;二是动态优化二期井钻井方案,加快钻井运行,为二期投产做准备工作;三是开展油藏研究,加深油藏地质特征认识,满足油田高效高速开发需求;四是落实油藏监测计划,为油藏动态分析提供全准资料;五是开展 JK 油藏水平井先导性试验,指导油藏开发。开发中存在的主要问题:一是原油外输受限。已有的 28 英寸管线建于 1975 年,已超期服役;二是主力油藏 Mishrif 产量分担过重,需要纵向调整产油剖面;三是 Nahr Umr 油藏含水上升较快,部分井出现沥青析出堵塞问题;四是 JK 油藏完井需采取防砂工艺措施;五是非主力油藏 Khasib 和 Hartha 储层均表现出较强的非均质性和复杂性。

二期 20 万桶产能建设阶段。主要的油田开发策略,一是开展注水先导试验,跟踪分析试验动态,持续优化和落实注水方案;二是加强难动用储量的技术攻关。重点针对 Sadi B 特低渗油藏、Khasib 低渗透油藏;三是持续做好油藏监测,利用已有动静态资料,深入开展油藏地质研究;四是开展地层水水源的评价落实工作,做好水源井的钻探和测试工作;五是开展 Mishrif 油藏水平井开发配套工艺技术、Upper Kirkuk 疏松砂岩油藏完井、Yamama 油藏高温高压深层完井、Nahr Umr 油藏开发防沥青沉淀以及人工举升方式优选等技术的研究与试验。开发中存在的主要问题,一是 Mishrif 主力油藏急需开展水驱开发现场试验;二是注水开发的水源准备尚未落实;三是接替产层选择还需开展地质研究;四是难动用储层开发技术尚不完备;五是 Mishrif 油藏水平井、油层保护、完井工艺、找堵水工艺技术还需开展研究。

2014 年 9 月,石油合同一号修改协议签订后,基于合同的变更,《哈法亚油田最终开发方案》在原开发方案研究和对各油藏进一步评价认识的基础上,按高峰产量 40 万桶的目标进行调整,编制《修改的哈法亚油田最终开发方案》,于 2014 年底提交伙伴和米桑石油公司审查;同时,重新编制上报《哈法亚油田开发方案》即《哈法亚油田开发项目可行性研究报告》。由于 2015 年国际原油市场价格暴跌,在新的开发方案上报审批期间,油田三期产能建设在 2015 年 2 月 9 日被伊拉克政府临时叫停。

2016 年下半年,原油市场出现复苏,资源国政府强力敦促作业者尽快提高产量,要求"不得延误"三期产能建设,要求主体工程三期油气处理站在 2017 年哈法亚项目工作计划和预算批准后的 18 个月内投产,投产后 6 个月内达到高峰产量(即 2018 年 8 月 28 日前投产,2019 年 2 月 28 日达到高峰产量)。要求在 2017 年哈法亚项目工作计划和预算中安排三期产能建设工作量及投资预算。2016 年 12 月 13 日批准《修改的哈法亚油田最终开发方案》,哈法亚油田从逐步上产到高峰稳产,达到高峰产量 40 万桶/日的油田地质储量采油速度为 0.84%,要求稳产 16 年。

2017 年 4 月初,在获得资源国政府对三期油气处理站合同总包授标额确认、2017 年工作计划和预算批准、未来石油合同修改"最惠国"待遇、保证投资及时回收以及欧佩克限产不适用于哈法亚油田等承诺后,哈法亚项目启动三期产能建设工程,同时启动相关工程项目的初步设计审批程序。在项目执行过程中,对外强化与伙伴和资源国政府的沟通协调,确保项目审批合规,对内在作业公司层面严格履行作业公司投资管理程序,杜绝回收风险。为履行中国石油(CNPC)内部投资管理程序，哈法亚项目委托中国石油勘探开发研究院重新编制《伊拉克哈法亚油田开发可行性方案》，2017年2月上报，履行海外勘探开发公司、中国石油（CNPC）、国务院国资委和国家发改委批准，2018年7月收到最终批复函，批准可行性研究报告及三期工程建设项目最终投资决策。

2018年9月20日，三期产能建设项目主体工程三期油气处理站进油投运，9月29日实现原油外输，12月12日实现全面投产。2019年3月7日，达到高峰产量40万桶/日，哈法亚项目步入高峰产量稳产阶段。

三期高峰产量40万桶产能建设阶段。主要的油田开发策略，一是推进萨迪低渗透油藏水平井多级水力压裂试验，为规模开发积累经验；二是加强油藏管理，加强注水管理，各油藏合理配产，优化油井工作制度，有效控制油田递减；三是推进风化壳等潜力储层评价和地下水源论证；四是推动油田南部湿地保护区及其缓冲区的评价工作，为争取项目权益做技术储备；五是推动开发调整方案编制工作，为油田开发提供技术依据。

开发调整方案总的策略是，在整个合同期内，为实现高峰40万桶/日的产能规模并稳产16年，将动用已发现的所有油藏，包括Yamama、Nahr Umr B、Mishrif、Khasib（KA1、KA2和KB）、Sadi B、Tanuma、Hartha及Jeribe/Upper Kirkuk。根据各油藏原始石油地质储量分布状况、油藏储层物性、流体性质、投产井产能、压力及合同期内可能采用的开发方式，在平面上、纵向上分阶段逐步开发。Nahr Umr B、Mishrif及Jeribe/Upper Kirkuk 3个油藏适合注水开发。其他油藏主开发过程中将根据开采状况对生产井做适当控制，避免油藏过快脱气，并且与下部的Nahr Umr和Mishrif共享注水井实行分注，适当的时候注水补充能量。对于碳酸盐岩油藏，包括Mishrif、Khasib、Sadi及Hartha油藏等，采用大斜度—水平井与直井/斜井的混合井网，水平井为采油井、直井为注水井。对于不同的油藏，根据井组模型的优化结果，水平段长度800—1500米，初期产能1000—6000桶/日。30年合同期内，共部署750口开发井（含老井8口）和40口水源井。总井数中包括741口生产井、9口直接注水井（另有256口生产井进行转注）及40口水源井，其中306口井将用于实现高峰日产油40万桶。产能建设完成后，全油田将维持高峰产量稳产16年。根据推荐方案预测，在高峰产量稳产阶段，全油田同时生产约320亿英尺^3/日的伴生气。全油田所需补充注入水最大约为50万桶/日。注水水源优先考虑产出水和地层水。

三、北阿扎德甘油田

北阿扎德甘油田项目于2009年1月14日签订，是中国石油（CNPC）与伊朗国家石油公司签订的回购服务合同项目，2009年7月6日生效。由于制裁影响，为达到合同规定的工程质量，项目不得不对相关设备进行重新选型、设计和制造。伊方在整个合同执行过程中从严审批中方的采购与服务合同招投标，内部审批流程长。伊方承担的相关义务工作如征地、清雷、原油接收设施未能如期完工，以及对当地施工力量、能力、组织难度的估计不足，这些因素影响油田建设进度和按期投产，项目合同生效至启动投资回收历时87个月。

北阿扎德甘油田执行的是伊朗回购合同。按照回购合同要求进行开发规划和方案设计。北阿扎德甘一期开发方案的总体原则为根据回购合同的特点（一定时间内，通过一定的投资，完成一定的工作量达到一定的产量从而获得一定的回报），在工程可实现的前提下，完成油田产量目标。因为投资上限通过招投标确定，为使油田达到一定的产量，并具备较长的稳产期，单井产能设计要尽量保守，增加井数，以实现产量目标。为了保证油田产能，采用水平井、大斜度井开发，提高单井产能。

开发层系。根据油藏垂向上和平面上分布特征及各套油藏储量及分布范围，为实现油田较长稳产期，动用 Sarvak 油藏各类地质储量，因此 Sarvak 按一套层系开发，Kazhdumi 和 Gadvan 各按一套层系开发。

开发方式。一期开发前，Sarvak、Kazhdumi 和 Gadvan 3 个油藏基本为未动用状态，因此均利用天然能量开发。根据合同规定的最有效产率的限制条件，仅能利用弹性能量开发，不允许脱气生产。一期全面投入开发后，油藏静态资料、动态资料更加丰富，对油田有了较全面的认识，并且已经有了一定的提高采收率技术储备，再开展二期提高采收率开发工作。

井网设计。北阿扎德甘油田一期主要采用水平井、大斜度井开发。对于 Sarvak 油藏的物性特征，顶部 Sarvak3 物性最好，Sarvak4—Sarvak6 物性较差。不同物性储层在构造不同位置距离边底水远近存在差异，因此大斜度井主要部署在油藏厚度大的位置（合采 Sarvak3—Sarvak6），水平井部署在边部油藏厚度较薄的位置（单采 Sarvak3）。水平段方向平行于构造轴向，水平段平行于油水界面，边水驱动是面压驱动，见水晚，驱替面积大，效果好。

生产限制条件。北阿扎德甘项目一期开发生产服务合同规定，油田及单井的最有效产率（MER）如下：油田含水不能超过 10%；单井含水不超过 50%；井底压力不能低于泡点压力；避免沥青析出。因此一期仅能利用弹性能量开发，不能利用油田的溶解气能量。

开发方案编制过程中根据储量评价和现有井试油情况选用基础方案作为油藏工程方案设计的基础。油藏工程方案设计新钻井 58 口，包括 43 口生产井、3 口直井评价井（可作为生产井）、2 口水处理井、10 口提高采收率（IOR）试验井（4 注 2 采 4 观察）。油田高峰期为 5 年，高峰产量 392 万吨/年，方案拟动用地质储量 6.22 亿吨，建设相应地面处理设施，包括集油站、中心处理站和辅助设施。开发方案实施初期，鉴于合同区内缺乏三维地震资料且实钻资料少，决定先钻探 1 口评价井和 1 口关键井，再钻探南部和东部构造较落实区域，构造不落实区域部署导眼井，不断更新迭代地质模型，逐步推进，进而做好全区的钻井部署和地质设计工作。

二期开发的初步设想为（中方是否介入北阿扎德甘二期开发尚未确定），采用伊朗石油合同，合同期 20—25 年，利用现有处理能力和设施，将高峰产量（7.5 万桶/日）稳产期延长至少 10 年以上。开发上采用"先肥后瘦"的策略，尽量将投资较大或见效较慢的工程后移，控制投资节奏，减小负现金流。合同执行前期，通过新钻少量油井开发未动用的优质储量稳产；中期，在主力层 Sarvak3 钻注水井，与已有油井形成注采井网进行注水开发稳产；后期，新钻一套井网单采 Sarvak4—Sarvak6 油藏（Sarvak4—Sarvak6 的油井均与优质储层 Sarvak3 合采，导致 Sarvak4—Sarvak6 动用程度低）。

2010 年 3 月 19 日，第一口 NAZ-1（又名 AZNN-003）井开钻，标志着北阿扎德甘钻井作业启动。

2009年12月，北阿扎德甘项目地面工程动工。地面建设的原油处理规模为7.5万桶/日，天然气处理规模为10.36亿英尺³/日（含气举气）。主要工程建设内容包括58口新井（含2口污水回注井，1口注水井，1口观察井），1口已存在井及7座计量站（OGM）的集输系统，油气中心处理站、电站（总功率48.8兆瓦）、外输管线（油管线76千米、气管线41千米）等。

2015年2月19日，北阿扎德甘项目完成全部58口井的钻井工作量，实现开发方案地质设计要求，总进尺241159米，钻井工程成功率100%。油井完成酸化作业后的试油结果显示，20/64英寸油嘴平均单井产能1250桶/日，24/64英寸油嘴平均单井产能1900桶/日，井口压力1000—1200磅力/英寸²（6.9—8.3兆帕），达到开发方案设计的单井产能。

2015年10月28日，地面工程机械完成，实现投产预试运成功，地面工程建设历时59个月。伊方承诺的合同规定的外输管线没有建成，转由中方承担外输替代方案施工作业，2016年1月19日，项目完成油田管道和九菲（Joffeir）管道连接管线施工，1月26日完成ABS接入设施的建设，原油外输系统成功打通，解决原油外输瓶颈。

2016年4月13日，北阿扎德甘项目开始原油生产并外输，中方暂时代表（操作者）伊朗方管理操作油田。投产后由于外输条件限制，油田初期日产量受伊方严格控制，到7月才按达产目标生产；9月4日开始，日产外输7.5万桶满负荷运行；10月，项目启动投资回收，由中方继续操作维护油田生产运行；11月8日，油田一次性通过回购合同要求的21/28天验证性产量测试；11月17日，开始按110%设计能力8.25万桶/日的日产水平组织生产运行，最高日产量8.5万桶，最高日外输量8.3万桶，装置安全平稳，生产指标合格。

2018年2月，北阿扎德甘项目成功将临时外输方案的替代流程切换到合同规定的永久流程，即原油直接进入KWBS泵站交油点，原油外输运行正常。

2020年2月，北阿扎德甘项目启动注水先导试验。试验过程中，完成试验井组生产井和观察井的井下压力连续监测，加强含水率和水性分析等常规监测工作，持续进行注水效果综合分析评价。编制详尽的分析评价报告和技术政策优化方案，试验效果获得伊方的认可并批准中方的优化方案，确保注水试验顺利实施并取得良好效果。截至2021年9月21日注水试验井关井前，累计注水约90万桶，累计注采比0.45，一线油井日产液量约1037桶，含水率约62%，较注水开始前，含水率上升约12个百分点，井底流压上升约239磅力/英寸²，二线油井AZNN-008日产液量约730桶，含水率约25%，较注水开始前含水率上升约10个百分点，井底流压上升114磅力/英寸²，试验井组2口对应油井明显受效。注水试验的阶段效果证实开发方案和注水试验执行方案设计科学合理，主力油藏水平井注水开发方式有效，为油田中长期可持续开发确立最重要的地层能量补充方式，积累油田注水开发的宝贵经验。

2021年4月13日，北阿扎德甘项目实现7.5万桶/日连续稳产5年的合同产量目标，实现中方合同承诺，获得良好经济效益。截至2021年底，平均单井产油1701桶/日，生产气油比438英尺³/桶（77.96米³/米³），综合含水率4%，累计产油1.47亿桶（2337.3万立方米），动用地质储量采油速度0.61%，动用地质储量采出程度3.64%。

四、南阿扎德甘油田

2010年11月，中国石油（CNPC）进入南阿扎德甘（简称"南阿"）油田项目。2010年11月—2012年9月6日之间属于过渡期，这期间投资方面主要完成两口井的完钻，开展项目前期的相关工作，编制和细化项目总体开发方案。2012年6月，伊朗批准总体开发方案；2012年9月6日，南阿扎德甘项目合同生效，进入方案实施阶段。

2007年，南阿扎德甘油田开始预早期生产建设，2008年1月投产，2009年开始早期生产。分别建成原油处理规模20000桶/日和30000桶/日的能力。早期生产井共24口，其中3口废弃井、21口生产井（开井20口），生产井中20口井分布在南阿扎德甘油田，1口井（AZN-3）分布在北阿扎德甘油田，日产油量为4.7万桶，单井产量最高6000桶/日，单井平均产量约2200桶/日。截至2012年12月，Sarvak层共有8口井在产，月平均日产1.43万桶，平均单井日产1786桶，Kazhdumi层有3口井在产，月平均日产7669桶，平均单井日产能2556桶，Gadvan共有5口井在产，当月平均日产15124桶，平均单井日产能3025桶，Fahliyan只有一口井在产，单井日产2100—2200桶。

截至2014年4月30日，南阿扎德甘油田项目总体进度为9.27%，完成5项工作。一是油藏研究，完成21口早期生产井修井及措施作业方案，并开始实施作业；完成28口新井地质设计、审查和批准；利用已钻13口新井的地质资料，更新油田的地质模型；并结合21口生产井生产动态分析研究，更新油藏动态模型；完成总体开发方案的修订。二是地面工程建设，早期生产一阶段4口井管线设计采办施工调试工程基本完成，没有试运投产；完成一期前端工程设计，并做前期准备（12项长线设备招标文件及其材料需求单准备完毕，完成所有设计采办施工与调试招标文件）。三是钻井作业，共动用5部钻机进行钻井作业，累计开钻15口，完钻12口；累计完成28个井场建设，其他11个正建设井场工作因项目终止而提前结束；共完成100口井的材料招标工作，其中18口材料已及时到位。2012年6月南阿扎德甘第一口井开钻，2012年11月10日完钻。中油国际（CNPCI）在南阿扎德甘钻井15口，其中3口因项目终止未完。四是地面工程建设，早期生产维持，早期生产一阶段4口井管线设计采办施工与调试基本完成，由于交接安排，没有试运投产；准备最终结算，整理交接资料。完成早期生产二阶段15口井设计采办施工与调试的招投文件及其监理服务发标。五是一期开发完成一期前端工程设计，并做前期准备（12项长线设备招标文件及其材料需求单准备完毕，完成所有设计采办施工与调试招标文件）。

2014年4月29日，由于制裁项目投资进展放缓，伊朗国家石油公司以项目进展滞后为由，单方面终止合同。此后项目进入维权阶段。截至2014年6月底，南阿扎德甘油田累计生产原油7880万桶（125.3万立方米）。油田月产量基本稳定，月平均日产量维持在4万桶（6360立方米）以上，平均单井日产2000桶（318立方米）左右，油田含水率在3%以内，年平均递减率在4%—8%。

南阿扎德甘油田已由伊方组织建设生产，2020年底共完钻约150口井，70口井在产，日产量10万桶（1.6万立方米）左右。地面设施和油气设施多采取临时或简易设施，没有大规模建设施工。

南阿扎德甘油田开发方案总的原则是，建产过程中有效规避现阶段对油田认识不确定性的风险，根据地质油藏特征及层间差异，在全面掌握地质情况的基础上，总体对油藏进行开发部署，达到全面、系统开发油田的目的。本着先肥后瘦的原则，分期、分批实施，降低风险。已落实的优质储量一期全部动用；需要继续研究、加深认识的未靠实储量，做好二期动用准备，实现回购合同下的优化部署。

从提高油层实际动用程度的角度，采用细分层系的方法，共划分为6套开发层系，即Sarvak层分3套，Kazhdumi、Gadvan、Fahliyan各自1套。

南阿扎德甘油田一期计划开发Sar3、Sar8、Ka、Ga、Fah共5套油层，方案动用储量87.40亿桶（13.90亿立方米），基于三维地震资料的精细解释，评价井和试采井数的大幅度增加，对油藏的认识程度得到加深，改变原方案少井高产（36口开发井的平均单井日产水平4166桶）的设计，认为油田全面投入开发保持3年稳产的平均单井日产水平只能在1720桶（273.5立方米），计划部署总井数196口，包括新钻开发井数165口，老井21口，评价井及污水回注井10口；后调整为部署185口井，修建井场91个，完成一期部署的井的建设和地面设施建设，同时开展全油田的评价工作，一期开发设计日产量水平32万桶（5.1万立方米）。

南阿扎德甘油田二期开发方案将继续以天然衰竭式开发动用全油田剩余储量的绝大部分。在二期方案实施开始的35个月内（从AD开始大约共96个月，包括3个月的伊朗国家石油公司审批期），完成二期开发建设。根据伊朗国家石油公司、伊朗国家石油公司开发局的建议，二期开发建设的日产量目标暂定60万桶（9.54万立方米），二期日产量60万桶（9.54万立方米）的目标可根据一期方案实施过程中的评价结果加以调整。二期开发方案将最终确定二期目标产量。同时基于Sarvak油藏的油气比不高的现实，改变原方案设计中先自喷后转气举的采油方式，并结合投资及可操作性方面考虑，改Sarvak层采油方式为先自喷后转电泵采油，其他3个层采用自喷开采。

第二节　陆上已开发油田

一、阿曼5区油田

阿曼5区项目位于阿曼盆地西北部，距首都马斯喀特市西南450千米，区块面积992平方千米，包括达利、梅祖恩、沙迪、布沙拉4个油田。阿曼5区主要位于沙漠戈壁环境，地势平坦，大部分区域海拔在140—170米。2020年平均日产原油5.4万桶（8586立方米），全年产量260万吨，原油产量在阿曼位列第三。

阿曼5区块原作业者为日本石油勘探公司，合同时间为30+10年；日本石油勘探公司于1981年与阿曼政府签订5区块勘探开发合同，1989年6月宣布获得商业发现。2002年7月，中国石油（CNPC）与阿曼MB集团下属子公司阿曼石油天然气有限责任公司共同出资收购日本石油勘探公司在阿曼5区块的权益，双方各持有50%权益，成立联合作业公司达利石油有限责任公司（Daleel Petroleum LLC）管理运行5区块。

2002年7月7日，阿曼国王签署第63号国王令，批准BVI（British Virgin Islands，简称"BVI"）受让日本石油勘探公司的合同。7月15日国王令生效，7月26日联合体接管5区块作业权。联合作业公司-达利石油有限责任公司于2002年10月15日在阿曼首都马斯喀特完成工商登记。

油田 1990 年开始开发，早期利用直井以自喷的方式生产，产量高峰到 1 万桶 / 日。经过 12 年的自然衰竭式开采后，主力断块上部舒艾巴油层压力从原始的 2500 磅力 / 英寸²（17.2 兆帕）降到 900 磅力 / 英寸²（6.2 兆帕）左右。2002 年，中国石油（CNPC）从日本石油勘探公司接管该油田后，进行开发方案研究。

该油藏岩性为碳酸盐岩，地层能量严重亏空，油藏边底水不活跃，实现油田高效开发，注水开发恢复地层能量迫在眉睫。然而储层渗透率低，直井注水见效非常缓慢，寻求其他注水方式，迅速恢复地层能量是首要研究任务。

根据达利油田地质特点，广泛调研国内外碳酸盐岩油田注水开发和经验总结，在充分进行地质研究论证和数值模拟的基础上，认为对阿曼 5 区这样的老油田最有效的开发方式是水平井注水开发。达利油田采用水平井注水开发的井网部署。(1) 水平井井网部署应相互平行且平行于裂缝或断层的走向，避免局部因裂缝而形成水穿。(2) 生产井的井身轨迹应该位于储层的顶部含油饱和度最高的位置，通常距储层顶部 2—3 米；注水井的井身轨迹应位于储层的下部，根据达利油田的注水经验，从构造角度考虑，注水井应该从构造低部位向高部位钻，生产井则相反，这样由于油水的重力差异，有利于注水井的水驱和生产井的生产来提高采收率。(3) 根据数模研究最有效的井网部署为相邻两个水平井的井距为 100 米。(4) 根据达利油田油藏的分布特征最有效的水平段长度约为 1000 米。(5) 注水井井口增压不应超过 800 磅力 / 英寸²以防地层产生次生裂缝形成水串。(6) 对于部署的注水井，在投注以前要根据地层压力和油水饱和度情况决定是否进行自喷返排，一方面是降低地层压力有利于将来的注水，另一方面也可以获得一定的原油产量来最大限度地提高经济效益。

2002 年 7 月第一次开发方案实施，采用直井衰竭式开发（井距约 500 米），开发层系为 Up Shuaiba 层，总井数 60 口，其中直井 41 口，水平井 + 多分支井 19 口。2004 年 12 月第二次开发方案实施，调整开发方案，采用水平井 + 直井衰竭式开发方式，开发层系 Up Shuaiba 层，总井数 83 口，其中直井 43 口，水平井 + 多分支井 40 口（新钻井 23 口、直井 2 口、水平井 21 口）。自 2004 年 2 月在阿曼 5 区油田 B 块开始实施先导性注水试验，2006 年开始全面推广水平井注水开发，产量不断攀升，2009 年突破 100 万吨，2013 年突破 200 万吨，2015 年达到 230 万吨。

阿曼 5 区块日产原油从 2002 年接手时的 4500 桶 / 日增长到 2019 年高峰期产量的 54000 桶 / 日左右，年产原油从 2002 年的 24.1 万吨增长到 2019 年高峰期产量的 267.4 万吨，是接手时的 10 多倍。2021 年油田日均产油 51594 桶，月综合递减率 1.2%，年注采比 0.70。2022 年，油田日均产油 4.9 万桶，月综合递减率 0.9%，年注采比 0.7。

二、叙利亚戈贝贝油田

戈贝贝油田位于叙利亚东北部居比萨油区，距大马士革 650 千米，合同区面积 200 平方千米，最东端距伊拉克边境 5 千米。戈壁地貌，夏季干旱高温，冬季为雨季。油田发现于 1973 年，1976 年投产。该区域构造处于阿拉伯地台北端。储层为新近系赤楼层灰岩，埋深 800—1200 米（海拔），分 A、B 两层。

叙利亚戈贝贝项目是中国石油（CNPC）在叙利亚的第一个石油天然勘探开发项目。2001年4月，勘探开发公司通过叙利亚石油部招标资格预审，随后，勘探开发公司立即派出技术专家代表团赴叙利亚收集资料，全面开展项目可行性研究，2001年6月完成可行性研究报告。2002年4月，勘探开发公司向叙利亚石油部提交标书，另有三家公司同时投标，包括俄罗斯石油公司等。2002年12月，叙利亚国家石油公司宣布勘探开发公司中标。2003年1—2月，完成合同谈判，2月18日草签合同。2003年3月2日，勘探开发公司和叙利亚石油矿产资源部和叙利亚国家石油公司，在大马士革签署《戈贝贝油田开发生产合同》。2004年7月26日，戈贝贝项目进入开发生产期，成立合资公司叙中阿尔考卡布石油公司（Syria-Sino Al Kawkab Oil Company，简称"SSKOC"），勘探开发公司和叙利亚国家石油公司双方各占50%股份，并接管油田，开始实质性的油田操作，比合同规定提前一年半进入开发生产期。同月，勘探开发公司将其全部股权转到中油国际东方公司。中油国际东方公司于2003年12月22日由中油国际（CNPCI）和振华石油的东方石油有限公司在英属维尔京群岛共同出资组建，中油国际（CNPCI）和东方石油有限公司分别占65%和35%。

2011年9月，受叙利亚局势的影响，戈贝贝项目开始限产。

2013年1月19日，戈贝贝油田现场被叙利亚反政府军占领，油田被迫全面停产。同年6月被伊斯兰国（Islamic State of Iraq and Syria，简称"ISIS"）占领。2014年9月25日美国联军轰炸ISIS土炼油设施；2015年1月9日轰炸8号计量站，3月15日轰炸28井区；2015年3月10日，戈贝贝油田GH-280井区遭到美国领导的联军轰炸，地面设施被毁。12月9日主站遭到轰炸，炸毁800立方米储油罐6个，5000立方米新罐1个；同时炸毁主控室和配电房。油田设施损失约1.35亿美元。环境污染严重，有150多个地面油池，污染面积在25万平方米以上。截至2015年12月，油田车辆丢失24辆，油田营地、主站被武装分子占领，ISIS武装累计盗采原油324157桶。

2016年2月18日，戈贝贝油田被库尔德武装收复，但该武装组织拒绝将油田交给叙利亚政府。8月16日，占领油田的库尔德武装人员拆卸并盗走主站消防泵6台，其中水泵4台、泡沫泵2台；拆卸并盗走主站、计量站和集输站的围栏；开始在GH215井盗油，以每桶3500叙镑的价格销售给土炼油厂。

2017—2018年，戈贝贝油田仍被库尔德武装控制并盗采，美军在项目周边修建军事基地。

2019年，叙利亚战场各参与方宣布战胜ISIS，美军开始撤出其基地，但后又折返，叙利亚政府军收复油田的希望再次破灭。

2020年8月，库尔德武装组织与总部位于特拉华州的美国石油公司三角洲新月能源（Delta Crescent Energy）签署石油开采协议，以开发库尔德人控制下的油田，该协议可能函盖戈贝贝项目所属油田。

截至2022年，油田仍在库尔德武装组织控制下。

三、幼发拉底项目油田

幼发拉底项目有39个油田，分布在叙利亚中东部，临近叙利亚和伊拉克边境。2005年8月，加拿大石油（Petro-Canada）公司准备整体出售其在叙利亚的幼发拉底石油公司所拥有的全部股份。考虑该项目符合中国石油（CNPC）海外业务发展战略，勘探开发公司决定参与评价和投标，并向政府有关部门备案登记；8月10日，勘探开发公司设立该项目评价小组；8月底，加拿大石油公司向勘探开发公司评价小组开放网上资料室；9月25日—10月2日评价小组赴英国伦敦开展尽职调查；10月中旬，勘探开发公司决定和印度石油公司（ONGC）联合投标。12月20日，由中印双方成立的合资公司（Bergom Holding B.V，后改名为 Himalaya Energy Syria B.V）购买加拿大石油公司在叙利亚幼发拉底石油公司所拥有的全部股份，其工作权益分布在5个产品分成协议中。2009年中方又购买叙利亚壳牌石油公司（Syria Shell Petroleum Company，简称"SSPD"）在AFPC的35%股权，2010年2月接管这部分权益，中方在幼发拉底项目中的总权益达到40.2%。

幼发拉底项目原合同期18—30年，2008年5月延期10年，最后一个合同到期时间为2027年。

2011年12月，因欧盟制裁幼发拉底石油公司，叙利亚壳牌石油公司停止其在幼发拉底石油公司中的作业权，其后叙利亚方诉至法院。叙利亚法院2012年485号判决叙利亚方独立操作油田。

2012年1—12月，由叙方单独作业，直到停产。自2012年7月以来，幼发拉底项目所在的代尔祖省安全局势日益恶化，油田生产受到严重影响。部分油田区域已被武装分子（叙利亚自由军）占领，一些油田计量站屡遭武装分子袭击，油田设施（包括油气管线）被破坏，被占领区域的油井完全停止生产；由于安全原因，约有30%的当地员工不能到油区正常上班；2012年11月6日，幼发拉底项目的艾拉瓦德（El Ward）油田被反政府武装占领，原油外输枢纽被控制，原油外输中断。12月1—16日油田日产量维持在2000桶/日水平上（正常情况下的原油产能为60000桶/日），17日油田的储油罐满载，油田全面停产。

2013年1月—2017年10月，幼发拉底项目油田被反政府武装和ISIS占领，并盗采。壳牌公司安保部门获得的消息认为，2015年上半年ISIS从幼发拉底项目油田的盗采量最大时可达10万桶/日。2015年10月21日，美国及同盟国针对ISIS所控制的奥马尔油田区域的26个目标进行集中轰炸，其中包括1座大型炼油厂和几个控制中心。在空袭过后，其生产能力缩水三分之二。11月10日，法国对奥马尔油田附近的炼油厂进行轰炸。2017年4月23日，奥马尔油田设施又遭到空袭，致使数个用于储存出口石油、每个可容纳7.5万桶油的储油罐损毁，造成损失1000万美元。2017年9月23日，ISIS武装分子摧毁代尔祖尔几座气田基础设施，炸毁代尔祖尔东南部连接科诺科天然气站到霍姆斯的天然气管道。2017年10月22日，库尔德武装从极端组织手中夺取代尔祖尔东南部的奥马尔油田。

2017年11月—2018年5月，库尔德武装与叙政府军对幼发拉底河以东的油田展开激烈争夺。2018年5月2日，美军出动战机和无人机对西岸的政府军阵地进行大规模轰炸，以支援库尔德人对东岸油田的收复。只用不到一天就将丢失的油田全部夺回，政府军退回西岸出发阵地。

2018年6月—2020年12月，幼发拉底河以东的项目所属油田被库尔德武装控制并盗采，美军在项目周边修建军事基地。2019年12月，叙利亚战场各参与方宣布战胜ISIS，美军开始撤出部分人员，但仍保留部分军事力量控制油田。2020年8月，库尔德武装组织与总部位于特拉华州的美国石油公司三角洲新月能源公司签署石油开采协议，以开发库尔德人控制下的油田。2020年12月，幼发拉底河以东的库尔德武装（SDF）控制区有28个油田（9个已经过期），日产油2万—3

万桶；幼发拉底河以西的叙政府军控制区有 11 个油田（3 个已经过期），日产油 8000 桶。

叙利亚幼发拉底项目 39 个产品分成合同（油田）中的 12 个已经过期，2021 年仍将有 5 个到期；截至 2024 年将有 38 个油田到期，2027 年所有油田全部到期。

四、MIS 油田

MIS 项目作为中国石油（CNPC）进入伊朗石油市场获得的第一个开发项目，是在伊朗受美国的制裁，伊朗石油工业所需的资金和设备、仪器、器材缺口巨大的情况下获得的。该项目为中国石油（CNPC）向伊朗提供油气田开发技术和石油设备创造机会，借助伊朗高端市场和特殊合同模式锻炼培养国际化经营人才，扩大中国石油（CNPC）在伊朗的石油合作。

2004 年 9 月，委托中国石油勘探开发研究院编制《伊朗 "MIS" 油田项目可行性研究报告》。

2005 年 8 月，根据可行性研究报告原则、综合研究成果，项目组及 MIS 项目公司有关人员对油田拟定的 9 口井（伊朗项目公司已定 V1 井）进行现场踏勘。根据现场踏勘，该区地面地质条件复杂，特别是构造的南利蒙布（Southlimb）区、后利蒙布（Backlimb）A 区的北段山高、沟深，给地面井场、公路及输油管网的建设都带来较大的难度。综合油藏地质条件及地面条件，确定 3 套布井方案，最佳为方案三，即顺着油环方向，在后利蒙布 A 区自北而南部署 10 口井，其中有 2 组水平井和直井、2 组水平井和水平井构成的 4 组丛式井组，与直井同井场的水平井另外组合为 1 组丛式井组，其他井组不变。

2006 年，MIS 项目公司委托川庆钻探地质勘探开发研究院编制 MIS 油田开发方案。根据中国石油天然气石油行业相关标准 SY/T 6511—2000《油田开发方案经济评价方法标准》、SY/T 6511—2008《油田开发方案及调整方案经济评价技术要求》，在充分调研该油田的基础上，进行深入研究。

2006 年 4 月底，基于中国石油伊朗石油市场的战略考虑，为保证该项目的投资效益，通过对风险回购服务合同仔细的研究，MIS 项目公司在提出改变工作范围、增加工作量，以实现追加投资的目的。钻完井 3 口直井 +12 口水平井 +2 口污水回注井，实现 125 万吨产能建设（原合同 2 口直井 +8 口水平井，125 万吨产能建设），高峰产量日产原油 2.5 万桶。完成产能相应的地面配套工程，伊朗国家石油公司石油工程开发局同意在该方案基础上，对技术和商务进行磋商。

2007 年 8 月 20 日，MIS 项目公司收到伊朗国家石油公司签发的《关于批准伊朗 MIS 项目合同补充协议的通知书及补充协议》，标志着 MIS 项目进入合同期。MIS 油田按照"一切从俭，满足需要；重在效益，兼顾效果"的原则制订油田的开发方案。截至 2007 年 12 月 31 日，MIS 油田共钻井 244 口井钻入 Asmari 组，其中 121 是生产井，油田累计产纯油 11.4 亿桶，采出程度约 18.2%。

2010 年 1 月，中油国际（CNPCI）再次收购合作伙伴剩余 25% 的股权，从而最终获得 MIS 项目 100% 的权益。

为实现 MIS 油田产量目标，井位部署遵循以下原则，一是油—气、油—水界面不清楚，需要新井资料确定，直井确定油—气、油—水界面；实现日产油 500—800 桶；取得阿斯玛日组储层信息，主要获得岩心、分析化验、测井等储层信息，进一步评价储层及布井区石油地质储量。二是水平井多穿裂缝，据裂缝的产状，优化水平井的钻进轨迹方位，有利于多穿裂缝，确保油井高产。三是多穿油层，裂缝主要为层内裂缝，多穿岩层有利于多穿裂缝；布井区 72% 的油井的产层为 Zone1—Zone2，产油量占 82%，Zone3—Zone5 油层采出油相对较少；据数模预测成果，水平井段长度 500 米以上效果好。四是水平井钻至剩余油富集部位，即轨迹向采出程度低的部位，避开采出程度较高的部位或井区。五是选择水平井入靶点位置在油层中部海拔 -410 米左右，水平井轨迹有利于油井投产后避水、避气。六是新井间有合理井间距，新井井距保持在 0.5—1 千米，据已有油井分布及其产量，新井间保持一定的井间距，有利于减少生产过程中的井间干扰及多采油。六是尽可能利用老井井场或公路。

开发方案部署 3 口直井评价井、12 口水平开发井和 2 口直井污水回注井。水平井布井按照尽可能多穿遇裂缝、多穿油层，入靶点位置须在油层中部海拔 -405 米左右，轨迹间距在 0.5—1.0 千米，井场建设尽可能利用现有井场和公路的原则开展。

12 口水平井中，设计井口至出油点的距离 229—249 米，水平段起点的距离 70—105 米，水平段终点的距离 330—430 米；在阿斯玛日组的水平井段长度 400—500 米，钻开层位 1—4 层，井口至终点的水平段长度 650—749 米，垂直深度 886—955 米。在实施 H8 井、H9 井、H10 井时，先实施 H8 井，再实施 H9 井，最后实施 H10 井，以便根据已钻井情况对未钻井轨迹进行调整。其他井可据生产进度逐步实施。

2010 年 6 月底，MIS 油田采用 1 台钻机完成所有 17 口钻完井和 5 口井试油任务，钻完井作业成本比原计划节约 1600 万美元（20%）。油田不断试验、推广钻完井和试油配套技术，完善特低压、高含硫油气藏的钻完井、试油配套技术，实现 3 项技术的突破，填补中国石油（CNPC）海外技术的空白。

2011 年 4 月 25 日，MIS 项目开启第一口井试投，完成整个建设和试运准备工作。油田钻井 17 口（包括 3 口直井评价井、12 口水平开发井和 2 口直井污水回注井），完成 1 座脱硫、脱盐、脱水的日处理原油 25000 桶的中心处理站和 1 座日处理原油 12500 桶的转接站及相应集输系统。2011 年 7 月 1 日，在解决制约生产测试的瓶颈问题——计量橇标定（由于国际制裁法国的生产商不能按时到位，经过不断协商，改用外输管线孔板流量计）后，MIS 项目完成 72 小时的性能测试。克服外部 3 次停电和甲方苛刻的要求等不利因素，合理调整开采参数，严控处理流程。2011 年 7 月 24 日，通过 21/30 天的生产测试并于 7 月 25 日成功进入投资回收。9 月 23 日按合同要求将油田设施及生产、管理整体移交给伊朗国家石油公司南方公司，中方承担相关的技术服务。项目进入商业回收阶段，实现中国石油伊朗市场的突破。2011 年 8 月 3 日，MIS 项目收到伊朗国家石油公司批准通过产量测试的信函。9 月 24 日，MIS 项目将油田地面生产设施和生产操作权全面移交伊朗南方石油公司。中油国际（CNPCI）从此进入技术服务合同期，协助伊朗南方石油公司进行油田生产操作。

2012 年 4 月 4 日，中国石油（CNPC）与伊朗国家石油公司已经就 MIS 项目超投资问题签署协议，解决 MIS 项目超投资问题，根据新的会议纪要，在项目最终总投资成本、银行利息确定后，通过调整报酬费保证投资者实际投资收益率（Rate Of Return，简称 ROR）达到 13%。合同规定的建设期为3+1年，即2007年8月20日—2011年8月20日，从2011年7月25日开始，项目建设期结束进入商业回收期。2012年8月13日，随着国际社会对伊朗制裁加剧，伊朗原油出口大幅降低，伊朗国家石油公司南方公司以油田管线腐蚀为由单方面将油田停产，中方回收也被暂停，项目主合同于2014年8月20日到期。油田停产后，中国石油（CNPC）、海外勘探开发公司、中东地区公司、项目公司多次催促伊朗国家石油公司进行油田复产工作，并与伊方就维修方案和投资回收等方面进行多轮谈判。

2015年11月，双方就维修复产和主合同修改达成一致意见。

2016年7月25日，伊朗国家石油公司签署关于MIS项目维修复产、重启回收和合同延期的主合同（补充协议3）。根据补充协议3的要求，油田复产需对地面和井下设施进行维护，伊方放弃主合同要求日产25000桶的产量要求，同意复产达到日产10000桶的产量目标后按日产8000桶的产量剖面自然递减生产，中方负担地面设施维护费用，伊方负责井下设施维护。油田复产后由中方提供生产技术服务，并且中方以油田产量销售收入的60%回收剩余回收额。

2018年1月2日，伊朗MIS项目一次性通过21/30天产量测试，得到伊方确认，完成验收证书签署，标志着维修复产成功。同年1月3日签订1年期技术服务合同，重启商业回收。

2019年以来，鉴于美国制裁等因素，伊朗MIS项目于2019年完成技术服务合同延期1.5年至2020年7月2日。

2020年，延期技术服务合同半年至2021年1月2日。

2021年11月22日，伊方业主PEDEC批准技术服务合同从2021年1月3日延期1年至2022年1月2日。

2022年1月19日，项目公司和伊朗国家石油工程开发公司召开第29届联管会（Joint ManageMent Committe，简称"JMC"），确定1月2日—4月2日为3个月的移交过渡期，油田于4月6日全面关停，开始油田移交相关工作。

五、鲁迈拉油田

鲁迈拉油田是世界级巨型油田，产量居伊拉克已发现油田之首。油田在构造位置上处于阿拉伯地台的美索不达米亚前渊盆地。地域上，油田分为南、北鲁迈拉。合同区位于伊拉克南部巴士拉省，距巴士拉市西南65千米处。坐标东经47—48度，北纬30—31度范围之间。合同区面积1464平方千米，南北向全长74.3千米，东西向总宽度15—20千米，油田于1954年投入开发。

2010年，英国石油（BP）与中国石油（CNPC）接管前，Main Pay油藏采用边水天然水驱+边缘注水的开发方式，Mishrif和Upper Shale等油藏采用天然能量衰竭式开发。2010年项目接管时，油田初始产量106.6万桶/日，地层能量亏空严重，地面设施年久失修，"跑冒滴漏"现象严重，部分站点的处理能力严重不足。2010年7月油田接管后，英国石油和中国石油（CNPC）从合同模式出发，结合油田实际情况，制定快速上产的初期运营策略。在地质油藏精细研究的基础上，采取加强注水、钻加密完善井、层间接替、下电泵改变采油方式及堵水等开发策略，取得较好的开发效果。

2009年签订的技术服务合同（TSC）约定285万桶/日，稳产7年，2014年合同修订条款约定 210 万桶/日稳产 10 年，按技术服务合同修订条款及当时作业环境，作业者英国石油提出稳产期 210 万桶/日的增产再开发方案（Enhanced Redevelopment Plan，简称"ERP"）方案，但一直未获伊拉克政府批复。

随着鲁迈拉油田形势和作业环境的变化，对油藏的认识进一步深入，2022 年，联合公司完成 170 万桶/日稳产 7 年的开发调整方案（ERP）编制，上报伊拉克政府待审批。

鲁迈拉油田开发主要包括，Main Pay、Mishrif、Upper Shale、Fourth Pay 和 Nahr Urm 5 个油藏。按照合同要求，恢复提高产量，实现产能和稳产进行开发方案设计。其中 Main Pay 油藏布署加密井挖掘剩余油潜力，在 Main Pay 油藏南部和北部同时加密，北部加强注水，压力有所恢复后，继续加密北部；上返作业实现层间接替，Main Pay 油藏新油井采用先下后上的完井策略，即射孔时先考虑射开最下部的 LN 层开采，适时上返 DJ、AB 层，老油井根据油层水淹状况，适时开展上返作业；优化注水减缓油田递减，北 Main Pay 油藏继续采取边缘注水 + 内部局部点状注水方式开发，采用局部转注、补充新注水井，完善注采关系，优化注采比，通过强化注水和加密完善，挖掘剩余油潜力。由于 Mishrif 油藏采用天然能量开发，压力下降快。Mishrif 油藏开发方案，是逐步实现注水开发，通过完善注采井网、加强注水、长停井复产等开发策略。启动行列注水，适时转变为行列 + 反九点注水，实现规模注水开发。通过注水，油藏压力逐步回升，推进 Mishrif 油藏长停井复产工作。Upper Shale 油藏依靠天然水驱开采，采取安装电泵和堵水等措施，提高产量，改善油藏开发效果。Fourth Pay 和 Nahr Urm 油藏依靠天然水驱自喷衰竭开发。

2010 年 7 月—2022 年 12 月，投产新油井 336 口，累计增油 1.98 亿桶；实施增油措施 1666 井次，累计增油 4.84 亿桶。油田日产油量由 98.2 万桶上升至 142.0 万桶水平，累计产油 60.5 亿桶，综合含水率由 9.9% 上升至 34.0%。

2022 年 12 月，日产油 139.6 万桶，年产能力 7176 万吨。日注水 131.2 万桶，注采比 0.52。地质储量采油速度 0.83%，综合含水率 34.0%。

Main Pay 油藏，接管前经历天然能量开发阶段（1953—1979 年）、水驱开发阶段（1979 年至今）。2010 年接管后，通过重启并加强注水，加大新井和措施上产力度，油藏日产油量由接管前 2010 年 6 月的 81.5 万桶提升至 2015 年 12 月的 100 万桶以上，并稳产 15 个月至 2017 年 2 月。之后随着含水率上升，日产油量逐步递减至 2022 年底的 52.1 万桶。从 2010 年 7 月到 2022 年 12 月，投产新油井 233 口，阶段累计增油 1.65 亿桶；措施 1098 井次，阶段累计增油 3.61 亿桶。

Mishrif 油藏，1973 年投入开发，接管前采用天然能量开发。接管后，逐步实现注水开发。从 2010 年 7 月到 2022 年 12 月，投产新井 97 口，累计增油 3025 万桶；长停井复产 197 口，累计产油 7.9 亿桶；措施 362 井次，累计增油 5839 万桶。油藏日产油量由 13.6 万桶上升至 62.5 万桶（不包括日限产 8 万桶），累计产油 16.7 亿桶。截至 2022 年 12 月，Mishrif 油藏油井开井 245 口，日产油 62.5 万桶，年产能力 3213 万吨。注水井开井 114 口，日注水 96.4 万桶。

Upper Shale 油藏，1968 年投入开发，一直依靠天然水驱开采。从 2010 年 7 月到 2022 年 12 月，投产新井 1 口，累计增油 2.4 万桶，实施措施 161 井次，累计增油 4657 万桶。油藏日产油量由 3.9 万桶上升至 7.6 万桶，累计产油 3.8 亿桶。

Fourth Pay 油藏，2022年12月油井开井数25口，日产油7.8万桶，年产能力400万吨，地质储量采油速度3.5%，采出程度25.7%，综合含水率19.8%。Nahr Urm油藏2022年12月油井开井3口，日产油1.4万桶，年产能力72万吨。地质储量采油速度0.7%，采出程度8.9%，综合含水率8.9%。

六、西古尔纳–1油田

西古尔纳–1油田位于伊拉克西南部距巴士拉市约50千米，北邻西古尔纳–2油田，以幼发拉底河为分界，南接鲁迈拉油田。合同区面积约442平方千米，长约26千米，宽约17千米。

2010年1月25日，埃克森美孚石油公司、壳牌石油公司和伊拉克石油勘探公司与伊拉克石油部签署西古尔纳油田服务合同协议，该合同于2010年3月1日生效，合同期20年，可延期5年。

2013年11月，中国石油（CNPC）与印度尼西亚国家石油公司伊拉克勘探生产分公司合作分别收购埃克森美孚在伊拉克西古尔纳–1油田项目部分股份。

联合公司进入西古尔纳–1油田时，大部分油气处理设施均为20世纪90年代的俄式设备，存在设备老化严重，部分处理站的处理能力严重不足问题。后经几年的新改扩，有6号、7号、8号3座原油处理站，14列油气处理设施，具备约67万桶/日的处理能力，主要进行油气分离和电脱盐、脱水处理。其中8列为湿列，脱水脱气能力为44.5万桶/日；另外6列为干列，处理能力为22.5万桶/日。一级分离器伴生气被巴士拉天然气公司抽走，二级和三级分离器伴生气采用"放燃"处理方式。油田供电主要靠2016年投产35兆千瓦·时供电工程，电潜泵供电暂靠租电。油田的注水能力为80万桶/日，水源主要来自地层水、主河口排放点（MOD）的河水、产出水等。

2014年3月23日，完成首次提油。4月，中国石油（CNPC）第一批派遣员工进入西古尔纳–1项目联合作业体。2015年1月，项目日注水量突破60万桶。7月，项目日产量重回40万桶，全年作业产量突破1000万吨。2016年，完成35兆千瓦·时电站一期工程，实现油田电力自给。2017年初，完成主河口排放点（MOD）30万桶/日取水、输水、注水工程，油田注水提供可靠水源保障。

2018年9月第三次合同者技术委员会（Contractor Technical Committee，简称"CTC"）会议首次提出Mishrif油藏110万桶及小油藏10万桶开发调整方案。

2019年2月，租赁移动原油处理与脱盐列（Mobile Oil Treating De-salter，简称"MOTD"）湿油处理设备投产。4月，初始原油处理列（Initial Oil Train，简称"IOT"）湿油处理设备投产，原油处理系统能力稳定在71.5万桶/日。2019年10月第三次CTC会议介绍Yamama油藏40万桶开发调整方案。

西古尔纳–1项目是中国石油（CNPC）在伊拉克首个股权收购项目，首次实现中国石油（CNPC）与埃克森美孚公司上游项目国际合作，有助于中国石油（CNPC）在中东地区做大做强上游业务，有利于与伊拉克其他项目形成协同效益，提升战略整合。西古尔纳–1项目，中方为非作业者，无法有效控制投资执行力度。埃克森美孚作为联合作业体牵头者，其上游业务投资注重低成本、高回报，追求在各种油价条件下保持较高效益和现金流增长。在已有地面设施和较少投入工作量基础上，获得较好的收益，并不急于加快推进生产建设节奏。联合公司工作计划与预算历年投资执行情况完成率较低，分析其原因一是钻井成本降低，钻井投资减控；二是伊拉克市场有资质的设计和施工队伍匮乏，重点工程受乙方施工进度缓慢影响，严重滞后于计划；三是项目采用"双签"制度，项目的招标和授标的内部及伊方审批程序繁琐耗时，导致重点项目从授标到投产经常滞后于原计划 1 年以上。

整体开发方案（2013）实际执行过程与设计指标差异较大，整体开发方案（2013）计划 2019 年产量 125.7 万桶/日，实际为 44.7 万桶/日。主要由于伊拉克安全形势严峻、外输瓶颈、湿油处理限制、设备腐蚀老化、公共海水供应项目（Common Seawater Supply Project，简称"CSSP"）注水水源等外部因素影响，油井开井率低，已钻井连井和新井计划滞后，油田总体开发指标并未达到整体开发方案 2013 的设计预期。针对这种情况，为合理安排油田产量剖面和投资节奏，联合公司于 2018 年启动全油田整体开发方案更新方案研究工作（整体开发方案 2019），继续深化地质认识，应用地震、钻井、测井和生产测井（PLT）测试等生产资料详细描述 MA 小层丘滩体、MB1 小层潮道和 MB2 小层斜坡带的空间分布，精细刻画高渗带分布，建立符合地质新认识的三维地质模型，并开展精细历史拟合，用于开发策略研究和方案优化设计。

2019 年 6 月西古尔纳 -1 联合公司完成 ERP2019（不包含亚玛玛油藏）开发调整方案的更新工作，根据最新研究成果，储量参数及结果有所变化。基于 Petrel 地质建模软件采用容积法对 6 个油藏进行储量复算，利用油藏数值模拟方法基于整体开发方案（2019）开发策略和井位部署预测最终采收率和可采储量。整体开发方案（2019）采用新三维地震解释、30 口取心井及岩心描述和分析化验、100 多口新钻生产井测井、1000 多次生产测井和脉冲中子测井（PNL）测试等资料；结合大量丰富的动静态资料及历史拟合，进一步深化各油藏的油藏表征研究，更新地质模型。

项目团队坚持"互利共赢，合作发展"的国际化经营理念，一方面通过联合公司层面，与作业者埃克森美孚公司开展深度合作，另一方面通过股东层面传递中方意见，关切保障中方利益。结合作业者和联合公司的整体发展策略，以及中方在生产经营过程中对开发形势的认识，项目制定以"整体优化部署、长期高效稳产"为核心的开发策略，分步分阶段建设和提高产能规模。一是开展油藏精细研究，实现油藏接替、层间接替、适时能量补充；二是利用水平井动用下部低渗储层，开展低渗储层先导注水、后推广运用，改善注水效果，提高低渗层动用程度；三是主力油藏坚持立体井网调整，完善井网注采关系；四是抓好老井稳产、措施效果和新井上产工作。建立全生命周期油藏技术管理模式，以地质模型和数模模型为核心，建模和数模密切结合，为钻井和地面设施等投资提供决策依据，不断降低投资风险。

七、阿布扎比陆上项目油田

2017 年 2 月 19 日，中国石油（CNPC）与阿布扎比国家石油公司签署陆上项目合同，中国石油（CNPC）获取该项目 8% 权益。同年 12 月，中国石油（CNPC）获得东北巴布资产组技术领导者（Asset Leader）工作。2018 年 3 月，中国石油（CNPC）工作组动迁到位，在阿布扎比办公室开始各项研究工作，和东北巴布资产组开发、作业以及技术中心团队开展交流。2019 年 2 月，签订东北巴布（NEB）资产领导者主要性能指标（Key Performance Index，简称"KPI"）。陆上项目油田 1959 年投入开发，20 世纪 70 年代初边缘注水，20 世纪 90 年代初顶部注气，部分油藏采用注二氧化碳等提高采收率的方式开发。2019年,陆上项目达到180万桶/日的产能规模,2020年建成产能达到200万桶/日。2021年,克服新冠肺炎疫情和限产影响,利用钻完井新技术如超长水平井/多分支井MRC(通过水平井、多分支井等特殊轨迹井的方式增大储层接触井眼长度,以获得尽可能大的储层接触程度和泄油面积的建井方式,此类有关的技术称为MRC)、限流筛管等,实现年度产量200万桶/日目标。

陆上项目合同区15个油田,12个已开发(仍有大量储层为未开发),3个待开发。分4个资产群,即巴布(Bab)、布哈萨(Bu Hasa)、东北巴布(NEB)、东南(SE)。开发前期采用前期自喷加注水开发,根据开发情况适当的转机采(气举为主,电泵为辅),开发中后期采用加密井网、先进的钻采工艺,如MRC技术和流量控制装置、自动流量控制装置(ICD、AICD)等技术和成熟的三采技术(混相烃类、二氧化碳驱、聚合物驱等)实现油田200万桶/日的长期稳产,并力争将采收率提高到70%。根据阿布扎比国家石油公司2030战略目标,将加速开展上产计划,2030年提高到235万桶/日,稳产20年。

第三节 海上油气田

一、南帕斯11区气田

2009年,伊朗国家石油公司要求与中油国际(CNPCI)独家谈判,同年6月3日草签关于南帕斯11区块+帕斯LNG项目价值47亿美元服务合同,中油国际(CNPCI)占股80%。合同的生效日为2010年4月4日。

2011年9月,中油国际(CNPCI)完成整个前端工程设计(FEED)的设计,但考虑到国际制裁,中油国际(CNPCI)放缓在南帕斯项目的投资。

2012年8月6日,伊朗国家石油公司与中油国际(CNPCI)签署服务合同终止协议,根据该协议,自协议生效后伊朗国家石油公司应补偿中油国际(CNPCI)执行项目期间所发生的成本和费用,其中一部分是用来支付中油国际(CNPCI)所做的设计文件,其余费用应在审计之后支付。政府审计工作一直持续到2018年4月完成。

2016年11月8日,伊朗国家石油公司与道达尔、中油国际(CNPCI)和帕斯石油组成的联合体在德黑兰签署双方(政府与合同者)拟开展南帕斯11区项目伊朗石油合同谈判的框架合作协议。伊朗国家石油公司规定作业者为道达尔,其占股比例为50.1%,中油国际(CNPCI)和帕斯石油分别持股30%和19.9%,合同期为20年,合同模式为伊朗石油合同(一种不同于回购合同模式的新的风险服务合同,简称"IPC")。

2017年7月2日,中油国际(CNPCI)与道达尔和帕斯石油签署联合作业协议主体及附件。7月3日,中油国际(CNPCI)与伊朗国家石油公司、道达尔和帕斯石油签署伊朗石油合同主体及附件。南帕斯11区项目启动。10月31日,道达尔邀请伊朗国家石油公司、波斯油气公司、中油国际(CNPCI)和帕斯石油代表在德黑兰召开第一次联管会会议。中东公司副总经理成忠良代表中油国际（CNPCI）参加会议。会议审议并通过作业者道达尔提出的2018年工作预算，道达尔提出的合同采办策略，并建议将两项决议提交给伊朗国家石油公司批准。

2018年2月26—27日，在德黑兰召开第3次技术委员会会议。受美国威胁退出伊核协议的影响，道达尔的各项工作进展滞后1—6个月，准备退出。5月8日，美国总统特朗普宣布美国将退出《伊核问题全面协议》。5月21日，道达尔向中油国际（CNODC）递交"无法继续履行"通知。6月20日，伊朗国家石油公司召集道达尔、中油国际（CNODC）和帕斯石油3家伙伴开会了解关于项目交接前的准备工作情况，中油国际（CNODC）在会上介绍包括组织和动员接手团队、准备移交前审计、变更投资主体、重新评价开发方案、调研中国压缩机解决方案等。同时提出中方接手后，有必要重新评价道达尔的招标工作、修改已批准的供应商和承包商名单，希望伊朗国家石油公司考虑适当延长合同期，以弥补项目工期滞后给合同者带来的损失。7月31日，道达尔向伊朗国家石油公司、中油国际（CNODC）和帕斯石油发出"意向退出通知"。8月1日，道达尔计划的交接行动开始，中油国际（CNODC）与道达尔在德黑兰召开第一次交接工作指导委员会，讨论整个交接工作的具体安排。9月17日，道达尔给伊朗国家石油公司发函建议退出联管会会议，根据伊朗石油合同道达尔的权益和作业权将转让给中油国际（CNODC）。9月28日，道达尔和中油国际（CNODC）召开第三次移交工作指导委员会会议，总结项目移交工作的进展情况，报告中油国际（CNODC）审计工作的进展，指出存在的法律问题。

2019年2月25日，李应常在德黑兰代表中油国际（CNODC）签署与道达尔的权益和作业权《转让契约》。签字日确定为2018年10月29日。9月17日，中油国际（CNODC）派高级代表团（赵颖、张宇、叶研、宋近双）到伊朗与伊朗国家石油公司代表商谈在南帕斯11区项目因制裁无法履约的情况下，中油国际（CNODC）如何退出合同的有关问题。伊方同意中油国际（CNODC）根据合同46.11条款退出合同，并将80.1%的项目权益和作业权转让给帕斯石油（伊朗当地伙伴），保留中油国际（CNODC）和道达尔的全部投资回收权和将来的项目返回权。返回项目时，只要伊朗国家石油公司批准，中油国际（CNODC）可重获80.1%的权益和作业者身份。

2020年6月7日，帕斯石油派人到中油国际（CNODC）德黑兰办公室接收南帕斯11区项目资产和资料。

南帕斯11区块属于偏异常高压的硫化氢含量中等、二氧化碳含量低的中含凝析油的弱底水气藏，反凝析现象较弱。考虑项目位于海上开发，综合周边区块开发情况，南帕斯11区块将采用衰竭式开发。目的层Khuff组纵向上分为K1—K4共计4个层，考虑按同一层系开发。根据海工条件，考虑开发成本，参考周边区块生产现状，确定采用2个生产平台开发，每个平台15口井，共30口井，加密井方案再考虑6口加密井。南帕斯11区块目的层Khuff组自上而下分为K1、K2、K3和K4四个层，整个Khuff层组气水高度比约10∶1，下部K4层气水高度比达3∶1，且南帕斯11区块底水较弱，主要采用斜井开发，在一定程度上可减少出水风险。综合考虑确定部署井的避水高度按大于35米考虑。方案设计中，井型选择上，主要采用两种角度斜井开发，考虑斜井在储层内的井筒长度较直井长，故斜井产能应高于直井。平台期单井配产主要在141万—254.9万米^3/日。

南帕斯11区海洋和地面工程设计。2003年，道达尔与伊朗政府签订协议，进入南帕斯11区块并先后完成项目主开发方案、方案选择和前端工程设计等工作。2009年，中国石油（CNPC）进入南帕斯11区块后，对道达尔的前端工程设计方案进行全面复核、认可和升版并完成导管架详细设计。2017年，道达尔重新进入南帕斯11区块，依托原方案，委托原设计方对井口平台及海底管线前端工程设计方案进行升版完善。南帕斯11区块周边区块一直处于生产状态，受周边区块抢气影响，气藏压力等气藏参数已发生改变。根据不同气藏开发方案，提出4个海工总体开发方案。海工方案一，2座井口平台（30口井）+海底管线+陆上已建处理厂；海工方案二，2座井口平台（36口井）+海底管线+陆上已建处理厂；海工方案三，2座井口平台（30口井）+压缩机及配套平台+海底管缆+陆上已建处理厂；海工方案四，2座井口平台（36口井）+压缩机及配套平台+海底管缆+陆上已建处理厂。

结合对地质和海工的认识以及制裁对加压缩机的影响，中方提出3组共5个方案：第1组为不加压缩机方案，包含2个方案，方案1仅考虑不加压缩机，方案2考虑不加压缩机的基础上再考虑钻6口加密井。方案1，2021年7月投产；考虑周边区块抢气量11亿英尺^3/日；上产期开井时率89%，平台期开井时率93%；高峰产气18.2亿英尺^3/日；考虑2口井出水并侧钻。方案2，2021年7月投产，考虑周边区块抢气量11亿英尺^3/日；上产期开井时率89%，平台期开井时率93%；高峰产气18.2亿英尺^3/日；考虑钻6口加密井，南北平台各3口；考虑2口井出水并侧钻。

第2组为上压缩机方案，包含2个方案，方案3仅考虑加压缩机，方案4考虑加压缩机的基础上再考虑钻6口加密井。方案3，2021年7月投产；考虑周边区块抢气量11亿英尺^3/日；上产期开井时率89%，平台期开井时率93%；高峰产气18.2亿英尺^3/日；2026年加压缩机，加压缩机后开井时率91%；考虑2口井出水并侧钻。方案4，2021年7月投产；考虑周边区块抢气量11亿英尺^3/日；上产期开井时率89%，平台期开井时率93%；高峰产气18.2亿英尺^3/日；2026年加压缩机，加压缩机后开井时率91%；考虑钻6口加密井，南北平台各3口；考虑2口井出水并侧钻。

第3组为考虑地质情况等的不确定性方案，包含1个方案，在加压缩机并钻6口加密井的基础上，进一步考虑地质情况和抢气量的不确定性。方案5，2021年7月投产；考虑周边区块抢气量11亿英尺^3/日；上产期开井时率89%，平台期开井时率93%；高峰产气18.2亿英尺^3/日；2026年加压缩机，加压缩机后开井时率91%；考虑钻6口加密井，南北平台各3口；考虑2口井出水并侧钻。

对比分析第1组和第2组方案，加压缩机方案比不加压缩机的方案累计产气增长近60%。

二、阿布扎比陆海项目油田

2011年12月世界石油大会期间，中国石油（PetroChina）总裁周吉平会见阿布扎比国家石油公司（ADNOC）副总裁苏瓦迪（Suwaidi），确定陆海合作区域。2013年5月19日，阿布扎比国家石油公司和中国石油（CNPC）就陆海项目签署合同，合同模式为矿税制，期限30年，中国石油（CNPC）和阿布扎比国家石油公司分别持有40%和60%的权益。该项目是中国石油（CNPC）

与阿布扎比国家石油公司合作的第一个上游勘探开发合作项目，由双方组建合资公司对合作区块进行生产开发。

2014年4月，阿布扎比国家石油公司和中国石油（CNPC）成立合资公司，开始运营作业。陆海项目是高油价下获取的边际效益项目，通过优化方案、设施共享，成为低油价条件下效益达标的项目。陆海项目包括两个区块，即一区块和二区块。

2015年6月20日，海上第一口评价井开钻，10月25日完钻。2015年10月26日，海上第二口评价井开钻。2016年4月26日，第二口评价井完钻，6月15日，一期布哈萨（Bu Haseer）油田开发方案通过"三重一大"审议并于次年获中国石油（CNPC）批复；9月7日，第一口生产井开钻。2017年4月24日，早期投产阶段的4口生产井全部钻探完成。2018年3月21日，一期布哈塞油田实现首油，5月10日实现提油。

2019年，二期贝勒巴泽姆油田群（Belbazem Block）中方可行性研究通过中国石油（CNPC）审查与发改委批复；12月底，布哈塞油田一期实现全油田投产。2020年，持续推进开发方案中注水井的实施。2021年，布哈塞油田开发方案计划的8口油井全部投产，5口注水井全部投注，标志着油田进入注水开发阶段。贝勒巴泽姆EPC合同于2021年5月授标，预计2023年首油，2024年4月25日实现全油田投产。

陆海项目为新建产能项目，其中一期Bu Haseer区块Arab C注水开发，后期采用电潜泵生产。Bu Haseer区块Arab D层采用鱼骨刺完井技术先导实验后扩展到Thamama 2等物性差油藏。产量规模1.2万桶/日（60万吨/年），建设两座导管架井口平台（BH1和BH2），油气混输至达斯（Das）岛的扎库姆（Zakum）处理厂处理，达斯（Das）岛为平台供电，泽库（Zirku）岛上的萨伯（SARB）处理厂为平台提供注水。2018年3月完成北平台BH1建设，2020年1月，南平台BH2投产。

二期贝勒巴泽姆区块3个油田的开发，2023年首油，2024年开始高峰产量4.5万桶/日（225万吨/年），稳产4年，合同期末累计产量2752万吨。计划开发井30口，包括新钻井29口（24口定向井和5口水平井），1口评价井转生产井。3个油田各新建1座井口平台，3个油田生产油气串联输送至泽库的萨伯处理厂处理，由泽库岛向3个油田提供注水水源和电源。

三、阿布扎比海上乌纳项目油田

2018年3月21日，中国石油（CNPC）与阿布扎比国家石油公司就乌蒙莎依夫—纳斯尔（Umm-Shaif & NASR）油田开发项目（即海上乌纳项目）签署合同，中国石油（CNPC）获得该海上油田区块10%的权益。2020年7月18日，中国海油完成对中国石油国际投资有限公司（PetroChina Investment Overseas（Middle East）Limited）40%股权的收购，从而间接获得海上下扎项目4%的权益。

2018年3月9日—5月31日，海上乌纳项目权益油由阿布扎比国家石油公司代销，6月开始自提油。2019年，纳斯尔全油田开发（FFD）阶段工程投产。2020年，海上乌纳项目按计划生产。2021年，做好先导试验区Thamama等低渗层研究，优化注水，保持主力油藏能量。

乌姆沙依夫油田1962年投产，历经衰竭开发、先采油后采气顶、边缘注水、顶部注气＋边缘注水、顶部注气+边缘注水+面积注水、循环注气开发凝析气顶等阶段。开发策略加密注采井网，结合水气交替注入法（WAG）/混相驱等三采技术实现最终采收率60%以上。计划2029年达到100万桶/日的高峰产量，稳产11年。纳斯尔油田2013年投产，采用大斜度井、边部注水、面积井网注水、部分井气举开发。自喷采油，

四、阿布扎比海上下扎项目油田

海上下扎库姆油田（Lower Zakum）1967年投产，经历衰竭式，边缘注水、加强注水，腰部补充注水等多个阶段。2018年3月21日，中国石油（CNPC）与阿布扎比国家石油公司就下扎库姆油田开发项目（即海上下扎项目）签署合作协议，中国石油（CNPC）获得该海上油田区块10%的权益。2020年7月18日，中海油完成对中国石油国际投资有限公司40%股权的收购，从而间接获得海上下扎项目4%的权益。2018年3月9日—5月31日，权益油由阿布扎比国家石油公司代销，6月开始自提油。2019年6月，海上下扎项目管线更换工程建成投产。2020年，海上下扎项目原油生产按计划进行。2021年，优化注水注气，恢复低压区地层能量，减轻气侵、水侵，保持油藏健康合理开发。

海上下扎项目为上产项目，开发策略为延续边缘注水+顶部注气，2030年后注水井全部向内滚动+局部面积井网，2050年后气水交替+提高采收率。开发方式顶部注气+边缘注水，采油方式为自喷方式。

第四篇　钻井与地面工程

中东公司自2002年以来,在中东地区开始钻井工作和地面工程建设。钻井工程上,地质导向等钻完井技术应用在水平井、大斜度井、丛式井钻井,为油田产能建设、上产稳产和降本增效提供支持。水平井钻井在阿曼5区、艾哈代布油田、哈法亚油田和西古尔纳-1油田从试验阶段发展到规模应用。水平井钻井开发试验在鲁迈拉油田取得效果,大斜度井和丛式井在北阿扎德甘油田普遍采用。MRC技术2018年开始在阿布扎比海上项目LZ油田采用。地面工程上,陆上油田产能建设、升级改造和海上项目的工程建设等一系列大型工程建成投产。先后建成产能100万吨MIS油田、700万吨艾哈代布油田、2000万吨哈法亚油田、350万吨北阿扎德甘油田。阿曼5区实施油田电力、油气处理和注水设施等产能改扩建,实现从年产24万吨升到270万吨产能。鲁迈拉油田通过油田电力、油气处理、注水等设施产能升级改扩建,实现7000万吨大油田生产能力。西古尔纳-1油田通过电站、油气处理设施等产能升级和改扩建实现2000万吨生产能力。叙利亚项目通过储罐和营地扩建改造提高油田基础设施保障能力。阿布扎比陆上项目通过增加新的油气工程建设扩建产能。阿布扎比陆海项目开展新的产能建设实现油田投产,海上乌纳项目扩建新的海上平台实现产能提高,海上下扎项目开展长期工程规划评价,对已有海上设施进行维护提升油田生产稳定保障能力。

第一章　钻井工程

中东公司根据油田开发方案，进行地质钻井设计，稳步推进钻井工作。地质导向等钻完井新技术应用在水平井、大斜度井、丛式井钻井，为油田产能建设、上产稳产和降本增效提供支持。水平井钻井在阿曼5区、艾哈代布油田、哈法亚油田和西古尔纳-1油田从试验阶段发展到规模应用。鲁迈拉油田开展水平井钻井开发试验取得效果。大斜度井和丛式井在北阿扎德甘油田普遍采用，投资上限得到保证。2015年以来，中东公司每年钻井工作量逐年上升，2015年钻井204口，2016年钻井184口，2017年钻井522口，2018年钻井730口，2019年钻井705口。2020年受低油价和新冠肺炎疫情影响，优化调减钻井工作量，完钻444口。2021年完钻348口，完井344口。2022年完钻457口，完井453口。

第一节　水平井钻井

水平井钻井在阿曼5区、艾哈代布油田、哈法亚油田和西古尔纳-1油田广泛应用。

阿曼5区广泛调研国内外碳酸盐岩油田注水开发和经验，进行地质研究论证和数值模拟。水平井注水开发在阿曼5区这样的老油田是最有效的开发方式，达利油田采用水平井注水开发井网部署。2002年7月开始，采用水平井+多分支井技术。在Up Shuaiba层，钻水平井+多分支井40口，其中水平井21口。2015年继续实施水平井注水开发，在老油田内部挖潜，提高采收率。2016年，在复杂和侧钻水平井段，使用随钻测井工具听诊器（StethoScope）和显微镜（MicroScope）替代复杂条件下地层压力测试（TLC/XPT）和电成像（TLC/FMI）测井。2017年，进一步完善区块水平井注水井网，水平井得到规模应用。

艾哈代布油田主要采用水平井衰竭开采，确立主力油层Kh2采用正对水平井网，排距300米，水平段长800米；部署283口井，其中水平井278口。下部层系采用反九点面积注水井网，部署121口井。实践证明水平井单井平均产量为直井的2倍以上，水平井平均单井产能1850桶/日，高于方案设计的1600桶/日。2015年，艾哈代布油田进行水平井钻完井技术专题研究，有针对性地提出多项技术措施，大位移长水平段钻井技术得到进一步完善，井身结构优化由三开水平井设计调整为四开水平井。2016年，油田采用水平井精细构造建模技术更新地质模型，提供更精确地质依据，进一步优化下部层系水平井钻井技术，下部层系全部采用水平井裸眼完井方式。2017年对Ru1、Ru2a、Ru2bU及Ru2bL/Ru3等4套层系，逐步部署水平井开采，后期直井逐步转注水井，水平井作为生产井，实现分层系开采。Ma1 层保持水平井网开采，排距 300 米，由于水平井均钻在高部位，不适合转注水井，考虑从其他层系的直井转注水井及部署新水平井注水来补充能量。2018 年，艾哈代布油田水平井应用取得良好经济与开发效果，水平井总产油 473.1 万吨，占全油田产量 82.1%。2019 年，油田在 AD-1 和 AD-2 区开展水平井井网交替注水试验。

鲁迈拉油田 R-565 井为鲁迈拉油田史上第一口水平井，水平段井斜 90 度，水平段钻进采用地质导向技术，完钻井深 3300 米，一次性钻穿油层 899 米，水平段长度 694.63 米。该井 2014 年 8 月 17 日开钻，11 月 21 日完钻，从开钻到完井历时 95.17 天。

哈法亚油田开展主力 Mishrif 油藏水平井开发配套工艺技术研究，推进 Sadi 低渗透油藏水平井多级水力压裂试验，为规模开发积累经验。对于碳酸盐岩油藏，包括 Mishrif、Khasib、Sadi 及 Hartha 油藏等，采用大斜度—水平井与直井/斜井的混合井网，水平井为采油井、直井为注水井。对于不同的油藏，根据井组模型的优化结果，水平段长度 800—1500 米，初期产能 1000—6000 桶/日。2010 年 12 月 4 日，油田确定第 1 口水平评价井 HF003-S001H 井，11 日开钻，目的层萨迪层，计划钻深 3644.0 米，实际钻深 3698.0 米，造斜点 2687.0 米。钻进过程中，克服施工风险大、水平段长等困难，2011 年 2 月 12 日完钻，2 月 18 日完井，完钻井深 3700 米，实际建井周期 69 天，较计划提前 5 天。作为哈法亚油田 Mishrif 油层第一口水平井，HF003-M001H 完成完井、酸化及测试工作，9 月 19 日获高产油流，酸化前 1/2 英寸油嘴求产产量 1211 桶/日，井口压力 428 磅力/英寸^2；酸化后 1 英寸油嘴求产产量 4458 桶/日，井口压力 415 磅力/英寸^2。2019 年，油田对 Sadi 油藏的 S005H1 水平井实施 8 段压裂，压裂后获近 2000 桶/日高产。2020 年，油田第二口井 S0224H1 多级分段压裂取得成功，日产超过 2000 桶，验证 Sadi 开发潜力，进一步增强油田的稳产能力。截至 2021 年底，哈法亚油田完成多分支水平井 13 口，水平井 75 口，定向井 270 口。

西古尔纳-1 油田利用水平井分层开发 Mishrif 油藏，提高纵向动用程度，对于未开发区域，水平井优先开发优质储层，确保单井高产，采用大注采井距控制含水上升，对于已开发区域，水平井部署低渗储层，提高储量纵向动用程度，增加"干油"产量。其中 Mishrif 油藏采用直井、定向井和水平井进行开发，水平井 600—2000 米；Mauddud 和 Sadi 油藏均采用水平井开发，水平井 600—2000 米。2017 年，完钻 Mishrif 水平井 13 口。2018 年，油田在水平井成功应用油管和连续油管双管柱同时注酸改造技术。2020 年，油田累计投产 Mishrif 水平井 38 口，形成 6.8 万桶/日的干油生产能力，有效提高 Mishrif 油藏的开发效果。2021 年，油田在 MB2 层规模部署长水平段水平井达到设计产能，保持油田生产稳定。截至 2020 年 12 月 31 日，钻水平井 60 口，其中 Sadi 油藏已钻 5 口水平井。Mishrif 油藏钻水平井 49 口，水平段长 600—2000 米。其中注水井 1 口。Mauddud 油藏钻水平井 1 口，Zubair 油藏钻水平井 5 口。

第二节 钻井新技术应用

阿曼5区，断层发育和油层分布不稳定，根据油藏特征，2002—2021年，采用水平井地质导向技术，通过前方钻井地质监督，后方办公室地质人员、测井解释人员、钻井人员和人工举升人员等团队配合，发挥团队优势，预测和解决水平井钻进过程中遇到的复杂问题。共钻水平井759口，水平井钻井成功率100%，有效储层钻遇率在70%以上。根据地层特征采用合理的井身结构设计，把原来Natih层的井由四开改为三开，Shuaiba层的井表层套管由原来的450米缩短到150米，大大节约成本。水平段全部裸眼完井，大幅提高水平井单井产量和注水量。2016年，使用威德福（Weatherford）的钻杆内测井技术，完成6口井的二开井段电测，解决井眼垮塌，电测困难的问题。2018年，油田在造斜段和水平段继续使用PDC钻头+PD弓（Archer）旋转动力钻具提高机械钻速，使用旋转尾管下入工具，提高造斜段7英寸尾管下入成功率，降低尾管下入风险，缩短尾管下入的时间。

伊朗MIS油田，经过近百年的开采，油气层压力系数只有0.34—0.38，气顶高含硫化氢。针对低压裂缝性含硫化氢油气藏水平井钻采和试油技术难点，MIS项目公司2007—2010年通过研究和现场实践摸索出一套适合本油田特点的水平钻井配套技术，其中应用可循环微泡沫钻井液体系，在Asmari储层实现安全钻井，通过调节可循环泡沫钻井液性能、优化泵压和排量参数，解决定向过程信号的传输问题。在现场完成12口水平井钻完井。

艾哈代布油田，2015年开展"艾哈代布油田水平井钻完井技术研究"，有针对性地提出多项技术措施，大位移长水平段钻井技术得到进一步完善。2016年，艾哈代布油田从安全管理、定向服务、钻井液技术、固井技术等多方位，强化技术，狠抓质量确保年度钻井目标实现。

西古尔纳-1油田，2018年应用斯伦贝谢公司的旋转导向定向工具，水平段钻速较常规定向钻具提高66.27%。2019年，油田在$12\frac{1}{4}$英寸井眼试用并推广斯密思（Smith）的滚子扶正器（Tandem Roller Reamer），有效缩短倒划眼时间及短程起下钻时间；在水平井中旋转地质导向技术的应用大幅度提高钻井速度，完钻WQ1-491井（井深4684米、水平段长2000米），钻井周期仅38.21天。

阿布扎比海上项目，2018年在LZ油田采用MRC技术（通过水平井、多分支井等特殊轨迹井的方式增大储层井眼长度，以获得尽量大的储层接触程度和泄流面积的建井方式，与此相关的技术）完成一口井钻井，为MRC钻井技术的推广积累经验。

第三节　油田钻井

一、阿曼 5 区钻井

2002—2020 年底，阿曼 5 区油田完钻直井／定向井 76 口、水平井 332 口。2021 年，4 部钻机完钻新井 73 口，其中勘探评价井 2 口，开发评价井 13 口，生产井 39 口，注水 19 口。全年平均钻井周期 17.43 天，平均钻井成本 121 万美元，水平井最短钻井周期 8.83 天。在钻井中加强降本增效，通过提高二开机械钻速，改进钻井液配方，造斜段使用新型钻井液润滑剂提高尾管下入成功率，水平段减少不必要的随钻测井项目，完井管柱使用合格旧油管大幅节省材料成本。两台钻机进行合同更迭，合理安排整改计划，缩短整改时间，保证钻井作业的持续性。2022 年，完钻井 92 口，其中勒克威尔油田 2 口。通过细分钻井作业环节，优化井身结构设计，严格控制施工作业质量等措施不断提高钻井时效，非生产时间比率控制在 6.11% 以内。推动第 5 部钻机提前 20 天动迁到位。

二、MIS 油田钻井

MIS 油田地面为山地地形，主要钻井区地面海拔高度 400—500 米。油田共钻井 17 口，分评价井、污水回注井和开发井 3 种类型，评价井和污水回注井为直井，开发井为水平井，钻井总进尺约 23000 米，其中部署 5 口直井（3 口评价井、2 口污水回注井）和 12 口水平井。

直井试油 1 口，水平井试油 4 口。在 2 口评价井 V-1 井和 V-2 井进行取心，取心 6 筒，进尺 50 米。钻 2 口污水回注井。

2007 年 11 月 18 日，第一口井开钻。2010 年 6 月底，完成 17 口钻完井和 5 口井试油的合同任务。平均钻井周期 40.5 天，平均试油周期 12 天，水平井最高日产量 4660 桶，水平井试油平均日产 3280 桶。水平井的水平段平均长度 450.5 米，平均每口水平井盲钻长度 464.07 米。直井平均单井综合成本 323.57 万美元，比原计划的 380 万美元节约 56.43 万美元，节约 14.85%，水平井平均单井综合成本 272.7 万美元，比原计划的 350 万美元节约 77.3 万美元，节约 22%。整个项目钻完井及试油配套技术的推广应用，显著地降低成本。与初期预算相比，节约成本约 1600 万美元。

在项目的现场施工过程中，项目管理人员与施工技术人员密切配合，遵循"边研究、边试验、边应用"原则，解决生产实际问题，形成一套 MIS 油田复杂地质条件下特低压、高含硫油气藏钻完井及试油配套技术，显著地降低成本、缩短周期，使濒临废弃的百年边际油田焕发青春。现场应用钻完井和试油技术得到伊朗国家石油工程开发公司的高度赞赏。

三、艾哈代布油田钻井

2008 年以前，伊拉克在艾哈代布油田构造钻探 AD-1 井发现油田，艾哈代布油田完钻 AD-2 井、AD-3 井、AD-4 井、AD-5 井、AD-6 井和 AD-7 井等探井。

2008年，绿洲公司与伊拉克政府签署艾哈代布油田的生产服务合同后，在油田完钻AD-8井、AD-10H井2口评价井。2010年，完钻27口井，包括6口评价井、4口定向井及17口水平井。

2011年，艾哈代布油田投入开发生产。截至2013年6月，完成8口评价井，39口定向井和87口水平井钻井，取得较全的测井系列资料。完成地层原油取样分析（PVT）10次，完成试油井45口。

2015年底，艾哈代布油田新完钻评价井5口，其中4口评价井分别在Khasib、Mishrif、Rumaila和Mauddud组进行取心，岩心总长度为521.9米。

2009—2019年，按照开发方案设计，共完钻401口井（不含2009年之前伊方7口老井），其中直井17口、定向井52口、三开水平井83口、四开水平井249口。主力层Kh2层完井271口。其中：直井射孔完井5口，无定向井，水平井裸眼完井121口，筛管完井75口，筛管+管外封隔器（ECP）完井70口；下部层系完井130口，其中直井射孔完井12口，定向井射孔完井52口，水平井裸眼完井62口，筛管+管外封隔器完井4口。

2020年底，艾哈代布油田共完钻井408口（包含伊方钻的7口），其中直井/定向井76口、水平井332口。2021—2022年，无钻完井。

四、鲁迈拉油田钻井

2010年7月26日，接管后的第一口井R-504井开钻，合同期内的钻井工作启动。截至2022年12月31日，钻新井490口。其中，Mishrif油藏注水井34口，生产井113口；Main Pay油藏注水井14口，生产井266口；Dammam污水回注井63口。Mishrif和Main Pay两个油藏普通直井和定向井为3开次井身结构，大斜度井采用4开次井身结构。20英寸导管钢级为K-55，壁厚11.13毫米，BTC扣型；13$^3/_8$英寸套管钢级为L-80，壁厚9.65毫米，BTC扣型；9$^5/_8$英寸套管钢级为L-80，壁厚11.99毫米，VamTop扣型；7英寸套管钢级为L-80，壁厚10.36毫米，VamTop扣型；4½英寸套管钢级为L-80，壁厚7.45毫米，VamTop扣型。

定向井设计为二维井身剖面，造斜率不超过4.5度/30米。定向工具主要采用螺杆+MWD（随钻测量），当井斜或位移较大时，采用旋转导向控制井眼轨迹。

老井侧钻井早期在Main Pay油藏完成20口，2012年和2013年每年完成10口，井眼轨迹设计及控制情况和普通定向井相同。2013—2015年，利用日费钻机在Mishrif油藏钻12口大斜度井（联合公司定义为井斜大于60度）。其中BH58钻井队承钻的Ru-438井，唯一采用裸眼完井方式井，井深3335米（垂深2399米），井底实测井斜87.69度，2014年10月9日开钻，12月9日完钻，26日完井，从开钻到完井历时78.03天。R-565井为油田史上第一口水平井，水平段井斜90度，水平段钻进采用地质导向技术，完钻井深3300米，一次性钻穿油层899米，水平段长度694.63米；该井2014年8月17日开钻，11月21日完井，从开钻到完井历时95.17天。唯一大斜度井Ru-485井，利用日费钻机DQ37，2020年2月1日14点开钻，设计最大井斜75度，最大井深3637米（垂深3225米）。三开12$^1/_4$英寸井眼采用哈利伯顿旋转导向钻进，中完深度3504米，井底实测井斜69.8度。由于新冠肺炎疫情影响，根据投资情况及作业部钻机计划安排，该井于

2020年3月14日暂停，2022年1月6日开钻最后一个开次，8.5英寸井眼钻至3630米，其中最大井斜75.33度。2022年6月7日利用日费制钻机DQ37完成油田的第一口Main Pay油藏大井眼取心井Ru-508井，累计取心11趟，取心进尺267.1米（3237.9—3505.0米），累计收获率100%，取心纯钻时间154.68小时，取心平均机械钻速1.73米/时，全井钻井周期91天，建井周期124天。2021年，第一季度完成3口Dammam污水回注井，平均钻井周期6天，平均完井周期7天，建井周期平均42天。2022年利用DQ30日费钻机创造Dammam污水回注井优快钻井典范，完成Dammam污水回注井28口，平均钻井周期3天，平均完井周期4天，平均建井周期11天。

Mishrif油藏大斜度井，一开和二开钻井液体系和密度不变，三开采用密度1.24克/厘米³的氯化钾（KCl）聚合物体系，四开采用密度1.11—1.22克/厘米³的KCl聚合物体系。Main Pay油藏大斜度井，一开和二开的钻井液体系和密度不变，三开采用密度1.20—1.38克/厘米³的KCl聚合物体系，四开采用密度1.24—1.25克/厘米³的无固相KCl聚合物体系。

鲁迈拉油田固井所用的水泥浆为G级油井固井水泥，其中表层套管采用单级双密度固井工艺，技术套管采用双级双密度固井工艺，生产套管采用单级单密度固井工艺。除Ru-438井的6英寸裸眼完井（未下4½英寸尾管），Mishrif油藏其他大斜度井7英寸和4½英寸两层生产尾管均采用单密度尾管固井工艺。Main Pay油藏的大井眼井（只有Ru-485井）的20英寸表层套管采用双密度内插法固井工艺，7英寸生产尾管采用单密度尾管固井工艺。

2010年联合公司成立以来，经过13年近500口井的钻井实践，形成应对鲁迈拉油田钻井挑战的成熟作法，钻井作业安全高效进行。针对最大钻井挑战Dammam地层和Hartha地层的不同井漏情况，形成钻前单井漏失预测，钻进时根据漏速采取随钻堵漏、清水强钻及起钻打水泥塞等具体对策；针对Tanuma、Nahr Umr、C泥岩（C-Shale）及K泥岩（K-Shale）等页岩层失稳，专门设置岩石力学专家岗，进行钻前井壁稳定研究，通过合理的钻井液密度加强抑制性，防止坍塌。先后中标的承包商有渤海钻探公司（BH）、大庆钻探公司（DQ）、斯伦贝谢（SLB，租用伊拉克钻井公司钻机）、威德福服务公司（WFD）、哈利伯顿（HAL，租用WFD钻机）、土耳其石油国际公司（TPIC）、伊拉克钻井公司和中曼石油能源公司（ZPEC）。其中，土耳其石油国际公司（TPIC）所钻的28口井工作量，是其与巴士拉石油公司在联合作业公司接管前签署合同的延续。钻机合同模式以大包为主日费制为辅，除2010年和2016年外，每年都有日费制钻机。

五、哈法亚油田钻井

哈法亚油田钻遇地层复杂，各地层压力不同，储层纵向分布多，钻井井型多样。在钻井实践中通过不断优化钻井工艺水平，对钻井过程中出现的难题开展针对性研究，分别对Nahr Umr、Shuaiba、Zubair页岩层，下部Fars盐膏层的井壁稳定、防漏堵漏、固井质量、储层保护、分支井钻井、深探井等方面，开展研究和推广应用适用技术取得成效，形成适应哈法亚油田实际配套的钻井技术体系。

2010年10月，第1台钻机渤海-32动迁到达哈法亚现场；同年11月第2台钻机渤海-21抵达现场，开始钻井作业。2011年底，哈法亚现场钻机达5部，支持一期商业初始产量阶段上产。

2013 年底，哈法亚现场钻机达到 10 部，支撑二期 20 万桶产能建设。2015 年底，陆续动迁 13 部钻机到哈法亚现场，分别隶属渤海钻探 6 部、大庆钻探 5 部、安东石油 2 部，支撑三期 40 万桶产能建设及高峰产量稳产。

2010 年 12 月 4 日，渤海-21 钻机搬至哈法亚油田第 1 口水平评价井 HF003-S001H 井位，11 日开钻，目的层 Sadi，计划钻深 3644.0 米，实际钻深 3698.0 米，造斜点 2687.0 米。钻进过程中，克服施工风险大、水平段长等困难，2011 年 2 月 12 日完钻，2 月 18 日完井，完钻井深 3700 米，实际建井周期 69 天，较计划提前 5 天；实际成本 658 万美元，较预算计划节省 135 万美元。作为哈法亚油田 Mishrif 油层第一口水平井，HF003-M001H 井完成完井、酸化及测试工作，2011 年 9 月 19 日获高产油流，酸化前 1/2 英寸油嘴求产产量 1211 桶/日，井口压力 428 磅力/英寸^2；酸化后 1 英寸油嘴求产产量 4458 桶/日，井口压力 415 磅力/英寸^2。2011 年 5 月 27 日开钻的定向井 HF001-M267 井，7 月 13 日完钻，完钻井深 3167 米，建井周期仅 47 天，比设计周期提前 19 天，最高平均机械钻速 7.4 米/时，最高钻机月速 2016 米/月，最短建井周期 47 天，实现高水平优质钻井目标。

截至 2021 年底，哈法亚油田完成各类钻井 431 口井，其中多分支水平井 13 口、水平井 75 口、定向井 270 口、直井 73 口。按目的层分类，Mishrif 281 口井，Hatha 3 口井，Jk 68 口井，Middle Kirkuk18 口井（水源井），Khasib 16 口井，Nahr Umr 35 口井，Sadi 6 口井，Yamama 4 口井。2022 年，钻新井 52 口。

2022 年，不断优化造斜点和井眼轨迹设计、制定针对性的防塌、防漏、防卡、防喷等措施，改善钻井液性能，推广 RSS 地质旋转导向钻井技术。开钻井 56 口，完钻井 50 口，完成钻井进尺 19.4 万米，平均井深 3658 米，平均钻井周期 48.92 天，最短钻井周期 19.33 天，平均钻井成本降到 1285 美元/米，保持钻井"零事故、零伤害、零污染、零井喷"的安全生产纪录。

六、北阿扎德甘油田钻井

2010 年 3 月 19 日北阿扎德甘油田开钻 NAZ-1 井，该井是项目生效后油田的第一口井，实行日费制合同，由长城钻探公司承钻。10 月 20 日完钻，完钻井深 4101 米；平均机械完钻速 2.65 米/时，建井周期为 234.3 天。12 月 31 日 NAZ-1 井完成试油施工。

2013 年，北阿扎德甘油田 17 口水平井（大斜度井）平均钻井周期为 109.36 天，平均单井非生产时间为 8.21 天，与 2012 年相比，平均单井钻井周期下降 6.7 天，非生产时间下降 2.56 天。2013 年平均完井成本为 882.41 万美元，比计划的 1100 万美元节省 19.78%；与 2012 年相比，生产井平均成本下降 7.6%。

2014 年，北阿扎德甘油田钻井周期进一步下降，实际成本比计划控制目标降低 20.6%，酸化试油顶替液由柴油改为活性水，降低作业成本。

钻井阶段通过密切跟踪和分析测、录、试、岩心和原油取样分析实验等资料，及时调整和优化钻井轨迹，22 口水平生产井，平均净毛比约为 88%。29 口大斜度生产井均实现地质目标，靶点距离油水界面大于 60 米，平均净毛比约为 78%。3 口评价井、2 口污水回注井均实现地质目标。

Kazhdumi 储层分布受构造和岩性双重控制，油水界面和储层分布不连续，在地质资料有限的情况下，为了准确预测储层分布，对 AZNN-053 井设计斜导眼井，钻遇 350 米有效储层。

2015 年 2 月 19 日，完成全部 58 口井的钻井工作量，以丛式井为主，总进尺 241159 米，平均井深 4158 米，钻井工程成功率 100%。其中 23 口水平井，平均钻井周期 106 天，平均测深 4094 米；29 口大斜度井，平均钻井周期 111 天，平均测深 4208 米；3 口直井，平均井深 4175 米；2 口污水回注井，平均井深 3198 米；1 口观察井，平均井深 2990 米；钻井过程中完成新建 21 个井场，大部分在沼泽湿地，丛式井平台的井口槽数量分 2 口、3 口、4 口、5 口、6 口等不同类型。

评价井和关键井井身结构为表层套管（20 英寸）深度为 100 米。技术套管（$13^3/_8$ 英寸）深度 1300—1400 米，进入 Gachsaran 地层 45 米中完。技术套管（$9^5/_8$ 英寸）目的是封固异常高压 Gachsaran 盐膏层。7 英寸生产尾管深度为进入 Dariyan，封隔低压层。5 英寸或 4½ 英寸尾管完井，井深为 4175 米。Sarvak 及 Kazhdumi 水平井 / 大斜度井上部井身结构与评价井相同，7 英寸生产尾管深度为进入 S3 或者 Kazhdumi 入靶点顶部。水平段 / 大斜度段 4½ 英寸筛管完井，Sarvak 水平段 / 大斜度井段长约 1000 米。Kazhdumi 水平段长度 200—300 米。

钻井液体系，表层 26 英寸井眼，膨润钻井液，相对密度 1.04—1.12。17½ 英寸井眼，无固相聚合物泥浆体系，相对密度 1.07—1.26，控制氯离子含量 6 万毫克 / 升。$12^1/_4$ 英寸饱和盐水聚合物钻井液体系，相对密度 1.60—2.30。8½ 英寸井眼 KCl 聚合物钻井液体系，相对密度 1.20—1.30，配磺化添加剂和氯离子含量 8 万—10 万毫克 / 升解决页岩垮塌掉块问题。6 英寸井眼 KCl 聚合物钻井液体系，相对密度 1.20—1.30，水平段钻进增加润滑性。

选择使用随钻废弃物处理工艺方案，对生产作业产生的废弃物固液分离，固相物质固化干燥后转运到指定排放坑，废液经过处理循环利用，将无法处理部分转运到指定排放坑；保证钻屑废弃物在指定地点外实现零排放、零污染。

2015 年，58 口井完井，完井管柱采用自喷与气举一体化设计。通用的一体化管柱组合自上而下依次为油管悬挂器 + 油管 + 安全阀（SSSV）（上下两端各带一个配套的流动短节）+5 级气举阀 + 伸缩节 + 滑动套（SSD）+ 两级化学注入阀 + 永久式封隔器 + 坐落短节 + 引鞋。

七、南阿扎德甘油田钻井

阿扎德甘油田早期生产井共 24 口，其中 3 口废弃井、21 口生产井。生产井中 20 口井分布在南阿扎德甘油田，1 口井（AZN-3）分布在北阿油田。

2010 年 11 月，中国石油（CNPC）进入南阿扎德甘项目。2010 年 11 月—2012 年 9 月 6 日之间属于过渡期，主要完成两口井的钻完井，开展项目前期的相关工作，编制和细化项目总体开发方案。2012 年 6 月，伊朗批准总体开发方案。2012 年 9 月 6 日，项目合同生效，进入方案实施阶段。2012 年 6 月油田第一口井开钻，11 月 10 日完钻。2012 年 10 月，钻井工程前端工程设计通过伊朗国家石油公司批准。2013 年已完成 11 座井场扩建工程，采购 12 口井材料，动员 5 台钻机。

截至 2014 年 5 月，南阿扎德甘项目动用 5 部钻机进行钻井作业，累计开钻 15 口，完钻 12 口，其中 3 口因项目终止未完，完成 2 口井试油工作。累计完成 28 个井场建设，其他 11 个正建设井场施工因项目终止而提前结束。共完成 100 口井的材料招标工作，其中 18 口井材料已及时到位。

八、西古尔纳–1 油田钻井

西古尔纳–1 油田作业者为埃克森美孚，钻井工程采用大包制，主要钻井承包商为斯伦贝谢和哈里伯顿。甲方根据大包合同及油藏地质开发要求，对钻井工程设计提出明确要求，包括但不限于钻井液体系、钻井液密度、轨迹控制质量、固井质量、井控安全。甲方协调生产及钻井的验收，钻井承包商承担钻井设计、施工、完井以及完井报告编写等全部环节。中方长城钻探为哈里伯顿和斯伦贝谢的分包商，分别中标哈里伯顿和斯伦贝谢的钻机服务合同，提供钻机服务。

2010 年，埃克森美孚进入该项目时，已钻井 350 口井，全部采用单井场直井钻井，埃克森美孚进入后，逐渐开始开展丛式井和水平井钻井，共有 16 个丛式井场，已钻 64 口丛式井，钻井最多的平台井数为 9 口（JK88.5 平台），包括 8 口生产井、1 口水源井。

2013 年 11 月，中国石油（CNPC）进入该项目。2013—2020 年，项目钻完井作业有显著转变。主要体现在以下 3 个方面。根据地质油藏的要求，该油田不同油藏采用不同的开发方式，从单井场钻井、直井/定向井开发为主，逐步转为丛式井钻井、水平井开发为主。实现少井高产，降低总井数从而降低钻完井投资。其中 Mishrif 油藏采用直井、定向井和水平井进行开发，水平井 600—2000 米；Zubair 油藏采用直井和定向井开发；Mauddud 和 Sadi 油藏均采用水平井开发，水平井 600—2000 米；Yamama 油藏处于评价阶段，主要为直井。承包商从以伊拉克钻井公司为主，转变为以国际知名油田服务公司为主。引入世界知名油服公司后，钻井效率得到明显提升，钻井周期明显缩短，非生产时间下降明显，提高钻完井作业的稳定性、持续性。钻井技术应用也由常规定向井技术、逐渐转变为旋转地质导向定向井技术。在钻井过程中，针对钻井出现的问题，系统优化井身结构，整体优化井身剖面，PDC 钻头个性化优选，采用旋转导向系统等，大大提高定向井钻井速率；引进新的钻井液体系及固井水泥浆体系，降低井下复杂，提高处理漏失、井壁垮塌等复杂的能力，提高井眼质量及固井质量；利用大包合同模式，将甲方工作核心放在对已有作业的监管、分析解决当前合同期内发现的新的技术难题及应对措施、持续优化经营指标、优化下一个钻井大包合同的技术条款上，规避甲方作业风险，严格内控流程，提高公司管理的自动化、标准化水平，明确甲乙双方的责任与权益；强化钻井生产作业各环节的组织管理，加强井控及 QHSE 管理，针对该油田的钻井方案及相关配套技术逐渐成熟，逐步实现钻井作业的高效、优质以及钻完井成本显著降低，钻井工程方案及技术满足油田作业要求。

截至 2022 年 12 月 31 日，油田共钻井 522 口，其中采油井 358 口，注水井 109 口，Yamama 油藏评价井 6 口，Damama 油藏水源井 49 口。Mishrif 油藏钻井 413 口，其中直井/定向井 354 口，水平井 59 口，水平段长 600—2000 米；Zubair 油藏井 47 口，直井 42 口，水平井 5 口；Sadi 油藏已钻 5 口水平井；Mauddud 油藏钻井 3 口，其中水平井 2 口，直井 1 口；Yamama 油藏已钻直井评价井 6 口（表 4-1-1）。

表 4-1-1　2022 年底已钻各目的层的井型及井数情况

油藏	井类	垂深（米）	直井/定向井（口）	水平井（口）	合计（口）
Sadi	生产井	2100		5	5
Mishrif	生产井	2200	267	41	308
	注水井		87	18	105
Mauddud	生产井	2600	1	2	3
Zubair	生产井	3200	38	4	42
	注水井		3	1	4
Yamama	评价井	3600	6		6
Damama	水源井	1000	49		49
合计			451	71	522

九、阿布扎比项目钻井

陆海项目。2018 年，布哈塞油田钻开发井 13 口（8 口生产井、5 口注水井）。实现多项重要举措，加强与钻井作业部门的协调沟通，使同步操作（SIMOPS）系统更高效地发挥作用。优化 311.2 毫米井眼斜井段的井眼轨迹，用油基钻井液减少摩阻。2019 年，陆海项目完成年度钻井计划。2020 年，完井 2 口（BR10/11）；钻新井 3 口（BR15/16 生产井及 BR18 注水井）。2021 年，完钻新井 3 口。布哈塞油田 Arab-D 钻一口先导试验井投产，为低渗油藏下一步开发提供依据。采用新型鱼骨井完井技术替代压裂，不需要打导眼井进行微压裂试验和地应力测井。2022 年完钻新井 1 口。

陆上项目。2017 年，生产过程中为节省成本，在不影响生产计划的前提下，减少新钻井的数量，增加修井数量，调整后按计划完成全年任务。优化钻完井方案，推广先进水平井钻完井技术的应用。2018 年，超额完成年度钻井任务。重要举措是，进一步对钻完井施工中的问题进行深入研究，尽量避免井下复杂情况的发生，优化钻完井方案，推广先进水平井钻完井技术的应用。2019 年，中方密切联系阿布扎比国家石油公司陆上项目团队，进一步开展钻完井施工中的问题研究，优化钻完井方案，推广先进水平井钻完井技术的应用。2020 年，对钻完井施工中的问题进行深入研究，避免井下复杂情况的发生，优化钻完井方案，推广先进水平井钻完井技术的应用，为减少关停井数量，优化钻机和修井机数量的配置。2021 年钻新井 200 口，2022 年钻新井 213 口。

海上乌纳项目。2019 年，海上乌纳项目借鉴周边油田经验，开始试验综合钻井承包模式，提高服务商管理水平和作业效率。针对部分井的浅部地层漏失问题，通过优化井身结构、调整钻井液体系、采用控压钻井设备等方式完钻。根据油藏开发要求，乌纳项目在多口井成功实施流量控制装置（ICD）完井、分支井回接完井、智能完井等技术。2019 年，海上乌纳项目计划钻井 34 口，实际完钻 30 口井。乌纳项目未完成钻井计划的主要原因是，由于 2—4 月、11—12 月海上大风、大浪等非作业天数较多，导致 US186 井、NS042 井、US175 井、US190 井等在钻井结束后无法进行钻井平台的拖航、移位，影响乌纳项目后续井按计划开钻。2020 年，海上乌纳项目为实现控减钻井成本，乌纳项目提前释放几台低效率、高日费钻机，提高整体钻井效率，实现新井的建井周期及成本双下降。2021 年钻新井 22 口，2022 年钻新井 13 口。

海上下扎项目。2018 年，项目开始试验超长水平井 MRC，通过优化井眼轨迹设计、优选水平段钻头及钻具组合，实现油田完钻井深及水平段长度纪录。MRC 井的试验成功，为长期发展规划阶段钻完井设计和 MRC 井的推广应用积累经验。2019 年，项目计划钻井 25 口，实际完成 27 口。项目通过井槽和钻机共享，首次从人工岛进行钻井，先后完钻多口采油井和多口注水井，创造多项油田钻井纪录。2020 年，项目为实现控减钻井成本，全年提前释放多台低效率、高日费钻机，提高整体钻井效率，实现新井的建井周期及成本双下降。2021 年钻新井 11 口，2022 年钻新井 5 口。

第二章　地面工程

中东地区自然气候条件恶劣，大部分时间处在高温、潮湿环境，项目多在沙漠和沼泽地带，且两伊的项目处在边境附近，两伊战争在油田范围地下埋有大量地雷等爆炸品，给地面工程建设增添许多困难。同时，地层水矿化度高、油藏中含有硫化氢等硫化物，给集输和加工提出高技术要求。加之社会治安风险高、伊拉克政局不稳、美国等西方国家对伊朗的经济制裁和新冠肺炎疫情，地面工程建设进度、设备维修和保养带来难以预测的挑战。中东公司克服重重困难，战胜挑战，按照合同要求，高质量、按期完成一系列大型工程。特别是2016年以来，完成一批重点工程项目。2016年，北阿扎德甘油田投产，艾哈代布油田日产20吨硫黄回收与成型工程和原油进站加热工程Ⅰ期、西古尔纳-1油田主河口排放点（MOD）河水30万桶/日取水工程完工投运。2017年，哈法亚油田4月三期新增20万桶/日产能建设启动；西古尔纳油田8号站C脱盐站完工投运；鲁迈拉油田2号站新建处理列投入生产；MIS油田投油，启动回收。2018年，重点工程哈法亚油田克服清关不畅、安保环境恶化等挑战，实现三期油气处理站第三季度投产。鲁迈拉油田150兆瓦早期电站项目、莎米亚（Shamiya）站和玛卡兹（Markazia）站新建游离水分离器项目投产。西古尔纳-1油田6号站C和7号站C脱盐站投产，新增"湿油"处理能力10万桶/日。陆海项目布哈塞（Bu Haseer）油田实现首油，海上开发区块进入投资回收。2019年，重点工程哈法亚油田三期发电厂5×30兆瓦电站按期竣工投产。西古尔纳-1油田项目4万桶/日橇装处理装置和10万桶/日新建原油处理设施先后投运。艾哈代布油田高密度聚乙烯纤维（High Density Polyethylene，简称"HDPE"）穿管工程东二线、西一线干线实现投运，提前3个月实现注水量30万桶/日的年度目标。2020年，艾哈代布油田完成站内玻璃钢管更换7.4千米，缓解水区管线腐蚀压力。鲁迈拉油田6号注水站新建永久注水装置稳步推进，其中新站管汇提前投产。陆海项目布哈塞（Bu Haseer）油田南平台投产。2021年，艾哈代布油田继续推动腐蚀治理工程，油气处理站低压系统玻璃钢管线更换工程完工。鲁迈拉油田集中有限资源推进注水和去瓶颈工程，在6号注水站新建永久注水装置投产，南鲁新建游离水分离器基本完成。西古尔纳-1油田稳步推进连接工程（MTI）和产出水处理二期工程建设，积极推动新建原油处理列和橇装原油处理设施的招授标进程。阿布扎比陆海项目二期贝勒巴泽姆（Belbazem）油田群整体开发工程采办建设工程授标。2022年12底，艾哈代布油田关键设施第三方腐蚀评估项目稳步推进，油管线穿管等项目进入招标阶段。哈法亚油田高压注水站升级改造工程11月完成试运并投产；天然气处理厂完成LPG球罐整体安装，项目完成进度71%。鲁迈拉油田DS3站新建游离水分离器工程主体部分完成进度99%；DS5站新建脱盐脱水装置完成 12%。西古尔纳 –1 油田 DS6 站连接工程完成 97%，产出水处理二期完成工程进度 93%，20 万桶原油处理列 OT2/3 项目和游离水分离器安装工程成功授标。阿布扎比陆海项目二期贝勒巴泽姆油田群整体开发 EPC 工程按计划推进，已完成总体进度的 51%。

第一节　陆上油田产能建设

伊朗 MIS 油田 25000 桶/日产能建设，2008 年 9 月开始，以 2011 年 8 月 3 日政府函通过设施产能测试，完成工程建设。2016 年 11 月 4 日，MIS 油田 8000 桶/日复产及维修地面工程开工，2018 年 1 月 2 日经过生产测试，工程建设完工。

艾哈代布油田产能建设经历 3 个阶段：第一阶段，600 万吨/年产能建设，2010 年 4 月 12 日开始，2012 年 10 月 28 日完工；第二阶段，800 万吨/年产能扩建，2011 年 12 月开始，2019 年 12 月完工；第三阶段，腐蚀治理阶段，2015 年 11 月开始，2021 年 9 月完工。期间各阶段建设工程内容多有交叉，同步建设。

哈法亚油田产能建设分三期：第一期产能建设，以 2010 年 9 月 20 日为实现初始商业产能为重点的《哈法亚油田初始开发方案》获得米桑石油公司的批复开始，2012 年 6 月 16 日工程投产完工。实现合同规定的日产 7 万桶的初始商业产量，启动成本回收。第二期产能建设，以 2011 年 12 月 8 日为实现日产油 20 万桶产能为目标的《初始开发方案的补充方案》获得米桑石油公司批准开始，2014 年 8 月 18 日工程投产完工。9 月，实现日产油 20 万桶的目标。同时米桑省原油外输管线建设协议于 2012 年 3 月 11 日签署，经过两年多的建设，米桑原油外输管线 2014 年 8 月 18 日投用。第三期产能工程建设，在 2016 年 12 月 13 日政府批准《修改的哈法亚油田最终开发方案》后，2017 年 4 月初全面启动，2018 年 12 月 12 日实现全面投产。2019 年 3 月 7 日，达到高峰产量 40 万桶/日。在最终开发方案获政府批准之后，哈法亚项目一边继续按照《初始开发方案的补充方案》加紧实施二期产能建设，一边按照"两步走"的部署，开始三期产能建设的前期准备工作。

伊朗北阿扎德甘 75000 桶/日产能建设地面工程，开始于 2012 年 2 月 18 日 EPCC 合同签订，2015 年 10 月 28 日投产成功，工程完工。

一、伊朗 MIS 油田产能建设

MIS（Masjed-I-Suleyman）油田位于伊朗西部，油田地面为山地地形，地面海拔高度 400—500 米。山区气候年平均降雨量 250—600 毫米。2008 年 9 月 8 日，MIS 地面工程开工建设。伊朗 MIS 油田主要工作量为钻 5 口直井（3 口评价井和 2 口污水回注井）、12 口水平井为生产井，共 17 口井。地面建设原油设计处理能力 25000 桶/日，天然气处理能力 23 万米^3/日。地面建设的主要工程内容包括中心处理站（PU&DP）1 套、转接站 1 座及相应的站外系统。工艺系统包括原油处理系统，天然气压缩、外输系统，采出水处理系统。辅助设施如消防系统、火炬系统、化学药剂注入系统、公用仪表空气系统、道路系统、仪表与控制系统、供配电系统、土木与结构工程系统、采暖、通风和空调系统等。一期工程建设在项目执行过程中实行项目公司项目管理组（PMT）、总包方项目部及作业队三级管理模式。项目质量受必维国际检验集团（法国船级社）第三方检测公司、伊朗国家石油工程开发公司（PEDEC）聘请的国际石油阿斯玛瑞公司（IPAC）监理公司、项目公司PMT三方平行监督管理。一期工程建设采用EPCC合同模式+甲供长线设备，长线设备包括燃气压缩机和原油外输计量橇。维修复产工程建设采用E+PCC+甲供长线设备同时启动招标模式。长线设备中包括825管材、抗硫碳钢等集输管线。在招标过程中，开展合同策略研究，尝试总包、计时以及计量的方式，削减支出，为伊朗后续项目的取得和合同执行提供宝贵的经验。短名单及资格预审注重招标策略和采办程序，严格的资质审查，做好承包商和供应商的市场调查，利用招标程序及合同约定的条款。授标建议注重合同的预评估，密切注视、跟踪中国技术的发展和设备水平。一期工程建设（EPCC模式）设计单位为中国石油工程设计有限公司北京分公司，总包单位为川庆钻探四川油建公司。项目管理承包商（PMC）为项目公司必维国际检验集团（法国船级社）第三方检测公司、IPAC监理公司、项目公司PMT（北京兴油工程项目管理有限公司）。

2008年10月，伊朗MIS项目初步设计批复在伊朗MIS项目EPCC工程中方协调及开工预备会会议中通过。12月，完成整个初步设计，获得伊朗方业主伊朗国家石油工程开发公司的批准，生效。完成整个初步设计的危险与可操作性研究（HAZOP）分析。

2011年1月20日，站外系统机械完工，15口井井场建设、50.4千米架空电力线、8套火炬系统、67.847千米管线及相关道路完工。4月24日，转油站机械完工，处理量为1.25万桶/日。联合站机械完工，处理量2.5万桶/日。4月25日，实现进油试运。建成中心处理站原油设计处理能力2.5万桶/日（4452米³/日）、天然气处理能力23万米³/日、转接站1.2万桶/日（1908米³/日）、原油集输管线（51.6千米）、天然气集输管线（8.4千米）、变电站1座（33/11千伏）、输电线路（18千米）、供水管线（12千米）等原油脱盐、脱水、脱硫的生产设施和集输系统。6月30日，投产试运行完成，达到2.5万桶/日产量并满足各项合同处理指标。7月1日，在解决制约生产测试的瓶颈问题——计量橇标定（由于国际制裁法国的生产商不能按时到位，经过不断协商，改用外输管线孔板流量计）后，连续72小时满负荷运行，7月4日性能测试完成。7月25日零点，成功冲过21/30天产量测试大关，生产测试完成。30天中的21天满负荷运行，期间克服外部3次停电和甲方苛刻的要求等不利因素，精心组织，合理调整开采参数，严控处理流程，8月3日收到伊朗国家石油公司批准通过产量测试的信函。在整个MIS项目建设过程中，项目公司对工程变更进行严格控制。对于引起投资变化的工程变更，重点审查，对于承包商不合理的变更予以拒绝。对于伊朗方业主提出的增加工作量要求，项目公司与伊朗国家石油工程开发公司和伊朗国家南方石油公司技术人员分专业对意见项进行逐条讨论，以合同要求、IPS标准、软件模拟、计算结果为依据，说服伊朗国家石油工程开发公司取消很多不合理的要求和增加设备的意见（如消防站、备用火炬、单管计量等），对于属于伊朗石油标准（IPS）中要求的，要求承包商立即执行；对于超出合同范围、锦上添花、无质量影响的项目尽最大努力在技术层面上沟通说服伊朗国家石油工程开发公司收回意见；对于不属于合同范围而伊朗方又强制要求增加的提出费用索赔和时间延长申请，得到批准后方能执行。通过以上方式，在严格的伊方监督下有效地控制投资，仅就新增水处理工艺设备核桃橇进行投资变更，整个建设期间工程变更引起投资变化，仅占地面工程总投资的1%。9月24日将油田地面生产设施和生产操作权全面移交伊朗南方石油公司。海外勘探开发公司从此进入技术服务合同期，协助伊朗南方石油公司进行油田生产操作。

2012年4月4日，项目公司与伊朗国家石油公司就MIS项目超投资问题签署会议纪要，明确MIS项目的超投资问题。2015年11月，海外勘探开发公司与伊朗国家石油工程开发公司就维修复产及合同修改补充协议3达成初步一致意见。

2016年7月25日，伊朗国家石油公司签署关于MIS项目维修复产、重启回收和合同延期的主合同（补充协议3）。MIS油田在前期的生产过程中，受合同限制，油田以11井较高的日产量进行生产，造成部分单井气窜和水锥的发生，产量递减较快，从投产初期的日产原油2.5万桶递减至停产前约1万桶。因此复产目标为在通过21/30天平均日产1万桶的测试后，调整到日产8000桶的生产水平。9月19日，经济可行的复产技术方案生效。维修复产工程建设的地面设施维护费用由中方负担，主要包括设计、监理和施工服务、长线采购和现场管理。10月5日伊方批准MIS项目组织机构。启动油田维修复产工作。11月4日，伊朗MIS项目地面工程开工，举行开工仪式。根据中伊双方签署的补充协议3及维修复产方案，签署维修复产协议并开始启动，工期12个月。维修复产工程建设在项目执行过程中实行项目公司PMT、施工总包及作业队三级管理模式，项目质量受BV第三方检测公司、项目公司PMT两方平行监督管理。维修复产工程建设沿用一期策略，承包商基本上采用一期承包商。维修复产工程建设（E+PCC）初步设计工程设计（E）公司为中国石油工程设计有限公司北京分公司。PCC为川庆钻探四川油建公司。PMC为项目公司BV第三方检测公司、项目公司PMT（北京兴油工程项目管理有限公司）。12月26日，MIS项目管材监造项目启动。2017年5月3日，参建各方共同努力，第一批管材运抵伊朗MIS施工现场。2018年1月2日，伊朗MIS项目一次性通过21/30天产量测试，并得到伊方确认，完成验收证书签署，标志维修复产成功，于1月3日重启商业回收。在建设过程中，采用825纯材、复合管以及玻璃钢管线，完成站外5集输管线及部分站内工艺管线的更换及试压等相关工作，维护站内工艺设备，累计完成超4000平方米的设备喷砂除锈及防腐工作。

2019—2020年，伊朗MIS项目针对油田高含硫，高腐蚀的特点，陆续完成3条站外集输管线RTP管材更换工作，实现投资回收；通过对井下进行油管内防腐，提高抗腐蚀性，大幅降低腐蚀穿孔现象发生；持续升级井下电潜泵包括泵筒外涂蒙乃尔合金（MONEL）、加装井下油气分离器等、提高马达和电缆设计温度等手段，提高电潜泵在耐高盐、高硫等方面的性能，增加电缆绝缘性能，避免封隔器断裂，解决泵气锁问题，延长泵检修周期，由之前的平均几个月，提升至2021年连续运行18个月；推动站内外输计量橇及燃气压缩机等尾项的清理工作，实现油田雷击不停产；利用互联网对设备维修远程支持，实现厂家服务技术当地化，缩减运行人员，降低运行成本。

2022年，由于两台天然气压缩机原厂家受西方制裁影响不能到场调试，压缩机安装后一直未能通过验收回收投资，项目公司2019年邀请中方专家进行现场维修和提供零配件采购技术支持，与伊方专家一起进行安装调试，2022年与伊方业主达成一致，由于站内无足够伴生气量进行压缩机性能测试，成功说服伊方业主用空载测试代替性能测试，并在测试通过后进行投资回收。

二、艾哈代布油田产能建设

伊拉克艾哈代布油田位于伊拉克中部瓦西特省首府库特城附近，北邻底格里斯河。油田东邻两伊边界，西北距首都巴格达约180千米，东南距离巴士拉入海口约500千米，油区地处两河流域的冲积平原农业区，地势平坦，海拔约20米，气候炎热干燥。

艾哈代布油田8个主要生产系统及4个配套系统共12个系统，分别是油气集输系统、原油处理系统、伴生气处理系统、产出水处理系统、注水系统、LPG生产系统、硫黄回收系统、油气储存及外输系统以及地面水处理及供水系统、自发电及供电系统、道路系统、通信系统等辅助支持系统。

主要经历3个建设阶段：第一阶段600万吨/年产能建设（2010年4月12日—2012年10月28日）；第二阶段800万吨产能扩建（2011年12月—2013年12月）；第三阶段腐蚀治理阶段（2015年11月—2021年9月）。期间各阶段建设工程内容多有交叉，同步建设。

截至2020年底，艾哈代布油田产能规模800万吨/年，有油水井404口，15座计量站（OGM），1座中心处理站，2座供水站（WS1、WS2），1座自备电厂（电厂与中心处理站合建），4条原油外输管线（1号管线、4号管线、2号管线及由伊拉克中部石油公司自建的5号管线），1条天然气外输管线（3号管线），以及覆盖全油田的采油管线、集输管线、注水管线，生活营地1个。

（一）600万吨/年产能建设工程阶段

建设工程主要包括中心处理站、供水系统、站外集输及配电系统（FSF）、办公及生活营地。

1. 中心处理站

初期按照600万吨/年产能建设中心处理站原油处理系统（OPS），包括A、B、C、D四列原油处理系统。2010年4月12日开工建设，A、B列于2011年6月21日竣工投产，C、D列于2010年11月23日竣工投产。

两列伴生气处理系统（GPS），日处理能力8600万立方英尺，包括脱硫、脱水、脱烃单元及液化石油气系统、硫黄回收成型系统。其中，第一列脱硫单元于2011年10月24日优先投产，开始为油田自备电站提供湿甜气。其余脱水、脱烃和液化石油气系统于2012年10月28日投产，首车液化石油气（LPG）于11月7日实现外运。2012年11月20日GPS第二列投产。硫黄回收单元于2016年6月3日投产，建成产能40吨/日。

产出水处理及注水系统（WPS）于2012年6月20日投产。2012年6月21日高压注水系统调试完成试注，次高压注水泵一期工程3台次高压注水泵于2013年7月26日投产，二期工程3台次高压注水泵于2015年8月30日投产，至此产出水处理及注水系统全面完工。

油田生产、生活用电由自备电站供电，电站在油气中心处理站内与其他系统合建。电站建有

9台美国Solar发电机组，3台为双燃料（柴油和天然气）发电机组，6台燃气发电机组，总装机功率58.5兆瓦，实际运行功率38.5兆瓦（运7备1修1）。

2016年7月，伊拉克中部石油公司完成伊拉克国家电力系统接入建设工作，油田电力专线建设完成投入使用，次高压注水泵开始使用国电驱动。同时，因各种内外因素导致Solar发电机组无法外运返厂大修、超保严重，存在严重安全隐患。为此，2018年启动伊拉克国家电力利用二期工程，对高压注水泵、水处理系统、营地、电潜泵和外输泵等非核心负荷进行双电源供电改造。截至2020年底，除外输泵外，其余系统的改造工作完成，油田非核心用电负荷可以在国电和自备电站间自由切换，确保油田用电安全。外输泵系统的供电改造于2021年完工。

2. 外输管线

2010年4月20日开始施工建设原油外输管道1线（EXL1）全长192千米，沿途设8个阀室，2011年7月10日外输投产，7月19日原油到达纳斯日亚赫（Nasiriyah）末站。2010年8月5日开始施工建设原油外输管道2线（EXL2）全长70千米，沿途设2个阀室，2012年12月19日投产。2010年9月15日开始施工建设干气外输管道3线（EXL3）全长70千米，沿途设3个阀室，2013年3月8日投产。2011年3月6日开始施工建设原油外输管道4线（EXL4）全长200千米，沿途设6个阀室，2011年7月19日投产，8月10日原油到达图巴（Tuba）末站（表4-2-1）。

上述4条管道中，中国石油管道局工程有限公司完成原油外输管道4线，中国石油工程建设公司完成其余3条。

表4-2-1 艾哈代布油田外输管道主要参数表

名称	介质	设计能力	设计压力（兆帕）	公称直径（英寸）	运行温度（℃）	长度（千米）	备注
1线	油	30万桶/日（4.77万米³/日）	10	24	65	192	中心处理站—纳斯日亚赫
2线	油	2.5万桶/日（3975米³/日）	6	10	65	70	中心处理站—祖拜迪亚赫
3线	气	6500英尺³/日（184万米³/日）	4	16	43	70	中心处理站—祖拜迪亚赫
4线	油	50万桶/日（7.95万米³/日）	8	36	25	200	纳斯日亚赫—图巴

3. 原油装车站

应伊拉克石油部和伊拉克中部石油公司缓解巴格达燃油紧缺局面的要求，经过艾哈代布联管会会议批准，2011年8月启动建设原油装车站，10月1日投产并由槽车向巴格达杜拉（Dora）炼厂运送原油，最大装车能力3万桶/日。这也为原油外输增添新途径，在图巴末站限输时，可在一定程度上保证油田正常生产和外输。

4. 水源站

油田规划建设2座水源站，1号水源站对取自底格里斯河水进行净化、软化处理，为营地及油气中心处理站生产用软化水提供水源，设计规模4000米³/日，建设在生活营地内；2号水源站承担着补充注水水源的重任,设计规模30000米³/日。由于当地土质含碱度高、淡水资源稀缺,伊拉克水利部门不允许使用淡水资源,因此取水口由油田南部的巴士拉运河调整为咸水河(Salty River),供水管线路由和长度也随之改变,距离油气中心处理站由60千米调整为最终的48千米。

5. 站外配套集油系统(FSF)

FSF建设基本覆盖300平方千米的油区,按照600万吨/年产能规划,新建144口井的集输系统,包括生产井107口、注水井37口,9座计量站,2011年10月17日开工建设。

(二)800万吨/年产能扩建

根据800万吨/年开发方案,规划404口井,地面工程制订扩建方案,总体规划、分期实施,按照工程执行策略,地面系统扩建工程分为中心处理站剔瓶颈工程、中心处理站扩建工程和站外配套集油系统扩建工程3个合同包执行。

1. 中心处理站剔瓶颈工程

中心处理站剔瓶颈工程主要包括新建1套处理能力600万吨/年的原油稳定系统,1座5万立方米原油储罐及配套管网和消防系统,1座放空规模244万米³/日的高压火炬及附属配套系统。伊拉克石油部于2011年11月中旬批复工程设计采办施工与调试合同,12月初授标给中国石油工程建设公司,2014年3月工程竣工。

2. 中心处理站扩建工程

中心处理站站内扩建工作量主要包括新增2列200万吨/年的原油处理系统,包含一、二级分离器、油油换热器、提升泵、热煤油换热器、电脱水、电脱盐等;新增1台14兆瓦导热油炉、2台热媒输送泵及相关系统;增加仪表风橇、氮气橇和仪表风储罐各1座;油处理区新建1座变电所11/0.4千伏、2×3.15兆伏安及配套系统;增加3套加药装置;增加油田道路50千米。该工程2013年8月开工建设,2014年11月30日全部建成投产。

3. 站外配套集油系统扩建工程

根据联合公司800万吨/年开发方案,油田总计规划15座计量站、404口井。结合600万吨/年产能包含144口井建设统筹计划,2019年12月31日,全部完成站外配套集油系统工程建设。

(三)腐蚀治理工程

鉴于油田腐蚀态势,2014年将站外配套集油系统注水管线穿高密度聚乙烯纤维(HDPE)管作为管道防腐技术措施,以遏制严峻的管道腐蚀态势。

截至2019年9月28日,历时3年9个月,完成152口206千米已转注井注水井管线的高密度聚乙烯纤维穿管;完成东二、东三、西一、西二共4条注水干线及支线的高密度聚乙烯纤维穿管65千米。其中,重点策划15号计量站集油干线及注水干线穿越底格里斯河段高密度聚乙烯纤维穿管方案,优先施工。2018年6月21日注水干线完工投产,2018年6月27日油干线完工投产,为基本消除由管道泄漏而导致底格里斯河污染的环保风险。另外,2016年开始对转注井新建管道及2017年开始对新建水井管道直接穿高密度聚乙烯纤维管,直接从源头上保证管道不发生内腐蚀。

截至2020年底,站外配套集油系统注水管道高密度聚乙烯纤维穿管工程完工,使地面管道系统注水能力全面恢复到设计状态，为油田注水和关停井复产提供有力保障。

为解决中心处理站内产出水处理系统管道腐蚀问题，实施碳钢管更换成玻璃钢管的技术方案。该项目主要包括管墩基础施工、管廊及管支架结构安装、原有碳钢管线改造、新增管廊上玻璃钢管线及防护罩安装、地下玻璃钢管线管沟开挖及施工。项目为设计采办施工与调试工程，由中国石油工程建设公司承建，玻璃钢管总长 9300 米（地上 4500 米、地下 4800 米），管墩基础 238 个，钢结构 68 吨。该项目 2017 年 6 月启动，合同完工时间 2021 年 9 月 30 日。

（四）主要事件

2008 年 11 月 10 日，艾哈代布油田生产服务开发合同（SPDC）签订，艾哈代布油田地面产能建设规模由初期的 600 万吨/年，经历 700 万吨/年产能扩建（剔瓶颈工程），最终建成产能 800 万吨/年。

2008 年 11 月 18 日，项目获国家发改委核准，批准产能建设规模 600 万吨/年。600 万吨/年概算投资 16.26 亿美元。项目管理模式采用业主（地面工程部）+PMC 的管理模式，即地面工程部管理，PMC 团队进行设计、采购、施工、投产等全流程专业化管理。地面工程建设合同模式采用 EPC 总包模式，工程招标采用低价中标的合同策略。项目管理顾问（PMC）承包商华油鑫业全程参与设计及后续工程管理。

2010 年 4 月 2 日，绿洲公司与中国石油工程建设公司在北京签署油田地面工程建设总承包合同（EPC），4 月 12 日油气中心处理站 5 万立方米油罐基础开挖奠基，标志着 600 万吨/年产能建设工程全面启动。4 月 20 日，1 号外输管线（EXL1）开工。7 月 8 日，2 号、3 号外输管线（EXL2/3）开工。9 月 19 日，伴生气处理系统（GPS）开工、伴生气压缩机基础开挖。11 月 1 日，站外配套集油系统（FSF）开工。11 月 25 日，铁塔输电线路开工。

2011 年 2 月 5 日，5 万立方米原油储罐上水试压。3 月 5 日 4 号外输管线（EXL4）开工。5 月 21 日，索拉发电机首起成功。6 月 10 日，1 号外输管线（EXL1）机械竣工。6 月 21 日，油气中心处理站投油，比合同日期提前 9 天。7 月 10 日外输投产、1 号外输管线（EXL1）进油。7 月 19 日，原油抵达 4 号外输管线（EXL4）。8 月 10 日，原油抵达图巴（Tuba）末站。10 月 1 日，原油装车站投产，第一车油运至巴格达杜拉（Dola）炼厂。10 月 24 日，GPS 一期压缩机进气。11 月 23 日，原油处理系统（OPS）D 列投产，产能规模 12 万桶/日。11 月 30 日，GPS 二期压缩机进气。12 月 1 日，索拉电机使用自产甜气。

2012 年 6 月 20 日，产出水处理及注水系统（WPS）投产。10 月 28 日，GPS 一期脱水脱烃投产，索拉电机使用自产干气，完全替代柴油燃料。11 月 7 日，第一车液化石油气外运。12 月 19 日，2 号外输管线（EXL2）投产。

2012 年，鉴于伊拉克政局不稳，油田限产现象频发，为保证 600 万吨/年生产设施安全稳定运行，提高设备缓冲能力，增加应急反应时间，增建原油稳定和储存系统、高压火炬系统等。同时，基于开发产量预测，编制 800 万吨/年的开发方案，井数由 600 万吨/年产能 144 口井增加到 404 口井。根据联合公司总体部署，油田地面工程总体规划、分期实施，按照工程执行策略，地面工程扩建分为油气中心处理站剔瓶颈工程、油气中心处理站扩建工程和 FSF 扩建工程 3 个合同包执行。2012年底，油、气、水处理系统及供电系统主体完成。

2013年3月8日，3号外输管线（EXL3）投产。6月21日，WS2供水站投产。7月26日，次高压注水泵一期投产。8月5日，WS2供水站真空脱氧塔投产。11月20日，GPS二期脱水脱烃投产，产能规模达到0.86亿英尺^3/日。12月8日，高压火炬B投产。12月9日，艾哈代布向项目700万吨扩建工程概算批复。

2014年1月15日，原稳塔B投产。3月25日，万立方米罐B投产，剔瓶颈合同完成。3月31日，西区注水管线贯通，油田实现规模注水。9月30日，原油处理系统F列投产。11月30日，原油处理系统E列投产，产能规模14万桶/日，油气中心处理站扩建合同完成。

2015年8月30日，次高压注水泵二期投产。

2016年6月3日，硫黄回收投产，一期合同工作量完成。11月8日，进站预热炉投产。12月30日，WS1供水站软化水装置投产。

2017年4月8日，油气中心处理站水区真空脱氧塔二期工程竣工投产，真空脱氧处理能力翻番。WS2供水站真空脱氧塔扩建投产。

三、哈法亚油田产能建设

哈法亚油田位于伊拉克米桑省阿玛拉市（Amara）东南35千米，巴格达东南部400千米。属热带沙漠气候。7月、8月气温最高，日平均气温24—43℃；1月气温最低，日平均气温4—16℃；6—9月降雨最少，月平均降雨量1毫米；3月降雨最多，月平均降雨量28毫米。夏季最高气温高达50℃以上，冬季最低气温为0℃左右。

（一）哈法亚油田一期（FCP）工程

2012年6月16日，哈法亚油田一期初始商业产能（FCP）工程投产。主要包括新建采油井22口，分布在9座丛式井平台上，利用原有老井6口；新建一期油气中心处理站1座，最大处理能力10万桶/日，含水率不高于5%，其进站压力为1.1兆帕，进站温度超过45℃。一期油气中心处理站最大设计原油处理能力10万桶/日（含水率不高于5%），进站压力为1.1兆帕，进站温度45—55℃，站内建有3列原油处理设施，2000立方米缓冲罐和2000立方米的不合格油罐各1座，外输泵3台。在初始开发方案阶段，经过论证，一期工程生产的合格原油可利用已有的15千米18英寸管线输至已建28英寸原油外输管线（1975年建设），最终输至法奥（FAO）港。在管径28英寸原油外输管线上新建中间泵站（IPS）1座，提升老管线的输量。除一期油气中心处理站自用气外，剩余110万米^3/日的湿气作为燃料气增压后经由新建的19千米、24英寸的天然气外输管线输至卡哈拉电厂，毗邻卡哈拉电厂建设天然气接收末站1座，分离湿气中的凝液，加热计量后送至电厂，分离出的凝液通过一条管径3英寸管线输回一期油气中心处理站混掺至原油处理设施。在卡哈拉河边新建水源站（SWP）1座，设计规模3000米/日，自卡哈拉河取水，净化后通过管线输至油田基地和一期油气中心处理站。在一期油气中心处理站附近新建双燃料透平发电机1组（3台），机组配置为3×5.5兆瓦。油田采用丛式井平台，合同期内每个平台平均5—7口井，但前期工程仅每个平台2—3口井（每个平台预留将来接井的空间）。油气集输系统为原油通过单井管线输至计量站然后通过集输干线输至集中处理站。每座计量站最多可接入21口井，且每口油井在计量站上实现气液计量，为生产和开发提供所需的数据。同时，由于一期油气处理站内热煤炉和密封气需要甜气（不含硫化氢），因此在集输系统中将酸性流体介质与非酸性流体介质分开输送。营地建设一期包括大安防设施、主营地、仓储区、油库加油站等生活生产设施。哈法亚油田基地占地面积2千米×4千米，环绕基地设置壕沟、土堤、巡检车道、刺丝网、防爆墙（HESCO）横断面30米的大安防工程。基地内北侧为机场，南侧为生产、生活区域。生产生活区按照功能规划为业主营地、乙方营地、仓储区、维修区、加油站、培训中心、消防站等，满足基地生产、生活、仓储、维修、安全等全方位要求。

（二）哈法亚油田二期新建产能工程

2014年8月18日，哈法亚油田二期工程新建产能10万桶/日投产。油田原油生产规模达到20万桶/日。二期工程主要包括：（1）站外集输系统。新建采油井65口及配套油气集输系统。（2）二期油气处理站。新建二期油气中心处理站1座，位于合同区东南部，建设规模10万桶/日，前期适应含水率不高于30%，进站压力1.1兆帕，进站温度超过45℃。站内建有原油处理设施3列，30000立方米原油储罐2座，外输泵3台。（3）原油外输首站。二期工程新建原油外输首站1座，设计规模20万桶/日（外输泵及计量装置建设规模达可满足40万桶/日）。站内建有50000立方米储罐1座，建有给油泵、外输泵，并设置计量系统及发球设施等。（4）原油外输管线。米桑石油外输管线于2014年8月建成投用。（5）水厂扩建。油田生产用水取自卡哈拉河，二期工程中将一期已建水源站（SWP1）扩建至6000米^3/日，同时，新建一条从水源站至二期油气中心处理站的管径24英寸供水管线。（6）油田发电站（PP）及电力系统。二期工程新建油田电站1座，装机规模为30兆瓦，毗邻二期油气中心处理站建设；新建33/11千伏开关站1座。一期电站（发电机组）和二期电站并网运行。从二期电站至一期电站需新建66千伏输电线路，作为两个电站的联络线路。从一期油气中心处理站开关站至油田基地新建33千伏输电线路，为油田基地供电。新建33千伏双回路铁塔线路约5千米，搭接（T接）于自一期油气中心处理站至油田基地的33千伏架空输电线路上，为水厂供电。（7）生产辅助设施。在二期油气中心处理站附近建有倒班营地、油田警察营地、消防站、维修车间等生产辅助设施。（8）天然气接收站扩建。（9）营地建设项目。包括体育馆、游泳馆、餐厅、停车场（包括调度办公室、司机休息室等）、培训中心、消防站、石油警察（PSD）营地改造、机场航站楼、营地变电站、公寓、办公楼二期项目、维修车间等。

（三）哈法亚油田三期新建产能工程

2018年12月12日，三期工程新建产能20万桶/日投产。油田原油生产规模达到40万桶/日。三期工程主要包括：（1）站外集输系统。哈法亚油田采用单井管线不加热密闭输送流程，采油井井口设置紧急切断阀。三期新建油井215口，布站方式采用计量站加选井站方式。（2）三期油气中心处理站原油处理规模20万桶/日，适应油田含水率（不高于10%），进站温度超过45℃，进站压力小于1.1兆帕。（3）水厂扩建处理能力扩展至29500米^3/日。（4）三期电站新建5×30兆瓦。（5）注水井及水源井40口。（6）高压注水站扩建至33万桶/日注水能力。

2019年5月8日,授标中国石油工程建设公司建设哈法亚油田天然气处理厂,授标金额10.77亿美元,工期28个月。受新冠肺炎疫情蔓延、政府提油滞后及安保形势恶化等因素影响,天然气处理厂建设进度被迫推迟。截至2022年12月底,天然气处理厂完成LPG球罐整体安装,工程总体进度71%。天然气处理厂毗邻二期油气中心处理站,日处理能力300百万立方英尺(850万米^3/日)。设计2列处理工艺流程,天然气进站压力4.0兆帕,进站温度35—60℃。并为将来扩建一列预留接口和位置。除部分干气用作油田生产燃料气外,剩余干气通过管道输送至米桑石油公司指定点,即已建的天然气接收站,再由米桑石油公司供给阿玛拉电厂和卡哈拉电厂或其他用户;液化石油气(LPG)在天然气处理厂界区交付给米桑石油公司,采用管线输送至下游用户;根据合同要求,处理后的轻烃(C_{5+})回掺至外输原油中;回收的硫黄成型后装车外运。天然气处理厂总体工艺流程包括天然气增压装置、脱硫装置、脱水脱烃装置、轻烃处理及产品储运设施、产品计量系统及硫黄回收与成型设备、配套管网。

(四)米桑原油外输管线

2014年8月18日,米桑原油外输管线投用。哈法亚项目一期产能建设工程投产后,实现日产油10万桶生产能力。一期工程生产的合格原油可利用已有的长15千米管径18英寸管线输至已建管径28英寸原油外输管线,最终输至法奥(FAO)港。在管径28英寸外输管线上新建中间泵站(IPS)1座,提升管径28英寸老管线的输量。但是管径28英寸原油外输管线服役年限超长(建于1975年),腐蚀严重,在日外输20万桶条件下即出现频繁的管线穿孔、泄漏事件,造成被迫停产等严重后果,迫切需要重新修建一条管线,解决哈法亚项目二期产能建设工程建成后的原油出路问题。根据中国石油(CNPC)、中国海油、伊拉克政府之间达成的协议,二期工程中新建一条米桑原油外输管线,由中国石油(CNPC)和中国海油共同投资建设。该管线始于原油管道连接点(JP)的宾乌姆(Bin Umr)清管站,止于FAO港,其管径为42英寸,设计压力8兆帕,全线总长272千米。为满足哈法亚油田的外输需求,在二期新建1座哈法亚外输首站,毗邻一期油气中心处理站西侧建设,主要流程为一期油气中心处理站和二期油气中心处理站处理后的合格原油通过管线输至原油外输首站(HPS)储罐,然后经给油泵、外输泵增压,调压后进入交接计量橇,计量后外输。经外输泵增压后通过新建的管径32英寸原油外输支线输送至米桑石油外输管线,最终通过管线将合格原油输至伊拉克南部法奥(FAO)港。三期完成后,哈法亚首站外输量40万桶/日,二期首站(外输泵及计量装置建设规模达40万桶/日)所建增压设施能够满足输量需求,哈法亚外输首站(HPS)不需进行扩建。当米桑石油外输管线输量不超过69万桶/日时,宾乌姆清管站不需要改扩建。

四、北阿扎德甘油田产能建设

伊朗北阿扎德甘油田位于伊朗西部,紧邻两伊边界。属沙漠性气候和半沙漠性气候。其特点是干热季节长,可持续7个月,夏季气温高达50℃以上,冬季最低气温为3℃左右。年平均降雨量30—250毫米。

北阿扎德甘地面工程项目针对油田油品处理指标结合油藏情况进行地面处理装置的整体规划

和实施，主要包含基础设计、详细设计、采购、施工、试运投产5个阶段。地面工程基础设计为油田地面集输设施、中心处理站、自备电站、外输管线和井场的设计提供基本参数和技术基础。

（一）工程工作量

北阿扎德甘地面生产设施由一个日处理能力7.5万桶（1.2万立方米）原油中心处理站，56口生产井，55口气举井，2口污水处理井和1口注水井，7个集输管汇，21个平台，单井管线、集输汇管、气举管线和汇管，原油及天然气外输管线，48.8兆瓦自备电站组成。油田中心处理站位于油田东南部，毗邻油田主干道，原油中心处理站的功能是通过中心处理站管汇接收7个集输管汇的原油，从原油中分离伴生气和产出水，通过6台电脱盐装置使原油脱盐。达到指标要求的成品原油进入原油储罐后，经过原油外输泵外输到下游泵站进行交接。经过三甘醇脱水后的天然气，分别用于气举、燃料气及天然气外输。为确保环保要求，产出水及洗盐水通过处理后通过注水系统回注到相应储层。自备电站由4台额定12.2兆伏的发电机（2台双燃料涡轮机和2台燃气涡轮机）组成，提供48.8兆伏的安装功率。一般情况下，2台燃气发动机值班，另外2台备用，但最坏情况下，最多3台值班，1台备用。因此，3台运行的发电机将满足最大的电力需求。设计一种自动卸荷方案，以确保在不损害电力安全的情况下实现最佳的运行安排。集输管汇共有7个，提供在现场收集油井内原油后输送到中心处理站。油井分为生产井和注水井两种，56口生产井确保油田开发和生产。55口井提供气举确保自喷衰退后进行气举稳产。所有井口均收集和传输监控的过程数据。此外，注水井的目的是将产出水和中心处理站中的脱盐洗盐水注入到废水处理井或注水井中。原油外输管线共71千米，16英寸管径，目的地是成品原油交接点西卡伦泵站（KWBS），输送能力7.5万桶/日（1.2万米^3/日）。天然气出口管道43千米，12英寸管径，终点为天然气处理站（NGL3200）日处理能力30万标准立方米。

（二）地面工程里程碑

2010年11月15日地面设施开发工程（设计采办施工与调试）合同开始招标，2011年1月31日招标结束，2012年2月18日合同签订，承包商为中国石油工程建设公司及贾汉帕斯工程建设公司（Jahanpars Engineering and Construction Company，简称"JECC"）联合体，中国石油工程公司承担设计采办施工与调试合同的详细设计工作。在此阶段，设计被细化、计划、规范和评估、实施。详细设计包括输出，如二维和三维模型、P&IDs、成本建立、估算、采购计划等。

2010年11月，开始对供应商的调研，根据海外勘探开发公司推荐的采购投标人资格进行预审，进行招标。长线材料设备在伊朗国家石油公司开发局的监督和审批后报伊朗国家石油公司开发局批准。

2012年2月，开始详细设计。

2013年10月，各工种开始陆续进场，开展地面工程建设的施工作业。

2015年1—2月，项目尺寸最大的6台静设备电脱盐橇陆续到场，现场采用400吨履带吊一次卸车就位成功。2015年10月10日根据合同NAZ-SFS-/10-036提交开车试运手册及操作手册，向伊方业主申请批复并于10月25日获得批准。2015年10月开始对各个系统陆续进行测试，2016年4月14日全面试运完毕。

2015年10月28日，油田开启AZNN-053井阀门，油气进入中心处理站，经分离器进入火炬。13时12分，火炬点火一次成功，伴生气燃烧放空，标志着北阿扎德甘油田一次投产成功，开始投油试生产。

2015年10月29日，伊朗石油部部长赞加内、副部长兼伊朗国家石油公司总裁贾瓦迪等一行来到油田，视察中心处理站站内设施，并与中国石油伊朗公司人员进行交谈。赞加内肯定中国石油（CNPC）各参建单位对项目建设所作贡献，对中国石油（CNPC）的优秀业绩表示感谢。

2021年1月30日，在当地环保部门及伊朗国家石油工程开发公司的参与下，项目公司完成环境在线监控施工并移交给当地环保部门。

2021年12月，项目一期地面剩余尾项、争议项及升级改造项目全部完成。

五、南阿扎德甘油田产能建设

南阿扎德甘油田位于伊朗西部，紧邻两伊边界。属沙漠性气候和半沙漠性气候。其特点是干热季节长，可持续7个月，夏季气温高达50℃以上，冬季最低气温为3℃左右。年平均降雨量30—250毫米。

南阿扎德甘油田地面工程的前端工程设计2012年4月由中国石油工程公司承担，2013年8月完成。前端工程设计内容包含地面工程的概念设计基本设计、长线采购清单及数据表、早产5口井的基本设计等。系统原油处理规模32万桶/日（5.1万米^3/日），天然气处理规模1.97亿英尺^3/日（557.5万米^3/日）。主要工程建设内容包括206处井场地面设施（含5口污水回注井）、10座计量站的集输系统、中心处理站、外输管线（油管线51千米、气管线15千米）等。

北转油站集输原油规模15.66万桶/日（2.49万米^3/日），集输气规模7800万英尺^3/日（220.7万米^3/日）；南转油站集输原油规模16.45万桶/日（2.62万米^3/日），集输气规模9900万英尺^3/日（280.2万米^3/日）。

油田内部划分为南北两部分，按照就近原则，南北两部分的原油经单井管线自压分别进入南部转油站和北部转油站进行处理，站内增压后在外输站会合，之后外输至阿瓦士3号处理站。

北部集输系统包括北转油站及5座计量站，下辖油田北部96口生产油井，集输原油15.66万桶/日（2.49万米^3/日）。

南部集输系统包括南转油站及5座计量站，下辖油田南部100口生产油井，集输原油16.45万桶/日（2.62万米^3/日）。

中心处理站位于油区边缘向东约5千米，中心处理站具有油气处理及外输功能。营地位于中心处理站北侧约1千米。

油田建有2个转油站、4条（110千米）转油站至外输站的管线、1个外输站（汇管和收发球筒）和2条（100千米）外输管线。

2013年是前端工程设计最关键的一年。伊朗南阿扎德甘地面工程部前端工程设计期间在北京和德黑兰共组织5次审查会，会上与伊朗业主共讨论意见4467条，最终全部达成一致（表4-2-2）。

表 4-2-2 南阿扎德甘前端工程设计设计会议审查情况

序号	项目阶段	会议名称	伊朗国家石油公司开发局专家人数	时间	讨论修改意见数量（条）
1	概念设计	概念设计最终审查	12	2012.10.27—2012.11.2	60
2	一期基础设计	基础设计方案审查	5	2013.2.18—2013.2.25	506
3		HAZOP 分析	6	2013.5.12—2013.5.18	73
4		基础设计最终审查	6	2013.7.7—2013.7.17	855
5		基础设计关闭会议	25	2013.8.12—2013.8.21	2263
6	早产基础设计	基础设计方案审查	5	2013.2.19—2013.2.20	172
7		HAZOP 分析	5	2013.2.26—2013.2.27	23
8		基础设计最终审查	25	2013.8.12—2013.8.21	515
		讨论意见数量总计			4467

第二节 陆上油田升级改扩建

2002 年，接管阿曼 5 区项目时，地面设施总体布局已形成，但其处理能力及配套设施并不能满足油田发展和生产需要，在实际运行和生产过程中，根据产能规划及开发方式的调整，对原油处理能力、污水处理能力、注水能力、电力、外输管道等方面进行改扩建及优化，投入生产的设施达到合同规定产量及指标要求，油田实际生产状况稳定，商业回收已经实现。

2009 年，鲁迈拉油田接手前，油田地面设施年久失修、配套不全，不能满足油田上产需求，油田生产能力处于较低水平。接受后分别对油气集输系统、原油处理系统、供注水系统、供注水系统进行一系列扩建和改造，满足油田上产要求。

2014 年开始，西古尔纳 -1 油田原地面工程设施，老化陈旧，主要是处理不含水原油，随着油田注水含水上升，必须进行产能升级改造，对油气集输及原油处理系统、水处理及注水系统、供电系统和其他辅助系统进行升级和改造扩建，满足油田上产和稳产的需要。

2005 年开始，叙利亚戈贝贝油田在原地面设施的基础上，为满足油田上产的需要，对基础设施、原油处理设施、计量设施和储罐进行扩建改造。

2012 年开始，南阿扎德甘油田为满足早期生产需要，进行早期生产一阶段 4 口井管线工程建设，完成早期生产二阶段 15 口井设计采办施工投产（EPCC）的招投文件及其监理服务发标。完成一期前期工程研究，前期 12 项长线设备招标及其材料采购文件准备，完成所有 EPCC 招标文件。

2017 年开始，阿布扎比陆上项目产能扩建，主要是东北巴布（NEB）资产组陆迈萨 / 莎纳伊勒三期工程总承包 3.9 万桶 / 日地面工程项目于 2017 年 12 月 26 日投产。布哈塞整体油田开发项目工程总承包授标并启动，巴布整体工程建设工程总承包推进和试运。

一、阿曼 5 区产能改扩建

阿曼 5 区块位于阿曼首都马斯喀特西南约 450 千米，行政归属达黑拉（Dhahirah）区，距离该区行政中心伊布日（Ibri）市约 95 千米。区块西南约 80 千米即与沙特阿拉伯接壤。区块所处地区为热带沙漠性气候，地势平坦，大部分区域海拔在 140—170 米。全年分两季，5—10 月为热季，气温高达 40℃以上；11 月—次年 4 月为凉季，气温约为 24℃。区域气候条件恶劣，经常有沙尘暴天气，空气中悬浮的沙尘颗粒直径最小可达 2 微米。区块内降水稀少，蒸发量大，空气干燥，光照丰富，但偶然也会有短时暴雨产生。

（一）油田地面设施

阿曼 5 区油田自 2002 年接手后，在充分考虑和利用油田已建地面设施的基础上，根据产能规模、开采方式及相应设计要求，采用集输流程二级布站方式，合理布局处理场站，工艺技术流程简洁有效、操作灵活。

阿曼 5 区油田有达利中心处理站 1 座（原油日处理能力 5.5 万桶（8745 立方米）；B 区块水处理站 1 座，油田日采出水处理能力 10 万桶（1.6 万立方米），日备用处理能力 5 万桶（7950 立方米），地下水日处理能力 7 万桶（1.1 万立方米），日注水能力 15 万桶（2.4 万立方米），6 台注水泵（5 用 1 备）；租用天然气处理厂 1 座，天然气日处理能力 4000 万立方英尺（113.3 万立方米）；天然气发电厂 5 台 5.5 兆瓦发电机（4 运 1 备）；原油交接站 1 座，天然气交接站 1 座；营地 2 座（含宿舍、餐厅和体育场地）。站内（B 区块处理站和达利中心处理站）自控系统采用集散控制系统（DCS）。井场采用监测控制和数据采集（SCADA）系统进行远程监控。通信依靠阿曼电信公司的电话网络，固话网络已接到各处理站及营地，非防爆区域也可采用手机进行通话。油田内部数据通信网络由联合公司自行建设，有线网已连接各厂站。油区运输依靠公路，油区中心处理站至伊布里城为沥青公路，路况较好；伊布里至首都马斯喀特有高速公路。油区内部主要场站间有沥青路通行，各井场路为简易碎石路，可以满足油田物资供应的需求。

（二）油田总体集输流程

阿曼 5 区油区 2 个处理站分区设置，达利中心处理站主要接收 C 区，E 区，EF 区，F 区，D&DE 区及沙迪和梅祖恩油田来液；B 区块处理站主要接收 C 区，B 区，A&AB 区及布沙拉油田产液。油田集输流程采用二级布站，各油田单井产液经单井管道输至 SM（卫星管汇 Satellite Manifold）汇集站，经集油干线输往处理站进行集中处理后，原油输往交接站并进入阿曼石油开发公司管道，污水处理后进行回注，天然气输往天然气处理厂处理后，干气一部分去天然气发电厂及自用，一部分经 8 英寸 30 千米天然气外输管线输送至天然气交接站并进入 16 英寸勒克瓦—伊巴勒（Lekhwair-Yibal）天然气管线，分离出的液化石油气装车外运，凝析油返回达利中心处理站掺入原油一起外输。

1. 达利中心处理站（DPS）

达利中心处理站对进站含水原油的处理采用一级气液分离，两级大罐沉降脱水的常规处理流程。主要设备包括气液分离器、游离水脱除罐、二级脱水罐，经过二段脱水后，净化油含水指标即达到 0.5% 以下，符合阿曼石油开发公司外输管道进油标准。

2. B 区块处理站（BBS）

来自达利中心处理站和 B 区块处理站的污水在 B 区块处理站的污水处理装置集中进行处理。含油污水经自然沉降撇油后，经泵输送到 B 区块污水处理站，进行混凝沉降、过滤后，经过注水泵增压输送至注水井。来自玛兹楼克（Mazrouq）水源井的地下水经脱氧、杀菌后通过注水泵增压后输送至注水井。

3. 天然气处理厂

租用天然气处理厂（采用建造、拥有、运行合同模式），来自达利中心处理站和 B 区块处理站的伴生气首先进入脱水橇进行脱水，然后由压缩机增压，经空冷器进入膨胀制冷装置脱烃，干气大部分外输至交气站，小部分作为油田自用气，分离出的液化石油气装车外运，凝析油返回达利中心处理站掺入原油一起外输。

4. 天然气发电厂

发电厂机组共 5 台（4 运 1 备），发电能力达到 22 兆瓦，用于向油田营地、达利中心处理站、B 区块处理站、水源井、采油井场、新增处理设施及站内已建设施供电。

（三）油田地面设施改扩建

随着阿曼 5 区油田产液含水上升和原有处理设施的老化，为持续提升油田产量、增加油田生产操作的稳定性及满足政府对环保的要求，阿曼 5 区项目逐步推进完成以下项目：

（1）达利中心处理站（DPS）及 B 区块处理站新增气液分离设施。针对油田含水上升，为提升油田设施的处理能力及生产稳定性，在 2 座处理站各新增 1 套气液分离设施，项目建成后，达利中心处理站来液一级处理能力 10 万桶/日，B 区块处理站来液一级处理能力 14 万桶/日。

（2）B 区块处理站注水系统扩建工程。新增 2 台注水泵以满足油田注水量增加的要求，注水系统总负荷 18 万桶/日。

（3）阿曼石油开发公司（PDO）引水管线项目。根据政府环保部要求，不再继续采用地下水作为注水系统的补充水源，从阿曼石油开发公司供水管道引水至 B 区块处理站，引入外部油田的产出水作为注水系统的补充水源。

（4）阿曼石油开发公司接电项目。考虑到油田未来用电需求增加，新建架空输电线路从油田外部的阿曼石油开发公司电网接电。

（5）常压火炬气回收项目。为进一步降低油田伴生气排放，在 2 座处理站新增压缩机，将大罐排放气增压后外输送至天然气处理厂。

（6）根据油田开发计划，持续推进站外输油及注水单井管线建设，同时采用装有防腐衬管的新型管材逐步替换原有老旧站外管线，降低因管线老化导致的原油泄露风险。

二、鲁迈拉油田产能升级改扩建

鲁迈拉油田位于伊拉克南部巴士拉省，距巴士拉市西南 65 千米处。气候条件与哈法亚油田类似。油田地面工程建设主要包括油气集输系统、原油处理系统、供注水系统及供配电系统 4 个系统。

（一）油气集输系统

自 20 世纪 80 年代两伊战争爆发至项目启动前，鲁迈拉油田没有投入新的产能建设工程。油田地面设施年久失修、配套不全，且资源国石油领域工程建设资源和材料匮乏，难以满足短时间内油田上产的建设需求，油田采油速度、生产能力处于较低水平。

2010 年 7 月 1 日，联合作业机构接管油田后，克服各种内外部困难，在半年的时间里，完成 41 条新管线、34 口油井连头（9 口新钻井 +25 口老井）的建设工作量。2011 年初—2021 年底，累计完成新建管线 540 条、757 口井口连头。2022 年累计完成新建原油集输管线 100 条 244 千米，完成井口连头 119 口，发电机组安装 76 套。单井投产时间从 2011 年的平均 95 天逐年下降至 2022 年的平均 11 天，单井投产效率大幅提升。

截至 2022 年底，油气集输系统工程建设累计完成量如下：（1）井口及集输管线。井口连头累计完成井口连头 876 口。电泵井发电机组累计安装电泵井柴油发电机组 461 套。集油管线累计完成 640 条 2126 千米。站间联络线累计完成 18 条 135 千米。（2）集油管汇。站内管汇累计安装 20 套，16 寸连接干线约 10 千米。站外管汇累计安装 11 套，16 寸主干线约 43 千米。

（二）原油处理系统

1. 游离水分离器工程

2015 年，项目为解决高含水原油处理的瓶颈问题，先在南鲁迈拉莎米亚（Shamiya）、玛卡兹（Markazia）、克来纳提（Qurainat）、加努比（Janubia）4 座主要处理站内新建游离水分离器工程来提升对原油游离水预分离的处理能力。同年底，完成游离水分离器项目合同策略（工程总承包模式）及评标工作。

2019 年 3 月和 7 月，莎米亚站和玛卡兹站新建游离水分离器分别投产；2021 年 12 月，克来纳提站新建游离水分离器完成投产前的系统联调工作，2022 年 1 月投产；加努比站在 2019 年底实现机械完工，2021 年 4 季度启动系统连头前的各项检测、调试工作。2022 年 2 季度完成连头、系统测试及投产工作。

截至 2021 年底，南鲁迈拉 4 座处理站的新建游离水分离器全部实现机械完工及试运，投产 2 座，投产后对高含水原油的处理效果显著，有效解决南鲁主要处理站游离水处理瓶颈问题。

2022 年，北鲁迈拉 DS3 站新建游离水分离器项目，提升进站来液脱水能力。A 列试运完成，12 月 5 日投产；B 列试运进行中，总体进度完成 99.5%。

2. 电脱盐脱水工程

2013 年，鲁迈拉项目决定新建 10 套脱盐脱水处理设备并对相关处理站原有老旧电脱盐脱水设施进行升级改造，以解决原油含水率不断升高、处理能力不足的瓶颈。后根据油田生产实际需求，建设内容调整为 DS4 号站新建 2 套电脱盐脱水设备，DS3 号站新建 1 套电脱盐脱水设备，

DS5 号站新建 1 套电脱盐脱水设备。DS4 号站新建电脱盐脱水项目 2015 年 9 月开建，2018 年 8 月建成投产。DS3 号站新建电脱盐脱水项目 2016 年 8 月开建，2018 年 12 月建成投产。DS5 站新建电脱盐脱水项目 2019 年 8 月开建，完成现场前期准备工作，受 2020 年新冠肺炎疫情影响，合同暂缓实施。2021 年项目重启，工程在建设中。为提高 Mishrif 克来纳提站的湿油处理能力，在 2022 年 6 月启动 6 万桶 / 日处理能力电脱盐脱水项目，工程设计、采办进行中。截至 2022 年底，新建电脱盐脱水项目投产 3 套，完成 16 套现有老旧电脱盐脱水装置升级改造维护。通过新建和升级改造电脱盐脱水设施，有效提高油田地面设施的油气综合处理能力。

3. 新建原油处理列工程

为满足上产期 Mishrif 油藏产量的增加，在克来纳提站新建 2 列处理能力 24 万桶 / 日的处理列。2022 年 10 月 15 日合同授标给中国石油工程建设公司，该项目为鲁迈拉油田技术服务合同期内，继新建电站项目之后合同额最大的单体工程。新建处理列的主要工作范围包括 2 列三级分离器加脱盐脱水装置，单列处理能力 12 万桶，可以处理含水率 80% 采出液，以及 2 座 2.5 万立方米原油储罐、高低压火炬放空系统、7 套集油管汇、站外供配电系统、外输泵、6 座加药橇、站内电仪系统等。设计、采办工作进行中，计划 2026 年 2 季度建成投产。

4. 原油储罐工程

鲁迈拉油田各处理站内的原油储罐及配套设施超期服役、年久失修、腐蚀老化严重，无法满足处理站在紧急关站情况下对储油设施及站与站之间原油转运的需求。按照项目安全运行控制方案要求，各站的储罐数量需满足 N+1 的标准，即各站除有 N 台满足正常运行需求的储罐外，至少还需有 1 台备用储罐。

鲁迈拉项目自 2012 年开始逐步推进新建储罐和储罐维修工程，具体进展如下：新建储罐 6 台。其中，2013 年完成 4 台，2018 年完成 1 台，2022 年完成 1 台。维修储罐 13 台。其中 2012—2014 年完成 9 台，2017—2021 年完成 4 台，2022 年分别启动 1 台新建罐和 1 台修罐项目，工程建设中。通过持续推进新建 / 维修储罐，提高油田各处理站的原油临储能力，加强生产储运设施的安全性，有效避免憋罐、冒罐及因腐蚀储罐泄露等生产事故发生。

（三）供注水系统

1. 供水工程

（1）卡马尔阿里（Qamar Ali）水处理厂。卡马尔阿里水处理厂（简称"QA 水厂"）建于 20 世纪 70 年代中期，主要向巴士拉周边油田生产注水提供水源。鲁迈拉油田注水所需的水源，主要来自 QA 水厂。QA 水厂设计供水能力 240 万桶 / 日，河水经提升、混凝沉淀、石英砂过滤后，通过增压泵和输水管线向鲁迈拉油田、Zubair 油田等南部油田和巴士拉炼厂供水。QA 水厂服役时间已超 40 余年，站内设施早已超出设计使用寿命、老化严重。加上河水含盐量较高，大部分混凝土水处理构筑物腐蚀严重，表层水泥剥落、钢筋外露，导致水厂在改造前的供水能力下降到 70 万—80 万桶 / 日。为提高 QA 水厂供水能力，鲁迈拉联合作业机构自 2010 年开始，逐步对一级取水泵、注药橇、沉降池、过滤器、加氯橇及清水、二级供水泵进行维修或改建。通过改扩建，2020 年水厂的供水能力提高到 200 万桶 / 日。

主要扩建改造工程包括修复4台一级提升泵。修复3座3000立方米清水缓冲池。修复6台二级提升泵。新建魏利亚（Veolia）水处理厂（QA水厂二期），处理能力120万桶/日。完成水厂的注酸系统安装并投运。更新3座净水储水池。升级改造48寸管线外输接口。

（2）48寸供水管线。油田接管前，QA水厂至鲁迈拉油田的48寸供水管道老旧失修、经常发生泄漏，QA水厂的供水压力已降至22巴，长期维持低压运行，限制CPS站内注水泵的运行数量，进而降低管道输送能力，亟须建设新的输水管道。鲁迈拉联合作业机构接手QA水厂运营权后，对供水管网进行重新规划和优化，逐步对48寸供水管线进行新建和改造。到2020年已经初步完成从QA水厂到北鲁迈拉油田供水管道的升级改造建设，南鲁迈拉油田的供水管网建设还在推进中。2019—2021年主要完成48寸管线建设，包括分期建设完成QA水厂到北鲁的48寸输水管线65千米。建设完成30寸支线管道30千米。

2. 注水系统

（1）注水管线、井口、管汇。油田接管前，鲁迈拉油田共有注水井188口和10座注水站（CPS1—CPS10），仅有北鲁迈拉油田5座注水站（CPS1—CPS5）保持向主力产层油藏注水，注水量共约30万桶/日；南鲁迈拉油田已停注多年，5座注水站（CPS6—CPS10）已基本荒废。从2014年，项目开始大规模新建注水管线，更换注水管汇，以提高注水系统运行的安全性、可靠性，提高注水能力。截至2022年底，累计建设完成注水管线140条（435千米）、新建注水井口197口；更换北鲁注水站（CPS1—CPS5）内的Main Pay注水管汇（每站各1座管汇，共5座）；新建站外5座Mishrif注水管汇；更换站外8座Mishrif注水管汇。通过以上新建、改造工程，油田注水能力大幅提升。2022年注水量134万桶/日，有效弥补地层压力递减，满足油田滚动发展及稳产上产需求。

（2）6号注水站（CPS6）新建工程。鲁迈拉南部Mishrif油藏是油田未来开发的重点和产能接替油藏，尽早恢复鲁迈拉南部油藏注水成为亟须落实完成的重点工作。经综合分析研究，项目决定优先启动6号注水站（CPS6）恢复工程。由于原6号注水站（CPS6）站已停注多年，注水设施基本废弃，对其进行升级改造不具有经济价值，决定在老站附近建设新的注水站。为满足油藏开发需求，在6号注水站（CPS6）新站建成投产前，鲁迈拉联合作业机构决定在老6号注水站（CPS6）围栏外建设临时注水设施以尽早恢复对南鲁注水。2019年，临时注水增压泵及配套注水管线建设完成，同年7月投产，注水量稳定在6万桶/日，实现对鲁迈拉南部Mishrif油藏的首次注水，对稳定地层压力提供有利条件。新建6号注水站（CPS6）注水能力为30万桶/日，主要设施包括新建泵房、注水增压泵、控制室、高压注水管汇等。新建注水站自2018年开始大宗设备采办及现场土建施工，经过3年建设，2021年4月部分投产，2021年6月全面投产。2022年，启动新建7号注水站（CPS7），保障南鲁油藏注水需求，注水能力为30万桶/日，综合进度47%，计划2023年底建成投产。

（四）供配电系统

1. 鲁迈拉电站（150兆瓦）

为解决油区夏季用电高峰期，电力供应不足影响民生，引发游行示威等社会问题，油田产生的伴生气不能有效利用而放空，造成浪费和环境污染，从建设绿色油田和帮助伊拉克政府改善民生的角度出发，项目决定投资建设鲁迈拉早期电站项目（150兆瓦）。

新建早期电站装机5台GE Frame 6B燃气透平发电机组，单台装机容量45兆瓦，电站设计发电能力150兆瓦（53℃）。电站项目于2012年启动，2014年10月16日授标中国石油工程建设公司承建，采用前端工程设计+工程总承包+2年生产维护的合同模式，合同额为4.23亿美元，建设工期37个月。

项目于2015年8月25日开始现场施工，主要建设任务包括5台燃气透平发电机组组装、3台燃气压缩机、燃气处理橇（固定床脱硫）、控制室、变配电间、8.6千米输气管线、1.5千米高空输电线路塔及配套的工艺系统、公用工程等。电站项目于2018年3月28日投产。项目建成后每年能有效利用约5.2亿立方米油田伴生气，减少油田伴生气不经处理直接燃烧所造成的环境污染。通过建设供配电系统，给附近的处理站和电泵井场供电，可以减少柴油发电机的使用，提高油田的生产安全性，节约生产运行成本。

2. 油田供电环网一期工程

鲁迈拉油田有大量的电泵井，受伊拉克电力供应能力的限制，电泵井普遍采用在井场安装柴油发电机进行供电。这种供电方式存在效能低、安全稳定性差、维护成本和燃料加注成本较高等问题。自2018年鲁迈拉电站建成投产后，油田具备一定的发电、供配电能力。因此，项目决定实施供电环网一期工程建设，向电泵井提供稳定电源。

供电环网一期工程主要为油田C区域供电，包括两条11千伏的架空交流输电线路网和短距离的埋地电缆到井口部分，输电环网的总长度约40千米，可为35口电潜泵提供300千伏安的用电负荷及井场内的一些低压用电设备供电。供电环网一期工程主要工作范围包括线路和地质勘查测量、详细设计、路由申请批复和准备、材料采办、现场输电环网的塔架、电线安装、井口配套连接橇施工安装、测试运行等。

供电环网一期工程的计划工期为29个月，项目于2022年1月31日投产，实现对北鲁迈拉DS2、DS4处理站周边的18口油井供电。2022年，开展供电环网二期项目建设，综合进度72%，计划2023年底投产。项目建成后，有效地利用鲁迈拉电站的电能，减少柴油发电机的使用数量，降低能耗和生产成本，提高油田生产的运行稳定性。

三、西古尔纳-1油田产能升级改扩建

西古尔纳-1油田位于伊拉克西北部距巴士拉市约50千米，北邻西古尔纳-2油田，以幼发拉底河为分界，南接鲁迈拉油田，气候条件与鲁迈拉油田类似。2010年埃克森美孚主导联合体接手前，油田共有3座脱气站（DS-6、DS-7、DS-8），共有10列处理设施和3个测试列，处理不含水原油，设计处理能力57.5万桶/日。每列处理设施包含三级两相分离器，处理后的原油进入原油储罐储存，外输时原油通过站内增压泵输送至伊拉克战略管道1号泵站或者图巴（Tuba）罐区，分离出来的低压伴生气自压去火炬放燃。油田管道和地面生产设施自1999年投产以来，总体维护不理想。2010年初，埃克森美孚接收管理后几年进行适当规模的升级改造，高峰日产量达到51万桶。

2013年，联合公司编制《西古1油田开发方案整体开发方案（2013）》，并于2014年获得伊拉克政府批准。方案规划地面工程部分分两个阶段实施，第一阶段通过修复和升级改造已有13列处理装置，改造控制系统和火炬、放空系统等措施，实现原油90万桶/日的处理能力。主要包括新增原油处理能力30万桶/日的脱水/脱盐装置、供水规模达到110万桶/日、新建15台注水泵（注水能力7.5万桶/日）、新建9万桶/日污水处理装置、配置独立供电系统和更新基建工程（建筑物、道路、营地、安防等）。第二阶段，根据开发部署，新建3列10万桶/日处理能力的湿油处理列，实现甜油120万桶/日的处理能力；新建对Yamama油藏的酸油处理列4列（各10万桶/日），并新建配套的集输系统。高峰期总注水能力420万桶/日，建成配套的注水站和注水管网；原油存储能力13.5万立方米；新建产出水处理能力220万桶/日；新建发电站及输电线路，总供电能力为600兆瓦。配套海水淡化工程取水能力250万桶/日；原油外输能力192万桶/日；新建运行中心1座。

西古尔纳-1油田工程建设项目主要包括油气集输及原油处理系统、水处理及注水系统、供电系统和其他辅助系统4个方面的工程建设。

（一）油气集输及原油处理系统

1. 油气集输及处理系统工艺

西古尔纳-1油田油气集输系统采用"采油井场→井场管汇→油气处理站"的二级布站、密闭集输流程。结合油井密集的特点，建设丛式井平台，平台内分别设置生产管汇和测试管汇，计量采用移动计量车，部分平台上设置第3列湿列生产汇管，可以将含水原油分开输送至脱气站内具备脱水/脱盐功能的原油处理列进行处理，增加现场操作的灵活性。后期随着含水原油比列逐步上升，为适应现场实际情况，集输系统进行相应升级改造。

西古尔纳-1油田在开发前期，原油几乎不含水，干油处理流程采用"一级两相分离器→二级两相分离器→三级两相分离器"。随着注水开发，原油综合含水上升，在干油处理流程基础上增加脱水、脱盐装置，并对分离器进行技术改造与升级，使其能够适应含水原油（最高含水率20%—30%）的处理。湿油处理流程采用"一级二相分离器［新建设施初始原油处理列（IOT）和移动原油处理与脱盐列（MOTD）采用三相分离器］→二级两相分离器（新建设施初始原油处理列采用三相分离器）→电脱水→电脱盐→三级两相分离器"可以更好满足合格原油处理要求。

2. 油气集输及处理系统建设项目

西古尔纳-1项目油气集输及处理系统建设规划以安全、可行为前提，最大限度地利用已有生产和辅助生产设施；随着油田的开发，对已建油气处理设施进行改造升级，提升原油处理能力，以满足油田正常生产要求；同时，依据开发方案部署，地面分期扩建或新建原油处理设施满足合同期内高峰产量的原油处理；施工采用组装化、标准化、模块化设计，方便运输、施工，缩短工期，提高效率。

2013—2022年西古尔纳-1油田油气集输及处理建设情况见表4-2-3。

表 4-2-3　2013—2022 年西古尔纳-1 油田油气集输及处理建设项目一览表

序号	项目	内容	建成时间
1	祖拜集输管线	在 DS8—DS7、DS7—DS6 之间建设"干油"和"湿油"两条独立的 16 寸站间集输主干线，各站 10 寸、12 寸的集输管线和各站管汇安装。一期工程（DS8 到 DS7 的集输工程）二期工程（DS7 到 DS6 的集输工程）	一期工程 2015 年 3 月完工；二期工程 2015 年 9 月完工
2	DS8 原油处理系统改造升级	在 DS8C 处理列的二级分离器和三级分离器之间，增加 1 套 5 万桶/日脱水脱盐设施	2017 年 5 月投产
3	DS6 原油处理系统改造升级	在 DS6C 处理列的二级分离器和三级分离器之间，增加 1 套 5 万桶/日脱水脱盐设施	2018 年 1 月投产
4	DS7 原油处理系统改造升级	在 DS7C 处理列的二级分离器和三级分离器之间，增加 1 套 5 万桶/日脱水脱盐设施	2018 年 6 月投产
5	原油大罐一期	主要包括原油大罐存储系统（3 个 5000 立方米的大罐）、外输系统（4 台增压泵和 4 台外输泵）、计量系统（6 台流量计）等配套公用工程系统	2018 年 9 月完工
6	原油大罐二期	主要包括原油大罐存储系统（5 个 5000 立方米的大罐）、外输系统（2 台增压泵和 2 台外输泵）、计量系统（1 台流量计）等配套公用工程系统。截至 2020 年底，油田内共有大罐 14 座，总储油能力 36.8 万桶，各站共有 10 台外输增压泵，外输能力 50 万桶/日	2018 年 6 月完工
7	MOTD 项目	在 DS7 安装 1 套 4 万桶/日可移动的原油脱盐处理列工程，初期采用租赁形式	2019 年 2 月投产
8	IOT 项目	在 DS8 新建 1 列 10 万桶/日的原油处理列，原油处理列（Initial Oil Train）是西古尔纳-1 油田新建的首个最大的现代化"湿油"处理列，设计处理能力达到 10 万桶/日。项目由 KENZ-ENKA 公司承建，整体采用模块化设计，全部压力容器和管廊分别在阿联酋和土耳其深度预制，现场快速安装。工程首次在西古尔纳-1 油田引入高中低压一体式火炬系统，三相分离及非对称式脱盐系统	2019 年 4 月投产

（二）水处理及注水系统

1. 生产水处理工艺

西古尔纳-1 油田开发前期，原油含水率较低阶段，生产污水采用排入蒸发池自然蒸发的方式处理。随着含水率上升，除自然蒸发外，同时采用地层回灌和回注 2 种方式。

含油污水经过油水分离池处理达到除油指标（含油指标 ≤ 40 毫克/升）后通过外输泵送至蒸发池蒸发或通过回灌水泵送至回灌井回灌，截至 2022 年底，DS6 站 DS7 站、DS8 站均有 2 组低压回灌泵和 2 口回灌井，单井平均回灌水量 2.3 万桶，规模 4.6 万桶。

根据后期注水规模，按照项目总体规划，含油污水量不能满足总注水需求，注水开发前期考虑地层水、主河口排放点（MOD）河水及后期采用海水 [公共海水供应项目（CSSP）] 作为注水补充水源。

含油污水处理项目一期（PW1）于 2019 年 1 月投产，产出水处理达标后接入 DS7 注水罐用于回注。已建含油污水回注处理流程：含油污水→除油罐→提升泵→诱导气浮装置→提升泵→核桃壳过滤器→滤芯过滤器→注水罐。达到油田注水指标，全部回注地层。

根据含油污水系统产能剖面，产出水总处理规模 208 万桶 / 日。含油污水系统采取整体规划、分期实施的原则，含油污水处理工程项目 PW2—PW9 将陆续开工建设。

2. 注水系统

油田注水能力约 80 万桶 / 日，水源主要来自 Dammam 层地下水、主河口排放点（MOD）的河水和原油处理产出水。注水系统分为自流注水、低压注水和高压注水。其中：自流注水流程为地下 Dammam 地层水依靠重力注入 Mishrif 产层；低压注水流程为水源井（电潜泵）→注水井；高压注水流程为处理达标水源（主河口排放点河水与产出水）→注水罐→增压泵→高压注水泵→注水井。

3. 杂用水、生产用水和消防用水

截至 2022 年，油田杂用水、生产用水（脱盐站）和消防用水供水水源取自区块北部幼发拉底河，通过 10 英寸管线输送水量 5.0 万桶 / 日至油田 3 个处理站。由于该管线年久失修，锈蚀漏水比较严重。

后期计划采用海水淡化（公共海水工程项目），新建一条 16 英寸管线输送水量 12.0 万桶 / 日至 DS7 处理站进行深度处理后，通过反渗透膜处理后作为各个处理站的工业用水，各站再根据具体用途进行处理。

4. 水处理及注水系统建设项目

2013—2022 年西古尔纳 -1 项目的水处理及注水系统建设项目情况见表 4-2-4。

表 4-2-4　2013—2022 年西古尔纳 -1 油田水处理及注水系统建设项目一览表

序号	项目	内容	备注
1	主河口排放点（MOD300）项目	主河口排放点河水 30 万桶 / 日取水工程，分为 4 个标段：DS7 水罐工程、站外输水管线工程、DS7 站内注水站工程、主河口排放点取水及水处理工程	2016 年 12 月建成
2	污水处理一期工程（PW1）	含油污水处理一期工程，项目包括：DS6 站建设 1 套 3 万桶 / 日的含油污水预处理设施，包括除油罐、污水外输泵及回收油泵等设备。DS7 站建设 1 套 3 万桶 / 日的含油污水预处理设施，包括除油罐、污水外输泵及回收油泵等设备；建设 1 套 9 万桶 / 日的含油污水处理设施（包括除油罐、气浮装置、核桃壳过滤器、滤芯过滤器及反洗水回收等设施）。DS8 站建设 1 套 3 万桶 / 日的含油污水预处理设施，包括除油罐、污水外输泵及回收油泵等设备。3 个 DS 站之间建设含油污水管线。工程采用常规的气悬浮工艺油水分离，处理规模 9 万桶 / 日，处理后的污水用于回注	2019 年 1 月 25 日建成
3	水源井	2014—2020 年完钻水源井 26 口	2014—2020 年
4	产出水和工业水管线建设项目	在 DS6、DS7、DS8 三座脱气站之间建设共 36 千米 2×16 英寸产出水和工业水管线	2019 年 1 月 23 日完工

（三）配电系统

在技术服务合同开始阶段，西古尔纳-1油田供电同时依靠自备发电机和国家电网。2012年开始脱离国家电网，开始使用租赁的发电机给油田供电，电源从DS7脱气站通过油田专用架空线路为其他的脱气站供电。由于已有配电设备不稳定，并且部分设施存在安全隐患，因此在开始阶段，采取一些措施，以增加设备的稳定性和安全性。并且对部分设备进行扩容改造以适应近期的油田生产。

2016年，项目在DS7站建成燃气透平电站（35兆瓦），核心设备是4索拉钛（Titan）-130双燃料透平发电机，在标准工况下，可以提供40兆瓦电量（现场出力35兆瓦）（表4-2-5）。燃气透平在天然气缺失的情况下，可以用柴油作为燃料，为油田供电。电站通过新建的11千伏开关柜和已建的11千伏架空线路为3座脱气站供电。但是由于油田电网还没有覆盖到井口，因此电潜泵井采用井口柴油发电机供电。

截至2020年，一期油田输电线路项目已经把原来的站间架空线由11千伏单回路线杆替换为双回路铁塔，输送11千伏，待电站二期完成后，可输送33千伏，具体包括DS7—DS6站的线路，DS7—DS8站的线路和DS6—MOD河的线路。

表4-2-5　2013—2022年西古尔纳-1油田供配电系统建设项目一览表

序号	项目	内容	建成时间
1	35兆瓦供电项目	在DS7站，建成燃气透平电站（35兆瓦），核心设备是4索拉钛-130双燃料透平发电机，在标准工况下，可以提供40兆瓦电量（现场出力35兆瓦）。燃气透平在天然气缺失的情况下，可以用柴油作为燃料，为油田供电。电站通过新建的11千伏开关柜和已建的11千伏架空线路为3座脱气站供电	2016年10月19日
2	一期油田输电线路项目	油田输电线路一期工程，把原有的站间架空线由11千伏单回路线杆替换为双回路铁塔，包括DS7到DS6和DS8的28千米33千伏输电线路安装；DS7到主河口排放点7千米11千伏输电线路安装。DS7—DS6输电线路2019年4月7日投用；DS7—DS6—主河口排放点输电线路2019年4月30日投用；DS7—DS8输电线路2019年5月10日投用	2019年5月
3	应急发电机项目	3个脱气站安装若干台柴油应急发电机，单机容量1000千瓦，用于处理列和外输泵的备用电源	2019年

（四）其他辅助系统

1. 自控与通信系统

西古尔纳-1油田原自控和通信系统落后而且不稳定，2016—2019年，DS6、DS7和DS8三座脱气站先后完成自控系统升级，优化后的集成控制与安全系统（Integrated Control and Safety System，简称"ICSS"），包括过程控制系统（Process Control System，简称"PCS"）和安全仪表系统（Safety Instrumented system，简称"SIS"），其中安全仪表系统包括紧急停车系统（Emergency Shutdown System，简称"ESD"）和火气检测系统（Fire and Gas System，简称"FGS"）。注水站和污水处理站控制系统属于ICSS的一部分。现场仪表将连接到分布在站场内的远程输入/输出端，并通过冗余光纤连接到中央控制室。

西古尔纳-1油田已升级完成光纤和无线的通信网络，各个站场通信业务有视频监控系统（Closed-Circuit TeleVison，简称"CCTV"）、自动化数据传输通道、互联网协议（Internet Protocol）电话、车辆和人员出入管理、PA/GA等。

2. 伴生气系统

在西古尔纳-1油田开发初期，伴生气全部采用空燃的方式，2016年10月35兆瓦项目投产，2015—2017年相继投产，3座壳牌公司承建并运营的天然气压缩站CS6、CS7和CS8，各脱气站内（DS6、DS7、DS8）由一级分离器脱除的伴生气，由巴士拉天然气公司（Basra Gas Company，简称"BGC"）抽走，还有部分用于一期35兆瓦电站的燃料气，其余部分通过高压火炬系统燃烧。二级、三级分离器中正常连续生产脱除的伴生气，分别进入中压、低压火炬系统燃烧。一级、二级、三级分离器的安全阀泄放时，通过紧急泄放放空管泄放。原油罐的放空通过单独的放空管放空。

2013—2022年西古尔纳-1油田其他辅助工程项目建设情况见表4-2-6。

表4-2-6　2013—2022年西古尔纳-1油田其他辅助工程项目建设情况一览表

序号	项目	内容	时间
1	自控与通信系统升级工程	DS6、DS7和DS8三座脱气站先后完成自控系统集成控制与安全系统升级，现场仪表将连接到分布在站场内的远程输入/输出，并通过冗余光纤连接到中央控制室，从而实现自动化控制	2019年
2	伴生气系统工程	该工程主要由巴士拉天然气公司承建，巴士拉天然气收集各脱气站内一级分离器脱除的部分伴生气，还有部分作35兆瓦透平电站的燃料气，其余部分通过高压火炬系统燃烧	2015—2017年
3	油污土壤修复项目	为解决原油污染土壤问题，项目于2016年3月启动原油污染土壤生物修护项目。项目主要分为3个阶段，第一阶段是验证生物修复方法的可行性，同时培训锻炼团队；第二阶段是开展现场土壤修复作业；第三阶段是建立固定的土壤修复场地，对污染土壤进行集中修复处理。截至2020年底完成DS7和DS8两处集中土壤修复场	2020年

四、叙利亚戈贝贝油田扩建改造

叙利亚戈贝贝油田位于叙东北部居比萨油区，距大马士革650千米，合同区面积200平方千米，最东端距伊拉克边境5千米。戈壁地貌，夏季干旱高温，冬冬为雨季。幼发拉底项目有39个油田，分布在叙利亚中东部，临近叙利亚—伊拉克边境。叙利亚的气候比较干燥，全国有五分之三的地区全年降雨量少于25厘米，四季分明，沙漠地区冬季雨量较少，沿海和北部地区冬季降水较多，夏季全国炎热干燥。沿海和北部地区属亚热带地中海气候，南部地区属热带沙漠气候。

2005年5月30日，油田作业区营地主体工程建设开工；11月24日，营地主体项目建设完成，并举行竣工典礼及新营地揭牌仪式。叙利亚石油矿产部部长易普拉辛哈达德博士（Dr. Ibrahim Haddad）、哈萨克省长、哈萨克省委书记及中叙联合公司总经理共同为新营地主体项目竣工典礼剪彩。随后，石油部部长和哈萨克省省长为油田作业区新营地揭牌。前来参加竣工典礼和揭牌仪式的还有哈萨克省警察厅长、叙利亚国家石油公司总裁、天然气公司总裁，以及叙利亚国家石油公司下属的居比萨石油管理局、努米兰（Rumillan）石油管理局、开发局、勘探局、合同局等各路局长及相关负责人，以及居比萨石油管理局的部分员工和当地小学的学生约300人。

2006年1月16日，主站一期改造工程由中国石油工程建设集团公司承建；2006年7月20日，改造工程竣工，并举行隆重的剪彩仪式。勘探开发公司副总经理、叙利亚国家石油公司总裁、哈萨克省长、省委书记等参加剪彩仪式。主站改造后的原油年处理能力从52.5万立方米提高到76.2万立方米。

2007年12月25日，戈贝贝油田全自动化的6号计量站在经过管线基础建设、设备安装调试后投入使用。

2008年12月25日，戈贝贝项目7号计量站建成投产。

2011—2012年，主站二期改造工程新建一个5000立方米的沉降罐和一个5000立方米的储油罐。该工程2009年招标，黎巴嫩萨巴格企业国际海洋有限公司（SABBAGH ENTERPRISES INTERNATIONAL OFFSHORE CO. S.A.L.）竞标成功。合同约定工期1年，工程实际完成于2013年1月20日，完工99%。由于叙利亚战乱，工程测试没有进行，无法完成移交。原合同双方约定在英国伦敦进行仲裁，后签署补充协议，依照叙利亚法律在大马士革仲裁。在工程建造期间，叙利亚发生动乱，中方员工全体撤离，主站工程在叙方主导下继续施工。2013年承建公司提出工程超标91.757万美元，要求项目公司支付，项目公司拒绝后，承建公司在大马士革法院提出仲裁诉讼，最终承建公司胜诉，法院冻结联合公司账户，将资金划给承建公司。

五、阿布扎比陆上项目产能扩建

陆上项目位于阿布扎比的陆上区域，属热带沙漠气候，全年分为两季，5—10月为热季（夏季），天气炎热潮湿，气温超过40℃，沿海地区白天气温最高达45℃以上，湿度保持在90%左右；11月—次年4月为凉季（冬季），气候温和晴朗，有时降雨，气温一般为15—35℃。年平均降雨量约100毫米，多集中于1—2月。

2017年，中国石油（CNPC）旗下中国石油工程建设公司中标东北巴布（NEB）项目，中国石油（CNPC）一体化优势得到成效；东北巴布资产组陆迈萨/莎纳叶勒（Rumaitha/Shanayel）三期工程总承包地面工程项目日产3.9万桶（6201立方米）于2017年12月26日投产。

2018年，重点工程布哈萨（Bu Hasa）整体油田开发项目工程总承包授标并启动，库萨维拉

（Qusahwira）二期第一部分工程的工程总承包授标并开工，为陆上项目实现 200 万桶/日（31.8 万米³/日）产量奠定基础；中国石油工程建设公司承担的巴布整体工程建设工程总承包顺利推进。

2019 年，陆上项目完成巴布稳产 48.5 万桶/日（7.7 万米³/日）的工程建设项目基本设计，并授标启动工程总承包工程。

2020 年，中国石油工程建设公司承担的巴布整体工程建设（BIFD）总承包实现首油里程碑；同年，外输管道 1.2 和 3.5 更换工程（Replacement of mOL 1.2 & mOL 3.5 Project）总承包授标中国石油管道局并启动。

2021 年，陆上项目巴布油田整体地面建设工程项目 11 月 26 日项目整体试运行。2022 年初，正式试运行。

第三节　海上项目工程建设

阿布扎比陆海和海上项目位于阿布扎比的陆海区域，属热带沙漠气候，全年分为两季，5—10 月为热季（夏季），天气炎热潮湿，气温超过 40℃，沿海地区白天气温最高达 45℃以上，湿度保持在 90% 左右；11 月—次年 4 月为凉季（冬季），气候温和晴朗，有时降雨，气温一般为 15—35℃。年平均降雨量约 100 毫米，多集中于 1—2 月。

陆海项目二区块一期布哈塞（Bu Haseer）产能工程启动和建设。2018 年 3 月完成北平台 BH1 建设，2020 年 1 月，南平台 BH2 投产。二期贝勒巴泽姆油田群开发的产能工程启动和建设。

海上乌纳项目改造和产能扩建，纳斯尔油田 8.5 万桶/日改造工程，乌姆沙依夫油田长期发展规划一期工程前端工程研究（FEED）和 EPC 招标，乌姆沙依夫油田气顶开发一期工程工程前端工程研究（FEED）再设计。

海上下扎项目扩建，开展一期下部扎库姆长期发展规划工程（LTDP-1）选择方案。

一、陆海项目产能建设

2015 年，陆海项目海上一期布哈塞（Bu Haseer）预可行性研究完成，基于预可研结论启动陆海项目二区块的整体工程方案概念研究，确定海上一期和二期均依托于阿布扎比国家石油公司海上已建设施的方向，进一步优化项目的投资费用，为低油价下保持项目经济性奠定基础。根据董事会决议，批准作业公司执行工程总承包之前（利用已有材料进行导管架建造）的工作。

2016 年，完成陆海项目二区块的方案优选。海外勘探开发公司技术团队完成陆海项目二区块一期布哈塞（Bu Haseer）的开发方案，得到双方股东的批准。布哈塞（Bu Haseer）早期生产系统工程总承包授标启动建造工作。

2017 年，布哈塞（Bu Haseer）全油田开发前端工程设计合同启动，在同年 10 月完成前端工程设计。布哈塞（Bu Haseer）早期生产系统工程总承包按计划推进，完成陆上建造及海上安装。中国石油（CNPC）团队完成陆海项目二期贝勒巴泽姆（Belbazem）油田群全面开发方案，获得双方股东批准。

2018年，陆海项目海上一期布哈塞（Bu Haseer）油田工程建设按计划推进，早期生产系统完工为陆海项目的开发建产奠定基础，全油田开发工程建设总承包顺利授标启动，并按计划推进，为按期实现陆海项目一期实现日产1.6万桶（2544立方米）的产能目标提供保障；陆海项目海上二期开发工程贝勒巴泽姆油田群开发方案获中国石油（CNPC）批复，陆海项目进一步上产迈出关键的一步。

2019年，陆海项目海上一期开发布哈萨油田全油田工程建设按期投产，实现该油田全油田开发建产的重要里程碑；陆海项目海上二期开发工程贝勒巴泽姆（Belbazem）油田群开发工程基本设计（前端工程设计）完成。

2020年，陆海项目一期布哈塞（Bu Haseer）全油田工程注水设施具备投产条件，注水为该油田的主要稳产措施，工程完工保证油田上产增产措施的实施，标志着布哈塞（Bu Haseer）油田建设的最后一个里程碑完工；贝尔巴泽母油田群重点推进设施共享协议的谈判工作。

2021年，陆海海上二期贝勒巴泽姆（Belbazem）油田群整体开发工程总承包于2021年5月已授标，总体工程进度8.39%；一期布哈塞（Bu Haseer）油田项目竣工。

2022年，陆海海上二期贝勒巴泽姆（Belbazem）油田群EPC工程，包含3座海上井口平台，平台与人工岛之间的海底管缆，人工岛上新建注水、水处理设施及连接已建设施改造工作内容。总体工程进度45%。

二、海上乌纳项目产能扩建

2018年，乌纳项目纳斯尔（NASR）油田进行井口平台早期开发投产，乌纳项目的分阶段长期开发方案前期研究工作陆续启动，乌姆沙依夫（Umm-Shaif）油田完成气顶开发一期工程方案评估。2019年，纳斯尔油田投产5座井口平台及中心处理平台群，实现全油田投产；乌姆沙依夫油田完成气顶开发一期工程启动基本设计（FEED）。2020年，乌姆沙依夫油田完成长期一期工程基本设计。2021年，海上乌纳项目的乌姆沙依夫油田气顶开发Ⅰ期工程执行FEED再设计；乌姆沙依夫油田长期发展规划一期完成工程招标。

截至2021年，乌姆沙依夫油田井口平台98座，进行油气集输、注水注气、化学药剂注入等。1座中心处理平台群（21座平台），进行油气水预分离、气体处理等。内部管线824千米，包括油气混输管线、注水管线、注气管线等。原油外输管道36.1千米，凝析油外输管道77千米，天然气外输管道180.5千米。纳斯尔油田，井口平台9座，进行油气集输、注水注气、化学药剂注入等，1座中心处理平台群（4座平台），进行油气水预分离、气体处理等。内部管线110千米，包括油气混输管线、注水管线。油气混输管线70千米。

三、海上下扎项目改造建设

2018年，下扎油田启动一期下部扎库姆长期发展规划工程（LTDP-1）方案选择研究。2019年，下扎项目完成长期发展规划一期（LTDP-1）的方案选择研究。2021年，下扎项目长期发展规划一期（LTDP-1）早期生产一期（EPS1）投产。

　　截至2021年，井口平台118座，进行油气集输、注水注气、化学药剂注入等。内部管线728千米，包括油气混输管线、注水管线、注气管线。中心处理平台群包括西部平台群（10座平台）、中部平台群（7座平台），进行油气水预分离、气体处理、生产水处理、海水处理、发电设施及生活平台等。海底管道外输管线2条155千米。内部管线728千米，包括油气、注水、注气管线。

第五篇 采油技术与油气生产

中东公司在油田生产过程中，采用油井下套管射孔、筛管或裸眼完井，通过油田注水、自喷或人工举升，利用电泵、抽油机和气举采油。大量实施碳酸盐岩油藏注水采油，艾哈代布、鲁迈拉、哈法亚、阿布扎比陆上项目、海上下扎库姆和海上乌纳及阿曼5区等主要油田，采用直井、水平井，完善注水井网，通过分层、底部和边缘注水等多种方式采油，实现稳油控水。伊朗北阿扎德甘油田、哈法亚油田、陆上项目的巴布、东北巴布、布哈萨等油田采用气举采油，取得良好效果，实现油田的稳产和上产。油田还采用一系列的生产措施，提高单井产量，对低渗致密的油层，采用压裂酸化或酸洗技术，对油层进行改造。对含水率高的油井进行堵水、换泵、交替关井措施，降低含水率。在注水区域，对井实施调剖、换泵等措施，保证油藏压力恢复、提高注水效果。通过摸索和地质油藏研究，中东公司形成碳酸盐岩油田油藏开发一系列配套技术，油田产量保持稳定和上升态势。2015—2022年，中东公司权益产量从2482万吨增长至5338万吨。2019年中东公司产能建设迈上新台阶，实现作业产量过亿吨、权益产量5000万吨，在此规模上连续保持油田稳产4年。

第一章　采油工艺与配套技术

伊拉克艾哈代布、鲁迈拉、哈法亚、阿布扎比陆上项目、海上下扎库姆和海上乌纳及阿曼5区等主要油田，主要采用下套管射孔、筛管或裸眼完井，利用电泵、抽油机和气举，通过注水、自喷或人工举升采油。采用直井、水平井，完善注水井网，通过分层、底部和边缘注水等多种方式，注好水、注够水，油田油藏压力维持效果明显，实现稳油控水。在伊朗北阿扎德甘油田、哈法亚油田、陆上项目的 Bab、NEB、Bu Hasa 等油田采用气举采油。各油田根据油藏不同地质特点和流体特征，采用酸化、压裂、堵水、换泵、调剖和老井恢复等措施作业挖潜，增储上产，降本增效，实现油田高效开发。

中东公司针对不同油田的地质、油藏特征，根据项目合同要求，通过多年的开发生产实践，形成一系列适合各项目油田特点的开发技术。阿曼5区碳酸盐岩油藏水平井注水开发配套技术、艾哈代布油田低渗复杂碳酸盐岩油藏注水采油配套技术、鲁迈拉油田注水开发及配套技术、哈法亚油田大型非均质油藏高效开发配套技术、西古尔纳-1油田碳酸盐岩油藏注水自喷开采配套技术、北阿扎德甘油田气举采油技术及 MIS 油田低压裂缝性含硫化氢油藏钻完井试油和防腐配套技术。这些开发技术为油气田生产稳产、增储上产提供保证，实现较好的经济效益。

第一节　油田注水

阿曼5区油田、艾哈代布、哈法亚、西古尔纳-1、鲁迈拉油田及阿布扎比项目部分油田，根据开发方案相继开展不同方式油田注水工作，减缓油田压力自然衰竭，有效保持油藏压力在合适水平，实现油田产量稳产。

阿曼5区，2004年开始注水实验，2006年开始全面推广水平井注水开发，2004年2月在油田B块开始实施先导性注水试验，2015年底地层压力由注水开发初期最低700磅力/英寸^{2}升至1710磅力/英寸^2（上升144%），压力保持程度69%。注水开发后，油藏含水上升率得到较好控制。从历年存水率曲线来看，B块的 Up Shuaiba 油藏的存水率一直保持较高，在采出程度近40%时仍保持在0.7以上。B断块 Up Shuaiba 油藏的注水采收率提高29%。2017年，油田实施13口生产井和注水井的产液剖面和吸水剖面测试，对注水动态进行监测。自油田开始注水以来，注重完善注采井网，适时控制注水区块注水量，保持油藏压力的稳定，实现在碳酸盐岩油藏水平井注水开发技术的突破。截至2022年，总注水井数1944口，注水井数1601口，年注水量35639.60万立方米。

艾哈代布油田，采用水平井和直井注水开发，日最大注水量28万桶。注水管柱结构为3½英寸油管＋循环阀＋可洗井套管保护封隔器＋座落短节＋球座。采用两种水源进行混合注水，注水干线实现高压和次高压两套系统，满足油田不同层系和储层的注水要求，注水指标主要参照中国石油（CNPC）注入水水质标准。2012年开始在Kh2层进行注水试验，2014年开始规模注水。2015年全面进入规模化注水阶段，新老区油藏压力差异变小，油藏压力稳步回升，实现稳油控水的开发目标。2018年起，针对产量递减情况，油田先后进行交替注采试验等先导试验，开始针对下部层系进行注水。2019年，油田继续开展交替注水试验，克服直井转注层位多、井筒条件较差等困难，加快下部层系的注水进度，完成转注井19口。随着Kh2层最后一口注水井AD4-X4H投注，Kh2层注水井网基本完善，主力油藏Kh2实现注够水、地层压力开始全面恢复，下部层系注水开始受效。经过注水精细化调整和交替不稳定注水试验开展，油藏压力稳步回升，含水率上升速度保持平稳。根据开发方案要求，油田设计高压和次高压两套注水管网，建成覆盖油田1区、2区、4区的单套注水管网。2019年9月，随着对油田注水管网腐蚀治理工作的完成，油田注水工作得到有力保障，注水量首次突破30万桶/日。2021年，油田推进AD2区的9采6注的不稳定交替注采试验井组，提高斜向驱替效率，提高水驱波及体积和水驱油效率，AD2区交替试验区9口井累计降低含水率7.6%，全年累计增油16.6万桶，有效期内增油162万桶，实施提质增效活动成果显著。截至2022年底，油田有注水井154口，其中Kh2层121口，下部层系33口。油田累计注水7658.5万立方米，累计注采比0.6（表5-1-1）。

表5-1-1 2011—2021年度艾哈代布油田注水情况统计表

时间	Kh2层注水井数（口）	下部层系注水井数（口）	油田累计注水井数（口）	Kh2层注水量（万立方米）	下部层系注水量（万立方米）	年注水量（万立方米）
2011年	0	0	0	0	0	未注水
2012年	5	0	5	32.33	0	32.33
2013年	16	0	16	157.46	0	157.46
2014年	53	0	53	398.33	0	398.33
2015年	75	0	75	439.70	0	439.70
2016年	92	0	92	591.19	0	591.19
2017年	112	1	113	817.60	0.87	818.47
2018年	120	10	130	977.53	22.68	1000.21
2019年	121	29	149	1147.20	214.56	1361.76
2020年	121	33	154	923.92	307.3	1231.22
2021年	121	33	154	614.2	226.4	840.6
2022年	121	33	154	575.5	211.8	787.3

鲁迈拉油田，根据整体开发方案部署，Main Pay 油藏、Mishrif 油藏、Upper Shale 油藏采用注水补充地层能量开发，注入水源主要包括产出水和地层水，均采用笼统注水的方式。2015 年，油田提高 Main Pay 油藏注水强度的同时，继续恢复和加强北 Mishrif 油藏注水。2016 年，Mishrif 油藏注水见效井有序复产。2018 年，新 48 英寸管径 QA 水厂至北鲁注水站外输水管线的投产，使北鲁油田的注水能力提高到 140 万桶/日。2019 年，油田 CPS6 处理站临时注水系统实现年内投产，南鲁油田实现历史性注水；Mishrif 油藏注水加强，转注 13 口井，投注新井 7 口，日均注水提高至 87.1 万桶，油藏压力得到不同程度的恢复。用电潜泵从 Dammam 浅层取水，开展 Upper Shale 油藏先导性注水试验。2020 年，北鲁注水工程进展顺利，全油田 2020 年最高月均注水规模 146 万桶/日，最高周均日注水规模 170 万桶。截至 2022 年 12 月鲁迈拉油田注水井 213 口，平均日开井 136 口，年均日注水 133.5 万桶，其中 Main Pay 油藏日注水 36.6 万桶，Mishrif 油藏日注水 96.2 万桶，Upper Shale 注水试验区日注水 0.7 万桶，最大日注水 146.2 万桶。油田注水生产的开展，使油藏压力得到不同程度的恢复，为油田稳产上产奠定基础。单井日注水量最高达 41329 桶；Main Pay 平均单井日注水 10923 桶，井口最大注水压力 2600 磅力/英寸^2；Mishrif 平均单井日注水量 10507 桶。

哈法亚油田，在大规模注水之前，开展注水井先导试验，初期选择 HF0325-M325 井和 HF003-M279 井开始现场试验。2015 年 5 月 18 日对 HF0325-M325 井笼统注入，配注水量 7500 桶/日，2019 年也转为分层注水井；2016 年，油田 M325 井组实施两段分层注水，M279 井组开展底部注水试验。6 月 18 日，油田对井 HF003-M279 投注，下哈里伯顿同心分层注水管柱，只注下层，日配注 9000 桶。分注管柱特点为注水管柱中心通道为投捞通道，下入后投送死嘴芯子，正注打压坐封封隔器，验封后打捞死嘴芯子，投入可调孔眼配水芯子，确定分注水量。考虑到米什日夫油藏层间物性差异，对于发育有 MA+MB1 层与 MB2 层共有的注水井采用分层注水管柱；对于只有 MA 和 MB1 层的 Mishrif 注水井，JLK 层注水井和 Nahr UMr 层注水井采用笼统注水。按照井底注入压力不超过地层破裂压力 90% 计算，井口最大注入压力 3000 磅力/英寸^2，选择注水井井口的额定压力 5000 磅力/英寸^2。通过先导试验，确定哈法亚油田注水指导方向，通过研究分析测试资料，进一步明确注水参数设置原则、井下分注管柱作业规范等配套技术细节，为规模化注水奠定基础。2017 年，哈法亚油田 M258 井低渗区开展笼统注水试验。2018 年，油田随着年初第一批规模注水井的陆续投注，注水井最大开井数从 2017 年的 2 口增加至 22 口，开始油田规模注水。2019 年，油田日注水能力 13.5 万桶，规模注水局面基本形成，增压注水工程建设按计划推进，创新使用酸化增注与分层注水技术，增油效果明显，哈法亚油田成为伊拉克第一个成功实施碳酸盐岩油藏分层注水开发的油田。2020 年，油田开始对高压注水站工程升级，稳步推进注水工程。截至 2021 年 5 月，哈法亚油田投产注水井 64 口，开井 54 口。其中分层注水井 38 口井、单卡单层注水井 8 口、笼统混注井 8 口井。投产水源井 3 口，开井 2 口，均开采 Middle Kirkuk 水源层。根据油田注水水源不足的现实，在深化水源层地质认识过程中，逐步增加水源井数量，满足油田注水需求。2021 年，加强油田监测，推进注水工程，恢复主力油藏压力。完成压力测试 300 井次；投注注水井 14 口，主力油藏 Mishrif 注水区域注采比升高，油藏压力有所恢复，注水区域平均压力为 3500—3700 磅力/英寸²；推进小油藏注水先导性试验，Nahr Umr 和 Khasib 油藏分别投注 3 口井和 2 口井。推进注水工程建设，2 号增压泵站正式投运，3 号和 4 号增压泵站建设进入收尾阶段，全年完钻水源井 5 口。2022 年，协同推进注水井、水源井和增压注水工程，完成 19 台高压注水泵的安装调试，13 口水源井供水管网和井口设施的安装并投产 12 口；完成 11 口注水井管线及井口设施的安装，投产 10 口，累计投产注水井 65 口，年日注水水平达到 18 万桶以上。

西古尔纳-1 油田，2011 年 Mishrif 油藏开始注水。2015 年，油田全力推进注水工程进度，保证油田"注够水"，依据平衡模型调配注水量。2022 年底，油田共有注水井 114 口，开井 98 口。平均单井日注水 7553 桶，月注采比 1.01，累计注采比 0.54。油田采用反九点直井注采井组注水，注水方式为笼统注水。注水井水源有 3 个，即地层水（Dammam 水源层），主河口排放点河水和产出水，104 口常规笼统注水井。已建注水系统分为低压和高压注水系统。低压注水水源来自安装有电潜泵的 32 口水源井（Dammam 水源层），注水井 67 口，日注水 55 万桶，注水压力 500 磅力/英寸²；自流注水井 9 口，日注水 4.9 万桶。高压注水水源来自河水（主河口排放点），高压注水泵 5 台，注水井 28 口，日注水 14 万桶，井口注水压力 2500 磅力/英寸²。米什日夫油藏注水水质指标要求及实质水质分析化验结果表明，注水水质指标要求基本合理，部分水质指标未达标，现有的注水工艺基本满足油田开发注水需求，但需要采取措施改善注水水质的指标达标率。

北阿扎德甘油田，2020 年 2 月启动注水先导试验，探索油田长期稳产并为可持续开发积累经验。初期日注水约 500 桶（79.5 立方米），之后逐步提高注水量，最高时日注水约 4000 桶（636 立方米），2021 年日注水约 1300 桶（206.7 立方米），日注采比 1.2，累计注水约 63 万桶（10.0 万立方米），累计注采比 0.45。一线油井 AZNN-010 井日产液量约 1000 桶（159 立方米），含水率约 70%，较注水开始前，含水率上升约 15 个百分点，井底流压上升约 280 磅力/英寸²（1.93 兆帕），二线油井 AZNN-008 井日产液量约 970 桶（154.2 立方米），含水率约 20%，较注水开始时含水率上升约 5 个百分点，井底流压上升约 150 磅力/英寸²（1.03 兆帕），观察井 AZNN-059 井底静压上升约 320 磅力/英寸²（2.21 兆帕），试验井组 2 口对应油井明显受效。注水试验的阶段成果证实主力油藏水平井注水开发方式有效，为油田中长期可持续开发确立最重要的地层能量补充方式，积累北阿扎德甘油田注水开发的宝贵经验。下一步将继续进行注水效果评价和技术政策优化，在一线油井含水率升至 90% 后，关停一线油井，将二线油井转为一线油井并调整注入量，观察不同井距不同注入量的效果和特征。同时，适时扩大注水试验方案，优选 1 口直井作为注水井，并将储量大但产量贡献低的萨瓦克 4—萨瓦克 6 纳入注水试验范围，继续探索油田中长期稳产的主体策略。

阿布扎比陆海项目，2021 年陆海项目针对制约产量的瓶颈问题，持续强化边缘注水工作，一方面加快注水井新井投用以及解决老井注水效果；另一方面成立注水专题工作小组，组织阿布扎比国家石油公司、中油国际（CNODC）及作业公司各方专家进行讨论，分析地面及地下各个节点的注水影响因素。重点关注 BR19 新井注水状态，专人跟踪注水存在问题并将中方意见反馈作业公司，经过不懈努力，BR19 井注水恢复正常。在 BR11 井酸化完井施工上，考虑到钻完井过程中的超细、细颗粒物，大幅度提高用酸量、提高缓速能力，同时采用氮气（N_2）返排等多种措施，酸化后进行排液，确保 BR11 井酸化和注水的顺利进行，日注水在 6000 桶左右，注水效果明显改善。项目 5 口水井全部投注，注水稳定在 1.3 万桶 / 日左右，进入全面注水开发阶段。2021 年注水达 646 万立方米。

阿布扎比陆上项目，7 个油田开展注水 / 注气开发，3 个油田开展注水开发。2021 年，计划注气 1638.25 亿立方英尺，实际完成注气 1682.85 亿立方英尺。注水井 710 口，完成注水达 15429 万立方米。2022 年，注水井 895 口，开井数 722 口，年均日注水 316.2 万桶，完成注水 18351 万立方米。

阿布扎比海上乌姆沙依夫油田，主要采用顶部注气 + 边缘注水 + 面积注水开发。纳斯尔油田，采用面积注水开发，2021 年，注气 972.08 亿立方英尺，注水 2045 万立方米。海上下扎项目采用顶部注气 + 边缘注水开发生产，2021 年，注气 663.94 亿立方英尺，注水 3614 万立方米。2022 年，注水井 177 口，开井数 135 口，年均注水 38.2 万桶，完成注水 4241.7 万立方米。

第二节　油田气举

哈法亚油田，2016 年开展先导性气举试验 5 口井，后扩展到 18 口井。设计气举压力 11 兆帕，单井气举湿气消耗量 55 万—390 万英尺^3/ 日。根据气举试验成果，确定今后的推广应用规模和技术应用优化方向。在一期油气中心处理站站内建设气举站 1 座，通过将高压压缩机方向来的伴生气预冷致 45℃以下进行脱水，再经气举压缩机增压后，通过输气干线送至计量站或井场平台，再分配至各气举井。截至 2021 年 4 月，哈法亚油田有气举井 18 口（其中 Mishrif 井 16 口、Sadi 井 2 口），开井 15 口，关井 3 口。平均单井日产油 1054 桶，含水率 6.8%。

北阿扎德甘油田，2017 年开展 11 口井的气举井试验工作，经验证气举效果良好，气举井日产油水平显著提升，平均单井日增油 200 桶，累计增产油量 4354 吨。2018 年，强化油藏动态监测，分析油压递减规律，跟踪油井自喷生产情况，油田加强转气举时机研究，及时转气举生产实现油田稳产，全年完成 12 口油井转气举生产。2019 年，油田完成 11 口井转气举生产。2020 年，油田转气举 14 井次，在没有新井工作量的情况，弥补产量自然递减。预计通过气举措施可稳产至 2023 年。2021 年，油田利用已建好的气举设施，开展停喷井和低产井的转气举生产和气举诱喷措施 12 井次，弥补产量递减。油田自投产外输以来，完全采用天然能量衰竭式开发，主力油藏地层压力下降至原始地层压力的 68% 左右，利用 OFM 软件加强单井井筒模拟，预测油井自喷生产期限，确定油井转气举时机。截至 2021 年 12 月，累计完成 38 井次转气举生产，累计增油 94.3 万吨。

第三节　完井与措施

2015—2022 年，中东公司根据油田地质和油藏情况，采用下套管射孔完井、筛管或裸眼完井，自喷或者下电泵、转抽油机进行生产。一般来说，对于油藏压力保持稳定和边底水驱动能力强的井，在生产初期，先自喷采油，随着油藏压力的自然衰竭，转抽油机、电喷或者气举生产。油田注水后，常用电泵采油。对于碳酸盐岩油藏，酸洗改善泄油通道，提高产量效果显著；对于低孔低渗储层，采用酸化压裂措施，获得良好效果。阿曼5区项目采用聚合物、表面活性剂开展碳酸岩油藏提高采收率现场试验，应用前景乐观。油田采用电泵、换泵、气举、酸化、压裂、堵水、补孔调层等系列措施，实现控水、增油、挖潜和创效的目的。

一、阿曼5区完井与措施

阿曼5区项目主要采用水平井裸眼完井、水平井注水和电泵和抽油机采油。2017年，油田实施生产井和注水井的产液剖面和吸水剖面测试13口，实施化学堵水措施井7口，机械卡水5口，累计增油4.2万桶。机械卡水主要针对油井开展，截至2017年完成25井次，有效率67%，见效时间一般为5个月，有效性稍差，效果持续时间化学堵水稍好。对新完钻井，在钻井过程的进行跟踪分析，通过常规测井或FMI解释结果，若发现有裂缝发育段，下衬管和EZIP（可膨胀式封隔器）进行机械封堵，把注水可能突破的影响从最初就控制下来。对高含水生产井，根据PLT/MPLT的解释结果，用钻机或者大功率的修井机在主产水段下入衬管和EZIP进行机械卡水。化学堵水主要针对注水井开展，截至2017年完成29井次，成功率77%，见效时间一般4—6个月。总体来看，有效性高，但见效有效期短，半年以下占70.3%，半年以上仅占7.4%，最长有效期18个月。通过吸水剖面动态监测跟踪，发现吸水剖面差异大的注水井实施化学堵水。采用连续油管笼统注入化学剂。为提高采收率，2017年3月启动表面活性剂（SURPLUS）提高采收率现场试验，12月结束，累计注入表面活性剂144吨。截至2020年12月，累计增油7万桶，完成合同增油目标的157%。截至2022年，累计增油约7.29万桶，完成增油指标（4.44万桶）的163.98%。2018年1月采用聚合物开展碳酸岩油藏提高采收率现场试验。2019年，提高采收率应用试验初见成效，可动微凝胶（Soft Moveable Gel，简称"SMG"）新型纳米聚合物提高采收率现场试验于2020年6月完成，累计增油约6.48万桶，完成增油指标（10.49万桶）的61.8%。截至2022年，累计增油约7.97万桶，完成增油指标（10.49万桶）的76.03%。2020年3月启动ZLNANO纳米聚合物提高采收率现场试验，采用2注3采的水平井井网，2021年底，累计注入聚合物87吨，累计增油3万桶，完成合同增油指标的75%。截至2022年一季度，累计增油3.83万桶，完成合同指标（4万桶）的95%。

截至2022年，已安装电潜泵246口井，抽油机438口井（含1口长冲程抽油机），螺杆泵1口井。人工举升井日产水平达到4.25万桶，全油田人工举升产量占油田总产量的94.5%。

二、MIS油田完井与措施

MIS油田属超低压高含硫裂缝性碳酸盐岩油气藏，地层能量很低，裂缝发育，异常低压，压力系数0.34—0.38，且原油当中高含硫化氢，完井方式为裸眼完井，水平井的平均单井配产2025桶/日，考虑到Asmari储层为井壁比较稳定的灰岩地层，人工举升方式必须要同时满足低压、高产和防腐三方面的要求。因此采用超低压电潜泵的采油工艺技术。

油田复产以来，MIS 项目公司针对油田实际情况开展一系列的稳产及降本增效措施，对油田开发稳产及提高油田效益具有重要意义，主要包括研究形成增产稳产的卡堵水方案（开展机械封堵和化学封堵方案可行性研究）；开展老井复查计划复活一口废弃井；开展高含水井侧钻研究；与川庆钻探地质研究院签订合同开展 MIS 油田稳产措施研究；优化完井管串，在保证安全生产的前提下，去掉套管桥塞（PKR）、井下安全阀（SSSV），对油管内部进行内涂层，增长修井周期，减少修井费用；培养当地服务工程师，减掉中方服务方以减少费用；减掉第三方修井监督以减少费用；对电泵进行技术升级改造，选用优质电缆导体材料，确保电缆性能稳定；选用双护套结构来提升电缆导体外部护套层性能；选用特制高温绝缘膜材料，提升电缆绝缘性能。针对泵卡的问题，一方面改进泵结构，采用宽流道叶轮，使其内部流道宽度增长近 40%，增加泵抗堵能力；另一方面改进分离器吸入口过滤网设计，保证过流面积情况下，缩小原有吸入口过滤网孔径，有效阻挡井内异物进入叶导轮流道，降低电泵机组泵卡概率。针对伊朗 MIS 油田雨季雷电多发的情况，在原有的电潜泵控制柜的开关柜内部增设浪涌保护器；修复旧井口节省费用；完成 V1 井侧钻方位及水平段优化论证；完成油田高含水油井的卡堵水方案论证；开展 H1 井侧钻地质研究。

三、艾哈代布油田完井与措施

艾哈代布油田采油方式以电泵采油为主，截至 2022 年底，有生产井 251 口，其中电泵井 213 口、自喷井 38 口。自喷井主要为下部层系井。完井采油工艺以直井、定向井射孔完井，水平井裸眼、筛管、筛管 + 套管外封隔器（ECP）完井。2009—2021 年，中方累计完井 401 口（不含 2009 年前伊方 7 口老井）。Kh2 层完井 271 口，其中直井射孔完井 5 口，无定向井，水平井裸眼完井 121 口，筛管完井 75 口，筛管 +ECP 完井 70 口；下部层系完井 130 口，其中直井射孔完井 12 口、定向井射孔完井 52 口、水平井裸眼完井 62 口、筛管 +ECP 完井 4 口（表 5-1-2）。

表 5-1-2 艾哈代布油田完井方式统计表

层位	井型	射孔（口）	裸眼（口）	筛管（口）	筛管 +ECP（口）
Kh2 层	直井	5	—	—	—
	定向井	—	—	—	—
	水平井	—	121	75	70
下部层系	直井	12	—	—	—
	定向井	52	—	—	—
	水平井	—	62	—	4

艾哈代布油田第一口试油作业，2009 年 4 月 30 日—6 月 27 日，从搬迁、安装、钻塞、两层射孔测试、封层、试油，大庆 16111 队耗时 58 天，完成 AD-2 井两层试油，各项试油数据录取和取样工作。第一口酸化作业，2010 年 9 月 16 日，AD-14 井在试油作业过程中，在第二层测试

时，通过测试管柱挤注酸液 15 立方米处理地层，完成油田第一次酸化作业。第一口进流程投产井 AD205H 井，于 2010 年 12 月 16 日结束酸化和诱喷作业后进流程投产。第一口连续油管拖动酸化及气举诱喷作业，2011 年 11 月 14 日 AD2-9-2H 井，由安东油田服务集团现场实施连续油管拖动酸化，挤酸 120.2 立方米，并气举诱喷作业。第一口电泵完井作业，2012 年 1 月 21 日 AD2-231H 井上修，完井油田第一口电泵井（大庆力神），实现由自喷到机械产油的跨越。

2015 年以来，艾哈代布油田为适应生产实际，合理调整生产及注水管柱，全面推广电泵举升采油，增产效果显著。2016 年，油田开展补层 3 井次，精心选井选层，及时优化设计，全年累计增产 0.95 万吨。2017 年，艾哈代布油田应用连续油管酸洗方法，实施 10 口井，增注效果明显。2020 年，油田完成第一口评价井 ADM6-8 井对老井新层 Hartha 和 Tanuma 的测试，新增控制地质储量约 4.9 亿桶，投产以来平均日产油 279 桶，为艾哈代布油田减缓产量递减速度提供重要的支撑。对 ADR3-5 直井酸压先导性试验，极大改善油藏的物性，酸压后初期采油指数约为每日 1.74 桶/（磅力·英寸^2），相比周围直井增产 6 倍以上。2022 年，修井 87 井次，酸化 47 井次，酸压 4 井次，水平井分段压裂 6 井次，年产量贡献约 45 万吨。

四、鲁迈拉油田完井与措施

油田大部分生产井均采用自喷方式，随着采出程度的进一步增加，油藏压力下降，生产压差进一步减小；同时，随着注水开发的进行，油藏含水升高，为增加提液能力，部分油井将转为电潜泵采油。

考虑储层特征、地下油气水性质等资料，为确保正常生产，延长油水井寿命，完井方式采用套管固井射孔完井为主，占总完井方式的 98%，仅 Mishrif 油藏的 23 口直井采用裸眼完井。

截至 2022 年 12 月，在线生产电泵井 354 口，12 月在产 278 口，Main pay 单井产液量最大，电泵井单井最高日产液 8531 桶，平均单井日产液 4652 桶，含水率 58.6%，平均泵挂深度 2977 米；所有在产电泵井平均日产液量 3921 桶，平均含水率约 49.4%，平均单井日产油 1984 桶，总日产量 55.2 万桶，约占油田总日产量的 39.5%。在部分自喷井面临停喷形势下，电泵无疑为油田上产稳产提供重要技术支撑保障。

2015 年，油田科学油井管理，发掘设备优化增产途径，全年南北鲁油田共完成油井优化 700 井次，实施低压诱喷复产 65 井次，10 个处理列的压力优化调整，5 口高压处理列生产井转入低压处理列生产，全年增油 527.6 万桶。2016 年，油田开展生产优化工作，实施主动增油措施 181 井次。2018 年，油田开展 Upper Shale 油藏先导性注水试验，试验用电潜泵从 Dammam 浅层取水，为油层接替提供取水注水数据。

鲁迈拉油田，一是采用酸化措施。油田共有 5 套开发层系，其中 Mishrif 油藏是碳酸盐岩储层，是稳产和增产的主力油层，油藏物性较差、层间非均质性强、钻完井过程中存在油层伤害问题，通过前期酸化前后表皮系数比较，发现酸化措施能有效解除伤害，改善储层渗流能力。对于存在储层伤害的井，油田采用恰当的酸液体系进行酸化解堵保证产量。重点关注问题为油藏厚度较大（107—165 米），层间非均质性强，且存在贼层，笼统酸化效果可能不理想，需要进行均匀酸化、暂堵转向酸化等工艺。Mishrif碳酸盐岩油藏衰竭式开发40余年，压力下降明显，钻完井污染深度及污染程度增加、酸化后返排及生产能力变弱，需要考虑增能助排工艺。随着油田开发的开展，新井和措施单井增产效果逐渐变差，需要对酸化作业目的井层进行优选，并制定对应工艺技术。主要作业程序依次为连续油管安装与测压、连续油管／油管下入、预清洗、挤酸／转向和氮气气举返排。二是采用堵水措施工艺。生产测井产液剖面测试和饱和度测井资料显示Main Pay油藏已全面见水，部分油井含水已达到50%以上。Mishrif油藏虽然注水开发时间较短，但已经出现注入水过早突破问题。对含水较高的生产井，通过下电缆工具确定产液剖面，并结合饱和度测井、水泥胶结测井等数据，确定出水层位，判断产水类型，并制定堵水措施。主要采用的堵水方式为机械堵水，主要利用桥塞或挤水泥的方式进行堵水，该种方法通过封堵井眼或射孔炮眼的方式进行堵水。根据鲁迈拉油田所能动用的资源条件，该堵水方式简单易行，操作可控。根据堵水层位的不同，分为4种堵水类型，即1类井产水层为整个下部射孔段，2类井产水层为下部射孔层的底部，3类产水层为上部射孔段，4类井产水层为下部射孔段的上部。三是采用油井和注水井腐蚀及防腐对策。随着含水率升高，油井井下管柱腐蚀加剧，出现油管、电缆和电泵设备腐蚀等问题。针对这个问题，采取的主要措施为，对高腐蚀风险的油井采用全井下入13%铬的油管代替L80碳钢油管，降低油管腐蚀的程度，延长电潜泵的换泵周期，近4年应用13%铬的每英尺9.2磅的3.5寸油管已达到260口井。电潜泵的堵卡物成分主要为硫酸钙（$CaSO_4$），选择以乙二胺四乙酸（EDTA）为主体的溶剂作为解堵处理液。乙二胺四乙酸能和碱金属、稀土元素和过渡金属等形成的水溶性络合物，对硫酸钙样品溶解率可达到90%。应用乙二胺四乙酸累计完成电泵解堵作业50井次，有效47井次，有效率94%。已形成长期腐蚀防治策略，建立二氧化碳和含水分布图，采用注入化学药剂并结合完井工艺的方法，降低油套管腐蚀程度。对于注入水管理，开展包括水质取样分析、结垢和腐蚀风险评估等的详细研究，推荐相应的水质控制对策措施，如机械或化学除氧、氯化处理、加杀菌剂和二氧化碳腐蚀抑制剂，安装腐蚀监测设备并启动腐蚀控制程序，定期清管等，这些措施对减少注入水地面设备和井下管柱腐蚀都起到很好的抑制作用。注水油管以往用J55、N80和L80材质，腐蚀情况严重，检管周期短，取出的油管大都穿孔甚至断脱。注水井均采用1%铬L80塑料涂层油管防腐，延长注水管柱的使用寿命。塑料涂层油管具有防腐、防垢和提高流速的作用。采用的TK$^®$-70XT是一种厚膜涂料，结合中温性能的粉末面漆和液体底漆，形成100%的石油专用管涂层。粉末面漆基于热固性环氧化学，旨在提供极高的柔韧性，并通过添加物和填料进行改性，以提供较高的耐磨性。该涂层的设计能够承受管道屈服强度的压力，主要用于地下二氧化碳和水处理系统，盐溶液，原油生产（包括抽油杆和柱塞举升应用）。鲁迈拉油田最长已应用5年以上，未发现明显腐蚀问题。

五、哈法亚油田完井与措施

哈法亚油田Mishrif油藏直井和定向井均采用套管射孔完井，2009年自喷平均单井产量超过2000桶／日；水平井采用4½英寸预打孔尾管完井，多分支井采用裸眼完井，初期自喷日均单井2500桶以上；Mishrif井生产套管管径多为7英寸，油管管径以3½英寸为主，少数井采用管径4½

英寸油管完井。完井方式和措施改造工艺能够满足开发方案的配产要求。但在钻 Mishrif 油藏水平井的过程中，由于下带有管外封隔器的 4½ 英寸预打孔尾管完井时阻力大，未下入管外封隔器，不利于开展分段酸化改造及后期控水；多分支水平井采用裸眼完井，不利于后期分支井段重入和控水，尚待开展进一步研究与分析。

Jeribe 油藏直井或定向井采油井，初期自喷方式生产，生产套管管径 7 英寸，油管管径 3½ 英寸，采油井口的额定压力等级 5000 磅力/英寸^2；由于 Upper Kirkuk 油藏为胶结疏松的砂岩油藏，直井与定向井采用管径 7 英寸套管管内防砂工艺。在用的防砂工艺有绕丝筛管+砾石充填防砂工艺、绕丝筛管防砂工艺和 PMC 防砂筛管防砂工艺 3 种。Hartha、Sadi、Khasib 碳酸盐岩油藏的直井或定向井，均采用套管射孔完井，生产套管管径 7 英寸，油管管径 3½ 英寸；水平井均采用管径 4½ 英寸预打孔尾管完井，由于管外封隔器下入困难，仅有少数水平井在水平段安装管外封隔器，水平井的生产套管管径 7 英寸，油管管径 3½ 英寸；Sadi 油藏由于物性较差，开展适用完井方式现场试验，截至 2021 年底，实施水平井分段压裂 4 口井，投产后平均单井日产超过 1100 桶，均好于未实施压裂井平均单井日产 700 桶的水平。Nahr Umr 砂岩油藏，采用生产套管管径为 7 英寸。Nahr Umr 油藏的直井与定向井采用油管传输射孔完井，油管管径 3½ 英寸，井口额定压力 5000 磅力/英寸^2。

Jeribe/Upper Kirkuk、Mishrif 和 Nahr Umr 油藏存在边底水且后续开展注水开发，陆续推广应用人工举升技术弥补自然产能递减。截至 2022 年 4 月底，哈法亚油田陆续推广应用 71 口井（包括 2 口水源井），开井 63 口（包括 1 口水源井），平均单井日产液 1278.3 桶，平均单井日产油 1003.9 桶，含水率 21.47%。

防砂工艺。针对哈法亚油田 Jeribe/Upper Kirkuk 油藏在开发过程中的严重出砂、无法投产的难题，研究发展复合防砂工艺技术系列，有效实现 JK 油藏单井投产释放产能。为对比研究防砂技术系列适应性，开展多种防砂技术应用试验，确定 3 种主要的防砂完井工艺组合，即筛管砾石充填防砂完井工艺、绕丝筛管防砂完井工艺和 PMC 复合筛管防砂完井工艺。截至 2022 年 4 月，在 JK 油藏油井推广应用防砂工艺 73 口井，其中，筛管砾石充填防砂完井工艺 62 口井，绕丝筛管防砂完井工艺 6 口井，PMC 复合筛管防砂完井工艺 5 口井。

压裂作业。为有效发挥难动用储层 Sadi 油藏油井产能，在伊拉克首次应用水平井分段压裂工艺技术，实现 Sadi 油井高产。通过在钻井完井阶段提前下入多段裸眼封隔器，后续实施多段投球打开滑套分段加砂压裂工艺，有效发挥 Sadi 储层产能。2019 年，莎迪油藏的 S005H1 水平井成功实施 8 段压裂，压后获得高产，初期产量近 2000 桶/日，为下一步的规模开发提供借鉴。2020 年 12 月 7 日，S0224H1 井成功投产，根据动态分析，初步判断可在 1500 桶/日以上产量稳产较长一段时间。这一压裂进展为未来 Sadi 层的开发积累宝贵经验，也验证 Sadi 层的开发潜力。2022 年 5 月，已经实施 4 口井，统计可对比的 3 口井压裂改造效果，初期平均单井实现日产 1767 桶，且实现长期稳定产油；压裂后两年，平均单井日产油仍达 1042 桶。2022 年 12 月底，实施 6 口井多级压裂，部署在三类甜点区的 S127H1 井，初期产量 1320 桶/日。

酸化作业。2011 年 9 月 19 日哈法亚油区主力产层 Mishrif 第 1 口水平评价井 HF003-M001H

完井，酸化及测试工作，获高产油流：酸化前产量 1211 桶/日，井口压力 428 磅力/英寸^2；酸化后用 48/64 英寸油嘴求产产量 4458 桶/日，井口压力 415 磅力/英寸^2。2011 年 11 月 7 日哈法亚油区主力产层 Mishrif 的直井 HF004-M272 完成酸化试油，用 3/4 英寸油嘴求产，井口压力 935 磅力/英寸^2，日产油 2880 桶。2019 年，哈法亚油田创新采用投球暂堵酸化技术实现纵向多层酸化。

截至 2017 年，哈法亚油田现场修井机达到 4 部，另外配套有连续油管 2 套、酸化车组 3 套、压裂车组 1 套（动迁），测试车组 2 套，液流回注设备 2 套，支持后续的二期上产建设和三期上产建设。自 2018 年起，随着三期投产步入高峰产量稳产阶段，陆续增加配套采油工程技术服务井下作业能力，以适应大量的测试、措施及维护工作量需求。

六、北阿扎德甘油田完井与措施

北阿扎德甘油田结合油藏的地质特征，对油层酸化改造，采用自喷和气举工艺采油。2010 年 11 月 14 日，从 AZNN-003 井开始按照开发方案要求对油水井进行酸化施工，2016 年 1 月 17 日完成全部酸化作业，完成油水井 55 口，58 口新井中除 AZNN-016 井、AZNN-050 井和 AZNN-053 井没有酸化外，其余井均进行酸化，为采油和注水提供保障。

七、南阿扎德甘油田完井与措施

南阿扎德甘油田主要采用套管射孔完井自喷采油。2008 年早产井投产，截至 2014 年 4 月底伊方单方面终止合同时，南阿扎德甘油田早期生产井 19 口，开井 17 口，日产油 38000 桶。油田对早产井实施生产测井测试及系统生产测试，AZNS-24 井井下安全阀法兰更换，AZNS-11 井井下沥青清洗复产等作业。

2012 年 9 月 5 日—10 月 4 日，由 EEME 公司实施 15 口井的生产测井测试，成功实施 9 口井（AZN-2 井、AZN-4 井、AZN-19 井、AZN-21 井、AZN-8 井、AZN-20 井、AZN-14 井、AZN-1 井）。

2013 年 6 月，开始对 10 口生产井（AZN-1 井、AZN-2 井、AZN-3 井、AZN-4 井、AZN-12 井、AZN-16 井、AZN-21 井、AZN-22 井、AZN-23 井、AZN-24 井）进行系统生产测试，包括地面产能测试及地下压力温度测试。在此基础上，对 4 口井（AZN-1 井、AZN-4 井、AZN-23 井、AZN-24 井）实施油嘴调整。

2013 年 7 月 8—10 日，对 AZN-24 井因井下安全阀泄露问题停产并对其进行更换作业。

2013 年 4 月 14—25 日，对 AZN-11 井沥青清洗复产作业，完成二甲苯洗井，26 日成功复产，日产油 4000 桶。

2012 年 10 月 28 日，AZN-18 井由于停电后停井，之后多次复产未成功，确认生产井段堵塞，钢丝取样，盐酸可溶，2013 年 2 月 3 日采油连续油管（CTU）酸洗作业，成功复产。

2013 年 4 月，AZN-14 井由于前期停喷，实施酸化及氮气气举作业，未能成功复产。9 月实施补孔，作业打桥塞过程中，形成连续油管落物。2014 年 3 月 4 日—5 月 10 日实施大修，打捞所有落物，并下桥塞（2995 米，水泥面 2993 米）封堵源开发层位，实施补孔作业。萨瓦克-3 层井段 2675—2692 米，层厚 17 米；萨瓦克 -4 和萨瓦克 -5 层井段 2702—2740 米，层厚 38 米。

八、西古尔纳 -1 油田完井与措施

西古尔纳 -1 油田 1999 年投入开发，初期采用衰竭自喷开采方式，其次为潜油电泵井采油。油田总体仍处于低采出程度、低含水阶段。随着地面处理湿油能力的增加，越来越多的自喷井将转为电潜泵采油，油田无螺杆泵井、气举井等其他人工举升方式。电潜泵完井管柱主要由 3½ 英寸油管、可回收套保封隔器及其坐封解封配套工具、电泵机组等组成。大多数井套保封隔器下在 7 英寸生产套管内，少量井下在 $9^{5}/_{8}$ 英寸套管内。截至 2022 年底，有采油电泵井 59 口，开井 50 口。

采油工程基本指标对照见表 5-1-3，从表中可以看出，项目采用的完井、采油、注水、增产增注措施工程技术基本适应油田开采阶段性技术需求。

表 5-1-3　西古尔纳 -1 油田采油工程基本指标对照表

项目名称		单位（型号）	方案设计	实施结果
技术指标	完井方式		射孔及裸眼完井	射孔及裸眼完井
	采油方式		自喷及电潜泵	自喷及电潜泵
	油管管径	英寸	3½、4½	3½、4½
生产指标	单井日产液量	桶/日		2833
	单井日产油量	桶/日		2436
	单井日注水量	米³/日		1114

按照 ERP2019 方案设计，当油井的自喷产量达不到设定的参数值时，转电泵生产（表 5-1-4）。

表 5-1-4　西古尔纳 -1 油田米什日夫油藏不同开发层系油井转电泵采油条件

油井类别	油管尺寸（英寸）	转电泵产量（桶/日）
MA 直井	3.5	1000
MA、MB1 增加直井	3.5	1000
MB2L 高产水平井	5.5	3000
MC 试验水平井	3.5	2000
北 MB2U 水平井	5.5	2000
南 MB2U 水平井	3.5	2000
断层区域水平井	3.5	2000
MC 水平井	3.5	1000
南 MB2L 水平井	3.5	1000

2016—2022年，累计实施措施井862井次，年均实施123井次，措施有效率分别为80%、73%、81%、75%、85%、84%、95%基本保持稳定，平均措施有效率79%，平均单井初期日增油1700桶（表5-1-5）。

表5-1-5　2016—2022年西古尔纳-1油田措施效果统计一览表

措施类型		2016年	2017年	2018年	2019年	2020年	2021年	2022年
压裂	井次（次）				1	0	3	0
	有效率（%）				100		100	0
酸化	井次（次）	39	48	18	17	3	11	25
	有效率（%）	81	83	100	80	33	100	100
补孔	井次（次）	27	26	12	13	2	5	9
	有效率（%）	60	75	100	67	50	80	89
堵水+上返	井次（次）	1	1	1	10	16		1
	有效率（%）	100	100	100	100	100		100
氮举	井次（次）	23	30	25	35	13	24	34
	有效率（%）	100	70	75	44	100	75	85
转抽	井次（次）		1	3	22	16	10	12
	有效率（%）		100		100	100	100	100
抽汲	井次（次）	22	11	20	7	6	1	0
	有效率（%）	77	40	73.3	66.7	100	100	
其他（返排）	井次（次）	64	25	40	85	36	4	4
	有效率（%）	80	70	80	80	80	100	100
合计	井次（次）	176	142	119	190	92	58	85
	有效率（%）	80	73	81	75	85	84	95

九、阿布扎比项目完井与措施

陆海项目布哈塞区块和贝勒巴泽姆自喷采油，计划电潜泵生产。2019年，陆海项目实现多项重要举措，进一步加强实施油藏监测计划，尽量多获取各类生产监测数据并进行分析研究，摸清油田生产规律，优化单井和油藏产量，实现全油田稳定生产。加快实施布哈塞油田开发方案实施，尽快实现油田注水，以确保布哈塞油田油藏压力保持在合理水平。加快推动贝勒巴泽姆油田群建设合同审批，确保项目效益的前提下优化工程建设方案。进行致密油藏开发专项研究。2020年，陆海项目开发方案计划油井全部投产，油田进入开发阶段。根据中油国际（CNODC）开展提质增效的工作方针，陆海项目大力推动落实中方决策在作业联合公司实施，提质增效工作取得成效。开展未开发油藏研究，为产能接替做好准备。陆海二区块低渗透油藏的储量占油田总储量的40%左右，是产能接替的主要依靠。BR11井酸化完井施工上，考虑到钻完井过程中的超细、细颗粒物,大幅度提高用酸量、提高缓速能力,同时采用氮气返排等多种措施,酸化后进行排液,BR11 井酸化和注水顺利进行,日注水在 6000 桶左右,注水效果明显改善。

陆上项目自喷生产,在巴布、东北巴布、布哈萨油田以气举采油为主,电潜泵为辅(主要分布在东南区);实验射流泵、智能气举、无钻机电潜泵(Rigless ESP)及永磁电机电潜泵采油。无钻机电潜泵在东南资产组的莎赫油田 SY-081 井成功安装。井下喷射泵(Downhole Jet Pump)在东南资产组的阿萨布油田 SB-564 井开展实验,取得较好的效果。陆上项目油井关井率偏高,且呈现逐年递增的趋势。2010—2020 年,油藏因高含水、高气油比关井占油井总关井数比例逐年增加,从 21% 上升到 33%;低产井关井数占油井总关井数的比例保持在 20% 左右。油藏方面主要是随着油田开发时间增长,部分生产井气油比升高、油藏气水窜、含水率升高、井口压力降低等。油井方面主要是地下油套管失效(窜)问题,环空带压(Sustained Annualar Pressure,简称"SAP"),油管中有落鱼(fish in tubing)等;设备方面主要是管道泄漏,需配套气举管线、新井等待连井等。针对上述问题,陆上项目初步建立关停井管理系统来跟踪和促进关停井复产进程。2019 年,开展现场调研,加快完成新井的连头作业,加速新井投油及其他措施。2020 年,重点推广先进钻完井技术应用,优化油藏管理加快复产。2021 年,关停井比例控制到 5.4%。措施井 248 口。

海上项目水平井筛管完井,气举自喷采油,部分边远区域及没有相应设施的平台采用电潜泵。乌拉项目通过控制注水注气量来维持注气/注水平衡,减少气窜与水窜。在阿拉伯 D3/D4 层开展环内注水(IRWI)先导试验,提高油环区域油藏压力,有效抑制气顶向油区扩散膨胀。计划实验新技术自动气举,推动采用电潜泵采油。下扎项目,关停井比例逐年上升,截至 2021 年,因高气油比关井占油藏躺井管柱数 22.6%,高含水关井占油藏躺井总数的 53%。针对高油气比,采用自主流量控制技术(AICD)控制油井气油比升高,准备化学堵气先导试验;针对高含水,通过自主流量控制技术和常规堵水、补孔改层等技术控制含水上升,准备化学堵水先导实验,利用新技术确定出水层位,为找水堵水提供信息。

第四节 配套技术

一、阿曼 5 区碳酸盐岩油藏水平井注水开发配套技术

(一)水平井注水开发现场先导性试验和合理的注采比

2004 年开始,阿曼 5 区在实践中对油层特征逐步摸索,对注水进行示踪剂跟踪和数模研究,弄清楚水驱效果和地层压力恢复情况,避免局部由于注水过快而造成水窜,造成生产井局部产水而含水量突然上升,剩余油无法采出的问题。2 月,对 4 组水平井注水开发现场进行先导性实验,分析井网的综合压力、产量、气油比、含水等变化,发现达利油田 B 块 DL-14 井、DL-61 井、DL-80 井、DL-87 井和 C 块 DL-86H 井注水后,有一批井明显受益,虽然大部分井没有明显的含水上升,但压力有明显的升高、产量递减减缓或升高、气油比上升趋势变缓或下降。2005—

2008年，在达利油田Shuaiba层逐步推广水平井注水开发，在注采比上边实践边认识，保持温和注水，防止发生水窜难以治理，缓慢而有序地恢复地层压力，连续3年保持产量在1.5万桶/日左右。通过一年的水平井注水现场先导性试验和3年稳产的现场注水推广，地层压力逐步恢复，经过图版分析，在特定的时间段进行温和注水，可以达到最佳的注水采收率，找到合理的注采比，为下一步上产打下坚实基础。

（二）优化钻井顺序，进行单井效益评价

2004年开始，阿曼5区项目逐渐将水平井注水开发技术推广到整个5区块，在实际钻井过程中，不断优化新井钻井顺序。一是对每口新井用高、中、低3种油价进行效益评价，其中中间油价取比当时销售油价低20美元/桶的标准，低油价比中间油价再低10美元/桶，高油价比中间油价高10美元/桶，采用净现值分别为7%和10%的模型进行评估，一般情况下，在采用低油价和净现值7%时有效益的井安排钻井；二是从地质评价认识和油田注水开发效果进行分析，首先考虑钻井滚动扩边，优选井位，安排有利于摸清地下地质情况和油藏分布的井钻井；三是实时对5区块油藏压力进行监测分析，安排对压力恢复作用大、产量贡献大的井钻井；最后是综合考虑，把上面两种情况考虑在内，优先考虑未动用储量，高产井优先。项目合同为产品分成合同，效益受产量的影响很大，要考虑国际油价的影响，坚持高油价下多产油多受益的原则。

（三）合理利用水平井注水开发的配套技术

阿曼5区断层极其发育，油藏含油藏面积小，大多数油层厚度2—10米，主要为2—4米的油层，油层分布不稳定，在这样的油藏地质情况下进行高效开发，需要采用相应的水平井注水开发配套技术。2002—2021年，主要采用4种技术。一是水平井地质导向技术。根据油藏特征，断层发育和油层分布不稳定，通过前方钻井地质监督，后方办公室地质人员、测井解释人员、钻井人员和人工举升人员等团队配合，遇到问题集体讨论解决，发挥团队优势，预测和解决水平井钻进过程中遇到的复杂问题。共钻水平井759口，水平井钻井成功率100%，有效储层钻遇率在70%以上。二是根据地层特征建立合理的井身结构设计。为节约成本，把原来Natih层的井由四开改为三开，Shuaiba层的井表层套管由原来的450米缩短到150米，大大节约成本。为满足水平井注水开发的需求，水平段全部裸眼完井，大幅提高水平井单井产量和注水量。三是优化采油技术。随着水平井注水开发的实施，油井气油比下降，产液量上升，油井自然举升能力降低，适时转变油井生产由自喷方式到人工举升方式，全油田人工举升产量占油田总产量的90%以上。四是水平井注水开发动态优化技术。加大油田注采动态监测力度，针对油田不同区域做好注采动态监测，掌握和调整油田注水开发动态。从井组—单元—油藏三级生产动态分析，开展精细注采调控。对注水区块开展月、季度、半年分析，优化注水量、产量及措施，达到合理高效注水开发。

（四）采用聚合物、表面活性剂开展碳酸岩油藏提高采收率现场试验

2018年，阿曼5区在没有成功经验可以借鉴的情况下，大胆创新，成功筛选出一套适合低渗透碳酸岩油藏提高采收率方法，成功将国内先进的提高采收率（EOR）技术推广到中东碳酸盐油田，实现"四个首次"，即首次在海外油田成功开展提高采收率项目；首次在水平井注水开发井网

中实施提高采收率技术，取得技术应用层面的成功；首次利用微观岩心实验验证纳米聚合物微球分散体系在目标碳酸盐岩油藏实现同步调驱；首次建立纳米聚合物驱基于目标碳酸盐岩储层非均质特征描述的分级波及控制方法。

主要开展3个提高采收率项目。一是可动微凝胶新型纳米聚合物提高采收率现场试验。2018年1月，经过前期的室内试验，现场投注，设计聚合物注入期1年，合同期两年半，采用2注3采的水平井井网。2020年6月，共注入聚合物350吨。试验区综合含水率下降5%—10%，累计增油6.3万桶，完成增产目标的60.6%。二是表面活性剂提高采收率现场试验。2017年3月启动现场试验，采用1注2采的水平井井网，设计表面活性剂注入期为3个月，合同期9个月，2017年12月结束，累计注入表面活性剂144吨。截至2020年12月，累计增油7万桶，完成合同增油目标的157%。2021年，开展表面活性剂二期扩大试验的合同准备，2022年6月底投注。三是ZLNANO纳米聚合物提高采收率现场试验。2020年3月项目启动，采用2注3采的水平井井网，设计注入时间9个月，合同期2年，2022年3月底结束。截至2021年末，累计注入聚合物87吨，累计增油3万桶，完成合同增油指标的75%。

二、艾哈代布油田低渗复杂碳酸盐岩油藏注水采油配套技术

2009年，艾哈代布油田开始开发。艾哈代布油田是一个低渗透、高含硫、超高含盐、强非均质性的复杂碳酸盐岩油田，开发难度大，岩性复杂、局部发育溶蚀塌陷区、可钻性差，钻完井难度大。历经11年的高速生产，成为伊拉克第一个基本实现合同要求的高峰期产量和稳产目标的作业者项目。由于地质油藏及腐蚀情况复杂，主力油藏面临恢复油藏压力和控制含水快速上升的双重矛盾，下部层系注采井网不完善且亏空大，腐蚀结垢仍然影响注水和生产。受安全形势、低油价和新冠肺炎疫情限产影响，油田生产作业进度缓慢，产量任务、含水和压力恢复目标受到极大挑战。针对低油价情况下，做好高含水油田的提质增效，通过创新技术应用和有效策略进一步控制油田操作成本，保障项目效益最大化。

（一）低渗透复杂碳酸盐岩油藏高效开发配套技术

2009年开始，艾哈代布油田根据中孔低渗透油藏特点，项目公司组织地质、油藏、开发、钻井、采油和地面工程等技术攻关。发挥中国石油（CNPC）整体优势，大规模推广应用新技术，3年完成6年合同目标，2011年6月，快速建成700万吨/年的生产能力，展示中国石油的开发技术水平。主要技术成果包括：（1）集成创新溶洞预测技术。综合应用相干数据体处理、趋势面分析、频谱成像和溶洞三维雕刻技术，准确预报钻井及开发风险。（2）集成应用低渗透复杂碳酸盐岩油藏综合研究方法。准确完成精细构造解释、储层综合评价和测井综合解释，建立三维精细地质模型。控制地质储量由早期评价的29亿桶增加到40.39亿桶。（3）创新制定"水平井网一步到位，优势资源重点突破，两翼稳步展开"的部署策略，实现大规模应用水平井注水开发碳酸盐岩油藏。优化确立主力油层Kh2采用正对水平井网，排距300米，水平段长800米；部署283口井，其中水平井278口、直井5口。下部层系采用反九点面积注水井网，部署121口井。开发实践证明，水平井单井平均产量为直井的2倍以上，水平井平均单井产能达1850桶/日，高于方案设计

的 1600 桶/日。（4）建立复杂碳酸盐岩油藏的水平井开发精细管理方法。开展油田注水先导性试验，13 个注水试验井组中 7 个井组见到初步效果。

（二）形成复杂生物碎屑灰岩油藏整体水平井注水开发调整关键技术

2011—2019 年，一是研发一套以生屑类型及遗迹组构识别为核心的生物碎屑灰岩非均质表征技术，形成以岩石结构、生物类型分析为手段的沉积环境识别技术，建立以生物遗迹组构划分为核心的"花斑状"灰岩成因分析方法，形成"花斑状"生物碎屑灰岩非均质表征技术，填补"花斑状"生物碎屑灰岩成因分析及表征的技术空白，有效的储集空间（NTG）表征精度达 90% 以上。二是提出以水平井厘米级精细对比及归位为核心的地质建模技术，孔隙度解释精度提高 3.1%、渗透率解释误差小于 0.5 个数量级；首创一套以高黏油含量指数法为核心的高黏油精细刻画技术，建立一种基于聚类样本学习的多维度立体水平井注采水淹规律识别及剩余油刻画技术，建立"工"字形水流优势通道模式、6 种纵向水淹模式和 3 种平面分布形态，为"稳油控水"注采开发调整奠定坚实基础。三是形成基于神经网络的聚类分析的不同主控因素油藏注水开发规律评价方法，建立 12 种典型开发特征图版，降低产吸剖面等测试工作量；研发一套智能注采实时优化决策系统及电泵井智能化生产预警系统，提出水平井非均匀布酸酸化技术及基于 R 指数的分类洗井评估方法等特色增油技术，应用后油藏产量年递减率由 38% 逐步降低为 15%，含水上升率由 8% 以上降低至 2.5%。四是创新 3 种水平井井网周期性交替注水提高采收率技术，含水率下降 18%，实现累计增油 20 万吨；集成创新水平井协同开发调整部署技术，新建产能 584 万吨、当年增产 365 万吨，在"恢复油藏压力、控制含水上升、减缓产量递减、提高单井效果"四大目标上同时实现最佳效果，为油田增油提供重要保障。

（三）中高含水井组实施周期性交替注采技术

2019 年，艾哈代布油田一些井组进入中高含水期，在水平井注采井网油水井措施有限、难以调整或改善注水开发效果的情况下，开展交替井网周期不稳定注采试验，通过改变注水方式调整注水流线方向，扩大注采井距、扩大水驱前缘范围，从而提高水驱波及体积和水驱油效率。2020 年 1 月 1 日开始，油田在 AD1 区选取 AD1-9 排至 AD1-13 排、1—5 列的 10 个注采井组进行交替井网周期不稳定注采试验。5 月 18 日，由于受伊方要求外输限产影响，试验区改不稳定注采为视五点交替注采方式。视五点法交替注采方式关停原试验周期中的低液量油井以完成限产要求，考虑到注水井井筒管柱防腐问题，水井仍采用不稳定交替方式进行注水并根据各井组情况适当降低注水量。试验周期由 60 天缩短至 30 天。8 月 14 日—9 月 12 日恢复为原设计的不稳定注采，在此期间未进行周期的轮换。

2020 年 9 月 13 日—2022 年 5 月初，采用只关停油井不停水井的视五点法交替注采，试验周期延长至 20 天左右。南北分别扩大 AD1-7 排和 AD1-15 排、1—5 列的 10 个井组（10 注 10 采）纳入试验区。在 AD2 区新增交替注采试验区，具体为 9-13 排、1—3 列合计 6 个井组（6 注 9 采）。AD1 区高含水井组实施不同交替注采模式（25 采 15 注），以不稳定和五点法注采模式为主，不稳定注采阶段含水率最高下降 11%，五点法交替阶段含水率最高下降 15%，实现累计增油 47 万桶。2020 年 5 月，AD2 区实施 9 采 6 注交替注采试验，含水率最高下降 12%，实现累计增油 14.7 万桶。

通过提高水驱采收率分析，计算得出试验有效增大波及体积，累计水驱控制地质储量提高 26.3%，试验区原可采储量 0.547 亿桶，提高至 0.643 亿桶，可采储量提高 9.5%。试验后水驱采收率增大为原来的 1.2 倍，大约提高采收率 5.2%。

通过对交替不稳定注水、交替注水、交替不稳定注采、五点法交替注采等不同交替模式下的降水增油效果进行对比发现：五点法的增油幅度最大，能达到 41.6%；交替不稳定注水的增油幅度最低，为 14.2%。五点法的最大降水幅度能达到 18%，交替不稳定注水的最大降水幅度最低，为 7.1%。两个试验区 34 口油井，正常参与交替注采的油井 32 口，24 口油井控水增油见效，有效率 75%。

（四）水平井非均匀布酸酸化技术

2019 年以前，低渗透层段储量动用有限、注水受效慢、同时酸化吸酸量小、酸化效果差，因此钻遇低渗透层的水平井酸化改造重点在于如何实现酸液在水平段的合理分布，即将酸液注入低渗透带或者是伤害严重的井段，实现均匀改善近井地带污染状况或者是形成酸蚀裂缝穿透近井污染带并沟通地层中的天然裂缝，达到改造储层的目的。常规的笼统酸化技术仅有少量酸液达到井筒端部，具有酸液用量大、易消耗在非目的段等缺陷，并存在井壁坍塌和井径扩大等一系列问题。对于复杂生物碎屑灰岩油藏水平井，基于钻井伤害和产液剖面预测使用水平井靶向布酸技术，采用非均匀布酸 + 定点喷射酸化工艺，针对低渗透井段进行重点改造，开展靶向布酸、精细酸化、效果评价综合研究，提高低渗透层段吸酸量，解除储层伤害，释放单井最大产能，提高动用程度。连续油管注酸技术是一种机械式非均匀布酸技术，主要通过不断降低连续油管上提速度的布酸方式进行布酸，可在一定程度上实现定点预制布酸。连续油管布酸技术可与其他技术（化学转向、封隔器转向等）结合使用，以获取更好的酸化增产效果。截至 2020 年底，完成 10 口井酸化试验，措施有效率 100%，采液指数提高 4—13 倍。通过对水平井进行"非均匀 + 定点"布酸的二次酸化试验，取得良好的经济效益，增油 65.0 万桶。按照 40 美元 / 桶计算，直接经济效益 2600 万美元。投入产出比达到 1∶5.8。

（五）低渗透储层直井酸压改造技术

2020 年 1 月 17 日，ADR3-5 井作为整体酸压的先导试验井进行酸压处理。根据 ADR3-5 井储层特征和油藏条件，采用垫酸压裂加封闭酸化工艺，提高压裂注入速率 流体在步骤中适当控制裂缝的高度，增加酸的位移，以改善蚀刻裂缝的穿透。优化压裂液体积 100 立方米，胶凝酸体积 200 立方米，氯化氢体积 20 立方米，置换体积 14 立方米。施工达到设计要求，裂缝长度 60 米以上，试井解释渗透率为测井的 2.2 倍，裂缝长度 61.3 米，裂缝导流能力 18800 毫达西米，有效渗透率 319 毫达西，起到改善油藏物性作用。酸压后初期是每日 1.74 磅力 / 英寸^2，相比周围直井可增产 6 倍以上。但由于实际油藏压力低，生产压差小，预计在 12/64 英寸油嘴下产量 200 桶 / 日可自喷半年，累产油 8.2 万桶以上，预计措施有效期增油 20.8 万桶。后续开展 15 口油井酸压和 12 口注水井酸压，提高油井产能和注水井注入能力，建立有效驱替系统，累计增油 776 万桶，平均单井增油 28 万桶，获得较好经济效益。

三、鲁迈拉油田注水开发及配套技术

2010 年开始，鲁迈拉油田按照合同要求，针对 Main Pay、Mishrif、Upper Shale 三大主力油藏，通过加强注水、加密完善井网、层间接替、下电泵及卡堵水等技术措施，实现油田的上产稳产。Main Pay 油藏采用布署加密井挖掘剩余油潜力，上返作业实现层间接替，优化注水减缓油田递减的策略。Mishrif 油藏逐步实现注水开发，通过完善注采井网、加强注水、长停井复产等开发策略。Upper Shale 油藏依靠天然水驱开采，采取安装电泵和堵水等措施，提高产量，改善油藏开发效果。

（一）Main Pay 开发技术

部署加密井挖掘剩余油潜力。2010—2015 年，在 Main Pay 油藏南部和北部同时加密。2015 年以后，由于北部加强注水，压力有所恢复，继续加密北部。而南部仅靠天然边水能量开采，油藏压力下降大，含水率上升快，2016 年后停止南部加密。2010—2022 年，Main Pay 油藏累计投产新油井 233 口，新井年均日产油 16 万—53 万桶，平均日产 42 万桶；新井阶段累积增油 1.65 亿桶，阶段累计产油 18.7 亿桶，至 2022 年其产量占油藏总产量的 35.8%。

上返作业实现层间接替。2010—2021 年，Main Pay 新油井采用先下后上的完井策略，即射孔时先考虑射开最下部的 LN 层开采，适时上返 DJ、AB 层。老油井根据油层水淹状况，适时开展上返作业，封堵下部高含水 LN 层，上返开采 DJ、AB 层。Main Pay 油藏共实施上返作业 98 井次，上返后日增油 18.4 万桶，平均单井日增油 2106 桶，综合含水率下降 5.7 个百分点。

卡堵水控水稳油。2010—2021 年，油藏含水率从 11.1% 快速上升到 48%，日产水从 10.8 万桶上升到 57.1 万桶，且由于地面水处理能力受限，高含水油井卡堵水势在必行。2010—2015 年，主要采用作业机堵水，堵水井次较少，日均增油 1.2 万桶，日均降水 0.2 万桶。2016—2022 年，采用无钻机堵水，年堵水 15—56 井次，日均增油最高提升至 2021 年的 3.0 万桶，日均降水提高到 2021 年的 4.7 万桶。2022 年日均增油下降到 1.2 万桶，日均降水下降到 1.5 万桶。随着油藏开发难度加大，堵水措施效果有所下降。

优化注水减缓油田递减。2010 年，鲁迈拉油田接管后，北 Main Pay 油藏继续采取边缘注水 + 内部局部点状注水方式开发，采用局部转注、补充新注水井，完善注采关系，优化注采比，通过强化注水和加密完善，挖掘剩余油潜力。2010—2022 年，通过注水分级管理，优化注水站和单井配注，加强现场注水管理，提高单井注水目标符合率。截至 2022 年底，北 Main Pay 油藏单井注水量符合率 84% 以上，油藏老井自然递减率从 2013 年的 22.0% 下降到 2017 年的 14.9%、2021 年的 17.8% 和 2022 年的 16.6%。

（二）Mishrif 开发技术

Mishrif 油藏于 1973 年投入开发，接管前采用天然能量开发，压力下降快。2010 年接管后，逐步实现注水开发，通过完善注采井网、加强注水、长停井复产等开发策略，取得较好的开发效果。2010 年 7 月—2022 年 12 月，投产新井 97 口，累计增油 3025 万桶，阶段累计产油 2.4 亿桶；长停井复产 197 口，阶段累计产油 7.9 亿桶；措施 362 井次，阶段累计增油 5839 万桶。油藏日产油量由 13.6 万桶上升至 62.5 万桶，阶段累计产油 16.7 亿桶。

启动行列注水，适时转变为行列+反九点注水，实现规模注水开发。2010年8月开始3个井组的注水先导试验，2013年在北Mishrif启动注水开发，首先是实施行列注水（2排注水井夹5排油井），后因两排注水井之间区域出现低压区，通过部署内部井网完善井和扩边井，增加注水井点，至2019年基本形成行列+反九点注采井网。注采井组的注采比保持在1.0—1.3，压力回升至2650磅力/英寸^{2}左右。2019年8月开始在南Mishrif油藏6号注水站（CPS6）井区开展反九点法注水，把注水由北鲁扩展到南鲁迈拉，日注水量7万桶。2010—2022年，Mishrif油藏实施油井转注49口，投注接管前已完钻注水井56口，投注接管后新钻注水井31口，注水井总井数从0增至138口，开井数由0口增至114口，日注水量从0提高到96.4万桶，注采比从0提高至0.96。通过优化注水，油藏日产油从2010年的13.6万桶提高2022年12月的62.5万桶。北Mishrif油藏老井自然递减率由2013年注水前的24.7%下降到2022年的6.9%。南Mishrif油藏老井自然递减率由2019年注水前的28.5%下降到2022年的23.5%。油藏压力的回升，为长停井复产、完善挖潜及各种进攻性增产措施奠定基础。

长停井复产。自2013年以来，通过注水，油藏压力逐步回升，2014年底开始推进Mishrif油藏长停井复产工作。2015—2022年，Mishrif油藏共复产197口井；日产油量由复产前的13.6万桶上升至62.5万桶。复产井日产油量35.8万桶，占Mishrif总产量的57.3%。

完善井网钻井。2010—2022年，因恢复油藏压力需要，井网完善，将行列注水井网转变为行列+反九点注采井网，共投产新油井97口。2010年7月—2022年12月，新井阶段累计增油3025万桶。

采取下电泵、堵水和酸化等措施增油。2010—2022年，安装新电泵82口井，修电泵29口，堵水54口，补孔81口，酸化116口井，措施362井次，阶段累计增油5839万桶。

（三）Upper Shale开发技术

Upper Shale 1968年投入开发，一直依靠天然水驱开采。项目公司接管以来，主要采取安装电泵和堵水等措施，改善油藏开发效果。2010—2022年，Upper Shale油藏投产新井1口，安装新电泵45口，修电泵81口，堵水22口，补孔9口，酸化4口。措施161井次，阶段累计增油4657万桶。油藏日产油量由3.9万桶上升至8.1万桶，阶段累计产油3.8亿桶。

四、哈法亚油田大型非均质油藏高效开发配套技术

2010年，哈法亚油田开始开发，面临开发层系多（8套）、跨度大（1900—4200米），非均质性强、物性变化大，主力油藏采用定向井、水平井开采，存在较大规模的低渗透储层，地层水矿化度高等问题。为适应中高配产的水平井和分支井、含硫油田快速建产、稳产要求迫切的基本要求，国内几乎没有成熟经验可借鉴。

2012—2021年，通过攻关和规模化应用，形成适用于哈法亚油田的低成本高效开发关键技术系列，为油田持续增产、高峰产量稳产提供技术保障。针对开发难题，确定以防砂、人工举升、储层改造等工艺为主的解决方案。形成大型非均质油藏上产稳产千万吨配套油田开发等多项关键技术系列应用。

巨厚碳酸盐岩分层系注水开发技术。针对哈法亚油田主力油藏优质储层分散、非均质性极强且处在高温、高盐、高酸性环境，开采难度大等技术难题，利用分层系开发、避射"贼"层高效注水技术，第一个在伊拉克实现巨厚碳酸盐岩油藏分层注水开发，构筑多井型立体井网开发模式，应用多分支水平井、水平井、定向井等多项配套技术，增大单井产油剖面厚度，在强非均质性碳酸盐岩油藏实现少井高产。同时针对钻井过程中的漏层、复杂岩性地层易坍塌等问题，采用漏卡诊断技术配套发展井筒安全钻井技术；针对超低渗透 Sadi 碳酸盐岩塑性地层动用难、产能低的问题，首创开展差异酸化改造和水平井多段分层加砂压裂改造技术研究与应用；并且在地面工程上实现多梯度脱水、腐蚀在线监测与控制、大尺寸双相钢浮头式换热器、地面快装化等 4 项技术创新，在采油工程上应用 Jeribe 及 JK 油藏复合防砂系列技术，主力油藏推广应用气举、电潜泵等人工举升工艺技术等。上述多项技术综合配套应用，实现哈法亚油田巨厚碳酸盐岩油藏稳油控水、高效开发。

（一）高渗透疏松砂岩油藏直井定向井出砂规律预测方法及防砂配套技术

针对 Upper Kirkuk 疏松砂岩油藏不同区域出砂临界生产压差及地层砂粒径分布差异，研究平面和纵向出砂规律，绘制出砂临界生产压差分布规律平面图及疏松砂岩储层宏观防控砂控制图，优选砾石充填、独立筛管等不同防砂工艺，在现场实施 73 口井，平均单井含砂得到有效控制，产量超过 2000 桶/日，有效保证油田的单井产量和高效开发。

（二）中高产水平井、分支井多相变质量流模拟及生产参数优化预测技术

建立"水平井井筒多相变质量流流动规律实验及压降模型"，并补充完成中等管径两相水平管流流动规律、"井筒油藏耦合变质量微元法预测油井产能"方法及"多因素停喷时间预测方法"。逐步形成对自喷井延长自喷期、准确预测停喷时间、提高举升系统效率、优选体液潜力井等水平井、分支井生产参数优化方法，指导开发方案实施。

（三）长井段水平井、分支井经济高效布酸设计及酸化工艺技术

针对哈法亚油田碳酸盐岩油藏水平井井段长（800 米以上）、酸化改造工艺实施困难的情况，建立水平井非均质伤害的表皮系数模型及适合于中东地区的孔洞型双尺度碳酸盐岩酸化数学模型，提出长井段水平井局部非均匀布酸新理念及其设计评估方法，配套提出局部非均匀布酸工艺及其辅助布酸方法。哈法亚油田油井防砂累计增油 1507.0 万桶，生产工艺管柱及制度优化累计增油 351.7 万桶，长井段水平井非均匀定量剖面注酸技术累计增油 1458.8 万桶。累计增油 3317.5 万桶。

（四）长井段水平井分段压裂工艺技术

针对哈法亚油田（Sadi）油藏碳酸盐岩地层"孔隙大、喉道小，低模量、长屈服，非均质、大跨度"特点，产生长水平段压裂施工压力响应复杂、缝长延伸困难、支撑剂易嵌入地层、导流能力变差等压裂工艺问题。提出 Sadi 油层加砂压裂缝尖"塑性变形"理论，建立"低模量孔隙型碳酸盐岩裂缝扩展模型"并形成相应软件，准确预测 Sadi 储层压裂压力相应特征，优化压裂工艺过程设计和实施。2019 年，在 S005H1 井成功实施 Sadi 储层水平段 8 段压裂，是历史上在伊拉克应用压裂工艺技术的第一口井。通过在钻井完井阶段提前下入多段裸眼封隔器，后续实施多段投球打开滑套分段加砂压裂工艺，有效发挥 Sadi 储层产能。截至 2021 年 5 月，经实施 4 口井，统计可对比的 3 口井压裂改造效果：初期平均单井实现日产油 1767 桶，且实现长期稳定产油；压裂后两年，平均单井日产油仍达 1042 桶。

五、西古尔纳–1 油田碳酸盐岩油藏注水自喷开采配套技术

西古尔纳–1 油田发现于 1973 年，1999 年投入开发，初期采用衰竭自喷开采方式，Mishrif 油藏于 2011 年开始注水。截至 2022 年底，西古尔纳–1 油田有采油井 370 口，开井 144 口。平均单井日产油 3275 桶，油田整体综合含水率 13.0%，97% 的采油井普遍见水，含水上升速度较快，平均单井含水率 8.9%，多数油井含水率为 2%—20%。

注水、自喷采油为主要采油方式，其次为潜油电泵井，截至 2022 年底，共有采油电泵井 59 口，开井 50 口。西古尔纳–1 油田共有注水井 114 口，开井 98 口。平均单井日注水 7235 桶，月注采比 1.01，累计注采比 0.56。油田采用反九点直井注采井组注水，注水方式为笼统注水。注水井水源有 3 个采用 Dammam 地层水，MOD 河水和产出水。Dammam 水源层共 32 口电泵采水水源井，9 口自流注水井。项目采用的完井、采油、注水、增产增注措施工程技术基本适应油田开采阶段性技术需求。

（一）完井技术

截至 2022 年底，西古尔纳–1 油田只有 Mishrif 油藏投入开发，油藏开发油、水井以直井、斜井为主，采用 $9\frac{5}{8}$ 英寸套管悬挂 7 英寸尾管固井射孔完井；在 MB2—MC 层开展水平井开发试验，水平井采用裸眼完井。大多数直井和斜井采用电缆传输过油管射孔工艺完井，少部分井采用油管传输过平衡射孔完井。甜性油藏的井口采油树额定压力均为 5000 磅力/英寸^2，酸性油藏 Yamama 油藏，由于其储层埋藏深，且油藏异常高压，其井口采油树的额定压力 10000 磅力/英寸^2。自喷井直井井下完井管柱主要由 $3\frac{1}{2}$ 英寸油管、可回收套保封隔器及其坐封解封配套工具、喇叭口等组成。大多数井套保封隔器下在 7 英寸生产套管内，少量井下在 $9\frac{5}{8}$ 英寸套管内；水平井自喷采油完井管柱主要由 $3\frac{1}{2}$ 英寸、$4\frac{1}{2}$ 英寸和 $5\frac{1}{2}$ 英寸油管、可回收套保封隔器及其坐封解封配套工具、喇叭口等组成。

（二）采油技术

西古尔纳–1 油田总体仍处于低采出程度、低含水阶段。采油以自喷采油为主，少量电泵井，随着地面处理湿油能力的增加，越来越多的自喷井将转为电潜泵采油。电潜泵完井管柱主要由 $3\frac{1}{2}$ 英寸油管、可回收套保封隔器及其坐封解封配套工具、电泵机组等组成。大多数井套保封隔器下在 7 英寸生产套管内，少量井下在 $9\frac{5}{8}$ 英寸套管内。按照 ERP2019 方案设计，当油井的自喷产量达不到设定的参数值时，转电泵生产。自喷井油管主要采用 $3\frac{1}{2}$ 英寸或 $4\frac{1}{2}$ 英寸尺寸的油管。对于电泵井，设计产量 4000 桶/日的直井/大斜度井，采用 $3\frac{1}{2}$ 英寸；设计产量 5000 桶/日的水平井采用 $4\frac{1}{2}$ 英寸油管；设计产量 9000 桶/日的水平井，采用 $5\frac{1}{2}$ 英寸油管；电泵井泵吸入口深度 7250 英尺。

（三）注水技术

2022年，西古尔纳-1油田Mishrif油藏有注水井114口，已建注水系统分为低压和高压注水系统。低压注水水源来自安装有电潜泵的32口水源井，注水井77口，日注水51万桶，注水压力500磅力/英寸^2；自流注水井9口，日注水4.5万桶。高压注水水源来自主河口排放点河水，高压注水泵5台，注水井28口，日注水15万桶，井口注水压力2500磅力/英寸^2。Mishrif油藏注水水质指标要求及实质水质分析化验结果表明，注水水质指标要求基本合理，已有的注水工艺基本满足油田开发注水需求，但需要采取措施改善注水水质的指标达标率。

（四）增产增注措施改造技术

西古尔纳-1油田发育有6个油藏，其中5个油藏为灰岩储层，1个砂岩油藏。为清除钻完井过程中所造成的储层伤害，提高油水井的产能/吸水能力的需要，根据储层物性采取差异化的储层改造措施，包括酸洗、酸化、酸压、水力加砂压裂等改造工艺，收到较好效果。油水井服务包括作业机服务和非作业机井下作业服务。作业机服务包括油水井完井、自喷井转电泵、油井转注、酸压、水力压裂、找堵水等。非作业机作业主要包括过油管电缆传输射孔、连续油管作业（氮气举升、酸洗/酸化、返排、注化学剂清垢等）和生产测试作业等。对于找堵水作业，主要凭借生产测井找到出水射孔层位，对中间出水层位采用封隔器跨隔封堵，对于底部出水层位采用电缆下入可钻式桥塞加3米水泥塞的方法封堵。封堵后一般转电潜泵采油。2022年，全年堵水转电泵作业12井次。对于采油井防腐工艺技术，主要是在井下安装套管保护封隔器。对于安装在电泵采油井上的套保封隔器带有电缆穿越器，用于电泵动力电缆的穿越，安装在泵以上30米。环形空间注入套管保护液，用于油套管防腐；对于注水井防腐工艺技术，主要是采用防腐油管并做内衬涂层的方式。对于主河口排放点河水源与Dammam水源或者Mishrif油藏自身产出水源混合出现结垢，采取不同水源水分开处理、分开注水的方式。对于Mishrif油井油管中出现无机垢沉淀，清除措施是先机械刮削除垢，若机械除垢失利则作业更换管柱，并向地层中挤入防垢剂防垢，效果较好。Zubair砂岩油藏采用水力加砂压裂技术改进储层的吸水能力，其他灰岩油藏采用酸压措施改善注采井的注采能力。压裂措施改造方面存在问题和技术对策如下：一是压裂缝高无法精准控制；二是压裂过程中返排不彻底；为了解决这两个问题，采用力学地球模型软件来优化设计压裂参数，压裂模型在参考钻井数据的基础上，利用电缆测井以及岩心分析数据建立。为确定设计裂缝的几何形状，数据可以在测试压裂中获得。在测试压裂之后马上进行温度测井便可获得裂缝的剖面；推荐在酸压的过程中下直读或者存储式压力计，可获得比地面上的压力施工数据更准确的数据。对于酸化作业，存在问题和技术对策主要包括：地层均质性不好的地层除采用屏蔽暂堵酸化外没有更好的对策；砂岩地层酸化改造技术不成熟，效果不佳，有待进一步研究探索。针对油藏特点及老井现状，坚持系统研究，优选措施，采取酸化、补孔、堵水+上返、氮举、转抽、抽汲等多项配套措施工作，取得较好的增产效果。

六、北阿扎德甘油田气举采油技术

2010年，北阿扎德甘油田通过对比有杆抽油泵（SRP）、电潜泵（ESP）、螺杆泵（PCP）、水力泵及气举等人工举升方式的优劣，结合油田平台丛式井布井的特点，确定气举采油作为人工举升方式。

700—2200米设计5级气举阀。为保证生产管柱及配套管线的下入安全，在油井9⅝英寸套管段下入4½英寸油管，在7英寸套管段下入3½英寸油管，4½英寸油管下深为9⅝英寸×7英寸套管悬挂器以上100米，3½英寸油管下到设计位置。考虑到修井的工作量问题，在完井时采用自喷与气举一体化完井管柱，即在完井时随完井管柱一起直接下入五级气举阀。

北阿扎德甘油田开发配套气举采油工艺性能良好，转气举后油井井口压力得到提升，低产井产量显著提高，停喷井重新恢复生产。2021年7月底，生产作业权移交前，油田无限产正常生产，油井开井48口，其中气举井开井30口，占总开井数的62.5%，油田产油7.5万桶/日，其中气举产油3.8万桶/日，占油田产量的50.6%。在油田一期回购合同约定下，油田投产后无新井和注水的工作量，气举成为油田稳产的主体措施，为项目完成合同规定的五年稳产目标发挥关键作用。

七、MIS油田低压裂缝性含硫化氢油藏钻完井试油和防腐配套技术

2007年8月，MIS油田进入合同期。MIS油田是一个已经开发百年的老油田，地层压力衰竭，压力系数0.34，裂缝发育，油藏硫化氢含量高，对管网腐蚀严重。

2010年，MIS项目针对低压裂缝性含硫化氢油气藏钻完井难点，研究形成一套适合于MIS油田的特低压高含硫油田钻完井及试油配套技术。主要包括井身结构优化、井眼轨迹优化和控制技术、泡沫钻井液技术、低密度固井水泥浆技术、含硫化氢井安全钻井工艺、完井试油工艺技术，成功解决MIS项目面临的开发难题，实现3项技术的突破，填补中国石油海外技术的空白。

2015年11月，MIS项目针对油田高含量、高含盐、强腐蚀特性，提出通过材料代换，综合使用增强热塑性塑料管（RTP）、因科镍铬不锈钢（Incoloy825）、玻璃钢管材，取消井下安全阀和封隔器，使用熔结环氧粉末（FBE）内涂层油管和蒙乃尔（Monel）涂层泵体，提高牺牲阳极配量等防腐技术措施。2018年1月，复产成功，防腐技术措施有效降低管线和油管腐蚀，延长泵体运作时间，降低油井维修次数。

第二章 油气生产

2015—2022年，中东公司作业产量从6243万吨增长至10768万吨，权益产量从2482万吨增长至5338万吨。其中，2019年中东公司产能建设迈上新台阶，实现作业产量过亿吨、权益产量5000万吨，2019—2022年连续4年保持稳产。2015年，艾哈代布项目、哈法亚项目、鲁迈拉项目、西古尔纳项目、阿曼5区项目在产，完成作业产量6243万吨，权益产量2688万吨。2016年，伊朗北阿扎德甘项目投产，中东公司完成作业产量7485万吨，权益产量3182万吨。2017年，伊朗MIS项目、阿布扎比陆海、陆上项目陆续投产，中东公司完成作业产量8701万吨，权益产量4237万吨。2018年，阿布扎比海上项目投产，中东公司完成作业产量9611万吨，权益产量4814万吨。2019年，哈法亚项目实现40万桶高峰产量，中东公司迈上年度作业产量过亿吨台阶，完成作业产量10399万吨，权益产量5241万吨。2020年，中东公司克服欧佩克+限产影响，保持稳产，完成作业产量10265万吨，权益产量5066万吨。2021年，中东公司完成作业产量10394万吨，权益产量5092万吨。

第一节 阿曼5区块油田生产

2002年以前，阿曼5区仅有达利油田投产，采用衰竭式开发，日产原油4500桶，年产24.1万吨。2002年中方接手，2004年开始注水试验，2006年开始全面推广水平井注水开发，产量不断攀升。2009年产量突破100万吨，2013年突破200万吨，2015年产量达到230万吨，2019年高峰期日产54000桶，年产量267.4万吨，是接手时的10多倍。水平井注水开发技术的成功应用，成为油田开发的关键技术。在阿曼项目达利油田主力断块B块Shuaiba层采收率从一次采收率的9.1%已经提高2021年4月的43.9%，二次开发采收率可以提高到55%。

2002年7月，阿曼5区日产油水平4628桶，平均单井产量128桶/日（20.4米^3/日）。综合含水率4.7%。全油田气油比3424英尺^3/桶（609.5米^3/米^3），B断块气油比3990英尺^3/桶（710.2米^3/米^3）。全油田地层压力平均1330磅力/英寸^2，B断块地层压力800磅力/英寸^2（原始地层压力的32%，泡点压力的44%）。累计产油3498万桶，地质储量采出程度8.5%。

2004年12月，开发方案实施，日产油水平15015桶，平均单井产量283桶/日（45.0米^3/日）。综合含水率3.2%。全油田气油比1764英尺^3/桶（314.0米^3/米^3），B断块汽油比2571英尺^3/桶（457.6米^3/米^3）。全油田平均地层压力981磅力/英寸^2，B断块地层压力747磅力/英寸^2。累计产油 4230 万桶，地质储量采出程度 9.2%。

2015 年底，注水开发效果明显。自 2004 年 2 月在阿曼 5 区油田 B 块开始实施先导性注水试验，2015 年底地层压力由注水开发初期最低 700 磅力/英寸²升至 1710 磅力/英寸²（上升 144%），压力保持程度达到 69%。2015 年底 B 断块 Up Shuaiba 组油藏的平均气油比 479.5 英尺³/桶（85.4 米³/米³），单井气油比（GOR）值主要分布在 300—650 英尺³/桶（85.4 米³/米³），比 2004 年平均气油比 3842 英尺³/桶（683.9 米³/米³），下降 87.5%。注水开发后，油藏含水上升率得到较好控制。从历年存水率曲线来看，B 块的 Up Shuaiba 油藏的存水率一直保持较高，在采出程度近 40% 时仍保持在 0.7 以上。2004 年开始注水以来，与不注水预测值相比较，2015 年底累计增产 17.4 百万桶。B 断块 Up Shuaiba 油藏的注水采收率提高 29%。

2021 年，随着油价回升及政府对项目公司限产的放松，阿曼 5 区油田产量逐步恢复，但较限产前日产水平有较大差距。为最大限度上产，挖掘上产潜力，项目公司组织跨专业跨部门联合研讨，形成 35 条上产优化方案及措施，优化钻井顺序，优先安排优质构造新井作业，增加修井作业降低躺井率，深入研究优化电潜泵或抽油机的选择，提高人工举升综合效率，优化酸洗液加快完井速度，持续压缩新井投产时常，延长反排井生产时常，增加超长水平井和多分支水平井工作量，加大化学堵水，原油产量超额完成下达指标。

2022 年，针对阿曼 5 区油田综合含水率 69% 且逐年增长，稳油控水难度加大等问题，项目公司多措并举，提高油田开发效率，抓住高油价机会，提升现场作业能力。通过细分钻井作业环节，非生产时间比率控制在 6.11% 以内；推动第 5 部钻机提前 20 天动迁到位，增加新井产量贡献；新动迁 2 部修井机，提升措施故障检修能力和措施实施能力，油田非计划产量损失从年初的 3000 桶/日减少到 800 桶/日；加快抽油机井投产进度，新井投产时间进一步缩短到 9.4 天，实现增油 2.5 万桶；推广低渗透油藏进攻性措施的应用，累计增油 3.9 万桶。开展全油田注水健康度评估，增大油田注水量，调整完善注采井网，合理控制区块注采比，下半年老井综合递减率逐步降低，有效遏制油田进入高含水阶段后的产量递减势头。原油产量超额完成任务。

截至 2022 年 12 月，阿曼 5 区总井数 875 口，其中油井 604 口（开井 572 口）、注水井 271 口（开井 242 口），年均日注水量 11.2 万桶，年注采比 0.70。年均日产油 4.9 万桶，月自然递减率 1.3%，月综合递减率 1.1%，年综合含水率 70.4%。

2022 年，阿曼勒克威尔油田服务合同于 7 月 1 日正式生效，8 月 1 日开工。杜东 5 井仅用 10 天成功投产，初产 432 桶/日；勒克威尔油田生产原油 0.65 万吨。

第二节　叙利亚项目油气生产

一、戈贝贝油田

2004 年 7 月 26 日—2012 年 12 月，戈贝贝油田新井投产 84 口，平均单井初产 53.8 米³/日，水平井与直井的产能比平均为 3.98。措施 112 井次，有效 70 井次，有效率 62.5%。油田累计增油

9.45万立方米,其中换层、酸化(新井酸化)等措施增油效果显著。中方操作期间新建3个计量站,即6号计量站、7号计量站、8号计量站,并对主站进行改造,原油处理能力由53万米³/年增加到76.2万米³/年。2011年开展主站二期改造工程,新建1个5000立方米储油罐和1个5000立方米的沉降罐,原油处理能力达到100万米³/年。

2011年3月15日,叙利亚进入社会动乱期。10月13日,戈贝贝油田中方员工撤离。2012年6月14日,大马士革中方员工撤离,戈贝贝油田由叙方操作至2012年10月底,外输管线被炸停产。

2011年8月正常生产时,油田有总井数200口,其中油井147口,开井108口;注水井3口;间开井3口。日产液水平3005立方米,日产油水平2212立方米(平均单井20.5米³/日),采油速度0.524%,综合含水率26.4%;日注水量525立方米,累计注水量83.1万立方米,井组累计注采比0.468;截至2012年底,累计产油1130.8万立方米,采出程度7.426%。

2004—2012年,中方操作期间年产油量28.9万—83.3万立方米(表5-2-1),累计产油536.7万立方米,中国石油(CNPC)权益油348.86万立方米(329万吨)。

表5-2-1 2004—2012年戈贝贝油田产油一览表

时间	基础油(万立方米)	实际产量(万立方米)	实际产量-基础油产量(万立方米)
2004年	13.77	17.2	3.43
2005年	29.51	56.6	27.09
2006年	26.56	63.0	36.44
2007年	23.90	68.3	44.40
2008年	21.51	73.6	52.09
2009年	19.36	80.8	61.44
2010年	17.42	83.3	65.88
2011年	15.68	65.0	49.32
2012年	14.11	28.9	14.79
合计(合同期)	181.82	536.7	354.88

注:(1)2004年实际产量38.4万立方米,表中17.2万立方米为7月26日—12月31日实际产量;(2)2011—2012年,由于叙利亚局势动荡,欧美对叙实施原油禁运,油田被迫限产。

二、幼发拉底项目

2006年1月—2011年11月,幼发拉底项目新井投产152口(含遗留井),年投产井数13—31口,新井初期平均日产油792桶(表5-2-2),措施作业286井次,其中包含日常维护作业井次,增产作业主要包括补孔、酸化、压裂等。

表 5-2-2　2006—2011 年幼发拉底项目投产新井初期产量指标

投产时间	井数	新井初产量指标					
^	^	油（桶/日）	水（桶/日）	气（万立方英尺）	含水率（%）	气油比	
^	^	^	^	^	^	（英尺³/桶）	（米³/米³）
2006 年	31	922	373	125.98	28.80	1366	243
2007 年	26	1250	205	117.55	14.10	941	168
2008 年	30	728	151	78.54	17.10	1080	192
2009 年	26	458	410	43.90	32.70	1578	171
2010 年	26	719	258	45.56	26.40	634	113
2011 年	13	529	315	65.46	37.30	1238	220
合计	152	792	282	82.20	26.26	1038	185

2011 年，叙利亚国内政局不稳，下半年油田生产设施遭到破坏，加上外输不畅，政府要求限产，11 月动乱加剧，项目基本停止钻修井作业。2011 年 6 月正常生产时，39 个油田共有开发井 845 口，其中采油井 675 口，注水井 156 口，其他井 14 口；采油井开井 288 口，月平均日产油 90089 桶，平均单井日产油 313 桶，综合含水率 80.4%；地质储量采油速度 0.63%，剩余可采储量采油速度 11.1%，储采比 9.01。注水井开井 96 口，日注水 508301 桶，平均单井日注水 5295 桶。月注采比 1.03，累计注采比 0.63。

2012 年 1—12 月，由叙方单独作业，直到停产。自 2012 年 7 月以来，幼发拉底项目所在的代尔祖省安全局势日益恶化，油田生产受到严重影响。部分油田区域已被武装分子（叙自由军）占领，一些油田计量站屡遭武装分子袭击，油田设施（包括油气管线）被破坏，被占领区域的油井完全停止生产；由于安全原因，约有 30% 的当地员工不能到油区正常上班；2012 年 11 月 6 日，幼发拉底项目的艾拉瓦德油田被反政府武装占领，原油外输枢纽被控制，原油外输中断。12 月 1—16 日油田日产量维持在 2000 桶水平上（正常情况下的原油日产能 60000 桶），17 日油田的储油罐满载，油田全面停产。

2012 年 12 月底，幼发拉底项目有生产井 833 口，其中油井 677 口，开井 200 口；注水井 156 口，开井 88 口。日产油 1032 桶，日产水 4703 桶，日产气 98 万立方英尺，综合含水率 82%，气油比 169 米³/米³；年产油 1106.7 万桶（148.7 万吨），地质储量采油速度 0.01%，剩余可采储量采油速度 0.14%；累计产油 225536 万桶（30298 万吨），地质储量采出程度 43.13%，可采储量采出程度 89.85%。日注水 6595 桶，累计注水 33.76 亿桶，月注采比 1.07，累计注采比 0.65。截至 2012 年 12 月，项目累计产油 3580.4 万吨，完成作业产量 872 万吨（表 5-2-3）。

表 5-2-3　2006—2012 年幼发拉底项目产油量统计表

时　间	作业产量（万吨）	权益产量（万吨）	权益（%）	备注
2006 年	771.5	137.3	17.80	
2007 年	662.2	117.9	17.80	
2008 年	586.5	104.4	17.80	
2009 年	512.3	91.2	17.80	
2010 年	487.2	195.9	40.20	
2011 年	411.9	165.6	40.20	下半年开始限产
2012 年	148.7	59.8	40.20	限产
合计	3580.4	872.0		

第三节　MIS 油田生产

MIS 油田通过分析油藏的开采历史，精细研究储层特征、剩余油的分布、油藏流体与压力的分布、控制油井高产的储层裂缝发育程度与分布，建立精细地质模型与油藏模型，对整油田及各单井进行数模分析，对单井进行合理配产，防止气窜、水侵，以较长期获得稳定油流。同时，在项目前期试投产阶段，对各井试投资料进行详细收集与分析，将实际生产资料及时更新入油藏模型中，对油藏模型进行实时调整，对各单井进行精细分析与配产。2011—2012 年阶段累计采油 767 万桶，日产油从初期的 25000 桶，逐渐递减至 10000 桶，气油比约为 169 英尺^3/桶，油田综合含水率约 22.9%。单井配产和实际单井测试的情况见表 5-2-4。

表 5-2-4　MIS 油田生产井的单井配产表

井　号	配产（桶/日）	测试产能（桶/日）	差值（桶/日）
H1 井	1800	2536	736
H2 井	2500	2363	−137
H3 井	2500	2958	458
H4 井	3000	3801	801
H5 井	3000	4208	1208
H6 井	2000	1507	−493
H7 井	500	536	36
H8 井	1500	2247	747
H9 井	2000	2596	596

续表

井　号	配产（桶/日）	测试产能（桶/日）	差值（桶/日）
H10井	2000	2497	497
H11井	2000		-2000
H12井	1500		-1500
V1井	300	182	-118
V2井	200		-200
V3井	200		-200
合计	25000	25429	429

2016年10月，MIS油田启动维修复产。2017年11月20日，在完成地面和井下设施的维修后开始投油试运；12月12日启动21/30天日产原油10000桶的生产测试。2018年1月2日，完成生产测试，油田维修复产成功；1月3日进入生产技术服务期。维修复产期间，项目公司结合MIS油田前期生产情况，以及伊朗国家石油工程开发公司和伊朗国家南方石油公司建议，研究设计3种产量方案进行优选，分别为6000桶/日、8000桶/日和10000桶/日（表5-2-5），并以3种方案分别对单井产量进行合理化配产。

表5-2-5　MIS油田3种不同产量方案单井配产表

井　号	方案1（桶/日）	方案2（桶/日）	方案3（桶/日）
H1井	1400	1900	2300
H2井	1500	2100	2600
H3井	1200	1700	2100
H4井	800	1100	1400
H5井	600	800	1000
H6井	400	500	700
H7井	300	400	500
H8井	400	500	600
H9井	300	300	400
H10井	300	400	500
V1井	300	300	400
合计	7500	10000	12500

单井配产时考虑 80% 的工作时效。通过产量预测数据及各项指标对比图的分析对比，推荐油田产量按方案 2 执行，即油田日产量 8000 桶。

2018 年，采油井总井数 11 口，开井 7 口；注水井 2 口为污水回注井，开井 2 口。年产油 296 万桶，累计产油 849 万桶（包括复产前产量）；油田综合含水率 20%。

2019 年，采油井总井数 11 口，开井 6 口；注水井 2 口为污水回注井，开井 2 口。年产油 146 万桶，累计产油 1145 万桶（包括复产前产量）；油田综合含水率 58%。

2020 年，日产油水平 3300 桶，年产油 82 万桶，累计产油 1291 万桶（包括复产前产量）；油田综合含水率 49%；日注水 601 立方米，年注水 21.1 万立方米，月注采比 0.57，采油井总井数 11 口，开井 7 口，平均单井日产油 479 桶；注水井 2 口为污水回注井，开井 2 口，平均单井日注水 300 立方米。

2021 年，采油井总井数 11 口，开井 7 口；注水井 2 口为污水回注井，开井 2 口。年产油 82 万桶，累计产油 1373 万桶（包括复产前产量）；油田综合含水率 52%。地质储量采油速度 0.06%，剩余可采储量采油速度 0.51%；老井月自然递减率 5.3%，综合递减率 8.1%。

2022 年，采油井总井数 11 口，开井 5 口；注水井 2 口为污水回注井，开井 2 口。截至 2022 年 4 月 6 日，年产油 15 万桶，累计产油 1388 万桶（包括复产前产量）；油田综合含水率 61%。老井月自然递减率 5.1%，综合递减率 8.2%。

第四节　艾哈代布油田生产

2012—2017 年，艾哈代布油田从加强油藏管理、优化开发部署、强化注水开发等方面入手，均衡采油速度，控制含水过快上升，确保油藏高效合理开发，在 650 万吨以上连续稳产 6 年。2014 年，油田实现原油产量 708.09 万吨，液化石油气产量 7.93 万吨，达到历史最高水平。从 2018 年开始，针对产量递减情况，油田先后进行交替注采试验、直井酸压和潜力层试油试采等先导试验，保障产量稳定在 300 万吨以上。2017 年和 2019 年，油田原油累计产量先后突破 4000 万吨和 5000 万吨，油田产量迈上新台阶。截至 2022 年底，累计生产油气当量 6416.1 万吨，其中生产原油 6102.1 万吨、LPG 产量 56 万吨、天然气 32.38 亿立方米，折合原油当量 258 万吨。

2012 年 6 月开始转泵工作，截至 2020 年底，累计转泵 234 口井。2012 年 6 月开始转注工作，截至 2020 年底，累计转注 154 口。截至 2022 底，累计新投 405 口井。油田水平井 332 口，其中油井 197 口、注水井 135 口。Kh2 层水平井 266 口，下部层系 66 口。

2021 年，开展不稳定交替注采试验，AD2 区交替试验区 9 口井累计增油 23.0 万桶；成功试开长停井 9 口，增油 84.5 万桶。在限产限输条件下，实现日均产油 4.89 万桶，产油 258 万吨。截至 2022 年底，油田累计产油 6102.1 万吨，综合含水率 57.5%；年均日注水量 13.6 万桶，年注水量 4952.2 万桶，年注采比 1.1；总累计注水量 5.1 亿桶，累计注采比 0.6；采油速度 0.5%，采出程度 12.2%。

表 5-2-6　2011—2022 年艾哈代布油田油气产量统计

时间	原油产量（万吨）	液化石油气产量（万吨）
2011 年	124.06	未投
2012 年	657.79	0.60
2013 年	703.89	5.08
2014 年	708.09	7.93
2015 年	705.75	7.90
2016 年	702.68	7.36
2017 年	651.91	7.75
2018 年	585.05	6.21
2019 年	447.64	5.08
2020 年	314.70	3.14
2021 年	260.09	2.57
2022 年	240.5	2.39

第五节　北阿扎德甘油田生产

2016—2022 年，北阿扎德甘油田投产后，优化油田配产方案，在前期地质油藏研究认识的基础上，结合油田投入开发以来的生产动态资料，与后方研究团队紧密配合，持续更新地质油藏模型，深化地质油藏认识，判断边底水推进前缘、地层压力状况和各小层产量贡献，从油藏平面和纵向进行开发优化配产，适当提高大斜度井产量，降低水平井产量，提高次主力层的产量贡献率，减缓主力层油藏压力和产量递减速度，降低边部油井产量，控制边水突进速度。针对关键井的动态监测作业和解释再认识，密切跟踪单井含水、井口油压、气油比和水性分析等日常监测数据，加强开发动态分析和油藏管理工作。及时分析含水、油压和气油比等关键参数变化原因并提出优化措施；建立单井递减预测图版，按季度开展产量和油压递减分析和预测，并制订和更新油藏稳产措施计划；绘制并定期更新单井日产量、累计产量、含水率、油压和气油比等关键参数的泡泡图和等值线图，结合测压和产液剖面等动态监测数据个性化定制油井生产计划，在没有新井工作量的情况，油田保持无综合递减率，含水上升率基本稳定。

做好关键设备维护保养。在日常生产运行和操作中，严格遵守各项安全生产和操作规程，合理安排电站 4 台燃机天然气发电运行模式，加大电站燃机安全操作及设备巡检监管力度，按时保质完成 4 台燃机的定期维护保养工作。自 2020 年 11 月，北阿扎德甘油田中心处理站接入国家电网后，4 台燃机处于维护保养备用状态。抓好中心处理站关键工艺和设备问题的故障处理，采取各种措施确保中心处理站站内油、气、水等各系统安全、平稳运行。重点解决中心处理站气举压缩机、热电发电机系统、高压压缩机运行中存在的问题。稳步推进机、电、仪各专业预防性定期维护工作，突出抓好关键设备故障处理、维修质量和工作效率，为油田"安、稳、长、满、优"运行提供可靠保障。

优化生产操作参数，进一步降低各类化学药剂和电脱盐洗盐水消耗量。2021年，油溶性破乳剂注入浓度由设计250微克/克优化至90微克/克，水溶性破乳剂由100微克/克优化至30微克/克；电脱盐洗盐水（新鲜水）由原设计操作10%降低为5%；中心处理站原油、天然气、水处理等系统生产运行平稳。

2016年1月19日—2月1日，北阿扎德甘油田完成所有生产井试生产及油系统试运，试运结果表明油田具备投油75000桶/日的站内外条件；所有井、油水处理设施和集输管线均已建设和调试完成，确保全面投产、顺利平稳的生产运行。4月12日，伊方通知可以进行原油外输，13日开始原油外输工作，标志着油田启动投产。投产后由于外输条件限制，北阿扎德甘油田初期日产量受伊方严格控制，7月才按达产目标生产，9月4日开始日产/外输75000桶满负荷运行，11月8日，油田一次性通过回购合同要求的21/28天验证性产量测试。11月17日开始按110%设计能力82500桶/日的日产水平组织生产运行，最高日产量85000桶，最高日外输量83000桶，装置安全平稳，生产指标合格。2016年，北阿扎德甘油田累计生产原油1744万桶，外输原油1738万桶。

2017—2019年，北阿扎德甘油田连续3年保持在合同规定的75000桶/日线上运行，完成当年年度产量计划的110%以上。截至2019年底，油田累计产油10012.52万桶，外输原油10008.78万桶，生产和外输原油各项质量指标均合格，综合含水率3.45%，采油速度0.68%，地质储量采出程度2.48%。

2020年，受新冠肺炎疫情、油价断崖式下跌和美国对伊极限施压叠加影响，伊方自5月9日起对北阿扎德甘油田进行多次不同程度不同时长的限产，对油田生产造成实质性影响，油田全年实际生产外输原油2198万桶（327万吨），仅完成下达计划的93%。经协商，双方确认由伊方完全承担因限产造成的产量损失，5—9月按合同规定产量7.5万桶/日的60%确认中方提油量以补偿因限产导致的中方权益产量损失，全年完成权益产量235.5万吨，完成下达计划（210万吨）的112.29%。2020年底，油田开井52口，其中采油井49口、注水井1口、污水回注井2口，平均单井日产油1526桶，平均气油比419英尺^3/桶，综合含水率5.8%，累计生产外输原油超过1.2亿桶，采油速度0.68%，采出程度3.02%。

2021年4月13日，北阿扎德甘油田实现75000桶/日连续稳产5年的合同产量目标。12月底，平均单井日产油1701桶，生产气油比438英尺^3/桶，综合含水率4%。2021年底累计产油14691万桶，动用地质储量采油速度0.61%，动用地质储量采出程度3.64%。

2022年，北阿扎德甘项目协助伊方做好油藏管理和开发优化工作。梳理压力测试和产液剖面等油藏监测资料，跟踪单井含水、井口油压、气油比和水性分析等动态数据，更新油藏管理模型，加强开发动态分析工作，深化地质油藏认识，向伊方提出增产和开发优化措施。全年建议并实施转气举8口井增油12.5万吨，建议伊方关停1口脱气油井。油田自然递减率保持在18%左右，油田各项开发指标保持科学合理。截至2022年12月底，平均单井日产油1112桶，平均气油比100

米³/吨，综合含水率 9.8%，累计产油 1.67 亿桶，采油速度 0.47%，采出程度 4.1%。油田生产安全平稳运行，超额完成下达的产量任务。

第六节　鲁迈拉油田生产

鲁迈拉油田 1954 年投入开发，1979 年达到高峰日产油量 180 万桶。1980—2003 年，由于战争原因多次停产或限产，此后产量呈现下降趋势。2010 年 7 月，英国石油与中国石油（CNPC）接管该油田后，通过加强注水、加密完善井网、层间接替、下电泵及卡堵水等措施，实现油田的上产稳产。

2010 年 7 月—2022 年 12 月，投产新油井 336 口，阶段累计增油 1.98 亿桶；实施增油措施 1666 井次，阶段累计增油 4.84 亿桶。油田日产油量由 98.2 万桶上升至 142.0 万桶水平（包括补偿产量 7.6 万桶），阶段累计产油 60.5 亿桶，综合含水率由 9.9% 上升至 34.0%。2022 年 12 月，日产油 139.6 万桶，年产能力 7176 万吨。日注水 131.2 万桶，注采比 0.52。综合含水 34%。

一、Main Pay 油藏

鲁迈拉油田被中国石油（CNPC）和英国石油接管后，Main Pay 油藏通过重启并加强注水，加大新井和措施上产力度，油藏日产油量由接管前 2010 年 6 月的 81.5 万桶提升至 2015 年 12 月的 100 万桶以上，并稳产 15 个月至 2017 年 2 月。之后随着含水率上升，日产油量逐步递减至 2022 年底的 52.1 万桶。接管以来，阶段累计产油 38.7 亿桶。2010 年 7 月—2022 年 12 月，投产新油井 233 口，阶段累计增油 1.65 亿桶；措施 1098 井次，阶段累计增油 3.61 亿桶。

二、Mishrif 油藏

2010 年 7 月—2022 年 12 月，Mishrif 油藏投产新井 97 口，累计增油 3025 万桶；长停井复产 197 口，阶段累计产油 7.9 亿桶；措施 362 井次，阶段累计增油 5839 万桶。油藏日产油量由 13.6 万桶上升至 62.5 万桶，阶段累计产油 16.7 亿桶。

截至 2022 年 12 月，Mishrif 油藏油井开井 245 口，日产油 62.5 万桶，年产能力 3213 万吨。注水井开井 114 口，日注水 96.4 万桶。地质储量采油速度 0.99%，采出程度 10.9%，综合含水率 21.3%。油藏压力 2810 磅力/英寸² 左右，压力水平 71.5%。

三、Upper Shale 油藏

2010—2022 年，Upper Shale 油藏投产新井 1 口，累计增油 2.4 万桶，实施措施 161 井次，累计增油 4657 万桶。油藏日产油量由 3.9 万桶上升至 7.6 万桶，累计产油 3.8 亿桶。

开展 Ru-216 和 Ru-217 两个井组的注水先导试验，从 Dammam 取水，为之后注水开发取得经验。

截至 2022 年底，油井开井 46 口，注水井开井 2 口（试验井），日产油 7.6 万桶，阶段累计产油 3.8 亿桶，采油速度 0.38%，地质储量采出程度 9.5%，可采储量采出程度 16.2%，综合含水率 9.1%。

四、Fourth Pay 油藏与 Nahr Umr 油藏

Fourth Pay 油藏与 Nahr Umr 油藏开井井数少，开发历史短，均采用天然能量开发。截至 2022 年 12 月，Fourth Pay 油藏油井开井数 25 口，日产油 7.8 万桶，年产能力 400 万吨，地质储量采油速度 3.5%，采出程度 25.7%，综合含水率 19.8%。Nahr Umr 油藏油井开井 3 口，日产油 1.4 万桶，年产能力 72 万吨。地质储量采油速度 0.7%，采出程度 8.9%，综合含水率 8.9%。

第七节 哈法亚油田生产

哈法亚油田生产分为 3 个阶段，一期初始商业产量阶段，二期 20 万桶产能建设阶段，三期高峰产量 40 万桶产能建设阶段。

一、一期初始商业产量阶段

截至 2012 年 6 月 15 日，哈法亚油田初始商业产量投产前，全油田投产 7 口井，开井 6 口，日产液 7480 桶，日产油 7324 桶，平均单井日产油 1221 桶，日产气 532 万立方英尺，含水率 2.85%，气油比 727 英尺^3/桶。油田累计采油约 1610 万桶，累计产水 75.2 万桶。采油速度 0.017%，采出程度 0.06%。其中，Nahr Umr 层采油 1269 万桶，采出程度 4.5%；Mishrif 和 Sadi 油藏采出程度分别为 0.02% 和 0.04%。除 Nahr Umr 油藏部分动用外，油田各油藏基本处于未开发状态。

二、二期 20 万桶产能建设阶段

哈法亚油田按照整体部署、分区动用、逐步上产的思路，根据《哈法亚项目初始开发方案》及其《哈法亚项目初始开发方案的补充方案》，分别于 2012 年 6 月 16 日和 2014 年 8 月 18 日完成两期产能建设，实现日产 20 万桶的原油生产能力。

2012 年 6 月 16 日，随着哈法亚一期产能（500 万吨）建设工程配套基本完成，22 口新井投产，实现合同规定的日产油不低于 7 万桶初始商业产量。同年 9 月底，实现日产油 10 万桶，并保持稳产，实现《哈法亚初始开发方案》设计指标。截至 2012 年底，油田共投产 35 口。其中 Mishrif 油藏投产 19 口井，日产量 7.8 万桶，约占总产量的 73.9%；Nahr Umr 油藏 12 口井，日产量 2.1 万桶，占总产油量的 19.9% 左右。

2014 年 8 月，新建 42 英寸外输管道竣工，18 日二期建设的二期油气处理站主体工程投产，新增日产 10 万桶能力。9 月 10 日，38 口新井连入二期油气处理站，油田踏上日产油 20 万桶的新台阶。2014 年底，油田共投产 86 口，日产能力 20.5 万桶，由于限产的影响，日产量 18.9 万桶。

其中 Mishrif 油藏投产 53 口井，日产量 14.1 万桶，约占总产量的 74.4%；Nahr Umr 油藏 17 口井，日产量 3.2 万桶，占总产量的 16.9%；Jeribe/Upper Kirkuk 油藏 9 口，日产油 1.1 万桶，占总产油量的 5.8% 左右。

三、三期高峰产量 40 万桶产能建设阶段

2015 年，由于国际市场原油价格暴跌，哈法亚油田部分启动的三期产能建设准备工作被伊拉克政府叫停。2016 年下半年，国际市场原油价格有所回升，伊拉克政府开始强力敦促哈法亚项目尽快重启三期产能建设。2017 年 4 月初，三期产能建设工程全面启动。钻井、完井和新井投产各项工程全面推进，6 月率先投产已在 2015 年完钻的三期产能建设新井 23 口，实现日产 25 万桶生产能力，为项目实现 2017 年度生产经营目标和效益指标争取主动。各项注水和人工举升先导试验均取得进展，为 2018 年 25 万桶/日的稳产及三期上产创造条件。

2018 年 9 月 20 日，哈法亚油田三期产能建设主体工程——三期油气处理站一列实现投产试运，首油进站；9 月 29 日，实现原油外输；12 月 12 日，三期油气处理站全面投运。2019 年一季度，随着三期新井陆续投产，日产油能力逐步提升。3 月 7 日，油田日外输原油达到 40 万桶，按照石油合同要求保持连续达产 40 万桶/日以上一个月时间，标志着哈法亚项目是伊拉克国际招标石油公司中第一个实现高峰产量的国际石油合作项目。截至 2019 年 12 月底，全油田油井总井 306 口，开井 297 口；油井生产以自喷为主，另外有 58 口电潜泵生产井，16 口气举生产井。日产油能力约 40.0 万桶。12 月平均气油比 775 英尺^3/桶，综合含水率 8.5%，地质储量采油速度 0.8%。2019 年，Mishrif（不含 MC3）产量占比 50.6%，Nahr Umr B 油藏产量占比 7.8%，JK 产量占比 34.2%，其他油藏产量占比 7.3%。

2020 年，新冠肺炎疫情全球蔓延，国际油价大幅下跌，伊拉克安保形势进一步恶化，哈法亚油田生产经营面对伊拉克政府对国际石油公司削减预算、推迟提油回收进度、大幅限输限产等诸多不利因素，实现年度生产经营目标。12 月底，哈法亚油田油井 306 口，因政府限产开井 155 口，日产油 15.5 万桶，平均气油比 785 英尺^3/桶，综合含水率 9.7%，地质储量采油速度 0.3%，地质储量采出程度 3.6%，可采储量采出程度 20.0%。水井 50 口，开井 40 口，日注水平 10.8 万桶。2020 年，为 Mishrif（不含 MC3）产量占比 37.5%，Nahr Umr B 油藏产量占比 8.4%，JK 产量占比 45.7%，其他油藏产量占比 8.4%。

2021 年，伊拉克政府对哈法亚项目的限产计划未明确，油田的生产安排受限产因素影响。抓住限产契机，优化各油藏产量水平与油井工作制度，保证油田稳产基础。JK 油藏调减产量近 1/3，严格控制油水界面抬升；Mishrif 油藏，在油藏压力得到恢复的井区适当增加产量，平均月递减率控制在 1% 左右；Sadi 油藏继续开展产能评价，扩大试验规模，S005H1 井 2019 年底投产，日产 1100 桶，累计生产原油 75 万桶；S0224H1 井 2020 年底投产，日产 1200 桶，累计生产原油 50 万桶；第三口井 S0268H1 井完钻，年底压裂投产。持续开展 MA1 井风化壳储层识别和分布研究，优化风化壳发育区域的井位部署；开展小油藏评价工作，潜力层评价取得新进展，高部位 M0436D1 井兼探 Rumaila 储层，射开厚度 4 米，试油日产近千桶，新增地质储量 1700 万桶，9 月投产后生

产稳定。项目公司超前谋划,以工作计划与预算编制为依据,与米桑石油公司多轮磋商,咬住补偿基础,推进产量双签,按2020年与米桑石油公司达成的38.96万桶/日作为基础产量向政府要求补偿,作业产量完成年度目标110.1%。

2022年1月9日,伊拉克政府宣布解除限产,哈法亚油田推动复工复产工作。推进小油藏评价,夯实稳产基础。Mishrif C2油藏第一口井年初投产,初期日产达到3000桶;Hartha油藏的2口水平井,单井初期日产3000桶以上;Yamama高温高压油藏第一口井试采喜获高产(日产近4400桶)。超低渗Sadi油藏水平井多段压裂试验实施6口井多级压裂,S127H1井初期产量1320桶/日。8月底,实现13部钻机、6部修井机全部就位。投产注水井10口,累计投产注水井65口,日注水水平达到18万桶以上。全年修井87井次,酸化47井次,酸压4井次,水平井分段压裂6井次,年产量贡献约45万吨。原油产量从年初的30万桶/日快速上升至4月底的35万桶/日,全年平均日产34万桶,完成年度目标的101.4%,超额完成计划任务。

第八节　南阿扎德甘油田生产

南阿扎德甘油田预早期生产建于2007年,早期生产建于2009年。分别建成原油处理规模20000桶/日和30000桶/日的能力。钻井21口(开井20口),日产油量47000桶,单井日产量最高6000桶,单井平均日产量约2200桶。

2008年1月,阿扎德甘油田投产,早期生产井共24口,其中3口废弃井、21口生产井。生产井中20口井分布在南阿扎德甘油田,1口井(AZN-3井)分布在北阿扎德甘油田。截至2012年12月,Sarvak层8口井在产,月平均日产14285桶,平均单井日产1786桶,Kazhdumi层3口井在产,月平均日产7669桶,平均单井日产能2556桶,Gadvan层5口井在产,当月平均日产15124桶,平均单井日产能3025桶,Fahliyan层只有一口井在产,单井日产2100—2200桶。

2010年11月,海外勘探开发公司进入南阿扎德甘项目。2010年11月—2012年9月6日属于过渡期,完成两口井的完钻,开展项目前期相关工作,编制和细化项目总体开发方案。其中,2012年6月,伊朗批准总体开发方案;同月南阿扎德甘项目第一口井开钻。9月6日,南阿扎德甘项目合同生效,进入方案实施阶段。第一口井11月10日完钻。

2014年4月29日,伊朗国家石油公司以项目进展滞后为由,单方面终止合同。此后项目进入维权阶段。截至2014年4月30日,项目总体进度9.27%。其中油藏研究,完成21口早期生产井修井及措施作业方案,开始实施作业;完成28口新井地质设计、审查和批准,利用已钻13口新井的地质资料,更新油田的地质模型,结合21口生产井生产动态分析研究,更新油藏动态模型,完成总体开发方案的修订。钻井作业,共动用5部钻机进行钻井作业,累计开钻15口,完钻12口,其中3口因项目终止未完。累计完成28个井场建设,其他11个正建设井场工作因项目终止而提前结束。完成100口井的材料招标工作,其中18口材料已到位。地面工程建设,早期生产一阶段4口井管线设计采办施工调试工程基本完成,但由于交接安排,没有试运投产。完成早期生产二阶段15口井设计采办施工与调试的招投文件及其监理服务发标。完成一期前端工程设计，并做前期准备，完成12项长线设备招标文件及其材料需求单准备，完成所有设计采办施工与调试招标文件。

截至2014年6月底，累计生产原油7880万桶。南阿扎德甘油田月产量基本稳定，月平均日产量维持在4万桶以上，平均单井日产2000桶左右，油田含水率在3%以内，年平均递减率4%—8%。

南阿扎德甘油田已由伊方组织建设生产，2020年底约150口井完钻，70口井在产，日产量10万桶左右。地面设施和油气设施多采取临时或简易设施，没有大规模建设施工。

第九节　西古尔纳 -1 油田生产

2013年7月，中国石油（CNPC）收购埃克森美孚公司在西古尔纳 -1 项目25%权益，11月28日完成交割。2013年，西古尔纳油田平均日产42.6万桶，年产2240.1万吨。中方作业产量自7月1日（经济日）起计算为492万吨。实际日生产原油比工作计划和预算计划的59.7万桶少近17.1万桶。计划日注水32万桶，实际日注水量约20万桶。

2013年进入项目以来，西古尔纳 -1 油田采油开发动态监测工作采取关键绩效指标管理考核制度，确定检测管理中存在的关键问题，并通过技术讨论能够找到问题的所在并解决问题。为提高储量动用率、控制含水上升、减缓产量递减、最大限度地在有效时间内提高采出程度，联合公司对开发技术策略进行重大改变，开展常规补孔、酸化、氮举、抽汲、下电泵、封堵水层等增产、稳产措施。

2015年，西古尔纳 -1 油田主要完成优先对注水井进行生产测试，完成边部井网采油井生产测井测试，部分完成对每一口采油井进行1次生产测井测试，实现75%井底压力测试。2016年，完成对每一口采油井进行1次生产测井测试，一旦油井见水，直接增加生产测井测试，注重利用加在注水井上的流量计，监测主河口排放点高压注水系统。

2017年5月，西古尔纳 -1 油田8号站C列改造后投产，增加湿油处理能力5万桶/日。2018年1月，6号站C列改造后投产，增加湿油处理能力5万桶/日。2018年6月，7号站C列投产，增加湿油处理能力5万桶/日。为快速弥补原油湿油处能力不足，2019年2月租赁的湿油处理列（移动原油处理与脱盐列）投产，增加湿油处理能力4万桶/日。2019年5月，投产初始原油湿油处理列（位于8号站）增加湿油处理能力10.5万桶/日。

2020年，西古尔纳 -1 油田有11口自流注水井，日注水量约6.5万桶，油田的注采比在1.3左右，有效地补充地层压力。2020年，新建的油田污水处理站投运，处理能力9万桶/日，可以把产出水的含油降到40微克/克以下，固体悬浮物降直径降低到4微米以下，达到注入水的水质标准。处理过的产出水输送到高压注水站，回注到地层。截至2020年底，油田外输原油的含水率保持在0.2%左右，含盐在100磅力/千桶（1磅力/千桶=0.002853克/厘米^3）左右，满足政府

200磅力/千桶的要求。

2021年底，西古尔纳-1油田平均原油日产50万桶，作业产量1912万吨，权益产量625万吨。可采储量采出程度12.6%，储采比98.7。老井月自然递减率0.04%，月综合递减率-0.5%，综合含水率13%。注水井106口，开井68口，年均日注水62.4万桶，累计注水16.1亿桶，年注采比1，累计注采比0.5。

2022年，油田推进设备维修与升级改造，提高生产运行稳定性；推进油田注水系统维修改造，日注水量突破80万桶；加快油水井投产进度，推进数字化油田建设，加强油井精细化管理。平均原油日产50.9万桶，作业产量1997万吨，权益产量653万吨。可采储量采出程度13.6%，储采比89.9。老井月自然递减率0.4%，月综合递减率-0.4%，综合含水率14%。注水井114口，开井98口，年均日注水70万桶，累计注水18.7亿桶，年注采比1，累计注采比0.5。

2014—2022年，面对复杂的社会安全形势、外输瓶颈、湿油处理能力、设备腐蚀老化、注水水源限制等外部因素的不利影响，西古尔纳-1油田在确保安全和投资费用正常回收的原则下，通过推动油气水电等系统工程的建设，油井措施作业的采用和生产组织的优化，系统改善油田开发效果，稳步提升西古尔纳油田产量。2014—2022年西古尔纳-1油田原油产量见表5-2-7。

表5-2-7 2014—2022年西古尔纳-1油田原油产量情况

年 份	2014年	2015年	2016年	2017年	2018年	2019年	2020年	2021年	2022年
作业产量（万吨）	877	1009	1419.6	1389.2	1539.1	1563.9	1709.1	1912	1997.3
权益产量（万吨）	276.2	330	464.2	454.3	503.3	511.2	558.7	625	652.9

第十节 陆海项目油气生产

2018年3月21日，陆海项目实现首油，其布哈塞油田开发方案顺利实施。油田钻开发井13口（8口生产井、5口注水井）。截至2018年底，投产5口生产井，均为自喷生产。2018年计划生产原油20万吨，份额油8万吨，实际生产原油24万吨（份额油9.6万吨），完成年度计划的120%。2018年，随着生产时间推进，尽量多地获取各类生产监测数据并进行分析研究，摸清油田生产规律，优化单井和油藏产量，实现油田稳定生产。加快推进布哈塞油田开发工程建设，把控工程质量和进度，确保如期实现布哈塞油田全油田开发的投产。进一步优化贝勒巴泽姆油田群工程建设方案。进行致密油藏开发专项研究。

2019年，通过分析研究各类生产监测数据，摸清油田生产规律，优化单井和油藏产量，实现布哈塞油田稳定生产。在产生产井5口，注水井2口（暂未完井投注）。年累计产油234万桶，日均产油6647桶，气油比850英尺^3/桶，综合含水率0.03%。计划生产原油30万吨，份额油12万吨，年实际生产原油29万吨（份额油11.6万吨），完成年度计划的96.8%。

2020年，布哈塞油田共投产7口生产井，其中南平台BR003井1月28日投产，BR015H井

9月20日投产。油田累计产量602万桶，采油速度1.33%，采出程度3.86%，含水率小于1%。北平台注水井BR010井和BR011井7月初投注，BR010井日注水量1000桶（注水压力2000磅力/英寸²），BR011井日注水量不足100桶，因注入水质问题，两口井于7月末停注，等待水质改善和酸化后再注。

2021年，陆海项目平均原油日产0.54万桶，作业产量26.7万吨，权益产量10.69万吨。可采储量采出程度2.1%，储采比121.2。

2022年，陆海项目平均原油日产1.02万桶，作业产量50.4万吨，权益产量20.2万吨。月度综合含水率3%。

第十一节　陆上项目油气生产

2017年，陆上项目实际生产原油7539万吨，中方权益产量603万吨，完成计划的106%，全年平均日产油158万桶，年均综合含水率13%。12月27日，阿布扎比国家石油公司授标中国石油（CNPC）陆上项目"东北巴布资产组领导者"。资产组领导者获取税收减免激励，使项目内部收益率实现提升，同时带动技术应用、转让、工作订单和培训等提升收益途径，带来利润增长新模式。

2018年，陆上项目实际生产原油8046.9万吨，中方权益产量643.8万吨，完成计划的103.8%，全年平均日产油168.9万桶，年均综合含水率13%。中油国际（CNODC）下达计划权益产量620万吨（年平均日产162.6万桶），由于2018年前三季度原油价格提高及欧佩克一度达成增产协议，作业公司2018年产量配额及实际完成较最初计划均有不同程度提高，全年产量略高于计划产量。

2019年，陆上项目实际完成生产原油6.56亿桶（折算中方权益684.3万吨），完成中方年度指标6.18亿桶（折算中方权益645万吨）的106.1%，年均日产油179.5万桶，产量运行良好，年均综合含水率13.68%。根据阿布扎比国家石油公司配额，2019年项目计划生产原油6.47亿桶（折算8444.2万吨，中方权益675.54万吨），受2019年8月沙特阿拉伯石油设施遇袭事件影响，阿联酋政府命令阿布扎比国家石油公司进行临时增产，导致联合公司2019年实际产量较最初计划有很大程度提高。东北巴布资产组针对采油速度偏高的特点，开展油藏精细研究，对不同油藏采取不同的开发策略。加快评价、落实油藏外围储量，增加产量接替区块，保持合理采油速度。针对各油田无水采油期短，含水上升快的问题，加强稳油控水研究，在补充能量的同时，实现低含水高效开发。

2020年，陆上项目积极应对新冠肺炎疫情和低油价冲击，实现权益产量603.7万吨，完成下达权益产量670万吨的90.1%。受疫情和低油价双重影响，2020年阿联酋政府产量多次调整，项目调整限产目标11次，有时1个月内下达2次以上的调整目标。根据配产调整情况，项目公司积极与股东及作业公司沟通，并通过相关会议表达意见或建议，使得股东之间对产量的完成达成一致意见。积极推动产量按照限产后的目标执行并争取产量最大化，全年产量严格按照配产额度实行，未出现因生产问题导致产量没有完成限产目标的情况发生。陆上项目总油井数2728口，平均开井 1924 口，年均日产油 157.9 万桶，综合含水率 14.1%，总体处于中低含水中低采出程度阶段。东北巴布资产组主力油藏投产，采用水气交替开发。根据东北巴布资产组的上产计划，注气量增长 50% 左右。对油藏开展注水试验研究，实现油田的高效、低成本、可持续开发。

2021 年，陆上项目重点关注注水注气比列分配，推动加大注水来降低生产成本，全年跟踪陆上项目检修维护 50 余次，持续要求作业公司做好产量安排，确保月度和年度产量目标的实现。陆上项目年初计划的 3 口探井井位地质设计获中油国际（CNODC）批复，全年调整为 2 口探井，均已完钻。阿拉委夫 726 平方千米过渡带三维地震采集技术方案获得批复并于 2022 年实施。东北巴布资产领导者前后方一体化技术团队克服挑战，完成全年主要性能指标研究任务，推动以"不同水气交替注入法周期试验区、致密油藏高效开发方案、完井技术路线及试验区设计"等为代表的一系列优化对策的现场实施。油田开发技术路线日趋完善，多项重点优化对策现场实施，为油田增产降本提供有力支撑；钻采工程多点开花，完井设计及井身完整性等方案获得资产组采纳，现场技术影响力提升；地面工程聚焦产出水回注及一体化管网检测等方向，积极分享中国石油特色技术，得到作业公司和阿布扎比国家石油公司好评。2021 年，平均原油日产 171.1 万桶，作业产量 652.1 万吨，权益产量 103.7 万吨。老井月综合含水率 14.8%。注水井 777 口，开井 710 口，年均日注水 265.9 万桶，累计注水 270.3 亿桶，年注采比 1.0，累计注采比 1.0。

截至 2022 年，陆上项目平均原油日产 195 万桶，作业产量 743.5 万吨，权益产量 743.5 万吨。老井月综合含水率 14.8%。注水井 895 口，开井 722 口，年均日注水 316.2 万桶，累计注水 281.8 亿桶，年注采比 1.1，累计注采比 1.0。

第十二节　海上乌纳项目油气生产

2018 年 3 月 9 日中方获得权益以来，海上乌纳项目全年计划生产原油 6374 万桶（折算 840 万吨，中方权益 84 万吨），实际完成 8200 万桶（折算 1081 万吨，中方权益 108 万吨），平均日产 26.8 万桶。2018 年海上乌纳项目注水总体运行平稳。

2019 年，海上乌纳项目计划注水 1 亿桶，实际完成注水 1 亿桶，完成计划的 100%。计划注气 1732.6 亿立方英尺，实际完成注气 1756.2 亿立方英尺，完成计划的 101%。项目注水、注气总体运行平稳。

2020 年，海上乌纳项目平均日产油 28.9 万桶，年产油 1393.8 万吨，权益产量 139.4 万吨，完成下达的权益产量 138 万吨的 101.0%，完成奋斗目标 121 万吨的 115.2%。2020 年，项目计划注水 1.26 亿桶，实际完成注水 1.13 亿桶，完成计划注水量的 89.3%；计划注气 2011.9 亿立方英尺，实际完成注气 1500.4 亿立方英尺，完成计划注气量的 74.6%。

2021 年，海上乌纳项目平均原油日产 29.2 万桶，作业产量 84.3 万吨，权益产量 84.3 万吨。

截至 2022 年，陆上项目平均原油日产 35.8 万桶，作业产量 103.3 万吨，权益产量 103.3 万吨。老井月综合含水率 7.3%。注水井 177 口，开井 135 口，年均日注水 38.2 万桶，累计注水 38.9 亿桶，年注采比 0.7，累计注采比 0.7。

第十三节　海上下扎项目油气生产

2018 年 3 月 9 日中方获得权益以来，海上下扎项目计划生产原油 10320 万桶（折算 1360 万吨，中方权益 136 万吨），实际完成 11857 万桶（折算 1563 万吨，中方权益 156 万吨），平均日产 38.8 万桶。项目注水总体运行平稳。

2019 年，海上下扎项目全年完成生产原油 14927.8 万桶（折算 1967.3 万吨，中方权益 196.7 万吨），完成中方年度指标的 104.9%，年均日产油 40.9 万桶。实际完成钻井 27 口、注水 2.33 亿桶、注气 1133.7 亿立方英尺。项目注水、注气总体运行平稳。

2020 年，海上下扎项目日产油 33.4 万桶，年产油 1639.6 万吨，权益产量 164.0 万吨。实际完成注水 2.34 亿桶，完成计划注水量的 92.4%；实际完成注气 896.3 亿立方英尺，完成计划注气量的 84.4%。

2021 年，海上下扎项目平均原油日产 35.4 万桶，作业产量 102 万吨，权益产量 102 万吨。注水井 232 口，开井 118 口，年均日注水 62.3 万桶，累计注水 82.5 亿桶，年注采比 1.2，累计注采比 1.3。

截至 2022 年底，海上下扎项目平均原油日产 39.2 万桶，作业产量 113.1 万吨，权益产量 113.1 万吨。老井月综合含水率 6.6%。注水井 234 口，开井 142 口，年均日注水 67.5 万桶，累计注水 85 亿桶，年注采比 1.2，累计注采比 1.3。

第六篇 合同模式与区域管理体系

产品分成合同、伊朗油田回购合同、伊拉克油田开发生产服务合同、阿布扎比矿税制合同、伊朗南帕斯 11 区 IPC 合同等 5 种模式是中东地区政府和合作伙伴合作采用的主要合同模式。阿曼 5 区项目和叙利亚幼发拉底项目采用产品分成合同模式，伊朗三区项目、北阿扎德甘油田项目、南阿扎德甘油田项目采用伊朗回购合同模式，艾哈代布油田项目、鲁迈拉油田项目、哈法亚油田项目和西古尔纳油 -1 油田项目采用伊拉克开发生服务合同模式，南帕斯 11 区项目采用伊朗石油合同模式，阿布扎比陆海、陆上、海上乌拉和下扎项目采用矿税制合同模式。考虑中东地区合作的规模与挑战和投资与服务业务的协同发展，2015 年 12 月起，中国石油（CNPC）针对中东油气业务整合，中东公司管理幅度增大、管理机构大幅度压减。中国石油（CNPC）对中东地区的油气业务发展提出"做大中东打造成中国石油国际化经营和'一带一路'油气合作的'旗舰'"战略定位和部署。中东公司围绕管理职能，创建区域管理体系，建立以投资业务为主导、区域为单元、涵盖甲乙方的行政、组织工作委员会、协调组、HSSE"四位一体"的区域管理协调机制，构建由组织工作委员会常委会、股东事务委员会和项目公司治理体系组成的三级议事决策体系，以管理目标为导向区域规划计划管理体系，以基础支持、管理运行和质量保障三级区域技术支持体系，以两个维度的业务垂直管理、三个方面的区域横向协调的人力资源管理协调机制，以规范流程、模块管理、畅通渠道、关键节点控制、强化风险识别、量化风险级别评估及销售应急处理等方面的提油销售管理体系，以"四大管控体系"及"八大业务流程"为基础建立三级内部防控体系。区域管理体系，保证中东发展战略得到有效实施，成为中国石油（CNPC）海外重要的生产、利润中心，中东公司原油作业产量实现超一亿吨，权益产量超 5000 万吨，其产量效益占中国石油（CNPC）海外业务的"半壁江山"。

第一章 合同模式

中东地区油气合作合同模式有 5 种,即产品分成合同模式、伊朗油田回购合同模式、伊拉克油田开发生产服务合同模式、阿布扎比矿税制合同模式、伊朗南帕斯 11 区伊朗石油合同模式。阿曼 5 区项目和叙利亚幼发拉底项目采用产品分成合同模式,伊朗三区项目、北阿扎德甘油田项目、南阿扎德甘油田项目采用伊朗回购合同模式,艾哈代布油田项目、鲁迈拉油田项目、哈法亚油田项目和西古尔纳油 −1 油田项目采用伊拉克开发生服务合同模式,南帕斯 11 区项目采用伊朗 IPC 合同模式,阿布扎比陆海、陆上、海上乌拉和下扎项目采用矿税制合同模式。随着资源国政治、经济和国际环境的变化,合同条款有的需要通过协商进行修改、变更,合同到期后可能再签或者延期。

第一节 产品分成合同

石油产品分成协议即石油投资者与资源国政府签订合同取得勘探开发权,由投资者投入资金、技术等对目标区块进行勘探开发,通过分享目标区块产出品来回收投入成本,同时分享利润。

一、阿曼 5 区项目合同

(一)阿曼 5 区勘探及产品分成协议(EPSA)

1980 年,由日本石油勘探公司与阿曼政府签订合同协议,合同规定开发期 30 年。开发期产品分成模式为原油净产量的 50% 作为成本池上限,在此范围内合同者回收实际可回收成本支出,可回收成本不区分资本性支出和成本费用性支出,可一次性无差别在当期回收,回收成本支出后剩余的净产量作为利润油,按照一定比例(政府占比 86.5%、合同者占比 13.5%)在政府和合同者之间分配。成本池剩余部分自动转为利润油。油田伴生气及其副产品采用与原油相同的分配方式,其中凝析油混入原油一同外输,液化石油气(LPG)和天然气直接对外销售,销售收入作为利润油在政府和合同者之间分配。

2002 年,阿曼当地民营石油公司 MB 集团联合中国石油(CNPC)一起,从日本石油勘探公司取得 5 区块全部开发权益,继续执行 EPSA。MB 集团与中国石油(CNPC)通过各自子公司(Mazoon Petrogas SAOC 和 Mazoon Petrogas BVI Ltd.)各获得 5 区块 50% 权益。双方成立联合作业公司达利石油有限公司(Daleel Petroleum LLC)各持股 50%,以等权管理模式运营。联合作业公司负责 5 区块勘探开发与成本归集。

（二）合同修改

2019年6月石油合同到期，通过谈判成功延期15年。新石油合同较原合同有所调整。修改内容：(1) 政府利润油分成比调增，合同者利润油分成比调减。(2) 增加不可回收成本，如合同延期签字费；每年合同者按照不低于其利润油一定的比例支付企业社会责任支出；每年向政府支付区块地租；每年向政府支付培训费。(3) 增加3口深层探井义务工作量，要求合同延期后5年内完成，如有商业发现则该探井投资可回收。(4) 增加弃置费条款，作业者要在每年工作计划与预算（工作计划和预算）中包含5区块弃置计划，弃置计划明确弃置义务总额。作业者要在合同到期5年前，或者弃置义务小于未来作业者净现金流的2.5倍时，设立弃置基金。弃置义务按年分摊，所摊资金转入弃置基金后可当期回收。弃置作业发生时，政府决定由联合作业公司自行或者请第三方来开展弃置作业，弃置作业支出所需资金从弃置基金中划拨，专款专用。(5) 原合同中按可回收成本支出固定比例计提的上级管理费取消，改为合同者在年度批复预算范围内提交发票，政府审批后计入上级管理费进行回收。

新合同延续原合同的其他关键条款。(1) 成本回收池上限保持不变。(2) 石油投资者所得税继续由政府从其利润油份额中代替作业者缴纳，并协助税务部门向作业者出具完税证明。(3) 联合作业公司在阿曼当地的企业所得税延续旧合同做法，即当年可回收成本一定比例作为应纳税所得额缴纳企业所得税，完税后将税费加计列支在可回收成本中进行回收（加计列支额＝税费／政府利润油分成比），确保作业者投资权益不受损失。

二、叙利亚项目合同

（一）戈贝贝项目合同

《戈贝贝油田开发生产合同》于2003年3月2日，由勘探开发公司和叙利亚石油矿产资源部和叙利亚国家石油公司在大马士革签署，为石油产品分成协议。2004年7月26日，戈贝贝项目进入开发生产期，成立合资公司叙中阿尔考卡布石油公司，勘探开发公司和叙利亚国家石油公司双方各占50%股份，并接管油田，开始实质性的油田操作，比合同规定提前一年半进入开发生产期。同月，勘探开发公司将其全部股权转到中油国际东方公司。

（二）叙利亚幼发拉底项目

2005年12月20日，由勘探开发公司和印度石油公司成立的合资公司（股份各50%）博戈姆控股有限公司，后改名为喜马拉雅能源叙利亚有限公司，购买加拿大石油公司在叙利亚幼发拉底石油公司所拥有的全部股份，其工作权益分布在5个产品分成协议中，即 Ash Sham PSC（Ash Sham 产品分成协议）、Deir Ez Zor（Old）PSC［Deir Ez Zor（旧）产品分成协议］、Deir Ez Zor Annex IV PSC（Deir Ez Zor 附件4产品分成协议）、Gas Utilisation Agreement（天然气利用协议）、Deep and Lateral contract（纵向与横向合同）。2006年1月接管幼发拉底项目。2009年，中国石油（CNPC）购买叙利亚壳牌石油公司35%的股权，2010年2月接管这部分权益，中方在幼发拉底项目中的总权益达到40.2%。幼发拉底项目原合同期18—30年，2008年5月延期10年，最后一个合同到期时间为2027年。作为延期条件之一，延期期间引入新的机制，如油价超过60美元／

桶时，超过部分的 60% 将不再纳入利润油分配，另有若干贡金等机制。

第二节　伊朗油田回购合同

伊朗回购合同即"回购服务合同"。合同者在此合同中是产能建设承包者。在承担勘探、开发建设后，所能得到的是一笔服务费，包括已花费费用的回收和适当的报酬。资源国不仅对合同区块拥有专营权，而且还强调对产出原油的支配权。

采用回购服务合同模式时，合同者不是通过获得产品来实现利益，而是通过承包建设获得固定回报。按照这种合同模式，合同者承担全部油田勘探开发费用和建设投资，在项目投产后，从产品销售收入中回收投资和相应的作业费用，收取利息，可以取得一定的报酬。合同者必须为项目的开发建设提供从油田设计开始包括资金、设备、技术、管理等全方位服务，直至油田按合同要求建成后交由伊朗国家石油公司进行生产管理。

回购合同的投资上限不得突破。否则，超支的部分由合同者自行承担。当合同者收回其协议的投资利息和报酬后，或者虽然尚未收完，但合同已经到期，合同者都不再拥有该项目的任何权益。

回购合同模式主要分为 4 个部分：第一部分，合同者必须在合同规定项目的开发期内，向资源国政府提交项目的主体开发计划，并且按照主体开发计划的内容完成相应的工作量和投资。第二部分，由于确定开发建设期限，根据协议要求合同的交接日即为开发建设阶段结束后石油成本开始回收起始日。第三部分，成本回收。成本回收是合同者从产品净收入中回收勘探、开发和经营成本。回购合同规定一定的成本回收限额，如果可回收的成本超过成本回收限额，超出的部分可以向以后年度结转。第四部分，利息和报酬。在执行回购合同中，合同双方通过谈判确定的项目投资上限来计算报酬，每年等额回收。

开发期的石油作业将由双方相等代表组成的联合管理委员会进行监督，联合管理委员会的各项决议需双方代表一致同意方可生效。

开发建设期结束后，伊朗国家石油公司将接管油田的作业管理权。合同者在交出作业权之后，将与伊朗国家石油公司共同组成一个生产监督委员会，委员会由双方派相等的代表组成，保证油田生产按主体开发方案运行。生产监督委员会将定期收到现场的生产日报，作业维护及 HSE 等报告，并可以向伊朗国家石油公司提出改善作业及技术管理的建议和需要采取的措施。这些建议如果被伊朗国家石油公司批准，则相应的费用也可以回收。

一、伊朗三区项目合同

伊朗三区服务合同是中油国际（CNPCI）与伊朗国家石油公司签署的第一个勘探开发一体化回购服务合同。合同规定，合同者代表伊朗国家石油公司，并且以伊朗国家石油公司的名义在合同区域内进行勘探开发作业。

合同包括勘探期4年、评价期2年、开发期4年和15年生产回收期。自合同生效之日起至合同者成本及报酬回收完毕不超过25年。合同区位于伊朗西部，合同区面积8240平方千米。

勘探期如发现商业油气井，合同者提交评价方案，经伊朗国家石油公司批准，进入评价期。勘探期结束退还不进行勘探、评价的区块，未完成义务工作量，合同终止，成本不能回收。

评价期如证实为商业油气田，合同者提交商业油气田论证报告及油田主体开发方案，经伊朗国家石油公司批准，进入开发期。评价期结束，如无商业油气田发现，或未完成最低义务工作量，合同终止，成本不能回收。

主体开发方案经伊朗国家石油公司批准进入开发期后，合同者必须在一定的时间内、用一定的投资、完成主体开发方案规定的工作量、达到一定的产量、得到合同规定的回报。整个合同期合同者是以伊朗国家石油公司的名义并代表伊朗国家石油公司进行石油作业，勘探期要完成的主要工作在合同中有明确的规定，并确定相应的投资及完成的时间。评价期和开发期的工作及投资将根据勘探发现确定相应的评价方案（Main Appraisal Plan，简称"MAP"）和主体开发方案。

勘探期为2005年6月—2009年5月。按照合同和勘探方案（Main Exploration Plan，简称"MEP"）的规定，合同者在勘探期的最低义务工作量为850千米二维地震资料重新处理、300千米二维地震资料采集和处理、1口探井，第一口探井必须在2007年6月前开钻（但义务工作量不包括测试和完井工作量，即如果钻井显示不佳，合同者可不做进一步的测试和完井工作）。

在最低义务工作量外，合同者预期将完成第一口探井的测试和完井工作及一些非地震工作。合同者可选择再完成300千米二维地震采集和处理、钻2口探井。

二、北阿扎德甘项目合同

北阿扎德甘项目采用伊朗回购合同模式。主要内容包括如下几个方面。

（一）合同两个阶段

第一阶段，合同分为建设期和报酬期。合同规定：建设期为48—52个月，报酬期48—72个月。2013年4月，联合管理委员会决议同意给予建设期延长至2015年6月30日。由于伊方外输、征地、清雷等原因，实际启动回收时间为2016年10月1日，即建设期87个月，报酬期48—72个月（4—6年）。第二阶段，中方可以根据第一阶段的生产情况决定是否进入，并提供第二阶段的开发方案，没有规定其他权利与义务。

（二）主要商务条款

合同区面积。北阿扎德甘油田合同区面积达461平方千米。

最低义务工作量。钻井工作量主要包括58口井。其中，水平井49口，包括45口油井、4口水井；直井9口，包括1口关键井、2口评价井、2口污水处理井、4口观察井。地面建设的原油处理规模7.5万桶/日（1.2万米^3/日），天然气处理规模1.04亿英尺^3/日（292.6万米^3/日，含气举气）。主要工程建设内容包括中心处理站、站外配套集油系统、电站、外输管线等，其中包括计量站7座，单井集输管线约80千米，集油干线约35千米，气举管线50千米，注水管线6千米，外输油管线80千米、外输气管线43.5千米（由于交气点变化，长度由135千米改为43.5千米）。

产量目标。产量目标为日产 7.5 万桶（1.2 万立方米）。

建设期。合同规定建设期 48 个月（可延期至 52 个月），由于征地、清雷、招标批复周期长、国际制裁，以及伊朗国家石油公司负责的外输系统不具备接油条件、生产限制等原因，项目延长至 87 个月。

报酬期（回收期）。按 4 年回收，回收期内未回收部分在合同期内继续静态回收。

合同期。根据回购合同 3.2，如果双方就建设期延期达成一致，则合同期自动顺延；根据双方签订的合同修改协议二合同有效期将延至 2024 年 7 月 6 日。

投资上限。北阿扎德甘项目合同对实际投资上限的确定也做出规定，即合同者在合同生效后的一定时间内，在主要工程合同招标完成 85% 以上之后，双方根据已经完成的招标结果、并且考虑尚未完成招标的投资，最终确定实际投资上限。

合同者回报率。合同中规定合同者内部收益率上限。

油气定价。油田生产的天然气不计算收入。合同者只从项目原油销售收入中进行投资回收、计息并收取报酬。根据合同规定，北阿扎德甘原油销售价格挂靠伊朗诺鲁兹（Norooz）、索鲁什（Soroosh）油品，两种油品价格贴水伊朗重质油 5.5 美元/轻质油 8 美元（与布伦特价格相当），而且随着各个月份国际市场（迪拜、阿曼油价平均）实现平均价格波动。

伴生气。伴生气处理后用于回注气举，不计算收入。

费用回收。摊销期内，自投产开始，在 48 个月内等额摊销发生的资本成本、非资本成本；计算利息，产生的利息在报酬期剩余月份等额回收；报酬按月等额支付，如果当季未回收完结转到下季度。回收顺序为资本成本及非资本成本、银行利息、报酬费。

财税条款。（1）企业所得税（含代扣代缴），伊历 1395 年（2016 年 3 月 22 日）起，直接税法 104 条款关于 3% 预提税的规定删除。修改 107 条款，对于外国服务商，根据行业或者合同内容征收 3.75%—10% 作为预提税（所得税）。付款期限为发票付款完成后的下一个伊朗月度月末前。根据回购合同，中油国际承担的所得税（含预提所得税）最终由伊朗国家石油公司在 60% 的回收上限内予以报销。（2）增值税，伊朗增值税法与中国大陆增值税法的处理原则一致，自 2008 年 9 月 22 日起生效，实行每年不同的税率，2009 年以来，从 3% 递增至 9%（3% 市政税 +6% 增值税）。2013 年初，伊朗国税局宣布，根据伊朗"五五发展规划法"第 117 条的授权，伊朗政府每年将增值税的税率提高 1%。2013 年，伊朗国内的增值税税率已从上一年的 3% 提高到 4%，2015 年 3 月 21 日起，为扩大因油价下跌而减少的政府收入，经过议会批准，伊朗政府进一步上调增值税到 9%。（3）设备材料进口关税，不同设备、零配件的关税税率不同。一般油化品在 5%—10%，设备在 15%—20%，特殊仪表 25%（极少），因此需要明确具体清单，才能根据海关的指南进行确认。除此之外还需要考虑少量的港杂费、清关代理费和内陆运费等（根据贸易条款，未完税交货与完税后交货之类）。公历 2015 年 3 月（伊朗历 1394 年 1 月）起，进口增值税税率为 9%。如选用如成本加运费或到岸价贸易条款，清关一系列工作由业主完成。（4）社会保险。社会保险是雇员的重要福利，因此必须缴纳。个人社会保险方面，每个月公司必须上缴工资的 30% 作为个人社会保险，这 30% 中，7% 从员工工资里扣，23% 由公司支付。如果不能按时缴纳，会面临较高滞纳金。

对于服务商（或者供应商，不论是否注册，只要认定在伊朗提供服务）的合同社会保险，合同收入的 7.78%—16.67%，费率是由合同性质和合同内容决定的，纯人工所占比例越高，最终社会保险清缴越高。业主企业需要暂扣服务商发票金额的 5% 和最后一张发票（约 15%），在服务商获得合同社会保险清缴证明后，暂扣金额返还给服务商。

成本回收限制及收入分配。自投产开始，在 48 个月内等额摊销投产之前发生的资本成本、非资本成本；计算利息和报酬按月等额支付，如果当季未回收完结转到下季度。合同将成本分为资本性成本、非资本性成本、银行利息和报酬费四类。非资本成本主要为国家强制收取的各种税和费，全部回收。回购合同下成本回收顺序为自开发期结束时开始，在合同约定或者双方同意修改的回收期内按月等额摊销已发生的资本成本、非资本成本，累计的银行利息在剩余合同期内等额摊销。合同者在移交前发生的操作费及回收期内发生的在伊朗缴纳的公司所得税以当期回收方式进行（本季度发生并支付的成本，在下季度报销），不计银行利息。同一区间内，回收款各部分优先回收顺序为操作费、生产支持费、资本性成本、非资本性成本、银行利息、报酬费。

根据合同，每一阶段销售收入的 40% 将成为政府优先油，合同方的成本回收、利息及报酬费将从余下的 60% 销售收入中取得。如果当期合同方的成本回收及报酬费不能按双方同意的计划完全回收，则余下的未回收量可从以后的收入中回收。剩余油直接归政府所有。如果合同方的资本成本投资超过投资上限，超支部分将不能回收。

（三）合同修改

根据项目工程建设实际进展情况，结合项目商务谈判和投资回收需要，北阿扎德甘项目组织技术、商务人员进行合同和经营策略的研究，以保证中方及时启动提油回收和保证中方合法权益为前提，经过历时 3 年多轮次谈判和沟通协调，最终与伊方就项目提油回收及最终报酬费确定签订相关合同修改协议。

主要内容如下：合同修改协议（一）及其补充协议的签订。2016 年 10 月 1 日经项目公司多方面争取提油工作得以启动。2017 年 3 月 16 日，在双方尚未就关于报酬费计算的 K 表达成一致、现场作业也未实际移交的情况下，经多轮谈判，中伊双方签署北阿扎德甘项目回购合同修改协议（一）。2017 年 10 月 11 日，项目公司与伊方高层签署北阿扎德甘和 MIS 项目会议纪要及北阿扎德甘项目回购合同修改协议（一）补充协议，双方同意将合同修改（一）第一条中关于成本回收期限从 2017 年 10 月 1 日起再延期 12 个月（或到 K 表确定为止），为解决北阿扎德甘项目"60%"临时提油机制延期、操作服务协议签订和操作费回收等打下良好基础，为项目的操作运营和费用回收提供有效保障。

合同修改协议（二）的签订。2018 年 5 月 22 日，中油国际（CNODC）总经理与伊朗国家石油公司副总裁马诺切瑞在德黑兰举行高层谈判会议，就北阿扎德甘项目报酬计算（K 表）签署会议纪要，小签合同修改协议（二）的文本。

合同修改协议（三）的签订。2020 年 8 月 17 日，伊朗国家石油公司开发局来信称，根据伊朗国家石油公司董事会 2020 年 7 月 12 日的决定，要求中方从 2020 年 12 月 1 日起将北阿扎德甘油田生产作业权移交给阿尔万丹油气公司（伊朗国家石油公司负责油田生产的子公司）。9 月 12 日，中油国际（CNODC）向伊朗国家石油公司总裁及伊朗国家石油公司开发局总经理递交董事长信函，表达继续保留北阿扎德甘油田生产作业权并开展长期合作的愿望。2021年2月2日，北阿扎德甘公司收到伊朗国家石油公司开发局来信，根据伊朗国家石油公司董事会最新决议，负责北阿扎德甘油田现场生产作业的伊方业主由伊朗国家石油公司开发局变更为阿尔万丹油气公司，考虑到与中国石油（CNPC）的合作必要性，将中油国际（CNODC）在北阿扎德甘油田的操作服务期限从18个月延长到26个月，即中油国际（CNODC）为北阿扎德甘油田提供生产操作服务自2018年6月1日至2021年7月31日。2021年3月8日，收到修改协议（三）签署文本。

三、南阿扎德甘项目合同

南阿扎德甘项目合同，采用伊朗回购合同模式。

（一）主要合同条款

合同期。南阿扎德甘油田合同期含建设期和回收期，其中建设期52个月，自修改的主体开发方案生效起（2012年9月6日—2017年1月5日）；回收期为移交后的78个月。

南阿扎德甘油田合同区面积740平方千米。最低义务工作量：钻井185口，中心处理站1座处理能力32万桶/日（5.1万米^3/日），转油站2座，计量站10座，供水厂1座，外输油管线60千米，外输气管线15千米，以及185口生产井及配套的油气集输管线，营地1座（容纳200人）。产量目标为32.万桶/日（5.1万米^3/日）。根据合同，对产量在规定的时点有产量测试的要求，达不到产量目标，将对报酬费做相应的调减。合同规定合同者内部收益率上限。根据合同者内部收益率，结合项目的投资回收及应回收银行利息反算合同者报酬费。

油气定价。油田生产的天然气不计算收入。合同者只从项目原油销售收入中进行投资回收、计息、并收取报酬。伊朗的原油参照欧佩克一揽子原油价格确定。伴生气处理后用于回注气举，不计算收入。

费用回收。报酬期内，自投产开始，在78个月内等额摊销发生的资本成本、非资本成本；计算利息，产生的利息在报酬期剩余月份等额回收；报酬按月等额支付，如果当季未回收完结转到下季度。回收顺序为资本成本及非资本成本、银行利息、报酬费。

（二）合同修改

2004年3月初南阿扎德甘项目主服务合同由合同者（日本国际石油和纳夫提兰国贸）与伊朗国家石油公司签署生效，先后经过3次修改，2010年2月4日一号修改协议生效。中油国际进入以来，先后完成二号修改协议和三号修改协议的谈判和签署生效，2010年11月1日二号修改协议生效，2012年9月30日三号修改协议生效。三号服务合同的修改谈判综合归纳总结中油国际在伊朗执行MIS和北阿扎德甘项目过程中的经验和教训，规避之前合同中存在的风险，并在项目制定修改的主体开发方案过程中做充分考虑，为南阿扎德甘项目下一步的有效执行奠定基础。

第三节　伊拉克油田开发生产服务合同

伊拉克开发生产服务合同（Development and Production Service Contract，简称"DPSC"），由合同者提供油田开发和作业所需的技术和资金，商业产量投产后以一定比例的石油收入回收成本和报酬费。成本主要分为石油成本和补充成本，合同者提供石油合同规定服务内容之外的服务项目所需费用称为补充成本，其余全部为石油成本。不论是石油成本还是补充成本，在回收时不分投资和操作费，均可直接回收。

伊拉克政府在其标准合同中为投资者提供两种选择来回收成本和报酬费，一种是现金方式，另一种是投资者提油。为降低投资风险，国际石油公司均采取提油的方式回收成本和报酬费。石油合同中规定成本回收以季度为周期，当季度原油商品量收入的某一比例用来回收累计未回收的石油成本和投资者的报酬费，如果未回收的石油成本和报酬费比某一比例的收入大，那么未回收的石油成本和报酬费结转到下期继续回收。如果某一定比例的收入足够大，那么石油成本和报酬费全额回收。规定一定比例的收入扣除当期已经确定回收的石油成本和报酬费的部分，用来回收补充成本，对当季度不能回收的补充成本按伦敦同业拆借利率计息。

一、艾哈代布项目合同

艾哈代布项目合同属于伊拉克油田开发生产服务合同。1997年6月4日，中国石油天然气总公司总经理与当时的伊拉克石油部部长拉希德共同签署《艾哈代布油田开发产品分成合同》。由于联合国对伊拉克制裁及2003年发生的伊拉克战争等多方面原因，艾哈代布油田的合同被长期搁浅。

2007年3月，中国石油（CNPC）代表团首次进入巴格达，启动艾哈代布油田恢复谈判工作，共进行7轮，为期一年半。2007年10月底，当谈判进入尾声时，伊拉克政府出于政治和经济上考虑，突然将合同从产品分成改为油田开发生产服务合同。2008年11月10日，绿洲公司与伊拉克政府签署《艾哈代布项目开发生产服务合同》。

合同者由绿洲公司（75%）和伊拉克石油销售公司（25%）组成，合同期限23年（可延长5年）；合同者超出合同规定日产量部分获得最高6美元/桶的服务费；按照合同规定，在联合作业公司成立前，绿洲公司担任油田作业者，联合管理委员会为上级管理机构，负责重大事项决策、审核或者审批。R因子大于1后，伊方将有权选择组建联合作业公司，联合作业公司将替代绿洲公司担任油田作业者，董事会将替代联合管理委员会为上级管理机构。

中国石油（CNPC）持股37.5%。按照合同规定，3年内油田产量需达到2.5万桶/日，同时完成油藏评价和开发方案编制；6年内油田产量达到11.5万桶/日。报酬费率为6美元/桶，根据R因子滑动减小，所得税率35%，可回收。

2008年11月18日，艾哈代布项目获得国家发改委核准，批准产能建设规模600万吨/年。

二、鲁迈拉项目合同

鲁迈拉项目合同属于伊拉克油田开发生产服务合同。2009年6月30日，在伊拉克战后第一轮国际招标中，英国石油和中国石油（CNPC）联合中标伊拉克鲁迈拉项目，11月3日签署《鲁迈拉油田技术服务合同》。同年12月17日合同生效。原始股比分别为英国石油占股38%、中国石油（CNPC）占股37%、伊拉克国家销售公司干股25%。英国石油为合同主导方，实际出资比例50.6667%，中国石油（CNPC）实际出资比例49.3333%。鲁迈拉联合作业机构为项目作业者，2010年7月1日从伊拉克南方石油公司接管油田作业。2014年9月4日，英国石油和中国石油（CNPC）与政府完成技术服务合同核心条款的修订，英国石油权益增加至47.6267%，中国石油（CNPC）权益增加至46.3733%，伊拉克国家销售公司权益减少至6%（仍为干股）。

（一）修订前的合同主要条款

修订前，日均高峰产量为285万桶，稳产7年，合同期20年，报酬费调整为2美元/桶（根据R因子递减），基础产量递减率5%，高峰期P因子根据实际产量/高峰产量调节。股权为英国石油38%、中国石油（CNPC）37%、伊拉克国家销售公司25%。

（二）修订后的合同主要条款

修订后，日均高峰产量为210万桶，稳产10年，合同期25年，报酬费2美元/桶，基础产量递减率7.50%，高峰期P因子限定性终止。

股权变更为英国石油47.6267%，中国石油（CNPC）46.3733%，伊拉克国家销售公司6%。

鲁迈拉项目合同为技术服务合同，合同者提供油田开发和作业所需的技术和资金。油田总产量减去油田基础产量的部分为增产油产量，增产油产量的50%石油收益用于回收服务费，剩余的50%归政府。服务费包括石油成本和报酬费两部分。其中，石油成本包括油田建设投资和操作费，报酬费为增产油产量的报酬（增产油产量乘以每桶2美元的报酬费），报酬费需要缴纳35%所得税。伊拉克国家销售公司所占股为干股，不出资。英国石油与中国石油除承担与股比对应的份额支出外，还按对应的权益比例共同承担伊拉克国家销售公司干股对应的支出，并作为石油成本回收。服务费按季度通过提油方式回收，在回收时不区分投资和费用，当期未回收石油成本自动结转到下一期回收。

根据合同约定，英国石油作为合同主导方，全面行使编制开发方案、制订年度工作计划和预算、人员招聘、开立账户、签订合同和处理政府事务等职能。中国石油（CNPC）和巴士拉石油公司作为项目运作的参与者，派遣人员在英国石油主导的联合作业机构开展工作。此外，项目搭建以联合管理委员会、项目公司管理委员会、合同审查委员会3个委员会为核心的决策管理平台，由巴士拉石油公司代表政府进行最终审批。巴士拉石油公司代表政府，审批超过1亿美元的合同。

联合管理委员会全面监督和控制油田作业，由巴士拉石油公司（5人）、伊拉克国家销售公司（1人）、英国石油（2人）和中国石油（CNPC）（2人）组成，审批2000万美元至1亿美元的合同。

鲁迈拉项目公司管理委员会主要保证英国石油和中国石油（CNPC）的信息沟通，决策中小型的采办项目，由4名成员组成，英国石油和中国石油（CNPC）各2名，审批2000万美元以下合同。管理委员会负责对合同相关法律、采购策略和合同执行情况进行审查。

2021年8月2日，中国石油（CNPC）与英国石油合资组建的合资公司巴士拉能源有限公司在迪拜注册成立，中国石油（CNPC）和英国石油分别占股合资公司51%和49%。2022年6月1日正式交割，巴士拉能源有限公司代替英国石油伊拉克公司成为鲁迈拉技术服务合同主导，实质由英国石油主导转为由中方控股合资公司主导，鲁迈拉项目经营方式由原来的股东出资转变为用巴士拉能源有限公司自有资金及融资、股东分红的董事会治理模式。

合资公司上线后，鲁迈拉项目将通过逐级授权的方式进行管理。股东会由1名中国石油（CNPC）和1名英国石油股东代表参加。董事会由5名成员组成，中国石油（CNPC）3人，英国石油2人。董事会下设HSSE、审计、合规等3个委员会。管理团队6名成员，中国石油（CNPC）任命首席执行官、首席财务官、合规官，英国石油任命首席商务官、技术副总裁及负责伊拉克事务副总裁。

三、哈法亚项目合同

哈法亚项目合同模式为油田开发生产服务合同。哈法亚项目的合作伙伴有法国道达尔勘探与生产伊拉克公司、马来西亚石油公司和伊拉克南方石油公司。除伊拉克南方石油公司外，包括中国石油（CNPC）在内的3个国际公司合称为投资伙伴，中国石油（CNPC）、马来西亚石油公司和道达尔的出资比例分别为50%、25%和25%。其中中国石油（CNPC）为哈法亚油田开发生产服务项目的独立作业者。原合同中，伊拉克南方石油公司占股25%、中国石油占股37.5%、马来西亚石油公司占股18.75%和法国道达尔勘探与生产伊拉克公司占股18.75%。根据2014年9月4日签署的一号修改协议，自2014年10月1日起股份调整为伊拉克南方石油公司10%、中国石油（CNPC）45%、马来西亚石油公司22.5%和道达尔22.5%。

合同期。原合同有效期为2010年3月1日至2030年2月28日，共20年。2014年9月4日签署一号修改协议，将合同期延长至2040年2月29日，共30年。

最低义务工作量和费用。编制油田初步开发方案和最终开发方案，包括处理、解释在内的地震研究，包括三维模拟在内的详细的地质和油藏工程研究；300平方千米三维地震采集、处理及解释；钻井深度达到侏罗系亚玛玛地层的3口评价井；钻井深度达到三叠系顶部的探井口；油田维护和作业计划等；最小义务投资为2亿美元。

产量目标。初始商业产量不低于7万桶/日，要求在初始开发方案批准的3年之内或合同生效3年内实现，两者以早者为准。原合同规定，合同生效后7年内达到高峰产量53.5万桶/日，并稳产13年。2014年9月4日签署的一号修改协议规定，高峰产量调减为40万桶/日，要求在最终开发方案批准后的4年内实现（最终开发方案于2013年8月19日获得伊方批准，2016年12月13日批准《修改的哈法亚油田最终开发方案》），高峰产量稳产期调整为16年。

税收：所得税税率为35%，税基为当年实际所得报酬费，税损不能结转。

联合管理委员会为哈法亚项目的最高管理和决策机构。联管会由8人组成，其中4名由米桑石油公司提名，包括委员会主席；4名由合同者提名，包括副主席和秘书及1名伊拉克南方石油公司代表。米桑石油公司每人一票，一致同意形成决议。

米桑石油公司、联管会和作业者各自的职责和权力如下：米桑石油公司负责审批油田开发方案和单项 1 亿美元以上的采办服务合同；联管会负责审批年度工作计划和预算、单项 2000 万美元至 1 亿美元的采办服务合同，以及作业者的管理制度和流程等；作业者作为合同者代表提交各项方案、计划和预算，以及作业的各项制度和流程，并有权批准 2000 万美元以下的单项采办服务合同。

高峰产量建成后，米桑石油公司有权决定是否成立联合作业公司。如果决定成立，经过过渡期，联合作业公司将由合同者和米桑石油公司各自持股 50%。

资本化投资支出管控流程。根据石油合同、投资伙伴联合作业协议有关开发方案、年度工作计划预算及采办相关合同条款，结合《中国石油海外勘探开发公司投资管理办法》的相关规定，哈法亚项目的资本化投资支出管控流程概括描述为：作业者根据石油合同规定组织编制油田开发方案，经伙伴审核批准及中国石油（CNPC）投资股东审核（包括履行国家审核及报批程序）批准后，按时向资源国政府提交油田开发方案并获得资源国政府批准（资源国政府批准为最终批准）；在开发方案获批后，作业者根据开发方案编制年度工作计划和预算及后 4 年滚动规划，经伙伴、中国石油（CNPC）投资股东、米桑石油公司审核同意后，向联管会提交年度工作计划和预算。年度工作计划和预算经联合管理委员会批准后，作业者根据项目执行计划编制初步设计，在获得投资股东中国石油（CNPC）批准相应的工作内容和投资概算额度后，履行招标程序，并根据不同合同额度授标权限，获得联合作业公司、伙伴、联合管理委员会或资源国政府批准后授标。

遵循的法规及标准。哈法亚项目公司的所有权和管辖权是伊拉克政府。作为在伊拉克作业的外国投资者之一和由投资者指定的作业者，伊拉克国家内阁批准的合同开发生产服务合同是调节投资者和伊拉克政府关系的法律文件。在开发生产服务合同之下，企业和伊拉克政府之间通常采用通用的国际标准和规范，并在米桑石油公司、石油部的参与和批准后付诸实施。

四、西古尔纳油 −1 项目合同

西古尔纳 −1 油田项目合同模式采用伊拉克油田开发生产技术服务合同。

（一）技术服务合同中伙伴股权变更

西古尔纳 −1 项目采用技术服务合同模式，合同条款多次变更，合同期限延长 10 年至 35 年，有效期自 2010 年至 2045 年。

2010 年 1 月 25 日，埃克森美孚牵头联合作业体与伊拉克石油部签署西古尔纳油田服务合同协议，该合同于 2010 年 3 月 1 日生效，合同期 20 年，可延期 5 年。埃克森美孚占股 60%、壳牌占股 15%、伊拉克石油勘探公司占股 25%。

2013 年 11 月 28 日，中国石油（CNPC）收购埃克森美孚公司在西古尔纳 −1 项目 25% 权益，2013 年 11 月 28 日完成交割。同期印度尼西亚国家石油公司收购美孚 10% 权益。埃克森美孚占股 25%、中国石油（CNPC）占股 25%、壳牌占股 15%、印尼石油公司占股 10%、伊拉克石油勘探公司占股 25%。

2014 年 2 月 19 日，伊拉克南方石油公司与 4 家伙伴代表共同签署西古尔纳油田技术服务合同修改协议 4。除股权比例变更外，合同期由原来最多 25 年增加到 35 年。埃克森美孚占股

32.7%、中国石油（CNPC）占股 32.7%、壳牌占股 19.6%、印度尼西亚国家石油公司占股 10%、伊拉克石油勘探公司占股 5%。

2018年5月27日，日本伊藤忠收购壳牌投资股份，技术服务合同补充协议签订。埃克森美孚占股 32.7%、中国石油（CNPC）占股 32.7%、伊藤忠占股 19.6%、印度尼西亚国家石油公司占股 10%、伊拉克石油勘探公司占股 5%。

（二）合同管控架构

西古尔纳-1项目合同执行方为埃克森美孚牵头组建的联合体西古尔纳-1油田作业部（West Qurna1 Field Operation Division，简称"WQ1FOD"或"西古 1 号作业部"），埃克森美孚伊拉克有限公司为合同主导者。

项目管控架构中伊拉克南方石油公司、联合管理委员会、合同商管理委员会和西古尔纳-1作业部等各机构主要职责：伊拉克南方石油公司为技术服务合同甲方，行使资源国政府对油田开发生产的管理职能；联合管理委员会共有 8 个席位，由伊拉克南方石油公司和各股东分别派代表组成，承担管理、协调、监督和审批职能；合同商管理委员会监督、指导和管理油田有关计划、决策，协调伙伴之间的事项，审批超过西古尔纳-1油田作业部审批权限，以及需要提交给联合管理委员会审批的事项；西古尔纳-1作业部非法律实体，负责油田开发方案的实施和油田日常生产运作。

（三）商务条款

技术服务合同者提供油田开发和作业所需的技术和资金。油田总产量（Improved Production Target，简称"IPT"）减去油田基础产量（Baseline Production Rate，简称"BPR"）的部分为增产量，增产量的 50% 用于回收服务费，服务费包括石油成本和报酬费两部分。其中，石油成本包括油田建设投资和操作费，报酬费为增产油产量的报酬，伊拉克石油勘探公司所占股为干股，不出资。各股东除承担与股权比例对应的份额支出外，还应按对应的权益比例共同承担伊拉克石油勘探公司干股对应的支出，并作为石油成本回收。服务费按季度通过提油方式回收，在回收时不区分投资费用（CAPEX）和操作费用（OPEX），当期未回收石油成本自动结转到下一期回收。

西古尔纳-1项目技术服务合同中规定：基准产量为油田初始基础产量按年综合递减率 5% 递减后的产量（自合同生效后开始），合同生效后，初始基础产量为 24.4 万桶/日。在总产量达到初始基础产量的 110% 即 26.8 万桶/日后，合同者可开始进行回收（已于 2011 年 3 月达到）。

石油收入分为增产油收益和基础油收益，其中基础油收益作为政府收入（不包含所得税）和补充服务费（不超过基础油收益 10%），50% 的增产油收益作为政府收入，另外的 50% 增产油收益作为报酬费（缴纳 35% 所得税）、成本回收及政府收入。

合同同时规定发现已开发油藏（米什日夫）在整体开发方案批准后 6 年或公共海水供应项目工程开始运行 2 年后，以晚到日期为准，可协商提前进入稳产期，油藏稳产期 7 年，高峰产量 110 万桶/日；发现未开发油藏（祖拜、亚玛玛等）连续 30 天达到 50 万桶/日即算进入稳产期，稳产期 7 年，高峰产量 50 万桶/日。发现已开发油藏报酬费为 1.9 美元/桶 × 增产产量 × P 因子（P

因子=实际产量/目标高峰产量）；发现未开发油藏报酬费2美元/桶×增产产量×P因子（P因子=实际产量/目标高峰产量）。

其他主要商务条款还包括签字费1亿美元（不能回收）。

服务费包括回收的成本和报酬费；合同规定外国合同者负责油田投资，50%油田增产产量用于成本回收。报酬费是服务费生效日之后的季度开始计算，用当季适用的每桶报酬费乘以当季增产产量。补偿成本回收上限为基础产量的10%，补充成本主要包括，签字费1亿美元（不能回收）、排雷费（排雷成本发生后2年内按季度回收）、合同区外油气管线建设费（发生后的下一个季度的第一个月开始回收）、现有污染治理改善费（发生后的下一个季度的第一个月开始回收）。补充服务费的利息，自发生日至回收日按LIBOR（伦敦银行同业拆借利率）+1%计息。所得税率为35%，税基为合同者所得报酬费。

第四节　伊朗南帕斯11区伊朗石油合同

一、伊朗石油合同产生的背景

2010年起，美欧制裁伊朗原油出口受限加上新增产能不足，原油平均日产量从2011年的410多万桶下降到2015年的280多万桶，最低时曾不足250万桶。

2013年，伊朗总统鲁哈尼组阁，石油部部长赞格内采取一系列"石油新政"，其中为迎接"后制裁时代"、吸引西方石油公司重返伊朗市场，同时为快速开发边境油气田以缓解国内政治压力，组建"石油合同修改委员会"，对"不再受投资者欢迎的"回购合同进行系统反思，收集和研究可供借鉴的其他石油合同模式（特别是伊拉克的服务协议和委内瑞拉的合资经营架构），着手设计新的石油合同模式，被称为伊朗石油合同，取代回购合同。

二、新合同模式特征

（一）基本理念

伊朗石油合同不同于已有其他合同模式，是在全面修改回购合同、引入伊拉克服务合同的桶油报酬费机制并适当吸收产品分成合同和合资合同的某些要素基础上，所创造的一种全新合同模式。由于受伊朗国内法的限制，建设—运行—移交和产品分成模式都不能用于伊朗，而回购合同在投资者中已失去吸引力，因此只能另辟蹊径，由此就需要全新的、符合现实需要的合作理念。

1.回归科学规律，注重长期开发，技术引领管理

伊朗石油合同突出勘探、开发、生产甚至提高采收率作业的一体化，形成勘探、开发和生产的自我优化和良性循环，为此伊朗将推出一批完全未开发或半开发的油气田；针对伊朗很多油田老化的现状，鼓励提高采收率的二次和多次开采；在开发期后，增加一个生产阶段，由投资者负责和参与油气井的管理作业，从而使得合同期和投资者的参与时间更长（一般为20—25

年），这使投资者能有更长时间的明确预期，有利于勘探—开发—生产的动态循环优化；通过桶油报酬费的机制，鼓励油气生产的稳定和最大化最终产出率。伊朗石油合同注重先进技术的应用，强调技术专家的治理，改变过去"商务主导技术、技术服从商务"的格局，回归石油合同的技术本质。

2. 尊重投资者诉求，正视合作共赢

针对投资者对回购合同的诸多指责，伊朗石油合同在很多方面做大胆突破。伊朗宪法规定，自然资源为国家所有且不得转让，但伊朗石油合同借鉴产品分成的理念，第一次允许在交油点将油气产品的所有权转给外国伙伴，并允许石油公司将其收益所对应的伊朗油气资源纳入年度财务和会计报表。通过取消投资上限，改成年度工作计划和预算审批，给投资者在成本方面提供更大的灵活性，有利于降低投资风险。为更有效地引进外资及其先进技术，伊朗石油合同规定外国投资者应与伊朗本地公司组成合资企业，以建立长期关系。其中，在开发阶段成立合资公司，在生产阶段成立联合作业公司，在为投资者提供更稳定的预期和更大的自主权以减少生产操作被不当干预的同时，有利于伊方更好地吸收国外技术和管理经验，促进财务透明和更有效的生产，以及提高国际化程度。实际上，伊方通过合资合作的形式，利用外国公司的营销能力和销售网络，以便为伊朗打开更多出口市场，在制裁解禁后快速恢复失去的市场份额。

3. 体现风险收益原则，以桶油报酬费取代固定报酬费

从固定酬金制转向与产量挂钩的桶油报酬方式，是伊朗石油合同的标志性转变，成本和报酬回收相对脱离，不直接关联。投资者在确保成本回收的同时，可以从油田的实际情况和地质条件出发，最优化地安排生产，获得最大的报酬激励。

桶油报酬费机制充分体现风险收益原则。对于高风险和特殊油田，有更高的回报率。例如，对于边界共享油气田，在报酬费和收益率上给出更优惠的条件，以便加速开发，避免邻国的快速开发给伊朗带来损失；区分海上与陆上、勘探与开发、油田与气田的高中低风险等因素，规定不同的风险因子，在计算报酬时适用不同的比例系数。此外，为了鼓励勘探，伊朗石油合同将给勘探失败的投资者更多的机会，允许在新的区块继续勘探作业，以鼓励高风险的勘探投资。

（二）与回购合同的主要区别

伊朗石油合同不同程度地突破回购合同的"五个一定"限制，并有自身的特色。

1. 投资

伊朗石油合同不再要求有确定的投资上限，而以"年度工作计划和预算"作为年度投资依据，并以此计算整个勘探期或开发期的投资；允许投资者以"成本油"的形式完全回收投资成本。在成本节约方面，伊朗石油合同取消回报与成本之间的联系，代之以"成本节约指数"使回报与成本节约挂钩，准许承包商获得部分节约的成本费用。报酬不是根据成本来计算，能有效降低成本。

2. 工作量

伊朗石油合同仍要求在前期制订一个总体开发方案，但此开发方案的规定并非如回购合同那样难以更改。投资者可根据勘探开发过程中的新情况在年度工作计划中调整开发方案，因此更为

灵活。

3. 开发期与合同期

伊朗石油合同规定勘探期延长至 7—9 年；商业发现后，进入评价和开发阶段、生产阶段甚至二次和三次开发阶段，整个开发期延长至 15—20 年，合同期限将延长至 20—25 年。现行回购合同的开发年限仅为 3—5 年。短期合同到长期合同的转变使得双方合作更为密切，对投资者而言有了更稳定的预期，由于在开发期内投资者有权按产量获取报酬，也增加承包商的报酬费获取年限。成本回收期延长至 10 年，并按照 LIBOR+2.5% 计算利息，临近 10 年回收不完还可以加速，到合同结束还回收不完可以延长回收期，延期回收期间不计算利息。

4. 成本回收及报酬

伊朗石油合同将投资成本分为三类，一是直接资本成本（Direct Capital Costs），与回购合同下的资本性成本（Capital Costs）基本对应；二是间接成本（IndirectCosts），与回购合同下的非资本性成本（Non-CapitalCosts）相类似，但只限于伊朗税费而不包括其他细目；三是资金成本（Cost of money），与回购合同下的银行手续费（Bank Charges）相对应，但利率提高到 LIBOR+2.5%。项目成本在投产后 5—10 年回收，且从不超过油田产量的 50%（即"回收池"）中回收。报酬费收取从项目投产后开始，与成本回收相互平行，不占用成本回收的"油池子"资源，收取报酬费的期间可长达十几年。报酬费主要与 3 个因素相关，一是风险系数，伊朗石油合同中的报酬费根据不同地区和油田的开发风险程度确定初始值，开发项目的风险越高，伊方所支付的报酬费越高；二是根据投入产出比确定的 R 因子，运用 R 因子来调节报酬费高低；三是油气价格，报酬费与油气价格相关联，使外国石油公司能够分享市场变化所带来的利润，油气价格越高，承包商就能够获得越多的报酬费。报酬费收取的决定性因素是项目投产，在项目前期仍会有较大的累积负现金流。

5. 产量未达目标

伊朗石油合同仍规定有产量目标，但是如果是由于伊朗国家石油公司的原因导致没有达到产量目标，合同者的成本和报酬费回收不会受到影响。如果是由于合同者的原因导致产量未达标，合同者没有权利回收欠产部分的石油成本和报酬费。

6. 参与权

相对于回购合同下只是"带资打工"的承包商角色，投资者在新合同下的勘探、开发和生产活动的不同阶段，享有不同程度的管理权。在勘探阶段，承办商自己进行勘探活动，独自承担勘探风险；在开发阶段，承包商要和伊朗国家石油公司（或其关联公司）按一定股比成立合资机构，进行联合开发，承包商要向伊方伙伴垫付投资；在生产阶段，承包商要和伊朗国家石油公司（或其关联公司）另行组建一个联合作业公司，基于不赔不赚（no gain no loss）的原则负责油田生产活动。该公司对油田生产活动的管理可长达十几年，最长不超过 20 年。20 年后外资公司将协助管理油气项目，但仍不能获得作业权，其间投资者可按固定的桶油报酬费收取报酬并回收作业成本。

（三）与伊拉克石油合同的区别

伊朗石油合同与伊拉克现行的石油合同相似，又有更多的灵活性，例如固定的桶油报酬费可以随国际油价调整，这比伊拉克技术服务合同更有吸引力。但伊朗石油规定回收的期限限制（5—10年），超过这段期限的成本可以延期回收，但是延期回收成本不能计算利息。此外，伊拉克技术服务合同对采办和审计的相对粗线条的监管和控制，伊朗石油合同也对此很好地吸收。

第五节　阿布扎比矿税制合同

一、石油合同模式

阿布扎比项目采用矿费税收制合同模式，合同期长（30—40年），项目储量、产量、收入和利润可以合并到作业者的财务报表中，对于上市公司具有积极意义。

阿联酋油气合作的财税政策体系是过去半个多世纪在与英国石油、道达尔、壳牌、美孚等欧美大石油公司的合作过程中逐步形成的，符合国际惯例，其特点是稳定和互利共赢。

按照现行合同和财税政策规定，阿联酋政府主要从项目石油收入和利润中获得矿费和所得税收，剩下的归合同者分配。重新签订的矿税合同虽然提高税率，与之前相比经济效益有所下降，但因均是在产项目，产量规模巨大，高峰产能可达几千万吨甚至亿吨级，而且油田开发管理水平很高，产量稳定，其规模效应可以给外国投资者带来相当稳健的投资回报。

国际公司和阿布扎比国家石油公司按照40%和60%的权益比例开发并享有原油产品（但不享有天然气和凝析油的所有权）。

由阿布扎比国家石油公司的全资作业公司（Adnoc Operating Company，简称"OPCO"）负责所有合同区的作业，阿布扎比国家石油公司独担风险作业（包括仅由阿布扎比国家石油公司出资的作业和阿布扎比国家石油公司与部分国际公司共同出资的作业）；所有的国际公司不享有作业公司的股份。这一点与以往项目的作业公司的股权构成不同。

国际公司应支付项目的进入费、矿费、所得税、暴利税等各项税费，承担油田开发投资，向作业和阿布扎比国家石油公司提供技术和人员，按其权益比例享有原油所有权；其母公司或阿布扎比国家石油公司同意的关联公司应对国际公司承担的各项义务提供担保。

二、陆海项目合同

2013年5月19日，陆海项目由阿布扎比国家石油公司和中国石油（CNPC）签署陆海勘探开发联营协议，模式为租让矿税制（Concession），期限30年，中国石油（CNPC）和阿布扎比国家石油公司分别持有40%和60%的权益。该项目由双方组建合资公司对合作区块进行生产开发。

2014年4月，阿布扎比国家石油公司和中国石油（CNPC）成立合资公司，开始运营作业。陆海项目（阿拉雅特全资作业公司）股权结构为中国石油（CNPC）占股40%，阿布扎比国家石油公司占股60%。

项目的主协议为《联合经营协议（JVFEA）》，该协议包括《作业协议（OA）》《财税条款（FL）》《人员派遣协议（MSA）》等13个附件。其中，联合经营协议和作业协议主要规定权益转让和油田作业；财税条款是最高石油委员会（Supreme Petroleum Committee）发布的中方应承担税费的具体规定，人员派遣协议是对阿布扎比国家石油公司和中方向联合作业公司派出人员的具体规定。

矿税制规定矿税12.5%、所得税55%，合同期30年。双方按照联合经营的方式，在30年内的合同期内按权益比例承担风险和出资，并分享所产的原油。有形资产采用10年直线折旧，无形资产采用20年直线折旧，勘探及开发投资均要资本化。

原油价格，阿联酋主要有4种基准油价，即穆尔班原油（API 40）、乌姆沙依夫（Umm Shaif）原油（API 37）、下扎库姆原油（API 40）、上扎库姆原油（API 33），政府会定期公布4种原油的政府销售价格。合同者收入以政府销售价格为计算基础，矿费及所得税以原油牌价为计算基础，政府销售价格通常固定在原油牌价的93%。

暴利税，当合同者一年内实际销售原油加权平均价格超过95美元/桶，此油价之上的利润部分90%交给政府，10%归合同者。暴利税的触发油价每5年可上涨5%，当达到增长上限油价110美元/桶时不再上涨。暴利税触发油价为原油牌价。

篱笆圈，陆上与海上合作区间拟设置篱笆圈规定。

干井投资不可资本化抵税。

三、陆上项目合同

2017年2月19日，中国石油（CNPC）与阿布扎比国家石油公司签署《阿布扎比陆上油田开发合作协议》，中国石油（CNPC）获取该项目8%权益。陆上项目股权结构组成，中国石油（CNPC）占股8%、道达尔占股10%、英国石油占股10%、振华石油占股4%、日本石油占股5%、GS能源占股8%、阿布扎比国家石油公司占股60%。

项目主要协议为许可证合同、财税条款、联合经营协议、作业协议、作业公司章程、主技术合同、母公司保函、人力资源供给合同、合作与互相派员协议、提油协议。主要财税条款包括：矿税20%，所得税87%。合同者实际销售总收入以政府销售价格为计算基础，矿费及所得税以原油牌价为计算基础，原油牌价是政府销售价格除以0.93。附加利润税与暴利税触发油价以政府销售价格为计算基础。

税收投资激励上限为25亿美元/年。针对合同者年度投资规定有税收抵免优惠，根据投资额（优惠上限25亿美元/年）、油价与固定系数，计算合同者下一年度的税收抵免优惠。

资产领导者在每个合同者均享受的投资税收抵免优惠基础上，根据4个油田资产组的开发难度系数，计算作为拥有的额外税收抵免优惠，资产领导者的总额为前项投资税收激励的0.3倍。25%的资产领导者报酬费只要合同者作为资产领导者即可获得。75%的资产领导者报酬费需要经过阿布扎比国家石油公司考核合格后，视情况获得。

确定附加利润税与暴利税的原油下限与上限价格均为政府销售价格，下限价80美元/桶，上限价格160美元/桶，合同生效前三年不变。随后下限价格根据前60个月的政府销售价格均价与现行下限价格每 3 年一次进行调整（为现行政府销售价格下限与前 60 个月政府销售价格均价之和 /2）。上限价格保持在下限价格 +80 美元 / 桶，同步调整。

附加利润税，当年度均价超过下限价格，合同者需缴纳附加利润税，未超过上限价格时，税率根据固定系数 0.0125 计算，在 0—1%；当年度政府销售价格均价超过上限价格时，附加利润税 1%。

暴利税，当年度政府销售价格均价超过上限价格时，合同者需将超过上限价格部分收入全额作为暴利税缴纳给政府，即当油价超过上限价格后，不再对合同者收益有增值。

进入费可按 10 年进行折旧，抵扣所得税。

四、海上乌纳项目合同

2018 年 3 月 21 日，中国石油（CNPC）与阿布扎比国家石油公司签署乌姆沙依夫—纳斯尔油田开发项目（即海上乌纳项目）合作协议，中国石油（CNPC）获得该海上油田区块 10% 的权益。

2020 年 7 月 18 日，中国海油完成对中国石油（CNPC）全资子公司 40% 股份的收购，从而获得海上乌纳项目 4% 的权益。海上乌纳项目股权结构为，中国石油（CNPC）占股 6%、道达尔占股 20%、中国海油占股 4%、意大利安尼占股 10%、阿布扎比国家石油公司占股 60%。

海上乌纳项目合同区是由阿布扎比国家石油公司独资的作业公司负责本合同区、其他合同区、阿布扎比国家石油公司独家作业等所有的作业。作业公司要尽力将其各合同区的设施和财产共享。

项目主要协议为财税条款（Fiscal Letter）、进入费告知函（Participation Fee Letter）、许可证协议（Concession Agreement）、母公司担保（Parent Company Guarantee）、作业协议（Operating Agreement）、共享框架协议（Framework Sharing Agreement）、作业公司章程（Articles of Association）、天然气和凝析油交付协议（Gas and Liquids Delivery Agreement）、保密协议（Confidential Agreement）、主技术协议（Master Technology Agreement）、向作业公司提供技术支持的协议（OPCO Technical Support Agreement）、协调和派员协议（Joint Collaboration and Secondment Agreement）、人力资源派遣协议（Manpower Supply Agreement）。

主要财税条款，矿税费率 20%，所得税率 80%。

阿布扎比规定有 2 种计税价格，合同者实际销售总收入以政府销售价格为计算基础，矿税、所得税应税收入以原油牌价（Posted Price）为计算基础，原油牌价是政府销售价格除以 0.93。政府销售价格价格每月定期由阿布扎比国家石油公司在其网站公布。暴利税触发油价以政府销售价格为计算基础。

税收投资激励上限，投资优惠上限为 25 亿美元 / 年，以 2% 上涨。

投资税收激励（CITC），合同中针对国际公司年度投资额规定有税收抵免优惠，以鼓励投资。根据投资额、油价与 0.75 的固定系数等，计算合同者下一年度的税收抵免优惠。投资税收激励为投资税收激励百分数（如下公式）乘以应税收入和上限价格下应税收入之间的最小值。

原油上限价格，暴利税和投资税收激励涉及原油上限价格规定，为政府销售价格（GSP），合同期前 10 年为 80 美元 / 桶，后续每 5 年以 5% 上涨，直到 100 美元 / 桶。

暴利税，当年度政府销售价格均价超过上限价格时，合同者需将当年油价下净利润与上限价格下净利润差额的90%，作为暴利税缴纳给政府。暴利税=（当前油价的净利润－上限价格的净利润）×90%。

气顶开发，天然气和凝析油回购收入不征收矿税和所得税，投资不能折旧抵税，回购收入扣除成本后直接计入利润。如果未按规定执行气顶协同开发方案，所得税税率从80%降低到79%。

天然气回购价格，自生产第一年开始，2.0美元/百万英热单位以2%上涨。

凝析油回购价格，根据凝析油含量和凝析油累计产量滑动选取凝析油的价格比例，挂靠达斯混合原油（Das Blend）油价。

进入费，可按10年直线摊销，抵扣所得税。

折旧，资产为5年直线折旧。

税收递延，矿税、所得税和暴利税递延30天缴纳。

注气与燃料气价格，伴生气所有权归政府，这部分天然气不计任何价值，如作为注气和燃料使用需额外支付费用。

社会支持费，不能抵扣所得税。

五、海上下扎项目合同

2018年3月21日，中国石油（CNPC）与阿布扎比国家石油公司签署下扎库姆油田开发项目（即海上下扎项目）合作协议，中国石油（CNPC）获得该海上油田区块10%的权益。

2020年7月18日，中国海油完成对中国石油（CNPC）全资子公司40%股份的收购，从而获得海上下扎项目4%的权益。海上下扎项目股权结构为中国石油（CNPC）占股6%、道达尔占股5%、中国海油占股4%、意大利安尼占股5%、日本石油占股10%、印度石油公司占股10%、阿布扎比国家石油公司占股60%。

与陆海项目、陆上项目下的合同区由一个作业公司负责该合同区的作业不同，海上下扎项目合同区是由阿布扎比国家石油公司独资的作业公司负责本合同区、其他合同区、阿布扎比国家石油公司独家作业等所有的作业。作业公司要尽力将其各合同区的设施和财产共享。

项目主要协议为财税条款（Fiscal Letter）、进入费告知函（Participation Fee Letter）、许可证协议（Concession Agreement）、母公司担保（Parent Company Guarantee）、作业协议（Operating Agreement）、共享框架协议（Framework Sharing Agreement）、作业公司章程（Articles of Association）、保密协议（Confidential Agreement）、主技术协议（Master Technology Agreement）、向作业公司（OPCO）提供技术支持的协议（OPCO Technical Support Agreement）、协调和派员协议（Joint Collaboration and Secondment Agreement）、人力资源派遣协议（Manpower Supply Agreement）。

主要财税条款，矿税费率20%，所得税率82%。

计税价格，阿布扎比规定有两种计税价格，合同者实际销售总收入以政府销售价格（GSP）为计算基础，矿税、所得税应税收入以原油牌价（Posted Price）为计算基础，原油牌价是政府销售价格（GSP）除以 0.93。GSP 价格每月定期由阿布扎比国家石油公司在其网站公布。暴利税触发油价以政府销售价格（GSP）为计算基础。

税收投资激励上限，投资优惠上限为 25 亿美元 / 年，以 2% 上涨。

投资税收激励（CITC），合同中针对国际公司年度投资额规定有税收抵免优惠，以鼓励投资。根据投资额、油价与 0.80 的固定系数等，计算合同者下一年度的税收抵免优惠。投资税收激励为投资税收激励百分数（如下公式）乘以应税收入和上限价格下应税收入之间的最小值。

原油上限价格，暴利税和投资税收激励涉及原油上限价格规定，为政府销售价格（GSP），合同期前十年为 80 美元 / 桶，后续每五年以 5% 上涨，直到 100 美元 / 桶。

暴利税：当年度 GSP 均价超过上限价格时，合同者需将当年油价下利润与上限价格下利润差额的 90%，作为暴利税缴纳给政府。

暴利税 =（当前油价的净利润 - 上限价格的净利润）×90%。

进入费可按 10 年直线摊销，抵扣所得税。

折旧：资产为 8 年直线折旧。

税收递延：矿税、所得税和暴利税递延 30 天缴纳。

注气与燃料气价格：伴生气所有权归政府，这部分天然气不计任何价值，如作为注气和燃料使用需额外支付费用。

社会支持费：不能抵扣所得税。

第二章　区域管理体系

2015年12月起，中国石油（CNPC）针对中东油气业务整合，中东公司管理幅度增大、管理机构大幅度压减。中国石油（CNPC）对中东地区的油气业务发展提出新的更高要求，确定"'做大中东'、打造成中国（CNPC）石油国际化经营和'一带一路'油气合作的'旗舰'"战略定位和部署。在新的历史发展阶段，中东公司加强国际化管理，围绕管理职能，创建国际化区域经营管理体系，促进国际竞争力的提升，解决中东公司面临的困难和挑战。

其中，区域管理协调机制发挥区域组织工作委员会职能，建立有效的协调机制，推进甲乙方协同发展、HSSE管理等业务，实现中国石油（CNPC）整体优势的发挥。三级决策体系由组织工作委员会常委、股东事务委员会、项目公司组成3个层次组成，每个层次按照授权和职责进行决策。规划计划管理体系以管理目标为导向，确定关键风险因素以及因素与管理目标的定量关系，制订工作计划和措施，跟踪落实情况与效果，提出措施改进的循环式管理。三级技术支持体系整合中国石油（CNPC）国内技术资源，建立技术管理和技术支持平台，建立基础支持、技术管理、技术保障系统，以保障主导项目油田的长期稳产以及参股项目的话语权。人力资源管理协调机制包括两个维度的业务垂直管理和三个方面的区域横向协调保障人才竞争环境下吸引和留住人才。提油销售管理体系由提油管理流程整合与优化、跨项目、中国石油（CNPC）内部资源整合和提油风险管控组成以保障实现投资收益。内部防控体系包括商务、生产管理、安全环保、风险防控管控体系及业务管理流程、数据库风险评估、授权制度和三级内部防控体系。针对原有中方管理模式与联合公司管理模式的巨大差异，建立有效的决策管理体系，落实对项目运营的有效管控。

第一节　区域管理协调机制

2016年，中东公司按照扁平化管理的思路，结合中东地区业务分布广的实际，根据"统分结合、分片负责"基本思路，建立完善以投资业务为主导、区域为单元、涵盖甲乙方的行政、组织工作委员会、协调组、HSSE"四位一体"的区域管理协调机制（图6-2-1），统筹协调中东地区组织工作委员会的工作、甲乙方业务、一体化优势发挥、HSSE工作，实现中东地区运行高效的区域化集中协调管理，组织工作委员会的政治优势及组织工作委员会统一领导责任得到充分发挥，实现组织工作委员会、纪检融入公司治理，形成有机体。

根据"地区相同、业务相连、便于工作"的原则，优化设置11个片区。针对单个片区，对应建立组织工作委员会、行政、协调组、HSSE委员会的"四位一体"的片区管理协调机制，由一套人马完成"四个职能"，人员业务紧密衔接，相互支持，搭建精干高效的管理团队，实现中方内部资源的整合优化。片区负责人由投资业务的项目主要领导担任，在没有投资业务的地区指定牵头单位。

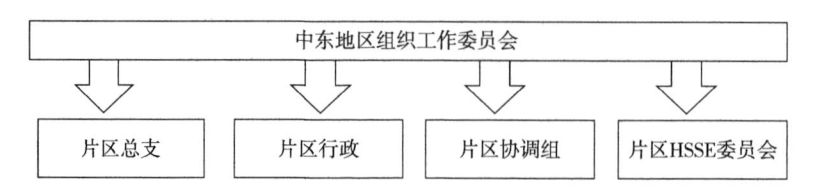

图 6-2-1　中东公司"四位一体"区域协调机制示意图

一、调整优化组织结构和管理层级

2006年，整合中国石油（CNPC）3个直属的协调组、两个办事处、16家工程技术服务单位，依托中东公司的管理资源，实现中东地区协调组与中东公司合署办公，优化层级结构，建立以中东地区协调组为统领，以各项目投资业务为主导的甲乙方一体化联动协调机制，既符合国际市场规则，更有利于通过投资业务调动资源国的资源。

二、推动甲乙方一体化联动协调

片区协调组在中东协调组的指导下开展工作，负责区域内社区、安保、生产经营环境建设，以及应急事件的统一协调管理工作。推行区域化分片管理，各参建单位积极参与，服从片区统筹协调，人员和业务紧密衔接，协调管理工作前移，提高监督协调的工作效率和支持保障质量，真正从工作层面发挥综合一体化优势，实现协调及时、服务到位的区域化集中统一管理目标。

三、加强市场协调，规范内部经营秩序

2016年，结合中东地域特点、投资和服务保障业务现状，编制出台《中东地区协调组工作运行方案》，从对外联络、市场协调、项目协调、HSSE管理、区域政策研究、工作沟通、工作报告等方面，用制度的形式规范服务保障企业在中东地区有序参与市场竞争的原则和分工，为规范内部市场秩序，服务好投资业务，形成一体化合力，提供制度保障和基本依据。

四、强化内部沟通，促进一体化协同发展

2016年以来，每两周组织召开中东地区协调组工作例会，听取各单位工作进展情况汇报，分析面临的经营形势，共享市场信息，研究市场策略，协调解决各单位生产经营中遇到的困难和问题。有针对性地沟通研究伊拉克防恐安全、钻机等停、区域市场进入、支持基地建设等多项问题。组织上游投资业务、工程技术板块、钻井院、川庆安检院等单位与驻中东各服务保障企业进行座谈交流，搭建内部信息沟通和资源共享的平台，实现互利共赢与一体化协同发展的有效契合。

五、甲乙方相互配合，推动服务市场开发

2016 年以来，甲乙方默契协作，一手抓挖潜增效，积极应对市场挑战；一手抓外部市场开发。主要领导多次深入伊拉克和伊朗现场协调解决服务市场遇到的问题，着力推动伊朗 MIS 和哈法亚三期启动，拓展新的服务市场。先后走访伊拉克、伊朗、阿联酋等主要资源国，加快推进新项目开发，开辟和巩固已有的服务市场份额。

第二节　三级决策体系

2016 年，中东公司借鉴国际油公司科学决策、分级管理的先进做法，构建由组织工作委员会常委会、股东事务委员会和项目公司治理体系组成的三级议事决策体系。

一、三级议事决策体系的主要内容

2016 年以来，中东公司组织工作委员会常委会是公司最高议事决策机构，明确其对投资业务"三重一大"事项进行集体决策的工作机制，为规范公司决策行为，提高决策水平，防范决策风险提供有力保障。在其之下，为加强中东公司对所属项目的行权管理，代表中方在联管会、董事会、伙伴会及各类专业委员会等机构中履行股东权利，成立股东事务管理委员会。股东事务管理委员会的决策事项涵盖项目生产经营的各个方面，股东事务管理委员会的委员在公司领导的基础上增加各专业部门的领导和专家，实现科学决策。项目层面，依据合同规定、业务类型、项目特点，按照有限性、匹配性、谨慎性、差异性的原则，在海外板块对中东公司授权的基础上，进一步对项目进行授权，明确不同项目的责任范围与授权权限。项目公司在授权范围内，围绕本项目的生产运营，建立自身的决策体系（图 6-2-2）。

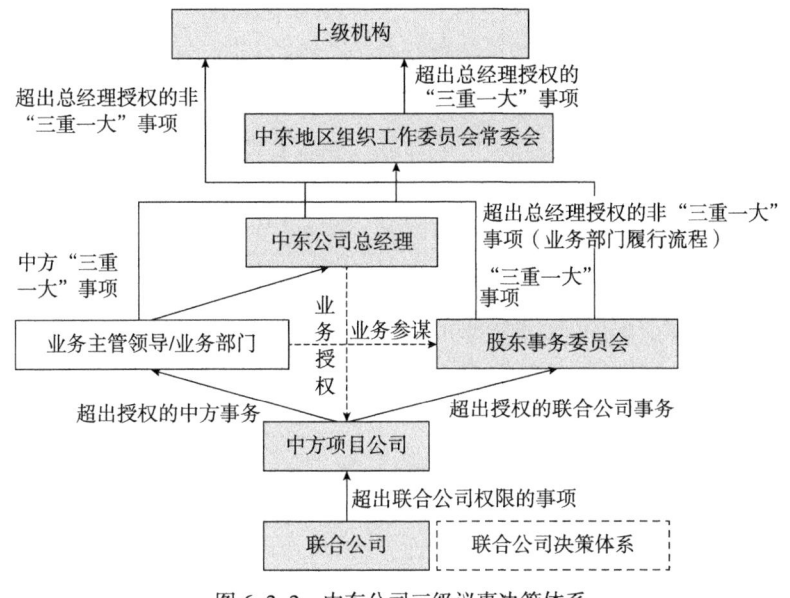

图 6-2-2　中东公司三级议事决策体系

二、股东事务委员会的设立与运行

2016年,中东公司以各项目基础合同为依据的股东事务管理与中方的分级授权管理体系有机结合,实现管理的规范性和决策的科学性。

中东公司股东事务有3个层次,第一个层次是项目公司,即依照基础合同的规定作业者需上报投资者(包括董事会和各种委员会),但依据中方内部授权的规定可由项目公司自行决策的事宜;第二个层次是中东公司,是依照基础合同的规定作业者需上报投资者(包括董事会和各种委员会),但依据中方内部授权的规定应由中东公司决策的事宜;第三个层次是海外勘探开发公司,是依照基础合同的规定作业者需上报投资者(包括董事会和各种委员会),但依据中方内部授权的规定应由海外勘探开发公司决策的事宜。对于依照基础合同的规定无须上报投资者的事务,如果中方派驻作业者公司任职的管理人员有最终决策权,这部分事务可以按照中方内部的授权体系纳入股东事务管理,否则不纳入股东事务管理。

股东事务管理运行机制涉及的5个主体关系有海外勘探开发公司、中东公司管理层、项目总经理、治理机构中方代表和中东公司机关各部门。海外勘探开发公司、中东公司管理层和项目总经理依据授权属于股东事务的决策者。中东公司机关各部门作为业务支持、服务和管理部门根据业务范围应对相关的股东事务进研究,结合项目公司的意见从业务角度提出建议(股东与法律事务部作为中方代表的秘书处和法律事业务主管部门参与股东事务)。治理机构中方代表是根据基础合同由中方股东任命或选任、代表中方股东实际投票表决的代表,最适宜担任项目股东事务的总体牵头协调人(没有决策权),而且由其担任总体牵头协调人也有利于其及时掌握全面信息,更加高效地行权。中方代表应根据项目的总体情况,结合中东公司机关相关部门的建议,按照授权向中东公司管理层或项目公司总经理汇报并按批复行权或以中东公司的名义上报海外勘探开发公司。

中东公司内部首席中方代表的任命原则,根据中方在各项目是否担任总经理而区分对待,对于中方不担任总经理的联合作业者项目基本按非作业者项目对待,对中方担任总经理的联合作业者项目可参照作业者项目进行管控。对于非作业者项目(包括中方代表不担任总经理的联合作业者项目),鉴于项目中方人员总体上属于中东公司股东事务管理职能的延伸,所中方项目经理一般应兼任(投资者与政府之间和投资伙伴之间的)治理机构中方代表,有两名以上(含两名)中方代表的,应担任(内部首席)中方代表,项目中方人员相应作为中东公司机关各部门的补充和支持;作业者项目(包括中方代表担任总经理的联合作业者项目),中东公司应派专人担任(投资者与政府之间的和投资伙伴之间的)治理机构中方代表,中方项目总经理一般不兼任(内部首席)中方代表,有两名(包括两名)以上中方代表的,可以兼任内部非首席中方代表,项目中方人员应与中东公司机关各部门保持密切的业务联系和沟通。为保持信息的畅通和决策的一致性,在投资者与政府之间的治理机构担任代表的中方代表,一般应同时兼任投资伙伴之间的治理机构代表。此外,对于一些专业性较强的治理机构下设委员会,可以选取相关业务领域的专家担任中方代表,作为中东公司机关部门的有益补充。

第三节　规划计划管理体系

2016年以来，中东公司区域规划计划管理体系以管理目标为导向，分析实现目标的主要风险要素，并针对风险要素，安排和落实工作计划和工作措施，通过跟踪分析重点工作计划和工作措施的落实情况和实际效果，最终评估对管理目标的影响。

2017年以来，中东公司根据"做大中东"战略，实现优质高效发展的要求，中东公司规划计划管理体系确立净现值、产量和净现金流3个重点管理指标。体系管理的目标就是确保重点指标的实现。其中净现值是规划管理的重点目标，是第一优先级目标；产量和净现金流为年度目标，净现金流是第二优先级目标，产量是第三优先级目标。当不同优先级目标间产生冲突时，按照优先高级别，制订和落实工作计划和措施。管理体系的主要模块包括：（1）管理目标的确定，即确定重点管理指标，并对确定指标的优先级别。（2）确定关键风险要素，即研究、分析和列举各指标的主要风险要素；按照风险要素的影响力和发生概率大小，建立风险要素矩阵；从风险矩阵中找出影响力和发生频率相对更高的风险要素，作为关键风险要素，区域公司层面重点管理关键风险要素。（3）研究关键风险要素与管理目标的定量关系，即根据管理目标的计算模型，研究分析风险要素与目标间的定量关系；研究确定关键风险要素的概率分布模型。（4）制定重点工作计划和工作措施，即与各业务部门结合，针对关键风险因素，制定工作计划和工作措施，推动关键风险因素向预期目标发展或向更好的方向发展。（5）跟踪评价与反馈，即定期跟踪重点工作计划和工作措施的落实情况以及实施效果，据此，检查和调整关键风险要素的风险分布，评价管理目标的概率分析；对于实现管理目标的把握程度不能达到要求，研究改进分布的补救措施，形成有效的循环式品质管理（PDCA，Plan-Do-Check-Act）。

第四节　三级技术支持体系

2016年以来，中东地区技术支持体系的建设，按照"系统设计，整体规划，分布实施，持续推进"原则，从资源整合、平台建设、基础支持、管理运行和质量保障等进行规划和建设，初步形成符合国际最优技术实践的区域技术支持体系。

一、整合技术资源

中东地区技术支持分中心以国内技术支持资源为主要技术力量，以各国际油服公司为技术支撑和技术合作单位，以其他大学和科研机构、技术论坛、股东交流会和油气学术交流会为前沿技术和新技术实践经验交流平台，开展技术支持和人才培养，逐步提升技术支持能力。

中东地区技术支持体系资源整合状况，如图6-2-3所示。

图 6-2-3　中东地区技术支持体系资源整合状况

二、建设技术管理和技术支持平台

2016年以来，中东公司根据中东技术支持的总体需求（表6-2-1）和技术分中心定位，打造和建设中东技术管理平台和技术支持平台（图6-2-4）。技术管理平台负责组织技术委员会与专业人员序列管理，进行数据库与知识系统建设，组织编写技术标准与技术流程，进行项目生产管理与协调，进行研究项目管理与审查，进行开发方案详细审查及年度工作计划和预算任务审查，进行油气新技术推广和应用，组织参加伙伴会议，打造公司技术交流平台。技术支持平台，主要负责具体项目技术支持工作，包括专项技术和专题项目研究，通过非作业者项目技术资源整合优化非作业项目技术支持，进行项目生产动态分析和中方作业项目方案研究，进行项目专项研究课题支持，举办项目技术伙伴会议，参与新井部署与井位设计和审查，参与项目年度工作计划和预算任务编制。

表 6-2-1　中东地区技术支持总体需求表

序号	主体技术需求	详细技术需求	应用单位
1	生产和技术决策支持	·制定技术发展策略和技术发展规划 ·开发生产运行和生产动态、措施建议	地区公司 项目公司
2	方案研究、实施方案编制和方案实施支持	·可行性研究方案研究与方案编制 ·开发方案研究与方案编制 ·实施方案编制 ·实施跟踪与调整建议	项目公司

续表

序号	主体技术需求	详细技术需求	应用单位
3	专项技术和特色技术支持	·分层注水技术 ·储层改造技术 ·调剖堵水技术等	项目公司
4	技术标准与技术流程指南	·各项技术标准 ·标准化技术流程	技术分中心 项目公司
5	技术汇报与股东技术交流	·技术汇报与交流 ·股东技术会议 ·资源国技术汇报 ·专项技术研讨会	地区公司 技术分中心 项目公司
6	新技术和新方法引进与应用	·新技术评估 ·新技术应用流程 ·新技术应用效果评价	技术分中心 项目公司

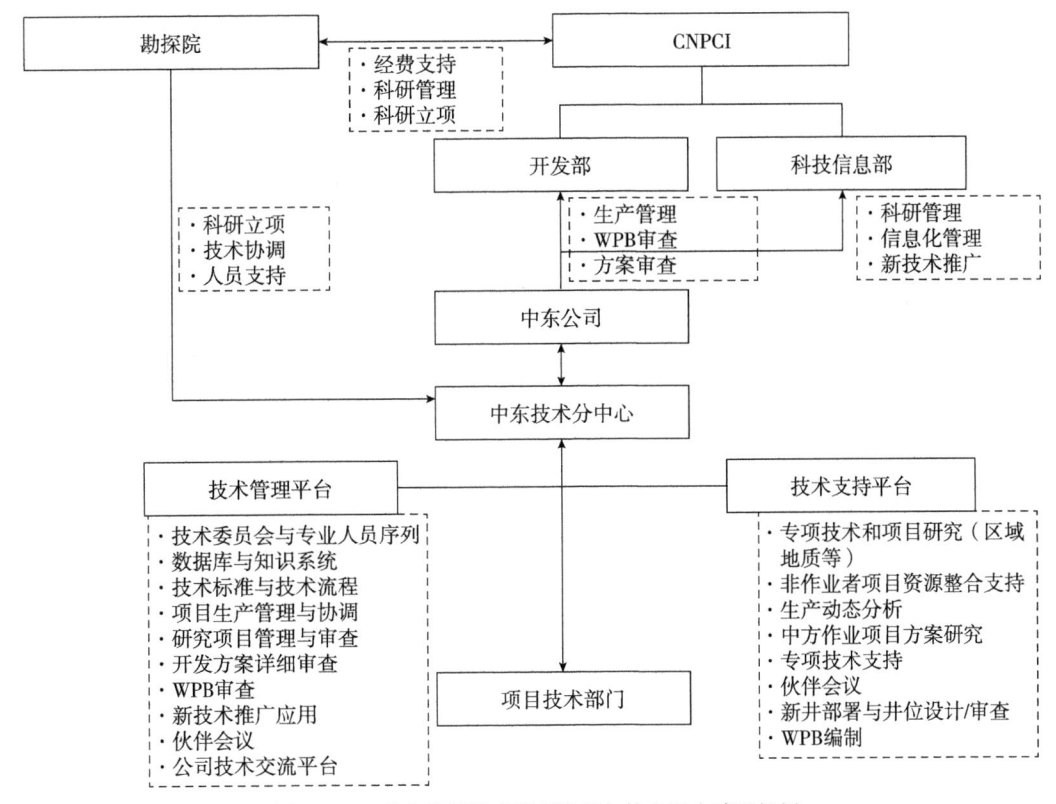

图 6-2-4 中东公司技术管理流程与技术平台建设规划

三、建立三级技术支持体系

2016 年以来，中东公司开始建立三级技术支持体系。三级技术支持体系包括技术基础支持系统、技术管理运行系统和技术质量保障系统，三个系统相互支持和补充，共同构建形成高效率和高质量的油藏管理和研究技术支持体系（图6-2-5）。其中，基础支持系统为项目研究团队提供技术知识支持和技术人才支持。通过建立项目技术数据库，建立国际作业技术标准和技术流程，建立专业专家知识和成果经验共享平台和项目技术经验交流平台，推动项目经验和成果共享，为项目提供全方位的技术知识和技术经验支持；通过专业人才序列的管理，在项目之间合理配置专业人员，同时利用中东地区的各种技术资源和项目资源，对专业人才进行培训和培养，逐步提升专业人员的技术、语言能力及技术商务综合能力。技术管理运行系统建设是以项目技术支持团队为核心，通过逐步建设双序列人才团里梯队，加强技术人员的优化配置，同时加强项目研究流程和节点控制和管理，结合专业人员业绩考核，共同加强项目技术支持团队的能力和水平。技术质量保障系统建设是在地区公司层面，通过组建技术和专业委员会，建设一支技术质量控制人员团队，通过建立项目技术检查和质量控制制度，帮助项目研究团队进行质量控制，提升项目研究团队研究成果的技术质量，同时全面考察项目研究团队在油藏管理和项目研究的进展和薄弱环节，提出意见和建议，帮助项目团队改进工作，综合提升项目技术支持水平。

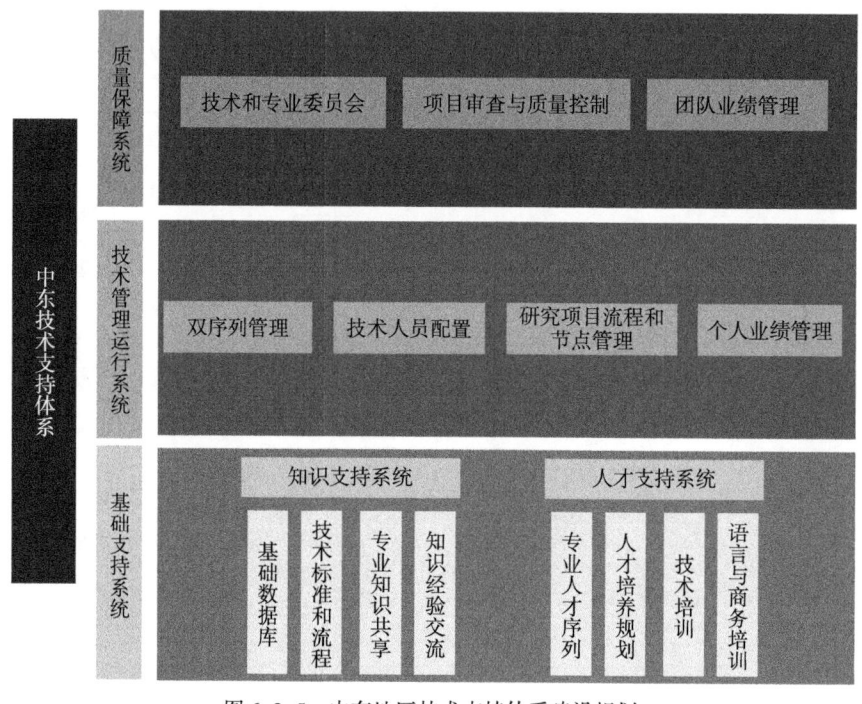

图6-2-5 中东地区技术支持体系建设规划

第五节 人力资源管理协调机制

2016年以来，中东公司利用贴近业务、了解项目的优势，建立两个维度的业务垂直管理、三个方面的区域横向协调的管理协调机制，为中东地区的业务发展提供强有力的人才保障。

一、两个维度的业务垂直管理

自上而下按照授权发挥人力资源协调、管理、监督职能。具体包括干部队伍建设，有计划、有目标的加强区域内项目间干部交流轮换，通过中东公司已有项目平台，在多种复杂环境，不同合同模式项目中锻炼干部，扩展干部国际化视野；国际化后备干部队伍梯队建设，对各项目有潜力、有能力、政治素质过硬的年轻干部制定切实的培训和轮岗培养计划。

自下而上协助中油国际（CNODC）进行人力资源核心流程和内部标准研究。包括收集区域内各项目人力资源面临的共性问题，制订区域解决方案；研究市场化人才引进、职业经理人、双序列等体系在区域内的实施办法，为中油国际（CNODC）的全球化奠定基础；对区域内特殊业务，制定区域内指导政策。

二、三个方面的区域横向协调

根据区域内各项目横向间特殊共性研究人力资源政策实施细则。以已有中东区域内各项目使用的政策为基础，以外派薪酬福利政策为依据，补充各项目特有的出差、培训、中东迪拜总部管理费分摊等内容，逐步建立具有符合审计要求、管理制度和流程标准的国际化人力资源管理体系。

建立中东地区、片区两级人力资源业务协调组，统筹协调和引领中国石油（CNPC）驻中东地区各单位国际雇员和当地雇员的人力资源管理工作。逐步制定中东地区国际雇员、当地雇员管理指导意见，统筹指导和规范各单位的国际雇员和当地雇员人力资源管理；各片区结合当地实际制定相应的工作规范。加强当地雇员的培训培养和能力提升，持续提高雇员当地化比例，与当地政府和社区建立和谐的公共关系，与雇员建立和谐的劳动关系，承担社会责任。

加强区域横向协调有效衔接，在区域内进行战略性的人才资源管理，重视在人力资源业务上的核心竞争力培育。中国石油（CNPC）海外油气业务的人力资源核心业务能力和竞争力主要体现在项目管理、新项目开发等过程中人才保障的力度。中东区域内加强战略人力资源管理的具体工作包括根据中东各项目对于关键岗位的能力和面试要求，细化员工能力素质模型。针对中东项目的发展情况，当地资源国的本地化要求，以及新项目获取进展，预测将来一定时期所需的人才数量、类型，提前培养和获得所需人才的规划。在中东区域内，发挥中东机关职能部门指导作用，各部门梳理本系统专业人员情况，结合新项目、梯队建设、项目合同模式和项目所处阶段统筹起来考虑区域内轮换工作，将中东区域内计划性、培养性的轮换与海外油气业务大轮换结合起来，在区域内部结合项目特点给出针对性的轮换建议。

第六节　提油销售管理体系

2016年，中国石油（CNPC）投资业务在中东地区的年提油量和销售收入近2000万吨和100亿美元水平，对提油销售工作的安全性和及时性提出要求。在总结前期伊拉克公司提油销售经验的基础上，建立以优化日常管理、提升风险防控为核心，包括规范流程、模块管理、畅通渠道、关键节点控制、强化风险识别、量化风险级别评估及销售应急处理等方面的提油销售管理体系。

中东地区提油销售管理体系目标是，整合中东区域的丰富原油资源，打破原有提油工作中按国别提油的固有模式，优化提油销售模型，实现提油销售的效益提升并加快提油回收的效率和灵活性；同时整合中国石油（CNPC）体系内的上下游资源，优化配置供给端和需求端，进一步实现提油销售的操作弹性并实现集团全局的利益最大化。

一、优化和整合日常提油管理流程

2016 年，中东公司以效益最大化为目标，以合规管理为准绳，效益结果与管理质量并重，建立"六大模块 + 适度柔性"的全流程管理模式。将提油过程中所涉及的协议、发票、报船、提油操作、收入和滞期费等六部分内容模块化，有利于工作安排和明确职责。考虑到所属项目合资合作差异问题，以适度柔性体现差异化管理思想，保证具体工作开展时的弹性和可操作性。模块化提油流程如图 6-2-6 所示。

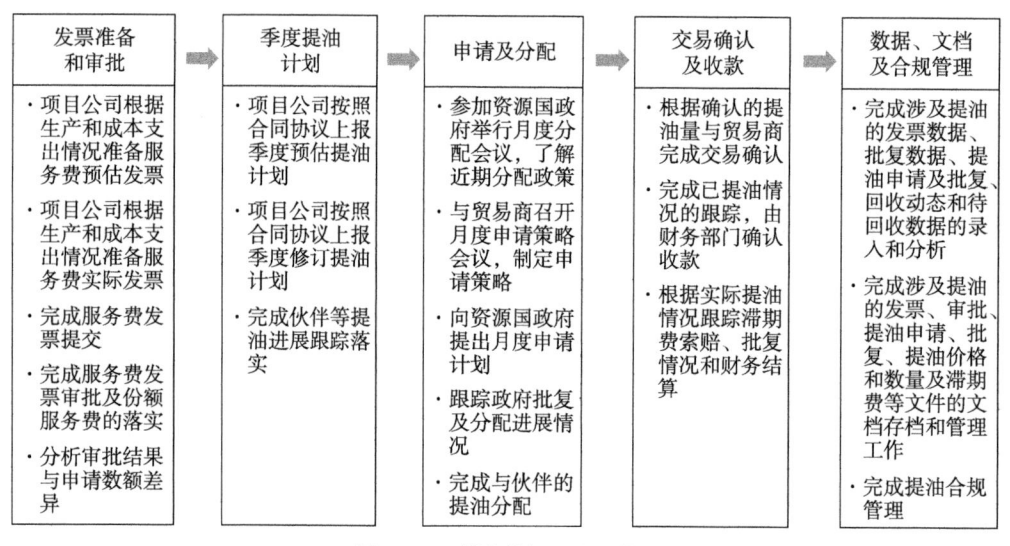

发票准备和审批	季度提油计划	申请及分配	交易确认及收款	数据、文档及合规管理
·项目公司根据生产和成本支出情况准备服务费预估发票 ·项目公司根据生产和成本支出情况准备服务费实际发票 ·完成服务费发票提交 ·完成服务费发票审批及份额服务费的落实 ·分析审批结果与申请数额差异	·项目公司按照合同协议上报季度预估提油计划 ·项目公司按照合同协议上报季度修订提油计划 ·完成伙伴等提油进展跟踪落实	·参加资源国政府举行月度分配会议，了解近期分配政策 ·与贸易商召开月度申请策略会议，制定申请策略 ·向资源国政府提出月度申请计划 ·跟踪政府批复及分配进展情况 ·完成与伙伴的提油分配	·根据确认的提油量与贸易商完成交易确认 ·完成已提油情况的跟踪，由财务部门确认收款 ·根据实际提油情况跟踪滞期费索赔、批复情况和财务结算	·完成涉及提油的发票数据、批复数据、提油申请及批复、回收动态和待回收数据的录入和分析 ·完成涉及提油的发票、审批、提油申请、批复、提油价格和数量及滞期费等文件的文档存档和管理工作 ·完成提油合规管理

图 6-2-6　模块化提油流程管理

二、跨项目、跨甲乙方整合

2016 年，中东公司针对伊拉克中方参与多个项目的情况，说服资源国销售主管单位伊拉克国家石油销售公司同意，将中方各项目间剩余份额油合并，联合提油销售，进一步加快项目提油回收速度，提高项目经济效益。建立与中联油长协配合的长效机制，增加提油操作弹性、降低风险。根据中联油的需求，向伊拉克国家石油销售公司争取最佳船期和原油品种，为中联油实现更好的销售创造条件，实现中国石油（CNPC）整体利于最大化。

三、健全提油风控管控体系

2016 年以来，中东公司逐步建立提油相关方的组织体系及其提油中的职责和多通道的沟通渠道体系。通过对提油管理全流梳理，确定各关键环节主要责任方和直接相关方，主要责任方是在该环节有决策权方，直接相关方虽然没有决策权，但紧密参与该环节（图6-2-7）；建立直接责任方和直接相关方不同层级的职责及其沟通渠道体系（图6-2-8）。

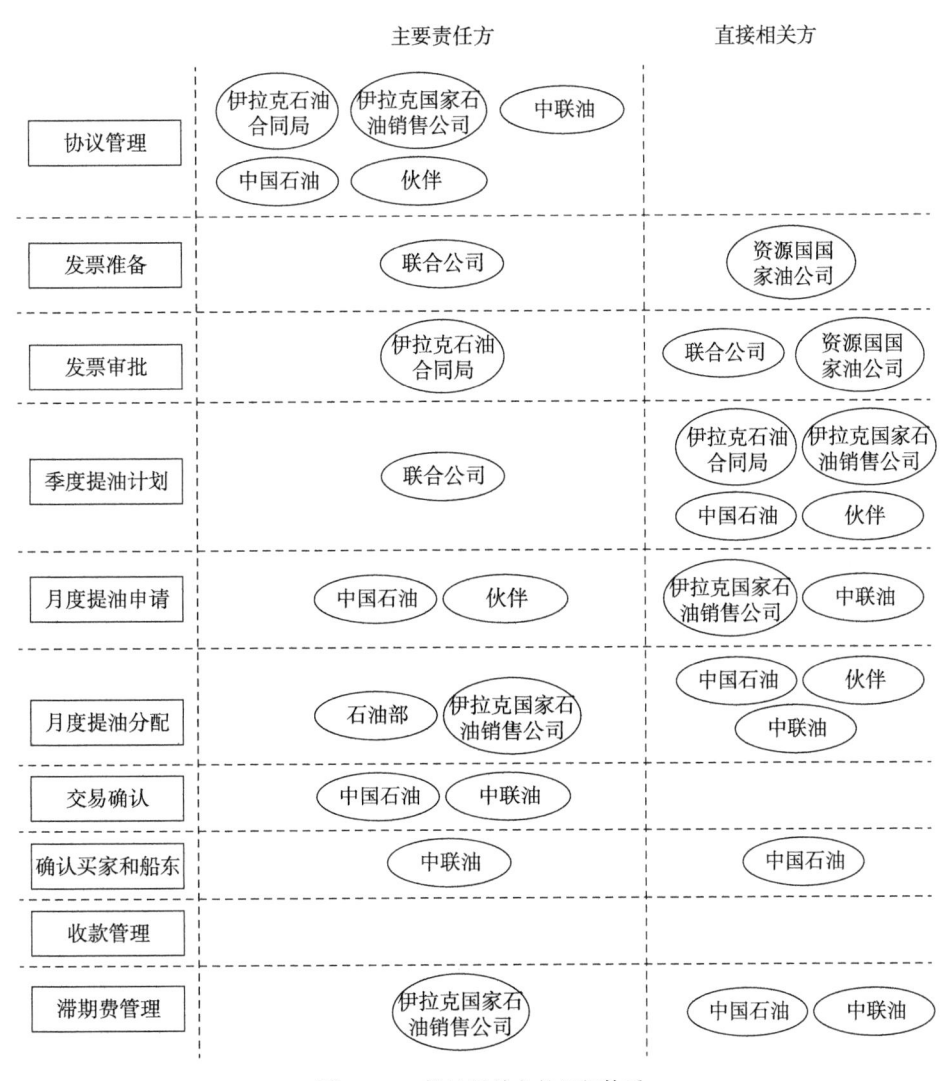

环节	主要责任方	直接相关方
协议管理	伊拉克石油合同局、伊拉克国家石油销售公司、中联油、中国石油、伙伴	
发票准备	联合公司	资源国国家油公司
发票审批	伊拉克石油合同局	联合公司、资源国国家油公司
季度提油计划	联合公司	伊拉克石油合同局、伊拉克国家石油销售公司、中国石油、伙伴
月度提油申请	中国石油、伙伴	伊拉克国家石油销售公司、中联油
月度提油分配	石油部、伊拉克国家石油销售公司	中国石油、伙伴、中联油
交易确认	中国石油、中联油	
确认买家和船东	中联油	中国石油
收款管理		
滞期费管理	伊拉克国家石油销售公司	中国石油、中联油

图 6-2-7 提油相关方的组织体系

逐步构建提油销售风险管控体系。中东公司借鉴国际石油公司的通行做法，定性分析和定量识别相结合，运用风险矩阵识别提油全流程中的 13 个风险要素及其在提油工作中的主次；应用随机过程模拟定量评估风险的级别。通过事件的急迫性和影响程度确定风险的级别；根据风险的种类和级别，分别设计风险控制策略和预案。13 个风险要素包括合同风险、发票准备、发票审批、季度提油计划、月度报船、月度政府分配、提油量二次分配、提油销售风险、提油操作风险、确认提油量和价、提油收款确认、滞期费索赔/批复/结算、提油数据分析。其中，关键风险类型为发票审批、月度政府审批、合同风险;滞期费类的风险是最经常发生的类型,但影响程度较小。通过内部管理优化,可以有效控制发票准备和月度报船风险。

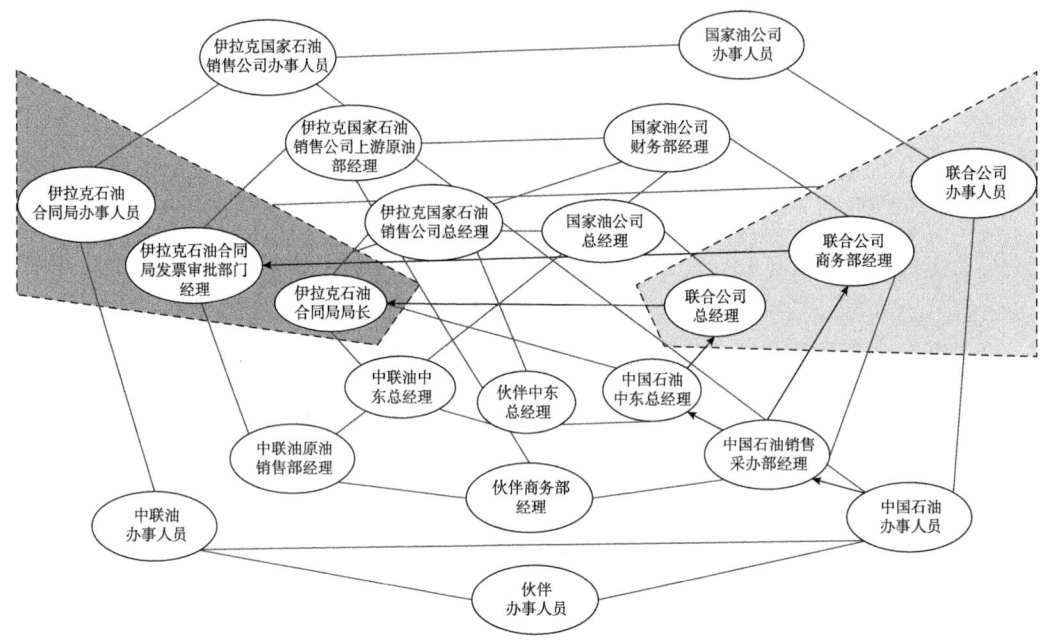

图 6-2-8　各相关方不同层级多通道的沟通渠道体系

第七节　内部防控体系

2016年以来,中东公司逐步建立内部防控体系。内部防控体系包括四大管控体系和八大业务流程,建立数据库对内部控制措施进行评估,建立公司和部门层面的分级授权制度,建立三级内部防控体系。

一、建立四大管控体系和八大业务管理流程

发挥中国石油(CNPC)为作业者的主导优势,结合国际化业务标准,以业务流程为切入点,建立以商务经营、生产作业为主、安全环保为重、风险防控为辅的"四大管控体系"(图6-2-9),以及包含财务管理、预算管理、人力资源、招标采办、信息技术、勘探开发、HSE和内控风险管理的八大业务管理流程。

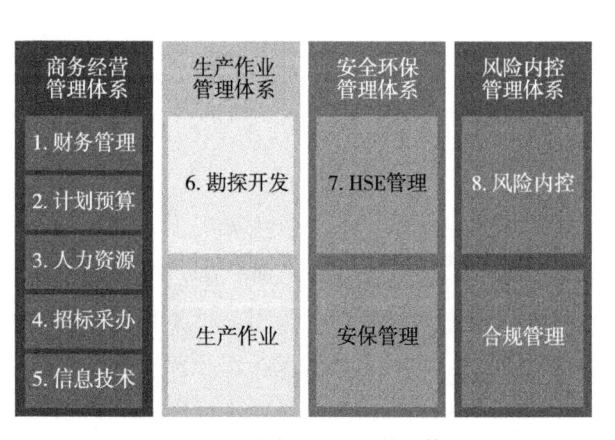

图 6-2-9　中东公司四大管控体系

二、建立风险数据库，对内部控制措施进行评估

梳理风险点并按照业务流建立风险数据库，系统性地对可能产生风险的环节进行风险识别、分析和评价；对风险的有效性进行评估，由此计算剩余风险的分值、应对措施和检查频率；按照对各类控制措施的实用性和有效性的评估标准进行定义；按照战略风险、合规风险、经营风险和财务风险四大类型梳理风险点，对风险发生可能性和影响程度进行评分，优化控制措施。对分值较高的重要风险，制定针对性措施，并落实到具体责任部门和责任岗位。实现风险管控与业务管理相互衔接、紧密融合。

三、建立公司和部门层面的分级授权制度

在业务流程的基础上，建立与石油合同、伙伴协议及项目公司内部决策体系要求相配套的授权制度。按照金额类及非金额类业务审批事项进行汇总，编制分级授权手册和分级授权矩阵，为各类业务事项决策提供指引。

四、建立"三级内部防控"体系

根据所属项目管理权限和能力的不同，对具有控制权的主导项目建立三级内部防控体系（图6-2-10）。通过执行标准化的业务流程、决策流程和监督检查，保证管理的规范性。

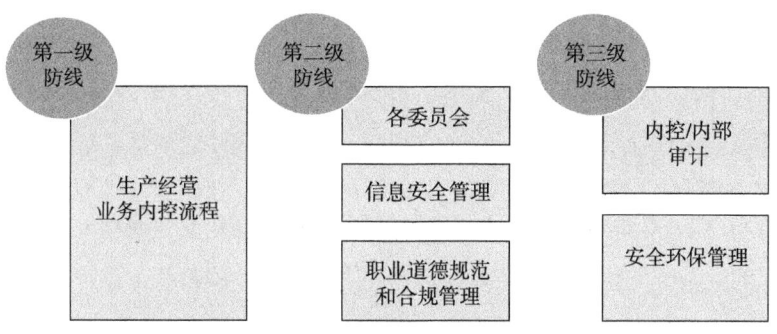

图6-2-10 中东公司三级内部防控体系

（一）第一级防线

第一级防线业务流程标准化，并上线管理。以哈法亚项目为例，建立覆盖全业务的各类流程手册22个，其中业务主流程198项，子流程888项，以及涉及信息技术、人力资源、采办招标等10个跨部门的重点领域及面向全部员工的用户手册和文件指引等，规范项目业务管理标准，同时通过内部控制体系上线管理，形成第一级内部防线。

（二）第二级防线

第二级防线由决策体系、信息安全管理体系、职业道德规范及合规管理构成。

决策体系。在遵循合同规定和国际化项目决策管理模式的基础上，建立三级决策机制，明确划分责权界面，提高决策的执行力，有效保障项目决策管理的透明、公正、合规、高效。

第一级决策机制即联合管理委员会，决策依据为项目合同；决策机构由资源国代表，投资方

代表组成；决策事项包括审议批准油田开发方案、年度工作计划与预算、人事政策、采办程序、一定额度以上合同授标、作业组织机构、人员规模、培训计划、季／年度报告等重大事项等；坚持一年召开会议不少于4次，实行一票否决的会议制度。

第二级决策机制即伙伴指导委员会，决策依据为联合作业协议；决策机构为投资方代表；决策事项包括所有联合管理委员会议题事项开发方案报批、重大投资决策、政策和程序报批等。

第三级决策机制即管理委员会、招标委员会、人力资源委员会、安全环保委员会，管理委员会审议作业公司内部政策和程序、提交伙伴指导委员会／联合管理委员会报告，审议决定项目重大计划、人事、财务、法律等事务；招标委员会审批招标策略（标的、概算、招标方式、招标计划招标工作小组组成等）、技术评标报告、商务评标报告、授标建议、合同执行中重大变化等；人力资源委员会审议组织机构、年度定员、培训计划、业绩考核、人事政策、经理以上岗位的变动等事务；安全环保委员会：审议石油作业HSSE手册、组织HSSE检查、决定HSSE重大措施等。

信息安全管理体系。基于信息化管理系统，遵循循环式品质管理全面质量管理理念，以业务部门为主导开发并实施采办、人力、计划、财务、审计、技术、油田生产监控等各领域的相应信息化技术模块，并通过系统化整合各业务模块，实现工作链不同界面的无缝对接。信息技术安全管理方面，建立以三层数据网络体系为主的网络通讯中心，对所有应用服务器资源统一管理和软件分配的软件应用中心，对数据进行集中管理、可靠存储和稳定运行的数据存储中心。

职业道德规范及合规管理。借鉴国际油公司规范，结合中国石油（CNPC）《诚信合规手册》，编制项目公司多语种《职业道德规范和行为准则》。从公司资产保护、信息保密性、商业伙伴／政府官员交往、公开媒体应对、参与招投标采办业务等方面对管理层和普通员工进行规范和要求。同时，通过制订年度培训计划，针对不同岗位职责，分为高级经理培训、普通员工培训和重点业务领域人员培训，提高员工合规执业能力。

第三级防线包括内部审计／内控测试。通过开展内部审计和内控测试工作，对会计信息的真实合法性，资产的安全完整性，风险管理的有效性进行检查、监督和评价，有效保障项目公司经营合法、合规。

第三章　管理创新

2016年以来，中东公司坚持不懈地追求创新建设国际化经营管理体系和运行机制，不断提升国际化管理水平，促进中东地区的生产经营管理，为中东地区取得良好经营业绩提供重要保障。中东国际合作发展战略实施，实现企业规模和效益的跨越式发展，赢得多方尊重和认可，树立中国企业良好品牌形象，带动当地经济社会发展，实现"一带一路"油气合作走深走实。在阿布扎比油气高端市场，通过技术引领参股项目的行权管控，取得良好效果。2016—2021年，中东公司及所属项目获各类管理创新成果奖16项，其中国家级成果奖1项、行业部级成果奖1项、局级成果奖14项。2020年12月，中东公司撰写的《大型石油企业实现高质量国际合作的中东发展战略实施》获第二十七届全国企业管理现代化创新成果一等奖。

第一节　中东国际合作发展战略实施

2015年3月28日，国家发展改革委、外交部、商务部联合发布《推动共建丝绸之路经济带和21世纪海上丝绸之路的愿景与行动》。

从共建"一带一路"来看，中东是"一带一路"交会地区。在"一带一路"深入发展的大背景下，中国政府与中东主要油气资源国高层互动频繁，并且将国家间关系上升至战略合作伙伴的高度。中东资源国不断加强与主要市场建立从政府到企业、从上游到下游的全方位合作。油气合作是中国与中东地区最现实的利益契合点，利用"一带一路"契机，以油气投资项目为抓手，推动"一带一路"油气合作走深走实，实现企业与资源国的合作共赢。

从油气行业国际竞合来看，中东地区属于国际油气行业的高端市场，国际油公司在中东地区投资经营已有百年历史，是中东石油工业和中东能源地缘政治的重要建构力量。面对与国际油公司的竞争与合作，以及内在国际化发展的需求，中国石油（CNPC）需要打造核心竞争力，推动中东发展战略落地。

从油气资源分布看，中东是全球油气最富集的地区，也是中国主要的原油、天然气进口地区。全球原油剩余探明可采储量的48%和天然气剩余探明可采储量的38%均在中东地区。不管是从发展现状，还是从发展潜力看，中东地区都是开展国际油气合作的核心地带。中国石油（CNPC）作为中东油气市场的"后来者"，需要推动优质新项目的获取和现有项目的上产稳产，实现油气国际合作高质量发展。从地区特殊复杂局势看，中东地区自然环境比较恶劣，地区安全局势和社区安保形势复杂严峻，给项目建设与运营管理带来诸多不便，投资风险较大。需要根据中东地区的特点，有针对性地采取措施，提升抗风险能力。

从应对油气周期变化的需要看，自2008年金融危机以来，受全球经济波动、美国页岩革命等造成的供需失衡影响，国际油价巨幅震荡，全球油气行业遭受巨大冲击，进入中低景气周期。在当前持续中低油价的背景下，如何提升运营管理效率，打造新的增长极，实现高质量发展，成为国际油公司普遍面临的严峻挑战。从推动海外业务高质量发展来看，2009年以来，以签署伊拉克哈法亚、艾哈代布、鲁迈拉等大型、巨型项目为标志，中国石油（CNPC）在中东地区开启规模化发展的序幕；中国石油（CNPC）优化中东业务管理机制，提出将中东业务打造成国际化经营和"一带一路"油气合作旗舰的战略定位和"做大中东"的战略部署。中东地区油田虽然储量大，但地质油藏条件复杂，开采难度大，而且项目合同对油田的上产节奏和关键节点一般都有明确的要求，需要多措并举，综合施策，确保中东发展战略落地。

一、发展战略实施内涵和主要做法

大型石油企业高质量国际合作的中东发展战略实施的内涵是：在习近平新时代中国特色社会主义思想指导下推进油气高质量国际合作，致力于在全球油气最富集地区中东打造"一带一路"油气合作旗舰，建设中国石油（CNPC）海外最大油气合作区，实现与资源国和国际同行的合作共赢。开展分层次发展策略研究、对接资源国油气工业发展规划、把握新项目获取战略机遇期、优化区域管理体制机制，确定中东发展战略实施的顶层设计；围绕新项目开发和已有项目上产两个实现发展的核心抓手，灵活确定与国际一流同行的项目开发合作新模式和统筹优化项目全周期管理，确定发展路径；围绕核心竞争力的构建，搭建共享式后台技术支持，打造技术核心竞争力，同时聚焦产业链协同效应，发挥综合一体化运营优势，积极打造国际竞争力；从管控风险和为发展营造良好环境出发，建立与国际接轨的HSSE管理体系，积极履行社会责任，加强公共关系管理，融入当地经济发展，以实际行动践行人类命运共同体理念，切实保障中东发展战略的落地。

主要做法如下：

（1）立足"一带一路"油气合作，开展中东发展战略实施的顶层设计。开展分层次发展策略研究、对接资源国油气工业发展规划、把握新项目获取战略机遇期、优化区域管理体制机制，确定中东发展战略实施顶层设计。

（2）立足高端市场，灵活确定与国际一流同行的项目开发合作新模式。中东是国际油公司资产最集中的地区，也是其新项目开发最关注的地区。为在中东这个国际油气高端市场站稳脚跟、获取优质项目，中国石油（CNPC）选择与国际油公司强强联手、深度合作。

（3）统筹优化项目全周期管理，保证合作项目优质高效实施。国际油气投资全周期工程项目管理，从油气田的开发方案管理开始，包括工程设计、采办招标、施工建设、油田生产等主要环节。中国石油（CNPC）通过统筹优化上述5个环节管理，实现油田的快速上产和长期稳产，有效提升项目价值，防范投资风险。

（4）搭建共享式后台技术支持，打造技术核心竞争力。中东地区的主力油藏是碳酸盐岩油藏，具有隔夹层隐蔽、"贼层"发育、孔喉结构复杂的特点，开发难度大。为保障中东主力油田的高效开发，打造立足中东高端市场的技术核心竞争力，中国石油（CNPC）搭建区域共享技术支持平台，推动重点技术攻关，结合合同条款为项目定向提供技术支持。

（5）推进产业链协同运营，发挥综合一体化优势。中国石油（CNPC）注重发挥油气投资、工程建设、国际贸易、炼油化工等不同业务链条之间的协同效应，相互促进，打造综合一体化运营竞争力。

（6）构建有企业特色的国际化 HSSE 管理体系，管控中东特殊复杂安全风险。中东地区伊拉克等资源国复杂严峻的自然和社会安全环境，对 HSSE 管理提出更高的要求。中国石油（CNPC）以社会安全和生产作业安全为抓手，构建适应中东地区作业和管理环境的 HSSE 管理体系，不仅丰富海外管理实践，也为工程建设和生产运营提供保障。

（7）融入当地经济发展，树立中国企业良好品牌形象。中国石油（CNPC）在中东地区积极履行社会责任，加强公共关系管理，用实际行动践行人类命运共同体理念，树立负责任公司的良好形象。

二、发展战略实施效果

（1）推动中东发展战略成功落地，实现企业规模和效益的跨越式发展。依托高质量的中东发展战略实施，中国石油（CNPC）在该地区 5 个国家投资运营 15 个油气合作项目，形成以"两伊＋阿联酋"为重点的"品"字形格局，成为中国石油（CNPC）海外重要的生产、利润中心，其产量效益占中国石油（CNPC）海外业务的"半壁江山"。"十三五"期间，中国石油（CNPC）在中东地区的作业产量年均增长1000万吨，权益产量年均增长500万吨。2019年，中国石油（CNPC）在中东地区的原油生产首次迈上作业产量 1 亿吨、权益产量 5000 万吨台阶；经济效益同步大幅增长，2019 年销售收入达到 90 亿美元的规模。中东发展战略的有效实施，将中国石油（CNPC）建设世界一流综合性国际能源公司的愿景推进一大步。

（2）赢得多方尊重和认可，树立中国企业良好品牌形象。通过中东发展战略成功实施，中国石油（CNPC）在"两伊"和阿联酋高端油气市场由最初进入时遭排斥、被怀疑，发展到资源国政府主动要求进行重大战略项目合作。中国石油（CNPC）主导和参与的中东地区各项目充分展现"中国速度""中国质量"和"中国创新"，推动与中东主要资源国的战略油气合作关系向纵深发展。同时，中国石油（CNPC）在中东地区的产量效益、速度质量及社会贡献等方面领跑中东高端市场，成为国际油公司的战略合作伙伴，受邀与国际同行合作开发新项目，用实力赢得合作伙伴的尊重。中国石油（CNPC）应邀参加阿布扎比石油展、伊拉克国际油公司论坛等资源国高层次油气会展，讲好"中国故事"，发出"中国声音"，树立中国企业的良好品牌形象。

（3）带动当地经济社会发展，实现"一带一路"油气合作走深走实。中国石油（CNPC）遵循共商、共建、共享的原则，实施中东发展战略，高质量推进"一带一路"油气合作，用实际行动践行人类命运共同体理念，让中东地区的人民共享发展成果。在伊拉克，中国石油（CNPC）主导及参与的项目原油日产量约 240 万桶，占伊拉克全国产量的 50%，累计为当地创造超 4 亿美元商机，提供就业机会2万余个，为伊拉克战后重建和国家经济发展作出突出贡献。其中，哈法亚是伊拉克国际招标项目中首个实现高峰产量的油田，成为伊拉克南部原油外输的主要力量，被伊拉克政府称为国际合作的典范；艾哈代布项目比合同规定提前3年建成高峰产能并连续6年稳产，打造"中东标志性项目"。在阿联酋，中国石油（CNPC）参与的阿布扎比陆海项目2018年按计划实现首油投产，进入投资回收阶段；在陆上项目担任东北巴布资产组领导者，得到阿联酋阿布扎比国家石油公司的充分认可。在阿曼，中国石油（CNPC）参与的阿曼5区项目原油产量从接手时的5000桶/日增加至超过5万桶/日，成为阿曼第三大油公司，获阿曼政府履行社会责任最佳单位奖。

第二节　高端市场技术引领参股项目行权管控

2013年，中国石油中东公司首次进入阿布扎比石油勘探开发市场，中东公司阿布扎比项目公司始终坚持发挥中国石油（CNPC）一体化优势，加强与阿布扎比国家石油公司的全面合作，分别在2017年和2018年获得陆上和海上3个投资项目，并带动签署2个具有历史意义的工程技术服务合同。为有效行使股东权利，保障中国石油（CNPC）利益，介入西方石油公司用50年的时间建立的经营管理模式，在高端油气市场打造中国品牌，建设千万吨级权益产量规模基地，探索高端市场参股项目行权管控模式。项目公司把获取陆上项目东北巴布资产组领导者，作为有效行权管控的切入点，为中国石油（CNPC）注入最佳实践提供平台；通过有效组织和派遣分布在联合公司、技术分中心和国内科研单位的技术专家，形成三位一体技术支持体系；建立人员调配，会议安排，股东事务审批、大数据分析和档案管理智能化支持保障平台；形成技术驱动，前置行权高端油气勘探开发市场参股项目行权管控模式。

一、行权管控背景

阿联酋是欧佩克主要成员国，也是"一带一路"沿线重要支点国家，对国际油气市场具有一定影响力。阿联酋油气资源丰富，投资环境稳定风险低，通过矿税制合同模式对外合作，保证政府收入和合同者权益。石油市场标准高、管理先进，是技术驱动的油气合作高端市场。

2013年，中国石油（CNPC）和阿布扎比国家石油公司成立联合公司阿拉雅萨特开发陆海项目。2017年2月19日，历经5年艰苦卓绝的谈判和项目开发，中国石油（CNPC）与阿布扎比国家石油公司在签署陆上项目合同，获取该项目部分权益，成为继法国道达尔与英国石油之后的股比第三的重要合作伙伴，合同期40年。该项目产量超过阿联酋国家总产量50%，2017年产量约8000万吨且在上产阶段，属于超大规模、储量可靠、在产合作开发项目。同年12月27日，阿布扎比国家石油公司授予中国石油（CNPC）陆上项目NEB资产领导者称号并签署协议，2018年1月1日起生效。2018年3月21日，陆海项目实现首油并双方签署海上项目，中国石油（CNPC）获得下扎库姆和乌姆沙依夫—纳斯尔两个新项目部分权益。2019年12月21日，中油国际（阿布扎比）公司项目权益总产量突破千万吨。

中国石油（CNPC）连续在阿布扎比上游获得重大突破，进一步优化、夯实海外业务在中东地区的资产布局。通过上游带动下游，落实实施甲乙方一体化战略，在阿联酋的工程建设、技术服务和物资装备领域也获得新的突破和发展，中国石油（CNPC）成为阿联酋这一全球油气高端市场的重要合作伙伴。

（一）陆上项目 NEB 资产领导者获取

陆上项目由阿布扎比国家石油公司、法国道达尔、英国石油、中国石油（CNPC）等 7 家国际知名公司成立合资公司运作，分成巴比、布哈萨、东南、东北巴布 4 个资产组进行管理，法国道达尔和英国石油分别担任资产领导者，负责油田开发方案的研究、调整及实施指导。资产领导者的选择、考核、激励由阿布扎比国家石油公司单独决定，一届任期 5 年，到期可以连任，每 6 个月考核一次，考核合格将获得激励和税收减免，对资产领导者综合实力要求极高。东北巴布资产领导者的获取，标志着中国石油（CNPC）碳酸盐油藏开发配套技术得到阿布扎比国家石油公司认可，陆上项目油田开发话语权、主导权显著增加；和道达尔、英国石油等国际著名公司同台竞合中的优势逐渐显现，中国石油（CNPC）在国际石油市场的形象、地位等软实力得到提高和加强。资产领导者获取的税收减免激励、新技术应用与转让、培训等，使得项目收益实现进一步提升，开创低油价下技术创新驱动利润增长新模式。对于中国石油（CNPC）自身而言，担任资产领导者的意义主要体现在"三个平台"：一是中国石油（CNPC）先进技术走向海外高端市场的平台。通过资产领导者来推进技术落地，从而带动国内先进技术走向国际，并依靠先进技术及研究团队来支持资产领导者工作，确保每年获取投资激励。二是上下游一体化、协同发展的平台。通过资产领导者的获取，带动乙方工程技术、工程服务、设备进入高端市场，实现甲乙方协同发展的一体化战略目标的实现。三是向国际巨型油气田开发管理经验学习的平台。在这个多种复杂类型油气藏的巨型项目上，阿布扎比国家石油公司与国际公司运行多年的开发管理有许多经验值得学习，能为打造国际化人才提供更为广阔的平台。

（二）行权管控的挑战和必要性

在阿布扎比高端油气市场履职资产领导者，是中国石油（CNPC）从第三世界国家石油市场进入成熟高端石油市场的第一次行权尝试，面对全新的规则体系，要找到发声通道和行权平台，要解决投资回报确保中国石油（CNPC）利益等问题，需要中国石油（CNPC）拿出真本事硬功夫回答原资产领导者的质疑，让合作伙伴放心。需要直面挑战和问题，推出中国智慧和中国方案，快速消化油田勘探开发数据，构建全新后勤保障机制，确保中国石油（CNPC）主动有效行权。解决高端市场项目运作合规和合法性问题，解决参股股东构成多，股东事务管控架构复杂，会议种类层级数量多、时间冲突、主题重复、人员安排不科学问题；解决审批和报送股东事项滞留用时太长问题；解决股东事务重要文献资料归档不规范问题；解决线下工作流程可追溯性差的问题；解决资料保全保真难查询难的问题；解决股东事务外部往来语言和数据接口问题；全面保障东北巴布资产领导者正确有效履职，切实保障对千万吨年权益产量，年 50 亿美元资金流动项目的主动有效行权管控。

二、行权创新做法

(一)技术引领驱动实现项目管控和运营

东北巴布资产领导者技术及管理有其特殊性。东北巴布资产群储量110亿桶,采出程度5%,主力油藏为低渗、低黏、低幅度构造、边底水、气顶碳酸盐岩油藏,开发难度较大。历经10余年开发,存在注采压差大、未建立起有效驱替系统、不合理开发技术政策导致含水气油比上升快等问题,技术方面挑战较大。依据作业协议,资产领导者需要利用其内部资源完成如下工作,一是提供所需技术支持,优化投资和操作成本,实现既定生产目标;二是针对开发面临的挑战,积极推介先进、实用、成熟技术并付诸实施,同时要对当地员工开展与该技术相关的培训工作;三是保持与高级副总裁协调沟通,确保方案的有效实施;四是建立与资产管理委员会工作汇报制度;五是定期评估资产组所属油田开发现状,分析油藏表现,对存在的问题及时提出建议并制订改进方案;六是参与技术比选,以期获得最佳开发效果;七是满足其他技术需求。

资产领导者的工作需要与生产和现场紧密结合(图6-3-1)。作为资产领导者,每年需要与阿布扎比国家石油公司签订业绩合同,对资产领导者的各项工作任务做出具体规定。2019年业绩合同为例,共包括12个大项含43个子项,涵盖地质、油藏、开发、地震、钻完井、地面工程、经济、运行维护、培训等油田相关专业,涉及油田开发方案研究、地震处理解释、提高采收率研究与实施、钻完井技术研究与实施、现场操作优化与支持、操作成本优化等,其中大部分工作均需要与油田生产和现场操作紧密沟通结合,推动方案的实施与落地。

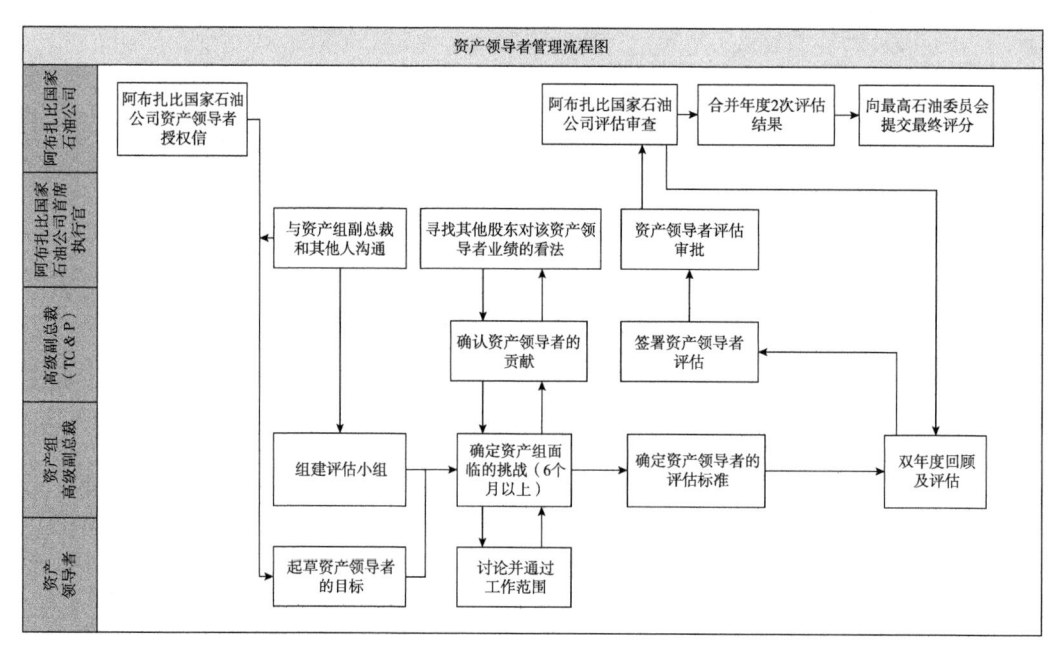

图6-3-1 资产领导者管理流程图

(二)建立适应高端市场的"三位一体"技术支持体系

按照中国石油(CNPC)海外改革"做实项目公司"的总体指导意见,结合项目特点,根据资产领导者工作具体要求，兼顾中国石油（CNPC）技术专家业务和英语水平，统筹考虑对已获取项目和未来新项目等业务需求提供技术支持，采取整体设计、分步实施的方式，形成后方技术支持部—中油国际阿布扎比技术分中心—中国石油（CNPC）NEB 联合办公团队"三位一体"的立体化多层级技术支持体系，"技术引领、技术驱动"，以高水平技术专家和完备的技术支持体系为依托，切实做好高端市场参股项目行权管控。

技术支持体系建立的总体思路，即（1）中国石油勘探开发研究院根据阿布扎比项目技术需求，成立阿布扎比项目后方技术支持部（TSU），负责对阿布扎比所有项目的技术支持；成立阿布扎比技术分中心（T-Hub），负责主要技术协议（MTA）规定的所有技术工作，包括资产领导者义务、股东技术事务、开发方案编制、优化、提高采收率、研究和开发（R&D）等相关工作。（2）T-Hub、TSU 的费用由项目公司筹集，并以技术服务与支持协议的形式与中国石油勘探开发研究院（或中东技术中心）签订并支付；进入 T-Hub 的人员享受中国石油（CNPC）海外薪酬福利待遇、休假政策等；项目公司将统一提供在 T-Hub 工作人员的办公、住宿、交通、签证、许可、保险等；派入联合公司的技术专家由项目公司统一组织和安排。（3）所需其他专业人才，需要发挥中国石油（CNPC）科研院所的优势，由研究院统筹考虑、按市场化规则派遣；对于因身体、业务素质不能胜任的人员，需要及时调整和更换，保证业务顺利进行。

技术支持体系的具体组织形式（图 6-3-2），即（1）包括勘探院、工程院和工程设计公司（CPE）在内的技术支持单位，分别在国内选派并固定适宜专家，组建后方技术支持部（TSU），实现对东北巴布资产领导者工作的有效支持。（2）技术分中心（T-Hub）。涵盖地质、油藏、钻完井、采油、地面工程等专业技术专家，依托以勘探开发研究院为主的专家团队开展工作，在项目公司的统一安排下，全面履行合同义务，以及作为资产领导者的责任和义务，展示中国石油（CNPC）勘探开发生产技术水平，推进中国石油（CNPC）特色技术的应用，提升中国石油（CNPC）在阿布扎比高端市场的形象、地位，探索技术驱动创效新模式。（3）中国石油东北巴布联合办公团队。选派包括地质、油藏、钻完井、采油、地面工程等专家 10 余人进驻联合公司，与阿布扎比陆上东北巴布资产组组成联合办公团队，贴近油田前线，全面负责资产领导者相关工作。

（三）搭建自动化信息化管控系统

根据资产领导者履职，满足技术驱动前置行权，与合作伙伴充分衔接，需要重新建立一套行权管控机制，既合规合法有序又能成倍提高工作效率。中油国际（阿布扎比）公司构建一套智能化行权管控系统，把所有规章制度嵌入到采办，财务报销、"三重一大"、股东事务和人事等功能模块的审批流程中，通过线上流程来自动规范和约束采办、报销、"三重一大"、人员派遣、会议组织、股东事项报批和技术资料管理和档案管理等功能，实现随时随地办公，节省大量的人力物力投入，工作效率发生质的飞跃。

三、实施效果

（一）技术支持体系的实施在行权中的效果

（1）高质量完成东北巴布资产领导者 KPI 工作。2019 是中国石油（CNPC）担任东北巴布资产组资产领导者的第二年，通过两年工作的推动和积累，积极发挥"三位一体"技术支持体系的作用，在一定程度上实现资产领导者为东北巴布资产组2019年各项工作提供技术支持和指导，2019年资产领导者KPI工作获得双方管理层认可。（2）带动乙方队伍进入高端市场，实现甲乙方协同发展的一体化战略目标。牵头组织在阿联酋开展业务的工程技术单位，积极发挥中国石油（CNPC）一体化优势，发挥投资业务引领，合理利用规则，克服股东伙伴的阻碍，快速响应批复EPC授标事宜，推动中国石油工程建设公司2017年11月中标阿布扎比陆上项目巴布油田一体化建设地面工程项目（BIFP），EPC合同价格达十多亿美元。协调中国石油工程建设公司加快项目进度，充分发挥中国石油（CNPC）一体化优势，实现阿布扎比陆上项目蒙德（Mender）地面工程建设项目按计划交付，获得阿布扎比国家石油公司的高度认可，良好地展示中国石油工程队伍

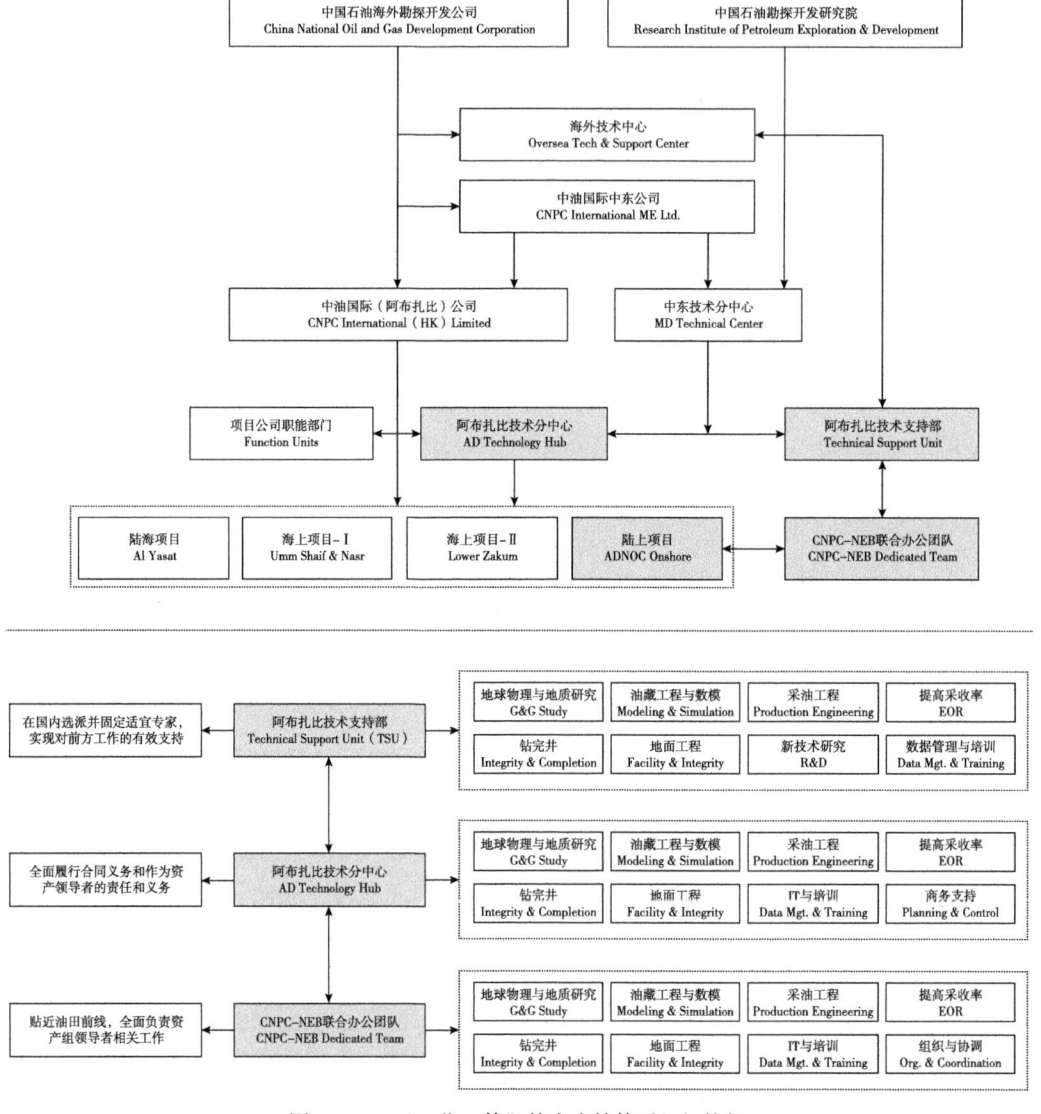

图 6-3-2 "三位一体"技术支持体系组织构架

的能力和信誉及中国石油（CNPC）的一体化优势。东北巴布资产领导者和东北巴布资产组积极合作，优化采集方案，推动达比亚油田北部海陆过渡带高精度三维地震采集。（3）建立有效沟通交流机制，保持正确的工作方向。从 KPI 指标的制定，到 KPI 任务的分解，再到 KPI 工作的执行过程，做到有效沟通、方向明确、任务具体、分步确认、责任明晰。（4）学习阿布扎比国家石油公司最佳实践，提升中方技术软实力。中国石油（CNPC）作为进入阿联酋市场的后来者，担任东北巴布资产领导者，最初不了解阿布扎比国家石油公司的标准，工作中使用中国石油（CNPC）标准，在汇报交流时碰到不少挑战。资产领导者意识到让联合公司接受新标准需要一个过程，快速调整策略，技术路线分三步走。首先学习阿布扎比国家石油公司标准流程，到部分更新和优化阿布扎比国家石油公司标准流程，最后挑选中国石油（CNPC）特色技术，在关键 KPI 课题中使用取得成功，推广到联合公司其他资产组去，这是中国石油（CNPC）将基于 NEB 资产组建立技术中心的出发点。

（二）自动化信息化管控系统在行权中的效果

（1）实现股东事务系统化管理。根据联合公司各个股东间的既有合作模式，定制股东事务线上管理方案，实现股东会议管理、股东事务资料档案逻辑共享、审批事项及股东代表决议"三位一体"管理，逐步完善对合资公司业务的管控力度，前置行权，提前发声，增加中国石油（CNPC）话语权。通过线上股东会议管理，分级梳理管控技术讨论会议、各级分委会及董事会，实现股东会议通知、提醒、会议组织的自动化，实现股东会议安排与人力模块关联，自动管控人员休假、动员和调整；通过与财务模块建立关联，根据股东会议档案自动统计回收信息，实现股东会议成本全面回收。通过建立股东事务资料档案矩阵式共享管理模式，横向按照时间顺序，纵向按照股东事项、会议层级建立档案资料数据库，实现文件档案的高效检索，重要历史背景事件可追溯。通过建立中方内部关于商务、技术支持意见及股东会议结论间的线性审批逻辑关系，再现股东事项的发展过程及各阶段的支持依据，完成对决策事项及股东代表决议的辅助决策。

（2）实现股东事务前置行权管理。优化招标委员会（MTB）及电子平台的批复过程，加强对项目进度的过程掌握，将股东会议、3个决策门槛及 MTB 决策进行紧密结合，实现股东事务前置性行权。通过行权管控系统。筛查在研讨会阶段存在大投资的事项或项目，并布置人力重点跟踪。组织专家开展研讨，制定目标。然后通过充分调配靠前支持及后方专家参与股东会议和内部研讨，形成应对策略，同时保持与其他股东的横向联合，共享数据资源，在各个层级门槛把关，努力保持 MTB 工程招标过程按中方意愿前行，为中国石油工程技术服务单位提供介入机会。支持 MTB 的决策和为尽快完成工程报批提供依据。发挥技术分中心专业优势，建立 MTB 会议与专业团队相结合的技术＋商务审查机制。技术分中心专家根据要求支持各项目 MTB 会议材料的专业技术审查，为商务审查提供技术支持依据，并根据支持需要参与 MTB 会议。优化 MTB 审查机制，发扬集体领导决策优势，建立高效的 MTB 事项审查的上会制度。

（3）实现中方行政办公自动化。探索出一体式综合信息化管控平台，对组织机构、人事行政、采办财务、股东事务、技术资料等多方面的交叉协助，信息共享，简化流程，创新行权管控模式，项目公司行政办公信息化管理水平发生质的飞跃。根据项目公司实际情况，建立人力资源数据库、预算管理数据库、物资数据库、档案数据库四大基本数据库，实现对人、财、物和档案的在线管理和使用。根据业务实际情况，通过严格的线上权限管理机制，实现业务流程的在线建立和审批。基于管控平台运行框架和基本数据库中的数据，结合与阿布扎比国家石油公司联合公司的合作工作模式，定制股东事务线上管理方案，实现股东会议安排、股东资料共享、股东代表决议"三位一体"管理，逐步完善作为股东对合资公司业务的管控力度，辅助增加中国石油（CNPC）的股东合作话语权。结合生产技术部、NEB资产领导者靠前技术专家支持团队、阿布扎比技术分中心及其后方支持团队合作模式，建立技术数据资料分类管理、大规模技术数据存储和传输的管理模式。建立流程审批岗位化和工作交接分责任授权的在线工作模式，使得工作责任到岗不到人，并可以按照业务需求分责任授权管理，克服海外项目人员流动和人员休假时的工作责任不明和工作交接不畅等问题。建立国内外统一访问并结合企业微信建立流程发起及审批模块，方便不同工作地点员工和国内外休假员工及时被通知并操作工作审批内容。

（4）一体化技术大数据平台，实现智能化管控。陆上项目在过去50多年中积累海量的勘探、开发和生产数据，陆上项目合同期40年，未来还有更多数据将产生。整合勘探开发生产研究的各领域海量数据建立一体化技术大数据平台。该平台采用集成勘探研究、开发研究、生产研究的几大领域为一体，从宏观到微观，涵盖油田从盆地到油田再到油藏等不同规模的研究应用，对联合公司勘探开发生产实现实现智能化管控。

第七篇 经营管理

2016年以来，中东公司以中国石油（CNPC）"做大中东"和打造"一带一路"油气合作"旗舰"，稳中求进实现中东公司高质量发展战略为指引，在规划计划、财务管理、采购与原油销售管理、法律与股东事务管理，审计与内控管理、投资与服务协调管理、人力资源、行政管理等做了大量的创造性工作，管理水平上台阶。以运行项目合同为依据，根据项目勘探开发方案制定公司中长期发展规划和年度生产经营与投资计划，年度计划实现合理可控，超额完成。推进财务工作转型升级，坚持以效益为中心，围绕服务项目、服务机关，开展提质增效，强化"两金"压降和资金风险管控，加强税务管理工作，坚持"全周期、差异化"视角，发挥专业优势，深入参与生产经营，起到决策支持和价值创造作用。严格遵守合同，建立采购与招投标制度、监管体系、采购平台，加强对供应商与承包商管理，实现库房管理信息化，创新销售管理体系，保证原油销售和项目回收。加强对所属项目的行权管理工作，实现对所属项目的股东事务行权管理制度化、规范化和流程化，对项目治理机构的决策事项做到充分论证、科学决策。围绕中心、服务大局，以问题和风险为导向，加强重点风险领域管控和关键环节监管。加强内控体系建设，注重风险分类、识别与防控，建立风险数据库，实现内控体系有效和提升。按照效益优先原则，从中国石油（CNPC）整体发展战略出发，强化投资方和服务方一体化，在市场准入、沟通交流、后勤保障和专项协调等方面实现协同管理，实现中国石油（CNPC）在中东地区的整体利益最大化。人才强企，突出一线员工、关键岗位、青年人才，多方并举促进员工扎根一线、深耕专业、岗位成才。行政后勤管理适应海外管理要求，实现公文和档案管理标准化、流程化和数字化，后勤保障体系完善。

第一章　规划计划

中东公司规划计划工作由规划计划部负责组织公司规划、生产经营与投资计划、项目经营策略研究、生产经营统计及投资效益分析、授权管理和业绩考核、项目商务支持、管理创新成果和特殊贡献奖申报、新项目初筛、管理提升、重要材料起草等工作。2016年以来，根据地区形势和公司发展趋势，以项目合同为依据，按照项目勘探开发方案制定公司中长期发展规划，为年度生产经营和投资计划提供指导。按照中油国际（CNODC）对年度生产经营计划和预算工作的总体要求和安排，积极履行公司对年度工作计划和预算的初审职能，开展对中东各项目年度生产经营和投资计划的预审，并配合中油国际（CNODC）组织完成与各项目的对接工作。

第一节　中长期规划

2016年，完成中东地区"十三五"规划纲要的编制，确定"十三五"发展目标，对已有项目安排部署，对新项目开发的要求、各主要区域的发展定位等进行明确，为中东公司中长期发展指明方向。

2018年，编制中东地区油气业务优质高效发展规划，从发展目标和指标的确定、能力建设、资产布局、管理提升等方面对中东公司中长期发展进行部署，明确未来发展的目标、方向和路径。以中国石油集团公司党组召开海外油气业务优质高效发展座谈会为契机，对中东地区优质高效发展规划进行升级，完成《坚持做大中东战略、打造国际合作旗舰，全面开创中东油气业务优质高效发展新局面》优质高效发展报告，进一步明确发展目标，制定未来中东业务发展的"四个高质量"部署，为中东地区投资业务未来一段时间优质发优质高效发展提供行动指南。

2019年，着眼中东公司长远发展，启动"十四五"暨中长期规划编制。加强规划编制的组织，发布《关于落实编制"十四五"规划暨中长期发展规划相关要求的通知》，成立中东公司规划编制领导小组和工作小组，细化公司"十四五"规划编制安排，制定初审模板和数据表满足初审要求。为提高规划编制的质量，明确规划目标和重点，组织召开规划编制研讨会，分享"十三五"规划编制经验。

2020年，组织完成各项目的规划编制和审查，编制中东地区"十四五"发展规划。为确定发展思路、规划目标，制定规划部署，从对标分析认识公司业务的市场位置，从环境分析识别业务发展机会和挑战，规划成果满足公司要求。按照中油国际（CNODC）的授权体系及新的管控调整思路，完善部门业务管理体系，编制印发《中油国际中东公司中长期规划管理实施细则（试行）》。在规划计划体系设计中，针对规划计划管理中存在的问题，借鉴西方石油公司经验，创新构建"上半年聚焦资产价值编制滚动规划，下半年聚焦年度目标，编制工作计划，实现长期和短期目标的无缝衔接，规划对计划的有效引领"的规划计划管理体系。

2021年，按照《中东公司中长期规划管理实施细则》规定，组织编制滚动规划。制订印发编制滚动规划的指导意见，规范主导、非作业和参股三类项目滚动规划的模板，组织召开滚动规划研讨会，分析开发形势、重点难点技术、商务问题和应对策略建议，完成滚动规划高、中、低3种方案的编制。围绕"全球能源绿色低碳转型趋势下的中东公司业务发展策略"主题展开讨论，研究全球能源绿色低碳转型对公司油气主营业务的影响，项目公司在节能减排方面面临的问题和挑战，谋划新形势下公司业务发展策略。

第二节 计划与经营管理

2016年，中东公司组织上半年40美元/桶布伦特油价下的投资计划控减和下半年年度投资预算调整，落实降本增效和全年投资执行的符合率；预审2017年工作计划和预算，与中油国际（CNODC）对接。梳理各项目的前期程序，组织陆海项目、MIS项目、哈法亚三期、鲁迈拉项目的可行性研究编制以及北阿扎德甘二期的预可行性研究预审和上报。编制印发《中国石油中东公司所属项目负责人业务授权管理办法（试行）》。组织重要生产经营信息报告满足业务需要；组织编制内部生产经营月报作为公司领导决策参考。

2017年，中东公司对所属项目2018年工作计划和预算开展预审和跟踪，完成所属项目的可行性研究、延期可行性研究、初设等预审工作。开展上半年的季度经营专题分析，落实年度生产经营任务。编制印发《中国石油中东公司投资管理办法（试行）》。中东公司规划计划部获海外勘探开发公司年度计划管理先进集体称号。

2018年，中东公司根据业绩合同和年度工作计划的重点工作，编制下发各项目《2018年重点工作任务和指标跟踪表》，跟踪掌握各项目重点工作和预算的执行情况。对各项目2019年工作计划和预算进行初步审查，与中油国际（CNODC）工作计划对接。与财务部密切结合，开展季度经营分析报告的编制，为公司经营建言献策。为提高公司计划管理水平，满足后续资产经营的需要，完成中东各项目经济评价历史数据及规划数据的收集整理以及经济评价模式规范化处理，启动编制投资计划管理相关数据库（Excel版）。

2019年，中东公司为进一步完善年度计划从制订、分解、跟踪到改进的全过程管理，履行公司对年度计划预算的预审职能，会同技术支持分中心、财务部等部门，召开中东公司开发形势讨论暨滚动规划与工作计划预算预审会，对2020年各项目计划预算进行预审，对接中油国际（CNODC）工作计划。为推动年度工作计划的完成和重点工作的落实，发布《关于印发中东公司2019年重点工作任务分解的通知》，对重点工作任务进行分解，明确负责单位和支持单位。与财务部密切结合,开展季度经营和半年度分析报告的编制,一季度生产经营分析注重对投资环境的分析和生产经营任务主要不确定性的把握,半年生产经营分析侧重重点工作完成情况的分析及对全年指标完成的预测,增加从公司层面对财务状况的分析,为公司根据生产经营进展及时调整工作重点提供策略支持。优化月度生产经营统计分析,补充完善生产经营综合月报的内容和格式,满足管理层对生产经营信息掌握的需要。

2020年,中东公司编制《2020年中东公司抗击疫情应对低油价持续推进提质增效工程行动实施细则》,制订中东公司提质增效工作方案。为推动年度重点工作更好落实到位,年初编制《中东公司2020年重点工作任务分解》,责任落实到个人和机关各部门,定期进行跟踪评估,每月编制生产经营综合月报,扫描各项目的生产经营及重点工作完成情况,进行生产经营分析,系统评价公司生产经营状况。印发《中油国际中东公司投资管理办法(试行)》,进一步梳理和规范中东公司投资管理程序。结合地区投资环境和项目运营实际,印发《关于编制2021年生产经营与投资计划的指导意见》,从公司层面明确工作目标、编制原则和编制参数,分析2021年生产经营的基本情景和底线情景,为各项目编制年度工作计划提供更清晰的指导。组织开展对各项目2021年度工作计划和预算的预审。

2021年,中东公司编制印发《中东公司2021年提质增效专项行动实施方案》,明确提质增效的工作原则和具体目标,提出4大类17项措施,通过稳产增油、成本控制、合同复议、降库减占、修旧利废、提油清欠、风险管理、减员增效等举措,压减成本费用,提升创效能力。为确保全面完成公司年度生产经营任务,组织制定《中东公司2021年度重点工作任务分解》,根据业务归属对年度重点工作任务进行分解,明确7个方面19项重点任务,细化任务分工,强化责任落实。编制2021重点工作任务跟踪表,由牵头项目和部门按季度填写重点工作完成进度以及后续季度实施计划,在公司季度生产经营分析会上跟踪分析、总结通报,推动年度重点工作任务实施。按照年度生产经营计划和预算工作的总体要求和安排,积极履行公司对年度计划预算的初审职能,编制《关于落实好2022年计划预算编制相关要求的通知》,从公司层面明确编制参数和有关要求,组织对中东各项目2022年工作计划预算的初审,配合中油国际(CNODC)组织完成与各项目的对接。

2022年,中东公司编制印发《中东公司2022年提质增效价值创造行动实施方案暨年度重点工作任务分解》,明确提质增效的工作原则和具体目标,坚持"现金为王""一切成本皆可降"和"每笔开支须回收"理念,提出稳增长、控风险、强管理和优资产等4个方面16项措施,压减成本费用,提升创效能力。同时将公司年度重点工作任务分解与提质增效工作方案相结合,明确公司年度重点任务,跟踪重点任务落实情况,通过生产经营综合月报和季度生产经营分析会跟踪分析和总结通报,推动年度重点工作任务实施。

第三节　经营策略

2018年,中东公司开展阿曼地区经营策略研究,为阿曼建成"做大中东"的一个有效支点提供业务发展方向指导。

2019年，中东公司紧跟资源国投资环境和项目生产经营形势的变化，组织伊拉克投资环境收紧研究，分析伊方在预算、采办、工资、审计、争议、干涉项目经营等的情况，针对性地提出应对策略。对伊拉克10月以来大规模示威游行的原因、进展、影响及下一步形势进行分析预判。会同伊朗项目组织伊朗经营策略研讨会，研究应对制裁的策略，为中国石油（CNPC）和中油国际（CNODC）决策提供支持。针对项目重点生产经营问题，组织参与艾哈代布人工成本、鲁迈拉成立合资公司等事项的研究。更新完善中东各项目经济评价模型，为方案评价和商务运作提供支持。

2020年，中东公司完成中国石油（CNPC）伊拉克业务发展策略报告、中东主要资源财政经济与油价的关联分析、OPEC+限产对公司生产经营影响、伊拉克与美企签署重大能源协议的专题分析报告、伊朗经营策略研究报告。与石油大学合作完成中国石油（CNPC）政研室《中东合作区综合一体化比较优势发展战略研究》，分析中东地区一体化发展的新机遇和新挑战，推动中东地区综合一体化竞争力提升。组织中国石油企业协会完成"中东地区综合一体化发展策略研究"，分析中东地区综合一体化发展现状，总结成功做法和实践，提出中东地区综合一体化发展策略建议。参与智库课题"中东地区油气合作策略研究"，组织"中东地区投资环境"课题调研访谈。

2021年，中东公司对伊拉克业务现状、投资环境、资产分析、新项目合作形势以及发展策略建议等5个方面进行深入分析，完成伊拉克经营策略研究。从历史进程、项目状况以及未来发展3个维度出发，客观研判政治、经济形势，项目面临的机遇和风险，建立油价和产量基础情景假设，对现有资产经营、资产优化及新项目开发提出策略建议。对伊拉克大选、道达尔与伊拉克石油部签署一揽子能源协议、国际油公司在伊拉克业务动向等开展持续跟踪和专题研究，分析对伊拉克的政治安全形势和油气投资环境的影响。适应全球能源低碳转型的发展趋势，结合迪拜技术支持分中心对中东地区天然气资源的分布和资产潜力的分析，对中东地区的天然气发展策略进行初步探讨，提出中东地区未来天然气开发利用的初步策略建议。

2022年，中东公司组织开展中东地区业务经营发展策略研究，围绕市场开发和业务发展开展专题研讨，编制完成新阶段中东业务经营发展策略报告，分析研判中东地区经营环境，提出经营发展策略及相关工作建议，为科学决策提供支撑。

第二章 财务管理

中东公司财务管理工作由公司财务部负责，工作范围主要包括中方管理公司中油国投伊拉克公司（PetroChina International Iraq FZE，简称"FZE"，2010年注册）及中油国际迪拜分公司（CNPCI DUBAI Branch，英文简称"CNPCI DUBAI"，2018年注册）的财务制度建设、预算管理、资金管理、会计核算、财务报表、税保业务和财务报表外部审计；在中油国际（CNODC）的有限授权和领导下，做好区域内投资项目的业务协调工作；代管中国石油（CNPC）在阿联酋注册实体的日常财务管理工作，配合中国石油（CNPC）做好区域税收协调和金融支持等工作。

2016年以来，中东公司贯彻落实中国石油（CNPC）及中油国际（CNODC）各项部署，以中国石油（CNPC）"做大中东"和中东公司高质量发展战略为指引，推进财务工作转型升级，坚持以效益为中心，着眼于持续发展质量，系统稳步推进各项财务工作。财务部把握高质量发展的根本要求和稳中求进的工作基调，围绕服务项目、服务机关，开展提质增效，强化"两金"压降和资金风险管控，加强税务管理工作，坚持"全周期、差异化"视角，发挥专业优势，深入参与生产经营，起到积极的决策支持和价值创造作用。

第一节 资金管理

中东公司以中国石油（CNPC）和中油国际（CNODC）资金管理政策、制度、办法和工作规范为指导，为满足中东公司发展战略和日常经营需要，制定资金管理制度，坚持安全第一、效益优先、全面集中、量入为出、以收定支的原则，对机关管理账户资金收支实施集中管理，合理平衡资金头寸。加强资金计划与财务预算、投资计划、生产计划的统筹衔接，确保生产经营平稳运行，分析资金计划完成情况，提高资金计划的管理效率。密切跟踪中油国际（伊拉克）公司所属项目油款结算情况，严密监管中油国投伊拉克公司项目筹款，在保障营运资金充足的同时，做好存量货币资金理财，提高资金收益。

2016年，中东公司将"两金"压控和提高资金管理水平作为资金管理的重点工作。年内，贯彻落实中国石油（CNPC）和中油国际（CNODC）"两金"压控考核指标及工作要求，成立专项工作小组，细化分解目标，层层传递压力，建立定期通报机制，敦促各单位加大"两金"压降力度，切实降低"两金"规模。严格执行中国石油（CNPC）境外资金管理的相关制度要求，落实收支两条线管理，统筹所属项目资金头寸，盘活存量资金，降低整体负债规模和财务费用。加强银行账户监管，严格执行账户审批流程，规范账户使用用途，建立畅通的结算路径，夯实资金集中管理的基础。开展"小金库"和入账业务自查工作，对自查过程中对发现的问题进行主动整改，相应完善财务复核规范、更新公司财务审批授权体系。组织北阿扎德甘和哈法亚2个项目作为典型，介绍项目资金管理经验，在区域内其他所属项目之间充分分享。

2017年，中东公司为应对形势变化，强化区域内项目资金安全管理，将资金安全管理作为年度资金管理的首要工作，全年公司机关及所属项目资金管理工作总体情况良好。全面组织各项目落实中国石油（CNPC）《关于进一步加强境外资金安全管理的通知》要求，通过自查强化资金管理方面的责任意识和监督意识，推动完善制度流程和创新工作方法。财务部联合审计监察部对公司机关、中国石油协调组及中方主导项目自2016年1月至2017年10月间的资金业务，从11个方面进行全面检查，并召开资金检查情况通报视频会议，对检查出来的问题进行总结并限期整改。始终坚持"现金为王"理念，强力推动区域内项目的清欠工作创出实效。开源节流两手抓，首先以收定支，量入为出，在确保安全稳产上产的前提下，大幅度控减年度投资额。其次，通过进一步资源优化整合，有效的加快油款回收进度，完成年度清欠回收工作目标。

2018年，中油国际（CNODC）根据海外机制体制调整方案，重新界定地区公司的职能。中东公司为明确新职能下资金管理的主体责任，规范资金运作，保证资金安全，提高整体资金效益，制定发布《中油国际中东公司资金管理暂行办法（2018版）》。公司机关和各项目按照资金管理制度和有限授权，稳妥开展资金计划管理、货币资金管理、"两金"压控和汇率风险管理。对筹融资管理和担保授信管理，按程序上报中油国际（CNODC）批准后开展。年内，完成各项资金管理工作，财务部直接管理的13个银行账户资金安全率100%，资金结算效率稳步提高。

2019年，中东公司注重强化资金管理，提高资金使用效率。依托中国石油（CNPC），严格落实收支两条线和资金集约化管理，提高资金效率。中东公司直接管理的银行账户，结算及时、安全高效。2019年底，根据工作需要，按照中油国际（CNODC）的批复意见，为中油国际迪拜分公司在阿联酋开设银行账户，支持中油国际迪拜分公司在阿联酋业务的全面合规运营。适度创新汇率管理，首次引入竞价机制，邀请国际一流银行对大额换汇进行公开报价，通过比价选择最优汇率，大幅减少当年汇兑损失。继续推动"两金"压控取得实效，存量应收账款全部清收。加强制度建设和财务监督力度，为加强备用金管理，提高流转使用效率，重新修订中东公司《备用金管理办法》，明确借款、使用、清理等全业务流程要求，将备用金余额降低95%。组织对哈法亚、伊朗北阿扎德甘项目进行资金管理专项检查，查漏补缺，提高资金安全保障措施。2019年5月，中东公司2人被评为中国石油（CNPC）资金管理先进个人，"哈法亚项目资金管理模式"入选中国石油（CNPC）资金管理工作会议经验交流材料。

2020年，中美之间贸易摩擦与金融摩擦加剧，美国不断针对中国企业采取相关措施。中东公司为应对上述因素导致的资金安全风险，保障生产经营和提质增效的资金链条，中东公司加强与中资、外资商业银行沟通，组织各项目提前准备应急资金方案，及时向中国石油（CNPC）、中油国际（CNODC）汇报，以最稳妥和果断的措施，保障公司和项目资金安全。中东公司直接管理的银行账户继续保持高效资金结算，收支两条线运行稳定；各项目油款和筹款结算保持畅通。资金管理继续创出实效，整体资金效率继续提高。首先是继续创新和拓展汇率管理，取得良好效果。在国投伊拉克缴纳公司所得税事项上，通过更有效的竞价，扭转汇兑损失局面，首次实现汇兑收益。以此为契机，与开户行就日常小额换汇的汇率问题进行磋商，利用体量优势争取优惠汇率，进一步降低换汇成本。2020年末，伊拉克官方货币突然贬值超20%，公司及时做出应对，向各项目发出汇率预警，成功规避伊拉克本轮货币贬值风险。其次是资金管理创新，保障资金效率。为克服伊拉克政府限制提油对项目营运资金的影响，降低资金成本，经中油国际（CNODC）批准，首次依托中油财务公司开展应收账款保理业务，并尝试不同的保理业务模式，及时回笼原油款，保障中油国投伊拉克公司业务营运资金，提高中油国际（CNODC）整体资金效率。再次，通过提质增效，2020年中油国投伊拉克公司所属项目实现正现金流，大幅超额完成提质增效工作任务，为实现中油国际（CNODC）整体资金效益最大化，根据中油国际（CNODC）安排，完成向其他关联公司的资金调拨。

2021年，中东公司围绕资金安全和资金效益开展资金管理工作，资金安全率100%。首先，严格管控，加强合规管理。加强资金合规管理，组织小金库自查、资金安全自查、银行账户自查、网银U盾情况自查等工作，通过查漏补缺提高资金合规管理水平。根据公司法人代表调整的实际情况，及时按程序变更花旗银行、昆仑银行预留签字人和网银U盾更换，严格落实账户双签制度。为提高工作效率，保障资金安全，开通中油财务公司网上银行功能，操作换汇和内部转款业务。其次，精益求精，提升资金管理效益。通过统筹汇率管理，及时与开户行就日常换汇汇率磋商，获得最优换汇汇率，继续实施竞价机制，在中油国投伊拉克公司3个项目缴纳2020年度公司所得税时，实现汇兑正收益。向中油国际（CNODC）提出灵活理财的工作方案，在确保资金安全的前提下，利息收入翻番。通过一系列操作，年内实现汇率、利率管理双正收益。再次，8月，为进一步保障资金安全，提升资金使用效益，修订《中国石油中东公司资金管理暂行办法》，提高资金管理规范化水平。

2022年，中东公司践行资金管理创效，强化与项目协同创效，通过实施积极的资金管理策略，直接或间接为公司创造价值约890万美元。一是跟踪美联储加息动态，结合专业机构信息，研判美元汇率走势。在资金上实施"紧平衡"管理，实时更新公司3个月资金头寸预测，在满足中油国际（CNODC）资金调拨需求和项目营运资金的前提下，找准利率高点将阶段性富余资金进行定期存款。策略上保持短期和长期相结合、动态优化定存安排，以达到提高资金使用效率和效益的目标。开立7笔定期存款，实现利息收益490万美元。二是按照既定的汇率管理策略，在日常支付伊拉克税款时获得最优的汇率报价，在支付年度所得税款时实施竞价机制，对比不询价或者净价，节约资金成本63万美元。三是专注跟踪西古尔纳-1项目伊拉克国家石油销售公司账单少计金额及TTSF未解决事项，与西古尔纳-1项目信息共享、协同合作，解决伊拉克国家石油销售公司账单少计中方份额的问题，并落实调整筹款的方案，增加年度现金流337万美元。

第二节 成本管理

中东公司依托预算管理和提质增效工作，根据中油国际（CNODC）的有限授权，开展公司机关和直属项目的成本管理工作，在成本管理中全面落实"四精"工作要求，促进经济效益提升。在预算管理上，建立从财务预算的编制、上报到执行、监督、分析的闭环工作流程，及时准确地向公司管理层提供成本管理动态。组织修订完善公司预算管理办法，分解下达中油国投伊拉克公司所属项目预算目标。通过编制月度预算执行情况分析和月度财务简报，深度参与季度生产经营会议等方式，分析公司机关及所属项目生产经营中的关键问题，提出工作建议，起到决策支持作用。认识到公司复杂严峻的生产经营形势，按照中国石油（CNPC）和中油国际（CNODC）的部署持续开展提质增效工作，发挥一体化优势和低成本优势，坚持"一切成本皆可降"的理念，推动实现稳增长目标，增强高质量发展的内生动力，促进思想观念和管理理念的转变，促进公司经营状况持续改善。同时注重加强区域内统筹协调和服务保障，引导各所属项目发挥专业优势，研究解决各项目生产经营中出现的新情况新问题，落实提质增效工作方案，夯实低成本战略优势。

2016年，中东公司预算管理工作着眼于持续发展质量，完善预算指标考核体系，对预算执行情况月度分析跟踪监测及分析关键指标变动趋势，发挥预算对经营活动的引领作用。财务部建立覆盖中方管理公司及投资业务的月度财务分析和快报制度，健全各项目月度财务数据填报模板和定时报送机制，完善财务信息数据库。在此基础上，按月编制月度财务快报、月度经营指标统计报告、清欠工作报告、年度指标完成情况预测等经营综合分析报告，为管理层、机关业务部门提供及时、全面的数据和分析报告。规范统一预算管理工作，克服各项目分属中油国投、中油国际（CNODC）、中油勘探3个不同法律主体，以往预算编制方法和编报口径上不统一的问题，与中油国际（CNODC）充分沟通，规范现金流、操作费、利润等财务指标预算的编报流程，统一指标口径和计算方法，按照公司制度履行内部审批流程。结合哈法亚项目转股、北阿项目核算方法和减值压力测试等实际变化情况，与中油国际（CNODC）对上报的各项财务预算指标跟进审批进展，确保下达的预算指标在合理范围内。按照中东公司"守住两条底线"的总体要求，应对持续低油价带来的挑战，提升效益为核心，加强内外部环境研判，调整经营策略。针对低油价下，伙伴投资意愿不足及部分油田稳产难度大等关键问题，配合机关各部门和在产项目优化开发方案，"精益求精""优中选优"，保证新井工作量和瓶颈工程按期投产。在开源与节流方面多项措施并举，在投入成本有效控减的情况下，在产项目超计划运行，为全年超额完成生产经营目标奠定坚实基础。中东公司机关厉行节约，对全年机关管理费施行紧管理，确保实际机关管理费在预算范围内。

2017年，国际油价持续低位震荡，地区安全形势动荡不安，部分油田出现降产、限产，中东公司围绕年度生产经营目标，按照有质量、有效益、可持续发展的总体指导思想，以投资回收为中心任务，优化项目投资，提高项目投资盈利能力；开展财务分析和经营策略研究工作，提高风险管控能力，提升财务管理水平，抓好提质增效，大幅提升公司经营效益。组织区域内项目实施减控投资、降本增效等措施，优化钻井方案、调减措施工作量，压缩非生产性支出，开展合同复议，控制用工总量，将权益投资和单桶操作成本控制在预算范围内。单位操作成本较计划有较大幅度的降低。各项目利用作业者和合同者的优势和资源，精心组织、缜密运作，加强经营策划，促进经营效益大幅提升。

2018年，国际油价跌宕起伏、地区格局持续失衡、资源国安保形势严峻，中东公司按照中油国际（CNODC）"原油上产不停、经营效益不降、新项目开发力度不减、整体工作上水平"的总体要求，组织大力实施提质增效和创新管理，加强成本管控方面，继续坚持低成本发展战略，取得显著成果，积累"四优化"成本管控经验。一是采办优化，对延期或续签合同进行价格复议。二是机构优化，通过优化组织机构，精简岗位设置，提高本地员工比例，降低占管理费用比重较大的人工成本。三是库存优化，加强库存实时管理，采取措施积极消化库存，提高库存流转效益。四是技术优化，通过缩短工程周期、优化工程方案等大力降低投资；通过优化生产操作参数，优化生产物资投入配比降低生产成本。根据预算管理制度，完成公司机关、中油国投伊拉克公司所属项目、中东公司其他项目以及协调组等单位财务预算的预审和报批协调工作。公司预算执行过程得到较好监控，预算执行情况良好。

2019年，中东公司围绕"以价值提升为引领，以风险管控为重点"的主线展开成本管理工作，精心把握投资、风险、运营的平衡关系，深度参与到生产经营中，追求业财结合和商务创效，更多地发挥价值创造和决策支持职能，提升成本管理水平。按照"生产经营迈上新台阶、新项目开发实现新突破、商务运作取得新进展，管理工作创出新特色"总体要求，围绕年度工作目标，配合做好提质增效、管理创新工作，全面、超额完成各项生产经营指标。10月，为提高财务月报在支持公司生产经营中的作用，进一步完善月度财务数据填报模板和定时报送机制，细化财务信息数据库并保持时时更新。对比年度预算指标体系，在财务报表的基础上，按月编制月度财务快报、月度经营指标统计报告、清欠工作报告、年度现金流指标完成情况预测等经营综合分析，为中东公司管理层提供较全面的分析报告。

2020年，中东公司围绕年度工作目标和提质增效专项工作部署，"以价值提升为导向，以现金流管理为核心"，组织落实财务管理工作。为确保提质增效工作扎实落地，成立以计划、财务人员组成的提质增效工作小组，通过"双周报"工作机制加强督办督导；通过加强形势研判和量化措施，确保专项行动有计划、高质量、有成效地开展。牢固树立"一切成本皆可降"的理念，发挥项目作为成本与利润单元的职责定位，引导区域内项目，突出提质增效、狠抓精益管理、推动管理提升，低成本核心竞争优势得到强化，超额完成年度指标，总体财务状况保持稳健，展示出较好的抵御低油价风险能力和发展潜力。为系统总结经验，推进提质增效常态化，从价值管理的角度，中东公司总结2020年严冬形势下以效益为中心、以现金流管理为核心的提质增效管理模式，并入选中国石油（CNPC）管理会计案例。2020年，加强预算导向作用，实现预期成本控减目标，公司机关积极发挥示范作用，带头压减费用。在年初公司机关预算的基础上，2020年4月底，财务部编制机关管理费压减方案和具体措施。通过严格落实各项措施，强化预算执行过程控制，2020年管理费支出对比年度预算下降32%，超额完成中油国际（CNODC）下达的控制目标。2020年7月，为提高预算管理工作的规范性，组织修订《中油国际中东公司预算管理办法（试行）》。

2021年，中东公司按照中国石油（CNPC）和中油国际（CNODC）的统一部署，推动提质增效专项行动升级版，配合规划计划部编制《提质增效升级版工作方案》，拟定专项行动效益指标、发展质量目标和成本费用管控目标。为确保所属项目提质增效方案措施落地和实施效果，按月组织各项目上报提质增效工作进展，编制中东公司提质增效"两表一报"，向公司管理层报告各项目提质增效的工作部署、实施效果、亮点措施、经典案例、存在问题及下一步工作安排。完成季度和全年生产经营分析会材料，分析公司及各项目的经营状况，明确财务管理方面的主要风险和问题，并有针对性提出建议。强调预算与会计匹配，进一步强化预算执行过程控制，严格保证机关管理费用不超预算。4月底前，拟定中东公司亏损治理工作专班方案和专项工作方案，制定明确的亏损治理工作目标，建立按月上报工作进展的工作制度。按月汇总中东公司所属项目亏损治理工作进展，分析亏损治理中的重点、难点，向工作专班和中油国际（CNODC）汇报。组织所属各项目向中油国际（CNODC）报告亏损治理的关键问题和建议方案。提质增效和亏损治理专项行动取得成效，整体经营业绩良好，为完成"十四五"亏损治理目标打下基础。

2022年，中东公司加强预算执行管理，精细控制预算执行过程，动态优化公司成本，保证机关管理费用不超预算。实际机关管理费支出对比全年预算节约12%，同口径同比下降2.3%。在没有进行预算调整的情况下，预算完成符合率95%。财务部深化决策支持职能，落实提质增效价值创造工程，通过汇总各投资项目财务指标完成情况，定期形成分析报告，分析公司及各项目的经营状况，明确财务管理方面的主要风险和问题，有针对性提出建议。

第三节　会计核算

中东公司在国家法律、中国石油（CNPC）相关会计制度的约束下，结合阿联酋和投资所在国法律法规、各项目基础石油合同要求等，制定中油国投伊拉克公司和中油国际迪拜分公司财务管理制度，并进行财务业务流程建设。按照统一安排，根据国际准则、中国准则和投资所在国会计准则等变化，推动所属项目进行新准则的适用评估、实施与衔接过渡工作。依照中国石油（CNPC）和中油国际（CNODC）会计政策制度，制定公司会计工作规范、核算办法及费用开支范围和标准，会计档案管理等工作制度。基于中油国投伊拉克公司及中油国际迪拜分公司的财务报告，编制财务情况分析资料，及时向公司管理层提供财务会计信息。以规范的会计核算工作为基础，稳步推动直管或代管的法律实体的年度财务报表审计，获取标准无保留意见的审计报告。

2016年，中东公司财务部负责公司机关、所属项目的中方账和中国石油协调组（简称协调组）3套体系下的会计核算和报表工作。财务系统为FMIS7.0。作为运营鲁迈拉、哈法亚和西古尔纳三个项目的投资实体，中油国投伊拉克公司的会计核算业务涉及中方作业权益还原、中方派遣人员代垫费用核算等工作，范围包括国投伊拉克本体，以及各分、子公司，包括海湾石油技术公司（Petro Gulf）、中国石油英国公司、中国石油哈法亚有限责任公司（LLC）和中油国投伊拉克公司。协调组下设的中国石油迪拜代表处、中国石油阿布扎比分公司、中东综合支持基地3家单位。中东公司财务部按月完成所属单位单体报表、3个层级的合并报表以及协调组财务报表，按时保质保量完成所管理主体的财务决算工作；完成所管理主体2015年度财务报表外部审计工作，获得无保留意见审计报告；完成2015年所得税申报和2016年在伊拉克工作的中方派遣人员个人所得税申报和缴纳。年内，按照年初重点工作部署，实现中方账集中统一管理的工作目标。按照中油国际（CNODC）对中东公司中方账集中方案的批复，在各项目支持下，通过调研和测试，编发《中东公司中方费用报销管理实施细则（试行）》《中方账集中管理实施方案》《中方账费用类科目归集方法说明》《集中后备用金、固定资产财务内部办理流程说明》和《中方账记账规则简要说明》等一系列规范，实现中东公司所属10个项目和地区公司的中方账在制度、系统、核算、资金、预算、报表等方面的集中统一管理。下半年，在中油国际（CNODC）的指导下，依照大庆购买中国石油哈法亚合资公司（FZCO）股权转让协议和中油国投伊拉克公司向中国石油哈法亚合资公司转哈法亚权益的协议，配合提交大庆转股所需的财务资料和信息，及时完成中油国投伊拉克公司转股到中油国投伊拉克公司的财务分账剥离；完成中国石油哈法亚合资公司建账等工作，为2016年12月31日股权交割日的财务业务处理启动做好准备。

2017年，中东公司通过实践和研讨，再次对中方账的管理制度、核算办法、预算管理等进行完善，进一步提升中方账集中统一管理水平。主要包括：实现资金统一管理、集中支付和个人资金支付实时通知；实现对财务系统、报表填报的集中统一管理；建立规范的中东地区中方账集中统一管理和项目分级授权管理体系。稳步推进完成年度审计工作，配合第三方审计师完成2016年审计工作，出具各主体的无保留意见审计报告、伊拉克项目实际成本认证报告等。完成2016年所得税申报和2017年中油国投伊拉克公司中方派遣人员个人所得税申报和缴纳。按阿联酋2018年1月1日征收增值税法规要求，完成中油国投伊拉克公司、中油国投伊拉克公司伊拉克分公司、中国石油迪拜代表处、中东综合支持基地等4家公司的增值税税号注册。年内，中东公司财务部配合法律部等相关部门加大法人压降工作力度。完成关闭石油化工公司的公司决议和清算授权函大使馆认证，将清算所需资料（海关、路政、通讯等部门）提交政府相关部门，解决拖延7年之久的历史问题。清理海湾石油技术公司和中国石油英国公司的往来账务，为下一步银行账户关闭和公司清算等做好准备。

2018年，中东公司按照组织机制体制调整方案，以提高效率和效益为目标，调整财务管理模式，直接管理中油国投伊拉克公司和中油国际迪拜分公司，协调和督导区域内15个项目财务业务，协管协调组部分核算业务。年内，保质保量完成各项会计核算基础工作，完成中油国投伊拉克公司、中油国投伊拉克公司伊拉克分公司、中国石油迪拜代表处及综合支持基地等单位的年度审计工作，以及伊拉克项目的成本认证工作。有序试水增值税业务，建立健全工作制度。跟踪阿联酋增值税法的颁布实施情况，组织中国石油（CNPC）驻迪拜各单位参加阿联酋增值税法培训，邀请安永事务所进行阿联酋增值税健康检查，有序开展全年增值税的申报和退税工作，建立健全相应工作流程，提高增值税管理水平。配合中国石油（CNPC）完成阿联酋税收筹划指南的编纂工作。下半年，配合推动区域内财务共享方案实施，试点财务信息系统优化方案。协助中国石油财务共享中心完成对伊朗项目、阿曼项目、公司机关和阿布扎比项目的业务调研，配合中油国际（CNODC）财务共享中心对金蝶系统进行推广培训，按计划开展财务共享的业务试点，中方账业务逐步全面移交中油国际（CNODC）财务共享中心。为建立财务信息管理系统，提高业务规范性和自动化水平，配合中油国际（CNODC）科技信息部完成工作调研。年内，完成海湾石油技术公司和石油化工公司关闭清理工作。继续推动中国石油英国公司的关闭工作，完成内部债务重组和资金汇回，达到关闭条件，降低冗余法人的运营风险。

2019年，中东公司依托财务共享平台，进一步夯实财务核算基础工作，在FMIS2.0系统中建立中油国际迪拜分公司账套，按照中油国际（CNODC）和中东公司的财务制度，根据业务划分，启动中油国际迪拜分公司会计业务的独立核算和报表工作。中东公司财务部负责中油国际迪拜分公司的会计核算，中油国际（CNODC）财务共享中心承接报表工作。11月，参加中油国际（CNODC）财务基础工作检查组，对阿布扎比项目、伊朗项目、阿曼项目和地区公司的财务基础工作进行检查，提出改进意见。12月，与中国石油（CNPC）成都共享中心沟通交流，完成协调组财务业务划转工作。2019年，加强制度管理与系统建设，进一步加强财务合规管理。以中油国际（CNODC）有限授权方案为基础，按照"全面均衡、权责利对等"原则，及时组织修订中油国投伊拉克公司本部及所属项目业务授权方案及配套的财务业务开支授权表，实施效果达到预期。此外，为扭转地区公司财务系统落后的状况，在前期调研讨论的基础上，完成以财务业务为中心，涵盖计划、采办等业务的OA—ERP—FMIS融合系统开发并投入试运行，完成数据初始化工作，财务核算系统由FMIS7.0调整为企业资源管理系统（Enterprise Resoure Planning，简称"ERP"）。完善税务管理模式，初步构建形成管控风险、优化高效的税收管理体系。强化各项目税务管理顶层设计，跟踪研究所在国税收政策变化和影响，完善税收风险管理的制度流程，因地制宜开展税收管理工作。中油国投伊拉克公司和中国石油（CNPC）支持基地的增值税日常管理稳步开展。发挥中东地区税收区域协调小组作用，有效应对2019年起实施的经济实质法规要求，维护中国石油（CNPC）的整体利益，牵头完成中国石油（CNPC）所属54家阿联酋注册实体的国别报告通知申报，满足阿联酋实质经营法案的阶段性要求。完成UK公司的注销关闭，中油国投伊拉克及所属项目的运作框架实现阶段化最优。协助提供中国石油阿布扎比分公司注销关闭所需财务文件，注销工作基本结束。

2020年，中东公司实现ERP融合系统上线，为新时代高质量财务管理打下基础。OA—ERP—FMIS融合系统投入使用，相关业务实现在线审批。中东公司财务部以新系统为中心，组织开展以加强内控和会计核算为重点的管理体系建设，完成修订《中油国投伊拉克公司会计手册》。稳步推动OA—ERP—FMIS融合系统线上运行、扩展完善系统功能。经过1年的在线运行，主体功能的稳定性得到检验，中东公司财务管理的体系化、自动化和现代化水平明显提升，各项基础财务工作再上新台阶。开展税务和审计管理，提升管理创效水平。财务部跟踪研究所在国税收政策变化和影响，因地制宜开展税收管理工作，确保依法合规，高效解决税务争议，税务风险降至合理水平。完成所管理公司实体的增值税季度申报和退税、派遣员工个税和公司所得税的申报工作。积极参与国际税务和投资中心（ITIC）平台，跟踪中油国投伊拉克公司2011—2016年的所得税缴税凭证。按照阿联酋经济实质法规修正法案，对中东公司所属 10 家公司进行经济实质性符合性评估，完成申报工作。协助中国石油（CNPC），审核阿联酋和阿曼国别税制报告，并推动用于公司税务管理工作。完成中油国投伊拉克公司、中国石油迪拜代表处、中东综合支持基地等主体的年度财务审计工作，取得无保留意见审计报告。

2021 年，中东公司提前筹划，提出优化中油国投伊拉克公司及所属项目财务管理模式的建议。结合中国石油（CNPC）海外机制体制改革方案，考虑鲁迈拉、西古尔纳项目的管理角色发生重大变化后，伊拉克投资业务的长期发展，为进一步夯实在伊拉克运营项目的财务管控体系，提高中油国投伊拉克公司的收益水平，建议优化、整合已有财务人员、信息系统、规章制度等资源，建立中油国投伊拉克公司及所属项目的财务管理与支持模式。落实中国石油（CNPC）财务大检查各项部署，通过大检查进一步强化财务管控和监督体系，提高公司风险应对能力。克服新冠肺炎疫情形势下无法现场检查的困难，完成财务大检查工作。7 月 20 日—8 月 20 日，按照中国石油（CNPC）批准的抽查方案，与人力资源部、股东与法律事务部、审计监察部及纪工委办公室组成联合检查组，经过沟通，细化检查方案，建立检查清单。8 月中上旬，采取检查制度文件与工作文档、访谈业务经办负责人员、检查组内部讨论等方式完成抽查工作，并形成工作报告。10 月中旬起，协调被抽查项目推动整改。截至 2021 年底，对发现的问题已经完成整改，并按时完成上报抽查阶段整改报告。年内，加强会计核算和预算管理，提高会计信息质量。通过依托 OA—SAP 系统，严格审核每笔入账费用，落实提质增效工作要求。年内组织对往来进行清理，重点清理长期挂账款项、代垫费用、备用金及押金等。2021 年末备用金控制在最低水平，较年内高峰下降 95%。按时完成中油国投伊拉克公司派遣员工个税的缴纳和申报。具体负责中油国投伊拉克公司的外部财务报表审计工作，及时跟进审计进展，按时取得标准无保留意见报告和成本认证报告。

2022 年，中东公司落实中国石油（CNPC）对鲁迈拉合资公司"稳步推进有效管控"指导意见，组建财务支持团队，承接鲁迈拉合资公司的财务管理工作。通过研究复杂的协议架构，完成合资公司账务初始化方案，设计合资公司财务管理业务流程和业务授权，在合资公司推行中方主导的财务管理系统，保障 6 月 1 日开始合资公司平稳运营。一是自年初起，基于注资协议、股东协议等，提前开展账务初始化专项工作，梳理历史账务、设计账务初始化方案、摸底其他未决财务事项等。与合作方英国石油协商，保障中方利益，8 月底修正对价调整款。二是主导设计合资公司财务管理业务流程，包括合资公司各类成本回收路径、双方派员个税缴纳方案、合资公司融资和分红方案等，在合资公司推行中方主导的财务管理系统，落实与大股东权责匹配的财务管理权限，逐步实施对鲁迈拉项目有效管控。三是为应对中东公司税务管理外部环境发生的重大变化，加强税务合规管理，将税务风险控制在合理水平。解决伊拉克国税局暂停办理中东公司入境签证业务和海关清关的问题，完成 2016—2021 年税务初步评估，进一步降低中东公司在伊拉克的涉税风险。密切跟踪阿联酋、伊拉克等涉税国家的税务法规、税收征管实践、纳税评估等变化，及时跟进研究，确定关键风险点及应对措施，完善公司税务管理流程，提升税务风险应对能力。

第三章 采购与原油销售管理

中东公司各项目物资采购管理由项目公司采办部负责，包括物资采购与工程建设招标、供应商和承包商管理和库房管理等；中东公司机关采办管理由机关销售采办部负责，机关销售采办部并负责各项目提油销售协调，中方作业者项目超出其授权范围的采办事项审议。各项目公司根据合同要求，建立采购与招投标制度、监管体系、采购平台建设；加强对供应商与承包商管理，包括资质审查管理、本地化管理、服务保障单位参与和考核；加强库房管理，建设相应的制度及仓库信息化建设，优化物资库存控制。原油提油销售是实现投资回收关键环节，中东公司创新提油销售管理体系，根据不同区域特点，建立相应销售制度。

第一节 采购与招投标管理

中东公司各项目采办部针对中方管理项目积极对标国际一流公司并结合项目实际，保障物资采购工作的合法合规，建立适应项目特点的采购管理办法，重点是完善招投标制度。

一、制度建设

2007年，MIS项目为满足油田建设对物资及服务采办需要，规范各类采办行为，制定采办程序，包括合同、订单流程等15章，指导各类日常采办活动，同时制定材料收发制度、库存盘点制度，指导项目公司维修复产活动及技术服务协议实施。

2009年，艾哈代布项目颁布《绿洲石油采购与招投标管理办法》。7月1日，颁布实施《绿洲石油采购采购细则》，内容包括绿洲石油工程、物资、材料及服务采购管理制度细则和操作手册。7月6日，北阿扎德甘项目在回购合同生效后，按照回购合同规定起草项目公司采办程序，12月发布实施。采办程序在回购合同框架下规定采购流程、招标流程、招标委员会工作程序、报批程序等，为项目公司采购与招标管理工作提供依据，为项目投资和操作费的审计确认回收提供保障。

2016年，MIS项目更新采办程序，新制定招标工作程序和采办工作指南。招标工作程序包括招标委员会组成、招标委员会秘书职责、发标、开标、评标、报批及授标等16章。采办工作指南包括材料需求程序、服务需求程序、服务商和供应商管理、合同订单签署等7项内容。2018年为满足新的技术服务协议的需求，更加规范各类采办活动，满足中国石油（CNPC）、中油国际

（CNODC）、中东公司的要求，对采办程序、招标工作程序、采办工作指南进行更新。

2019年，艾哈代布项目颁布两版《绿洲石油采购与招投标管理办法》。

二、监管体系

2009—2019年，中东公司各项目逐步完善监管体系建设，重点包括制定招标委员会制度、完善"三重一大"决策体系、资源国业主监管流程等。

招标委员会。2009年，艾哈代布项目建立招标委员会（TC），不断优化参与招标监管的人员和部门职能。人员由技术组长、商务组长、招标委员会秘书、总工、财务总监、律师、公司常务副总、公司总经理组成。监督监管更为全面。项目对评标过程和伊拉克方参与评标予以优化，中方技术评标专家组和商务评标组分开进行。预算1000万美元以下招标由伊方代表见证监督，技术开标及商务开标需有至少1名伊拉克中部石油公司代表和合作方伊拉克国家石油销售公司的1名律师代表参与开标见证。预算超350万美元的项目，招标策略及评标报告需报振华石油总部审核批准。预算超2000万美元项目，招标策略及评标报告需报中东股东事务委员会审核批准。预算超3000万美元项目，招标策略及评标报告需报中油国际（CNODC）审核批准。伊拉克方面代表直接参与预算金额在1000万美元和2000万美元以上的招标项目。开标前通知伊拉克中部石油公司巴格达办公室委派开标和评标小组直接参与开标及评标。通常情况下伊拉克中部石油公司技术开标组和评标组会委派3名代表参与开标及技术评审。在外部监管方面，由伊方、独立第三方、双方母公司历年组织多次审计，伊拉克官方每年每季度组织审计一次，伊方批准的国际知名独立第三方每年审计一次。

"三重一大"。伊朗MIS项目采购及招投标管理受中油国际（CNODC）、中东公司监管，凡超过一定额度的采办首先需要通过项目公司"三重一大"会议批准。每个年度根据项目公司总经理审批权限不同，大额采购还需上报中东公司和中油国际（CNODC）审批。根据伊方要求，对超过10万美元的物资采办和超过40万美元的服务采办，需要报伊方审批。

资源国业主监管。北阿扎德甘项目按照回购合同规定，采购与招投标工作由业主伊朗国家石油工程开发公司进行监管，20万美元以上的物资采购和45万美元以上的服务合同需要伊朗国家石油工程开发公司批准，需要批准的环节包括招标策略、招标文件、投标商名单、技术评标标准、技术评标结果、商务评标标准、商务评标结果和授标建议。项目公司采购与招标工作同时按照中油国际（CNODC）和中东公司的授权额度进行报批。

三、采购平台建设

在平台建设方面，各项目依据本项目实际情况，推进信息化建设，提高管理效率，重点完成网上招标信息平台建设、采购管理系统建立、采购与招标管理平台建设、Excel数据库台账梳理等。

（一）网上招标信息平台

2012年1月，艾哈代布项目绿洲公司建立网上招标信息平台，所有的招标信息在绿洲网上公示，并在3家伊拉克当地报纸公示。2019年10月，绿洲公司启动协同办公系统（Office Automation，简称"OA")建立，完善网上招标信息平台，所有招标项目在 OA 系统上完成程序办理。

（二）采购管理系统

2014 年，哈法亚项目自主开发采购管理系统。锚定国际一流的采购管理体系目标，提前布局，统筹规划，推进物资采购管理的数字化、信息化、智能化。历时一年时间，自主开发采购管理系统（TPM-Tender Process Management），立足优质高效、阳光透明的管理标准，逐步打造覆盖供应商准入审查、招标选商、合同履行、业绩动态评价、信用体系监管、智能统计分析、数字化归档等各环节的闭环采购管理信息系统，实现供应商、用户部门、采办人员在多个国家、多个地点的线上实时协同办公。

2020 年，哈法亚项目采办管理平台线上投标功能模块启用。受新冠肺炎疫情影响，伊拉克暂停所有出入境的国际航班，标书由迪拜转运至现场的原有模式被迫暂停，成立线上投标推进工作组，研究制订在线投标方案。4 月 9 日，方案提交公司管理委员会审批通过。4 月 30 日在采办管理平台基础上上线投标功能模块。

（三）采购与招标管理平台

2010 年，北阿扎德甘项目年中开始采购与招标管理系统平台的开发工作，同年 11 月系统上线。系统功能模块主要包括供应商管理、订单管理、合同管理、申请单管理、询价和比价管理、招标文控管理和报表管理等。系统按照采办程序设计采购和招标流程模块，对接预算控制，实现库存动态降低采购成本，精准的采购数据报表实现采购办公自动化管理，能够适应和满足项目作业和生产阶段的需求，并可随项目发展的需求变化进行更新和完善。

（四）Excel 数据库台账

2018 年，伊朗 MIS 项目利用 Excel 软件建立合同及订单管理台账，内容包括采办需求登记、合同订单信息维护、付款文件登记等。建立采办服务器，可多人同时登录并对数据进行更新及维护，提高采办工作效率。

第二节　供应商与承包商管理

一、资质审查管理

艾哈代布项目依照程序建立完善并严格执行"三商"管理的规定和要求，杜绝有瑕疵的投标商参与项目投标，保证项目有序高效运行。依据现有"三商"管理现状，对"三商"进行专业化划分，如设备制造商、代理商、服务商等。根据用户部门对已有服务商的评估，进行用户满意度调查，随时更新供应商管理库。艾哈代布项目在投标预审阶段完善并优化"三商"管理名单。针对重要且技术含量较高的项目，需进行资质预审，选出最优、最符合项目的供货商。在技术评标阶段，专业的技术评标小组对"三商"提供的技术标书文件（样品）进行专门的评定，技术部门对文件中产品规格、尺寸、材质、品牌或其他技术要求与实际需求对比，选择符合申购需求的供应商通过技术评定。

2017年，MIS项目公司制定供应商及承包商管理办法，内容包括供应商及承包商名单准入及更新、供应商及承包商资质文件更新、供应商及承包商名单批准等环节三部分，对供应商及承包商入围资质进行把控，不合格的供应商及承包商将被列入黑名单，供应商及承包商需要提供注册证书、质量管理认证体系，属于联合公司的还需提供各自的资质证书，由采办部会同各相关用户部门对供应商及承包商资质进行审查，将结果报项目公司招标委员会进行批准。

2018年12月15日，哈法亚项目与英国专业第三方管理公司ISNetworld（ISN）签订合同，引入第三方管理公司（ISN）对供应商进行资质审核，加强供应商准入管理。任何供应商需要在ISN平台接受第三方专业公司审核通过后，方可纳入供应商资源库，参与后续的投标活动。

2019年6月8日，哈法亚项目供应商动态量化考核TPM管理平台线上运行，实施供应商动态量化考核与淘汰机制，定期对在执合同进行履约测评，对于违反合同与法律、存在HSE风险的供应商，依照严重程度将其列为黑名单或者定为高风险供应商，将动态考核结果与招投标工作相结合，提高对供应商的整体约束力。

二、供应商服务商本地化

2009年，MIS项目从建设期开始到技术服务期间，均满足本地化要求。本地企业参与人力服务、安保服务、特种车辆及车辆租赁及部分油田物资等各方面。

2010年，北阿扎德甘项目自项目运作开始，严格遵守资源国51%本地份额要求，供应商和承包商主要来自伊朗当地，实现伊朗本地份额超过75%，满足伊朗政府要求。

2011年开始，艾哈代布项目推动本地化，艾哈代布油田的本地服务商参与项目建设的比例逐年上升。

三、中国石油承包商参与

2009—2022年，艾哈代布项目因战后国际承包商和本地承包商参与较少情况下，中国石油承包商积极参与项目，保障项目的开发建设。

2009—2021年，MIS项目在油田建设、维修复产及技术服务期间，地面工程设计由中国石油工程设计公司承担，油田建设总承包由川庆油田建设工程公司承担，施工监理由北京兴油公司承担，长城钻探提供钻井修井服务，渤海装备大港中成公司提供ESP电潜泵及工程师服务，中技开、四川石油物资总公司、辽河油田国际公司提供油田建设所需的地面部分材料、修井材料、备品备件。中方公司通过公平参与，积极参与项目开发建设，在本地承包商缺乏技术能力的工程中发挥重要保障作用。

2010—2016年，北阿扎德甘项目在满足回购合同要求的本地化份额前提下，按照程序积极要求中国石油承包商参与竞标，个别承包商通过公平评审中标。在推动项目发展过程中发挥独特的作用。

2017年4月1日，中国石油工程建设有限公司中标签署哈法亚项目三期工程三期油气中心处理站的工程设计、采购和建造项目合同，工期18个月，三期油气中心处理站为哈法亚油田上产

40万桶/日的关键项目。

2019年5月6日，中国石油工程建设有限公司中标哈法亚天然气处理厂项目，合同期60个月，项目合同模式工程设计+采办+施工+试运+运行+维护（EPCCOM），包括天然气处理厂的设计、采购、施工、试运行及运行维护等。5月8日，授标意向函签字仪式在伊拉克首都巴格达举行，伊拉克副总理兼石油部部长塔米尔·加德班（Thamir Ghadhban）、中国驻伊拉克大使张涛、中油国际中东公司常务副总经理、哈法亚项目公司总经理王贵海及中国石油工程建设公司总经理刘海军等出席签约仪式。

四、供应商考核

2009—2022年，艾哈代布项目在投标预审阶段完善并优化"三商"管理名单，严格落实合同执行。对不履约投标商，产品存在质量问题供货商，服务技术不达标承包商（分包商），将进入"三商"管理黑名单，实行奖惩制度。哈法亚项目实施供应商动态量化考核与淘汰机制。利用自主开发采购管理系统平台，推进供应商动态量化考核线上运行，定期对在执合同进行履约测评，对于违反合同与法律、存在HSE风险的供应商，依照严重程度将其列为黑名单或者定为高风险供应商，将动态考核结果与招投标工作相结合，提高对供应商的整体约束力。MIS项目制定供应商及承包商管理办法，内容包括供应商及承包商名单准入及更新、供应商及承包商资质文件更新、供应商及承包商名单批准等环节三部分，对供应商及承包商入围资质进行把控，不合格的供应商及承包商将被列入黑名单，供应商及承包商需要提供注册证书、质量管理认证体系、属于联合公司的还需提供各自的资质证书，由采办部会同各相关用户部门对供应商及承包商资质进行审查并将结果报公司招标委员会进行批准。

第三节　库房管理

一、库房及管理制度

2009年初，艾哈代布项目在库房设立50米×80米的敞口库和露天堆场。

2011年初，北阿扎德甘项目完成库房及管理制度建设，库房投用占地6万平方米，包括开放式管材区、遮阳药剂区、密闭配件库。管理制度规定入库由专业工程师按订单验收、系统签发编码、录入系统；库存管理分类存储，通风防潮，对各类库存产品定期进行检查盘点，做到系统、电子账物一致。消防设施定期检查更新，保障状态良好。

2014年，哈法亚项目起草编制清关运输与库房管理操作手册，内容涉及普通物资、化学物资、信息设备等不同种类物资的清关、运输、储存等供应链各环节的工作流程与操作规范。

2017年，MIS项目在建设初期就制订库房管理办法，对收料、发料、日常盘库及移交进行规范，由一名当地员工专职从事库房物资接收、发料、日常库存盘查及日常保管等工作，针对项目的实际情况，在建设期、技术服务合同期、维修复产期所采购的备品备件大都及时消耗完毕，极少部分备件材料及时移交伊方，不存在大额库存及 3 年以上无动态库存。

2020 年，艾哈代布项目完成库房建设，有各类型存储库 12 个，包括 3 个密闭型备品备件库、1 个标准型化工品库、1 个简易式化工品库、1 个大型设备堆放敞口库、1 个备品备件集装箱存储区、3 个润滑类产品存放库、1 个管材堆放区、1 个废旧管材回收区。库房完成各类制度建设，包括《库房安全管理办法》《危化品管理办法》《危化品应急处置预案》《仓储管理精细化管理》，内容包括验收管理、入库管理、出库管理、存储管理等。

2020 年 12 月 1 日，北阿扎德甘项目移交库房设施及物资给资源国业主。

二、仓库信息化建设

2009 年底，艾哈代布项目库房开始使用 TIPIS 系统作为项目物资出入口管理软件，主要提供物资合同录入，物资入库登记，物资出库登记等服务。

2010 年 11 月，北阿扎德甘项目库存管理系统上线，对所有物资进行分类编码，打印标签，库区建立数字化位置信息，与物资编码对应，可实现精确查找。通过唯一编码实现对特定物资从订单状态到入库出库返库全过程管理。数据信息和用户部门共享，与财务软件直接对接。库房管理系统接入互联网，实现异地查询管理。

2015 年，哈法亚项目开发 LOMAX 清关运输与仓库管理系统，推进库房管理信息化。自主开发 LOMAX 清关运输与仓库管理系统，与 SAP 数据对接，实现采购物资清关、运输、入库、出库、盘库等供应链全过程信息化管理。

2017 年，MIS 项目公司结合本项目库房规模较小的特点，采用 Excel 软件进行日常库房材料管理，定期将库存信息发送至采办部数据管理岗，为新提材料需求查询库存提供依据。

2020 年 6 月，艾哈代布项目新的库房管理系统（Warehouse Mangement System，简称"WMS"）试运行，进行更为精细化管理物资，减少不必要的文件传递。库房管理系统一期主要继承原系统的主要功能，完善物资接收日期、验收日期、生产日期、有效期、预警功能等。二期主要是针对物资扫码入库、扫描出库、库位管理等方面进行拓展。

三、物资库存控制管理

2009—2022 年，艾哈代布项目库房管理发挥用户主体责任，定期核查物资库存情况，优化物资采购量，同时根据库房先进先出原则，有效改善物资存储状态。北阿扎德甘项目通过客户端实时掌握物资库存信息和订单到货状态。系统数据和财务系统对接，财务实时掌握库存动态，对库存进行监管。软件系统有库存数量报警功能。实物管理上对入库出库严格验收检查，保障准确性。定期盘库检查，保证账物相符。依托当地市场，按需采购，降库增效。MIS 项目定期组织采办、财务、现场营地、伊方代表对库存物资进行盘点。为实现降本增效目标，中东公司制订年度财务预算，专门规定主要材料购买的数量及限额，不占用大量库存的同时，为油田正常生产提供保障。

第四节　原油销售管理

一、销售制度建设

2018年4月，中东公司与阿布扎比国家石油公司确定达斯原油提油程序，并借鉴陆上项目提油管理流程，建立海上和陆海项目提油管理流程。5月，开始中东份额油提油销售一体化体系构建与实践课题研究。6月，通过拼装优化实现阿布扎比陆海项目和海上项目首次提油成功。11月，在中国石油（CNPC）生产经营管理部组织下，中东公司在迪拜召开中东份额油提油工作研讨会，初步确定中东份额油一体化提油协调机制和应急管理机制。借鉴伊拉克提油的经验实现伊朗北阿扎德甘项目和MIS项目份额油拼装，在伊朗项目投入近10年后首次实现提油回收，大幅度降低项目投资风险。

2019年6月，中东公司完成"中东地区原油销售一体化协作机制的构建和实施"课题研究，通过中国石油（CNPC）验收。该体系的构建是围绕供给和需求的匹配和调配，其主要的内容包括5个方面：供给资源的分析和整合；需求方向，即销售方向的分析和梳理；风险防控体系的建立；供需决策机制的建立；提油销售过程管理的梳理以及风险响应机制的建立。9月，召开海外资源与国内炼厂一体化运作研讨会，进一步完善供需机制。

2020年，中东公司总结4个应对特殊情况案例，中东份额油一体化提油协作机制在提油实践中取得显著效果，获中油国际（CNODC）管理创新奖一等奖。

2022年，为应对阿布扎比提油过程中，产量计划频繁临时调整带来的销售风险限制效益增长的问题，中东公司开展份额油提油销售应急响应机制研究，该研究获中油国际（CNODC）管理创新奖三等奖。

二、原油销售

2016年，中东公司加强提油销售和历史欠款回收，全年提油8478万桶。伊拉克项目拖欠款基本得到清理；伊朗北阿扎德甘项目启动原油外输，实现当年提油300万桶，进入投资回收阶段。

2017年，中东公司通过加强与两伊和阿联酋提油部门、合作伙伴、中联油协调沟通，优化提油和报船策略，推动提油发票审批、提油量落实，各项目均完成年度提油，妥善解决伊朗重油市场、阿布扎比原油贴水等问题。

2018年，中东公司份额油销售量超过1亿桶。伊拉克各项目份额油提油回收效率91.88%；阿布扎比新投产项目实现最快速度启动回收，其中陆海项目3月首油投产后，5月实现首次提油；海上项目3月签署购股协议后，6月通过拼装实现提油。阿曼项目提油持续保持平稳，伊朗份额油实现通过中缅管道输送到云南石化。

2019年，中东公司份额油销售量再次超过1亿桶。伊拉克各项目份额油提油回收效率97.07%。巴士拉重油和巴士拉轻质原油在中国销售量增加。阿布扎比各项目份额油销售约7800万桶。伊朗份额油中增加拉万（LAVAN）原油销售，部分份额油通过中方租船离岸（FOB）方式提油，并部分销往中国石化炼厂。

2020年，中东公司份额油销售量连续三年保持1亿桶。伊拉克各项目受到新冠肺炎疫情、资源国限产、油价暴跌等因素的冲击，服务费回收迟滞，份额油提油回收效率74%。阿布扎比各项目受欧佩克+限产影响产量下降，提油量减少。阿曼项目提油平稳。2020年首次实现穆班原油在中国地方炼厂销售。中东公司销售采办部获得中国石油（CNPC）"海外油气合作先进集体"称号。

2021年，完成份额油销售同比增长43%。提油平均实现价格上涨76%。全年加快提油回收，完成本年度4个季度发票全额回收，且追回上年欠款，基本恢复各项目正常进度提油回收，最大程度降低外部疫情、经济形势带来的不利影响。

2022年，中东公司在高油价下，份额油量继续保持1亿桶以上，实现销售收入同比增长47%。全年提油平均实现价格同比上涨44%。中东公司整体回收效率96.74%。

第四章　法律与股东事务管理

中东公司贯彻落实中国石油（CNPC）和中油国际（CNODC）依法治企工作要求，推进法律业务管理体系建设，提升法律人员专业能力和支持保障作用，增强依法治企和合规管理水平。在公司管理层和股东事务管理委员会领导下，围绕加强和落实对所属项目的行权管理工作，实现公司对所属项目的股东事务行权管理制度化、规范化和流程化，对项目治理机构的决策事项做到充分论证，科学决策。2016年，中东公司成立股东与法律事务部，通过整合人员、建章立制、理顺相关部门与主管机构关系，负责中东公司的股东事务与法律事务，协调甲乙方的区域法律研究和法律支持服务等工作。

第一节　重大商务与涉法事项

中东公司重视重大商务运作，地区公司及项目公司法律部门参与重大涉法事项论证、决策和交易，为公司和各项目长远发展与提质增效保驾护航。

2016年，中东公司参与中东1号和2号项目的交流和谈判，尤其是对中东1号项目的框架协议进行审核把关，向海外勘探开发公司有关部门沟通报告，为交易的推进和风险防控提供支持；参与和推动北阿扎德甘项目的外输生产和回收提油工作，通过一系列的商务谈判、法律跟踪、组织参与联管会及提油分委会，保证北阿扎德甘项目在第四季度提油。推动北阿扎德甘项目主合同修改协议一的谈判签署，为后续稳定回收提供依据，为报酬费确认争取有利条件。

2017年，中东公司协助大庆油田有限责任公司通过伊拉克石油部的资质预审，为哈法亚项目权益转让的伊方批准奠定基础；开展哈法亚项目三期启动谈判工作，以合同为依据，据理力争，使道达尔在联合管理委员会决议中以默示的方式同意启动哈法亚项目三期，为三期建设的展开扫除法律障碍；参与阿曼项目石油合同延期策略和方案研究，形成详细具体的延期策略和路线图与时间表，为阿曼项目合同延期工作奠定基础。

2018年，中东公司推动与资源国政府和合作伙伴谈判工作，推进重大商务问题的解决。伊朗北阿扎德甘项目签署关于报酬费计算的《合同修改协议二》，妥善解决对项目收益至关重要的商务问题；伊拉克哈法亚三期经过谈判和反复协调，敲定技术与商务安排；艾哈代布、鲁迈拉项目历史争议费用得到回收。发挥法律审查把关职能，审核新区块商务和技术数据披露的保密协议、基地装修合同等，规避法律风险，最大限度保障公司合法权益。

2019年，中东公司北阿扎德甘项目《合同修改协议二》生效，中方投资回收得到法律保障，《合同修改协议三》达成一致，操作费预算获批准，为后续回收提供依据；MIS项目与伊方就技术服务延期和费用预算达成一致；完成阿曼5区项目石油合同延期的相关准备，负责阶段性的协议文本谈判工作，与中油国际（CNODC）、项目公司、合作伙伴及外部律师保持沟通，为延期工作提供法律支持，确保项目8月签署延期协议；审查西古尔纳一期项目的联合作业协议修订和作业机构设立协议修订二，上报中油国际（CNODC）批准签署；协助跟踪并负责审查哈法亚项目就项目转股审批事宜向伊拉克石油部发送的公函。

2020年，中东公司加强重点商务问题的协调与解决。跟踪西古尔纳项目扣款争议的处理、欧佩克国家限产补偿的落地、伊拉克官方合同采办程序实施进展；推动鲁迈拉项目伦敦派遣人员英国签证问题的解决；完成西古尔纳伊拉克境内人员派遣协议修改；参与鲁迈拉合资公司设立及协议谈判、艾哈代布项目净价合同和价差问题争议事项的协调解决以及北阿扎德甘项目生产操作与作业权的移交工作。

2021年，中东公司艾哈代布项目重建费争议、西古尔纳项目截至2019年底的成本和报酬费争议得到妥善解决；支持推动火星项目，1月24日在迪拜组织埃克森美孚、中国石油（CNPC）等交易各方签订《资产销售协议》("Asset Sales Agreement")系列文件，发挥靠前优势，协调伙伴立场，推动火星项目签约、审批与交接；参与支持鲁迈拉合资公司谈判工作，8月初完成鲁迈拉合资公司设立，配合中油国际（CNODC）并协调各方于11月10日在巴格达签署《转让协议》；支持完成陆海项目贝勒巴泽姆设施共享协议的谈判，配合项目公司与阿布扎比国家石油公司就《设施共享协议》中的优先权、费用支付以及新建设施等问题进行多轮谈判，保障中方在共享设施的同时尽可能节省新的投资。

2022年，中东公司推动火星项目和解方案及牵头合同者移交工作，4月，就印度尼西亚国家石油公司及巴士拉石油公司收购美孚权益、中国石油（CNPC）担任牵头合同者的和解方案达成原则性共识，签署关于和解方案的会议纪要；会同中油国际（CNODC）推动鲁迈拉合资公司系列协议谈判定稿，6月1日，在迪拜完成鲁迈拉项目重组交割；处理伊朗MIS项目中方剩余权益回收、油田移交期限及移交期成本回收等问题，并配合中油国际（CNODC）指导项目公司完成4月2日的现场移交工作；跟踪协调伊拉克政府限产补偿的实现，伊拉克石油部承诺的补偿比例已由1月时的50%升至75%；解决阿曼5区项目存货未回收历史遗留问题。

第二节 合规管理体系与法律风险防控

2016年，中东公司法律人员着手从招标文件准备、技术评标，到合同的订立、执行、变更等环节，提供全过程全方位的法律支持。更新招标文件中对投标商实体注册登记文件和授权文件的要求，明确和简化审核标准；针对合同执行中的突出问题，补充和强化招标须知中对联合体投标、供货商原产地证书、取消（终止）招标和税费分担等条款；对合同文本不断修订和完善，优化完善有关井下公司损失条款、合同中止条款、不可抗力条款、违约金和社会保险的清理与完税证明提交等条款，以解决合同执行中的多发问题，平衡双方利益，提高合同执行效率。

2019年，中东公司组织项目公司收集、整理中东地区相关国家和项目的法律共享平台建设资料，包括项目情况介绍、典型案例分析、当地法律资源情况等；组织合规管理培训宣贯，贯彻中国石油（CNPC）、中油国际（CNODC）的合规规定及经营管理理念。

2020年，中东公司协调各项目组织开展2020年度全员合规培训，通过线上线下相结合的方式，在要求时间内完成《诚信合规手册》《反商业贿赂手册》以及4部"反腐警示"视频的100%全员培训学习，同时配发《中国石油反商业贿赂手册》多语版，组织外籍员工学习，完善中东公司在内部管理和外部监管方面的依法合规。根据中油国际（CNODC）要求，完成商务部提出的《境外企业合规建设情况》《境外企业投资障碍》报送工作。

2018—2020年，中东公司发挥靠前优势，跟踪中东地缘政治形势演变，协同中油国际（CNODC）和项目公司对伊拉克和伊朗等重点资源国开展重大法律风险识别，在中美贸易摩擦和美国打压中资企业的大背景下，研究制定相应防控措施，确保业务稳健运行和发展。

2021年，中东公司组织各项目梳理重大法律合规风险事件，排查重大法律风险情况，均为零报送；按照商务部有关规定，向中油国际（CNODC）报送中东公司负责管理的境外企业合规情况、经营情况、投资障碍情况等有关报告材料。

2022年，中东公司跟踪伊朗核协议谈判进展、伊拉克中央政府与库区政府石油权益纷争及伊拉克"限薪令"等问题的进展，结合合同规定和实践情况提供决策建议；关注域内地缘政治、法律法规动态、制裁信息、监管措施及公司治理等动向趋势，按双周制作《中东地区资讯简报》；针对阿联酋财政部新出台的征收联邦企业税相关规定及可能对公司造成的影响组织进行研究并形成报告。

第三节　股东事务管理

中东公司有效推进中油国际（CNODC）委托管理的法律实体维护工作，提升基础管理水平，高效应对管理人员调整，强化法人实体压减清理，保证公司持续稳定经营。

2016年，为适应中东公司及所辖项目管理层调整变化，尤其是为贯彻中国石油（CNPC）"简权放政"和理顺中东公司管理体制的要求，对中东公司所属30个治理机构和27个法律实体的中方代表及管理人员的任免管理原则和维护责任主体，以书面文件形式予以明确；提出相应的中方代表及董事（经理）调整方案，报经中东公司股东事务委员会批准后，完成31人次调整的法律手续，为各项目的存续运营提供法律基础和实体保障。

2017年，中东公司确定法律主体设立形式，启动注册工作；根据中东公司及所属项目的实际需要，与海外板块沟通，启动中国石油迪拜办事处首席代表，中国石油中东公司董事/经理的变更程序。

2018年，中东公司完成中油国际迪拜分公司的设立注册，解决中东公司在阿联酋长期没有合适主体依托的问题，通过专业办公会理顺中东公司在迪拜注册的多家法律主体的职能定位；在中油国际（CNODC）下发法人压减指标后，协调相关责任主体、机关部门及中油国际（CNODC），研究清理方案，加大法人清理工作力度，解决历史遗留问题，完成中国石油哈法亚有限公司、中油国际迪拜分公司、海湾石油技术公司及中油国际石油化工公司4家法律主体的关闭注销工作，完成中油国际（CNODC）的年度重点工作任务。

2019年，中油国际（CNODC）明确中东公司及其所属项目有关的31家法人机构的维护管理工作，制定并下发《关于进一步规范中东地区所属法律实体公司事务管理工作的通知》，对31家法律实体的公司事务管理和费用承担进行分工和明确，主动承担15家法律主体的维护管理工作；完成中国石油阿布扎比办事处和中国石油服务英国有限公司两家法律主体的清算关闭注销工作。

2020年，对中东公司具体负责管理的15家法律实体，建立管理台账，记录并更新法律主体注册、年检、变更、注销等信息。按照当地的法律要求及各主体的营业执照期限办理完成15家主体的年度营业执照更新。

2021年，完成中东公司负责管理和维护的15家法律实体的年检和营业执照更新，补办中油国际迪拜分公司的分支机构证书；完成8家实体11人次董事和经理变更的法律手续。完成迪拜7家法律实体的最终受益人（UBO）申报工作；根据英属维尔京群岛经济实质性申报规定，安排所涉3家公司的经济实质信息提交工作；取消保人合同，节省维护成本。协调伊拉克石油部及巴士拉石油公司、伊拉克中部石油公司、米桑石油公司等出具同意中国石油伊拉克有限责任公司伊拉克分公司注销的文件，注销手续接近完成。开展迪拜研究院注册的准备工作，与当地中介机构评估自贸区和市区等注册方案，形成建议并上报中油国际（CNODC）。

2022年，中东公司完成10余家法律实体的年检、董事经理变更、营业执照更新、BVI公司经济实质申报；为节省维护成本，终止中油国际迪拜分公司保人合同；为区域内各项目办理法律授权10余人次；多次协调解决公司人力资源局账户被限制问题，恢复公司正常的签证管理工作；协助推进中国石油中东协调组两家法人主体的注销工作，注销已获中国石油（CNPC）批复；中国石油伊拉克有限责任公司伊拉克分公司注销程序的法律部分完成，并获伊拉克贸易部公司注册局清算审批证明。

第四节　法治宣传教育

中东公司注重普法宣传教育，提升员工的法律意识、合规意识和法律素养。每年组织机关各部门、在迪拜各服务保障单位及各项目进行法治宣传教育，加强员工法律合规意识，推进依法治企和合规运营。

2017年，中东公司结合中国石油（CNPC）法律工作会议精神，在对中东公司依法治企、合规管理面临的内外部形势客观深入分析的基础上，立足成为中国石油（CNPC）海外油气合作旗舰的实名责任，明确法律工作的总体思路，发挥法律工作的服务保障、规范管理、价值创造作用，推动依法治企从以法律部门为主向各部门协同配合、全员参与、全面覆盖升级，实现依法治企体制、法律工作水平、全员守法合规的主要目标。

2018年，中东公司组织机关和部门、驻迪拜服务保障单位和哈法亚、艾哈代布项目，进行伊拉克法律知识培训；协调组织汤森路透为中东公司机关和驻迪拜乙方单位提供法律和商务培训，学习优秀信息供应商的先进管理经验，提升全员的法律意识和法律素养。

2019年，中东公司协调所属项目公司收集、整理中东地区相关国家、相关项目的法律共享平台建设资料，包括项目情况介绍、典型案例分析、当地法律资源情况等，为深化海外项目法律共享信息平台建设提供支持；组织行业前沿律所举办讲座，提供前沿讯息，邀请大成律师事务所为机关各部门、服务保障单位和驻阿联酋其他中国石油（CNPC）下属企业举办LNG项目发展和融资的讲座。

2020年，中东公司为提升员工法治意识和法治素养，在《中华人民共和国民法典》颁布之际，邀请中国政法大学民商经济法学院副教授申海恩授课，开展《民法典》培训第一期讲座。根据"十四五"规划，把系统学习《民法典》作为全年普法工作重点。

2021年，中东公司开展民法典宣贯活动，邀请专家学者通过视频方式授课，加强员工守法合规意识。组织项目公司全体中方员工和外籍员工学习合规知识、观看合规视频，完成2021年全员合规培训。

2022年，中东公司贯彻落实国务院国资委《关于进一步深化法治央企建设的意见》及中国石油（CNPC）"坚持依法合规治企"的兴企方略和《关于深化依法合规治企，加快建设世界一流法治企业的实施意见》，推进"合规管理强化年"工作要求，组织开展国务院国资委《中央企业合规管理办法》学习活动，组织埃克森美孚、英国石油就合规管理实践经验进行专题交流和培训活动，组织开展并完成高风险岗位人员违法违规问题自查、2022年全员合规培训、领导干部法治知识考试等活动。

第五节 股东事务

2016年，中东公司为完善中东公司管理管控体系建设，加强公司管控制度体系，拟定《中国石油中东公司股东事务管理规定（试行）》《中国石油中东公司股东事务管理委员会运行办法（试行）》，作为"三重一大"议题上报常委会通过，下发各所属项目执行；制定项目公司治理机构议题上报、预审及会议审核、反馈执行的流程，细化管理规定及运行办法中各个节点的具体要求。按照"授权管理，分级负责"原则，成立股东事务管理委员会（下设办公室），委员会为公司股东事务管理的最高机构。委员会的主要职责为：确定公司股东事务管理工作的总体方针；审定项目股东事务管理具体工作计划和策略，并督促实施；负责建立健全股东事务管理体系，审定公司股东事务管理规章制度和业务工作流程，并督促实施；负责审议、批准依照基础合同（包括石油合同、作业协议、股东协议、公司章程等）规定由投资方或股东任命的代表人选,包括作业委员会代表、联合管理委员会代表、董事、股东代表等;负责审议、批准依照基础合同规定由作业者或作业机构上报投资者或股东决策机构(包括作业委员会、联合管理委员会、董事会、股东会等)审批的事项;对于依照基础合同由中方担任作业者或由中方指派人员担任作业公司总经理或作业机构负责人的项目,负责审议、批准依照基础合同规定虽然无须上报投资者或股东决策机构审批,但依据中方内部授权规定应由中东公司审批的事项;负责审议、批准项目生产运营中出现的重大合同问题,包括石油合同、作业协议、股东协议、公司章程等的修改或终止,中东公司授权范围内的合同纠纷解决方案和其他重大商务纠纷解决方案。股东事务主要涉及计划、财务、人事、法律、销售采办、审计监察、技术等部门,为有效打破部门壁垒,相关业务部门负责人同时为组成的股东事务管理委员会专业委员会成员,对委员会职责范围内的决策事项提供专业意见并将意见报委员会,最后由委员会召开会议对事项进行决策。2016年召开股东事务委员会会议14次,审议、审批议题152项。

2017年,中东公司印发《中国石油中东公司股东事务管理委员会运行办法(修订)》。根据修订版运行办法及股东事务审议审批治理机构议题的要求,按上报议题属性制定三类上报议题规范,更新完善《股东事务委员会决议事项上报单》,以分类管理、民主决策和集中审议的形式,规范公司对所属项目的行权管理。股东事务管理委员会办公室2017年组织召开股东事务管理委员会会议17次,审议议题176项,其中合同授标建议73项,合同招标策略及短名单50项,其他报批事项53项;对于特别紧急的议题,第一时间组织相关部门预审、澄清,起草决议并组织委员会成员转签,转签决议10份,审议议题10项。

2018年,中东公司根据中国石油(CNPC)海外油气业务体制机制改革方案,以及中油国际(CNODC)有限授权,公司对股东事务管理规定等文件进行修订,印发《中油国际中东公司股东事务管理规定》和《中油国际中东公司股东事务管理委员会运行管理办法》,进一步调整和完善所属项目股东行权管理制度,提升股东管控和行权效果。全年股东事务管理委员会办公室组织召开委员会会议10次,审议议题35项,其中合同授标建议19项、合同招标策略及短名单4项、其他报批事项12项。会后监督和检查所属项目对委员会决议的执行情况,实现中东公司对所属项目的股东行权管理制度化、规范化和流程化。

2019年,中东公司为加强依法治企、合规管理,保证股东事务重要文档资料保存和管理的系统性、规范性、完整性,促进公司文档管理信息化建设,提高中东地区股东事务管理水平。根据中油国际(CNODC)的有关规定,结合中东公司的实际情况,决定建立并运行中东公司股东事务共享数据库,下发《中东公司股东事务共享数据库管理运行指南》实施执行。数据库坚持项目和地区之间文档数据交流不重复原则,集中管理、分散共享,以共享数据库为中心,完善易检索、易共享的信息化股东事务管理体系。组织召开股东事务管理委员会会议6次,转签9次,完成议题24项,主要包括项目合同策略及招标名单、合同授标、公司董事长变更、预算变更报批等。

2020年,中东公司所属10个在运行项目及4个暂停项目完成历史资料在数据库中的归档,各项目公司、中东公司及中油国际(CNODC)可根据授权统一调阅。以简易可操作的数据库形式，形成股东事务资料定期上传归档制度，形成便于积累传续的股东事务资料库。组织召开股东事务管理委员会会议 5 次，转签 3 次，完成议题 8 项，主要包括项目合同策略及招标名单、合同授标、争议费用解决、防疫物资捐赠等。

2021 年，中东公司组织召开股东事务管理委员会会议 13 次，完成议题 20 项。重新梳理股东事务议题上报审批处理流程并连入公司 OA 系统，自 4 月 15 日起开始 OA 线上运行。所属项目召开治理机构会议 70 余次。协调阿布扎比项目、鲁迈拉项目、哈法亚项目的会议工作及会后总结，加强对项目公司治理机构会议及议题准备和报批工作的全过程监督检查，推动项目公司的重点工作进程。完成公司股东事务静态信息全部上网。原来的统计大表优化为"三会议案导入模板"一会一表。

2022 年，中东公司组织召开股东事务管理委员会会议 5 次，完成议题 7 项。根据中国石油（CNPC）改革要求，中东公司股东事务管理委员会制度相应调整变动。股东事务管理委员会 2016—2022 年召开会议 70 次，转签决议书 31 份，审议议题 432 项次，会议相关记录往来由股东事务专用邮箱和 OA 系统留存，会议资料全部收录至股东事务数据库中。股东事务管理委员会议事制度保证公司对项目治理机构重要议题的把控，形成一条项目向上汇报澄清、公司向下指导建议的双向沟通途径，以会议的形式保障信息的完整准确传递及生动形象的指导说明，大幅提升项目相关方面的经营管理水平。

第五章　审计与内控管理

中东公司高度重视审计、内控与风险管理工作，认真贯彻落实上级工作部署，坚持围绕中心、服务大局，以问题和风险为导向，加强重点风险领域管控和关键环节监管，突出规范管理，突出提升效益，充分发挥审计的监督服务保障职能，持续强化内控体系建设，加强重大风险防控，服务促进各项目业务发展和生产经营管理水平提升，为公司持续健康发展提供支持保障。

第一节　制度建设

2016年，中东公司在原伊拉克公司管理制度基础上，结合新实际，强化制度建设，规范企业管理，夯实发展基础。为规范中东公司规章制度管理，编制印发《中东公司规章制度管理规定（试行）》，构建覆盖公司各业务领域的规章制度三级管理框架。本着"统筹兼顾、先急后缓"原则，制订规章制度编制工作计划，做到工作内容明确、责任分工清晰、管控内容清楚、时间节点明确；为规范公司决策行为，提高决策水平，防范决策风险，制定《中国石油中东公司"三重一大"决策事项管理规定（试行）》，根据上级政策和年度授权变化情况，做好修订工作。2016—2018年，中东公司制订、修订各类规章制度92项，建立起覆盖公司各类业务的制度体系，规范基础管理，保证依法合规开展经营管理活动。

2019年5月，中东公司针对海外管理体制调整情况，组织对规章制度进行系统梳理。抓好规章制度管理规定的执行和落实，加强制度建设。开展制度评估和新增、修订、废止工作，制订年度制修订计划，按季度进行跟踪督促，对执行情况进行通报；做好制度审核把关，确保新增和修订制度符合内控管理要求。

2020年2月，中东公司借鉴中油国际（CNODC）制度管理经验，在OA办公自动化系统中开发中东公司规章制度在线系统，形成数字化的《中东公司管理制度汇编》，保持实时更新，做好及时维护，方便员工的日常工作。规章制度在线系统收集公司制订印发的各类管理制度和规范性文件100项，对推动中东公司规章制度的执行和落实起到积极的促进作用。

2021年，中东公司以中国石油（CNPC）审计为契机，促进中油国际（CNODC）ECM信息系统推广使用，促进信息共享和文档管理。年底，以中油国际（CNODC）组建专业标准委员会为契机，组织遴选推荐6个专业委员会24名委员人选，为中东地区标准化工作起步打下基础。勘探专业标准化委员会委员负责油气田勘探（地质、物探、测井、录井、试油、储量评估）业务的标准化工作。油气开发专业标准化委员会委员负责油气田（藏）描述及评价、油气田开发方案设计、油气田开发管理、提高采收率等方面的标准化工作。钻采专业标准化委员会委员负责钻修井及采油工程标准，包括石油天然气钻修井、完井、井控、井下作业、采油工程、油化剂等油气田生产作业方面的标准化工作。工程建设专业标准化委员会委员负责油气田地面工程（包括海洋工程建设）的地面设施及配套设施的设计、施工、防腐等方面的标准化工作。QHSE专业标准化委员会委员人选负责质量、计量、员工健康、职业卫生、工业安全、社会安全、环境保护、节能节水与减排、消防、应急管理等标准化工作。基础管理专业标准化委员会委员人选负责内控、风险、授权、法律事务、审计、效能监察、保密、信息技术、劳动定员定额、销售采办、后勤保障和综合类等标准化工作。

2022年，中东公司OA系统中制度模块（即公司规章制度在线系统）完成升级改造，改为"制度与标准"模块。新增3项功能，一是为加强对标准化工作宣传，促进管理人员标准化意识和管理工作标准化水平提升，增设标准查询，包括石油工业行业标准、中国石油（CNPC）企业标准和中油国际（CNODC）企业标准。二是为解决查询困难，快速锁定查询内容，提升工作效率，设中油国际（CNODC）授权查询，中东公司和各所属项目授权内容均在50项以上。三是为解决日常工作中常用缩写、术语查询，鼓励员工开展知识贡献，推动业务知识库建设，设中东公司术语查询。

第二节　审计监督

中东公司审计工作由审计监察部归口管理，协调配合国内各级审计机构开展内部审计工作，督促落实审计意见整改，参与上级部门组织的审计项目，跟踪资源国政府对项目的审计情况，支持推动项目公司解决争议事项，维护中方权益。

2015年以来，在中东地区开展的中方审计项目及中方派员参与的股东审计项目有：

2015年，原伊拉克公司王莎莉离任经济责任审计，中国石油伊朗公司管理效益审计。

2016年，北阿扎德甘项目总经理冯亚平离任经济责任审计。

2017年，中东公司总经理祝俊峰经济责任审计，中东公司组织对西古尔纳项目1区2015—2016年度股东审计，督促审计发现问题整改，维护股东利益。

2018年，伊朗北阿扎德甘项目总经理成忠良任中经济责任审计，中油国际（叙利亚）公司原负责人何卫平离任经济责任审计、阿曼项目总经理宫长利任中经济责任审计、中油国际（阿布扎比）公司管理审计、中油国际（伊拉克）艾哈代布公司原代总经理王煜离任经济责任审计。

2019年，中油国际（阿布扎比）公司原总经理郭月良离任经济责任审计、哈法亚公司三期产能建设跟踪审计，中油国际（伊朗）MIS项目公司原总经理张建立离任经济责任审计、中油国际（阿曼）公司原总经理宫长利离任经济责任审计，西古尔纳项目1区2017—2018年度股东审计。

2020年，中油国际（伊朗）南帕斯11区项目退出审计。

2021年，中东公司原总经理离任经济责任审计，哈法亚项目原总经理离任经济责任审计。

参与中油国际（CNODC）牵头的西古尔纳项目2019—2020年度股东审计，针对美孚股权转让、退出西古计划，在正常年度股东审计有限的时间和资料范围内，开展延伸审计，完成公司提出的审计要求。审计过程中，联合伙伴、推动作业者对培训费抵扣、分配错误给予纠正，督促作业者补齐缺失的关联交易成本证明文件，获"中国石油天然气集团有限公司2021年优秀审计项目"二等奖。参与股东组织的对阿联酋阿布扎比国家石油公司海上作业公司2018—2019年度共享服务支出成本分摊股东联合审计、海上乌姆沙依夫—纳斯儿油田2018—2019年度直接成本股东联合审计、海上下扎库姆油田2018—2019年度直接成本股东联合审计。审计期间，推动审计师与中东公司业务部门和项目公司加强业务交流，分享审计发现和阿布扎比国家石油公司的共享成本分摊机制，为中方加强对作业者监督和提高股东行权能力起到促进作用。阿布扎比国家石油公司海上系列股东审计获"中国石油天然气集团有限公司2021年优秀审计项目"三等奖。为强化对审计事项的跟踪和审计问题整改，对审计报告和审计意见进行研究，建立审计事项台账，以季度为单位，跟踪记录各项目整改落实工作进展，督促各责任单位及时完成相应整改。编制报表，汇总分析审计问题、风险提示和管理建议，重点关注政府成本回收审计，做好审计的事项跟踪、研究、整改和上报，推动促进有关审计事项关闭。5—6月，中东公司领导班子（本部）两次召开专题会议，对各项目公司内部审计有关问题、风险及资源国政府审计意见、争议扣款等事项逐一进行研究，就加快推进相关事项的解决和审计问题整改提出意见。分别向各项目下发关于加快推进项目审计有关事项解决的意见文件通知，按季度进行跟踪和推动。艾哈代布派遣协议签署、阿布扎比陆海项目过渡期费用等一些长期整改问题得以关闭，资源国审计争议扣款部分问题逐步解决。

2022年，中国石油（CNPC）对艾哈代布项目总经理进行任中经济责任审计。参与股东组织的阿联酋阿布扎比国家石油公司陆上作业公司股东联合审计，阿布扎比国家石油公司海上作业公司2020—2021年度共享服务支出成本分摊股东联合审计，阿布扎比国家石油公司海上乌姆沙依夫—纳斯儿油田2020—2021年度直接成本股东联合审计，阿布扎比国家石油公司海上下扎库姆油田2020—2021年度直接成本股东联合审计。借助各家股东派出的审计力量，组成审计团队，审计金额205.9亿美元。对2021年开展的阿布扎比国家石油公司海上系列股东审计的例外事项进行落实，部分发现问题得到整改。

第三节　内控管理

中东公司贯彻落实中国石油（CNPC）加强海外内控与风险管理工作的要求，提升海外油气业务风险防范和管控能力。

2020年，中东公司完善中油国投伊拉克公司内控体系，对中油国投伊拉克公司内控手册进行修订。修订后的内控手册由15个业务模块、58个一级流程、125个二级流程构成，覆盖中油国投伊拉克公司全部业务。在中油国投伊拉克公司内控体系建设过程中，共识别内控缺陷22个。

2021年，中东公司废止2012年中英文版的中油国投伊拉克公司内部控制手册，废止失效的管理制度和规范性文件44项。3月，中东公司发布修订后中油国投伊拉克公司内控手则《PetroChina International Iraq FZE Internal Control Manual（2021）》。开展内控体系有效性自查工作，对公司和各项目的资金管理制度建设与执行情况、资金和外汇管理风险等重点领域进行检查，促进中东公司和项目公司财务制度建设和财务内控有效性提升。

2022年，中东公司落实中国石油集团公司关于海外业务体制机制优化调整的要求，按照工作部署，开展改革后的中东公司业务流程梳理工作，按照新的职责定位和机构设置，与各业务部门做好风险识别和流程优化，理顺改革后公司的各项业务。配合中国石油（CNPC）、中油国际（CNODC）对中油国投伊拉克公司进行内控测试，开展内控评价，发现4个方面6项例外事项。组织中油国投伊拉克公司相关部门研究提出整改措施，解决跨部门交叉业务中存在的问题，健全完善内控设计与执行，提升内控有效性。

第四节　风险管理

中东公司成立以来，注重加强对公司层面重大风险的防控和应对，推进全面风险管理，防控发展中面临的各类重大风险。依托"分析、汇报、追踪"机制，加强风险事件管理，按季度对风险事件进行收集汇总和分析上报。

2016年6月，中东公司召开内控、审计工作交流研讨会议，深入分析中东地区投资项目内控与风险管理工作面临的形势，研究建立符合中东公司实际，简洁有效，保障有力的风险管理工作机制，建立覆盖各投资项目的风险管理工作网络。

2016—2017年，中东公司结合国际标准、中国石油（CNPC）和海外勘探开发公司风险管理制度及中东地区项目特点，设计统一的风险数据收集模板，下发各项目组织开展风险识别、分析和评估工作。根据已识别的风险信息，开展风险数据库建设工作。

2017—2022年，中东公司开展年度重大风险评估，按照中国石油（CNPC）统一的风险分级分类规范和中油国际（CNODC）风险等级划分标准，结合公司实际，每年完成重大风险评估工作。其中2017—2021年评估对象为中国石油（CNPC）中东地区的投资业务，2022年评估对象为中国石油（CNPC）在中东地区的全部业务。采用问卷调查法进行风险识别和分析，组织公司领导、部门经理、副经理和相关人员参与，对照风险定义和具体表现形式，根据掌握的信息，结合已有管理措施，判断面临风险影响因素和潜在后果，对风险发生可能性和影响程度进行评分，结合不同管理层级设置权重，汇总计算各类风险的综合分值，按分值对风险进行排序，形成评价确定年度重大风险基础，对评估确定的前十大风险予以重点关注和管控。根据评估结果，编制中东公司2017年度、2018年度、2021年度、2022年度风险管理报告和2023年度风险评估报告，分析年度重大风险的成因及变化情况，梳理各项目存在的问题，设立重大风险防控目标，制订风险防控方案和具体应对措施，明确风险防控工作的责任部门，促进公司重大风险防控能力提高。2020

年以来中东公司发生的Ⅰ、Ⅱ级重大风险事件，主要是新冠肺炎疫情及由此衍生的提油销售风险事件。2021年，中东公司组织召开风险管理研讨会，开展风险分析，组织相关业务部门制订年度重大风险管控方案和防控措施，按季度做好措施的落实跟踪。在已有风险管理基础上，对法律、地缘政治与安全、健康安全环保、财税、公共关系、资金流动性、舞弊与诚信、人力资源管理共8项风险进行重点排查，开展风险识别和防控措施制订，明确风险防控的责任部门和具体应对措施，按季度进行跟踪和上报；组织伊拉克和阿曼5区项目，对照中央企业境外项目风险排查表，开展疫情、政治、经济、法律、社会、运营、安全、环境等风险排查，强化项目公司风险防控措施落实。2022年，针对中油国际（CNODC）风险事件共性问题通报，组织对项目公司、地区公司相关风险进行摸底排查，掌握在合同执行、税务管理、环保管理等方面重点风险，督促推动制订管控措施，强化执行，做好相关风险防控工作。通过剖析风险事件具体情况，吸取风险事件有关教训，增强各级管理人员的风险意识。

中东公司2017—2023年度重大风险评估结果见表7-5-1。

表7-5-1　中东公司2017—2023年度重大风险评估结果表

序号	2016年底评估 风险名称	风险分值	2017年中评估 风险名称	风险分值	2018年度重大风险 风险名称	风险分值	2019年度重大风险 风险名称	风险分值	2020年度重大风险 风险名称	风险分值	2021年度重大风险 风险名称	风险分值	2022年度重大风险 风险名称	风险分值	2023年度重大风险 风险名称	风险分值
1	地缘政治经济和安全风险	6.8	地缘政治经济和安全风险	14.7	地缘政治经济和安全风险	10.1	地缘政治经济和安全风险	13.1	地缘政治经济和安全风险	14.3	价格波动风险	14.9	地缘政治经济和安全风险	12.7	地缘政治经济和安全风险	10.7
2	市场供需风险	6.3	健康安全环保风险	12.5	价格波动风险	6.6	投资风险	9.7	价格波动风险	8.4	地缘政治经济和安全风险	13.8	价格波动风险	10.1	健康安全环保风险	8.6
3	价格波动风险	5.6	价格波动风险	10.1	投资风险	5.1	合规风险	9.6	健康安全环保风险	8.3	资金流动性风险	8.2	健康安全环保风险	9.8	合规风险	8.5
4	投资风险	5.4	投资风险	9.6	合规风险	4.9	价格波动风险	9.5	资金流动性风险	7.9	利汇率风险	8.2	投资风险	7.9	价格波动风险	8.1

续表

序号	2016年底评估 风险名称	风险分值	2017年中评估 风险名称	风险分值	2018年度重大风险 风险名称	风险分值	2019年度重大风险 风险名称	风险分值	2020年度重大风险 风险名称	风险分值	2021年度重大风险 风险名称	风险分值	2022年度重大风险 风险名称	风险分值	2023年度重大风险 风险名称	风险分值
5	资源保障风险	5.0	成本回收	9.3	健康安全环保风险	4.8	健康安全环保风险	9.4	投资风险	7.9	健康安全环保风险	7.9	利汇率风险	7.5	业务结构风险	7.4
6	公共关系风险	4.8	财税风险	9.3	生产稳定性风险	4.8	利汇率风险	8.5	合规风险	7.2	业务结构风险	7.8	财税风险	7.4	资金流动性风险	6.9
7	竞争风险	4.7	采购风险	8.7	工程项目管理风险	4.5	资源保障风险	8.2	财税风险	6.7	合规风险	7.6	合规风险	7.0	组织结构风险	6.8
8	组织结构风险	4.5	运营成本控制风险	8.4	公共关系风险	4.5	资金流动性风险	8.0	资源保障风险	6.3	投资风险	7.4	资金流动性风险	6.5	投资风险	6.8
9	采购风险	4.3	竞争风险	7.9	采购风险	4.3	竞争风险	7.4	利汇率风险	6.0	市场供需风险	6.5	竞争风险	6.2	利汇率风险	6.5
10	人力资源风险	4.3	法律风险	7.8	资源保障风险	4.2	人力资源风险	6.7	生产稳定性风险	5.8	生产稳定性风险	6.0	资源保障风险	6.2	公共关系风险	6.5
	2016年11月，地区公司和项目公司领导班子成员、两级机关各业务部门人员共37人参与评估		2017年7月，地区公司和项目公司领导班子成员、两级机关各业务部门人员共64人参与评估		2017年11月，中东公司和项目公司领导班子成员、机关业务部门经理共58人参与评估		2018年11月，中东公司领导班子成员及机关部门人员共35人参与评估		2019年11月，中东公司领导班子成员及机关部门人员共41人参与评估		2020年11月，中东公司领导班子成员及机关部门人员共27人参与评估		2021年11月，中东公司领导班子成员及机关部门人员共29人参与评估		2022年11月，中东地区7家项目公司、15家服务保障单位、中东公司（含中油国投伊拉克公司）领导班子成员及机关部门人员共28人参与评估	

第六章　服务保障业务协调

2016年，中国石油（CNPC）组建中东地区协调组，中东公司为组长单位，中国石油（CNPC）驻中东各油气投资业务及服务保障单位为成员。中东地区协调组组长由中东公司总经理、中东地区组织工作委员会负责人兼任，成员由中东各油气投资及服务保障单位主要领导组成。协调组下设办公室，依托中东公司管理资源，建立以投资业务为导向，统筹各路业务发展的联动协调机制。协调组代表中国石油（CNPC）对驻中东地区所有单位实行集中统一的协调管理和监督，承担统一对外联络、市场协调管理、合规运作、安全防恐、区域政策研究、信息要情收集整理报告、资源共享统筹等，重点做好一体化协调发展、沟通与交流、内部市场准入、后勤保障及专项协调等工作。按照效益优先原则，从中国石油（CNPC）整体发展战略出发，强化甲乙方一体化协同管理，实现中国石油（CNPC）在中东地区的整体利益最大化。

第一节　市场协调

2016年，中东地区协调组配合中国石油（CNPC）国际部审核完成中东地区服务保障项目投标备案申请485项，涉及中国石油（CNPC）20家下属企业，合同额948.7亿美元。其中，工程技术项目160个，工程建设项目290项，装备贸易项目35项。为解决项目招投标过程中内部冲突，杜绝内部恶性竞争，维护正常市场秩序，组织召开20余次内部协调会，监督服务保障单位签署内部合作协议19份。

2017年，中东地区协调组采取项目投标准备阶段的事前协调、重点项目运行过程中的跟踪协调、特殊项目特定情形下的专项协调等方式，对内部市场行为进行监督管控。审核完成中东地区服务保障项目投标备案申请421项，涉及中国石油（CNPC）14家下属企业8个中东国家，合同额664.3亿美元。组织召开8次内部协调会，监督服务保障单位签署内部合作协议5份。

2018年，中东地区协调组坚决贯彻落实中国石油（CNPC）关于中东地区市场划分与协调管理的有关规定，持续规范内部市场行为。审核完成中东地区服务保障项目投标备案申请371项，涉及合同总金额797亿美元，协调处理内部争议12项。

2019年，中东地区协调组贯彻落实《中国石油天然气集团有限公司境外工程承包、技术服务、劳务输出和物资装备出口项目管理办法》，持续规范内部市场行为。审核完成中东地区服务保障项目投标备案申请366项，涉及合同金额402亿美元，协调处理内部争议12项。

2020年，中东地区协调组重点检查中国石油（CNPC）有关政策规定在中东地区的执行，严格加强内部各单位招投标行为的监督管控。审核完成中东地区服务保障项目投标备案申请360项，涉及合同总金额469亿美元，协调处理内部争议9项。

2021年，中东地区协调组发挥内部市场监督协调职能，规范市场秩序，组织审核12家服务保障单位项目投标备案申请299项，涉及合同总金额237亿美元，协调处理内部争议7项。搭建内部资源共享平台，组织召开协调组双周工作例会，通报各服务保障单位工作进展动态，分析面临的经营形势，共享商务信息，研究市场策略，协调解决技术服务及市场开发中遇到的问题，推动地区业务的协同发展。2021年投资业务带动工程技术服务队伍完成合同额28.4亿美元，新签合同额20.1亿美元。

2022年，中东地区协调组加强对内部市场行为监督管控，协调解决投标过程中各类问题，推动地区业务协同发展。审核完成域内13家服务保障单位投标备案申请327项，涉及合同额272.6亿美元，维护内部市场秩序，协调处置内部争议7项。在甲乙方共同努力下，投资业务带动服务保障队伍完成合同额13.4亿美元，新签合同额10.9亿美元，各单位自进入中东地区以来，累计完成合同额417.74亿美元。

第二节　沟通交流

2016年，中东地区协调组推进内部沟通，每两周组织召开中东地区协调组工作例会，听取各单位工作进展情况汇报，分析面临的经营形势，共享市场信息，研究市场策略，及时协调解决各单位生产经营中遇到的困难和问题。召开16次会议，沟通研究伊拉克防恐安全、钻机等停、区域市场进入、支持基地建设等多项问题。组织上游投资业务、工程技术板块、钻井研究院、川庆钻探安全环保质量监督检测研究院等单位与驻中东各服务保障企业进行座谈交流，搭建内部信息沟通和资源共享的平台，实现互利共赢与一体化协同发展有效契合。

2017年，中东地区协调组利用协调组工作例会，推进内部顺畅沟通。召开14次工作例会，沟通研究安全生产、安保防恐、劳务许可纠纷、综合支持基地建设等多项问题。组织工程技术服务企业与上游投资业务进行座谈交流，搭建内部信息沟通和资源共享的平台，持续推进一体化协同发展。

2018年，中东地区协调组搭建交流互通平台，营造和谐内外部环境。与中东资源国政府主管部门、国有石油公司和国际知名服务企业保持联系，形成经常性的信息沟通机制。邀请伊拉克巴士拉石油公司总裁在迪拜与工程服务企业进行座谈交流，组织建设板块、长城钻探、工程院、中油技开、宝石机械等服务保障单位主要领导与投资业务进行工作交流。组织召开工作例会18次，研究地区防恐安全、重点项目进展、高访团组接待、支持基地建设等多项议题。组织汤臣路透律师事务所、安永会计师事务所、渣打银行等与甲乙方单位进行工作交流和业务培训，解决各单位遇到的法律财税难题，规避法律及财务风险。

2019年，中东地区协调组加强多层次沟通，拓宽信息交流渠道。组织驻中东相关单位配合做好中国石油（CNPC）规划计划部、财务部、国际部、政研室、咨询中心、审计中心等部门专项检查和工作调研。为了解投资业务的需求，共享市场信息，探讨未来合作与发展规划，服务保障业务提升管理水平，提供高质量精准服务，组织中油工程、中油油服、工程技术研究院、经济信息研究院等服务单位与投资业务进行工作交流。组织召开协调组工作例会17次，研究地区防恐安全、重点项目进展、一体化作用发挥、实施做大中东战略等多项议题，推进投资业务和服务保障业务的协同发展。

2020年，中东地区协调组以视频方式每两周组织召开协调组工作例会，听取各单位工作进展情况汇报，分析面临的经营形势，共享商务信息，研究市场策略，协调解决面临的重点问题。组织召开工作例会23次，研究地区防恐安全、新冠肺炎疫情防控、人员倒班轮换、做好"两稳"工作、点对点包机等多项议题。

2021年，中东地区协调组每两周组织召开协调组工作例会，听取各服务保障单位工作进展情况汇报，分析面临的经营形势，共享商务信息，研究市场策略，协调解决生产经营中遇到的问题。组织召开工作例会23次，研究中东地区防恐安全、新冠肺炎疫情防控、重点项目推进、一体化作用发挥、临时航班人员接返等多项议题，搭建内部资源共享平台，推进服务保障业务协同发展。

2022年，中东地区协调组搭建内部资源共享平台，推进一体化协同发展。坚持服务保障业务双周工作例会制度，通报工作进展动态，共享商务信息，研究市场策略，组织重点在建项目复工复产。组织召开工作例会25次，研究中东地区防恐安全、临时航班接返滞留人员、伊拉克库区政府与中央政府纷争影响、伊朗MIS人员撤离等多项议题，为甲乙方协同发展提供支持保障。

第三节　后勤保障

2016年，中东地区协调组向19家在中东地区开展业务的服务保障单位下发需求调查通知，结合低油价的现状将各单位需求靠实。汇总用地规模需求2.95万平方米，加上配套办公面积及公共设施，合计约5万平方米。5月，根据中国石油（CNPC）"在迪拜建成应急救援分中心，提升中东非洲跨区域应急支持和响应能力"安排，结合各单位需求，中东协调组就基地建设、运营方案、应急中心建设等事宜与国际部沟通。综合平衡油价波动、投资风险、现实需求等多方因素，结合自贸区管理委员会的建议，形成使用现已租赁土地开工新建、利用大庆油田迪拜现有仓储设施扩建、租用自贸区推荐仓储设施改建3个方案。

2017年，经中国石油（CNPC）批准，对支持基地原租赁方案进行调整优化，中东地区协调组会同中东公司法律事务部门，与杰布阿里自贸区进行多轮谈判。2017年4月2日，与自贸区签订土地租赁合同，4月18日，完成整体交接，实现新旧地块的无争议置换，妥善解决历史遗留问题，避免因合同违约可能造成的重大商务纠纷。自12月起，按照各单位需求，启动办公楼装修工作，与自贸区沟通拟入驻单位的迁入事宜。

2018年，中东地区协调组经过严格的招投标和内部审批程序，组织当地中标公司开展支持基地办公楼装修工作，12月完成验收，开始启动各单位的搬迁入驻工作。

2019年，中东地区协调组继续统筹协调迪拜综合支持基地建设及运营管理工作。基地办公楼装修通过验收，投入使用，中国石油（CNPC）下属12家企业搬迁入驻，初步实现仓储、物流、办公及人员签证等功能，提升对中东市场和投资项目的服务保障能力，提高资源使用效率，为一体化建设提供区域性战略支撑。

2020年，中东综合支持基地为12家中国石油（CNPC）所属企业在自贸区注册的15个法律实体的仓储物流和人员签证等业务运营提供服务支持，为保障投资业务，实现资源共享，发挥综合一体化优势，起到支持作用。

2021年，中东地区协调组统筹抓好新冠肺炎疫情防控、生产经营和安全生产工作。每周组织召开疫情防控工作例会，安排部署中东地区疫情防控工作。全年组织召开防控例会87次，参会4000余人次。利用项目公司和宝石花医疗队等资源，发挥一体化优势，组织开展中外方员工防疫知识培训，做好员工心理疏导，加强人员回国动迁审批，按照使领馆的要求坚决做好双稳和防输入工作，海外员工无确诊病例发生。

2022年，中东地区协调组贯彻中国石油新冠肺炎疫情防控领导小组的各项要求，统筹抓好疫情防控、生产经营和安全生产工作。每周组织召开疫情防控工作例会，安排部署中东地区疫情防控工作。抗疫3年，组织召开防控例会291次，参会10000余人次。完成疫情期间回国人员使领馆报备1794人次，协调安排超期工作和家中有特殊紧急状况人员优先回国25人次，组建45个回国人员沟通微信群，提示回国注意事项，组织行前检测和绿码申请，跟踪入境隔离至转运回居住地期间的健康状况。完成动迁审批9000多人次，为超期工作人员实现倒班轮换提供支持保障。

第四节　专项协调

2016年，中东公司组织协调迪拜杰布阿里自贸区副总裁兼经济区世界首席商务官伊布拉赫·阿拉·加纳赫（Ibrahim Al Janahi）代表团一行访问中国石油（CNPC）总部，中国石油（CNPC）总经理助理王铁军与代表团进行座谈。王铁军介绍中国石油（CNPC）的基本情况，通报中国石油（CNPC）在中东地区和阿联酋的业务开展情况，以及中国石油（CNPC）在自贸区的公司注册和综合支持基地的一些情况，对自贸区给予的大力支持表示感谢。伊布拉赫介绍杰布阿里自贸区的情况，对中国石油（CNPC）在阿联酋的集中办公和与阿布扎比国家石油公司开展的合作表示赞赏；并表示支持中国石油（CNPC）在迪拜城区办公和在阿联酋的业务拓展计划，自贸区将帮助解决中国石油（CNPC）的需求。对于基地建设，伊布拉赫表示自贸区有自己的建设资源和队伍，将给予大力支持。王铁军表示将密切与自贸区沟通和联系，加快推进基地建设。

2017年7月，中东地区协调组收到中国驻伊拉克使馆转发安东公司"关于多家中资公司被劳工部起诉"的信函，组织在伊拉克境内的中国石油（CNPC）所属各单位、各项目对相关情况进行梳理。中国石油（CNPC）被伊拉克劳工部起诉的单位有大庆钻探、大庆建设、长城钻探、渤海钻探、管道局、中国石油工程建设公司、技术开发公司等单位在哈法亚和艾哈代布的服务项目，起诉理由均为"未办理非伊拉克籍员工的工作许可"。被起诉事件发生后，中东地区协调组领导高度重视，7月23日召开专题会议进行研究，安排部署相关重点工作。组织由中东公司各项目公司、协调组办公室、机关法律事务部、人力资源部以及相关服务保障单位组成伊拉克劳务许可工作应对领导小组，统一领导和部署应对工作；由艾哈代布和哈法亚项目牵头，组织本片区相关服务保障单位，利用项目资源，与政府主管机构沟通，制定应对措施；由协调组办公室和中东公司驻巴格达办事处与中国驻伊拉克使馆（经参处）保持密切沟通，及时汇报事件最新进展；组织各被起诉单位在当地律师陪同下积极应诉，及时进行内部通报，共享相关信息；将有关事件进展及时上报中国石油（CNPC）国际部，请求国际部协调政府相关部门利用中国政府作为主要投资者的影响力，敦促伊方调整不规范、不统一且经常变化的劳工政策，规范劳务许可工作程序。经过多方努力，事件于10月得到妥善解决。

2018年，中东地区协调组根据阿联酋使馆和迪拜总领馆的要求，7月和9月在国家主席习近平和副主席王岐山分别访问阿联酋期间，协调在阿各单位严格挑选多名政治合格的干部参与高访团组的安全保卫工作。在协助使领馆工作期间，中国石油（CNPC）选派的员工坚决服从使馆安排，忠于职守，团结协作，出色完成使馆安排的各项任务，展现新时代石油人的良好政治素养和精神风貌，得到驻阿联酋使领馆和中国石油（CNPC）领导的肯定。

2019年11月，组织协调服务保障业务各单位参加中国石油（CNPC）驻中东企业工作汇报座谈会，国际事业公司、大庆油田、长城钻探、渤海钻探、东方物探、工程建设公司、管道局、技术开发公司等驻中东企业代表分别汇报各自业务在中东地区开展情况。中国石油（CNPC）董事长对驻中东企业在生产运营、市场开发、科技创新等方面取得的进步和良好业绩给予肯定，要求驻中东企业坚定不移贯彻落实中国石油（CNPC）"做大中东"油气业务的战略部署，发挥中国石油（CNPC）"一体化"优势，甲乙方协同发展，在中国石油（CNPC）海外业务发展中起到重要支撑作用，成为中国石油（CNPC）海外业务的"半壁江山"。

2020年，中东地区协调组对9个片区的42个项目组织10次新冠肺炎疫情防控视频巡检，重点对大庆钻探沙特项目、东方物探阿布扎比项目、管道局沙特项目等当地员工数量较多的单位或项目进行专项视频巡查，通过精准防控，有效杜绝交叉传染和聚集性感染事件的发生。7月29日，组织协调各片区各单位迎接国资委对哈法亚片区、艾哈代布片区、鲁迈拉片区和库尔德协调小组进行视频巡查。国务院国资委对中国石油（CNPC）在伊拉克各单位新冠肺炎疫情防控工作提出表扬，对中国石油（CNPC）各单位防疫措施得力、稳在当地、稳住人心工作成果给予肯定。7月14日—8月26日，组织协调完成伊拉克飞往哈尔滨、天津和石家庄的3架次包机倒班任务，全程全员实现零感染、零输入。3架包机实现1586人次动迁，运送231名患病员工，其中包括21名重病患者及时回国救治，保障员工生命健康，真正起到稳定队伍、稳定家庭、稳定人心作用。宝石花医疗队随同首架包机赴伊拉克现场支援抗疫，选派2名专家到中国机械设备工程股份有限公司（简称国机集团）现场指导抗疫和人员救治工作，哈法亚项目向国机集团赠送一批防疫物资，第二架包机为国机集团拉运 1.26 吨防疫物资。第三架包机帮助 15 家兄弟企业 359 人实现动迁。159 个小组团结配合、步调一致展示中国石油（CNPC）员工良好的精神面貌。全员零感染、回国零输入，验证各单位安全岛、网格化、岗前筛查及医疗队派遣等疫情防控措施有效。

2021 年，中东地区协调组履行好国务院国资委赋予的伊拉克牵头单位的重要责任，将临时航班人员接返专项工作作为最为重要的政治任务来抓。一是统一思想，明确目标，按照"讲政治、顾大局、零输入"原则，提高政治站位，扛起政治责任。二是建立组织机构，明确职责分工，做到组织落实、方案落实、人员落实、责任落实。三是编制临时航班人员接返指导方案和操作运行方案，细化关键环节和风险节点，确保万无一失。四是摸清底数，做好做足前期各项准备工作。对于人员信息、健康状况、隔离场所、核酸检测机构等方面进行多次摸排，关注重点群体，了解各单位实际情况。五是统筹做好兄弟央企的协调工作，发挥牵头单位的作用。监督、协调、指导国机集团、中国能建设集团有限公司（简称中国能建）、中国电力建设集团有限公司（简称中国电建）、中国化学工程集团有限公司（简称中国化学）、中国海油 5 家主要央企的人员接返工作。六是加强与驻伊拉克使馆沟通。11 月 3 日，参加使馆组织的临时航班人员接返专题会，就远端检测、隔离能力建设、绿码核发等问题进行沟通，接受使馆的领导与监督。11 月 10 日，在巴格达驻伊拉克使馆向临时代办汇报工作进展情况，与使馆建立日常沟通机制。七是加强与航空公司沟通，落实航空资源。12 月 7 日，拟搭乘首架包机回国 278 名隔离人员完成出发，前 14 天中方实验室和当地实验室的核酸检测全部为阴性，12 月 30 日首架包机成行。

2022 年，中东公司组织协调伊拉克内部各单位和外部兄弟央企，积极稳妥推进 1026 专项工作。牵头组织接返临时航班 16 架次。其中中国石油（CNPC）4.5 架次、国机集团 3 架次、中国电建 3 架次、中国能建 4.5 架次、中国海油 1 架次。专项工作在伊拉克有中央企业 17 家参与，即中国石油（CNPC）、国机集团、中国电建、中国能建、中国海油、中国化学、中国建材、中信建设、上海电气、中国石化、哈电集团、振华石油、惠博普、中国中铁、中国中车、航天科工、中国建筑。接返 4558 人回国，其中中国石油（CNPC）1403 人、国机集团 546 人、中国电建 725 人、中国能建 1248 人、中国海油 365 人、其他央企 271 人。接返患病员工 247 人及时回国休养和救治。抓好远端隔离，16 架次航班在伊拉克累计隔离 414 天，平均每架次隔离 26 天，确保远端隔离满足国内要求；严控远端检测，组织当地实验室检测 16 架次航班 96 次，平均每架当地检测 6 次；把好远端检测防输入关口，组织中方实验室检测 157 次，平均每架中方检测 10 次；提高隔离能力，各央企新建隔离房间 857 间，改扩建隔离房间 951 间。在伊拉克境内动迁使用安保车 464 辆，平均每架次使用 29 辆。动迁总里程 25868 千米，平均每架次动迁 1616 千米。使用中国石油哈法亚项目通勤飞机动迁 9 次，飞行总里程 1476 千米。各央企组织隔离期间培训 66 次，平均每架至少组织 4 次。培训总时长 99 小时，平均每架次培训 6.2 小时。国资委境外办组织视频巡检 69 次，平均每架巡检 4 次。

第七章　人力资源管理

中东公司贯彻人才强企工程总体部署,遵循人才成长规律,突出一线员工、关键岗位、青年人才,多方并举促进员工扎根一线、深耕专业、岗位成才,切实把发现人、培养人、举荐人作为重要责任,把人才队伍有序接替和年轻人才培养工作落到实处;扎实推进全员绩效考核结果在干部选拔、绩效兑现、先进评选等方面的综合应用,大力推动三项制度改革落地;着力加大人员轮换力度,为人才成长匹配合适的岗位,引导队伍建设与企业发展同频共振,稳步推动人才高质量管理助力业务高质量发展;深化落实实践锻炼人员岗位成才,大力推动将人力资源转化为人力资本;实施技能素质提升行动,深入组织 E-Learning 在线学习,开展"互联网+培训"活动。

第一节　干部队伍建设

2016 年以来,中东公司完善选人用人工作机制和程序,持续强化干部队伍建设,严格遵守选人用人制度,坚持正确选人用人导向,把好干部标准落到实处,严格标准、完善机制、规范程序、强化监督,提高选人用人质量,着力培养政治强、专业精、结构优、活力足的高素质干部队伍,围绕"三强"队伍建设坚持把政治标准放在首位,健全干部"选育管用"机制,推动干部和人才队伍梯次的合理配备,在抗击新冠肺炎疫情、提质增效等重大考验中选拔对党忠诚、作风优良、业绩突出、担当有为、群众认可的优秀干部,为业务高质量发展提供组织保障。中东公司研究分析队伍现状,主动研究谋划、持续系统推进,坚持新提拔干部三个"三分之一",推进干部年轻化。优化干部年龄、专业、层次,做好新老接替,注重选拔学专业干专业、经过实践检验、群众基础好、长期扎根一线、在吃劲艰苦岗位实干的优秀年轻干部,把敢扛事、愿做事、能成事作为重要标准,早给平台、早压担子、早受历练,锻造干部队伍"预备队"和"战略预备队"。基于年龄要求、任职经历和德才素质,各项目公司综合考虑历次后备干部推荐、民主测评、一贯表现等情况,初步推荐优秀年轻干部人选。中东公司综合评估考核档次、从事专业、工作专长等因素,其中二级正参考中国石油(CNPC)反馈的后备干部推荐结果,累计培养 25 名年轻干部、60 名后备年轻干部,"80 后"成熟骨干员工 30 余人和一批"90 后"新秀在经营管理和技术岗位上扮演着越来越重要的角色,成为油气业务高质量发展坚实的推动和后备力量。中东公司通过人员流动提升队伍活力、增强业务交流,激发工作热情并营造干事创业氛围。年限达到必轮换的人选,凡涉及批复的事项均做轮换提醒和组织把关;对缺少复杂环境历练的关键岗位干部,及时选派到重大工程、吃劲项目实战锻炼，轮换员工在作业者与非作业者之间、不同合同模式之间、不同国家之间锻炼成长，打造精干高效、富有活力、善于应对复杂局面的员工队伍。7年累计完成人员轮换770余人次。为促进员工深耕业务领域，加强跨业务技能交流，鼓励青年员工勤于思考、善于合作、勇于创新、敢于拼搏，中东公司为实践锻炼的41名新毕业生配备导师，全方位、全过程跟踪指导，贯彻"使用是最好的培养"理念，独立顶岗，"干中学、学中干"。举办英语演讲比赛、技能比武、专题讲座及专题研讨会，为青年员工技能得以精进、才华得以施展搭建平台。通过多种复合途径为人才脱颖而出提供平台、创造条件，发现并举荐优秀青年，尤其注重从团干部中考察识别青年干部，切实把中东建设成实践锻炼人员的成才基地。

2016年，为完善和优化中东公司管理层架构，结合项目领导班子轮换需要，对中东公司、中东地区协调组、中东地区领导班子成员以及中东公司总经理助理、副总师的职责分工进行调整。根据业务发展需要，完成二级副及以上干部、无级别经理（副经理）的选拔任用97人次，其中提拔任用22人次，平级调整47人次。根据中国石油（CNPC）人事部《关于做好2016年领导干部报告个人有关事项工作的通知》要求，组织完成中东公司二级副及以上干部个人事项报告填写和上报154人，报告率100%。对18份报告内容进行随机抽查，并对年度新选拔任用的人员分4个批次进行重点核查。为规范中东公司领导人员因私出国（境）管理工作，结合实际制定《关于进一步加强和规范公司领导人员因私出国（境）管理的通知》，为依法合规管理领导人员因私出入（境）提供依据。为规范中东公司企业领导人员选拔任用工作，提高选人用人质量，参照中国石油（CNPC）企业领导人员管理有关规定，结合自身实际完成《中东公司企业领导人员选拔任用管理办法（试行）》的制定，对干部选拔任用的工作原则、任用条件、任职程序、纪律与监督等分别进行详细规定，保障组织工作委员会在干部选拔任用过程中主体责任的发挥。按照中国石油（CNPC）专业技术职务任职资格评审工作有关要求，完善评审组织机构设置，成立由组织工作委员会常委组成的职称评审委员会；优化评审标准，建立以"业务能力"和"工作业绩"为主元素的副高级评审标准，增加评审委员的建议权，发挥职称评审导向作用，晋升中级7人、副高级18人，正高级1人、中国石油（CNPC）专家1人。为规范劳动合同管理，完成20名合同化员工、14名社会招聘员工的劳动合同续签。强化人员流动配置，构建与公司发展相适应的员工动态管理机制，超额完成人员轮换考核指标。

2017年，与中国石油勘探开发研究院签署共建和托管协议，设立迪拜技术支持中心并核定组织机构编制。成立中东公司一号项目筹备组、二号项目临时筹备组，推动新项目的谈判和相关工作。根据中油国际（CNODC）的改革要求，对中东公司的机构和人员配备提出调整方案。全年任免干部50人次，其中提拔26人、平级任命16人。根据中国石油（CNPC）关于加强优秀年轻干部选拔培养工作的总体部署，提出利用5年左右时间，公司班子中45岁左右、项目班子中40岁左右、部门经理中35岁左右的年轻干部，总体上达到相应层级干部总数的五分之一以上；45岁以下、40岁以下以及35岁以下的年轻干部在三个层级的后备干部总人数中占比不低于三分之一的《年轻干部培养选拔工作方案》。将员工按13个专业进行划分，考虑连续工作时间、工作能力、英语水平及新项目的需求，将年度轮换指标分解至各项目，全年累计完成人员流动102人、劳动合同续签 17 人、办理双向交流 10 人。

2018 年，规范干部人事档案管理，基本完成干部人事档案核查工作。坚持党管干部原则，加强干部培养使用，严格选人用人标准，严守选人用人程序，针对业务发展需要，优化干部结构并完成任免 96 人次。加大培养选拔年轻干部力度，推荐、选拔 13 名年轻干部统一协调使用；选拔 10 余名毕业生到中东公司实践锻炼。深化三项制度改革，加大干部轮换力度，统一协调人员配置，全年完成 156 人次轮换调配，其中在中东地区内部交流使用 32 人次。

2019 年，重新确认干部管理权限，梳理干部管理工作程序，严格按要求和程序组织干部选拔，任免干部 89 人次，其中平任 34 人、提任 39 人。组织开展 2019 年度年轻干部选拔工作，重点考虑人选的政治素质、能力潜力、工作业绩等因素，向中油国际（CNODC）推荐 28 名年轻干部人选。加强员工交流轮换力度，完成 125 人次人员轮换及配置，其中中东公司内部调拨 35 人次。新接收 5 名实践锻炼新员工，落实 7 名实践锻炼员工到项目工作。26 人获中油国际（CNODC）海外建功立业 10 年金牌。

2020 年，强化年轻干部管理，完成 22 名年轻干部培养期履职情况鉴定，结合干部梯队建设、后备干部推荐、民主测评和德才素质、一贯表现等方面，经项目推荐、中东公司把关，向中油国际（CNODC）推荐可进一步使用的优秀年轻干部人选 51 人。克服新冠肺炎疫情期间动迁困难等不利因素，完成 70 人次人员轮换及配置，其中中东公司内部调拨 15 人次，安置联合公司裁员 17 人次。进一步稳定员工队伍，组织借聘人员续聘 53 人，市场化员工劳动合同续签 8 人。40 人获中油国际（CNODC）海外建功立业 10 年金牌，10 人获海外建功立业 20 年金牌。职称评审通过副高级 17 人、正高级 4 人、中级 7 人，聘任主管和高级主管 12 人。

2021 年，向中油国际（CNODC）推荐可进一步使用优秀年轻干部 29 人，调整 77 名中层干部。3 名中层干部到塔里木、西南油气田和辽河油田挂职锻炼，占中油国际（CNODC）对外挂职锻炼总人数的 75%。职称评审通过副高级 9 人、中级 7 人，聘任主管 7 人、高级主管 5 人。接收中油国际（CNODC）实践锻炼人员 7 人、大庆顶岗锻炼人员 6 人，推荐 6 名实践锻炼人员到联合公司工作。克服新冠肺炎疫情期间动迁困难等不利因素，全年完成 70 人次人员轮换及配置。2021 年在中国石油（CNPC）第三届直属青年岗位创新大赛中，中东公司 5 个推荐题目全部获奖，占中油国际（CNODC）获奖总数的一半，其中一等奖、二等奖、三等奖占 2/3，并获得唯一的一个一等奖。组织借聘人员续聘 32 人、合同化与市场化员工续签合同 13 人、双向交流续签合同 7 人。获中油国际（CNODC）海外建功立业 10 年金牌 18 人，中油国际（CNODC）海外建功立业 20 年金牌 10 人。

2022 年，中东公司深化海外体制机制改革优化方案，贯彻落实中国石油（CNPC）"三强"队伍建设总体要求，坚持管干部、管人才原则，完善"生聚理用"人才发展机制，推进人才强企工程，把弘扬伟大建党精神作为凝聚干部员工团结奋进的力量源泉，为业务高质量发展提供人力资源支撑。部门由原来的 12 个减到 4 个，机关全年完成 10 名中层干部的选拔任用，向中国石油（CNPC）推荐可进一步使用的优秀年轻干部 4 人，中东区域内完成 84 人次人员轮换及配置。

第二节　业绩考核与薪酬管理

中东公司为落实国有资产保值增值责任、促进管理水平提升，确保公司经营管理责任落实到各级负责人和基层单位，压力传递到各个岗位，将激励约束覆盖到全体员工，中东公司推进全员业绩考核工作走深做实，认真筹备并严密组织全员绩效考核工作，组织建设、制度建设、工作运行、考核结果和相关重点工作等5个方面均贯彻落实到位。中东公司和所属各项目部，逐级成立业绩考核领导机构，各单位的主要领导担任负责人，由专职业绩考核人员组织全员绩效考核工作。制定、发布全员绩效考核办法和考核指导意见并与时俱进修订配套政策，建立健全绩效考核档案，逐年及时存入个人档案。确保考核连续，强制优秀比例并严格执行。对高管人员按照中国石油（CNPC）总体部署进行述职测评，对各级领导班子、公司总经理助理和项目总经理实施绩效考评，对公司机关部门员工、项目员工实施绩效考核，实现分级分类实施业绩考核，并定期对基层单位考核工作进行自查。服务类指标设置政治、职业、作风、廉洁、决策、执行、创新、团队、履职、协同共10个项目，并且后两项比重较高（分别占35%、15%）。综合得分主要应用于兑现、晋档、辞退、职称、选优、合同续订、培训机会等，其中服务类都是20%比重，效益类部门一般工作人员15%、部门正副职25%比重，营运类的比重为剩余的权重。考核结果直接和薪酬、任免、岗位调整、评先选优挂钩；民主测评排在后30%的原则上不予进一步选拔使用。通过建立效益效率和收入同步增减的联动机制，以薪酬分配为牵引推动三项制度改革落地，收入和民主测评、绩效考核深度挂钩，严格兑现奖惩，培养能干事、能共事、能成事员工，引导谋全局、干实事、抓落实的氛围，避免"等活干、挑活干"局面，倡导"马上就干、干就干好"作风，组织和个人绩效获得持续提升，收入凭贡献、地位凭作用、有为才有位的理念进一步深入人心。

2016年，中东公司薪酬管理完全实现统一薪资架构和标准，统一发放渠道和流程。根据中国石油（CNPC）《关于开展违反收入分配纪律重点问题专项治理工作的通知》，针对文件中"对中央八项规定出台以来，企业领导人员在中国石油（CNPC）核定项目外取酬、工资总额外列支发放津补贴（奖金）两个重点问题进行自检自查和专项治理"有关要求，会同相关部门和人员，完成自检自查。

2017—2018年，中东公司加强薪酬规范化管理，完成全体员工海龄履历审核、岗位津贴套改工作，为中油国际（CNODC）人事共享中心集中统一发薪提供准确的薪酬基本信息。

2019年，中东公司根据中油国际（CNODC）《关于赴境外工作人员薪酬福利管理实施细则的补充通知》相关要求，对员工的岗位津贴重新套改，对200多名员工的岗位津贴进行规范。

2020年，中东公司针对新冠肺炎疫情期间的各种突发或特殊情况，落实境外超期服役人员疫情期间的超期服役补贴以及境外特殊人员的倒休和相关待遇，落实境内超期休假和待上项目人员的待遇，按照合规受控原则明确和落实双向动迁隔离期间的待遇。

2021年，中东公司项目公司班子成员全部签订任期岗位聘任协议和经营业绩责任书，落实任期绩效考核的基础。

2022年，中东公司领导班子全部签订任期岗位聘任协议和经营业绩责任书，做到领导班子成员年度考核和任期考核及其他员工全员绩效考核的全覆盖。

第三节 培训管理

中东公司始终把业务培训作为提升员工岗位竞争力的重要举措来抓，推荐并鼓励员工参加中国石油（CNPC）组织的各类学习班，有重点地选择参加国内外举办的各种高端人才、专业技术学习班。根据业务和个人需要，选派参加各类资质或取证培训，利用工作之余的业务交叉培训、专业热点难点剖析、会前安全分享等机会营造主动分享、积极学习的氛围，推进跨专业知识体系的搭建。利用工作岗位，尤其是利用好在联合公司工作的机会，切实做好岗位成才，深入实施职业技能提升行动，利用 E-Learning 大力组织在线培训，并将培训和休假结合起来切实做好素质提升工作。

2016年，按照"减控成本，除必须参加的培训外原则上不参加"的要求，完成全年培训预算控制目标，实际参加培训项目7个，参训人数17人。组织完成《中东公司员工培训管理暂行规定》的编制和印发。

2017年，协调中东地区中国石油（CNPC）人力资源管理人员与石油大学（华东）国际培训部就开展中东地区培训业务进行交流。12月邀请前壳牌亚太区前人力总监黄希章老师开展区域国际化管理培训，开阔国际化管理的思路和视野。协调大庆油田21人赴中东公司机关及所属项目实习工作，协调中国石油（CNPC）14人到迪拜 UOWD 大学进行阿拉伯语培训。

2018年，加大人员培训力度，通过参加各类业务培训班，培训人员100余人次；拓展人员培训渠道，与中国石油大学（华东）签署人员培训战略框架协议。

2019年，选派8名年轻干部参加中油国际（CNODC）年轻干部培训班，选派1人参加中国石油（CNPC）第25期中青年干部培训班。

2020年，持续加大岗位培训力度，完成7天以内的企业级及以上组织报名的培训317人次。在 E-Learning 平台，322个用户11487学时学习3953门次课程，总共获得学分10630分。182名二级副以上骨干员工参加中国石油（CNPC）十九届四中全会精神培训，4位负责人、10名兼职干部和2名积极分子参加中国石油发展对象理论与专业能力提升培训班，6人参加"讲好中国故事"专门人才培训班。组织内部讲座20次，参与人数630人次，集中组织中东公司机关入职培训4天、参加10人次。

2021年，369人参与 E-Learning 平台在线学习、人均学分134分，其中104人获学习奖励。选派2人参加中油国际（CNODC）青年干部培训班集训。

2022年，完成全员十九届六中全会和二十大精神解读、EAP、防恐等培训，组织员工违规情况处理文件宣贯。严控培训费用支出，必须参加学习，在线上或就近参加，杜绝专门回国的培训。

第八章　行政管理

中东公司机关设综合办公室，负责中东公司行政、外事外联、公共关系、公文、档案、保密、后勤等工作。在文秘工作方面，实现公文标准化、流程化和线上自动化，会议组织及时、有序，会议纪要准确，督办落实，印章保管使用合规。外事与外联严格遵守公司规章制度，建立后勤保障体系，做到保障可靠无误。落实保密管理规定，建立相应管理制度，定期督查保密漏洞。档案管理实现制度化、电子化。

第一节　文秘工作

一、公文管理

中东公司文件按文件类别和时间顺序编号存档，包括公司文件、协调组文件、呈批件、中文信函、对外信函、公司函、协调组函、信息简报、办公室通报、情况通报、工作例会纪要、组织工作委员会会议纪要、协调组例会纪要和其他存档文件。

综合办公室做好发文审核工作，办理收文批转工作，承担重要文字材料起草工作，了解关注公司生产经营动态，广泛收集素材，按时完成各项上报材料、调研报告、重要工作报告、各类纪要及领导讲话等重大材料起草、整理工作。在行文过程中，加强对公文统一管理，严把公文审核关，达到中国石油（CNPC）公文管理办法要求标准，做到行文规范，程序清楚，格式准确，标注基本规范。

2016年，中东公司发文326份，其中行政文件107份、对外信函104份、公司信函24份、组织工作委员会文件22份、协调组文件17份、会议纪要52份。收到中国石油（CNPC）、中油国际（CNODC）和外部单位来文1189份，按照文件流转管理制度执行，履行来文清点、签收、登记、分类工作程序，确保上级的方针政策精神在公司及时顺畅地贯彻落实。

2017年，中东公司完成上报材料、调研报告、重要工作报告、各类纪要及领导讲话等重大材料起草、整理工作计划等60余份；发文384份，其中行政文件147份、组织工作委员会文件27份、对外信函97份、会议纪要62份、公司函件16份、办公室通报2期、情况通报1份、协调组文件12份、信息简报20期，收文1380份。

2018年，中东公司加强公文管理的标准化、流程化，推进OA系统升级改造，确保系统更新后公文管理模块（收发文）正常上线运行，提升公文运转效率。完成发文287份，其中行政文件

76份、组织工作委员会文件28份、对外信函66份、会议纪要52份、公司函件24份、协调组文件10份、信息简报31期，收文1000余份。

2019年，中东公司推动OA系统公文管理深化应用。优化OA系统设置，除涉密文件外实行公文OA系统传输，实现收发文完整流程跟踪和控制。OA自动提醒功能，确保收到文电第一时间告知、第一时间分送、第一时间处理、第一时间传递，达到"办文不跑路、审签网上转、出差无延误、过程留痕迹"目标，实现无纸化办公，减少人力和时间成本，增强工作时效性，提高机关运转效率。通过OA系统收文1463份。

2019年，中东公司按照《党政机关公文处理条例》《党政机关公文格式》国家标准进行公文处理，严控公文印发的范围和数量，推进机关办文质量和效率。开展对中东地区各项目公文编制指导工作，共享经验，推动项目公文编制水平提升。完成行政公文（函）81份，对外信函79份，地区组织工作委员会发文（函）42份，协调组文件16份，信息简报（含主题教育专题简报）73份，编制各类会议纪要48期。

2020年，中东公司按照"完善架构体系、拓展系统功能、实现移动办公"思路，优化OA系统设置，上线公司文件、公司函件、会议纪要等多个模块，模块应用流程较上一年更加适用完善。实现文件收发整个流程控制及中油国际（CNODC）、中东公司和项目公司之间的公文在线流转审批功能，基本实现收发文无纸化。增强文控管理人员OA系统使用意识，开展文控管理人员OA办公自动化培训。公司收文1168份，通过OA系统收文1141份，占总收文件数的99.6%，发文299份。

2021年，中东公司按照"完善架构体系、拓展系统功能、实现移动办公"的思路，优化OA系统设置，在使用中不断完善公司文件、公司函件、会议纪要等多个模块，模块应用流程较2020年更加适用及合理。收文1145份，其中，通过OA系统收文1048份，占总收文件数的91.53%；发文339份。

2022年，根据海外业务体制机制调整需求，中东公司建立海外大区公司与中国石油（CNPC）、中油国投伊拉克公司部分公文传输应用模块，按照实际调整公文业务流转设置。收文736份，其中，通过OA系统收文630份，占总收文件数的85.6%；发文217份。

二、会议管理

中东公司综合办公室负责公司日常各类会议的筹备、组织与支持工作，包括每年一次的工作会议、半年工作会议，每季度一次的生产经营分析会议，每两周一次的工作例会，以及联席会、组织工作委员会会议、交流座谈会等。业务流程包括制定会议日程、发送会议通知、确定参会人员、准备会议材料、会前发送参会提醒、布置会议桌签、合理编排席次、会议全程安排专人跟踪服务、及时做好会议记录、会后完成会议纪要及做好督办落实工作。

2016年1月8日，中东公司召开启动会。6月4日，中东地区第一次组织工作委员会会议召开。公司召开各类会议63次，参会人员1200余人次。完成工作例会纪要16期，组织工作委员会会议纪要10期，联席会议纪要1期。派人参加海外板块生产经营协调会，参加有关专业会议，并编发会议简报43份。

2017年，中东公司召开各类公司层次会议60余次，参会人员1000余人次。完成组织工作委员会会议纪要6期，工作例会纪要14期，公司领导及项目工作例会纪要4期，专题会议纪要31期，中东地区技术支持研讨会会议纪要1期，总经理办公会会议纪要2期。参加海外板块生产经营协调例会和季度经营分析会，参加专题会议12次。协助准备会议材料，编写简报和材料37份。

2018年，中东公司召开各类会议60余次。完成组织工作委员会会议纪要9期，工作例会会议纪要17期，专题纪要16期，总经理办公会会议纪要3期。完成上报材料、调研报告、重要工作报告、各类纪要及领导讲话等重大材料的起草、整理工作计划等80余份。

2019年，中东公司全年召开各类会议150余场次，完成工作例会纪要19期，组织工作委员会会议纪要19期，专题会议纪要11期，总经理办公会会议纪要3期。完成上报材料、调研报告、重要工作报告、各类纪要及领导讲话等重大材料的起草、整理工作计划等80余份。

2020年，中东公司召开各类会议72次，其中，工作例会22次，组织工作委员会常委会14次，生产经营分析会3次。

2021年，中东公司根据生产经营工作需要和新冠肺炎疫情防控需要，组织各类会议包括线上和线下会议343次，其中，工作例会24次、组织工作委员会常委会14次、生产经营分析会3次、专题会议15次、总经理办公会4次。

2022年，中东公司召开线上和线下各类会议249次，其中工作例会25次、组织工作委员会常委会21次，生产经营分析会2次。

三、用章管理

2015年12月中东公司重组成立，中国石油（CNPC）发文启用"中国石油中东公司"印章。

2016年7月，中东公司根据中国石油（CNPC）《关于调整理顺中东业务管理体制的通知》文件精神，从7月8日起，启用中东公司伊拉克艾哈代布项目等10枚印章，各项目原中方内部使用的印章同时废止。

中东公司公章7枚，即中国石油中东公司印章、中共中国石油天然气集团公司中东地区工作委员会印章、中国石油天然气集团有限公司中东地区协调组印章、中油国投伊拉克公司印章、中油国际迪拜分公司印章、中国石油哈法亚合资公司印章、中国石油伊拉克有限责任公司伊拉克分公司，由综合办公室统一管理。业务单位用章需填写用章审批表，注明用章事由，经单位领导和公司领导审批，用印人和监印人签字确认，由综合办公室完成用章登记和用章审批表存档工作。

2022年6月28日，中国石油（CNPC）印发通知正式启用中国石油中东公司印章。

第二节 行政事务

一、接待及外事外联工作

2016年，中东公司本着"热情周到、优质服务、节约费用"原则，做好接待工作。坚持高标准、严要求，慎思慎行、细致周到，做好迎送服务，完成中国石油（CNPC）刘跃珍总会计师到迪拜调研、国家能源局副局长张玉清及国有资产管理委员会监事会主席季晓南到伊朗项目调研、中国石油（CNPC）纪检组长徐吉明一行、中国石油（CNPC）副总经理赵政璋一行等多个团组来访接待工作。配合接待伊拉克、伊朗代表团6个。

2017年，中东公司做好中国石油（CNPC）领导到中东地区调研团组的协调、服务支持，为中国石油（CNPC）领导外事活动提供坚实保障。完成20余个高级访问团组到中东调研来访接待工作。中国石油（CNPC）董事长2017年先后两次到中东地区调研，对中东公司取得的成绩给予高度肯定，提出4个坚持总体部署。完成来自伊拉克、伊朗和阿联酋等6个代表团组访华接待工作。协调中国石油（CNPC）思想政治工作部3个代表团和中国石油（CNPC）审计团组行程安排和人员签证。

2018年，中东公司组织公司有关领导与卡塔尔能源与工业部部长、中国驻卡塔尔大使、卡塔尔石油（QP）商务部负责人、道达尔驻卡塔尔国别公司总经理会谈。推进巴林油气项目合作，协调中东公司、中油国际（CNODC）、中国石油勘探开发研究院专家团组会见巴林石油部部长、巴林石油开发公司等单位。促进黎巴嫩油气开发合作，推动参与黎巴嫩第二轮海上油田项目招标路演，协调领导层会见黎巴嫩能源水利部部长、石油管理局局长。联系石油部推动中东1号、2号项目谈判，协调石油部高级访问团访问中国石油（CNPC）。接待中国国有资产管理委员会宣传局副局长刘福广带队的国资委海外形象建设工作检查团到中东地区调研。协调中国石油（CNPC）副总经理侯启军到阿联酋和伊拉克调研和参加哈法亚项目三期投产庆典。

2019年，中东公司组织有关领导与埃克森美孚高级副总裁、英国石油中东地区公司领导、伊拉克石油部高层会谈。借伊拉克副总理访华之际，协调中东公司、中油国际（CNODC）团组会见伊拉克石油部部长，推动中国石油（CNPC）在伊拉克新项目开发，联系伊拉克石油部推动中东1号、2号项目谈判，协调推动伊拉克石油部高访团访问中国石油（CNPC）。8月14日，中东公司总经理黄永章，中东地区韩绍国分别在迪拜、阿布扎比拜会中国驻迪拜总领馆总领事李旭航、中国驻阿联酋大使倪坚。12月25日，中东地区协调组组长、中东公司总经理黄永章一行到中国驻伊朗使馆拜会大使常华。

2020年1月17日，中东公司作为驻阿联酋中资企业代表组成方阵，参加迪拜2020欢乐春节华人大巡游队伍表演。1月22日，中东公司、中国石油国际事业（中东）有限公司提油销售团队与伊拉克石油部伊拉克国家石油销售公司哈迪先生一行在迪拜中国石油大楼会议室举行会晤。2月10日，中东公司总经理黄永章与阿布扎比国家石油公司上游董事亚瑟（Yaser）在阿布扎比国家石油公司总部进行工作会晤。3月16日，中东地区防控新冠肺炎疫情工作领导小组副组长、中东公司常务副总经理、安全总监王贵海一行到管道局中东公司办公区检查指导疫情防控工作。5月4日，中东公司总经理黄永章到中国驻阿联酋大使馆拜会大使倪坚。5月14—15日，中东地区协调组关心在中东各资源国项目的抗疫生产情况，分别同伊朗片区各项目、东方物探阿联酋项目部、管道局阿联酋M项目、管道局沙特NGCP项目和中国石油工程建设公司巴布项目进行视频连线，向坚守在项目一线干部员工表达慰问。7月26日，作为阿联酋中国商会会长单位，参与阿联酋中国商会主办的线上文体节,获多个奖项。9月7日,中东地区协调组组长、中东公司总经理王贵海一行到阿布扎比拜会中国驻阿联酋大使倪坚先生。10月24日,中东公司总经理王贵海一行到伊拉克大使馆拜见中国驻伊拉克大使张涛。11月26日,中东地区协调组组长、中东公司总经理王贵海一行到中国驻阿曼大使馆会见中国驻阿曼大使李凌冰。

2021年,中东公司总经理与中国驻阿联酋大使、中国驻迪拜总领事等多名领导会见。中东公司总经理参加11月15—18日举办的阿布扎比石油展,会见中国国际贸易促进委员会副会长一行。中东公司有关领导与多家合作伙伴高层会谈,其中与英国石油会见7次、与阿布扎比国家石油公司会见1次、与伊藤忠商事株式会社会见7次、埃克森美孚会见10次、日本三菱1次、道达尔1次。中东公司组织员工分批次参观世博会园区、组织员工参加"阿联酋中国商会线上文体节"及各类线上培训研讨会,树立中国石油(CNPC)在阿联酋的良好企业形象。

2022年春节期间,中国驻迪拜总领馆、中国驻伊拉克使馆连线中国石油(CNPC),中东公司作工作汇报。4月4日,中东公司总经理王贵海一行到中国驻沙特阿拉伯大使馆拜会大使陈伟庆。6月22日,中国石油中东公司作为驻阿会长单位参加商务部投资促进事务局(亚洲片区)工作交流会,中东公司副总经理韩绍国参加会议。8月,中东公司员工参加由迪拜总领馆主办,阿联酋中国商会承办的线上文体节活动。9月20日,哈法亚项目联合公司第48届联合管理委员会会议在法国巴黎召开,中东公司总经理王贵海参会。9月21日,中国石油(CNPC)组织召开伊拉克国别联防联保第三次交流会,中国驻伊使馆、国有资产管理委员会、中国石油(CNPC)及15家驻伊央企,73人参加会议。9月28日,中东公司总经理王贵海到阿曼拜会中国驻阿曼大使李凌冰;9月29日,拜会阿曼能矿大臣萨里曼·阿里·欧飞(Salim Al Aufi)。10月9日,中国驻阿联酋大使张益明到中东公司检查指导工作。10月17日,中东公司总经理王贵海出席由迪拜总领馆主办,"拥抱中国"执委会及阿联酋中国商会承办的中阿政企对接会,并作为阿联酋中国商会会长单位代表致辞。10月31日—11月3日,阿布扎比国际石油展在阿布扎比国家展览中心举办,中国石油(CNPC)董事长戴厚良应邀在线出席圆桌会议,中东公司总经理王贵海现场参会。11月29日,中东公司领导参加中国驻迪拜总领馆在迪拜举办的领区驻外机构学习宣传党的二十大精神专题推进会。12月11日,中东公司向伊拉克知名学府萨拉赫丁大学捐赠图书,举行"筑梦丝路——青年中文书屋"揭牌仪式。12月15日,中东公司召开线上发布会,在迪拜、北京、巴格达三地同时发布《中国石油助力伊拉克石油工业发展策略研究报告》《中国石油在伊拉克企业社会责任专题报告》。

二、后勤工作

(一)外事与旅行管理

2016年,中东公司严格遵守中国石油(CNPC)外事管理制度,从源头抓起,根据各项目工作任务和时间要求,为项目人员办理出国立项手续和出境证,完成机票预订260人次。中东公司按照迪拜政府的相关要求,完成迪拜自由区注册公司的办公室续租及三方责任险和雇主险投保事宜;完成公司贸易许可(Trading License)和服务许可(Service License)更新。

2017年,中东公司推动伊拉克石油部、内政部简化签证程序,缩短中国石油(CNPC)系统伊拉克签证办理时间，签证办理缩短为2个月。为鲁迈拉油田工作的中国石油（CNPC）甲乙方办理签证1390人次，协助绿洲公司人员出席会议186次，倒休人员中转960人次。协调中国石油（CNPC）保障业务在伊拉克巴格达与巴士拉地区政府、石油公司、军警联系，新项目考察安排（签证办理、油田许可、安保车辆、营地住宿等），伊拉克节日慰问等。保证员工差旅和休假需要，完成机票预订300余人次。

2018年，中东公司各类签证办理90人次，其中迪拜长签办理24人。伊拉克邀请函办理18人次，伊拉克签证办理4人次，伊朗签证办理15人次。为鲁迈拉油田工作的中国石油（CNPC）甲乙方办理签证1396人次。协调在巴格达与巴士拉地区当地政府、石油公司、军警联系，高级访问团和新项目考察安排（签证办理、油田许可、安保车辆、营地住宿等），解决甲乙方的签证办理、油田通行证、物资运输和人员动迁等困难。

2019年，中东公司各类签证办理81人次，其中迪拜长签办理17人；伊拉克邀请函办理19人次，伊拉克签证办理14人次，伊朗签证办理4人次，阿曼签证办理11次。

2020年，中东公司各类签证办理76人次，其中迪拜长签办理30人；伊拉克邀请函办理18人次，伊拉克签证办理8人次，阿曼签证办理4人次，沙特签证办理1人次。在新冠肺炎疫情特殊时期，综合办公室灵活执行差旅政策，24小时跟踪航班信息，合理选择航空公司，保障中方员工疫情期间的轮休轮岗。机票预定199人次，退改票60人次，车辆派遣超过488人次。

2020年，中东公司协调伊拉克政府的机场、海关、边防办理倒班人员出入境签证、物资进口许可。办理3架次包机防疫物资、药品和行李的清关3827件次。第三次包机在巴格达机场办理一次性落地签160人次，协调5人因签证滞留机场入关。

2021年，中东公司各类签证办理53人次，其中迪拜长签办理33人，3个月签证办理20人次，签证取消17人次。在新冠肺炎疫情期间，公司灵活执行差旅政策，24小时跟踪航班信息，合理选择航空公司，协调沟通动迁人员降低舱位，为员工预订机票，保障中方员工疫情期间的轮休轮岗和控减费用。机票预定245人次，退改票60人次；车辆派遣932人次。

2022年，办理各类签证52人次，签证取消5人次。随着阿联酋防疫政策的放开和国内隔离政策的变化，合理安排员工休假机票，确保员工倒班休假逐步恢复到正常状态。机票预定336人次，退改票98人次。

（二）驻地、食宿、车辆管理

2016年6月上旬，中东公司综合办公室完成巴士拉营地出售工作，文件资料的存档、转移迪拜办公室。与阳光国际签订后勤服务协议。加强车辆管理，合理调剂使用，满足机关员工上下班通勤需要。

2017年，中东公司车辆使用费用同比下降30%。6月，协调绿洲公司、叙利亚项目、档案项目组搬入在北京办公室。利用中油国际（CNODC）办公室，为公司财务、人事等部门的人员，以及海外后勤共享中心筹建人员提供办公条件。

2018年，中东公司重视驻地安全，对驻地加装刷卡门禁系统，对哈法亚驻地院墙加高加固。公司长期在迪拜工作生活人员日均超过50人次，住宿量超过18000人次，就餐总量超过37000人次。10月，通过招标选定当地供应商艾乌拉·欧斯达玛尼（AWR Ostamani）集团下属的希夫特汽车租赁公司作为车辆租赁供应商，车辆台数增长20%，租车整体费用下降40%。

2019年，中东公司长期在迪拜工作生活的人员日均超过130人次，就餐总量超过46275人次。接待中国石油（CNPC）等调研团组4次40人次。接待中油国际（CNODC）出差人员及其他零星来访小组440人次。对驻地伙食质量安全抽查检验，要求每餐每道菜品留样48小时。

2020年，中东公司机关集体生活驻地搬迁，降低住宿年费用84万迪。公司长期在迪拜工作生活人员日均超过119人次，就餐总量超过42671人次。新冠肺炎疫情期间，做好食材购买、员工就餐、餐后消毒等多项工作。为项目滞留迪拜21人提供食宿服务和办公条件。交通违章处罚管理处理事件10起，同比下降47%。新冠肺炎疫情期间，严防疫情隐患，对司机实行集中管理，统一提供食材，降低管理费用。

2021年4月初，新驻地物业公司塞伽马综合技术公司（Sigma Integrated Technical）进入，各项物业服务有序展开，完成泳池、水电系统、空调系统、绿化等定期维护69次，完成各类维修工作单171次。开展驻地消防设备安全检查。中东公司长期在迪拜工作生活人员日均超过70人次；日均住宿量超过40人次，就餐总量超过14600人次。与车辆租赁公司协商到更为灵活的合同条款，各型车辆月租金费率下调7%。

2022年，中东公司长期在迪拜工作生活的日平均人员超过57人次，日均住宿量超过35人次，就餐总量超过38325人次。对标《健康食堂标准化手册》，组织后勤服务团队梳理后勤管理和实施过程中存在的问题，梳理落实从食材采购、储存、备餐及日常消毒清洁等整改措施，完善食堂管理和食品安全，提高餐饮服务质量。梳理用车需求，通过公开招标遴选服务供应商，招标后的合同总费用较预算节省约16%，部分主要车型月租费率较现有合同的费率下降14%。组织司机进行新冠肺炎疫情防控和出行安全宣讲和培训。

第三节　保密管理

自2015年12月底重组成立以来，中东公司贯彻落实中国石油（CNPC）和海外板块保密工作要求，强化全员保密意识教育，严格保密管理，加强保密检查，做好保密警示，强化保密基础工作。中东公司设有保密委员会，下设保密办公室，各部门设有兼职保密员。

2016年7月，根据《中国石油天然气集团公司保密管理规定》要求，中东公司成立保密委员会，王保记任委员会主任，田大军任副主任。保密委员会下设保密办公室，负责保密管理日常工作。保密办公室设在综合办公室下，履行指导、监督和检查职能，协调各部门、各项目开展保密工作。王正安任保密办主任，谷孟哲任副主任。

2016年，中东公司落实中国石油（CNPC）和海外板块保密工作要求，按照"提高认识、明确责任、加强教育、保守秘密"工作思路，强化对广大干部职工保密意识教育，提高广大员工保密防范意识；按照中国石油（CNPC）保密办公室要求，统计上报涉密岗位和涉密人员信息。参加海外勘探开发公司保密检查，学习保密知识和其他单位的经验。在日常工作中，组建24人参与兼职保密员队伍，升级和配置加密U盘45枚，签署保密工作责任书70份和保密协议437份，发出保密工作提醒提示4次，处理中国石油（CNPC）保密协查通报3起，发放保密培训教材50本和保密CD30份，编写保密培训资料1份。中东公司未发生重大失泄密事件。

2017年4月，中东公司调整保密委员会成员，王保记卸任中东公司保密委员会主任一职，由韩绍国担任。5月3日，中东公司保密委员会主任韩绍国在迪拜办公楼会议室主持召开中东公司档案与保密工作专题会议。明确下一步重点工作，一是按照"谁主管，谁负责"原则，落实保密责任制，强化保密管理，杜绝失泄密事件发生；二是加强全员保密教育，做好兼职保密员、核心和重要涉密人员保密教育培训，提高全员保密防范意识；三是严格遵守"涉密不上网、上网不涉密"要求，落实保密防范措施，防止失泄密事件发生；四是由保密办负责，组织召开保密委员会会议，研究部署中东公司下一步保密管理工作；五是结合中国石油（CNPC）和海外勘探开发公司相关要求，下发中东公司保密工作制度；六是由技术部IT人员负责，对公司机关人员计算机、网络安全采取技术防范措施，确保信息安全传输。中东公司未发生失泄密事件，中东公司的保密工作受到中国石油（CNPC）办公厅的肯定和好评。

2018年3月28日，中东公司调整保密委员会成员。6月，中东公司向国资委发出保密检查邀请函。7月，中国石油（CNPC）保密检查组到中东检查指导工作，中东公司保密办对中东地区整体情况和保密工作开展情况作汇报。8月，根据《中国石油天然气集团有限公司内部资料保护管理办法》，制定并印发《中油国际中东公司保护商业秘密工作细则（试行）》《中油国际中东公司保密管理办法（试行）》《中油国际中东公司保密管理实施细则（试行）》。11月，国家资产管理委员会办公厅检查组对中东公司保密工作进行专项检查，中东公司汇报中国石油（CNPC）在中东的整体情况、中东保密工作特点，以及中东公司保密工作落实情况。检查组对中东公司保密工作表示肯定。12月，中东公司印发88号文件调整保密委员会成员。

2018年，中东公司重视保密信息安全管理工作，严格执行中国石油（CNPC）和中油国际（CNODC）保密工作要求，全体员工安装文档安全管理系统，未发生失泄密事件。

2019年2月，中东公司组织全员签署《保密协议》《领导干部保密工作责任书》，制文下发《关于进一步加强中东公司商业秘密保护工作的通知》，要求各级领导干部切实履行保密工作规定的相关职责，主管保密工作的领导要负责指导、协调、督促和检查本单位保密工作，及时处理重大问题。9月，中东公司开展学习《中国石油天然气集团有限公司商业秘密保护管理办法》《石油石化行业国家秘密目录》《集团公司商业秘密分级保护目录（3.0）》《海外油气业务涉密信息分级保护目录（2.0）》。11月，中东公司开展2019年度保密检查工作。由公司保密办公室组建检查小组，按照《境外单位保密工作检查事项目录》，针对办公专网、重大敏感项目文档管理及对外提供资料逐项对照检查，11月24日—12月20日完成检查任务，对发现问题及时整改，形成报告上报中油国际（CNODC）。12月，中东公司编制《保密管理之形势与任务》材料，供干部员工传阅学习。

2020年，中东公司完成收密155份，其中国石油（CNPC）普通商密89份，内部资料66份，同比增长22.6%。完成发文标密44份，其中国石油（CNPC）普通商密5份、内部资料39份。所有涉密文件均使用文档安全管理系统授权加密发送。未发生涉密文件内部管理失控，违规存储、传输、发布涉密信息和内部资料等事件。1月，中东公司组织公司领导干部签订2020年保密工作责任书，机关26人完成签订工作。5月，中东公司进行保密密码检查工作，对照《中国石油商业秘密事项目录（4.0版）》逐项检查，针对检查结果，对涉密文件进行规范化管理，由拟稿部门填写《内部资料确定审批表》和《商业秘密确定审批表》随文件统一归档。10月20日，中国石油（CNPC）召开"保密宣传周"推进会，中东公司相关部门负责人以视频方式参会。会议组织收看保密警示教育片，通报2020年前三季度敏感信息违规外发和存储情况。中国石油（CNPC）总会计师、保密委员会主任刘跃珍参会并讲话，对活动进行再部署、再动员。10月19—25日，开展2020年保密宣传周系列活动。以"依法治密、精准定密、严格守密"为主题，参与"中油e学"平台保密培训、微信公众号推送相关保密知识，以及分享保密案例等多种活动，对全体干部员工进行保密常识普及学习。

2021年，中东公司完成收密324份，其中国石油（CNPC）普通商密94份，内部资料279份。完成发文标密77份，其中国石油（CNPC）普通商密8份。所有涉密文件均使用文档安全管理系统授权加密发送。印发《关于加强疫情防控期间保密工作的通知》。加强涉密人员保密管理，综合办公室及保密办牵头组织公司及各所属项目副处级及以上领导干部签订2021—2022年度保密责任书。3月17日，中东公司副总经理兼保密委员会主任韩绍国对一季度保密密码自查工作做出安排，由公司保密办公室牵头，IT支持人员和各部门兼职保密员负责，针对商业秘密管理、定密管理、网络保密管理、涉密人员管理和密码设备管理等方面进行自查，3月17日—3月28日完成自查任务。

2022年，中东公司完成收密265，其中石油普通商密60份、内部资料205份。完成发文标密52份，其中石油普通商密1份。4月，组织机关及各项目单位学习《国家秘密定密管理暂行规定》《集团公司商业秘密保护管理办法》《集团公司内部资料管理办法》《集团公司保密违法违规行为处分办法》《关于加强工作秘密管理及调整商业秘密定密标志的通知》等相关规章制度；参加中国石油（CNPC）组织的线上定密基础知识答题活动，390人参与答题；组织机关及各项目单位开展保密自查工作，一是完成关键岗位人员签署保密承诺书，中东公司及各项目370人在OA系统中完成签署；二是针对即时通信进行排查整顿，指导各部门、各单位进行自查，无泄密事件发生。为消除泄密隐患，梳理工作群，落实群负责人，杜绝一切涉密或可能涉密的内容在工作群中发布或流转。

第四节　档案管理

中东公司根据《中国石油天然气集团公司档案工作规定》《关于加强海外档案管理工作的意见》《中国石油天然气集团公司境外档案管理办法》等中国石油（CNPC）规章制度和中油国际（CNODC）档案管理有关规定，结合实际，制定《中国石油中东公司档案管理实施办法》。中东公司档案管理实行领导责任制和专家组工作制度，纳入各项目、各部门业绩考核和审计体系。档案管理归口部门是公司综合办公室，各项目、各部门设置兼职档案管理人员。归档档案有对应的电子版本文件（实物档案除外）或数据库索引。中东公司通过 E6 系统规范档案信息著录、简化档案实体整理，使档案信息完整、准确、系统化，提高档案信息检索和利用效率。

2016 年，中东公司完善档案管理制度，完成往年遗留档案整理录入扫描归档工作，对前期 364 份遗留档案进行筛选和记录。提供档案查阅 24 次 76 份。抽调专人参加海外板块 E6 档案系统使用培训，学习 E6 系统使用方法。

2017 年，中东公司完善档案管理制度及相应的实施办法，形成以公司领导牵头、综合办公室主任分管、档案工作组具体负责、机关各部门和各项目协助的四级档案管理工作体系。推广使用档案管理 E6 操作系统。完成对兼职档案员 E6 单机版培训，整理机关档案资料 600 余份，录入档案管理 E6 系统，取得档案工作 E6 系统推广初步成果。5 月 3 日，中东公司分管档案工作的韩绍国在迪拜办公楼会议室主持召开中东公司档案工作专题会议。明确下一步重点工作，一是各项目、机关各部门要高度重视档案管理工作，落实"谁形成、谁归档"工作要求，将归档工作纳入各项业务规章制度和工作流程，从业务管理层面确保归档要求落实；二是各项目、机关各部门要及时有效保护和利用档案信息，真实记录公司生产经营活动中形成的具有查考和利用价值材料，推动项目稳健发展和有效防控法律及运行风险；三是从 2017 年开始，中东公司将档案管理纳入各项目、各部门业绩考核体系，进一步加大档案工作推动力度；四是由综合办公室负责，结合中国石油（CNPC）和中油国际（CNODC）相关要求，进一步修订完善中东公司档案管理制度，下发实施；五是落实专兼职档案人员，由综合办公室、人力资源部，挑选专职档案员，负责中东公司档案管理工作；六是各项目、机关各部门要根据人员变化情况，及时调整落实兼职档案员，做好日常档案管理工作；七是结合 E6 系统运行需求，协助中东公司专兼职档案员到中油国际（CNODC）学习使用 E6 系统，推动 E6 系统上线运行；八是由综合办公室负责，下发《关于认真做好档案归档工作的通知》，按要求做好档案归档移交工作，要配合 E6 系统移交实物档案、电子档案，编号必须规范，符合要求；九是鉴于中国石油档案馆已经投用，中东公司各项目、机关各部门的档案达到归档条件后，移交给中国石油档案馆，尽可能减少中间环节。档案员负责移交过程中与中油国际（CNODC）及档案馆的沟通协调。成立临时档案工作组，王正安任组长，付依力任副组长，成员为尚松峰、毕江、刘会文。6 月 7 日，韩绍国在迪拜中国石油办公楼会议室，以迪拜—北京视频会议的形式，主持召开中东公司档案工作推进会。会议听取档案工作组关于档案工作进展情况、2017 年档案工作计划情况汇报，传达中国石油（CNPC）、中油国际（CNODC）关于境外档案工作的要求，与会人员就档案工作进行讨论发言，韩绍国对下一步档案重点工作提出明确要求。7 月 23 日，中东公司印发《中国石油中东公司档案管理办法》。

2019 年 6 月，中东公司完成历史档案移交工作，档案工作组将各项目移交过来的材料整理、编号、装盒，建立档案目录。12 月，开展 2018 年度档案归档工作。31 日，各部门完成归档范围修订，上报中油国际（CNODC）。

2020 年，中东公司完成 2019 年中东公司公文实体类和电子类文档整理工作。按照档案一级类目划分，管理类综合类文件归档433件、管理类合同类归档16件、会计类报告3卷、会计类其他3卷24件。按照归档清单，所有电子类文档上传至中国石油海外勘探开发数据管理平台。1月，根据中油国际（CNODC）《关于做好集团公司档案管理系统2.0上线和2018年度文件归档工作的通知》要求，将公司历史档案进行数据迁移，中东公司委托后勤保障中心代迁移工作，完成全部数据移交。10月，根据中油国际（CNODC）《关于成立中国石油国际勘探开发有限公司档案与史志工作委员会的通知》，中东公司成立档案与史志工作委员会。主任王贵海，执行副主任韩绍国，副主任为公司领导班子成员，委员为机关各部门及所属处级项目负责人。编委会设办公室，办公室主任韩绍国，副主任田大军、黄贺雄。负责组织召开委员会会议，落实委员会各项工作安排，统筹协调公司档案与史志管理工作。

2021年，中东公司完成2020年公文实体类和电子类文档整理工作。按照档案类目划分为管理综合类421件、管理合同类3件、会计类15件（会计报告3、其他12）、声像类30件（音频）。文件按清单归类、编号、命名整理。资料以OA和手工两种方式归档，9月完成所有手工上传资料的补充与确认。手工归档的文件上传到中国石油档案管理平台，完成9类73项469件资料的手工上传工作。

2022年，中东公司完成2021年度资料归档工作。汇总和梳理各部门上报的归档材料，文件均按清单归类、编号、命名和存放，共10类83项2373个文件，数据量5.33吉字节，手工上传。

第八篇 科技创新与信息化建设

中东公司以中国石油勘探开发研究院迪拜技术支持分中心和中国石油工程技术支持分中心为依托，建立中东地区国际化技术支持体系，对中东区域勘探开发生产中遇到难题开展专题研究和攻关。形成涵盖勘探、钻井、油藏、采油和地面工程等方面的技术系列，取得多项技术成果，其中"中东巨厚复杂碳酸盐岩油藏亿吨级上产稳产及高效开发"获国家科学技术进步奖一等奖。获中国石油（CNPC）科学技术进步奖4项，行业协会奖项7项，获中油国际（CNODC）科学技术进步奖23项。阿曼5区古近系岩性碳酸盐岩油藏综合评价成果，拓展新的含油层系，实现阿曼国内首口新生界UeR碳酸盐岩油藏评价井的钻探成功，为项目公司延期奠定一定的基础，丰富中东地区碳酸盐岩油气藏勘探思路，从寻找大的构造型油气藏拓展到岩性地层油气藏，对中东其他项目进一步勘探开发具有参考和借鉴意义。哈法亚油田上产稳产千万吨采油工程关键技术研究，形成适用于哈法亚油田的低成本高效采油工程关键技术，4年时间强力助推油田年产量达到1000万吨并持续稳产，为建成中东标志性项目提供技术保障，为中国石油（CNPC）海外项目中大规模、复杂岩性油气田开发提供技术借鉴和参考。艾哈代布复杂碳酸盐岩油藏水平井注水配套技术研究，形成一套在复杂碳酸盐岩油藏实现高渗调剖、完井工艺、检测防腐、稳油控水等水平井注水技术，实现良好的经济效益。伊朗北阿扎德甘油田400万吨建产稳产技术研究，在伊朗回购合同模式下，研制抵御地下不确定性风险的稳健开发技术，实现项目400万吨规模开发、不增加工作量下5年长期稳产的合同指标、国际制裁下项目的高效运作、艰难地表湿地环保区高行业标准下的施工作业。大型海相三角洲砂岩油藏高效开发关键技术及工业化应用，在大型海相三角洲砂岩油藏，进行剩余油分布规律的刻画及加密井的高效部署，发展储层不确定性定量表征技术，推动开发决策从局部优化向全局优化的转变，创新取得的研究成果支撑鲁迈拉油田实现持续7000万吨稳产的目标，对鲁迈拉油田的长远开发持续产生巨大的经济和社会效益。中东公司根据生产需要建立和完善信息化基础设施和信息系统建设，实现公司管理和油田生产运行数字化，为实现中东地区国际化一流管理奠定基础。

第八篇 | 科技创新与信息化建设

第一章　科技创新成果

　　中东公司自进入中东高端国际市场伊始，便积极推进科技创新与信息化建设。2017年3月，中东公司与勘探开发研究院在中国石油（CNPC）支持下共建成立中东地区技术支持分中心，2018年工程技术研究院加入技术支持队伍，建立中东地区国际化技术支持体系，对中东区域勘探开发生产中遇到难题开展专题研究和攻关。中东地区油气资源丰富，储层巨厚、油藏和储层类型多样、储量丰度大，单井初产高、油田开发效益好，随着开发的深入储层非均质性逐渐显现，储量动用不均匀，油藏压降明显，含水上升速度偏快，注水开发效果不及预期，加之普遍发育的疏松砂岩、膏盐层、燧石层等复杂岩性层段增加钻井作业难度，地层水盐度较高且液体中含硫化氢对安全作业、油气处理和设备防腐等带来严重挑战。中东公司整合中国石油（CNPC）和国际油公司的先进技术，逐年开展技术攻关，较好解决相关技术难题，形成涵盖勘探、钻井、油藏、采油和地面工程等方面的技术系列，取得多项技术成果，包括中国石油（CNPC）科学技术进步奖4项，行业协会奖项7项，获中油国际（CNODC）科技进步奖23项。"中东巨厚复杂碳酸盐岩油藏亿吨级上产稳产及高效开发"获国家科学技术进步奖一等奖。系列科技成果的取得和推广应用，助力把中东地区成功建设成为海外亿吨级油气合作区，在中东国际石油高端市场展示中国石油（CNPC）的整体科技实力，树立品牌形象，提升企业竞争力。

第一节　阿曼5区古近系岩性碳酸盐岩油藏综合评价

　　阿曼5区于1986年勘探发现，1990年投入开发。2002年中方进入以来，完钻探井16口，成功13口。截至2016年底，共提交P1地质储量9.09亿桶，累计生产原油1.7亿桶。这些产量和储量均来自白垩系。经过26年的开发，项目储采比不断下降，2017年储采比仅4.5，连续5年储量替换率均小于1。寻找新的、经济可行的开发层系和潜在储量是摆在项目面前亟待解决的一个问题。

　　自中方进入以来，创新建立多项碳酸盐岩油气田勘探开发技术，不仅大面积的扩大达利等老油田含油范围，还在东部斜坡上发现布沙拉油田多个断层圈闭油藏，取得令人瞩目的勘探成绩。但这些发现都是在阿曼5区早期发现的开发层系基础上的拓展，其他的层系是否含油？是否具备开发的可行性？2013年8月在钻探探井DLE-01井时，由于未能在设计的目的层——白垩系纳提赫油藏中获得发现，而古近系UeR地层中录井显示较好（全烃值1%—2%），进而安排在UeR地层开展重复式地层压力测试，随后射开 UeR 投产，截至 2016 年底累计产油近 4 万桶。DLE-01 井在 UeR 组地层的突破给阿曼项目在新层系勘探上带来希望，但也存在很多的困惑。UeR 地层中的原油来自哪里？是如何运移进入到 UeR 油藏中去的？阿曼 5 区 UeR 油藏属于什么类型？前期的构造解释表明，UeR 地层整体为北低南高，没有构造圈闭存在。那么 UeR 油藏是岩性圈闭控藏，或是构造+岩性圈闭。阿曼 5 区 UeR 成藏模式和成藏发育的主控因素是什么？下一步的勘探开发潜力有多大？为解决上述问题，海外勘探开发公司 2015 年下达"阿曼 5 区古近系岩性碳酸盐岩油藏储层综合评价与成藏主控因素研究"的课题，期望在系统调研、分析中东地区新生界储层特征与成藏发育模式的基础上，系统开展阿曼 5 区古近系 UeR 地震、测井资料解释，结合已有的岩屑薄片、原油地球化学等分析资料，综合分析、系统研究，明确储层特征，建立油气成藏模式，确定成藏主控因素，划定下一步重点勘探评价区域，提出 1—2 口评价井位，力争实现 UeR 油藏的勘探突破。

一、研究内容和方法

阿曼 5 区古近系岩性碳酸盐岩油藏综合评价与勘探是对阿曼 5 区古近系 UeR 储层从源、储、运、聚、控等方面的系统研究。UeR 油藏对阿曼 5 区是新一套全新的含油气层系，岩心分析少、生产测试少、储层分布发育规律不清，中国石油海外天然气技术中心与中国石油中东公司阿曼项目紧密结合，按照"系统评价、突出重点、力争突破"原则，开展研究工作。

系统评价。中东地区油气资源虽然丰富，但主要开发生产层系主要位于中生界白垩系和侏罗系地层，其次是古生界地层，新生界的 UeR 组地层作为开发层系的油气田并不多。UeR 组地层在阿曼通常被作为农业灌溉的水层，而非油气开发生产层系。因此要搞清楚 UeR 油藏潜力，必须从其油气来源、地层展布、构造特征、储层特征、运移途径、成藏模式、控制发育因素等多个方面对其开展系统研究。

突出重点。通过对阿曼 5 区 UeR 地层已钻井录井和测井解释分析，有利井分布具有明显的区域性，即东部布沙拉区块油气显示很差，基本没有显示；中部的达利油田区域部分井显示较好，总体南部各井的显示优于北部各井显示，但分布规律不明朗；西部玛祖恩、沙迪等油田区域显示较差。地震解释来看，UeR 组地层发育平缓，总体上北低南高，没有明显构造圈闭存在。因此对于 UeR 油藏的评价重点应该放在其储层特征、成藏模式及成藏发育主控因素 3 个方面。

力争突破。阿曼 5 区通过 15 年的勘探开发，在小断层识别、薄层碳酸盐岩储层预测等方面均取得优异的成绩，但也要认识到所发现的油气资源仍然局限在白垩系的储层中。通过 30 余年的开发，项目储采比不断下降，白垩系的资源量所剩不多。阿曼 5 区在未来 10 年的延期中应该跳出白垩系油气资源的框架，寻找新的潜力层系。

阿曼 5 区古近系 UeR 组油藏综合评价过程中，系统开展储层特征与成藏研究，利用新采集的 3D 地震资料，开展精细构造解释；全面整理、分析全区单井录井资料，对有测井资料的井开展测井解释，确定 UeR 层原油分布区域；通过地球化学资料对比，明确油气来源；综合区域地质资料、构造解释、油气分布规律，分析 UeR 组油藏原油运移途径；综合建立 UeR 组油藏成藏模式，分析其成藏主控因素，指出有利储层分布发育区域，提出下一步钻探目标。

二、创新成果

"阿曼5区古近系岩性碳酸盐岩油藏储层综合评价与成藏主控因素研究"成果，为阿曼5区拓展新的含油层系，实现阿曼国内首口新生界UeR碳酸盐岩油藏评价井的钻探成功，丰富中东地区碳酸盐岩油气藏勘探思路，从寻找大的构造型油气藏拓展到岩性地层油气藏，对中东其他项目进一步勘探开发具有较高参考和借鉴意义。课题研究取得4项创新成果。

（1）系统开展油源对比，确定阿曼5区古近系UeR地层原油来自工区外的白垩系Natih B烃源岩。阿曼5区之前的勘探开发只有白垩系的地层，古近系UeR地层没有系统开展过研究。阿曼境内也未开展过UeR地层含油性评价。虽然DLE-01井在UeR地层中获产原油，但不弄清原油从何而来，就无法落实其潜力有多大、储集在哪里。系统调研发现，阿曼盆地内共有5种类型的原油，对应5套烃源岩，阿曼5区已发现的白垩系两套储层中：Up Shuaiba层的原油来自寒武系的Huqf组地层，通过大断裂垂向运移至白垩系，再横向运移到5区中；Natih层的原油来自Natih B烃源岩。通过对DLE-01井UeR层油样的地化分析，从原油品质、碳13同位素、淄烷与姥鲛烷比值等多个参数对比，确定阿曼5区UeR地层原油来自Natih B烃源。依据为：① 原油重度上，UeR原油重度约27API，与Natih原油（约30API）和H油（25—30API）最接近，明显低于Ara、Safiq和Diyab 3种原油（其重度均大于35API）。② 碳同位素分析，达利油田白垩系Up Shuaiba与Natih油藏原油碳同位素差别较大（Up Shuaiba为-34.0‰，Natih为-28.6‰），UeR原油碳13同位素27.7‰，与Up Shuaiba原油明显不同，而与Natih原油非常接近。③ 淄烷与姥鲛烷比（Pr/Ph）分析：UeR原油姥鲛烷比值（-27.7‰）与Naith原油（-26.9‰）基本一致。

（2）利用多属性、多维分析方法，准确刻画UeR地层"溶蚀塌陷"分布发育区，确定原油垂向运移通道。通过对阿曼5区全部60余口井录井资料，25口井测井资料解释，UeR层油气显示区域集中在5区中部达利油田范围内，而在达利以东的布沙拉区域没有任何显示；在达利以西的玛祖恩、沙迪等油田范围，只有少数井具有一定显示。通过纵、横向地层对比，综合区域地质分析，认为阿曼5区白垩系顶部不整合面和断裂系统对原油运移起关键性作用。依据为①阿曼盆地内存在一套区域性的不整合面——白垩系与古近系不整合面。白垩纪末期，受扎格罗斯构造运动的影响，阿曼盆地西部勒克拉高点抬升隆起，5区由东向西Natih地层逐渐遭受剥蚀，西部发育有完整的Natih A—G各小层，而向西部则逐渐剥蚀Natih A、B、C等小层。西部抬升，出露水面，而向东水体逐渐加深，沉积Fiqa泥岩，其越向东，厚度越大（Bushra区域厚度600米左右）。在东部Fiqa泥岩阻挡Natih B生烃向上运移，因而未能在Bushra区域的UeR地层中聚集。②地层对比表明，Natih B地层由东向西也逐渐被剥蚀殆尽，在达利油田区域已经没有Natih B地层存在。地球化学分析表明，阿曼5区内的Natih B烃源岩并未成熟，还未达到生烃门槛，因此阿曼5区UeR中的原油不可能由5区Natih B烃源排烃，向上运移而来，只能是由阿曼5区以东，埋藏更深的Natih B烃源生烃后，沿不整合面向西运移而至。通过3D地震资料相干分析，在阿曼5区南部，发育一系列的溶蚀塌陷通道，在相干平面显示为"环状、近环状"，在剖面上显示为一定宽度的地质体，整体下陷。分析认为这些溶蚀塌陷体不同于断裂，而是断裂形成后，地层出露于地表或埋藏较浅时，受大气淡水淋滤而形成的类似于"溶洞"的、较大的溶蚀体，并破碎下陷，具有良好的渗透性，成为 Natih B 原油的上升通道。

（3）建立 UeR 油藏成藏模式，明确成藏发育的主控因素。通过对阿曼 5 区 1870 平方千米 3D 地震资料解释，UeR 组地层构造整体上显示出北低南高，总体非常平缓的特征，没有明显的构造圈闭存在。通过相干、蚂蚁体追踪、频谱叠加等分析，UeR 组地层在南部发育多个不同于断层形态的溶蚀塌陷通道（剖面特征显示为"圆筒"型，而非"线"型）。综合析阿曼 5 区 UeR 储层测井解释、物性分析、地球化学特征等资料分析，虽然 UeR 储很好，高孔中高渗，属于未压实的原生碳酸盐岩沉积，但油藏普遍含油饱和度不高，表明原油充注程度不高，主要原因是 5 区内的 Natih B 烃源并未成熟，原油需要从东部 Fahud 盐盆中运移而来。在油气运移的过程中，东部发育有较厚的 Fiqa 泥岩，阻碍 Natih B 的原油向上垂向运移，因此东部布沙拉区域内 UeR 储层没能充注原油；东部 Fahud 盐盆中生成的 Natih 原油沿着白垩系与古近系的不整合面——Natih 不整合面，向西高部位运移，在 Natih A 剥蚀殆尽，或残余厚度不大的区域，才有可能垂向运移到 UeR 地层中。同时，如果有"溶蚀塌陷"通道的存在，有助于 Natih B 油源垂向运。因此，UeR 的成藏主要受控于 3 个主要因素：①白垩系顶部的剥蚀面。东部 Fahud 盐盆中 Natih B 生成的原油，只有沿着 Natih 不整合面才能向西运移至 5 区中。②"溶蚀塌陷"通道。运移至阿曼 5 区的原油，如果遇到贯穿 Fiqa 泥岩的"溶蚀塌陷"通道，原油垂向运移至 UeR 地层中。③构造相对较高的部位。UeR 地层没有明显的构造圈闭，但成藏优势区域应当倾向于高部位，即达利油田的南部。

（4）实现勘探开发一体化，拓展新的含油层系，提高低油价下的勘探效益。通过对 UeR 储层的系统研究，明确其成藏模式和主控因素，综合分析认为，横向上，阿曼 5 区达利油田南部发育多个"溶蚀塌陷"区域，靠近 Natih B 的剥蚀尖灭线，油源运移的有利区带；纵向上，UeR 构造北低南高，达利油田南部区域，更有利于原油运移聚集。通过地震反演分析，DLE-02 井区存在一个岩性发育体，间距 4 千米处有溶蚀塌陷通道存在，分析认为该溶蚀塌陷区的存在，使得该区域具有得天独厚的优势，遂确定在该区部署一口评价井，并根据储层反演成果优化钻井轨迹。DLE-02 井 2017 年 7 月 27 日开钻，2017 年 8 月 5 日完钻，在导眼段测、录井解释油层 2.3 米，按计划钻水平井 1050 米，有效储层段长 890 米。2017 年 8 月 24 日投产，获产原油 267 桶 / 日，含水率 21%，截至 2017 年 11 月，累计生产原油 2.1 万桶，单井控制地质储量 81 万桶，可采储量约 14 万桶。展示 UeR 地层良好的勘探前景。

三、应用效果及效益

阿曼 5 区古近系 UeR 油藏评价成功是阿曼境内首次在 UeR 地层钻探获得油气发现，实现新的生产层系突破，可提交地质储量 5760 万桶。油藏埋藏浅（埋深 700—800 米），原油品质较好（重度 27API）、钻井费用较低（DLE-02 井水平段长度 1050 米，单井钻完井费用不到 100 万美元），实现低油价下的效益勘探，为阿曼项目延期和可持续发展奠定一定基础。

第二节　哈法亚油田上产稳产千万吨采油工程关键技术研究

哈法亚油田是伊拉克第二轮石油国际招标的油田之一，也是中东地区大规模快速上产的主力油田，将建成海外最大规模的重点油气合作区。合同要求建产时间短、稳产时间长。哈法亚油田原始地质储量超过100亿桶的巨型油田。哈法亚油田开发层系多（7套）、跨度大（1900—4200米），非均质性强、物性变化大，主力油藏采用丛式水平井开采，存在较大规模的低渗透储层，地层水矿化度高，采油工程面临的技术问题纷繁复杂。面对中高配产的水平井和分支井、含硫油田快速建产、稳产要求迫切的基本要求，国内几乎没有成熟经验可借鉴。要通过攻关和规模化应用，形成适用于哈法亚油田的低成本高效采油工程关键技术，强力助推油田年产量1000万吨并持续稳产，为建成中东标志性项目提供技术保障。

采油工程面临主要挑战：有防砂完井投产，地层砂粒径变化范围广，保持产能条件下防砂难度大需要解决什么条件下出砂，如何防砂可获得较好效果；中高产水平井的井筒流态复杂，需要准确模拟延长自喷期，解决什么时候停喷，最佳转抽时机，举升工况快速诊断；水平井段超过800米，急需长井段水平井高效酸化快速投产，用最低的规模获得最好的效果；萨迪储量占1/4，产量不足1/10，急需改造动用低渗储量形成稳产接替，供哈法亚三期上产稳产。

一、研究内容及方法

一是出砂指标预测，防砂与携砂实验，防砂控砂决策与工艺；二是大型管流物理模拟，微元法变质量流模拟和举升工况图；三是伤害剖面预测，溶蚀孔的岩心驱替试验及工艺优化模拟；四是低杨氏模量、高孔隙度的塑性响应储层，改造技术比选。

二、创新成果

（1）形成高渗疏松砂岩出砂规律预测方法及防砂配套技术。针对 Upper Kirkuk 疏松砂岩油藏不同区域出砂临界生产压差及地层砂粒径分布差异，研究平面和纵向出砂规律，绘制出砂临界生产压差分布规律平面图及疏松砂岩储层宏观防控砂控制图，优选砾石充填、独立筛管等不同防砂工艺，在现场实施30口井，平均单井含砂得到有效控制，产量超过2000桶/日，有效保证该油田的单井产量和高效开发。

（2）形成中高产水平井分支井变质量流模拟及生产参数优化预测技术。建立"水平井井筒多相变质量流流动规律实验及压降模型"，新补充完成中等管径两相水平管流动规律；"井筒油藏耦合变质量微元法预测油井产能"方法及"多因素停喷时间预测方法"；在此基础上形成对自喷井延长自喷期、准确预测停喷时间、提高举升系统效率、优选体液潜力井等水平井、分支井生产参数优化方法。

（3）形成长井段水平井、分支井经济高效布酸酸化工艺技术。针对哈法亚油田碳酸盐岩油藏水平井井段长（800米以上），建立水平井非均质伤害的表皮系数模型及适合于中东地区的孔洞型双尺度碳酸盐岩酸化数学模型，提出长井段水平井局部非均匀布酸新理念及其设计评估方法，配套提出局部非均匀布酸工艺及其辅助布酸方法。

（4）形成塑性响应的低渗透碳酸盐岩规模加砂压裂工艺技术。一是提出塑性响应地层的储层改造技术比选流程；二是建立塑性响应地层规模加砂压裂技术方法。

三、应用效果及效益

防砂工艺在现场应用 30 口井。防砂井平均单井产量 1900 桶/日，含砂小于 0.3%，共开井 14998 天，平均单井产量超过 2000 桶/日，防砂有效率 100%，有效期超过 1100 天，累计增油 1507.000 万桶（221.62 万吨）。完成直井、水平井及分支井节点分析及生产制度优化 300 余井次，延缓含水率和生产气油比上升。指导 11 口分支井完井参数选择，增油效果显著。生产工艺管柱及制度优化累计增油 351.674 万桶（51.72 万吨）。长井段水平井高效酸化技术现场推广应用 98 井层，长井段水平井非均匀定量剖面注酸技术累计增油 1458.765 万桶（214.52 万吨）。累计增油 3317.439 万桶（487.86 万吨）。科研攻关期间共获得实用新型专利 9 件、软件著作权 2 项。该成果有力支撑伊拉克哈法亚油田快速建产，助推哈法亚一期新建 500 万吨 2012 年 6 月提前投产，2014 年 8 月实现哈法亚二期 1000 万吨产能，建成中东标志性项目，为中国石油（CNPC）海外项目中大规模、复杂岩性油气田开发提供技术借鉴和参考。

第三节　艾哈代布复杂碳酸盐岩油藏水平井注水配套技术研究

伊拉克艾哈代布油田为中国石油中东地区较大石油项目，年产原油近 700 万吨。油田属于大型强非均质性孔隙型碳酸盐岩油藏，水平井注采井网。2012 年油田开始规模注水，注够水、注好水是油田有效开发的关键。随着注水开发的进行，历史欠注情况下注水不均、含水上升快、水驱效果变差，主力层位 KH2 层中下部储量动用程度差的不利趋势逐步显现。亟须在明确 KH2-1 高渗亮晶砂屑灰岩带、地震异常体导致的断裂区域分布的基础上，通过工艺方法明确水平段注采剖面，及时开展注水开发策略调整优化，攻关配套水平井高渗带化学调堵药剂工艺、优化完井方式及配套工具，完善推广先期控水管柱，解决注入水沿优势通道窜流的问题；亟须在明确稠油分布，异常流体成因基础上，通过酸化工艺优化，注水井洗井配套解决投注（产）成功率降低，注水压力异常升高，酸化效果变差的问题；亟须提高保障注水开发效率的含酸性气体高矿化度注水系统防腐等配套工艺的研究等。本项目把握影响油田注水开发效果和效率的关键难点，综合开发策略及工艺技术的系统攻关研究，力争为油田控水稳油提供有力技术支持。

一、研究内容及方法

艾哈代布复杂碳酸盐岩油藏水平井注水配技术针对大型非均质碳酸盐岩油藏注水开发的复杂地质基础，如高渗带、断裂系统的优势通道水窜问题，稠油分布导致的投（产）注成功率低的问题；针对水平井井网一次成型调整空间有限的开发调整难题；针对水平井注采井网产吸液剖面明确困难，调堵工艺药剂要求高、配套困难，酸性流体注水系统腐蚀、异常流体导致注水压力异常升高等一系列影响注水效率的问题。在注水地质复杂分布研究成果的基础上，开展有效的开发策略调整（温和注水及周期注水），进行水平井高矿化度选择性化学调剖堵水及水平井先期机械堵水工艺及药剂配套攻关，推广注水井洗井、水平井非均匀酸化及注水系统防腐等配套工艺的研究及成果应用。力争从油田注水不利趋势的地质根源认识出发，结合开发策略调整及配套完善工艺技术措施，为油田控水增油提供有力全面的技术支持及工艺储备。

二、创新成果

艾哈代布复杂碳酸盐岩油藏水平井注水配套技术研究主要取得 7 项创新成果：

（1）分析高渗层空间展布、分区分层稠油相对含量以及小规模挠曲—断裂系统等关键地质因素对注水开发效果的影响。即在进一步明确高渗透带分布的前提下，分析对比分布区域快速水窜的控制因素，为精细注水管理及工艺对策提供静态依据；在明确稠油平面分布的基础上，针对区域内投产（注）成功率低、转注后对应采油井快速水窜的异常情况，提出井眼轨迹上调和温和注水的技术对策；地震异常体显示的小规模挠曲—断裂系统分布区采油井投产后含水快速上升，指导井位部署优化及开发井型调整；注水水质、异常流体等导致井筒内乳化、结垢等，注水压力异常升高，注水井无法完成配注量，为下一步工艺对策提供依据。

（2）结合高渗带分布，选取高渗通道发育，含水上升显著井区进行多次温和注水开发调整，效果良好。2016 年初，对含水上升显著井区 AD1、AD7、AD9、AD11 排进行多次温和注水开发调整，调整后在地层能量保持稳定的基础上含水率平均下降 10%。

（3）开展周期注水先导性试验，试验效果良好，为控水稳油提供有效调整手段。在 AD2 选取中高含水区开展周期注水先导性试验，试验井组周期注水后日增油量 86.5 桶/日，增油率 9.3%；含水率下降 4%，降低率 9.6%，地层压力保持稳定，产油递减得到减缓。周期注水试验对井组增油控水有明确指导意义。

（4）推进完井方式转变，优化控水工具系列，为水平井控水增油奠定井筒基础。①分析已有完井方式与控水增油需求适应性，推广筛管＋ECP 完井方式，由最初的完全以筛管完井方式转变为 2016 年筛管＋ECP 完井方式占比到 59%。②推荐设计 ICD 等机械控水先期完井工艺，为新井提供一种经济有效的完井工艺选择。③研发用于水平井的轮式伸缩连续爬行牵引器（发明专利），为解决油田注采剖面测试工具下入困难提供工具准备。

（5）率先系统开展油田规模注水关键工艺——高渗通道调堵工艺配套研究，为先导性试验奠定基础。针对油田规模注水开发中注入水沿优势通道水窜导致的含水上升快的关键问题，系统开展复杂碳酸盐岩油藏水平井调剖堵水攻关研究，填补油田相应领域技术空白。水平井调剖堵水攻关研究包括油田调堵工艺可行性分析、调堵机理模拟、试验井筛选、药剂选型及指标制定、药剂配方及段塞组合优化实验评价、施工参数设计、配套施工机具和地面设备、提出施工质量监督及效果评价系列方案。

（6）系统开展溶解氧、硫化氢/二氧化碳、氯离子腐蚀评价实验，明确系统主要腐蚀因素。在分析油田注水系统的腐蚀历史，判断主要腐蚀点及定性腐蚀原因基础上，选择与失效管段材质类似的 API5L—BNS 作为实验分析评价基础，运用硫化氢动态反应釜、高压硫化氢反应釜等试验装置开展腐蚀因素评价试验。开展硫化氢／二氧化碳腐蚀工况、高氯离子腐蚀工况、溶解氧腐蚀等实验研究 500 余样次。明确油田硫化氢／二氧化碳腐蚀与溶解氧腐蚀混合腐蚀的因素，提出油田溶解氧腐蚀临界含量指标，相应成果应用于油田现场，主要腐蚀监测点腐蚀速率低于 0.076 毫米／年。

（7）及时开展注水井洗井配套研究，有效治理高压欠注井。针对注水井压力异常升高与异常流体的对应关系，系统开展异常流体分析及溶解药剂的筛选优化。明确原油乳状液的具体成分，针对性筛选洗井用有机溶剂，为洗井措施奠定药剂基础。开展现场试验 10 口井，多口井洗井后注水压力均出现明显下降，工艺成功率 100%。

三、应用效果和效益

艾哈代布复杂碳酸盐岩油藏水平井注水配套技术研究成果已经在油田初步应用。节约生产成本约 1000 万美元。（1）温和注水在保证地层压力稳定前提下，节约注入产出水 10%，有效期 60 天计，每天按 10 万美元计，累计节约水处理费用 600 万美元。（2）腐蚀防治成果应用注水系统减少 20 千米，每千米检（翻）修费用按 10 万美元计，降低管线体系维护费用近 200 万美元。（3）注水洗井 10 口，节约增注酸化成本每口井 20 万美元，累计节约生产成本投入 200 万美元。水平井酸化、温和注水、周期注水等成果增油 20 万桶，应用增油产生效益约 1000 万美元；调剖堵水工艺的推广应用 2017 年能产生效益 960 万美元。实现经济效益合计约 2960 万美元。

第四节　伊朗北阿扎德甘油田四百万吨建产稳产技术研究

伊朗采用回购合同进行油气项目国际合作，外国油公司 40 多年在伊朗仅 1 个回购合同项目获得盈利，执行回购合同获得项目效益难度之大可见一斑。2009 年 7 月，中国石油（CNPC）与伊朗国家石油公司签署北阿扎德甘油田回购合同项目，伊朗北阿扎德甘项目是中国石油（CNPC）海外首个回购合同大型碳酸盐岩油藏规模新建产能项目。回购合同项目对开发方案编制、开发优化调整及生产运作提出极高的技术要求。在定工作量条件下实现项目 400 万吨长期稳产 5 年是保障项目成功的关键。超过资本投资上限不允许回收，保证项目在固定的投资上限下运作至关重要。项目处沼泽湿地自然保护区但同时伊朗环保要求高行业标准高，给项目施工带来很大挑战。项目资料少，地下碳酸盐岩油藏储层物性差非均质性强、边底水能量弱，但生产限制条件苛刻。资源国受国际制裁，项目资金使用、先进技术应用受到很大的制约。因此需要研制抵抗高风险的稳健开发技术系列，以实现项目经济有效开发，展现中国石油（CNPC）的技术实力，以进一步扩大伊朗的油气合作，为"一带一路"建设添砖加瓦。

一、研究内容及方法

回购合同"在固定工期和回收期内，使用一定的投资，完成一定的工作量，实现一定的产量目标后获得固定最高回报"的严格"五个一定"的要求环环相扣，各因素间相互制约，其核心是实现产量目标并保持长期稳产。因此需开展"地质工程一体化"的回购合同规模建产稳产技术研究。

稀井低控的大型复杂碳酸盐岩油藏精细表征与油井匹配研究包括，拟三维反演和虚拟井约束的碳酸盐岩分级相控建模研究；大型碳酸盐岩倾斜油水界面形成机理及有利区域预测研究；碳酸盐岩储层隔夹层定量表征及井型优选技术研究；动静态结合的单井合理产量确定技术研究。

回购合同大型碳酸盐岩油藏合理开发政策及井网部署研究包括，回购合同碳酸盐岩油藏开发方式研究；影响油田稳产的关键因素分析及合理储量动用策略研究；地下地面综合最优开发井网部署模式研究；产量—工作量—投资综合油田合理开发规模研究。

湿地大平台三维丛式长水平井/大斜度井钻采优化技术研究包括，平台三维长水平井/大斜度井优快钻井技术研究；湿地环保区钻井绿色环保作业及处理技术；低渗透长水平井/大斜度井碳酸盐岩油藏酸化工艺技术研究；自喷气举采油一体化多功能管柱设计研究。

回购合同定工作量长期稳产技术研究包括，定工作量窄优化空间下开发方案优化技术；实现控水稳油的油藏分区差异化管理策略研究；天然能量开发油井自喷生产规律研究；油井价值最大化的自喷气举生产优化研究。

二、创新成果

基于油藏认识持续提高不断优化开发的理念在伊朗回购合同模式下是不适用的，因此需要研制抵御地下不确定性风险的稳健开发技术，以实现项目400万吨规模开发、不增加工作量下5年长期稳产的合同指标、国际制裁下项目的高效运作、艰难地表湿地环保区高行业标准下的施工作业。项目组经过10年攻关，形成回购合同大型碳酸盐岩油藏400万吨建产稳产技术体系，填补国内该领域开发理论和技术空白，达到国际领先水平，主要包括4项创新技术：

（1）创新宏观拟三维地震反演与微观孔吼岩石分类相结合的多信息相控碳酸盐岩储层表征及油井筛选优化技术，主要包括：

①微宏观结合的多信息相控灰岩储层建模技术，即二维、三维联合协克里金法构建拟三维反演体，聚类分析法构建岩石类型与测井响应图谱，形成拟三维反演和虚拟井约束的碳酸盐岩相控建模技术，储层预测符合率85%以上。

②基于隔夹层刻画的油井筛选技术，即研究灰岩油藏隔夹层形成的两种主控机理、古构造恢复关键技术确定倾斜油水界面形成的主控因素并刻画其展布、建立反映渗流规律的典型模型筛选最佳油井类型。

③以实现1000米长水平井最优部署的优质储层精细刻画技术，即层序与沉积规律结合、采用水平井深度校正及电阻率各向异性分析和反演技术，揭示优质储层的三种叠置规律，优化水平井轨迹在最优质储层，实现90%以上的优质储层钻遇率。

④单井控制储量与地层系数综合的产能设计技术，即基于地质模型测算地层系数与单井控储，建立采油指数与地层系数关系，综合油井产能和单井控储确定合理产量贡献，实现油井价值最大化。

（2）创新回购合同大型灰岩油藏开发技术政策与储量最大化控制/能量最大化利用的井网部署模式，主要包括：

①回购合同灰岩油藏最佳开发方式确定，即不同开发方式满足回购合同严格稳产指标的可靠性评价，注入介质及潜在注入风险评估，确定回购合同天然能量开发方式。

②制定回购合同稳产开发的储量动用策略，即建立储层品质分类判别标准，研究油藏渗流规律，分析影响稳产的主控因素，制定水平井高速开发优质薄储层、大斜度井提高低渗储量贡献、各类储层接替协同稳产的动用策略。

③水平井大斜度井联合大井距长水平段平行部署开发巨厚灰岩油藏模式，即典型模型法确定最佳开发井型，数值模拟法确定最优水平段长度、合理井距，确定大井距（1000米）长水平井、大斜度井（1000米）、平行井网开发巨厚（100米）碳酸盐岩油藏模式。

④产量—工作量—投资—效益综合研判的合理开发规模确定技术，即平衡油田产能规模及工作量、以实现回购合同中方效益最大化为原则，对比不同产量规模下油田开发的风险和效益，确定日产7.5万桶油田开发规模。

（3）创新沼泽湿地环护区平台工厂化长水平段三维井无污染钻采技术，主要包括：

①沼泽湿地保护区大平台三维丛式定向井/水平井优快钻井技术，即形成井场整体规划、钻机同平台自动平移技术、三维水平井井眼轨迹优化及控制技术、"动态安全密度窗口"控制及防漏封堵性钻井液技术，井下事故与复杂时率下降30%，平均机械钻速提高57%，平均钻完井周期缩短20%。

②丛式水平井/大斜度井大通径自喷气举一体化、防腐阻垢多功能管柱完井技术，即研制大通径自喷气举一体化采油管柱，安装1个安全阀加2个防腐阻垢加药阀，最小内通径 $2\,{}^{3}\!/_{4}$ 英寸，为连续油管作业及资料录取提供条件，实现高含沥青质、腐蚀气体油藏一次完井超长免修安全高效生产。

③低渗强非均质灰岩油藏长井段水平井/大斜度井全井段非均匀定剖面注酸转向酸化技术，即明确酸蚀主蚓孔形成机制，建立全井段非均质伤害表皮剖面的定量表征方法，形成全井段非均匀定量注酸转向酸化优化设计和施工工艺，酸前酸后对比增产40%—300%。

④零排放钻完井固液废物绿色处理、清洁环保作业技术，即形成钻完井废液及钻屑随钻处理、残酸及原油无污染处理、废液处理后循环再利用的"不落地、零排放"绿色处理技术，满足伊方环保的苛刻要求，实现清洁化作业生产。

（4）创新回购合同定工作量的开发优化及生产优化协调稳产技术，主要包括：

①总工作量不能改变的开发方案优化，技术与商务评价确定先导试验井组注水的试验方式，减少对油田达产无效井6口，针对国际制裁下的双分支井执行难点，采用水平井和大斜度井取代双分支井，增加建产6口油井，实现总井数不变，但增加万桶稳产潜能的目的。

②制定油藏特征差异化分区管理策略，北阿扎德甘油田为阿扎德甘油田的一部分，基于外部泄油范围大小、内部单井控制储量多寡、不同井型的泄油机制、离边底水远近、储层物性差别，制定分区管理策略。

③建立油藏自喷井生产的嘴流公式，基于测试资料建立自喷井油嘴产量公式，相同油嘴下，油压与产量具有幂率关系，产量与油嘴尺寸的平方成正比，该研究为油井制度调整奠定基础。

④地下地面一体化油井生产动态模拟优化调整技术，实测数据建立油井流入流出动态模型，适时优化调整自喷井、气举井工作制度，准确预测油井停喷压力、停喷时机，确定油井自喷转气举时机。

三、应用效果及效益

经过 2011—2015 年的研究与应用，井下事故与复杂时率降低 30%，平均机械钻速提高 57%，平均钻完井周期缩短 20%，平均单井钻完井周期节约 20—30 天，酸化后折算产量 90483 桶/日，为完成回购合同规定的 75000 桶/日任务目标打下坚实的基础。经济效益非常显著，在酸化的隔离液、配方和工艺等方面持续研究优化节约大量预算，2012 年完成 4 口，节约 1032 万元；2013 年完成 6 口，节约 1576 万元；2014 年完成 29 口，节约 7687 万元；2015 年完成 11 口，节约 2916 万元，酸化作业节约投资 1.3211 亿元。北阿扎德甘钻完井作业采取日费制，技术方案得到持续优化，单井周期持续下降，2013 年开始水平井单井预算由初始的 8225 万元下降到 6970 万元，在此预算的基础上，钻完井作业仍持续节约成本，2011 年钻完井 6 口，节约 6886 万元；2012 年钻完井 17 口，节约 27690 万元；2013 年钻完井 18 口，节约 24929 万元；2014 年钻完井 12 口，节约 15824 万元；2015 年钻完井 2 口，节约 2878 万元，钻完井累计节约投资 78207 万元。2011—2015 年钻完井与酸化累计节约投资 9.1419 亿元。北阿扎德甘项目绿色环保作业技术，完成钻井、完井、试油酸化"零污染"的高目标，满足伊朗方面对湿地保护的苛刻要求。湿地绿色环保作业技术，成为北阿扎德甘项目独具特色的"环保名片"。2012 年，伊朗副总统兼环境部部长穆罕默迪扎德到北阿扎德甘油田井场参观，对北阿扎德甘项目实现钻屑和钻井污水不落地现场处理，钻井废液处理后的清洁可循环再利用技术，表示肯定和赞许。2016 年 2 月，北阿扎德甘项目获得伊朗当地霍韦伊泽（Hoveizeh），市府颁发的安全环保奖。项目的安全环保工作为海外其他项目在环境保护方面提供成功案例，具有很高的借鉴意义。

第五节　鲁迈拉大型海相三角洲砂岩油藏高效开发关键技术及工业化应用

大型海相三角洲砂岩油藏 Zubair 油藏是中国石油（CNPC）与国际油公司英国石油（BP）合作开发的规模最大的砂岩油藏，地质储量约 50 亿吨。该油田开发 60 余年，但因历经战乱导致资料匮乏，缺乏系统深入研究。其中，Main Pay 油藏采出程度已超过 55%，产量维持在稳产 5000 万吨水平，但单井产量递减快，油水关系及剩余油分布复杂，高效新井井位部署难度大。Main Pay 油藏面临采出程度高、隔夹层发育、油水关系复杂、粗放式开发等诸多问题，稳产面临巨大挑战，实现稳产亟须技术支撑。次主力 Upper Shale 油藏尚未注水开发，采出程度 6%，油藏压力由初期

5100磅力/英寸²降至3000磅力/英寸²，储层非均质性强，砂体规模小，连通性差，油水关系复杂，注水开发井网部署策略不清，面临着上产接替和投资效益的双重压力。如何实现方案实施风险最小化、项目经济效益最大化是现场急需解决的难题。亟须开展相关技术的研究，通过相关配套技术的研发和应用对提高油田开发水平、保障公司经济效益指标。

一、研究内容及方法

基于孢粉生物地层的三角洲储层沉积演化研究：针对大型海相三角洲储层空间分布复杂，砂体叠置关系复杂，隔夹层展布多解性强，剩余油分布规律不清的问题开展研究，包括基于成因和搬运过程的古孢粉多维统计分析方法研究；三角洲—河口湾的层序地层叠置关系和沉积演化规律研究；综合层序地层和沉积相变的隔夹层空间展布刻画技术研究。

大型海相三角洲砂岩油藏剩余油动态刻画及挖潜对策研究：针对 Main Pay 油藏隔夹层发育、砂体分布复杂、采出程度高、注水开发时间久、油水关系复杂等制约该油藏高效开发的问题开展研究，包括剩余油分布动态刻画研究；老油藏注水开发后期油水运移规律研究；不同剩余油分布模式及有效动用挖潜对策研究；老油藏加密井位优选及注采结构优化研究。

强非均质海相三角洲多层砂岩油藏连通性评价及注采井网优化研究：针对 Upper Shale 三角洲多层砂岩油藏非均质性强、隔夹层发育、不同类型砂体展布及连通性复杂等问题开展研究，包括大型三角洲多层砂岩油藏储层精细描述；复杂多层砂岩油藏连通性评价方法研究；海相多层砂岩油藏不同构型储层注水开发规律研究；大型三角洲油藏开发井网井距优化方法研究。

Upper Shale 油藏不确定性定量表征与风险管控研究：针对 Upper Shale 油藏尚未注水、下一步注水开发不确定性和风险较高的问题，以实现方案实施风险最小化、项目经济效益最大化为目标开展研究，包括油藏不确定性分类及表征方法研究；不同开发阶段风险定量评价方法研究；不确定性指导的多情景开发方案优化研究。

二、创新成果

（1）基于孢粉生物地层的三角洲储层沉积演化分析技术。创新建立一套基于孢粉生物地层的三角洲储层沉积演化分析技术，分析不同相带中的各类孢粉的统计规律，总结其分布规律并结合孢粉的物源及搬运作用过程（作用力、方向、搬运趋势、保存程度等）进一步分析该分布规律的成因，明确在该成因下的沉积环境和层序演化过程，确定"新的"隔夹层分布规律，指导油水运移规律的再认识，为下一步的剩余油分布规律的刻画及加密井的高效部署奠定坚实的基础。包括创新建立孢粉横向类型合并和孢粉纵向相带合并的三维统计分析方法；发展三角洲到河口湾的层序地层模式和沉积演化模型；形成综合层序地层和沉积相变的隔夹层空间展布刻画技术。

（2）动静结合时间归一化剩余油动态变化刻画及合理井网部署挖潜技术。创新发展基于动静态资料结合时间归一化的剩余油动态变化刻画技术，揭示三角洲多层砂岩油藏油水流动规律，建立不同类型剩余油的纵向分布模式，刻画不同剩余油分布模式的平面分布，制定不同类型剩余油模式的挖潜对策。相关技术指导加密井挖潜和补孔换层等工作的有效实施，保障新井产量与预测产量吻合率 95% 以上，应用效果显著。包括发展大型三角洲油藏动静结合时间归一化剩余油动态变化刻画技术；揭示海相三角洲多层砂岩油藏油水流动规律；建立不同主控因素的剩余油分布模式，制定相应挖潜对策。

（3）不同类型产区识别划分及井网井距智能优化理论与方法。形成基于物质平衡法折算压力辅助沉积相划分方法，形成"三位一体"的连通性评价方法，明确油藏砂体连通关系；建立衰竭开发油藏异常井识别方法，基于异常井分析建立高、中、低产井分类，动静结合明确高、中、低产区划分标准，刻画不同类型产区的平面分布，形成基于井间连通性及不同类型储层叠置模式下合理井网井距优化技术，发展大型三角洲砂岩"新"油藏的合理井网井距智能优化理论与技术，指导油田开发策略的制定以及注采井位的部署。包括创建基于物质平衡法折算压力辅助沉积相划分及"三位一体"连通性评价技术；建立不同类型产区划分标准与刻画技术，刻画不同类型产区的平面展布；提出一种大型三角洲油藏开发井网井距智能优化理论与方法；明确不同构型储层的注水开发规律。

（4）储层不确定性定量表征及差异化方案部署技术。发展储层不确定性定量表征技术，实现其由唯一解向区间解的跨越，推动开发决策从局部优化向全局优化的转变。建立基于层次分析法和模糊评判定量评价不确定性的方法，厘定油藏各阶段风险及应对措施。创新不确定性指导的差异化方案部署方法，预测不同预期情况下的注水开发指标，指导油田现场的方案实施。提出分区分步、先导试验区与监测方案相结合的风险管控实施策略，基于各区块风险大小部署方案实施优先级，指导油藏整体开发步伐。厘定油藏各阶段风险及应对措施，指导油田现场方案实施，在现场开展应用推广。包括发展储层不确定性定量表征技术；建立基于模糊评判和层次分析法的不确定性定量评价与分级技术；丰富基于不确定性指导的差异化方案部署技术；创新基于风险矩阵的油藏分区分块风险管控技术。

三、应用效果及效益

技术攻关创新和油田开发实践紧密结合，大型海相三角洲砂岩油藏高效开发关键技术成果已应用到油田开发生产中，成为 Zubair 稳产上产的主体技术。通过现场应用，有效控制 Main Pay 油藏注水无效循环，实现加密井产量与预测符合率 95% 以上，保障老油田持续稳产；落实 Upper Shale 油藏开发潜力，明确隔夹层展布及砂体连通关系，确定注水开发井网及部署策略，明确开发不确定性及风险，开展注水开发试验，为下一步整体注水开发提供指导。2015—2017 年，鲁迈拉油田 Zubair 砂岩油藏年产油量分别为 5329 万吨、5546 万吨、5067 万吨，作业产量分别为 2542 万吨、3069 万吨、3024 万吨，实现中方 3 年累计作业产量 8634 万吨，为中国石油（CNPC）"海外大庆"战略的实现作出突出贡献。通过该技术的应用，Zubair 砂岩油藏 2015—2017 年新增效益 23.75 亿元，截至 2017 年底，中方共提油 1.05 亿桶，油款收入 47 亿美元，保障中东公司内部经济效益指标，在原油供应紧张局面，具有重大的经济和社会效益。创新取得的研究成果进一步支撑鲁迈拉油田实现持续稳产的目标，对鲁迈拉油田的长远开发持续产生巨大的经济和社会效益。形成的技术在占海外产量"半壁江山"的中东地区具有广阔的推广前景。

第二章 信息化建设

中东公司信息化领导小组对公司信息化规划、设施建设、网络和系统维护进行统一管理。各项目公司根据油田实际生产需要，按照合同要求进行信息化建设。中东公司机关技术部组织和负责对公司信息化系统的协调管理和监督。中东公司加强信息化管理制度和标准化建设，建立相应制度；根据生产需要建立和完善信息化基础设施和信息系统；广泛应用信息安全系统于生产中，实现管理信息化和油田生产运行数字化。

第一节 信息化管理与标准化建设

2018年，中东公司机关印发《中东公司机关IT设备及网络安全管理实施办法（试行）》，规范IT设备的配备及实物管理，规范网络安全管理制定相关管理制度。完善中东公司信息化管理组织，建立中东公司信息化领导小组作为信息化工作的决策机构，由公司总经理任领导小组组长，成员由副总经理及总经理助理担任。信息化业务分管领导是信息化领导小组的联络人，负责组织领导小组的会议及日常工作。艾哈代布项目制定《绿洲石油公司IT部门管理体系文件》。

2019年，艾哈代布项目完成项目公司IT管理体系升级，并发出管理文件。2021年，艾哈代布项目IT部缩减部门岗位，重新划分工作范围并更新部门管理体系文件和IT资产管理办法。

2022年，艾哈代布项目完成对项目公司8个业务部门，共110个业务流程的信息化管理，包括计划、财务、人力、行政、FOS、采办、HSSE、法律等。启动中台数据库标准化建设，实现不同IT信息化管理系统之间的部分数据共享。

第二节 信息基础设施建设

2009年，艾哈代布油田营地办公区部署1台思科2821（Cisco2821）路由器和1台思科3560（Cisco3560）接入交换机，互联网使用10兆字节卫星链路，上半年井队使用卫星访问网络，下半年使用阿德里亚设备连接到营地。

2010年，艾哈代布油田3号营地建设将1号办公区130房间作为机房，网络设备有2台思科4503E（Cisco4503E）核心交换机，2台思科3825（Cisco3825）路由器，2台思科5520（Cisco5520）

防火墙。

2011年，艾哈代布油田完成基础软硬件平台搭建，包括数据机房建立，域名解析系统（Domain Name System，简称"DNS"），动态主机配置协议（Dynamic Host Configuration Protocol，简称"DHCP"），微软Exchange邮箱等服务，文件共享平台以及电话系统等。

2013年，艾哈代布油田绿洲公司互联网接入当地地面链路，带宽19兆字节。

2014年，艾哈代布油田完成虚拟化数据中心平台建设，具有400核计算资源、共享和分布式存储资源100太字节，实现计算、存储、网络、安全资源的按需分配和自动化运维，并完成营地部重点区域无线网络部署。

2015年，艾哈代布油田井队使用阿德里亚设备传输数据，艾哈代布项目完成部署磁带机备份系统，升级库特—巴格达—北京三地会议系统，完成巴格达至北京内网卫星链路建设，巴格达营地二期综合布线及弱电设备升级优化，实现无线全覆盖，完成机房配电整改，完成巴格达办公营地视频监控系统（Closed-Circuit Television，简称"CCTV"）建设。

2016年，哈法亚项目建设统一身份认证系统，用于员工账号跨系统管理；建设标准化、模块化机房。艾哈代布项目完成油田通信中继塔太阳能供电系统升级改造，完成营地IP电话系统的升级，更换电话交换系统（Private Branch Exchange，简称"PBX"）设备，对电台频道设置进行全面整改，完成采油厂通讯应急电台化。鲁迈拉项目建设集装箱式油田现场野外数据中心，提供油田总部及灾备站点可靠的数据中心，支援油田核心网络通信设备的稳定运行。鲁迈拉项目新广域网项目投产；实现全网全冗余，消除各环节单点故障并实现全服务失效转移；12座注水站接入鲁迈拉项目油田现场IT网络；泛欧集群无线电系统（Trans European Trunked Radio，简称"TETRA"）全面运营，鲁迈拉油田成为伊拉克境内规模最大的非政府组织的泛欧集群无线电系统用户。伊朗北阿扎德甘项目在油田现场建设覆盖整个油田现场的数字无线电通信系统，并对前线营地网络进行改造，整个营地接入线路由光纤取代网线。油田现场安装CCTV监控系统，实现全覆盖，无死角监控。北阿扎德甘项目作为海外网建设试点单位率先开通4MPLS地面专线，取代原有的卫星小站（Very Small Aperture Terminal，简称"VSAT"）链路。

2017年，艾哈代布项目完成对互联网带宽进行升级，建设规范的通信塔，更新微波设备，提高"最后一公里"网络接入的可用性和效果，对主干网络拓扑进行分析和优化，对主要核心设备进行换代升级，提高核心网络层的稳定性和性能，采用华为解决方案对项目电话系统进行升级改造。鲁迈拉项目在QA水厂和DS5两座75米电信塔建成投产；年内50余现场站点接入油田现场IT网络；业界最为先进的AST集装箱式数据中心在RSB投产使用。北阿扎德甘项目在德黑兰办公室和前线加装监控摄像头，升级营地的电视系统满足前线工作人员的正常生活需求。前线营地建成150米高的通信塔确保油田现场与阿瓦兹市的网络链路稳定，保证油田的网络通畅。德黑兰办公室更换存储服务器，存储空间由24太字节增加到36太字节。北阿扎德甘项目取消使用多年自建的5805专网电话，申请6011专网电话，在过渡期采用中油瑞飞的8276专网电话与国内沟通。北阿扎德甘项目采用海外板块推出的互联网加密隧道协议（Internet Protocol Security Virtual Private Network，简称"IPSEC VPN"）链路替换掉之前使用的网络多协议标签交换技术专线链路，专线费用每年节省30万美元。

2018年，艾哈代布项目完成一体化集装箱机房的数据中心建设，优化公司网络拓扑，升级视频会议系统、邮件系统和存储设备。鲁迈拉项目建设O3B卫星通信系统，替代传统的卫星小站通信方式，提供更加可靠、安全、稳定、快速的卫星链路；建设泛欧集群无线电系统地面中继式无线电通信系统，提供油田现场作业无线对讲语音系统；远程呈现年内升级，提供高清视频和影院级音频品质的视频会议体验；新一代无线网络ROO-WiFi投产，启用更为复杂严格的安全策略，对无线网络接入实现精细化管理。阿布扎比项目进行办公室搬迁，全面提升办公网络环境的升级改造，为技术支持中心建设T-Hub平台，以保证中心技术专家的高性能计算和协同工作的需求。

2019年，中东公司机关，采用远程呈现与云视频等软硬件相结合的高清视频会议系统对公司整体会议系统进行改进提升，完成高清视频会议系统建设；完成IP电话系统改造。采用海外勘探开发公司统一的华为电话系统代替原大楼亚美亚（Avaya）电话，机关员工可使用与海外勘探开发公司一致的6011电话号，通过内线直拨进行保密通话。艾哈代布项目完成微软电子邮件系统及365办公软件（Exchange+Office365）云的混合部署方式解决国内访问邮件服务器缓慢的问题，整改光纤网络，优化WiFi覆盖范围，完成项目公司数据中心加装自启动柴油发电机。鲁迈拉项目视频会议系统升级为思科Cisco Webex，年内建成视频会议室41间。同时，思远真视频会议系统（Cisco Telepresence）系统合同到期后退役；泛欧集群无线电系统二期建设完成并投产，实现系统核心设备升级换代；车辆追踪系统（In Vehicle Monitoring System，简称"IVMS"）升级。阿布扎比项目通过软硬件设备和网络链路租赁的形式，完成阿布扎比技术分中心的功能建设。

2020年，中东公司机关在迪拜的两处中方员工驻地建设本地局域网，提供微信语音视频等互联网服务。哈法亚项目亚美亚电话系统完成虚拟化改造与系统版本升级，推广Zoom会议系统，实现在防疫场景下与远程协作、日常会议业务的结合。艾哈代布项目完成虚拟化服务器集群扩充工作，完成公司备份系统扩容及策略优化工作，完成中东公司计量站的视频监控系统覆盖工作。阿布扎比项目采用远程呈现与云视频等软硬件相结合的方式对会议系统进行改进提升，完成高清视频会议系统建设。

2021年，哈法亚项目开始信息系统基础架构更新换代规划与招标工作，旨在对厂商已停止服务的基础设施组件进行统一整合替换。艾哈代布项目完成生产数据网络维护，新增营地敷设光缆约5千米，更换老旧光缆约10千米，总计敷设光缆约15千米，提高各营地之间的网络可靠性。鲁迈拉项目全网光纤项目启动，为数字化油田二期铺路。

第三节　信息系统建设

2016年，鲁迈拉项目康斯伯格项目升级，为钻井作业计划和监管提供依据。

2017年，哈法亚项目进行灾备系统建设，完成备份与容灾系统。基于蓝代斯克（LANDESK）

工单系统的 MyIT 自助工单平台在鲁迈拉项目投产使用。鲁迈拉项目开始客户端操作系统由 Windows 7 向 Windows 10 的迁移；生产数据管理系统（PI Coresight，简称"PI"）、人力资源管理系统（Human Resources Management，简称"HRM"）等应用系统年内投产；共享点（SharePoint）年内完成升级并作为鲁迈拉项目文档管理解决方案。

2018 年，中东公司机关建设中东公司门户网站及微信公众号，搭建数字化的企业文化宣传门户。艾哈代布项目开始协同办公系统的开发和建设工作。对生产流程深入调研基础上，揭示实时生产数据对电泵作业管理的重要性和价值，提出电泵数据实时采集、回传、呈现、分析模型及部署方案，并进行现场实验。艾哈代布项目完成防病毒软件服务器及垃圾邮件网关升级，从服务器和终端两方面提高网络和主机的安全性。鲁迈拉项目采办系统马克西莫（IBM Maximo）监管工作流（Goverance Work Stream，简称"GWS"）投入使用；实现 PI Vision 集成，将脱气、脱盐负载控制和电站数据统一集成到 PI 系统中；已完成工作量模块（Value of Work Done，简称"VOWD"）正式迁移至 Maximo 系统；卫盟软件（Veeam）备份系统正式升级，进一步增强网络共享盘的数据安全；邮件系统年内由微软交换 2010 升级至 2016；Power BI 开始投入使用。Microsoft Teams 作为 Microsoft 365 组件，开始在鲁迈拉项目推广，用于日常办公协作、文档共享、视频会议和远程支持等。

2019 年，中东公司机关建设中东公司 OA 系统一期，为综合行政，后勤支持相关业务。艾哈代布项目开始 OA+ 信息化系统正式上线试运行使用，库房管理系统和财务 Sun 系统开始开发。鲁迈拉项目在 Azure 云建立各项 IT 服务，利用云作为公司数据资产的异地备份方式，进一步增强数据存储的安全性和访问的便捷性。鲁迈拉项目完成物联网（Internet of Thing，简称"IoT"）先导性实验。Maximo 采购端到付款端流程（Purchase to Pay，简称"P2P"）投产使用；数字化油田项目年内实现传感器安装并接入 PI Vision 系统，方便生产部门实施监控了解设备运行状况并采取应对措施。阿布扎比项目启动建设阿布扎比管理控制系统（AbuDhabi Management & Control，简称"ADMC"）一期，实现门户网站，新闻管理、日程管理、待办待阅、公文管理、用车、用章申请，合同管理等功能模块的覆盖。阿布扎比项目获中国石油（CNPC）2019 年档案信息资源开发利用优秀案例二等奖。

2020 年，中东公司机关建设中东公司 OA 系统二期，实现采办、财务业务在线审批，与企业资源管理系统实现自动数据流转。哈法亚项目 TPM 系统完成在线投标功能的开发上线，保障疫情条件下项目采办工作的有序进行。艾哈代布项目建设财务 Sun 系统，提供完善的财务管理服务，实现智能化的财务数据管理；艾哈代布项目建设库房管理系统，提供完善的库房管理服务，系统包含基本数据管理、库房正常收发返业务办理、库存管理、废旧材料回收管理，以及与财务系统的结合，为财务付款结算、成本核算提供依据。艾哈代布项目实现 OA+ 信息化系统、库房管理系统和财务 Sun 系统的数据互通并行，进一步拓宽业务覆盖范围。鲁迈拉项目为应对新冠肺炎疫情下大量人员远程会议的需要，启用 F5 Network VPN 远程接入；Microsoft Teams 开始作为鲁迈拉项目主要视频会议解决方案，后续实现 Microsoft Teams 与 Cisco Webex 的整合。北阿扎德甘项目为应对疫情，在德黑兰建立人体温度检测系统，全力保障员工工作环境。阿布扎比项目建设管理控制系统二期，实现包括行政、计划、人事、财务、采办、HSE 等各业务板块 50 余项主要业务管理流程的在线执行。

2021 年，哈法亚项目 OA 系统持续演进，完成 HSE 防疫信息提交与动迁审批管理、人员绩效考核在线等主要功能的开发上线。艾哈代布项目完成 OA 系统功能的增补开发，设计人事、行政、HSE、采办、营地管理、生产管理、对外协作部 7 部门 25 项功能开发，使 OA 系统更为有效和高效地实现公司的管理制度落地，进一步提高办公效率。完成对库房管理系统进行功能增补开发 11 项，进一步完善库房闭环管理能力，提高库存管理的准确性和合理性，为公司库存控制及库存消耗提供有力支撑。鲁迈拉项目将 Power BI 开始作为数字可视化的主要工具，推广使用。西古尔纳项目完成油区内 4 个方向检查站的网络、视频监控接入；完成油田作业部、7 号脱气站办公区和安保办公室的视频监控建设；完成 7 号脱气站至油田作业部备份微波链路建设；完成巴士拉本地互联网出口服务商更换以及互联网带宽升级。北阿扎德甘项目对自建的邮件服务器进行升级，从 Microsoft Exchange 2010 升级到 Microsoft Exchange 2019，极大地提高邮件服务器的安全性。并域控服务器（Active Directory 简称"AD"）、域名解析系统服务器及动态主机配置协议服务器进行升级保证各项应用服务器能够正常安装微软安全补丁。北阿扎德甘项目实现所有应用系统虚拟化，虚拟化服务器由 VMware 5.0 升级到 VMware 6.5。阿布扎比项目建设管理控制系统三期，完成已有模块的升级、优化及新功能的开发，包括权限管控、员工考核测评、投票功能、人员动态管理、档案管理、资产管理等。

2022 年，艾哈代布项目完成 OA+ 系统功能的整体升级工作，针对公司组织机构变更，进行系统升级和流程改动，进一步提高办公效率。财务 Sun 系统完成对旧金蝶系统中物资模块的整体迁移归化工作，库房管理系统完成对库房资产的多维统计分析和图像化展示功能的开发工作。

第四节　信息系统应用与维护

2016 年，哈法亚项目完成 eLTE 系统建设，用于生产数据传输；完成数字对讲机系统（Digital Mobile Radio，简称"DMR Radio"）系统建设，该防爆对讲系统用于油田生产通信。

2017 年，哈法亚项目完成 ERP 系统建设。鲁迈拉项目开始客户端操作系统由 Windows 7 向 Windows10 的迁移；生产数据管理系统、油田管理数据库、人力资源管理系统等应用系统年内投产；共享点年内完成升级并作为鲁迈拉项目文档管理解决方案。

2018 年，哈法亚项目完成机场通讯与气象系统建设。鲁迈拉项目采办系统 MaxiMo GWS 监管工作流投入使用；实现 PI Vision 集成，将脱气、脱盐负载控制和电站数据统一集成到生产数据管理系统中；VOWD 正式迁移至 MaxiMo 系统；卫盟软件备份系统正式升级，进一步增强网络共享盘的数据安全；邮件系统年内由 Microsoft Exchange 2010 升级至 Microsoft Exchange 2016；Power BI 开始投入使用。

2019 年，哈法亚项目开始进行思爱普（SAP）迁移，数据库从甲骨文（Oracle）到 HANA。

鲁迈拉项目完成物联网 IoT 先导性实验。

2021 年，哈法亚项目 SAP 数据库迁移升级工作圆满完成，实现 ERP 系统数据库向 SAP HANA 的演进。西古尔纳项目对迪拜及巴士拉的软件许可服务器升级迁移；升级 MaxiMo 系统，开发 eRegistration/eRFx 系统，实现在线供应商注册及在线招投标管理。北阿扎德甘项目对存储服务器进行升级，存储空间由 36 太字节升级到 50 太字节。

2022 年，艾哈代布项目信息应用系统应用情况：IT 系统包括网络系统，办公网络日均在线用户约 1200 人，生产网络通过光纤及无线连接油气中心处理站区和 15 个计量站的通信；服务器系统，常年运行服务器 30 余台，为各部门及信息系统提供硬件环境；邮件系统用户 500 余人，年邮件量约 3 万封；文件共享系统用户 500 余人，文件量 5 太字节；办公 OA+ 系统用户 350 人，年流程量 19500 个；财务 Sun 系统年处理财务单据 6100 余个；WMS 系统管理库房物资 27000 余件。IT 系统现场运维人员 4 人，办公 OA+ 系统、财务 Sun 系统、库房管理系统现场运维人员各 1 人。

第五节　网络安全建设

2015 年，艾哈代布项目杀毒软件升至赛门铁克（SyMantec）12.1，解决原有版本无法支持 Windows7 及以上操作系统版本问题。垃圾邮件网关升级，提升对邮件病毒防御作用。

2017 年，鲁迈拉项目投产使用新型个人终端设备补丁与监管流程，使用微软系统中心配置管理器（Microsoft System Center Configuration Manager，简称"Microsoft SCCM"）用于终端设备补丁和安全监管。

2018 年，中东公司完成机关办公专网建设。按中国石油（CNPC）网络安全标准建设中东公司机关的专用办公网络，提升网络的可管理性及安全性。2018—2020 年，中东公司机关和各个项目公司参加中国石油（CNPC）护网行动，按照要求进行网络安全自查及优化整改工作，重点对办公网、弱口令、服务器漏洞修复、主机监控和审计等方面问题升级或改造，提高防护能力，创建安全健康的网络环境。

2019 年，艾哈代布项目完成库特到巴格达异地灾备系统建设，完成网络系统安全规划、安全测试、安全加固、安全巡检及安全培训工作。鲁迈拉项目引进并应用业界信息安全最佳实践，阻止 4 万余起网络安全攻击，阻挡 1500 余起高风险安全事件，并对 2500 余员工开展针对性的信息安全培训；思科保护域名服务器安全（Cisco UMbrella DNS Security）在鲁迈拉项目投产使用。北阿扎德甘项目部署天融信主机监控与审计系统及上网行为管理系统保证网络及信息安全。

2020 年，艾哈代布项目完成资产信息梳理、安全基线加固、高风险系统维护等工作，完成安全设备巡检、安全工具搭建和信息安全意识培训工作。阿布扎比项目对网络系统进行改造和升级，通过安装敏捷认证管理服务器，严格控制公司网络接入的管理。

2021 年，鲁迈拉项目开始投产使用微软多重身份验证（Microsoft Multi-factor authentication，简称"Microsoft MFA"）。艾哈代布项目参照信息安全等级保护标准 2.0 三级安全防护要求及中国石油（CNPC）网络安全标准要求，持续优化中东公司总体信息安全规划方案。西古尔纳项目根据年度信息安全工作规划，在信息安全工作上持续对网络安全状况进行梳理；完成年度信息安全意识年度培训，通过安全意识培训进行员工网络安全教育的灌输，提升人员的安全意识；通过不定期的垃圾邮件测试，提高用户对垃圾邮件的识别及处理能力。阿布扎比项目为全员安装终端保密检查系统，保证全员的个人电脑满足中油国际（CNODC）保密要求。

2022年，艾哈代布项目推动网络安全建设项目，经与伊方多次讨论，确定网络安全升级项目实施并启动招标流程，该项目包含网络动态防御、上网行为管理、网络日志审计、网络入侵防御和运行维护安全管理等方面内容。

第九篇 质量与健康安全环保

中东公司进入中东高端国际市场伊始，便把 QHSSE 与风险防控作为工作的重中之重。面对中东地区错综复杂的政治社会局势及动荡不安的安保局势，以及两伊地区"三高"油田工业安全高风险的实际，中东公司开创性地实行甲乙方统一管理这一独具特色的 HSSE 管理体制，形成中东地区统一管理、甲乙方统筹协调、统一应急、整体联动的 HSSE 战略格局。中东公司以 QHSSE 管理体系建设为基点，在质量管理、健康管理、安全管理、社会安全管理、环境管理等方面进行创造性工作，保持"零事故、零伤害、零污染"的良好记录。QHSSE 管理体系建设完善，质量管理区域化逐步形成，健康管理、安全管理、社会安全管理、环保管理程序化、常态化。员工年度体检全覆盖，实现个人年度健康监测，在新冠肺炎疫情全球蔓延的情况下，实现"中方员工零感染、工作场所无聚集性疫情"的防疫目标。安全巡查巡检和审核工作常态化，保证安全隐患排查整改，预防杜绝可能发生生产安全问题的因素，生产安全无重大事故，保持良好生产安全纪录。预判区域社会安全形势，落实应急处理救援预案落实，及时预警，有效处理多起突发事件，员工的生命安全得到保障。项目环保评估，环保隐患治理，加强环保检测和环保认证按照项目合同要求实施，未发生过任何环保事件。伊朗阿扎德甘项目获伊朗政府数十年来唯一颁发给对外合作项目的环保奖，阿曼 5 区项目通过英国标准协会颁发的职业健康、安全和环境管理体系国际认证。

第一章　QHSSE 管理体系

中东地区 QHSSE 委员会负责中东地区管理质量、健康、安全和环保管理工作，成立中东地区应急小组，哈法亚、艾哈代布、鲁迈拉、伊朗、阿曼和阿布扎比 6 个片区分委会，沙特、科威特和库尔德 3 个统筹协调小组，中东公司 HSSE 部是具体执行机构，HSSE 管理平台建立，形成中东地区统一管理、甲乙方统筹协调、统一应急、整体联动的 HSSE 管理格局。根据中东地区的安全形势和各个片区的实际情况，中东公司制定相应的管理体系文件，包括管理办法、应急预案等。

第一节　管理机构

2016 年，是中东公司、中东协调组业务整合的开局之年，是中东国际业务甲乙方 HSSE 统筹管理体制有效运行的起始之年。面对地域范围、业务类别、管理难度增加，以及极高风险和高风险国家错综复杂的政治、社会和安全局势，中东公司上下齐心协力，积极应对战争暴恐伤害、工业安全和环保风险挑战，落实监管责任，强化风险管控，为中东公司安全平稳发展、提升国际化形象，奠定坚实的基础。

2016 年 2 月，中东地区公司 HSSE 部门成立。根据中国石油（CNPC）总体部署，建立起"以公司 HSSE 委员会为主导，投资项目为主体，区域 HSSE 委员会为平台，甲乙方统筹协调的管理机制"，成立中东地区 HSSE 委员会，中东地区应急小组，哈法亚、艾哈代布、鲁迈拉、伊朗、阿曼和阿布扎比 6 个片区分委会，沙特、科威特和库尔德 3 个统筹协调小组，搭建起片区化 HSSE 管理平台。形成中东地区统一管理、甲乙方统筹协调、统一应急、整体联动的 HSSE 战略格局，凸显中东公司从中石油整体利益出发，积极认领责任，顾全大局，甲乙方一盘棋的工作思路。明确职责定位，发挥中东公司及各片区 HSSE 指导、监督、协调、统筹、考核功能，推动属地 HSSE 工作责任落实。

第二节　管理制度

2016 年，中东公司制定《中东公司、中东地区协调组（HSSE）委员会管理规定（试行）》。编写 HSSE 体系文件，包括 6 个办法、6 项预案，即《中东公司社会安全管理办法》《中东公司生产安全管理办法》《中东公司环境保护管理办法》《中东公司职业健康管理办法》《中东公司工作外安全管理办法》《中东公司交通安全管理办法》及《中东公司突发事件总体应急预案》《中东公司社会安全突发事件应急预案》《中东公司公共卫生突发事件应急预案》《中东公司海外医疗紧急救助专项应急预案》《中东公司井喷事故应急预案》《中东公司环境保护预案》。

2017年，对上述6个管理办法和6项预案进行发布，制定《中东公司海外员工工作外安全管理办法》，对员工出行及交通安全、驻地安全、日常活动、员工健康提出明确要求，强化工作外安全管理。制定《中东公司道路交通安全管理办法》和《中东公司机关交通安全管理细则》，推行内部准驾制度，严格驾车人员管理和道路行车安全管理，严禁社会安全高风险以上地区中方人员驾车。全年发布中文版HSSE体系文件12个、英文版体系文件11个，做到工作业务全覆盖，保证HSSE体系的完整性。

2018年，结合各片区、各单位的工作实际与良好实践，组织编写《HSE风险管理工具汇编手册》，向地区各项目和单位进行推广学习。

2019年，中东公司按照中国石油（CNPC）及中油国际（CNODC）相关文件，对《中东公司突发事件总体应急预案》《中东公司社会安全突发事件应急预案》《中东公司公共卫生突发事件应急预案》《中东公司海外医疗紧急救助专项应急预案》《中东公司井喷事故应急预案》《中东公司环境保护预案》6部应急预案进行修订更新。

2021年，中东公司对HSSE总体预案和6部专题应急预案进行更新，增加《中东公司火工品突发事件专项应急预案》《中东公司自然灾害突发事件专项应急预案》。

第二章 质量管理

中东公司每年组织各项目开展"质量月"活动。中东公司质量管理在2021年以前，主要是以项目内部管理为主，依据是合同条款的规定，从2021年开始，中东公司加强质量管理工作，HSSE部按照中国石油（CNPC）质量管理的要求对质量管理进行组织、协调、检查和监督。项目公司在勘探开发过程中，通过招标第三方监督或监理公司严把有关设计、钻完井、施工和建造等各方面的质量关，逐步完善配备专职质量管理人员、健全质量管理体系，通过质量月活动强化全体员工质量管理意识。

第一节 质量检查监督

2021年前，项目公司按照合同要求，对勘探开发有关设计、钻完井施工、地面工程建设和生产过程等主要采用雇用第三方监督和监理机构方式进行质量检查和监督。项目公司业务部门按照与第三方公司签署的合同对第三方监督和监理人员进行资质检查管理。

2021年，加快配齐质量管理专职人员，系统梳理符合项目实际的质量管理体系，确保质量管理分工明确，界面清晰，责任落实，运行顺畅，推进质量管理上水平。组织开展专项活动，完善质量体系建设。哈法亚项目组织工程部、采办部、作业部、井下作业部、生产部及勘探开发部等部门重点以质量工作目标与指标为基准，组织开展产品、工程和服务质量对标分析工作，开展质量检查、监督等质量管理活动。作业部重点围绕井身质量控制和固井质量控制开展多方面工作，一是加强小组基础建设，夯实技术管理；二是以井筒质量为中心，加强作业过程管理；三是以人为本，形成协作友爱的工作氛围。工程部开展质量事件头脑风暴，完善质量管理手册和项目管理程序，同时对哈法亚油田天然气处理厂关键设备开展预检。生产部以井筒防腐及稳油控水为重点，开展专项监督检查工作和先导性试验，严把质量关。采办部注重过程质量管控，高度重视，严把资质审核、清关运输、入库验收等关键节点，杜绝不合格产品进入项目现场。

2022年，中东公司组织中东地区各单位进行质量自检自查，利用安全月，加强自检自查力度。

第二节　质量安全月活动

2016—2021年，中东公司各项目公司按照中国石油（CNPC）和中油国际（CNODC）的统一部署，以项目为单位，按照质量安全活动月的要求，结合项目实际情况，落实各项部署，开展有针对性的质量安全大检查，对发现的质量和安全隐患专人负责，及时整改，保证了质量安全月活动促进生产、提升管理水平的有效性。

2021年，中东公司落实中国石油（CNPC）董事长戴厚良"今天的质量就是明天的安全，今天的质量就是明天的效益"的指示精神，以宣传挂图为载体，科普质量管理知识。9月26日，召开质量工作交流会，会上鲁迈拉项目、阿布扎比项目作交流汇报，分享与英国石油、阿布扎比国家石油公司合作的心得，介绍推行API Q2标准、QC智能井场等工作经验。会上，中东公司各项目积极参与交流。通过经验交流会总结各自质量工作优缺点，进一步明确下一步工作目标。开展群众性质活动，推动QC小组和质量信得过班组建设。各项目围绕井筒质量和油田建设工程等方面热点、难点问题，搭建交流推广平台，分享典型经验和最佳实践。哈法亚项目重点组织勘探开发部、工程部、生产部开展群众性质量活动，推荐3个QC小组和1个质量信得过班组；艾哈代布项目以班组为单位，利用班前会议组织开展讨论，找问题、查隐患、定措施，提升质量安全意识。

2022年，中东公司组织中东地区各单位开展形式多样、内容丰富质量活动，营造积极质量活动氛围，取得质量管理实效。投资业务哈法亚项目结合实际，制定"质量月"活动方案，组织工程部、采办部、作业部、井下作业部开展以"推动质量变革创新，促进质量强国建设"为主题的"质量月"活动，在井筒质量、项目设计和施工阶段的质量控制、物资采购入库和物资质量等方面，对标13项质量工作，组建14个QC小组，打造11个质量信得过班组，加强全面质量管理。阿曼5区项目，公司管理层分别到油田现场进行检查督导，落实质量管理责任，组织骨干团队学习"精益管理"理念方法，研究实际应用效果及推广可能性，探索改进质量管理体系。服务保障单位东方物探公司通过"树质量标兵，学质量榜样人物"，聚焦客户、创新推新和树立标杆等具体工作，营造"比、学、赶、帮、超"氛围，成立"占春启"员工创新工作室，树立典型，开展质量控制小组活动，提升全体员工质量意识。通过技术创新提高工程技术服务质量，突破压缩感知实验、浅水多功能船（BGP INNOVATOR）关键作业技术瓶颈，补齐行业缺口，填补空白，向阿布扎比国家石油公司提供高质量产品和服务，提升客户满意度，树立一流品牌。服务保障单位中国石油工程建设公司组织质量月活动启动仪式，开展系列活动，提高全员质量意识，营造全员参与质量活动、参与质量改进、质量提升氛围；在鲁迈拉项目现场开展质量最佳表现颁奖活动，厚植工匠文化，对焊接合格率100%的焊工和对成品保护有突出表现员工给予质量最佳表现证书及奖励；组织质量工作人员观摩哈法亚油田天然气处理厂项目，开展提升QC成果编制水平专项讲座，邀请专业人员针对六种常见工艺管线焊接和射线探伤问题进行原因分析和总结，提出有效质量控制的措施，取得实效。管道局开展提高客户满意度、焊接合格率、现场质量检查、质量培训、质量宣传活动，取得丰硕成果；其中沙特拉斯坦努拉管道工程EPC项目组织梳理项目施工以来的质量案例，形成具有学习意义的21份质量分析案例；NGCP项目焊接合格率从原来既定的95%提高到98.18%，获甲方沙特阿美好评。

第三章 健康管理

中东公司通过 HSSE 部加强员工的健康管理，涉及年度体检考核、SOS 的联系、健康知识宣传、员工日常医疗健康的辅导和救助。2016—2022 年，多次组织医疗转运工作，实施个人年度健康监测管理，在新冠肺炎疫情全球传播严峻的情况下，统筹生产与疫情防控，多次组织包机，保障员工生命安全、身心健康。

第一节 医疗支持转运

2016 年 12 月，利用 SOS 平台，做好信息分享和应急救援，将投资项目中方人员 SOS 救援统一纳入中东公司授权管辖内；推动伊拉克各单位与 SOS 签署急救服务合同。

2018 年，中东公司先后完成 5 起在中东地区的医疗转运支持工作：3 月 4 日，阿姆河公司 1 名员工在项目上因高血压引起身体极度不适，紧急医疗转移到迪拜；3 月 26 日，乍得项目公司 1 名急性胰腺炎中方患者紧急医疗转运到迪拜；4 月 11 日，中国石油（CNPC）国际部从哈萨克斯坦紧急转运 1 名脑出血员工到迪拜；10 月 14 日，艾哈代布公司 1 名员工因动脉夹层紧急转运到迪拜；11 月月 9 日，中东公司 1 名员工在艾哈代布公司出差期间轻微中风紧急转运回迪拜。

2019 年，中东公司哈法亚项目通过 ISOS 包机完成 3 次承包商员工（1 名国际员工、2 名中方员工）紧急跨国医疗转运；伊朗南帕斯项目完成 1 名中方员工乘坐商业航班跨国医疗转运回国治疗；艾哈代布项目完成 1 名中方承包商员工乘坐商业航班跨国医疗转运回国治疗。

2020 年，完成 3 次伊拉克包机，共运回国内 898 人，返回现场 688 人，所有回国人员核酸检测全部为阴性。包机为中国石油（CNPC）各单位带来大量急需的防疫物资和药品，并帮助 15 家兄弟企业 359 人实现动迁。

2021 年，推动沙特阿拉伯和伊拉克包机工作，协助 8 家单位 230 人乘坐沙特包机在春季期间回国，31 个动迁小组运送 270 人于 12 月 30 日乘坐伊拉克包机抵达西安。

2022 年，协调包机，组织多次运送 231 名患病员工回国，其中包括 21 名重病患者及时回国救治。

第二节　职工健康管理

2017年，在职业健康方面，杜绝群体性职业病、恶性传染病危害和由心理问题引发的意外伤害事件，实现员工职业病患病率为零。中东公司员工总体年度体检率87%，未完成员工年度健康体检率95%以上的目标。

2018年，密切关注员工年度健康，杜绝群体性职业病、恶性传染病危害和由心理问题引发的意外伤害事件，推动和追踪员工年度体检、评估情况，每两周向地区公司管理层通报员工体检健康情况，中东公司全体员工实现年度100%体检率目标。落实对员工食品安全与饮水卫生情况的检查，督促相关部门与各项目定期监测。检查各片区单位员工工作生活区域，要求各单位切实提高员工工作生活环境。组织对现场医疗急救设施检查，提升现场医疗能力与环境。编制高温防中暑材料，向各项目、单位分享，强化员工高温健康管理。完成对工作生活区域的急救箱、AED配备并进行检查、更新。

2019年，在中国石油（CNPC）国际部的支持下，对中东地区组织一次心理健康咨询上门服务活动，团体培训11场，累计服务700余名中方员工，心理健康咨询16人次，团体辅导1场次。中东公司2019体检第一次评估不合格率15%较2018年17%不合格率下降2%，员工整体健康水平得到持续改进。2019年中东公司体检完成率达到100%，但在2020年受到新冠肺炎疫情影响，员工体检工作未能顺利开展，整体完成率只有69%。

2021年1月，针对新冠肺炎疫情期间倒班时间加长，易造成员工心理负担加重的问题，邀请心理健康专家在线交流，携手阿联酋中国商会共同举办在阿联酋中资企业线上心理讲座。2月，组织全体员工开展年度员工心理健康测评工作，完成适应度观察评估，完成率均100%。及时跟进并通报员工年度体检健康情况，组织完成11位健康评估不合格人员参加适岗性评估，协调联系19位初次体检不合格人员进行二次评估。5月，组织开展职业病防治法宣传周活动，并发布培训材料，推进职业健康和热季防晒防中暑工作。6月，阿布扎比项目被选为中油国际（CNODC）健康企业建设试点单位。

2022年1月，中东公司邀请中国石油（CNPC）心理咨询专家组织开展心理健康讲座1次。3月开展心理健康状况普查，完成率超过95%。开展职业病防治宣传周活动；跟踪地区热点流行疾病，发布2期健康风险提示（猴痘、出血热）。

第三节　新冠肺炎疫情防控

2020年，新冠肺炎疫情成为全球最大的公共卫生事件。在中东地区，疫情最先在伊朗暴发并快速蔓延。受疫情影响，中国石油（CNPC）中东地区多个在建在产项目停工或部分停产，中东公司所属各项目遭到严重影响；国际航班因疫情断航，中方和国际员工动迁困难，大量中方员工超期滞留；由疫情引发的衍生风险加剧，伊朗和伊拉克地区民生矛盾持续叠加，民众抗议示威不断，地缘政治更加复杂多变，个别项目连续发生枪击等暴力事件并造成中方人员受伤，影响项目公司正常生产和运行。中东公司贯彻落实中国石油（CNPC）、中油国际（CNODC）关于防疫和安全工作各项决策部署，一手抓防疫，一手抓安全生产，强化风险管控能力，保持地区全年安全生产形势整体稳定、重大风险基本受控，实现"中方员工零感染、工作场所无聚集性疫情"的防疫目标。中东地区协调组以保障员工身心健康为己任，坚持底线思维，落实"主体责任"，践行"一岗双责"工作要求，团结带领中东地区干部员工主动应对，创新管理，在实践中探索建立一套适合区域特点和油田现场实际的疫情防控模式，为中国石油（CNPC）海外业务疫情防控积累经验，树立典范。

一、组织防疫与协调落实

中东地区组织工作委员会建立中东地区协调组领导下的中东地区新冠肺炎疫情防控工作协调联动机制，统一领导，统筹协调，为打好中东地区疫情防控阻击战提供组织保证。按照"统分结合、分片负责"原则，在中东地区疫情防控领导小组的领导下，各片区协调组和统筹协调小组因地制宜研究防控方案，明确分工，落实责任，做到组织有序、措施得力、行动迅速。在国内疫情暴发初期，1月21日，第一时间向各单位转发中国石油（CNPC）国际部黄色预警，对疫情防控工作进行部署；1月26日，暂停人员流动。3月2日，形成工作例会制度。贯彻落实中国石油（CNPC）"一国一策、一地一策、一项目一策"整体部署，累计召开151次疫情防控例会，参会7850人次，研究解决安全岛建设、网格化管理程序、防疫物资储备、当地员工倒班、防控应急演练、疫情常态化复工复产等问题。

地区各单位结合实际，制定防疫措施和工作方案，根据形势变化更新。地区协调组更新新冠肺炎疫情防控工作方案12次，累计20余稿，升级应急预案4次，对照方案科学精准落实防控措施。中东公司阿联酋地区疫情防控方案和应急预案，被使领馆选为中资企业内部交流材料进行交流，在阿联酋地区和驻伊拉克使馆组织的疫情防控工作会上，作为防疫工作典型单位进行交流5次。3月26日，中国驻伊拉克大使馆向中国石油（CNPC）发来表扬信，对以中东公司为代表的中资企业主动作为，履职尽责，做好疫情防控工作提出表扬。

中东公司6个片区协调组、3个统筹协调小组及13家服务保障单位负责人与地区协调组签订《中东地区疫情防控责任书》，压实责任，层层落实，各片区和各单位内部逐级签订责任书，实现责任传递全覆盖。5月，中国石油（CNPC）组织开展的新冠肺炎疫情防控隐患大排查中，查出隐患189项，得到有效整改。中东地区各单位结合自身情况开展防疫自查自改，查出2667个问题，完成整改2631个，整改关闭率98.7%。各单位开展各类防疫培训7411次 414000人次，并开展防疫演练演习216次。

各单位根据新冠肺炎疫情防控任务实际需要，不断创新，积累诸多宝贵经验。伊朗片区首先探索建立安全岛管控模式，哈法亚片区率先建立疫情纠察制度，艾哈代布片区带头实践网格化管理制度，相关经验在海外项目和地区得到广泛推广。针对中东地区许多项目现场医疗支持短缺、社会依托差的实际情况，在阿联酋及国内紧急采购连花清瘟胶囊、硫酸羟氯喹片等防疫药品近3万盒；协调宝石花集团成立由防疫、呼吸、检验、中医等领域的8名专家组成远程问诊支持团队，开设"在线微诊所"，为员工提供在线问诊、心理咨询、疫情防控知识宣贯等服务，累计为35名员工进行远程诊疗，62人次一对一远程健康咨询和指导，开展9次防疫知识专题培训，6次群体心理辅导讲座。7月16日，组建宝石花医疗队抵达伊拉克，以哈法亚项目为依托，对区内各单位疫情防控工作给予专业指导和技术支持。医疗队赴艾哈代布、鲁迈拉片区指导各单位开展流行病学调查、隔离区设计、应急演练、开展防控检查等工作，提出整改意见60条。

二、组织包机

中东地区大量员工因新冠肺炎疫情滞留在作业现场，超期工作，部分员工带病坚守岗位。伊拉克地区超期滞留近2000名员工，231人患有疾病，其中21人病情严重亟待治疗，中东公司全力以赴推动伊拉克包机工作。艾哈代布巴格达办事处与驻伊拉克使馆、伊拉克有关部委和航空公司多次进行沟通和磋商，落实包机资源和通航手续、人员和物资通关；大庆油田领导高度重视，协助联系国内入境城市，落实隔离地点，负责隔离安排，做好医疗急救服务保障；渤海钻探和管道局在后续两次包机工作中，协调国内有关单位做好国内入境点的相关防疫工作。7月15日—8月28日，完成3次伊拉克包机工作。3次包机设立159个动迁小组，运回国内898人，返回现场688人，回国人员核酸检测全部为阴性。包机带来大量急需的防疫物资和药品，国机集团拉运防疫物资1.26吨，帮助15家兄弟企业实现359人动迁。在国际航班停航、断航、屡次发生熔断的情况下，多方筹划，完成5316人回国、4439人出国手续审批，协助中亚地区、苏丹地区兄弟单位回国14人。

三、经验交流

2020年3月25日、4月24日和7月20日，中东公司分别参加阿联酋使领馆组织的阿联酋地区疫情防控工作交流会，在3次会议上作新冠肺炎疫情防控典型经验交流发言。3月26日，中东公司参加中国石油（CNPC）组织的境外项目新冠肺炎疫情防控工作专题会议，向中国石油（CNPC）董事长做疫情防控专题汇报。4月27日，在中国石油（CNPC）国际业务疫情防控视频会议上，中东公司作题为《伊拉克业务应对低油价及疫情影响》专题发言。5月12日，在中国石油（CNPC）召开国资委境外疫情防控和"双稳"工作视频会精神传达会议上，中东公司作《中东地区疫情防控和大排查工作汇报》。5月22日，中油国际（CNODC）组织的境外项目疫情防控巡查会议，哈法亚项目、艾哈代布项目和北阿扎德甘项目分别汇报项目疫情防控情况，中东公司作表态发言。7月29日，国家国有资产管理委员会对哈法亚片区、艾哈代布片区、鲁迈拉片区和库尔德协调小组开展视频巡查。对中国石油（CNPC）在伊拉克各单位的疫情防控工作提出表扬。8月17日，中东公司参加伊拉克使馆组织的驻伊企业疫情防控工作交流会，作《中国石油伊拉克地区疫情防控工作汇报》典型发言。9月，在中国石油（CNPC）防疫表彰大会上，中东公司作《在迎战疫情中展示中国石油力量》典型发言。10月16日，中国石油（CNPC）总经理李凡荣、副总经理黄永章对沙特、伊朗2国项目开展疫情防控工作检查，北阿扎德甘项目作疫情防控工作汇报。

2021年1月22日，中东公司邀请心理健康专家荣玲莉，就新冠肺炎疫情常态化下海外石油人如何保持心理健康作题为《新冠疫情引发的心理问题及心理干预》在线交流，80名中方员工参会。2月3日，中东公司在驻迪拜总领馆的支持下，携手阿联酋中国商会共同举办"海外员工的坚韧力：守候与连接"在阿中资企业线上心理讲座。邀请盛心阳光董事长张捷在线授课答疑，21家在阿联酋中资企业的150多位代表在线参会。3月3日，驻阿联酋使领馆举办在阿中资企业抗疫经验交流会。中东地区协调组组长王贵海就中国石油中东地区近期疫情防控工作情况、采取常态化防控措施、开展疫情防控督查及人员动迁情况等进行汇报，对东方物探公司某作业队迎接阿布扎比市政警察疫情防控突击检查的典型事例进行分享。3月19日，在驻阿联酋使领馆召开驻阿中资企业疫情防控工作视频会暨年中企业交流会，中国石油中东公司总经理王贵海作交流发言。8月18—27日，中东公司组织伊朗、伊拉克、阿曼、阿联酋、沙特阿拉伯、科威特各项目参加中国石油（CNPC）国际业务第4轮视频巡检，对疫情防控和社会安全情况做汇报。11月，受德尔塔及奥克密戎变异病毒影响，伊拉克疫情形势异常严峻，在伊员工经受着疫情防控、生产经营、社会安全等多重考验。国内疫情防控持续从严从紧，回国商业航班频繁熔断，长时间坚守的员工健康风险攀升，员工家庭出现困难，回国需求异常迫切。根据疫情形势和广大员工家属要求，国务院国资委安排部署接返境外滞留人员专项任务。中国石油（CNPC）作为伊拉克国别牵头单位及首架航班的主飞单位，以"讲政治、顾大局、零输入"为工作目标，组织伊拉克"1026"临时航班人员接返专项工作。中东公司成立工作专班前方工作组，分工负责、协同推进。12月30日，伊拉克时间18时50分，首架临时航班从伊拉克巴士拉国际机场起飞，北京时间12月31日8时10分落地陕西西安咸阳国际机场。首架航班载270人，全员落地核酸检测及历次隔离检测全部为阴性。

2022年7月2日，伊拉克"1026"专项工作完成16架次接返任务，累计接返4558人。其中中国石油（CNPC）主飞航班4架，与中国能建联合执飞航班1架，5架航班累计接返1605人，其中中国石油（CNPC）员工1403人。中国石油（CNPC）主飞的伊拉克第13架航班被国资委评价为单机人数（351人）最多、印象最深、克服困难最大、最感人、最能体现国资央企责任担当和家国情怀的航班。阿联酋地区，中国石油工程建设公司组织实施阿联酋"1026"专项工作，中国石油（CNPC）完成3架次主飞航班，累计接返中国石油（CNPC）员工750人。刘敏、于久柱获国务院国资委党委办公厅发给中国石油集团公司党组的工作鉴定，对2人在专项工作中的表现给予肯定。

第四章 安全管理

中东公司加强安全管理,严查各种隐患,严守"四条红线"和"八个杜绝",严格承包商HSSE管理。开展安全巡查巡检和审核工作,对安全隐患进行排查整改,预防杜绝任何可能发生安全问题的因素。公司领导深入一线,通过安全调研、安全会议和组织学习开展工作交流和经验分享。通过邀请专家进行HSSE培训,通过演练和经验分享提高安全管理和执行水平。加强道路交通、生产运行、承包商安全管理和监督,实现生产安全事故死亡率为零,损工伤害率保持在较低水平。

第一节 开展检查审核

2016年,中东公司开展现场安全巡检5次,对伊拉克各片区、伊朗片区和阿曼片区HSSE审核,对审核发现的安全环保隐患,督促各项目落实整改。伊朗北阿扎德甘项目获伊朗政府颁发的数十年来对外合作项目唯一的环保奖;阿曼项目通过英国标准协会颁发的职业健康、安全和环境管理体系国际认证审核。

2017年,中东公司开展春节期间、一季度HSSE审核和上半年及下半年HSSE大检查,完成6个片区9次现场HSSE检查审核,涉及甲乙方单位25个。上半年HSSE检查中,发现艾哈代布项目AD4-9-1H井污染底格里斯河主河道风险、哈法亚项目营房防护流弹袭击能力薄弱、北阿扎德甘项目计量站中方夜间值班人员易遭恐袭、MIS项目驻地安保管理薄弱等突出问题,年内全部整改。下半年HSSE检查中,公司领导带头践行有感领导,深入社会安全风险最高的伊拉克艾哈代布项目开展现场检查,督促强化升级管理,落实风险管控措施。邀请中国石油安全环保院院长闫伦江及专家到伊拉克开展咨询指导和专项检查,重点检查哈法亚三期工程建设情况,并与鲁迈拉英国石油伙伴进行交流,推进社会安全风险防控。8月30日,中东公司通过海外勘探开发公司组织的社会安全管理体系文件备案评审,专家认为中东公司"各项文件齐全、运行良好,社会安全绩效优异,突发事件应对有序、有效"。安全生产方面,杜绝一般A级及以上工业生产安全事故、较大及以上交通事故、火灾事故、油气泄漏事故和井喷失控事故。累计安全工时6947万小时(包括承包商),生产安全事故死亡率0,损工伤害率0.029,总可记录伤害率0.691,低于年初制定的损工伤害率0.29、总可记录伤害率1.21的考核指标。各项目年度HSE管理体系内审率100%。社会安全方面,杜绝因社会安全管理原因造成中方员工被绑架或致死事件,项目年度社会安全管理体系内审率100%。强化工作外安全管理，制定《中东公司海外员工工作外安全管理办法》，对员工出行及交通安全、驻地安全、日常活动、员工健康提出明确要求。制定《中东公司道路交通安全管理办法》《中东公司机关交通安全管理细则》，推行内部准驾制度，严格驾车人员管理和道路行车安全管理，严禁社会安全高风险以上地区中方人员驾车。发布中文版HSSE体系文件12个、英文版体系文件11个，做到工作业务全覆盖，保证HSSE体系的完整性。

2018年，中东公司有效提升生产安全管理和承包商管理，审查各片区项目和单位油气生产、长输管道运行、钻修井作业、地面工程施工、设备检维修、特种作业、旅程安全、交通安全、消防安全及航空器安全等管理工作。检查各片区项目和单位现场JSA、班前会、PTW、LOTO、STOP卡和变更管理等制度以及各类安全措施的落实情况。对北阿扎德甘项目新入承包商的HSE管理体系的全面性、有效性和可执行性进行审核，提出整改意见，督促承包商管理体系与项目体系的桥接工作。督促公司及各项目加强承包商HSE管理，落实对承包商的监管责任，建立健全承包商施工入场前的安全培训和审查制度，评估审查承包商人员资质能力、设备安全性能、安全组织架构及管理制度。对地区公司车辆和司机服务的招标、评标、合同签订等各环节深度介入，编写相关HSE要求。对中东地区各项目、各单位的HSSE管理与绩效进行审查，对先进、优秀集体和个人进行表彰。通过远程视频对伊拉克、伊朗、沙特和阿联酋各单位开展5次安全生产视频检查；10月和11月，中东公司主要领导带队分别到伊拉克哈法亚、艾哈代布和鲁迈拉3个片区和阿曼片区对现场21家基层单位开展安全检查。面对伊拉克大选引发的政局动荡、伊朗核制裁、哈法亚三期投产等复杂严峻的社会及生产安全形势，中东公司累计安全工时4376.7万工时（包括承包商），同比增长18%，继续保持生产安全事故死亡率0，损工伤害率0.046，较上年降低8%，总可记录伤害率0.617，同比上升21%。每百万千米交通事故率0.288，同比下降3%，实现1039天安全生产无亡人事故，各项目年度体系内审率100%。社会安全方面，杜绝因社会安全管理原因造成中方员工被绑架或致死事件，作业者项目社会安全管理体系审核率100%。中东公司被推荐为中国石油安全生产先进单位。哈法亚、艾哈代布和阿布扎比项目3个基层单位被推荐为集团HSE先进基层队，8人次被推荐为集团QHSE先进个人和井控先进个人，哈法亚、艾哈代布、北阿、鲁迈拉4个项目获中油国际（CNODC）先进单位，13人次获中油国际（CNODC）HSE先进个人。伊朗北阿扎德甘、MIS项目还分别获当地政府颁发的HSE表扬信和杰出HSE管理团队奖。

2019年，中东公司在严峻的社会安全和生产安全形势下，全年实现无工业生产亡人事故、无中方人员遭绑架事件、无社会安全亡人事件，在生产安全、健康管理、环境管理、社会安全等方面实现五个杜绝，HSSE资格培训持证率100%。中东公司完成总体3300万人工时，可记录伤害率（TRIF）0.42，损工伤害率（LTIF）0.12，好于国际油气生产商平均水平。中东公司连续第4年获中国石油HSE先进企业称号；北阿扎德甘项目获当地政府颁发的HSE证书；阿曼项目取得ISO9001体系认证；MIS项目获当地政府颁发的年度"最佳安全与卫生委员会"奖和健康管理表扬信。2019年，中东公司按照中国石油（CNPC）及中油国际（CNODC）相关文件，对《中东公司突发事件总体应急预案》《中东公司社会安全突发事件应急预案》《中东公司公共卫生突发事件应急预案》《中东公司海外医疗紧急救助专项应急预案》《中东公司井喷事故应急预案》《中东公司环境保护预案》6 部应急预案进行修订更新。

2020 年，中东公司年度人工时为 23702649 人工时，年度损工伤害事故率 0.22，总可记录伤害事故率 0.42，全年无重大安全环保事故，持续保持良好的 HSSE 业绩。2020 年，面对突如其来的新冠肺炎疫情，中东公司及中东协调组坚持底线思维，落实"主体"责任，在实践中探索建立一套适合区域特点和油田现场实际的疫情防控模式，为中国石油（CNPC）海外业务疫情防控积累经验，树立典范，实现"中方员工零感染、工作场所无聚集性疫情"的阶段性防疫目标。

2021 年，中东公司强化对 HSSE 制度、体系及安保措施的落实，严查各种隐患，严守"四条红线"和"八个杜绝"，严格承包商 HSSE 管理。针对重点地区的热点事件，发布 5 期社会安全预警、召开 5 次安保事件专题会，研究提升人防、物防、技防安保管理，稳妥处置社会安全事件，防范化解安保风险；领导班子和中层干部签署并落实年度个人安全行动计划，分享安全经验；开展元旦、春节、"五一"及"七一"前敏感时期的安全管理工作，组织对各项目公司开展防疫和安全生产视频巡查 12 次。中东公司主要领导到伊拉克库尔德片区、鲁迈拉、艾哈代布、阿布扎比及阿曼油田现场进行安全大检查，加强安全隐患治理，保障疫情常态化人员安全和生产平稳。深入开展质量安全月、井控警示月、反违章专项整治等活动。实现"四零"和"八个杜绝"目标。7 月，梳理更新中东公司突发事件总体预案及社会安全、公共卫生、海外医疗紧急救助、自然灾害、井喷突发事件、环境突发事件、火工品突发事件七个专项应急预案。连续 6 年获中国石油质量安全环保节能先进企业。实现累计人工时 22963468 人工时，年度损工伤害事故率 0.042，总可记录伤害事故率 0.462，指标（LTIR 0.22、TRIR 0.42）同比略有上升。全年无重大安全环保事故，持续保持良好的 HSSE 业绩。

2022 年，中东地区各单位在完成 1.024 亿人工时的基础上，取得"六个杜绝"，未发生损工时事故的安全业绩。中东公司组织开展 3 次安全经验分享交流、相互借鉴，提升整体化、国际化管理水平。各单位创建安全文化，开展安全月、质量月、井控月等专项活动。哈法亚油田三年专项整治行动完成，安全隐患治理加强，其中中国石油工程建设公司承建的哈法亚地面 EPCC 项目获中国建设工程鲁班奖、国家优质工程金奖。鲁迈拉油田自巴士拉能源有限公司成立以来，推进低碳环保工作，火炬改造和污水池治理项目进展显著，实现每天减少 5000 万立方英尺火炬天然气燃放；西古尔纳油田在中方骨干人员陆续接替外方关键岗位的情况下，落实员工安全生产责任，油田产量屡创新高；阿布扎比项目参与伙伴安全论坛，对加强承包商安全管理提出中方建议；阿曼 5 区油田成为阿曼首个实现伴生气全利用、常规火炬全熄灭的石油公司；伊朗 MIS 项目平稳完成移交，员工有序安全撤离。大庆油田中东各项目开展"多维度生产安全培训""事故案例回头看活动"等典型安全管理方法，提升工程服务质量和安全业绩，取得新的市场合同；长城钻探用良好的安全业绩和过硬的施工质量，在科威特开拓国际市场，取得进展；渤海钻探开展井控工作，举行现场井控演习，锻炼井控突发事件的应急响应能力；管道局沙特项目对接阿美先进标准，完善制度管理，强化运行体系建设，获阿美"最佳 HSE 承包商"表彰。

第二节 工作交流与培训

2016年7月,在中国石油(CNPC)海外社会安全会议上,中东公司介绍"伊拉克社会安全管理"经验,提出"柔性安保"的概念,为海外高风险国家开展项目树立标杆。

2017年7—8月,中东公司邀请中国石油(CNPC)国际部领导和国内防恐专家亲临伊拉克、伊朗项目现场授课,组织10期培训,培训人数473人。8月,组织召开中东地区社会安全和HSE经验交流研讨会,邀请SOS、CRG、G4S等5家国际著名咨询公司分析判断中东地区安全形势、介绍HSSE先进工具和方法,安排各项目交流分享HSSE典型经验和优秀做法,实现研判局势、交流经验、相互学习"一举三得"。

2018年,中东公司抓好HSSE培训、演练和经验分享。指导、推动各片区在加大HSSE培训力度,建立健全覆盖全员的HSSE培训矩阵,制订培训方案,拓展培训资源,完成和更新员工HSSE培训档案。编写HSSE经验分享材料14份,并在每次生产例会上进行分享。完成中东公司人员《保命规则》《员工手册》及交通安全、健康知识、急救基本知识等培训材料的编写、宣贯、培训工作。组织中东公司员工国际医疗急救取证培训(22人)、防御性驾驶培训(24人)。中东公司在迪拜办公大楼组织消防急救演练2次。2月16—17日,中东公司韩绍国到哈法亚项目开展安全视察工作,副总经理李庆学到伊朗对北阿扎德甘和MIS项目开展安全视察,总会计师蔡勇到阿曼项目公司开展安全及节日慰问座谈。2月16—19日,中东公司总经理黄永章到艾哈代布生产一线开展安全视察,到巴格达中国驻伊拉克大使馆与大使就安全工作和业务发展进行交流。5月9—12日,韩绍国到鲁迈拉早期电站项目和莎米亚脱气站开展现场安全视察。5月29日—6月1日,总经理黄永章一行深入阿曼项目油田现场和长城钻探GW67队开展安全检查。6月29—30日,副总经理李庆学对哈法亚项目进行为期2天的HSE检查。10月,承办中国石油中东地区社会安全和HSE工作会议,来自中国石油(CNPC)国际部、3个专业公司、中东地区8个投资项目、12个服务保障单位、5个国际安保公司参会,中东公司作《中东地区社会安全和HSE工作报告》,中国石油(CNPC)总经理助理汪世宏出席会议并作重要讲话。12月,参加中国石油(CNPC)年度安全工作会议,中东公司做"践行以人为本、关爱员工健康、充分利用迪拜资源,确保医疗转运快速高效"交流发言。

2018年,中东公司与海外勘探开发公司HSSE审核组一起开展3次审核。5月,对伊朗片区北阿扎德甘项目和MIS项目开展HSSE体系审核。9月,对哈法亚项目进行社会安全专项审核。10月,对艾哈代布项目进行HSSE体系审核。12月,与阿布扎比国家石油公司伙伴代表一起对阿布扎比项目公司所属阿拉雅特项目开展HSSE股东联合检查。此外,中东公司内部对各片区也开展现场检查,其中,哈法亚片区2次,艾哈代布片区2次,伊朗片区2次,鲁迈拉片区3次,阿布扎比片区1次。

2019年,中东公司与中油国际(CNODC)HSSE审核组一起开展2次审核。3月,对哈法亚项目公司开展环保专项审计,8月,对哈法亚项目公司开展HSSE体系全要素审计。4月,与阿曼项目股东代表开展 HSE 股东联合审计。对各片区开展现场检查，其中哈法亚片区 1 次、艾哈代布片区 2 次、伊朗片区 1 次、阿曼片区 1 次、库尔德片区 1 次。组织完成中东地区防恐送教活动（2 个管理班、7 个操作班，5 个培训地区，共培训 488 人）。11 月，中国石油（CNPC）安全副总监张凤山一行到中国石油中东地区所属企业调研，与中油国际中东公司座谈，听取关于中东地区总体 QHSE 情况报告。张凤山对中东公司 QHSE 业绩表示赞赏。

2020 年，中东公司在中国石油（CNPC）年度安全工作会议上提交《加强区域一体化运作，提升 HSE 国际化管理，为打造"一带一路"油气合作旗舰保驾护航》发言交流材料。结合各片区、各单位的工作实际与良好实践，组织编写《HSE 风险管理工具汇编手册》，向地区各项目和单位进行推广学习。

2021 年，组织哈法亚项目作为百万工时事故上报试点单位，开展跨国医疗转运的桌面演练。3 月，按中国石油（CNPC）要求，完成危险品合规排查工作，并针对中东地区夏季高温的特性，制作防火防爆安全培训材料。4 月，配合中油国际（CNODC）完成对艾哈代布项目的远程 HSSE 审核。5 月，分别组织哈法亚及艾哈代布项目召开事故分析会。组织中东地区线上 5 期防恐培训班，197 人取证，现场安保培训 572 期，培训 10562 人次。

2022 年，中东公司组织开设海外线上防恐培训班 8 期，投资业务和服务保障参加培训单位 20 家，参加培训 409 人次。其中包括线上操作岗培训班 4 期，培训操作岗位职工 213 人次，通过培训 208 人，通过率 98%。线上管理岗培训班 4 期，培训管理岗及 HSSE 岗位人员 196 人次，通过率 100%。

第五章　社会安全管理

中东地区处于社会安全风险高发地区，特别是伊拉克境内，罢工、游行示威、绑架、炸弹袭击时有发生，应急处理救援工作压力大、任务重，做好形势研判和预警在社会安全管理工作尤为重要。通过社会安全全面管理，及时处理多起突发事件，预警及时有效，保障员工的生命安全。组织 2016 年的大庆 DQ039 队（简称 39 队）从摩苏尔战区撤离，妥善处理哈法亚伊拉克雇员被绑架事件，2017 年油田许可证过期事件，组织应对 2018 年伊拉克南部动荡局势，2021 年油田现场治安犯罪事件。组织两伊高风险评估，发布评估报告，定期发布游行示威、罢工、炸弹袭击、选举等重大事件风险预警，有的放矢降低社会安全风险，无社会安全死亡事件发生。

第一节　形势研判与预警

2016 年，中东公司密切关注伊拉克安保局势，定期发布《伊拉克应急小组周报》，编制《两伊社会安全分析报告》《库区战争对中资企业影响》等分析报告，为公司管理层提供决策依据；对战争、敏感节日、重要安保事件提前预警。

2017 年，中东公司发布 19 期重大事件风险预警。制定发布《中东地区社会安全管理体系文件》，包括 1 本管理手册和 12 个程序文件，从风险管理、安保力量部署、物防和技防设施配备、应急反应、事故调查等方面提出明确要求和具体标准，确保简明扼要、操作性强。健全完善《社会安全风险清单》和《职业危害因素辨识清单》，包括 22 类危险有害因素，将武装绑架和枪击风险确定为极高风险。专门聘请专业安保公司对伊拉克、伊朗等高风险国家开展社会安全风险评估，确定 23 种社会安全风险，逐项落实处置措施。多渠道收集防恐信息，提前获得伊斯兰国恐怖组织 ISIS 向伊拉克南部渗透炸弹袭击情报，做出暂停倒班、禁止外来车辆进入营地等有力部署。针对伊朗境内武装冲突、恐袭爆炸、治安犯罪、罢工骚乱等社会安全事件持续上升的严峻形势，邀请大使馆武官和公安部驻伊朗警务联络官到北阿扎德甘项目进行安保审核，加强恐怖袭击、武装冲突等方面第一手情报信息的搜集工作，并及时采取应对措施，确保项目安全平稳运行。根据伊朗社会安全形势和中国石油（CNPC）社会安全风险等级评估办法，组织伊朗片区各单位搜集安保信息，开展伊朗社会安全风险等级评估工作，完成专题报告，并上报中国石油（CNPC）国际部，为提升伊朗地区社会安全风险等级、强化现场安保防恐措施奠定坚实基础。

2018 年，中东公司做好社会安全信息预警与"四防"管理。密切关注中东地区社会安全局势，重点关注跟踪伊拉克大选前后局势、巴格达及伊拉克南部 7 月以来大规模游行示威抗议、ISIS 在伊拉克活动动态、伊朗核制裁、伊朗境内多次发生的示威活动、叙利亚安全形势及伊拉克油田周边安全情况，多渠道收集信息情报，开展风险动态评估，及时发布风险预警 11 期。健全完善中东地区应急机制，进一步推动片区级、项目级应急组织机构建设，分级编制应急预案，实现与地区级应急预案顺畅对接，完善应急响应流程。拓宽社会安全信息情报来源，加强与使馆、安保承包商联系，建立日常信息定期交流、敏感特殊时期随时沟通的共享机制。召开中东地区社会安全和 HSE 工作会议，与中东地区各单位和多家国际安保公司交流分享。多次前往中国驻伊拉克使馆沟通社会安全情况，参加伊拉克中资企业安全会议并与各方交流社会安全管理体系与经验。严格遵照中国石油（CNPC）、海外板块社会安全管理体系及最低社会安全管理标准，比对社会安全风险管理、安保力量管理、设施安全、个人安全、旅程安全等各方面的具体规定与标准，整改完善"人防、物防、技防、信息防"的措施与管理，在伊拉克加强"犬防"工作。在对各片区项目 HSSE 巡查中，推动"四防"管理的提升工作，密切跟进、督促整改。指导片区、项目开展安保脆弱性测试，进一步提升安保管理的有效性、可靠性。3 次前往鲁迈拉片区，对中国石油（CNPC）乙方大营地安保管理升级工作开展现场指导，明确升级整改内容和责任单位。进一步加强与当地政府、军警、部落、社区、合作伙伴的沟通交流，改善油田社会环境，分享各片区项目的良好做法。

2019 年，中东公司发布 10 期社会安全预警。组织编写《中东局势分析研判报告》《伊拉克安全局势研判报告》《伊朗安全局势研判报告》。6 月，承办 2019 年中国石油中东地区社会安全工作会议，作《中东公司社会安全管理实践》专题报告，有 7 个投资项目、20 个服务保障及相关单位、3 个国际安保公司共 57 人参会，中国石油（CNPC）总经理助理汪世宏出席会议并作重要讲话。

2020 年，中东公司发布 7 期社会安全预警。在 1 月 8—17 日中东地区 Ⅱ 级社会安全预警期间，中东地区与国内有关业务部门保持密切联系沟通，要求有地区内各项目公司从人防、物防、技防和信息防等各方面升级安保管理，加强应急值班值守，平稳安全地度过应急响应的特殊时期。8 月，中东地区协调组联系国内为各单位组织一次防恐在线管理培训班，45 名管理人员参加。组织编写《2020 年伊拉克社会安全风险分析评估报告》。

2021 年，中东公司重点关注伊拉克地区大选前局势变化，恐怖袭击，水电短缺引发示威与骚乱，中南部地区部落冲突加剧等问题；伊朗地区大选对中东局势及伊核谈判带来的连锁反应。在敏感特殊时期，开展风险动态评估，先后发布 9 期社会安全预警。3 月，更新《中东公司社会安全突发事件专项应急预案》，完成并分享《美国中东政策的动向简要分析报告》。4 月起，组织哈法亚片区召开安保专题会议 3 次，督促哈法亚项目开展防弹车专项检查及当地员工背景调查，保障项目安全平稳生产。5 月，组织伊拉克各项目公司对标集团《高风险及以上国家（地区）项目社会安全管理最低要求（试行）》，完成安防措施自查工作。

2022 年，中东公司重点跟踪伊拉克地区 7—8 月剧烈政治动荡，以及伊朗地区自 9 月开始的头巾事件，发布 3 期社会安全预警。中东公司作为伊拉克地区境外中央企业联防联保牵头单位，与各驻伊拉克央企取得联系组织开展相关工作。5 月 10 日，组织召开伊拉克联防联保第 1 次交流会议。7月10日，组织召开第2次交流会议。9月21日，组织召开第3次交流会议，获中国石油（CNPC）好评。10月，组织中国石油安全环保研究院完成《中东地区地缘政治、社会安全形势及未来趋势研判与对策研究报告》。

第二节　应急处置与救援

2016年10月，组织大庆钻探39队从摩苏尔战区撤离。10月17日，土耳其军队和伊拉克联军在距离39队一千米的距离向摩苏尔方向开炮，炸弹爆炸，直升机和战机在井场上空盘旋，ISIS还点燃油井，烟雾笼罩整个区域。中东公司及时启动应急预案，与驻伊拉克大使馆沟通，组织大庆钻探39队制订详细撤离方案，10月23日，作出暂停作业全体复员的决定，11月6日，全体人员安全到达大庆钻探基地，人员和设备安全撤离。11月8日，哈法亚伊拉克雇员被绑架，中东公司积极应对，加强和政府、军警的沟通联系协调（雇员被释放）。加强风险预警，提升预警级别，做好事件分享和措施应对。

2017年，在应急处置过程中，下发《关于加强中东地区事故上报工作的通知》，片区内各单位通过各种渠道收集整理敏感信息，分析研判、及时预警，在中东公司的统一指挥下快速行动。对6个管理办法和6项预案进行发布。7月9日，鲁迈拉油田大庆井下作业公司1名中方员工因油田许可证过期，被石油警察带走。HSSE委员会办公室立即向中国驻伊拉克使馆汇报请求支持，联系当地警局寻求快速解决办法。事件解决后，组织伊拉克各片区梳理统计中方人员油田许可证状态及存在的问题，7月12日向使馆递交报告及建议。通过使馆沟通，改善油田许可证办理困难的状况，从根本上消除隐患。9月25日，针对伊拉克库尔德自治区独立公投事件，中东公司HSSE委员会办公室负责人赶赴一线，现场办公，与领事馆沟通、评估安全形势，理顺信息交流渠道，协调库区服务保障单位细化应急撤离预案，加强应急物资储备，确保应急撤离通道保持畅通。库区发挥统筹协调小组的作用，各单位迅速响应，升级安保管理，暂停中方人员倒班，减少非必要出行，撤离非关键工作人员，使库区中方人数从原来的129人缩减至89人，保证正常生产作业和员工生命安全。

2018年，中东公司发生4级社会安全事件687起，均得到妥善处置。哈法亚项目、艾哈代布项目、鲁迈拉项目和西古尔纳项目组织应对2018年第三季度伊拉克南部动荡局势，确保员工安全。

2021年，中东公司针对伊拉克南部省份社会动荡，油田现场治安犯罪事件频发的情况，请中国驻伊拉克使馆协助推动改善哈法亚社区安全环境。多渠道收集防恐信息，妥善应对5月19—23日巴士拉地区油田面临火箭弹袭击的预警。

2022年，中东公司加强社会应急管理预防，伊拉克地区，7—8月政治剧烈动荡，伊朗地区9月开始头巾事件，组织有关单位有效应对，平稳度过敏感时期。哈法亚油田合同区发生各类社会安全事件51起，其中，枪击事件1起，流弹威胁3起，示威罢工10起，蓄意破坏2起，阻工事件13起，未发生危害中方员工人身安全的恶性安保事件。

第六章　环保管理

中东公司特别注重环保管理，严格按照当地环保法规组织生产作业，做好项目环保评估，环保隐患治理，加强环保检测和环保认证，未发生过任何环保事件。全面了解、跟踪资源国法律法规标准，掌握环境相关法律条款的时效性、完整性和可操作性。项目公司邀请第三方环境管理认证公司开展 ISO 14001 环境管理体系审核和评估。对工业和生活"三废"的处理处置、运输、排放、堆放进行合规评估，关注油田火炬延烧排放、钻井液、污油池、燃烧坑、油污土微生物处理，管线穿越河流、湿地保护。伊朗阿扎德甘项目获伊朗政府颁发的数十年来对外合作项目唯一的环保奖，阿曼 5 区项目通过英国标准协会颁发的职业健康、安全和环境管理体系国际认证、审核。

第一节　环保合规评价

2016 年 5 月，中东公司在海外勘探开发公司 HSSE 交流会上，分享"鲁迈拉 HSSE 管理实践"和"北阿扎德甘项目湿地环保管理"经验，7 月，海外在勘探开发公司领导干部会议上进行书面交流。

2017 年，中东公司严格落实环境影响评价制度，所有项目严格执行资源国和项目合同要求，开展环境影响评价、环保设施的建设及竣工验收等工作。哈法亚、阿曼 5 区项目邀请第三方环境管理认证公司开展 ISO 14001 环境管理体系审核和评估，确保认证有效。西古尔纳项目更新承包商法律服务合同，完善合规数据库，每月出具伊拉克法律法规动态报告，对最新颁布的法律法规进行评估，分析新法规对油田作业的影响，及时修订且严格执行合规管理程序。艾哈代布项目针对作业区内水渠河沟纵横交错，联合站、计量站及油井被周围农田包围的敏感度极高环境，项目公司升级环保管理，采取"防渗放喷坑"和"集中放喷"两种措施，确保井内液体不污染土壤和水体，获瓦西特省环保局认可。北阿扎德甘项目地处伊朗国家级湿地保护区，在项目启动、钻井、地面工程和油田运行的各个阶段，加强环境风险防控，优化钻井技术，完善钻完井方案，减少井场 37 个，减少燃烧坑 35 个，建设大小涵洞 157 个，保持湿地水体流动，达到废弃物处理量最小化、废弃物毒性最小化，实现环保合规和环境和谐。北阿扎德甘项目收集整理伊朗当地 118 部 HSSE 相关法律法规及标准规范，做到合规管理。在环境保护方面，杜绝较大及以上环境污染事件和生态破坏事故，实现废水、废气、固体废物规范处置，稳定达标排放或有效处置，各项目开展环境保护合规性评价率 100%，完成年度考核指标。

2018年，中东公司进一步加强环境合规管理。全面了解、跟踪资源国法律法规标准，掌握环境相关法律条款的时效性、完整性和可操作性。完成168部中东地区各资源国环境法律法规及其与业务相关的条款系统录入工作，逐步落实、更新环保合规评价，排查环保隐患，建立完善风险源管理档案。哈法亚、阿曼5区项目邀请第三方环境管理认证公司开展ISO14001环境管理体系审核和评估，确保环保认证有效。各作业者项目公司开展环境保护合规性评价率100%，其中艾哈代布项目重点解决输油管线底格里斯河防腐治理问题。

2019年，中东公司对《中东公司环境保护预案》应急预案进行修订更新。哈法亚项目获ISOS颁发的2019年复杂环境杰出健康管理奖。

2020—2021年，中东公司各项目按照环保合规制度管理，保持环保合规。

2022年，中东公司组织各投资业务开展碳排放核算范围及方法讲座，统计中东地区投资项目能耗和碳排放。阿曼5区油田完全实现伴生气全利用、常规火炬全熄灭，提前5年完成当地政府设定的计划目标。

第二节　环保隐患治理

2016年，中东公司组织在收集资源国环保法规标准的基础上，对照公司体系文件，对工业和生活"三废"的处理处置、运输、排放、堆放进行合规评估，各项工作依法合规。

2017年，中东公司加强"三废"处理，形成各具特色做法。在固废处理方面，鲁迈拉、西古尔纳项目建成垃圾处理中心，对生活垃圾实现分拣处理，对金属、石棉、化学空桶、电池及天然放射性污染物进行特殊处理。阿曼5区项目建成危险物存放场地，对危险品包装、容器进行清洗及压扁处理。西古尔纳和阿曼5区项目继2016年开展油污土治理试验成功后，开展大规模的油污土治理，取得良好实效。在井场原油处理方面，哈法亚项目采用原油返排技术，实现原油回收不落地、燃烧无黑烟。

2018年，中东公司对各片区、项目环境管理工作进行巡查，跟进隐患问题整改，分享环保经验。重点完成现场污油池处理以及艾哈代布项目输油管线穿越底格里斯河腐蚀严重的环保隐患整改。要求加强与资源国的沟通，对于难点问题，留存相关证据。

2019年，哈法亚项目与米桑石油公司沟通确定三类燃烧坑的治理方案，在全油田范围内开展4轮环境监测（包括气体、水体、地下水、土壤等）；艾哈代布项目公司完成蒸发池治理，效果显著，清理完蒸发池后重新铺设防渗膜，回收原油2.8万立方米，实现环保和效益双赢。

2020年，MIS项目对火炬系统进行技术改造，达到当地环保要求；阿曼5区项目完成第五轮油污土微生物处理，大幅减少天然气放空对能源的浪费及对环境的影响，火炬气量占伴生气总产量的比例，已从投产前的68%下降到11%，伴生气利用率由32%提高到92%，通过回收凝析油和干气外输，每年增加1000万美元的经济收入。

2021年3月，哈法亚项目取得ISO环境安全管理体系认证，有序推进环保技术咨询服务招标工作，为湿地及缓冲区环保合规、水上溢油预案等提供技术支持。4月，哈法亚项目启动历史遗留燃烧坑中2个燃烧坑的治理工作。6月，艾哈代布项目生活污水处理厂完成竣工资料审核，水质经巴格达实验化验合格；油气中心处理站产出水处理系统更换玻璃钢管线9092米。

2022年，哈法亚项目完成46个（共47个）历史遗留燃烧坑的合规治理工作，采购2台大气实时监测站设备，完成2轮油田内环境监测。艾哈代布项目更新溢油应急预案，重点关注穿河、穿渠段泄漏，开展溢油突发事件应急演练。

第十篇　企业文化建设

中东公司工会工作以丰富海外员工的业余文化生活，增强队伍的凝聚力、向心力，激励员工以饱满的热情投入到紧张的工作中为抓手，开展多种形式的活动。共青团开展争创活动，发挥典型示范引领作用，引领海外团员青年开展主题教育实践活动，组织开展座谈交流、征文演讲、知识竞赛、网络学习等丰富多彩的活动。参与驻在国使领馆举办的中资企业活动及工作交流，树立中国石油（CNPC）良好的国际形象。加强与当地政府、媒体和社会的联系沟通，宣传中国石油（CNPC）履行社会责任。与《中国石油报》联合，成立中东记者站，加大宣传力度。通过"一带一路"采访的中央新闻媒体、电视、报纸、杂志、网站和专题片，对中国石油（CNPC）在中东创业发展、与国际大石油公司合作、践行"一带一路"倡议等进行报道。开展年度先进集体和个人评选活动，通过评优树先活动鼓励广大员工干事创业的热情。弘扬"爱国、创业、求实、奉献"的大庆精神铁人精神，在中东大地发扬光大，谱写海外大庆精神新篇章。中东公司秉承中国石油（CNPC）"共商、共建、共享"原则，深度融入当地经济社会发展进程，履行社会责任，努力为当地利益相关方创造和分享价值，致力于做优秀企业公民、值得信赖的合作伙伴。

第一章　群团工作

2017年，成立中东公司工会委员会，工会主席韩绍国，工会副主席冀成楼，公司工会下设工会办公室，王正安兼任工会办公室主任。2017年4月24日，经中国石油（CNPC）直属团委批准，成立共青团中东公司委员会，肖岚、徐志勇、刘峰、韩涛、罗亮、蔡敏、王刚、王欣然8人组成共青团中东公司第一届委员会。肖岚任团委书记，徐志勇、刘峰任团委副书记，韩涛任组织委员，罗亮任宣传委员，蔡敏任青工委员，王刚任学习委员，王欣然任文体委员。2019年7月30日，经共青团中油国际（CNODC）委员会批准，对中东公司团委委员进行增补及调整，免去徐志勇、韩涛、蔡敏中东公司团委委员，王刚任团委副书记，不再担任学习委员，增补李振任组织委员，增补朱克楠任青工委员，增补姜学义任学习委员。工会工作以丰富海外员工的业余文化生活、增强队伍的凝聚力、向心力，激励员工以饱满的热情投入到紧张的工作中为抓手，开展多种形式的活动。共青团开展争创活动，发挥典型示范引领作用，围绕主题组织各种主题教育、学习和比赛活动。

第一节　工会工作

2017年，中东公司工会丰富海外员工的业余文化生活，增强队伍的凝聚力、向心力，激励员工以饱满的热情投入到紧张的工作中，举办春节、"五一"、中秋、国庆系列文体活动，"三八"妇女节慰问活动、趣味运动会。

2018年，中东公司工会组织提交中油国际（CNODC）三届四次职代会提案征集6份。中秋国庆和元旦春节困难帮扶6人。组织开展"五一"、国庆员工趣味健身活动、春节团拜活动等，丰富员工节日文化生活。

2019年，中东公司工会组织提交中油国际（CNODC）三届五次职代会提案征集7份；参加中国驻阿联酋使馆和迪拜总领馆举办的第5届驻阿中资机构体育节、春节大巡游和斋月联合慈善等活动。在中秋、国庆、元旦和春节困难帮扶1人。

2020年，中东公司工会开展远程就医诊疗、举办心理健康知识讲座、进行心理咨询服务，帮助员工舒缓情绪压力、卸下思想包袱，稳定员工队伍。把组织的关心关爱落实到每一名海外员工和每一个家庭，为13名员工解决新冠肺炎疫情给家庭带来的后顾之忧。组织提交中油国际（CNODC）第四届职工代表大会征集提案2份；在中秋国庆和元旦春节困难帮扶2人。疫情期间，各级工会组织开展居家办公人员室内系列健身锻炼活动,增强员工体质、提高免疫力,培养员工良好的居家健身习惯。疫情防控期间开展海外员工困难帮扶,5人得到困难救助。开展端午节海外员工谈心谈话活动17次,掌握员工关心的热点难点问题,与120人进行谈心谈话。开展疫情期间7次员工理发活动。

2021年,中东公司机关工会遵照新冠肺炎疫情防控要求组织开展3次线上线下健身活动;推进"我为员工群众办实事"实践活动,解决员工及员工家属理发难题,每月组织一次理发活动,理发420人次;在中秋国庆和元旦春节期间,组织困难帮扶5人;中东公司机关和阿曼项目为员工在驻地配置健身器材,提升员工幸福感和安全感;艾哈代布项目改善一线员工生产生活条件,新建项目职工食堂;阿布扎比项目加大疫情防控常态化下信息化管理,通过信息化手段,提高信息传递和整体工作效率。中东公司工会被评为中国石油(CNPC)直属工会先进工会组织。

2022年,中东公司切实把关心关爱员工、解决员工"急、难、愁、盼"的问题作为重要工作来抓,注重倾听员工的心声,着力解决员工实际困难,注重为员工办实事。结合党史学习教育,开展"我为员工办实事"实践活动。新冠肺炎疫情下,艾哈代布项目积极改善员工食堂设施,哈法亚和阿曼项目为员工配置健身器材,阿布扎比及北阿扎德甘项目组织线下员工健身文体活动,西古尔纳和鲁迈拉项目提高疫情常态化下信息传输手段等,中东公司机关增强队伍向心力归属感,选派理发师到员工住地理发,完成对部分项目7名员工的困难帮扶工作。注重解决员工长期滞留问题,开展"1026"临时航班人员接返专项工作。

第二节 共青团工作

2017年,共青团中东公司委员会成立。团委深入开展争创活动,发挥典型示范引领作用,哈法亚和北阿扎德甘项目获2016年度中国石油(CNPC)直属机关青年文明号并完成中国石油(CNPC)直属团委验收。

2018年,中东公司团委组织广大青年团员参加驻迪拜总领馆及中资企业迎七一演讲比赛、中国石油(CNPC)直属团委改革开放40周年青年征文活动等形式多样的主题活动,唱响爱党、爱国、爱社会主义的主旋律,展示中东青年石油人的风采。

2019年,中东公司团委召开中东公司第一次团员青年代表大会,对中东公司团委成立以来的工作进行总结,提出下一阶段工作计划。加强团组织建设,在部分团委委员轮换离开中东公司的情况下,对团委委员进行增补和调整。围绕"不忘初心、牢记使命"主题教育活动、纪念五四运动100周年等,组织"不忘初心跟党走、牢记使命勇担当"中东公司首届青年员工英语演讲比赛、"青春心向党、建功新时代"主题团日,参观阿布扎比文化景观等主题鲜明、内容丰富、形式多样的团委活动,唱响爱党、爱国、爱社会主义的主旋律,展示中东青年石油人的风采。

2020年,中东公司团委加强思想政治教育,开展学习贯彻习近平总书记给大学青年师生党员回信精神、"战严冬、转观念、勇担当、上台阶"主题教育学习等活动,发出致中东全体团员青年抗击疫情倡议书，动员广大青年员工克服困难，坚守岗位，为遏制新冠肺炎疫情扩散和保证生产经营发挥好助手和后备军作用。服务青年成长成才，组织"不忘初心战严冬、能力水平上台阶"国际油气业务知识系列专题讲座及"坚守初心使命、放飞青春梦想"中东公司第二届青年员工英语演讲比赛。推动团组织规划建设，借助信息平台实现全体团员青年信息和团费缴纳线上管理。

2021年，中东公司团委加强思想政治教育和政治理论学习，组织学习习近平总书记在党史学习教育动员大会上发表的重要讲话、习近平总书记"七一"重要讲话、戴厚良董事长给中国石油青年的寄语等主题教育学习活动，组织录制"石油青年心向党"庆祝建党100周年视频、中国石油（CNPC）第一次团代会祝语视频。

2022年5月4日，中东公司团委组织召开"奉献青春勇担当、赓续辉煌创一流"岗位讲述暨纪念建团百年中东青年座谈会，活动设迪拜主会场和3个分会场，公司机关及各项目相关负责人和49名团员青年代表参加。中东公司总经理王贵海参加会议，对青年岗位描述环节进行点评。7月6日，中国驻阿联酋使领馆在阿布扎比举办中资企业"迎接二十大胜利召开"主题日活动，中国石油阿布扎比公司青年员工李骥获"奋进新征程、建功新时代"视频演讲比赛一等奖。

第二章　文化宣传与企业精神建设

中东公司秉承中国石油（CNPC）"绿色发展、奉献能源"的价值理念，"生才有道，聚才有力，理才有方，用才有效"的人才发展理念，"以人为本、质量至上、安全第一、环保优先"质量安全环保理念，"互利共赢、合作发展"的国际合作理念，"法律至上、合规为先、诚实守信、依法维权"的依法合规理念，"秉公用权，廉洁从业"的廉洁理念，坚持专业化发展、市场化运作、精益化管理、一体化统筹治企准则和"创新、资源、市场、国际化、绿色低碳"的发展战略，传承"大庆精神铁人精神"，围绕"建设基业长青世界一流综合性国际能源公司"的目标开展企业文化建设。加强与当地政府、媒体和社会的联系沟通，宣传中国石油（CNPC）履行社会责任。与《中国石油报》联合，成立中东记者站，在中东加大宣传力度。参与驻在国使领馆举办的中资企业活动及工作交流，树立中国石油（CNPC）良好的国际形象。通过中央新闻媒体"一带一路"采访、电视、报刊、网站和专题片，对中国石油（CNPC）在中东创业发展、与国际大石油公司合作、践行"一带一路"倡议等进行报道。开展年度先进集体和个人评选活动，利用"七一"建党节，开展优秀支部和骨干员工评选活动，通过评优树先活动鼓励广大员工干事创业的热情。弘扬"爱国、创业、求实、奉献"的大庆精神铁人精神，在中东大地发扬光大，谱写海外大庆精神新篇章。

第一节　文化活动

2016年，中东公司坚持以国内央视媒体为载体，发挥联动效应，扩大中国石油（CNPC）形象宣传。加强与当地政府、媒体和社会的联系沟通，做好舆论引导和舆情应对，大力宣传为所在国家和地区经济社会发展所作的贡献，树立中国石油（CNPC）良好的国际形象。

2017年，中东公司配合中央新闻媒体赴中东进行"一带一路"采访工作，围绕"危险、艰苦、合作、责任、风险"等关键词，树立中国石油（CNPC）海外良好形象。参与驻在国使领馆举办的中资企业活动及工作交流。协助迪拜总领馆举办"七一"中资机构"不忘初心、砥砺奋进、喜迎党的十九大"演讲比赛，中东公司参赛选手获一等奖。

2018年，中东公司与《中国石油报》联合，成立中东记者站，在中东加大正面宣传力度，发出石油声音，唱响主旋律，传播正能量。组织西古尔纳项目对中方人员与埃克森美孚进行国际化合作的经验进行总结，出版管理实践总结论文集。组织参与中国石油（CNPC）举办的以"弘扬石油精神、塑造良好形象"为主题的石油精神劳模·青年论坛活动。

2019年，参加中国石油（CNPC）举办的庆祝中华人民共和国成立70周年座谈会，中东公司总经理黄永章作题为《接力奋进、砥砺前行、高质量打造"一带一路"油气合作旗舰》发言。开展"七一"庆祝中华人民共和国成立70周年系列活动，举办"石油魂·大庆精神铁人精神"宣讲。组织开展中国石油（CNPC）举办的"企业形象提升周"主题活动，组织骨干员工收听收看中国石油（CNPC）举办的第三届石油精神论坛网上直播。参加中国驻阿联酋使馆和迪拜总领馆举办的第5届驻阿中资机构体育节、"不忘初心、牢记使命"主题征文和摄影比赛，以及"2019年度外交扶贫"、春节大巡游和斋月联合慈善等活动。

2020年，在中东公司内网制作"2020年公司工作会议"、新冠肺炎疫情防控、主题教育活动及提质增效等6个重点报道专栏。

2021年，中东公司举办"我和我的外国朋友""逐梦海外·献礼百年"主题征文、图片摄影，哈法亚项目和北阿扎德甘项目被国务院国资委、中宣部确定为中国石油（CNPC）海外项目"中国书架"350册图书的接收单位。参加驻阿联酋使馆和迪拜总领馆举办的"同心抗疫创新发展"先进评选及"奋斗百年路、起航新征程"征文和视频演讲比赛活动，中东公司被评为驻阿联酋中资企业"同心抗疫创新发展"杰出贡献奖。组织开展"弘扬大庆精神、立志海外创业"主题活动，318名骨干员工签订承诺书，做出1013条承诺。中东公司机关与团委联合举办"弘扬大庆精神、分享英模事迹"故事会和勇做标杆石油新青年表态动员会，把学习大庆精神铁人精神作为必修课，增强干部员工攻坚克难、奋勇前进的信心和动力。

2022年，中东地区组织工作委员会落实中国驻阿联酋大使馆和迪拜总领事馆的决策部署，履行海外组织建设主体责任、属地责任，参加使领馆举办的驻阿中资企业工作交流会和主题日活动，中国石油（CNPC）作为中资企业代表做典型发言。参加由使领馆组织的"奋进新征程、建功新时代""七一"视频演讲比赛，阿布扎比项目公司员工获一等奖，中国石油工程建设公司海湾地区公司员工进入前20强。参加中国驻阿联酋使馆和迪拜总领馆举办的第6届驻阿中资机构体育节、春节大巡游等活动。11月21日，由国家广播电视总局主办的首届中阿短视频大赛颁奖典礼暨"共享新视听、共创新未来—中阿合作主题周"启动仪式以线上线下相结合的方式举行，由中东公司选送的参赛作品《我看这十年》获三等奖。

第二节　新闻宣传

2016年，央视中文国际频道"远方的家"栏目摄制组走进伊朗北阿扎德甘油田，拍摄伊朗北阿扎德甘项目员工工作、生活风貌的两集电视片。在"一带一路"栏目播出《伊朗厄尔布尔士山下的丝路新篇》《两伊边境湿地油田》两集节目，反映中国石油（CNPC）在伊朗北阿扎德甘项目艰苦创业奋斗历程，项目运作取得的成就和国家"一带一路"倡议实施的影响，多角度、全方位报道海外石油人的工作和生活。

2017年，中东公司围绕"一带一路"高峰论坛，上报民心相通、惠及当地百姓等10多篇典型材料。在《中国石油报》刊登宣传稿件30多篇。新华社、人民网、中国新闻社《经济日报》《中国能源报》等6家国内主流媒体记者，到中东进行为期14天的"一带一路"采访，在主流媒体上刊登《看中国石油如何"扎根"伊拉克》等多篇稿件，讲述中国石油（CNPC）在中东艰苦危险环境下进行国际化合作的故事。

2018年，《中国石油报》刊登中东十周年纪实、中东公司高质量发展思考、哈法亚三期投产等90多篇新闻宣传稿件。配合到中东进行"一带一路"采访的中央新闻媒体，在人民网、《经济日报》《中国能源报》等媒体上刊登影响力较大的6篇文章，对中国石油（CNPC）在中东创业发展、与国际大石油公司合作、践行"一带一路"倡议等进行报道。在国家主席习近平对阿联酋进行国事访问之机，邀请阿联酋媒体和电视台对中国石油（CNPC）在阿联酋开展油气合作进行多角度报道，阿布扎比天空电视台对中国石油（CNPC）董事长拜会阿布扎比王储、会见阿联酋石油部部长等活动进行多次报道；在阿布扎比天空电视台黄金时段对中国石油（CNPC）进行形象宣传；在伊拉克、伊朗、阿曼官方媒体和电视台定期对中国石油（CNPC）推动当地经济发展、惠及当地百姓等事件进行报道。

2019年，在中东公司内部门户网站，制作"不忘初心、牢记使命"主题教育专栏、"中东油气合作十周年"专栏、"2019年领导干部会议"专栏。以规模进入中东10周年为契机，组织制作出版以"十年创业、逐梦中东"为主题的系列作品，拍摄1部专题片，出版1本宣传画册、1本故事集和1本中东油气合作十周年专刊。在《中国石油报》刊登《中东公司推进高质量发展纪实》《开辟中东国际能源合作新境界》等新闻稿件近80篇，中国石油（CNPC）、中油国际（CNODC）网站及海外油气合作公众号刊发中东公司信息70余篇。

2020年，围绕应对低油价、新冠肺炎疫情防控等内容，在《中国石油报》刊登新闻稿件近80篇。组织出版《中东油气合作杂志》疫情防控专刊、提质增效专刊，出版《中国故事》杂志和《众人眼中的中国石油》书籍，扩大中国石油（CNPC）对外宣传力度。中国石油（CNPC）、中油国际（CNODC）网站及海外油气合作公众号刊发中东公司抗疫保生产、提质增效信息70余篇；建立中东疫情防控微信公众平台，推送25期45篇疫情防控微信公众号信息。中东公司内部门户网站及时报道和发布要闻信息百余条。

2021年，中东公司制定《中油国际中东公司新闻宣传管理办法》，规范和推动中东公司新闻宣传工作健康发展。中东地区利用报纸、杂志、网站平台，拓展对外宣传渠道，组织在《中国石油报》上刊登新闻稿件20篇，出版3期《中东油气合作杂志》综合专刊，在中油国际（CNODC）及中东公司门户网站发布要闻信息50余条。中东公司建立一支由24人组成的专兼职通讯员队伍，在满天星应用软件上定期转发中国石油（CNPC）和中油国际（CNODC）对外宣传信息 100 余条。

2022 年，中东公司贯彻落实习近平总书记提出的"一带一路"倡议及"加强和改进国际传播工作"的指示精神，国务院国资委、中宣部将中国石油（CNPC）伊拉克项目确定为中国境外企业对外跨文化融合传播重点实施项目之一。中东公司围绕任务目标，发挥靠前优势，克服时间紧、任务重、人力不足等困难，组织各相关单位做好伊拉克跨文化传播工作。建设运营伊拉克 Facebook、Twitter 和 TikTok 3 个社交媒体账号，发布信息近 80 多条，账号粉丝突破 16 万。与伊拉克多家知名智库和巴格达大学等 3 所大学建立常态化合作关系，编制完成《伊拉克传播话语体系研究报告》。与伊拉克当地多家主流媒体进行合作，发布 10 多篇反映中国石油（CNPC）促进伊拉克当地经济发展，展示中国质量、中国速度、中国高度、中国技术等方面的中阿语专题稿件。伊拉克多家媒体和平台跟踪报道或转发相关各类文章 30 多篇，阅读量近 200 万人次。与新华社、人民日报社及迪拜中阿卫视建立良好合作关系，在国内外主流媒体刊登新闻稿件 8 稿。组织向伊拉克萨拉赫丁大学捐建中文图书，开展以中国石油（CNPC）冠名的巴格达大学足球比赛。发布《中国石油技术开发领先成果研究报告》。12 月 15 日，中东公司组织召开国别研究和社会责任报告发布会，发布《中国石油助力伊拉克石油工业发展策略研究报告》《中国石油在伊拉克企业社会责任专题报告》。中伊两国政府、企业代表、高校学者、智库专家等 100 余人参加，新华社、《人民日报》《中国石油报》中阿卫视及伊拉克多家知名媒体相继报道，向外界展示中国石油（CNPC）良好形象，为中国石油（CNPC）在伊拉克的发展营造稳健和谐的外部环境，受到国务院国资委肯定和中国石油（CNPC）表扬。

第三节　评优树先

2017 年，在中国石油（CNPC）召开铁人奖章表彰大会上，中东公司北阿扎德甘项目获中国石油（CNPC）铁人奖状，哈法亚项目油田作业区、艾哈代布项目勘探开发部、阿曼 5 区项目勘探开发部获中国石油（CNPC）"铁人先锋号"称号。王帅等 8 人分别获中国石油（CNPC）和海外业务青年岗位能手。中东地区组织工作委员会在迪拜召开大会，对先进组织和优秀骨干员工进行表彰。参加中国驻阿联酋使馆举办的驻阿中资机构先进贡献人物评比活动，中东地区 2 人被评为"十佳先进人物"、3 人被评为"十佳奉献人物"。

2018 年，中东地区组织工作委员会深入开展"四合格四诠释"岗位实践活动和"不忘初心、牢记使命"主题教育活动，大力弘扬以"苦干实干、三老四严"为核心的石油精神，中东地区组织工作委员会在迪拜召开骨干员工大会，对先进组织和优秀骨干员工进行表彰。积极参加驻在国使领馆举办的"七一"主题演讲比赛、征文比赛、摄影比赛、开斋节慈善捐助活动、改革开放 40

周年杰出人物评选活动,其中中国石油投资业务郭月良和服务保障业务单位中国石油工程建设公司吉成林,被评为中国驻阿改革开放40周年中资机构杰出人物。罗永灿等9人分别获中国石油(CNPC)"优秀共青团员""优秀团干部""青年岗位能手"和"海外业务青年岗位能手"称号。2名海外员工家属获中油国际(CNODC)特别奉献奖。

2019年,中东地区组织工作委员会压实"两个责任",统一领导中东地区甲乙方单位组织工作,统筹协调甲乙方业务,在迪拜召开骨干员工大会,对先进组织和优秀骨干员工进行表彰。应邀参加中国石油(CNPC)举办的庆祝中华人民共和国成立70周年座谈会,中东公司作为海外唯一一家单位参加此会议,总经理黄永章在会上作题为《接力奋进、砥砺前行,高质量打造"一带一路"油气合作旗舰》的发言,受到与会人员好评。2019年中东公司开展国际油气合作10周年庆祝活动,授予宫长利等38人"中东油气合作10周年功勋员工"称号,授予徐占峰等50人"中东油气合作10周年杰出员工"称号,授予申家峰等66人"中东油气合作10年创业奖"称号。哈法亚项目团总支获中国石油(CNPC)直属机关五四红旗团支部、艾哈代布项目获海外青年文明号,刘峰等8人分别获中国石油(CNPC)"优秀共青团干部""青年岗位能手""海外青年岗位能手"称号。中东公司2名海外员工家属获中油国际(CNODC)特别奉献奖评。

2020年,中东地区组织工作委员会举办以新骨干员工宣誓、骨干员工座谈、表彰先进为主要内容的主题骨干员工日活动,对先进基层组织和优秀骨干员工进行表彰。开展创建"骨干员工责任区、骨干员工示范岗、骨干员工突击队"主题实践活动。中东公司设立各类骨干员工示范岗19个、骨干员工责任区18个、组建12支骨干员工突击队,创建一批"区岗队"先进典型。鲁迈拉项目和阿布扎比项目获"海外青年文明号"称号,陈鑫等7人分别获中国石油(CNPC)和海外"青年岗位能手"称号。以短视频、网络等形式宣传中国石油(CNPC)特等劳模张建立新时代弘扬海外创业精神,中东公司各项目应对低油价提质增效的先进事迹。中东公司3名员工家属获中油国际(CNODC)特别奉献奖。

2021年,中东公司组织开展系列主题活动,举办新骨干员工宣誓、骨干员工干部座谈会、中东地区和各项目骨干员工组织负责人讲课、表彰先进为主要内容的主题骨干员工日活动,对先进基层组织和优秀骨干员工进行表彰。13名骨干员工被评议为中油国际(CNODC)优秀骨干员工;开展骨干员工支部达标晋级活动,评定示范骨干员工支部4个、优秀骨干员工支部4个;中东公司成忠良获"中央企业优秀中方骨干员工"称号。中东公司组织"任重添辅翼、技精展风采"首届青年员工技能大赛,推荐5个优秀项目参加中国石油(CNPC)第三届直属青年岗位创新大赛,获一等奖1项、三等奖1项、优秀奖3项。开展创先争优,中东公司团委获2019—2020年度中国石油(CNPC)直属"五四红旗团委",艾哈代布项目、西古尔纳项目和阿曼项目分别获中国石油(CNPC)和海外"青年文明号",冯可心等10人分别获中国石油(CNPC)和海外"优秀共青团员""优秀共青团干部""青年岗位能手"称号。中东公司4名员工家属获中油国际(CNODC)特别奉献奖。

2022年，中东公司开展主题骨干员工日活动。举办新骨干员工宣誓、骨干员工座谈、表彰先进等骨干员工日活动，激发骨干员工干部学习先进、争当先进、向先进看齐的热潮，鼓舞士气、凝集力量，发挥典型示范作用。对先进组织和优秀骨干员工进行表彰。组织中国石油（CNPC）员工参加由中宣部组织的首届中阿短视频大赛，中国石油哈法亚项目公司李晨光创作的《我看这十年》讲述中国石油（CNPC）进入伊拉克10余年来当地发展重大变化的视频作品，获首届中阿短视频大赛三等奖。

第四节　践行大庆精神

1997年以来，中东公司贯彻执行中国石油（CNPC）决策部署，在践行"走出去""做大中东"建成海外国际化水平高的最大油气合作区创业进程中，面对中东社会安保形势严峻、资源国地缘政治复杂的严峻形势，弘扬"爱国、创业、求实、奉献"的大庆精神铁人精神，凝聚攻坚克难、战胜困难、夺取胜利的精气神，在中东大地发扬光大，谱写一曲海外大庆精神新篇章。中东公司通过艰苦创业，年原油作业产量突破1亿吨，权益产量突破5000万吨，项目整体实现静态回收，步入投资快速回收、自我滚动、持续高效发展新阶段。

一、践行大庆精神创造佳绩

中东公司坚持把践行大庆精神铁人精神贯穿于实现各项目目标的全过程，结合实际，因地制宜、灵活多样地开展以践行大庆精神铁人精神为主题的创先争优、岗位作贡献等形式多样的教育活动，激励广大员工干部立足岗位，顽强拼搏，推动战略目标的实现，使践行大庆精神铁人精神与油气业务发展同频共振，相互促进。

艾哈代布是伊拉克战后中国石油（CNPC）首次进入伊拉克的新建油田项目，2009年启动初期，在硝烟弥漫、谈伊色变、物资短缺的情况下，项目组织开展"践行大庆精神铁人精神，创先争优，我为项目一期建成投产作贡献"活动，合同生效3个月油田地震采集按时开工、半年内第一口钻井开钻，一年内第一口评价井试油获日产千吨的高产，仅用两年半时间，2011年6月21日，比合同规定提前3年完成一期年600万吨产能项目建设。第一次在底格里斯河畔建立起一个现代化油田，在伊拉克完美亮相"中国制造，中国建设，中国速度"。

鲁迈拉项目是中国石油（CNPC）首次以合同者身份与西方大石油公司深度合作的项目。2009年12月25日，第一个实现油田初始增产目标，比合同要求提前两年，成为伊拉克首轮中标项目中第一个启动成本回收的项目。2011年在油田限产、递减加大、油田设施老化、管线泄漏事故事频发的困难时刻，项目适时提出"弘扬大庆精神铁人精神，奋战鲁迈拉，我为海外大庆作贡献"活动，中方员工积极发挥引导作用，献言献策，与英国石油和伊拉克南方石油公司密切合作，2011年当年实现原油作业产量1550万吨，为实现"海外大庆"目标作出积极的贡献。

哈法亚项目是中国石油（CNPC）首次以作业者身份与西方大石油公司合作的项目。2010年建设初期，项目面临当地石油公司干扰、居民盗抢设备，安保力量不足，当地石油作业人员极度缺乏等困难，为实现早日投产，哈法亚项目在员工中开展"把大庆精神铁人精神与国际化管理相结合，创新哈法亚管理特色，提前实现项目一期建成投产目标"活动，中方人员发挥作业者的主导地位，精心组织，攻坚克难，一期年500万吨的产能建设项目比合同要求提前1年零3个月建成投产，不到4年建成千万吨级大油田，创造地面工程、产能建设和油田投产等多个第一，高效领跑伊拉克第二轮中标的7个国际项目。被誉为伊拉克国际招标项目中"速度最快、执行最好的项目"，其油田增产效果、成本控制和建设工期均创伊拉克同类油田最好水平。

北阿扎德甘项目是中国石油（CNPC）以作业者身份在伊朗回购合同下执行的项目。在只有两口探井和十几条二维地震资料的情况下，一次性在460平方千米地雷密布的沼泽湿地建设年产近400万吨的大油田，回购合同下的项目运作，需要直面开发方案编制和实施，钻完井施工，地面工程建设一系列巨大挑战。加上国际社会对伊朗第四轮严厉经济制裁，一些关键设备和技术受到限制。2010年，项目公司开展"弘扬大庆精神铁人精神，独立自主、自力更生，创新回购合同下，实现产能建设早日投产"活动，2016年建成自动化程度最高的一流油田。

阿曼5区项目，2002年接手之初，经过十几年的衰竭式开采，年产原油不到25万吨，地下压力严重亏空，效益开发面临极大挑战。石油技术人员发扬"三老四严"的大庆精神，开展精细研究，通过滚动勘探和大规模利用水平井注水开发技术，项目产能稳步上升，2018年年产达到262万吨，是接手时的10多倍。在老碳酸盐岩裂缝油田成功利用水平井注水实现高效开发创造先列。

二、发扬大庆精神艰苦创业

中东公司面对伊拉克严峻的安全形势、恶劣的自然条件、复杂的投资环境，广大干部员工坚持弘扬大庆精神铁人精神，艰苦创业、顽强拼搏，克服各种困难和挑战，打赢一场场"硬仗"，使中国石油（CNPC）精彩亮相中东舞台。

在鲁迈拉油田，员工出行头戴钢盔、身穿防弹衣，乘坐防弹车，经过重重关卡，局势紧张的时候睡觉也要穿上十几千克重的防弹背心，甚至深夜还要被防空警报惊醒钻进掩体，但广大干部员工不改初衷，仍然坚守岗位，有效实施项目国际化运作，通过与英国石油合作，让这个走过半个世纪的老油田重新焕发出青春活力。2016年，鲁迈拉油田较作业权接管时增产超过40%，为伊拉克贡献40%原油产量，50%的财政收入。在西方石油公司占尽优势的鲁迈拉油田，中国石油（CNPC）成为不可或缺的一员。

2009年3月18日,艾哈代布项目总经理一行3人在去巴格达参加联管会的路上,接连遭到3颗路边炸弹袭击,但2个多小时后,中方人员仍然出现在伊拉克石油部会议室里,镇定自若地与联合管理委员会主席会面。正是在广大干部的带动和感召下,艾哈代布实现"三年三步走"的战略目标,用3年时间,于2011年底在毫无石油工业依托的伊拉克瓦西特省建成年600万吨产能,"中国制造"完美亮相艾哈代布。

2010年哈法亚项目起步时,8个人挤在一间空调经常断电的铁皮房,想吃一碗面条得用玻璃瓶子去擀,而且当地人员彪悍,安全形势复杂。在这里,多数人并未如实告知家人自己来到伊拉克,为亲人留下的信息仍是尴尬的谎言——"我在迪拜工作"。在这里,广大干部时发挥模范带头作用,以身作则,率先垂范,克服种种困难,做到"干一个项目,树一座丰碑",哈法亚项目从一片荒芜起步,不到4年踏上年产油千万吨级大台阶,同时步入赢利阶段。2014年7—8月,哈法亚合同修改谈判组在伊拉克陷入ISIS武装进攻的严重安全危机之时,主要领导带队,临危不惧,多次到巴格达与伊政府进行谈判,8月11日双方就合同修改的关键条款达成一致,9月4日签署哈法亚合同修改补充协议,取得经营方面重大突破,使哈法亚项目净现值增加一倍。

在北阿扎德甘油田,员工们顶烈日、战蚊虫、毒蛇和酷暑,先清雷后建设,先钻评价井、导眼井和二维井,后钻定向井、水平井和三维井,首次在伊朗将规模气举、钻机自动平移、埋地管线防腐层地面音频检测技术,以及大型拱顶罐倒装施工法等中国先进技术工艺应用到油田建设中,创造4200万工时无事故的HSSE纪录。技术和建设水平及安全环保表现获伊朗政府赞扬和表彰。

三、传承大庆精神铸就楷模

中东公司坚持以"大庆新铁人"李新民、"海外小铁人"王贵海为榜样,在伊拉克危险艰苦的环境下,薪火传承大庆精神铁人精神,以脚踏实地的行动唱响"我为祖国献石油"主旋律。中方员工在伊拉克经受路边炸弹袭击和火箭弹侵扰考验。在两伊边界经受作业区内存在大量地雷对员工生命安全带来威胁的考验。广大干部员工在各自的岗位上,用青春和汗水谱写一曲海外大庆精神铁人精神之歌。

"海外小铁人"王贵海服从组织安排,2011年7月从苏丹项目转战到伊拉克鲁迈拉项目,把自己"吃苦耐劳、能打硬仗"的铁人作风也带到伊拉克。在鲁迈拉项目,他利用自己20多年丰富的油田生产管理经验,准确找到工作中需要进一步强化的地方,发挥敢想、敢干、敢抓、敢管的作风,采取有力措施,为油田稳产上产,建设海外大庆战略目标实现作出重要贡献。

2011年,艾哈代布项目副总经理张斌,凭借多年在伊拉克的工作经历,处理社区和政府关系的丰富经验,妥善解决当地省议会代表冲击油田现场、油田周边示威游行对生产造成的影响,以及长输管道施工涉及的社区问题等。2011年,张斌被评为中国石油(CNPC)劳动模范。

2010年,哈法亚油田勘探部经理田平,在哈法亚起步极其困难之际,自愿奔赴最艰苦的一线，全力协调勘探技术人员，以最短的时间创造性地完成4套开发方案编制，进行上百口新井地质方案和完井方案的优化设计及其跟踪实施，在有限的合同区内探索发现新油藏，为哈法亚油田4年实现两步上产1000万吨的高效开发作出贡献。2014年田平被评为"全国三八红旗手"。

2012年，中国石油（CNPC）高级专家成忠良，在伊朗北阿扎德甘项目担任总经理，面对全新的回购合同、经济受制裁环境、两伊战争密布的雷区、世界热极的气候、环境保护要求严的国际沼泽湿地，在困难面前没有退缩，研究当地法律和合同条款，逐渐探索出将中国石油（CNPC）海外管理理念与伊朗回购合同运营环境相融合、实现项目全过程精细高效的管理体制。2016年，在沼泽湿地建设年产近400万吨的油田，获海外勘探开发公司（CNODC）特殊贡献奖。2019年，转战伊拉克哈法亚项目担任总经理，坚持问题导向，坚持创新思维，下大力气解决油田稳产瓶颈问题，在危险艰苦的地方无怨无悔唱响"我为祖国献石油"的主旋律，2021年被国资委授予"中央企业优秀骨干员工"称号。

2017年，在中国石油（CNPC）召开铁人奖章表彰大会上，中东公司北阿扎德甘项目获中国石油（CNPC）铁人奖状，哈法亚项目油田作业区、艾哈代布项目勘探开发部、阿曼5区项目勘探开发部获得中国石油（CNPC）"铁人先锋号"称号。2020年张建立获中国石油（CNPC）特等劳动模范称号，颁发"铁人奖章"。

四、弘扬大庆精神主题教育

2021年10—12月，中东公司结合工作实际，开展为期3个月的"弘扬大庆精神、立足海外创业"主题教育活动。精心组织，迅速启动、统筹推进，主题活动做到"二个结合、三个突出、四个聚焦"。

（一）"二个结合"

一是结合深入学习贯彻习近平总书记"七一"重要讲话精神和对中国石油（CNPC）作出重要指示批示，发扬红色传统、传承红色基因，赓续共产党人精神血脉，弘扬大庆精神铁人精神，领会和把握重要讲话的重要大意、丰富内涵、核心要义和实践要求。中东公司开展"学党史，强信念，跟党走"知识竞赛活动、红色经典网上观影活动和"奋斗百年路 启航新征程"主题征文和视频演讲比赛活动。收到报送主题征文稿件45篇、视频演讲比赛作品23个。二是结合中心组学习、"三会一课"等方式，组织公司领导班子、项目主要领导和各支部，贯彻落实好"第一议题"学习制度，深入学习习总书记系列讲话精神，以活动为契机，持续推动广大员工深学细悟，精心组织专题学习、专题讨论、专题研究，用习近平新时代中国特色社会主义思想武装头脑、指导实践，推动"弘扬大庆精神、立志海外创业"主题活动落地靠实、稳步推进。中东地区17个支部，318人签订承诺书，结合个人实际做出1013条承诺。

（二）"三个突出"

一是突出责任担当、围绕关心关爱员工群众办实事，切实做好常态化疫情防控工作，保证员工健康安全，持续提升员工幸福感和安全感。二是突出载体活化，创新宣传教育。持续深化大庆精神铁人精神再学习再教育再实践，奋力推动公司高质量发展。举办"弘扬大庆精神 分享英模事迹"故事会暨"弘扬大庆精神 勇做标杆石油新青年"表态动员会。三是突出效率效能、高效推进岗位实践活动。组织开展"提质增效创新攻关"活动，艾哈代布、哈法亚、鲁迈拉3个项目上报6项创新攻关成果，累计增效千万美元以上，进一步深化主题教育活动内容。

（三）"四个聚焦"

（1）聚焦核心工作，重点在5个方面见成效。一是要在实现油气业务优质高效发展上见到新成效。二是要在提质增效、管控投资，实现良好经营业绩上见到新成效。三是在践行国家"一带一路"倡议、开拓新市场新项目上见成效。四是要在加强技术研究、技术攻关，全面提升发展的内生动力上见到成效。五是要在加强组织建设、队伍建设和廉政建设上见到新成效。把"做大中东"，高质量打造"一带一路"油气合作旗舰作为重大责任，立足新发展阶段，贯彻新发展理念，以提升经济效益为核心，以创新发展为动力，提升创效能力和国际化管理水平，担当海外油气业务压舱石的重任。阿曼项目开展"我为项目原油上产"的头脑风暴，发扬铁人的钻研精神和创新精神，结合岗位实际，深入挖掘油田潜力，共提出包括加快新井潜力区块产能建设、加大致密油藏进攻性措施应用、人工举升井精细管理、缩短新井投产时间等13项合理化建议，给阿曼项目带来不低于2800桶/日的原油增产。（2）聚焦抓好组织示范岗、组织责任区和组织突击队的"岗区队"建设，在急难险重任务中，发挥组织的核心作用和干部先锋模范作用。艾哈代布项目提高政治站位、强化责任担当，聚焦难点、棘手和瓶颈问题开展大讨论，系统梳理和谋划项目后期的生产经营策略，组织优秀"岗区队"集体进行先进事迹分享会，如稳压注水干部突击队、注采优化干部示范岗、地面工程建设及防腐干部责任区以及井下作业部生产组织示范岗4个岗区队优秀团体分享先进事迹。利用部分员工居住地为大庆市的优势，组织参观铁人王进喜纪念馆并将视频照片实时传回油田现场，与值守员工一并进行"参观"。（3）聚焦党史学习教育，与深入开展"转观念、勇担当、高质量、创一流"主题教育活动、与着力打造提质增效升级版相结合，凝集发展合力，强化使命担当，创出一流的业绩。鲁迈拉项目因新冠肺炎疫情影响，大家在海外工作无法正常倒休，全体干部弘扬大庆精神，不畏艰苦，克服各种困难，扎根工作岗位，弥补联合公司外国人员无法到项目进行工作的实际困难。（4）聚焦文化传播，加强各类新媒体建设，提高网络内容建设和管理水平，巩固壮大主流思想舆论。讲好中国石油故事，展现中国石油良好形象，唱响主旋律、弘扬正能量，加强中国石油（CNPC）在中东全方位的宣传工作；依托资源国政府、合作伙伴和当地媒体的力量，加强中国石油（CNPC）对外宣传和舆论引导工作；以《中东油气合作》专刊、中东公司门户网站、微信公众号和中油国际（CNODC）内网为主体，深化思想理论武装，履行好"举旗帜"的使命任务。在《中国石油报》刊登新闻稿件20篇，编制完成2期《中东油气合作》综合专刊。

中东公司在新时代弘扬大庆精神，员工始终不忘"我为祖国献石油"的初心使命，努力做党和国家最可信赖的骨干力量，始终坚持用大庆精神铁人精神培养广大干部员工的爱国之情、报国之志。着力打造新时代铁人队伍，推动在高质量发展的实践中创造更佳业绩。珍惜和用好"苦干实干""三老四严"传家宝，牢固树立"为企业负责一辈子"的价值追求，攻坚克难，推动中东油气业务再上新台阶。

第三章　社会责任

中东公司秉承中国石油（CNPC）"共商、共建、共享"原则，深度融入当地经济社会发展进程，努力为当地利益相关方创造和分享价值，致力于做优秀企业公民、值得信赖的合作伙伴。

中东公司发挥整体优势，高效组织产能建设，推进油田的快速建产和高水平开发，帮助伊拉克实现油气复产和上产，重振伊石油工业，促进当地经济复苏。中东公司积极参与伊拉克能源基础设施重建，保障当地能源的稳定供应和出口，为振兴当地经济带来希望。立足当地的物资供应与服务市场，积极培养和扶持本地工程分包商、材料供应商和服务商，带动和促进当地相关中小企业的发展。

中东公司始终秉持以人为本的理念，推进员工本土化与多元化，强化员工培养与激励，实现企业和员工的共同成长。各项目建立完善员工录用、使用、岗位考核和奖惩制度，努力培养锻炼一支以当地员工为骨干力量的团队，员工本地化率平均85%以上。各项目注重加强当地员工培训，每年提供固定培训费，因地制宜制定当地员工培养发展计划，通过多层次、多形式对当地员工进行技能培训和激励晋升，激发员工潜能，促进员工成长成才。各项目致力于促进多元文化的融合，使具有不同文化背景的员工能够彼此理解和信任，相互欣赏和学习，提升员工队伍的凝聚力和创造力。

中东公司积极服务社会、造福于民，参与当地经济社会建设，创造更多就业机会，使当地油区民众成为石油经济发展的直接受惠者。加强社区沟通，开展公益活动，改善当地基础设施建设，致力于促进当地社区发展和社会进步，努力实现企业与社会和谐发展，提升传统友谊。2015年，阿曼5区项目获2014年度阿曼履行社会责任最佳单位奖。

截至2020年，中国石油（CNPC）投资业务在中东为项目所在国累计创造16245个就业岗位，惠及民众378380人，公益事业（社会贡献）总投入7385万美元。其中2018年，中油国际中东公司及各项目为所在国百姓提供就业岗位1.4万余个，惠及民众3.6万余人次，公益事业和社会贡献总投入682万余美元；2019年，提供就业岗位1.3万余个，惠及民众3.4万余人次，公益事业和社会贡献总投入679万余美元；2020年，提供就业岗位1.2万余个，惠及民众3.3万余人次，公益事业和社会贡献总投入654万余美元。面对2020年的新冠肺炎疫情，各项目除做好当地员工的疫情防控，也积极为当地政府提供力所能及的防疫医疗物质捐助。

第一节　当地经济发展

中东公司发挥中国石油（CNPC）整体优势，高效组织产能建设，推进各油田的快速建产和高水平开发，创造"中国奇迹、中国速度"，有效提升项目的价值，实现多方共赢。

一、恢复提升原油产能

中东公司全力推动各项目油田产能建设，采用先进适用的管理、技术和设备，实现油田的高效开发和快速上产，原油作业产量年均增长约1000万吨。

伊拉克艾哈代布项目提前3年实现二期年600万吨产能建设，是伊拉克战后第一个投产油田。哈法亚项目提前15个月满足合同要求的7万桶/日产量目标，2012年6月，项目一期工程提前15个月投产，2014年8月，二期年1000万吨产能建设工程提前投产，2018年9月，三期年产2000万吨产能建设项目比合同提前70天进油投运，每日40万桶原油正从这里源源不断地输送至全球各地。鲁迈拉项目提前2年实现增产10%的目标，产量已由进入时的106.6万桶/日提高到147万桶/日左右；2013年通过购股进入的西古尔纳项目，日产原油50万桶，且具有较大的增产潜力。

阿曼5区块日产原油从2002年接手时的4500桶/日增长到2019年高峰期产量的54000桶/日左右，成为阿曼的第三大油田。

伊朗北阿扎德甘项目在经济制裁的环境下建成年产近400万吨现代化油田。MIS项目通过复产使得地层压力系数只有0.34的百年老油田恢复生产。

二、扩大原油外输能力

中东公司积极参与伊拉克能源基础设施重建，完成艾哈代布输油管道、米桑原油外输等一系列重大工程，推进哈法亚天然气外输管道建设，保障当地能源的稳定供应和出口，为振兴当地经济提供保障。

2011年8月10日，艾哈代布油气外输管道实现全线贯通。由中国石油工程建设公司和中国石油管道局承建的艾哈代布3条输油管道、1条输气管道，历时1年零4个月，分4期建成。艾哈代布油田外输管道总长532千米，纵横瓦西特省、穆萨纳省、济加尔省和巴士拉省，穿越多条河流，横跨戈壁沙漠，途经30多条公路、160多个村庄，为艾哈代布油田的平稳运行提供外输保障，创造伊拉克管道施工新纪录。

2014年8月，米桑原油外输管道全线贯通投产。该管道由中国石油管道局承建，经由米桑、巴士拉，进入法奥港，连接波斯湾，全长272千米，管径42英寸，年设计输油能力5000万吨。管道在建设中创新应用管道漂管工艺技术，成功破解雨季沼泽施工难题，首开伊拉克管道穿越先河。该管道与原有的KRG主管线等连接，形成横贯南北的伊拉克战略外输通道，被誉为伊拉克

"外输生命线",使伊拉克南部石油出口能力实现跨越式提升。

三、带动当地企业发展

中东公司立足本地物资供应与服务市场,坚持以客户满意度为导向,持续改进和提升服务商供货品质及服务质量,强化对本地服务商动态量化考核,定期对合同履约情况进行测评,培养和扶持本地工程分包商、材料供应商和服务商,带动和促进当地相关中小企业的发展。

2010年项目运作开始,北阿扎德甘项目项目想办法尽最大可能地使用本地供应商和承包商,50多家当地承包商参与到项目建设中来,实际完成的本地份额超过75%,远超伊朗政府51%本地份额的要求。

2011年项目启动开始,艾哈代布项目大力推动本地化,艾哈代布油田的本地服务商参与项目建设的比例逐年上升。

截至2021年底,鲁迈拉项目签订的577个合同订单中,有约60%是与当地公司签订的。鲁迈拉项目鼓励当地企业积极参与投标,努力为当地创造更多的就业机会。平均每月有2—3家新注册的当地企业中标。其中,伊提哈德公司从一家默默无闻的本地餐饮服务公司,全面发展为一家拥有150人的、具备国际水平的餐饮服务公司,解决大量当地人员就业。

截至2022年9月,哈法亚项目当地服务商已发展到203家,累计合同额超10亿美元,占合同总比约10%。项目对本地服务商注重扶持、引导、培育,发挥本地服务商优势。一些社区建设项目、物资运输、井场用水只面向本地服务商进行公开招标。一些涉及部分进口难度大,清关时间长的物资采购项目依托当地供应商提供,扩大当地就业机会,促进油地和谐。

MIS项目从2006年建设期开始到技术服务合同期间,均满足本地化要求。本地企业参与人力服务、安保服务、特车及车辆租赁及部分油田物资供应。

中东公司鼓励承包商,履行社会责任,做受人尊敬的承包商。哈法亚油田2001年一期建设时,当地ITM公司只是一个家庭小公司,当时只能干一些营地道路铺设、花池修建工作。在中国石油工程建设公司手把手的指导、帮助和培养下,ITM公司逐步发展壮大。从哈法亚一期到三期,该公司从一个家庭公司成长为有300多名员工,能够从事土建、房屋建设、管线施工的大型公司,仅从中国石油工程建设公司手中就获得110份分包合同。像ITM这样的公司,中国石油工程建设公司在伊拉克培养10多个。

第二节 当地员工成长与安全健康

中东公司始终秉持以人为本的理念,推进员工本土化与多元化,强化当地员工培养与激励,注重当地员工文化融合与交流,实现企业和当地员工的共同成长。对承包商和服务商,在合同条款中对员工本地化有明确要求。坚持"员工生命高于一切",高度重视员工安全与健康,不断提升突发事件应急处理能力,强化员工职业健康管理,持续抓好新冠肺炎疫情防控,创造有利于员工健康的工作环境和劳动条件，在中东开展业务以来，未发生工业生产亡人事故、社会安全亡人事故、环保事故和职业健康事故。

一、员工本土化与多元化

中东公司遵循当地法律法规，建立完善当地员工录用、使用、岗位考核和奖惩制度，推进本土化与多元化，培养锻炼一支以当地员工为骨干力量的近万人团队，伊拉克员工本土化率总体达到85%，其中，艾哈代布项目本地化率87%，哈法亚项目80%以上，鲁拉项目95%，西古尔纳项目89%。阿曼5区项目员工当地化程度由2002年的29%上升到2020年底的96%。北阿扎德甘项目当地雇员比例76.8%以上。

艾哈代布项目为当地提供大量就业机会。艾哈代布项目始终坚持优先使用当地用工的政策，加大当地员工的培养培训力度，完善薪酬分配制度，健全员工成长机制，提升当地员工在管理、专业技术、操作技能等重要岗位上的比例，员工本土化率87%，以直接或间接的方式为当地提供5000多个就业机会，从源头上帮助当地社区居民获得可持续发展机会和改善生活的动力，构建互利共赢的格局。

哈法亚项目加大优秀员工培养力度。哈法亚项目每年设立培训基金，加强对当地员工培训，注重对优秀的本地员工创造更多的晋升机会。2021年底，96名本地员工得到晋升，部分员工已经升职到部门副经理、科长等岗位。近年来，从当地学校选拔3批次约300名优秀员工通过实习培训后，较好掌握油田生产管理技能，成为哈法亚的员工，油田本地化进程得到进一步提升。

服务承包商中国石油管道局伊拉克公司，10多年来，培训当地员工500多人，以实际行动践行属地化策略，员工属地化88%以上。中国石油长城钻探公司建立尊重、开放、包容的多元文化，坚持公平公正地对待不同国籍、种族、性别、宗教信仰和文化背景的员工。坚持当地化国际化用工优先的原则，发挥绩效考核的激励作用，倒逼当地化、国际化用工比例的不断提高，实现员工多元化，员工国际化本土化率86%以上。

二、当地员工培养与激励

中东公司因地制宜制订当地员工培养发展计划，通过多层次、多形式对员工进行技能培训和激励晋升，激发员工潜能，促进员工成长成才。

项目公司采取"师带徒""结对子"的方式，提高当地员工操作技能。哈法亚、鲁迈拉和西古尔纳项目每年分别为当地提供500万美元的员工培训费。艾哈代布项目与高校联手，为巴格达科技大学提供生产实习基地。哈法亚项目建立培训中心，为伊拉克雇员提供石油专业技能培训，为当地培养大批石油工程技术人才。

艾哈代布项目表彰奖励伊拉克杰出雇员。2021年5月，艾哈代布项目举行伊拉克杰出雇员表彰大会，为26名杰出雇员颁发荣誉证书并给予嘉奖，极大地鼓舞和激发当地员工成长成才的动力，增强当地员工的归属感和自豪感，激励当地员工的工作积极性。艾哈代布项目十分重视对伊拉克杰出员工的评选奖励工作，连续多年开展伊拉克杰出员工的表彰大会，不断提高杰出员工的薪酬待遇，完善晋升通道，并组织杰出员工到中国参观考察。

服务承包商中国石油管道局伊拉克公司，2020 年以来，在鲁迈拉项目上，引入储罐施工和管道焊接新标准、新技术，举办培训班，以"传、帮、带"的形式教当地员工使用新设备，学习运用新的施工方法，培养出 20 多名储罐施工人员和 30 多名焊接技术人员，为后期施工做储备。承包商中国石油工程建设公司在鲁迈拉营地建起符合国际标准的培训中心，无偿为当地人员提供焊接、电工、铆工、安装及 HSE 等石油工程建设方面人才。聘请国内高级教师进行现场实际培训，并开展远程网络视频教学，累计培训人员超千人次。该中心被授予"巴士拉大学实训基地"，每年为巴士拉大学工程学院挑选的 70 名大学生进行订单式培养。

三、文化融合与交流

中东公司致力于促进多元文化的融合，使具有不同文化背景的员工能够彼此理解和信任，相互欣赏和学习，提升员工队伍的凝聚力、向心力和归属感。

鲁迈拉项目是一个由中英伊三方组成的国际大家庭，存在 3 种不同的文化、语言和制度。为发挥各方潜力，实现多元文化融合。从尊重合作伙伴不同文化入手，发布中、英、阿语三种版本的道德规范。确立"同一个团队，同一个梦想"这一具有鲁迈拉特质的文化理念，已经成为鲁迈拉项目三方员工的共识。实践过程中，以业绩为导向，培育三方共同的责任感、使命感和荣誉感，激励三方通力协作，携手共进，实现"1+1+1>3"目标，推动许多共性问题的解决，实现项目稳健可持续发展。

哈法亚项目建设开放包容、相互欣赏的企业文化，鼓励相互学习伙伴公司在油田开发、运营管理、商务运作、对外交流等方面的经验。尊重伊拉克当地宗教信仰和文化习俗，举办伊拉克文化讲座，在油田主营地特辟祈祷室，使来自 37 个国家的国际雇员和占 70% 的当地雇员和谐相处，优势互补，形成坚强有力的合作团队。

举办重大节日文化交流活动。中东公司注重促进伙伴间文化共融。每逢重大节日，举办形式多样的文化活动，让中外员工感受不同文化的魅力，拉近彼此的距离。中国传统春节，组织诸如包饺子、写对联等活动，营造喜庆氛围。开斋节，中方会向伊拉克雇员送去牛羊肉、椰枣、巧克力，举办丰盛的烧烤活动；圣诞节，各项目组织开展趣味活动及平安夜庆祝活动，欢庆圣诞节日。

2019 年 10 月 17 日，阿布扎比项目公司与阿布扎比雅思学校（Yas School）共同举办新中国成立 70 周年庆祝演出活动并举行赠书仪式，进行中、阿两国升旗仪式，阿布扎比公司向雅思学校赠送 1100 本汉语学习书籍和材料，阿布扎比教育部官员、阿联酋汉语教学推广计划总负责人法特玛（Fatma）女士、雅思学校校长阿瑟莎（Asysha）女士、阿布扎比公司总经理姜明军及公司员工代表、学校师生代表出席活动，就读于雅思学校的中阿两国学生表演富有中国特色的民族舞蹈、舞龙等节目。

四、员工安全

中东公司牢固树立安全发展理念，强化安全意识，落实安全措施，加强对员工安保防恐和应急医疗救治演练，以及安全知识培训；建立政府、各项目和参建单位一体化的安保防恐体系，提升安保预警能力。开展专项安全生产大检查，强化承包商和当地雇员安全管理，消除各种安全隐患，持续保持良好的 HSSE 记录。

中东公司与合作伙伴强化安全管理，参照英国石油等国际石油公司的安全管理经验，在油田范围内全面推行包括高空作业、安全许可、限制性空间、变更管理、能源隔离、起重、动土、爆炸物、驾驶安全等安全生产"九条黄金法则"，使员工做到有章可循，严格落实到生产安全和日常工作中，确保油田安全平稳运行和员工的安全。

五、员工健康

中东公司关注员工身体健康，每年定期为员工进行职业健康体检，长年为员工提供健康咨询和服务，确保员工身心健康。

在巴士拉地区打造伊拉克员工医疗救治的绿色通道，建设国际标准的 SOS 医疗诊所。当员工突发意外、出现危重病情时，SOS 诊所在第一时间给予处置，伤员可由"空中救护车"送到迪拜机场，在迪拜 SOS 指定医院就医。期间所有救治信息同步传输至 SOS 救助体系，实现救援无缝对接，在最短的时间内最大限度挽救员工生命。

哈法亚项目设立"医生 + 急救队 + 健康管理师 +HSSE 顾问"的复合型岗位。遇到紧急情况时，以油田现场急救站和伊拉克当地医疗资源为基础，以国际 SOS 国际医疗救援网络为支撑，依托国际 SOS 全球化的医疗应急救援平台，协调多渠道、多部门医疗应急资源，确保高效率、高标准的医疗救援服务，最大限度挽救员工生命。

服务承包商项目部，注重防范工作场所中所有可能危及员工健康与安全的隐患。中国石油管道局伊拉克项目部要求员工除正规穿戴劳保服装、反光服以外，必须佩戴护目镜和飞巾，以避免当地白虫侵害。盛夏之际，项目部自制冰块为员工降温，搭设防晒棚供施工人员休息，并专设卫生室，配备洗眼器为不慎扬沙入眼的员工清洗眼睛。

六、疫情防控

新冠肺炎疫情暴发以来，中东公司严格遵守伊拉克政府疫情防控规定，与合作伙伴及当地社区分享抗疫经验，与各方一道共同打造疫情防控合作的"利益共同体"。

坚持"工作场所与生活场所并重、中方员工与外方员工并重、员工与家属并重"的"三并重"原则，做到中外方员工一视同仁，组织各片区开展防控知识和防护能力培训，外籍雇员参加培训占比超过 80%。严格落实当地员工交通、食宿及工作场所防疫措施，推进员工 100% 疫苗接种，定期进行核酸检测，强化复工复产常态化管控，确保员工健康安全。

在伊拉克新冠肺炎疫情暴发初期，中东公司各项目第一时间向伊拉克卫生部捐赠 10 万多只一次性口罩、5000 套医用防护服、5000 副护目镜、10000 双防疫医用手套，支援当地抗疫。2021 年，艾哈代布项目紧急筹措专项资金并通过国际招标渠道采购 27 万美元防疫物资。其中包括一次性医用口罩 25000 个、医用防护口罩 15000 个、医用护目镜 3000 只、医用面罩 3000 只、医用防护服

3000套，医用头套5000个，医用鞋套3000双，医用手术手套5000双，指尖血氧仪300台，免洗手消毒液5000升，酒精喷剂1500升，84消毒液10000升等。

服务承包商中国石油工程建设公司向巴士拉省8个医疗机构捐赠八大集装箱防疫物资，爱心捐赠受到当地人民的盛赞。

2020年新冠肺炎疫情期间，MIS项目坚持以人为本，未辞退任何当地员工，积极落实防疫物资、防疫培训、防疫资讯等相关资源，建立救助补助机制，实现覆盖率100%。北阿扎德甘项目把中国防疫经验用英文和波斯语编译成册分享给政府伙伴。7月15日，阿布扎比项目公司组织慰问外籍雇员，一封满载关切的"问候信"，一份装着口罩、消毒液、手套的"健康包"，送去公司真挚的问候和关心。16日，阿布扎比项目公司通过视频连线，与阿布扎比国家石油公司（ADNOC）分享中国成功的抗疫做法，推动形成共同抗疫的合作机制。

各片区编制中文、英文、阿拉伯语、波斯语的新冠病毒预防手册，在营地、场站大门、室内等各处张贴阿语版的宣传画，编制口罩的正确佩戴方式、七步洗手法等宣传材料，向当地居民进行分发。哈法亚项目安排4名居家工作的当地雇员，在做好自身安全防护的情况下，深入油田区域内的7个村庄，讲解疫情有关知识，分发阿语版防控宣传材料约2000份，接受宣讲的中外方员工39000多人次。

第三节　绿色低碳发展

中东公司运用多种绿色技术减少环境污染，使用清洁能源促进油田节能减排，致力于推动能源绿色低碳发展。

一、建设绿色油区

2009年以来，艾哈代布项目将能源开发和生态保护紧密结合起来，采用多种手段监管作业现场的环境保护工作。引入高标准废泥浆先进处理系统，对油田钻井液进行无害化处理，成为伊拉克石油部推广学习的典范。建立垃圾焚烧处理站，对可燃化学品废弃物进行无害化焚烧处理，年处理工业垃圾300吨以上，大幅降低油区垃圾对环境的污染。投用硫黄成型回收系统，进行酸性废气深度处理，生产出纯度超过99.99%的硫黄，助力绿色油田建设。

哈法亚项目从项目启动开始，切实将生态保护与油田生产紧密结合起来，采取油田"边建设、边治理、边回收"的做法，将废液收集到用水泥和橡皮垫做底的蒸发池中，防止废液渗入地下，蒸发后可回收利用；对土壤、大气、地下地表水进行定期监测；采用原油返排技术进行清井作业，实现原油回收不落地、燃烧无黑烟，降低环保风险，并缩小井场征地的面积，实现环境保护与经济效益的双赢。

2010—2017年，北阿扎德甘项目加强与当地政府沟通，做好顶层设计，开展环评研究，制订环境影响最小化施工方案。对大型机械设备施工造成的噪音、尘土环境影响，井场道路对湿地水流阻隔、填湖的土质材料对湿地影响，钻屑、钻井液、钻完井污水、酸化试油产物对环境影响等进行监测，研究防护和保护处理措施。采用丛式井、水平井减少井场区域，尽最大可能恢复湿地原貌，采用切实可行的废物处理工艺流程，形成钻完井固液废弃物无公害处理，残酸和原油无污染处理技术，实现油区零污染、零排放。

2020—2021年，鲁迈拉项目环保团队通过表层高含油土壤清理回收、微生物降解、安全回收滴漏的原油，以及对10个脱气站产出水蒸发池进行防渗漏改造等，修复改善土地面积约20.7万平方米。鲁迈拉项目还制订并开始实施10年低碳减排计划。2020年减少40万吨的碳排放总量，2021年减少500万吨的碳排放总量。

2019年以来，中东公司配合伊拉克石油部，承诺3年之后"消灭"火炬，先后在鲁迈拉、哈法亚油田建设天然气处理项目，累计年处理天然气量85亿立方米。哈法亚油田天然气处理厂一个项目投产后，每年可以减少近3万吨二氧化硫的排放。

2022年，中东公司谋划新形势下实现中东业务绿色低碳发展的应对策略，抓好现有油田开发项目上产稳产的同时，密切跟踪天然气项目合作机会，推进节能降耗和温室气体减排，开拓新市场新领域新业务。组织油气业务各项目做好月度能耗及碳排放数据统计，推动制定并落实有针对性的节能减排措施。鲁迈拉项目推进低碳减排工作，年度减少火炬排放5000万英尺^3/日。阿曼5区油田成为阿曼首个实现伴生气全利用、常规火炬全熄灭的石油公司，提前5年完成阿曼政府要求，节能减排与绿色发展迈上新台阶。

二、保护生态环境

中东公司致力于人与自然环境的和谐，严格遵守当地政府有关环境保护的相关法律法规，将珍爱环境的理念贯穿到油田建设全程，加强污染防治和生态保护，共建美好家园。

伊拉克米桑原油外输管道以生态地质环境最复杂、环保要求最高而著称。为避免对大河进行截流、影响河流生态，采用定向钻穿越施工方案，避免因开挖河流导致的环境破坏。管线经农民土地时，施工方义务修水渠、筑坝、架桥，让沿线百姓直接受益。穿越河流后，施工方及时恢复河道，并购买上万尾鱼苗放到河中，保护当地生态环境，赢得当地民众的称赞。

2018年，艾哈代布油田组建一支全部由伊拉克员工参加的绿色行动队，负责向当地群众宣传绿色环保理念、安全生产等相关知识，收集当地民众对油区环境的意见和诉求。行动队向村民们介绍如何保护油田地下管线、保护农田等绿色环保知识。4年多来，绿色行动队累计收集白色垃圾260车，保持油田作业区的清洁环境，得到当地民众的好评。

哈法亚油区的哈维则湿地，是伊拉克唯一一处受保护的湿地，生态环境高度敏感。哈法亚油田严格执行HSE标准，努力保护湿地候鸟，减少人为活动给湿地带来的污染，想方设法利用二次水源，打捞废弃物，安装环保标识，严格湿地作业要求，促进湿地生态的良性循环，也有效保护候鸟栖息生活的"乐园"。

北阿扎德甘项目近2/3的面积位于伊朗国家级湿地自然保护区内，采用预制箱体方案，在油田内新修建大型涵洞39个，连通沼泽地120平方千米的水域，湿地区域的环境得到保护。2016

年 2 月 21 日，伊朗当地政府为北阿扎德甘项目颁发环保证书，对项目在生产建设过程中对湿地和生态保护作出的贡献进行表彰。

三、保障能源供给

中东公司注重能源和谐，保障当地的能源获取，为当地居民供应清洁优质能源，注重改善当地民生，助力当地经济社会发展。

2014 年 2 月 19 日，哈法亚油田将生产的伴生天然气输送到当地卡哈拉电厂，为其提供电力之源，使其成为伊拉克第一个有效利用伴生天然气发电的电厂。项目从启动至 2022 年一季度，共外输卡哈拉电厂伴生气超过 50 亿立方米商品天然气。这一民生工程有效解决当地燃料不足、电力紧缺的问题，对改善当地民众生活条件、减少环境污染起到积极作用。

2014 年 11 月，艾哈代布项目积极应对天然气处理系统建设工艺技术复杂、建设难度大等挑战，通过缜密策划和科学组织，提前投用 500 米^3/日液化石油气（LPG）装置，成为伊拉克第一个生产液化石油气的上游油气田开发项目，弥补伊拉克市场尤其是油田所在地瓦希特省液化石油气短缺。艾哈代布油田生产的高品质和安全稳定的液化石油气，作为家用燃料输送到千家万户，惠及伊拉克当地 140 多万民众，极大改善当地民众生活质量、促进环境保护。

2018 年 1 月，由中国石油工程建设公司承建的鲁迈拉电站项目投产，每年可提供 13 亿千瓦·时发电量。电站的投产，缓解油田生产用电压力。同时，每年可有效利用 5.2 亿标准立方米伴生天然气，减少 300 吨左右二氧化硫排放。富余的电能可满足当地 108 万户家庭一年用电需求，为改善当地民生发挥重要作用。

第四节 社区和谐发展

中东公司秉承"奉献能源、创造和谐"企业宗旨，立足服务社会、造福于民，积极参与当地经济社会建设，加强社区沟通，开展公益活动，致力于促进当地社区发展和社会进步，实现企业与社会和谐发展。

一、社区沟通

项目重视与当地社区的沟通，加强公共关系管理，在伊拉克的各项目均成立由当地政府、当地石油公司、社区长老及作业者代表组成的紧急事态处理委员会，进一步加强本地员工和社区的沟通与交流工作。

哈法亚油田每年定期举办公众开放日活动，邀请当地政府官员、社区代表和学生团体，到哈法亚油田现场进行参观考察，零距离接触哈法亚这一现代化大油田，亲身感受哈法亚油田国际化运作和管理。哈法亚已成为伊拉克当地青年学生教育活动的实践基地，众多当地大、中、小学生走进哈法亚学习石油知识，认识哈法亚油田对促进当地经济发展作出的贡献。

艾哈代布油田地处农业区，与当地社区毗邻而居，大部分井场、管线和道路位于农田中，不可避免地对当地居民的生产和生活产生影响。为构建和谐的社区关系，项目公司通过优化站场布局和管线路径，尽量保护农田和村庄，减少对周围居民的干扰。

艾哈代布油田项目启动，就成立由伊拉克政府、北方石油公司、绿洲石油公司和东方物探公司联合组成的补偿委员会，制定地震施工补偿政策和工作流程，东方物探公司因此成为在伊拉克第一个开展工农补偿并直接向农户补偿的公司。工作人员不辞辛苦、细致入微的工作得到当地居民的好评。

二、民生捐建

中东公司与合作伙伴共同努力推动社区发展，有计划地实施供水、供气、修路架桥等关系民生福祉的基础设施项目，造福当地社区百姓，改善油区民众生活质量。

哈法亚项目自 2010 年项目执行以来，为油区百姓及米桑省原油外输管道沿线农民开挖灌溉水渠、河道 10 千米左右。2012 年为当地捐建一条饮用水生产线，2015 年为当地投资建设一座饮用水处理厂，解决人畜饮用和灌溉用水问题，惠及千家万户。2019 年 3 月底完成油区内两个村庄的饮用水管线工程。鲁迈拉项目 2015—2016 年为卡拉玛特阿里地区建设生活用水供水站和供水管线，解决 7000 多名当地居民饮用健康洁净水问题。西古尔纳项目为保障社区居民生活用水，对原有一条埋地管线和泵站修复后专门供当地居民使用，解决当地饮水问题。

哈法亚项目 10 多年来，完成油区内两座桥梁、近 500 千米的道路重建和铺设，修缮近 100 千米的输电线，既满足油田作业，又为社区百姓提供出行方便。艾哈代布项目在当地鲁马利亚镇投资建设的 3 千米油区环形公路，便利人们的交通出行，被当地人喻为友谊之路。鲁迈拉项目投资 28.75 万美元，为北鲁阿拉可（Al Khora）社区建设全长 11.3 千米的支线公路。西古尔纳项目投资 18.1 亿美元，修缮 4 条社区道路和 2 条市政道路。北阿扎德甘项目承担霍韦伊泽（Hoveyzeh）市政长 28 米、宽 12 米的桥梁及道路翻修，完成扎赫热合地区 15 千米柏油路建设，并建设一座城市桥梁，改善当地道路交通状况。

艾哈代布项目建成伴生气回收装置，每天为油区所在地库特市供应民用液化石油气约 480 万立方米，为祖拜迪电厂供应天然气约 620 万立方米。哈法亚项目建成的燃气轮机发电厂，有效解决油区所在的伊拉克米桑省面临的严重电力短缺。正在筹备建造的一座天然气处理厂，其生产的液化石油气可满足当地 400 万户家庭用电量。建成的伊拉克鲁迈拉电站，为巴士拉 2.3 万个用户提供电能。

三、医疗捐赠

中东公司通过组织健康巡诊、捐赠医疗设备等方式，改善当地社区医疗条件，提高居民健康水平，为居民提供更加便利可靠医疗服务。

鲁迈拉项目在当地妇女和学生中开展"健康教育"活动，提升当地居民的健康意识，增强居民的健康知识，树立起居民健康理念，为疾病防治及新冠肺炎疫情防控打下良好基础；同时组织健康巡诊活动，上门为老弱病残义务巡诊，为当地居民提供便捷和个性化医疗服务。

哈法亚项目，2014年捐赠价值2万美元医疗设备给油区当地医院，方便社区居民就医。2018年6月，通过社区贡献基金，将投资社区穆埃尔（Muael）医疗中心移交给当地卫生局，服务于油区百姓。鲁迈拉项目，2014年为巴士拉儿童医院捐赠星载视频会议设备，用于支持当地医疗事业发展。2021年，投入金额19.5万美元，建设QA水厂医疗诊所。西古尔纳项目出资翻新玛迪纳特（Madinat）地区的诊所，为诊所提供最新医疗器械和药品等物资。

四、教育捐助

中东公司通过新建及改造校舍、捐赠文教物资、开展爱心活动，帮助油田周边社区改善教育条件，逐步提高周边社区的文化教育水平。

2012年，艾哈代布项目向当地教育团体俱乐部捐赠体育器材。2013年，为阿拉拉（Ahrar）县6所学校建造12间教室、运动场所和设施，为该学校建造多功能室。2014年，斥资15960美元，向油区3所小学捐助打印机、课桌椅等一批学校急需物资。

2012年以来，鲁迈拉项目先后资助巴士拉和美国俄勒冈大学共同创建奖学金计划，为伊拉克学生提供海外学习机会。2021年，通过鲁迈拉社会福利基金项目，同巴士拉阿玛（AMAR）国际慈善基金会签订伊拉克学生培训合同，持续做好教育培训。投入金额13.3万美元，建设北鲁社区查莹（Train）村阿拉斯克（Al Siqaq）学校教学楼。阿拉可社区女性职业技能培训投入金额16.34万美元；阿拉可社区失业人员职业培训项目，协助巴士拉健康和教育司岗前与岗上职业教育培训项目投入金额62.26万美元。

西古尔纳项目对曲纳（Qurna）地区的6所学校、伊玛玛萨迪克（Imam Sadiq）地区的10所学校，以及玛迪纳特地区的8所学校校舍进行翻新，并提供桌椅、教学用具等设施。

2013—2014年，哈法亚项目联合分包商捐建3所学校活动房；2013年向油区19个学校及米桑省的烈士子弟学校学生捐赠书包和文具；2016年，向当地教育局捐赠2辆校车，用于接送油区的师生上下学；修缮校舍及主路到学校最后200米的道路；2018年5月，利用社区贡献基金，为卡哈拉和本哈希姆镇兴建两所高质量学校；2021年为油区学校捐建多所活动房、提供校车和学习用具。

油田服务承包商中国石油工程建设公司，2019年2月，向伊拉克南部巴士拉省教育部捐赠一批价值46万美元的教育物资，包括5440张课桌、250台打印机、10台电视和200个书包等，以支持当地教育事业的发展。长城钻探公司帮助当地的阿斯瓦阿拉卡巴（Aswar al-Kaaba）小学修整校舍和路面。

2022年11月20日，中国石油（伊拉克）哈法亚公司向伊拉克米桑省捐赠学生教材仪式在米桑省教育局举行，米桑省教育局局长里亚德、梅吉贝内（Riyad Mejbel），米桑石油公司代表贾巴加思孟（Jabbar Jasim）及中国石油（伊拉克）哈法亚公司代表田大军等出席捐赠仪式并致辞。

阿曼5区项目每年捐助及赞助等100万元人民币左右，支持当地社区教育基础设施改善，对困难学生的帮扶，为当地石油及工程类大学相关专业优秀学生提供助学金。

五、救灾帮扶

在伊拉克发生自然灾害及个人或团队面临困难之时,中东公司第一时间捐款捐物,组织人力物力,支持当地政府和社区开展救助灾民和扶贫帮困工作,减轻灾区疾苦、改善当地民生。

扶贫帮困。2010年,鲁迈拉项目,向祖拜尔社区贫困家庭捐赠120台电风扇,向巴士拉2所孤儿院赠送空调、节日服装及文体用品,向贝杰斯亚(Berjesia)小学捐赠386个书包及球类体育用品,为阿拉可社区失业人员提供职业技能培训。2013年,哈法亚项目向米桑石油公司患重病的职员家庭捐赠数万美元。2018年,哈法亚项目向米桑省14个老年中心赠送轮椅、移动厕所,加装扶把和指示牌。西古尔纳项目,每年开斋节期间都向油田周边社区捐赠约8万美元的食品,帮助当地居民度过快乐的节日。油田服务承包商中国石油工程建设公司每年向巴士拉大学捐赠10万美元,设立"励志助学金"和"英才奖学金",以帮助家境困难和学习优秀的学生完成学业。

救灾捐赠。2013年夏季大旱期间,哈法亚项目为油区200多名群众,2000多头牲畜提供8个罐车的饮用水。2014年ISIS肆虐伊拉克时,联合分包商向米桑省境内的难民营,捐赠22台移动营房车。艾哈代布项目,2014年4月及时调配工程机械,组织承包商向当地政府提供真空罐车等设备,有效支援当地政府的抗洪抢险工作。同年,购买米面油等物资12000美元向附近躲避ISIS的难民进行人道主义捐助。

第十一篇 人物与荣誉

中东公司面对复杂严峻的地缘政治和社会安保形势，以及国际油价剧烈波动、新冠肺炎疫情蔓延、政府限产等挑战，全体干部员工贯彻落实中国石油（CNPC）和中油国际（CNODC）决策部署，围绕工作目标，坚持安全生产、疫情防控，一体推进主题教育和提质增效工作，勇于担当，主动作为，在极其困难情况下，2019年实现原油作业产量1亿吨、权益产量5000万吨以上水平，2021年实现项目总体静态回收。干部员工大力弘扬石油精神，为实现"做大中东"，高质量打造中国石油（CNPC）国际化经营和"一带一路"油气合作"旗舰"，涌现出一大批先进集体和先进个人。中东公司历任领导在中东创业过程中，开拓创新，积极进取，做出重要贡献。各项目公司员工，弘扬大庆精神，舍小家为大家，涌现出一批先进集体和个人，有国家劳动模范、国家级先进集体和优秀个人，也有中国石油（CNPC）、中油国际（CNODC）和中东公司的先进集体和优秀个人。中东公司加强与各地政府的联系和合作，注重绿色开发和环境保护，为当地政府社会和经济发展作出积极贡献，得到资源国的好评和荣誉。在油气合作的过程中，针对不同的油藏和地质特点，开展科学和技术研究，取得一批科研成果，获国家和中国石油（CNPC）不同行业的荣誉。

第一章 人物简介

2009年12月成立中国石油伊拉克公司和中国石油伊朗公司，2015年12月成立中东公司。历任领导在中东创业过程中，开拓创新，积极进取，作出重要贡献。人物简介收录前期组织机构原伊拉克、伊朗公司主要负责人、中东公司主要领导、国家级劳动模范简介。

第一节 历任领导简介

王莎莉，女，1954年4月出生，教授级高级经济师。1977年8月郑州大学外语系英语专业大学毕业（1987年6月，美国德州达拉斯SMU法学院法律专业法学硕士），曾在长庆油田指挥部地质研究院、南海西部石油公司、中国石油开发公司、中国石油天然气总公司国际合作局、中国石油天然气勘探开发公司工作。曾任中国石油天然气勘探开发公司副总经理兼总经济师、组织工作委员会委员、纪委书记、高级副总经理、总法律顾问、党委书记，兼任中油国际（尼罗）有限责任公司常务副总经理，兼任苏丹工程建设项目协调领导小组组长。2009年11月兼任伊拉克公司总经理，2009年11月任中国石油海外勘探开发分公司组织工作委员会书记、副总经理、伊拉克公司总经理、组织工作委员会书记、伊拉克地区企业协调组组长，2012年获全国五一劳动奖章。参与伊拉克战后艾哈代布项目重起，后续项目的招标，商务和技术谈判。在伊拉克公司任职期间，组建伊拉克地区公司领导班子和组织工作委员会，组织和协调伊拉克鲁迈拉项目、哈法亚项目、西古尔纳-1项目与政府和伙伴商务、技术谈判和开发生产建设，为中国石油（CNPC）在伊拉克开展石油合作做出贡献。2014年12月退休。

李庆平，男，1957年6月出生，教授级高级工程师。1982年6月西南石油学院采油专业大学本科毕业，曾在华北石油管理局勘探开发研究院，塔里木石油勘探开发指挥部地质研究大队工作，任华北石油管理局勘探开发研究院副总地质师，总地质师。曾任中油国际大尼罗石油作业公司工作上游开发部经理，中油国际（尼罗）有限责任公司副总经理兼开发生产部经理，中国石油天然气勘探开发公司总工程师、兼安全总监、组织工作委员会委员、兼中油国际（委内瑞拉）有限责任公司总裁。2009年12月任中

国石油伊朗公司总经理、组织工作委员会书记，兼任南阿扎德甘项目总经理。在伊朗公司任职期间，组建伊朗公司领导班子和组织工作委员会，组织和协调北阿扎德甘、南阿扎德甘、MIS 项目、南帕斯 11 区块等项目与政府、伙伴之间商务、技术谈判和开发生产建设，为中国石油（CNPC）在伊朗开展石油合作作出贡献。2012 年 12 月调中国石油（CNPC）总部任职。

祝俊峰，男，1960 年 7 月出生，高级工程师。1979 年 9 月毕业于大庆石油学院石油开发系石油开发专业，曾在胜利油田孤岛作业二大队工作，任技术员、工程组长，滨海采油指挥部副主任、桩西采油厂作业科长、副总师、副厂长。曾任委内瑞拉项目经理部经理，中油国际（委内瑞拉）有限责任公司副总裁兼英特甘博项目总经理，中国石油天然气勘探开发公司副总经理、党委委员兼委内瑞拉公司总裁，中油国际（尼罗）有限责任公司总经理、兼任 1/2/4 项目总裁、兼任中国石油苏丹工程建设项目协调领导小组组长，尼罗河公司总经理、组织工作委员会书记、纪委书记、工会主席，中国石油苏丹地区协调组组长等职务。2009 年 12 月任中国石油伊拉克公司常务副总经理兼哈法亚项目部中方总经理。2012 年获全国五一劳动奖章。2014 年 4 月任中国石油伊拉克公司总经理、组织工作委员会书记，2014 年 6 月明确为中国石油驻伊拉克地区企业协调组组长。2015 年 12 月任中东公司总经理、组织工作委员会书记、中东地区协调组组长。在担任伊拉克公司和中东公司领导期间，组织和协调新项目开发、在建项目商务、技术谈判和开发生产建设，协调服务保障单位市场工作。2018 年 4 月离职。

黄永章，男，1966 年 10 月生人，教授级高级工程师。1990 年华东石油学院石油加工专业大学毕业并参加工作，2015 年中国石油大学（北京）石油工程管理博士研究生毕业。先后在中国石油计划局、炼化局，苏丹炼油厂项目经理部、苏丹喀土穆炼油有限公司、中油国际（苏丹）炼油有限公司、中国石油海外勘探开发分公司炼化部、中油国际（阿尔及利亚）公司、中油国际（苏丹）炼油有限公司、尼罗河公司、海外勘探开发公司任职。2014 年 4 月担任中国石油伊朗公司总经理和组织工作委员会书记，组织 MIS 项目复产、北阿扎德甘项目产能建设、南阿扎德甘项目被伊朗政府终止的后续商务问题处理。2015 年 12 月任中东公司常务副总经理、中东地区组织工作委员会委员、副书记、中东地区协调组副组长，安全总监。主管安全生产工作，实现中东公司 HSE 连续保持良好的记录。2018 年 1 月任中东公司总经理、中东地区组织工作委员会书记、中东地区协调组组长兼任中油国际（CNODC）高级副总经理、组织工作委员会委员。2019 年实现中东公司作业产量过亿吨，权益产量超 5000 万吨的业绩。组织参与的"中东巨厚复杂碳酸盐岩油藏亿吨级上产稳产及高效开发"获国家科学技术进步奖一等奖。在中东任职期间，组织克服油价波动剧烈、新冠肺炎疫情冲击影响，发挥中国石油（CNPC）甲乙方一体化优势，实现中国石油（CNPC）工程技术服务领跑中东市场，合同额走在中国石油（CNPC）海外市场前列。2020 年 8 月调任中国石油（CNPC）副总经理。

王贵海，男，1968年2月生人，教授级高级工程师。1990年7月西北大学石油及天然气地质学专业大学本科毕业，1997年1月取得中国石油大学（北京）油气田开发工程专业硕士研究生学位。曾任苏丹1/2/4区项目部总工程师、尼罗河公司6区项目部副总经理、尼罗河公司3/7区项目公司副总经理。2005年和2010年两次获中国石油（CNPC）"特等劳动模范"称号。2007年获"中国石油·榜样—海外小铁人"称号。2011年9月任鲁迈拉项目部副总经理，2012年获全国五一劳动奖章。2013年8月任伊拉克公司副总经理、组织工作委员会委员兼鲁迈拉项目中方总经理。2016年3月任中东公司副总经理兼鲁迈拉项目中方总经理、中东地区组织工作委员会常委，2016年6月任中东公司副总经理兼哈法亚项目总经理。2018年10月任中东公司常务副总经理兼哈法亚项目总经理、中东地区组织工作委员会常委，2019年1月兼任安全总监。是2019年实现中东公司作业产量过亿吨，权益产量超5000万吨的参与和见证者。组织参与的"中东巨厚复杂碳酸盐岩油藏亿吨级上产稳产及高效开发"获国家科学技术进步奖一等奖。2020年8月任中东公司总经理、安全总监、中东地区协调组组长。2022年11月任中油国投伊拉克公司总经理。在油价剧烈波动和新冠肺炎疫情冲击下，实现中东公司连续3年保持作业产量超亿吨，权益产量超5000万吨，良好经营效益和QHSSE记录。发挥中国石油（CNPC）甲乙方一体化优势，实现中国石油（CNPC）工程技术服务继续领跑中东市场，合同额走在中国石油（CNPC）海外市场前列。

郭月良，男，1964年4月生人，高级工程师。1986年7月长春地质学院石油物探专业大学本科毕业并参加工作。曾任石油地球物理勘探局国际勘探部副总经理、东方地区物理勘探有限责任公司总经理助理兼国际勘探事业部总经理、组织工作委员会副书记，东方地球物理勘探有限责任公司副总经理。2009年12月任中国石油伊拉克公司副总经理、组织工作委员会委员兼哈法亚项目部中方副总经理。2013年11月任中油国际（阿联酋）公司总经理、中东地区工程技术服务协调领导小组副组长。2016年3月起任中东公司副总经理、中东地区组织工作委员会常委，2018年7月兼任中油国际（阿布扎比）公司总经理。在中东公司任职期间，组建中油国际（阿布扎比）公司领导班子，协调项目合作和新项目开发。2018年10月调任中油国际西非公司常务副总经理。

李应常，男，1964年7月生人，高级工程师。1985年7月江汉石油学院石油地质专业大学本科毕业并参加工作，2004年6月取得美国布法罗纽约州立大学高级工商管理专业硕士研究生学位。曾在江苏石油勘探局、石油工业部开发生产司、国家能源部石油总工程师办公室、中国石油天然气总公司外事局国外事业处、中国石油（PetroChina）外事办公室对外合作处工作，曾任中国石油中俄合作项目部副经理、俄罗斯公司副总经理、组织工作委员会委员、俄罗斯公司副总经理、俄罗斯地区组织工作委员会常委。2018年10月任中东公司副总经理，2019年4月起兼

任中油国际（伊朗）北阿扎德甘公司总经理、中油国际（伊朗）南阿扎德甘公司总经理、中油国际（伊朗）南帕斯 11 区项目公司总经理。伊朗任职期间，组织协调北阿扎德甘项目投资回收和其他项目的商务谈判。

韩绍国，男，1967 年 10 月生人，高级经济师。1991 年 1 月中国人民大学硕士研究生毕业，曾在中国石油天然气集团公司地球物理勘探局（东方地球物理公司），苏丹项目、国际勘探部、中东地区经理部工作。2009 年 11 月起任中国石油伊拉克公司副总经理、组织工作委员会委员兼鲁迈拉项目中方总经理。2013 年 9 月—2016 年 12 月曾任中油国际（阿尔及利亚）公司总经理、海外勘探开发公司组织工作委员会委员、纪委书记。2016 年 12 月任中东公司工会主席，中东地区组织工作委员会常委、副书记，纪工委书记，2020 年 10 月起任中东公司副总经理。1999 年 9 月获中国石油天然气集团公司"CNPC 苏丹项目建设银奖"，2008 年 12 月获中国石油天然气集团公司党组"集团公司模范思想政治工作者"，2012 年 1 月获中国石油天然气集团公司"中国石油海外油气合作突出贡献者"等荣誉。2022 年 9 月调任亚太（香港）公司副总经理、工会主席。

李庆学，男，1962 年 3 月生人，高级经济师。1982 年 7 月毕业于河北省高阳师范学校，1989 年 7 月南京师范大学英语专业本科毕业，1999 年 6 月取得对外经济贸易大学国际经济法专业硕士研究生学位，曾在中国石油地球物理勘探局国际勘探部、勘探开发公司法律事务部、中油国际（尼罗）公司工作，任中油国际（尼罗）公司法律事务部经理、总经理助理、总法律顾问兼 1/2/4 区项目公司副总经理。2010 年 3 月任伊拉克公司组织工作委员会委员兼哈法亚项目部副总经理，2016 年 3 月任中东公司副总经理兼中油国际（叙利亚）公司总经理，分管中东公司股东与法律事务部和新项目开发工作。2022 年 3 月退休。

许岱文，男，1963 年 9 月生人，教授级高级工程师。1984 年 7 月华东石油学院钻井工程专业大学本科毕业。曾任胜利石油管理局钻井工程技术公司定向井公司主任工程师、中油国际（委内瑞拉）公司英特甘博作业区经理、委内瑞拉项目部副总裁、中油国际（阿尔及利亚）公司常务副总经理、总经理。2010 年 3 月到伊拉克公司任组织工作委员会委员兼哈法亚项目部副总经理，2016 年 3 月任中东公司副总经理、中东地区组织工作委员会常委、兼任中东伊拉克西古尔纳项目总经理。2019 年 1 月任中东公司副总经理兼中油国际（伊拉克）西古尔纳公司总经理。组织参与的《中东巨厚复杂碳酸盐岩油藏亿吨级上产稳产及高效开发》获国家科技进步一等奖。任职期间，在哈法亚、西古尔纳、鲁迈拉项目参与国际大油公司合作。

成忠良，男，1963年7月生人，教授级高级工程师。1985年7月华东石油学院石油地质专业大学本科毕业在中原油田参加工作。1991年3月取得石油大学（北京）石油地质及油藏工程专业硕士研究生学位，2005年12月取得美国得克萨斯大学阿灵顿分校EMBA专业硕士研究生学位。曾任中原石油勘探局勘探开发研究院苏丹开发一室主任，中油国际（尼罗）公司副总经理兼中油国际（苏丹）公司总经理，勘探开发公司副总地质师、兼任海洋项目管理中心主任。2009年11月任中油国际（伊朗）公司副总经理兼南帕斯项目部总经理，2010年3月任伊朗公司副总经理、组织工作委员会委员。2016年3月任中东公司副总经理、中东地区组织工作委员会常委。2019年1月任中东公司副总经理，2019年11月起兼任中油国际（伊拉克）哈法亚公司总经理。组织参与的"中东巨厚复杂碳酸盐岩油藏亿吨级上产稳产及高效开发"获国家科学技术进步奖一等奖。在伊朗工作期间，组织南帕斯项目商务和技术谈判，组织北阿扎德甘项目的油田开发建设、投产和投资回收。在哈法亚项目工作期间，组织上产和稳产、新冠肺炎疫情防控。

范建平，男，1963年1月生人，教授级高级工程师。1983年7月西南石油学院采油工程专业大学本科毕业。曾就职于胜利石油管理局胜利采油厂、局机关油藏工程处、秘鲁项目、中美石油开发公司委内瑞拉投标项目组，曾任中油国际（委内瑞拉）公司卡拉高莱斯作业区经理，中油国际（赤道几内亚）公司总经理。2011年9月任伊拉克公司哈法亚项目部勘探生产大部总工程师，2014年7月任伊拉克公司副总经理、组织工作委员会委员兼中油国际（伊拉克）西古尔纳公司总经理。2016年3月任中东公司副总经理、中东地区组织工作委员会常委兼中东伊拉克鲁迈拉项目总经理。2019年1月任中东公司副总经理兼中油国际（伊拉克）鲁迈拉公司总经理。任职期间，在哈法亚项目、西古尔纳项目、鲁迈拉项目与国际大油公司开展合作，组织参与的"中东巨厚复杂碳酸盐岩油藏亿吨级上产稳产及高效开发"获国家科学技术进步奖一等奖。

姜明军，男，1963年3月生人，教授级高级工程师。1984年7月华东石油学院储运专业大学本科毕业在胜利油田参加工作，1990年7月取得北京外国语大学阿拉伯语专业第二学士学位，2011年7月取得北京大学高级管理人员工商管理专业工商管理硕士学位。曾任绿洲石油公司综合部副经理、中油国际（尼罗）公司采办部经理（副处级）、中油国际（尼罗）公司总经理助理兼6区项目部行政部总经理、石化贸易公司总经理。2004年6月任伊朗MIS项目总经理。2005年12月任勘探开发公司业务发展部副主任，2006年5月兼任绿洲石油公司副总经理。2010年7月起任伊朗公司副总经理、组织工作委员会委员，2016年3月任中东公司副总经理、中东地区组织工作委员会常委，2018年10月任中东公司副总经理，2018年11月起兼任中油国际（阿布扎比）公司总经理。在伊朗任职期间，组织参与新项目开发、南阿扎德甘和南帕斯11区等项目商务谈判、项目生产和后续移交工作。在中油国际（阿布扎

比）公司总经理任职期间，组织生产和经营工作。

蔡勇，男，1974年8月生人，高级会计师。1992年7月华北石油财经学校财务会计专业中专毕业。1993年1月—1996年1月在天津教育学院财务会计专业大专学习毕业，2008年5月获美国得克萨斯大学阿灵顿分校工商管理专业硕士研究生学位。曾在华北石油管理局第二油田建设公司、中油国际（委内瑞拉）有限责任公司财务部财务管理、委内瑞拉项目部财务部、中油国际（CNODC）财务与资本运营部任职。2010年3月到伊拉克公司哈法亚项目部工作，2011年10月任伊拉克公司哈法亚项目部副总会计师。2013年11月任伊拉克公司总会计师、组织工作委员会委员，兼哈法亚项目部、鲁迈拉项目部总会计师。2016年3月任中东公司总会计师、中东地区组织工作委员会常委，2017年1月兼任哈法亚项目常务副总经理。在任职期间，组织和协调财务工作。2018年4月调任中国石油财税价格部总经理。

张红斌，男，1969年10月生人，高级会计师。1992年7月辽宁大学会计专业大学本科毕业并参加工作。2008年12月取得北京科技大学与美国得克萨斯大学惠灵顿分校合办工商管理专业硕士学位。1997年7月到中油国际（苏丹）公司工作，曾任勘探开发公司财务资产部副经理，中油国际（委内瑞拉）公司副总会计师，南美公司厄瓜多尔项目副总经理兼总会计师。2010年3月起，曾任伊朗公司南帕斯项目部总会计师、伊朗公司财务部经理兼南阿扎德甘项目部总会计师。2014年5月—2018年10月曾任海外勘探开发公司财务与资本运营部主任，哈萨克斯坦公司总会计师、组织工作委员会委员，中亚公司总会计师、中亚地区组织工作委员会常委。2018年10月任中油国际中东公司总会计师、中东地区组织工作委员会常委，2022年7月任中国石油（伊拉克）哈法亚公司高级副总经理、总会计师。任职期间，负责规划计划和预算、财务、所属项目的联合公司审计工作，分管规划计划部、财务部。在应对油价剧烈波动和新冠肺炎疫情攻坚战中，以价值提升为导向，以提质增效为抓手，以风险管控为重点，推行一系列行之有效的运营管理措施。

宫长利，男，1968年5月生人，高级工程师。1990年7月大庆石油学院采油工程专业大学本科毕业并参加工作，2002年6月取得吉林大学工商管理专业硕士研究生学位，2006年6月取得加拿大卡尔加里大学工商管理专业硕士研究生学位，2009年1月取得西南石油大学油气田开发专业博士研究生学位。曾任吉林石油集团有限责任公司井下作业工程公司副总工程师、总工程师、组织工作委员会委员，吉林石油集团有限责任公司科技发展部部长；大港油田分公司赵东开发项目经理部经理、组织工作委员会书记、纪委书记、工会主席。2009年11月任伊拉克公司计划与业务发展部经理，2010年6月任中油国际（阿曼）公司总经理，2018年7月任中油国际（艾哈代布）公司总经理，2018年10月任中东公司副总经理兼中油国际（艾哈代布）公司总经理。

卢江波，男，1968年1月出生，高级经济师。1990年7月山西财经学院计划统计专业大学本科毕业，2006年1月获北京大学高级管理人员工商管理专业工商管理硕士。曾在中国石化工程处、大港石油管理局党委组织部、中国石油技术开发公司天津分公司、运输保险经营部任职，曾任中国石油技术开发公司副总经理、党委委员，常务副总经理。2021年3月任中东公司常务副总经理、中东地区组织工作委员会常委。任职期间组织投资和服务单位应对新冠肺炎疫情防控和生产建设。2022年7月调任中国石油尼罗河公司总经理。

张建立，男，1971年3月生人，教授级高级工程师。1995年7月大庆石油学院采油工程专业大学本科毕业，2003年9月—2006年7月中国石油勘探开发研究院油气田开发工程专业工学硕士学习。曾任职于大港油田集团有限责任公司，中油测井公司地面测试分公司壳牌项目，中油测井公司伊朗19+2项目、苏丹6区项目，勘探开发公司生产作业部。2010年1月起先后任中国石油伊朗公司MIS项目部钻井部经理、伊朗公司开发作业部副经理兼MIS项目部钻井部经理（副处级），2012年12月任伊朗公司MIS项目部副总经理，2014年9月任伊朗MIS项目部总经理，2018年7月任中油国际（阿曼）公司总经理，2020年获中国石油天然气集团有限公司"特等劳动模范"称号。2021年3月任中东公司副总经理，2022年4月任鲁迈拉项目总经理。任职期间，组织MIS项目复产回收、阿曼项目稳产、鲁迈拉项目上产。

王保记，男，1959年7月生人，教授级高级工程师。1981年8月，华北石油学校钻井专业中专毕业，1987年8月—1990年7月，在石油勘探开发科学研究院油气田开发工程专业硕士研究生学习。曾在华北石油职工大学开发系、华北石油管理局外事处、工程技术、国际合作部、国际工程公司工作。曾任华北石油管理副局长、党委常委，渤海钻探工程有限公司副总经理、党委委员。2010年6月任中东地区工程技术服务协调组副组长，渤海钻探工程有限公司副总经理、党委委员。2015年12月任中东地区组织工作委员会常务副书记、中东公司副总经理，中东地区协调组副组长。2016年3月任中东地区组织工作委员会常务副书记、纪工委书记，中东公司副总经理，中东地区协调组副组长。2016年12月调海外勘探开发公司任职。

陈镭，男，1959年1月出生，教授级高级工程师。1982年7月毕业任胜利油田现河采油厂，高级工程师。曾任石油大学（华东）副教授、苏丹项目1/2/4采油厂厂长、中油国际（尼罗）有限公司现场作业区副经理。2003年1月任中油国际（阿曼）公司总经理，2005年4月—2006年11月曾任勘探开发公司开发生产部副主任、主任，副总工程师兼油气开发部经理。2008年12月任中油国际（绿洲）石油有限公司总经理，2009年11月

任伊拉克公司副总经理兼中油国际（绿洲）公司总经理，2016年3月任中东公司副总经理、中东公司组织工作委员会常委兼中油国际（绿洲）石油有限责任公司总经理。2016年7月14日调海外勘探开发公司任职。

刘朝全，男，1965年1月生人，教授级高级经济师。1985年7月西南石油学院钻井工程专业大学本科毕业，1990年6月获油气田开发规划专业研硕士学位，1998年6月获在石油大学（北京）油气井工程专业博士。曾在西南石油学院管理系，塔里木油田勘探事业部，勘探开发公司财务处计划部，中油国际（委内瑞拉）有限责任公司计划部，勘探开发公司业务发展部、财务与资本运营部、战略发展中心、经营计划部任职。2009年5月任伊朗北阿扎德甘项目部总经济师。2010年4月任伊朗公司北阿扎德甘项目部常务副总经理。2010年8月任伊朗公司总经理助理。2011年8月任伊朗公司总会计师（副局级），负责伊朗公司的财务、计划管理工作。2016年3月30日任中东公司副总经理，7月14日调任中国石油经济技术研究院副院长。

李智明，男，1964年7月生人，高级工程师。1982—1989年毕业就读于西北大学地质系获石油地质与勘探专业工学硕士学位；2000—2002年就读美国南阿拉巴马大学获工商管理硕士学历学位。曾在中国石油塔里木油田勘探开发指挥部勘探开发处任工程师、主任地质师、副处长、处长，塔里木油田分公司勘探开发处处长。2003年2月起任勘探开发公司新项目开发部美洲大区经理、业务发展部副主任，中油国际（突尼斯）公司总经理，中油国际（尼日利亚）公司总经理，勘探开发公司科技管理部经理，中油国际（加拿大）公司副总经理、总经理（兼任阿萨巴斯卡能源公司总经理），中油国际（阿尔及利亚）公司总经理，中国石油西非公司副总经理和安全总监等职务，2022年7月调任中国石油中东公司副总经理。分管负责外事、信息要情、保密、文控、后勤等。

陈涛，男，1974年3月生人，正高级经济师，中国石油管理创新专家。1997年7月哈尔滨工程大学热能工程专业大学毕业参加工作，2010年1月清华大学工商管理硕士毕业。曾任中国石油大庆石油管理局石化产品销售服务中心技术员，大庆油田销售总公司文秘，勘探开发公司销售采办部主管，中油国际（委内瑞拉）公司总裁办公室见习经理，DIVENERGY S.A.房地产公司总经理，中油国际（委内瑞拉）公司奥里诺克乳化油项目合资公司项目服务部经理兼中方办主任、苏玛诺项目综合办公室经理兼人力资源部经理，海外勘探开发公司人力资源部高级主管，中油国际（伊拉克）公司人力资源部副经理、鲁迈拉项目人力资源部经理、鲁迈拉项目总经理助理，中油国际加拿大公司人力资源部经理，中国石油国际事业有限公司（中联油）组织部部长、人力资源部总经理、总裁助理、党委委员、副总经理（副总裁）等职务。2022年9月

任中国石油中东公司组织工作委员会常委、副总经理、安全总监,分管质量、生产和社会安全及环保(QHSSE)等工作。

耿玉锋,男,1977年11月生人,高级经济师。1997年石油物探学校工程测量专业毕业参加工作,2011年12月美国华盛顿大学工商管理(MBA)专业硕士研究生毕业,2013年6月中国石油大学(华东)安全技术及工程专业硕士研究生毕业。曾任中国石油物探局第二地质调查处对外合作部、苏丹项目经理部测量员,石油物探局国际勘探事业部出国办公室主任、北京办事处主任、总经理办秘书,中国石油物探局苏丹项目经理部总经理助理,东方物探苏丹合资公司(BGC)行政大部总经理,东方物探国际勘探事业部市场开发部市场经理,中油国际(尼罗河)公司办公室副主任及主任,北京办事处主任、人力资源部经理、总经理助理,中油国际拉美公司组织工作委员会副书记、纪工委书记,中国石油拉美公司副总经理、工会主席等职务。2022年9月任中国石油中东公司副总经理、纪委书记、工会主席,分管监督执纪、组织建设日常、巡察日常、企业文化、宣传群团、档案、思想政治、中方审计等工作。曾获中国石油"十二五"员工培训先进工作者、优秀办公室主任等荣誉。

第二节　国家级劳动模范简介

赵丽敏,女,汉族,1972年出生,黑龙江大庆人,1993年大学毕业,博士。先后在中国石油勘探开发研究院和中油国际(伊拉克)艾哈代布公司工作,主要从事油田开发地质研究、开发方案编制和油田开发管理工作。1993—1998年,先后在中国石油勘探开发研究院国外所和开发所从事国外油气田开发技术调研,参加委内瑞拉卡莱高勒斯油气田调整方案研究工作。1999—2009年,作为项目长、课题长和技术骨干承担阿尔及利亚阿达尔(ADRAR)项目10个油田、苏丹3/7区油田、1/2/4区油田和6区油田等10余个主力油田的开发方案和调整方案研究,完成数百个油气藏地质建模,精细刻画储层和流体分布,落实地质储量,形成复杂断块碎屑岩储层地质建模技术。2010—2016年,作为项目长和课题长承担伊拉克艾哈代布大型碳酸盐岩油田开发方案、哈法亚油田初始方案、1000万吨开发方案的编制,负责开发地质研究,组织完成地质专题研究20余项。2017年,为艾哈代布项目副总工程师,组织开发调整方案的编制,精细刻画碳酸盐岩储层的非均质性,完善井网井型部署。精心论证各项单井措施方案,适时调整中含水阶段油田开发策略,总结大型碳酸盐岩油藏差异化规模注水模式,优化油藏管理;论证碳酸盐岩油藏见水机理,组织开展交替注水先导实验,改善水驱开发效果,实现稳油控水;推进酸压措施先导实验,低渗透油藏单井采油指数提高6倍;组织评价潜力层,发现地质储量5亿桶;针对水平井规模注水开发中的难题立项攻关,在非均质碳酸盐岩储层综合评价、开发层系归位、注采井网论证等方面取得创新性成果;组织和

伊方沟通，从老油田剩余油刻画到新油田油藏描述，从复杂断块油田到特大整装油田，从砂岩储层到碳酸盐岩储层，把握不同类型、不同阶段油田开发的重点和难点，精细刻画储层特征，优化油田开发部署，支撑油田的高效开发。2015年被评为全国劳动模范、全国五一巾帼标兵，2013年获中央企业劳动模范等10余项荣誉，先后获部级及局级科技奖励20余项。

第二章　中东公司级以上荣誉

中东公司广大干部员工面对复杂严峻的地缘政治和社会安保形势等挑战，贯彻落实中国石油（CNPC）和中油国际（CNODC）决策部署，在国际化项目运作中，注重生产经营管理、质量安全和环保，勇于担当，主动作为。干部员工大力弘扬石油精神，为实现"做大中东"，高质量打造中国石油（CNPC）国际化经营和"一带一路"油气合作"旗舰"，涌现出一大批先进集体和先进个人，在国家、中国石油（CNPC）和中油国际（CNODC）的历年先进和科研评比中，分别获不同等级的荣誉。

第一节　国家级荣誉

2010—2022年，中东公司4个单位分别获中华全国总工会、团中央联合有关部委等集体荣誉。8人分别获中共中央、国务院、国务院国资委、中华全国总工会、中华全国妇女联合会等个人荣誉。2个单位工程项目分别获中国建筑业协会、中国施工企业管理协会荣誉。1个研究项目获国家科学技术进步奖一等奖。1篇论文获中国石油企业协会二等奖。

一、国家级集体荣誉

表 11-2-1　2010—2022 年获国家级集体荣誉

序号	获奖时间	获奖单位	荣誉称号	授予单位
1	2012 年	伊拉克公司艾哈代布项目部 伊朗北阿扎德甘项目部	全国工人先锋号	中华全国总工会
2	2012 年	伊朗公司 MIS 项目	五一劳动奖章	中华全国总工会
3	2012 年	鲁迈拉项目团支部	全国青年文明号	团中央联合有关部委

表 11-2-2　2010—2021 年获国家级工程类荣誉

序号	获奖时间	项目名称	奖项名称	主要完成单位或个人	授予单位
1	2015 年	伊拉克艾哈代布油田地面建设 EPCC 项目	中国建设工程鲁班奖鲁班奖（境外工程）	伊拉克公司艾哈代布项目	中国建筑业协会
2	2017 年 4 月 5 日	伊朗北阿油田设施开发项目（境外工程）	2017 年度国家优质工程金奖	北阿扎德甘项目	中国施工企业管理协会

二、国家级个人荣誉

表 11-2-3　2010—2021 年获国家级个人荣誉

序号	获奖时间	姓名	单位	荣誉称号	授予单位
1	2012 年	王贵海	伊拉克公司鲁迈拉项目部	五一劳动奖章	中华全国总工会
2	2012 年	祝俊峰	伊拉克公司艾哈代布项目	五一劳动奖章	中华全国总工会
3	2013 年	赵丽敏　张德亮	中油国际（伊拉克）艾哈代布公司	中央企业劳动模范	国务院国资委
4	2015 年	赵丽敏	中油国际（伊拉克）艾哈代布公司	全国劳动模范	中共中央、国务院
5	2015 年	赵丽敏	中油国际（伊拉克）艾哈代布公司	全国五一巾帼标兵	中华全国总工会
6	2015 年	王煜	中油国际（伊拉克）艾哈代布公司	中央企业优秀骨干员工	国务院国资委
7	2015 年	田平	中油国际（伊拉克）哈法亚公司	全国三八红旗手	中华全国妇女联合会
8	2016 年	王煜	中油国际（伊拉克）艾哈代布公司	全国五一劳动奖章	中华全国总工会
9	2020 年	冀成楼	中东公司	中央企业优秀骨干员工	国务院国资委
10	2020 年	冀成楼	中东公司	中央企业抗击新冠肺炎疫情先进个人	国务院国资委
11	2021 年	成忠良	中东公司	中央企业优秀中方骨干员工	国务院国资委
12	2021 年	成忠良	中东公司	中央企业优秀骨干员工	国务院国资委

表 11-2-4　2010—2021 年获国家级科研成果和行业部级论文

序号	获奖时间	项目名称	奖项名称	主要完成单位或个人	授予单位
1	2014 年	中资石油企业投资伊拉克面临的机遇和挑战	第十九届全国石油石化企业管理现代化优秀论文（行业部级）二等奖	尚松峰　杨光　宋近双	中国石油企业协会
2	2019 年	中东巨厚复杂碳酸盐岩油藏亿吨级产能工程及高效开发	2019 年国家科学技术进步奖一等奖	宋新民　黄永章　王贵海　田昌炳　成忠良　李勇　范建平　刘合年　许岱文　郭睿　欧瑾　李保柱　冀成楼　朱光亚　穆龙新	中华人民共和国国务院

第二节　中国石油级荣誉

2015—2022 年，中东公司分别获 19 次中国石油先进集体、先进基层组织、科技工作先进单位、安全环保特别奖、安全生产先进企业、铁人奖状、铁人先锋号、质量安全环保节能先进企业等集体荣誉。2010—2022 年 3 人分别获中国石油特等劳动模范、劳动模范，2 人获先进工作者，3 人获优秀骨干员工，15 人分别获中国石油直属单位个人荣誉，35 人次分别获中国石油其他个人荣誉。2 项科研成果获中国石油科技进步奖，2 项成果获青年岗位创新大赛优秀奖，2 项管理成果获管理创新奖，4 项成果获管理专项奖。

一、中国石油级集体荣誉

表 11-2-5　2015—2022 年获中国石油集体荣誉

序号	获奖时间	获奖单位	奖项名称	授予单位
1	2015 年	哈法亚项目油田现场支部	先进基层组织	中国石油
2	2016 年	中东公司	科技工作先进单位	中国石油
3	2016 年	中东公司北阿扎德甘项目	安全环保特别奖	中国石油
4	2016 年	中东公司	安全生产先进企业	中国石油
5	2016 年	中东公司	环境保护先进企业	中国石油
6	2017 年	中东公司	安全生产先进企业	中国石油
7	2017 年	中东公司	国际业务生产安全先进集体	中国石油
8	2017 年	中东公司	环境保护先进企业	中国石油
9	2017 年	中东公司伊朗北阿扎德甘项目	铁人奖状	中国石油
10	2017 年	中东公司伊拉克哈法亚项目油田作业区、中东公司伊拉克艾哈代布项目勘探开发部、中东公司阿曼项目勘探开发部	铁人先锋号	中国石油
11	2019 年	中东地区组织工作委员会	思想文化工作先进集体	中国石油
12	2019 年	中东地区组织工作委员会办公室	思想文化工作先进单位	中国石油
13	2019 年	阿布扎比作业党支部	直属先进基层组织	中国石油
14	2020 年	中油国际（伊朗）北阿扎德甘公司、中油国际（阿布扎比）公司	疫情防控先进集体	中国石油
15	2020 年	中国石油国际勘探开发有限公司中东公司	质量安全环保节能先进企业	中国石油
16	2020 年	伊拉克艾哈代布联合处理站	绿色基层队（站）、车间（装置）	中国石油
17	2020 年	北阿扎德甘公司采油厂、哈法亚公司油气处理二厂	先进 HSE 标准化站（队）	中国石油

续表

序号	获奖时间	获奖单位	奖项名称	授予单位
18	2020年	中国石油国际勘探开发有限公司中东公司哈法亚项目、中国石油国际勘探开发有限公司中东公司艾哈代布项目、中国石油国际勘探开发有限公司中东公司阿曼5区项目	工程技术业务市场开发先进单位、先进集体和先进个人——海外项目一体化管理先进集体	中国石油
19	2020年	中油国际（伊朗）北阿扎德甘公司采油厂、中油国际（伊拉克）艾哈代布公司勘探开发部	先进集体	中国石油
20	2021年	中国石油中东公司综合办公室	保密密码工作先进集体	中国石油
21	2021年	中油国际（伊朗）北阿扎德甘公司北阿扎德甘优秀现场骨干团队	直属2021年"两优一先"先进骨干团队	中国石油
22	2021年	中国石油中东公司	科技工作先进单位	中国石油
23	2021年	中东公司技术分中心	科技创新团队	中国石油
24	2021年	中国石油中东公司	2021年度质量健康安全环保节能先进企业	中国石油
25	2021年	中国石油中东公司	2021年度先进集体	中国石油
26	2021年	中油国际（伊拉克）哈法亚公司	2021年度统计工作先进单位	中国石油
27	2022年	中国石油（伊拉克）鲁迈拉公司	生产经营先进单位	中国石油
28	2022年	中东公司机关工会	先进工会组织	中国石油
29	2022年	中油国际（伊拉克）哈法亚公司财务审计部	工人先锋号	中国石油

二、中国石油级个人荣誉

表11-2-6 中东公司获中国石油特等劳动模范、劳动模范名录

序号	获奖时间	姓名	单位	荣誉称号	授予单位
1	2010年	王贵海	伊拉克公司	特等劳动模范	中国石油
2	2020年	张建立	中东公司	特等劳动模范	中国石油
3	2020年	刘尊斗	中东公司	劳动模范	中国石油

表11-2-7 中东公司获中国石油先进工作者名录

序号	获奖时间	姓名	单位	荣誉称号	授予单位
1	2021年	刘照伟	中东公司	先进工作者	中国石油
2	2021年	赵向国	中东公司	先进工作者	中国石油

表 11-2-8　中东公司获中国石油优秀共产党员名录

序号	获奖时间	姓　名	单　位	荣誉称号	授予单位
1	2011年	冀成楼　李应光	伊拉克公司	优秀骨干员工	中国石油
2	2014年	张斌　张军 张永胜	伊拉克公司	优秀骨干员工	中国石油
3	2016年	王建军　王煜	中东公司	优秀骨干员工	中国石油

表 11-2-9　获中国石油直属单位个人荣誉

序号	获奖时间	姓　名	单　位	荣誉称号	授予单位
1	2011年	卢毅	伊拉克公司	直属机关青年岗位能手	中国石油
2	2012年	刘文涛	伊拉克公司	直属机关优秀骨干员工	中国石油
3	2015年	汪华　张建国	伊拉克公司	直属党委优秀组织工作者	中国石油
4	2016年	张剑　赵向国 石建科	伊拉克公司	直属机关优秀骨干员工	中国石油
5	2016年	李默然	伊朗公司	2015年直属机关优秀工会积极分子	中国石油
6	2017年	冀成楼　洪龙超	中东公司	直属党委优秀骨干员工	中国石油
7	2017年	王正安	中东公司	直属党委优秀组织工作者	中国石油
8	2019年	李振民　韩国金	中东公司	直属优秀骨干员工	中国石油
9	2019年	王正安	中东公司	直属优秀组织工作者	中国石油
10	2021年	成忠良　吴大伟 王正安	中东公司	直属2021年"两优一先"优秀骨干员工	中国石油
11	2022年	李默然	中东公司	优秀工会工作者	中国石油
12	2022年	孙应桃	中东公司	优秀工会积极分子	中国石油

表 11-2-10　获中国石油其他个人荣誉统计

序号	获奖时间	姓　名	单　位	荣誉称号	授予单位
1	2010年	王帅	伊拉克公司	"十一五"统计工作先进工作者	中国石油
2	2011年	张军	伊拉克公司	优秀组织工作者	中国石油
3	2011年	周明平	伊拉克公司	安全个人	中国石油
4	2012年	邵定波	伊拉克公司	社会安全个人	中国石油
5	2014年	唐晓兵　李峰	伊拉克公司	环保先进个人	中国石油
6	2014年	刘敏	伊拉克公司	安全生产先进个人	中国石油

续表

序号	获奖时间	姓名	单位	荣誉称号	授予单位
7	2014年	石建科	伊拉克公司	优秀共青团干部	中国石油团工委
8	2015年	尚松峰	伊拉克公司	年鉴工作先进个人	中国石油
9	2015年	朱洪刚	伊拉克公司	井控先进个人	中国石油
10	2015年	李　峰	伊朗公司	生产安全先进个人	中国石油
11	2015年	李默然	伊朗公司	2014年青年岗位能手	中国石油
12	2015年	韩延忠	伊拉克公司	"十二五"优秀兼职培训教师	中国石油
13	2016年	邹学智	伊朗公司	2015年井控先进个人	中国石油
14	2017年	石建科	中东公司	组织史资料编纂工作先进个人	中国石油
15	2017年	张建立	中东公司	年度环境保护先进个人	中国石油
16	2017年	朱　锦	中东公司	2017年度国际业务社会安全、生产安全、环境保护、职业健康先进个人名单	中国石油
17	2019年	孙　燕	中东公司	组织信息化平台1.0项目试点工作先进个人	中国石油
18	2019年	周景伟	中东公司	组织信息化平台1.0项目推广应用先进个人	中国石油
19	2020年	王贵海　冀成楼　陈　鑫	中东公司	疫情防控先进个人	中国石油
20	2020年	闵志斌　唐晓兵	中东公司	质量管理先进个人	中国石油
21	2020年	刘　浪	中东公司	环境保护先进个人	中国石油
22	2020年	陈　铁　朱洪刚　杨　波　张华北	中东公司	井控工作先进个人	中国石油
23	2021年	罗淮东	中东公司	井控检查优秀个人	中国石油
24	2021年	何艳辉　迟化昌	中东公司	优秀科技工作者	中国石油
25	2021年	周景伟	中东公司	信息化工作先进个人	中国石油
26	2021年	罗永灿　刘　峰　董　菁　彭丹丹	中东公司	海外油气业务"十四五"规划编制工作先进个人	中国石油
27	2022年	胡菁菁　王孝金	中东公司	生产经营先进个人	中国石油
28	2022年	吴大伟	中东公司	先进工作者	中国石油

三、中国石油级科研和管理成果与论文荣誉

表 11-2-11　中国石油级科研成果奖

序号	获奖时间	项目名称	奖项名称	主要完成单位和个人	授予单位
1	2015 年	伊拉克大型碳酸盐岩油藏高效开发技术及应用	2014 年度科学技术进步奖一等奖	艾哈代布项目	中国石油
2	2016 年	北阿扎德甘湿地大型碳酸盐岩含硫油田丛式井钻完井与酸化配套工程技术研究与应用	2016 年度科学技术进步奖三等奖	徐中军　范洪祖　李　荣　于成金　姜　治　邹学智　张明坤　朱丽军　涂阿鹏　周云章　辛俊和　冯佩真　朱怀顺　李洪君　刘俊杰	中国石油

表 11-2-12　中国石油青年岗位创新大赛优秀奖

序号	获奖时间	项目名称	奖项名称	主要完成单位和个人	授予单位
1	2019 年	推动滚动规划优化年度计划编制	第一届青年岗位创新大赛优秀奖	中油国际（伊拉克）艾哈代布公司　周聪	中国石油
2	2022 年	国际原油价格时间序列模型的实证研究	第二届青年岗位创新大赛优秀奖	中油国际（伊拉克）艾哈代布公司　周聪	中国石油

表 11-2-13　中国石油管理创新成果奖

序号	获奖时间	项目名称	奖项名称	主要完成单位和个人	授予单位
1	2020 年	高端市场技术引领下参股项目行权管控的创新运营与实践	2020 年管理创新成果二等奖	张　剑　刘兴顺　纪迎章　马文杰　朱　锦　刘伟亮　田文元　孙华东　徐利军　邓小力	中国石油
2	2022 年	立足商务和管理特点，创新施策，成功应对多重困难叠加挑战	2022 年管理创新优秀成果三等奖	张建立　刘晓锋　刘　浪　张传进　成　勇　陈　铁　王永利　王金钻	中国石油

表 11-2-14　中国石油管理专项奖

序号	获奖时间	项目名称	奖项名称	主要完成单位和个人	授予单位
1	2019 年	依法合规开发打造绿色油田——伊朗北阿扎德甘油田湿地环保实践	第四届国际业务社会安全和 HSE 管理征文活动二等奖	中油国际（伊朗）北阿扎德甘公司	中国石油
2	2020 年	伊朗北阿扎德甘项目自评价	2015—2019 年度优秀后评价成果奖三等奖	中油国际（伊朗）北阿扎德甘公司	中国石油
3	2021 年	中油国际（阿布扎比）公司阿布扎比项目 2021 年控减投资成功经验——以统计分析为基础的经营管理实例	2021 年度优秀统计分析报告三等奖	刘旭梅　黄　鑫　张传进　宋晓威　薛　磊　伍新宇　马建理	中国石油
4	2021 年	中油国际（伊拉克）哈法亚公司中国石油海外大型油气作业者项目投资管理体系建设方案及阶段性成果	2021 年度优秀统计分析报告三等奖	宋代文　刘　峰　韦　旺　金光军　胡菁菁	中国石油

第三节　中油国际（CNODC）公司级荣誉

2016—2022 年，中东公司机关部门、下属项目公司和项目公司下属的基层单位分别获中油国际（CNODC）海外先进集体、海外油气业务先进集体、HSE 先进集体、油气合作先进集体、"两优一先"先进骨干团队、先进工会组织、海外油气业务"十四五"规划编制工作先进集体荣誉。3 人获中油国际（CNODC）海外油气合作突出贡献者，200 多人次获公司杰出员工、优秀员工、HSE 先进个人等荣誉。4 个管理成果分别获管理创新奖，6 个科研成果分别获科学技术进步奖。

一、中油国际（CNODC）公司级集体荣誉

表 11-2-15　2016—2022 年中东公司获中油国际（CNODC）集体荣誉

序号	获奖时间	奖项名称	获奖单位	授予单位
1	2016 年	中国石油海外先进集体	鲁迈拉项目作业部、哈法亚项目生产部、北阿扎德甘项目采办部、艾哈代布项目勘探开发部	中油国际（CNODC）
2	2017 年	中国石油海外先进集体	哈法亚项目工程建设部、北阿扎德甘项目开发生产部、艾哈代布项目财务部、阿布扎比项目	中油国际（CNODC）
3	2018 年	中国石油海外油气业务先进集体	中油国际（伊拉克）艾哈代布公司油田作业部、中油国际（伊拉克）哈法亚公司勘探与生产大部、中油国际（伊朗）北阿扎德甘公司采油厂、中油国际（阿布扎比）公司综合办公室	中油国际（CNODC）
4	2018 年	HSE 先进集体	中油国际中东公司哈法亚项目、中油国际中东公司艾哈代布项目、中油国际中东公司鲁迈拉项目、中油国际中东公司北阿扎德甘项目	中油国际（CNODC）
5	2019 年	中国石油海外油气合作先进集体	中油国际（伊拉克）艾哈代布公司、中油国际（伊拉克）哈法亚公司、中油国际（伊拉克）鲁迈拉公司、中油国际（伊拉克）西古尔纳公司、中油国际（阿布扎比）公司、中油国际（伊朗）北阿扎德甘公司、中油国际（阿曼）公司、中油国际中东公司销售采办部	中油国际（CNODC）
6	2020 年	中国石油国际勘探开发有限公司 HSSE 先进集体	中油国际（伊拉克）艾哈代布公司、中油国际（伊拉克）鲁迈拉公司、中油国际（伊朗）北阿扎德甘公司、中油国际（阿布扎比）公司	中油国际（CNODC）
7	2020 年	中国石油海外油气业务先进集体	中油国际（伊拉克）艾哈代布公司经营计划部、中油国际（伊拉克）哈法亚公司生产部、中油国际（伊拉克）鲁迈拉公司地面工程部、中油国际（伊朗）北阿扎德甘公司采油厂、中油国际（阿布扎比）公司计划财务部	中油国际（CNODC）

续表

序号	获奖时间	奖项名称	获奖单位	授予单位
8	2021年	中国石油国际勘探开发有限公司2021年"两优一先"先进骨干团队	中油国际（伊朗）北阿扎德甘公司油田现场骨干团队；中油国际（伊拉克）艾哈代布公司行政骨干团队；中油国际（伊拉克）鲁迈拉公司本部骨干团队；中油国际（伊拉克）西古尔纳公司DS6油田现场骨干团队；中油国际（阿布扎比）公司本部骨干团队	中油国际（CNODC）
9	2021年	中国石油国际勘探开发有限公司2021年度QHSE先进集体	中国石油中东公司HSSE部；中油国际（伊拉克）艾哈代布公司；中油国际（伊拉克）鲁迈拉公司；中油国际（伊朗）MIS公司；中油国际（阿布扎比）公司	中油国际（CNODC）
10	2021年	2021年度中国石油海外油气业务先进工会组织	中油国际（伊拉克）艾哈代布公司工会；中油国际（伊拉克）鲁迈拉公司工会；中油国际（伊拉克）西古尔纳公司工会；中油国际（阿布扎比）公司工会；中油国际伊朗投资项目工会小组	中油国际（CNODC）
11	2021年	2021年度中国石油海外油气业务先进集体	中油国际（伊拉克）艾哈代布公司生产管理部；中油国际（伊拉克）哈法亚公司HSSE部；中油国际（伊拉克）鲁迈拉公司综合办公室；中油国际（伊朗）北阿扎德甘公司采油厂；中油国际（阿布扎比）公司开发工程部	中油国际（CNODC）
12	2021年	海外油气业务"十四五"规划编制工作先进集体	中国石油中东公司规划计划部	中油国际（CNODC）
13	2022年	中国石油海外油气业务先进集体	中油国际（伊拉克）艾哈代布公司生产管理部	中油国际（CNODC）
14	2022年	中油国际QHSE先进集体	中油国际（伊拉克）艾哈代布公司HSSE部	中油国际（CNODC）

二、中油国际（CNODC）公司级个人荣誉

表11-2-16　2015—2021年中东公司获中油国际（CNODC）个人荣誉

序号	获奖时间	姓名	单位	荣誉称号	授予单位
1	2016年	赵文增　李祖祥　高启军　袁雪强	伊朗公司北阿扎德甘项目	2015年HSE先进个人	中油国际（CNODC）
2	2016年	陈彦东	中东公司	杰出员工	中油国际（CNODC）
3	2016年	李洪君　杨池　宋磊　毛及欣　韩涛　韩国金　高平　邓文华　朱锦　罗永灿　凌宗发　成志军　陈铁	中东公司	优秀员工	中油国际（CNODC）
4	2017年	王保雄　赵文增	中东公司	杰出员工	中油国际（CNODC）

续表

序号	获奖时间	姓 名	单 位	荣誉称号	授予单位
5	2017年	王保雄 赵文增 周文银 王 强 李建设 屈 阳 高 亮 王 刚 刘晓锋 张 剑 何卫平 高 尚 赵 凯	中东公司	优秀员工	中油国际（CNODC）
6	2018年	邓天文 赵向国	中东公司	海外油气业务杰出员工	中油国际（CNODC）
7	2018年	王 锐 冯建勋 刘 昂 冯光彬 赵立娜 洪龙超 赵文增 桑曹龙 陈 青 王彦军 刘晓锋 周景伟	中东公司	海外油气业务优秀员工	中油国际（CNODC）
8	2019年	黄永章 王贵海 李应常	中东公司	海外油气合作突出贡献者	中油国际（CNODC）
9	2019年	黄洪庆	中东公司	海外油气合作十大杰出员工	中油国际（CNODC）
10	2019年	赵学斌 刘文涛 莫建忠 冀成楼 定明明 徐忠军 宋代文	中东公司	海外油气合作模范员工	中油国际（CNODC）
11	2019年	申家锋 李应光 李振民 刘晓锋 张 冲 刘照伟 冯建勋 黄学东 张建国 李博文 曹建林 陈 良 刘 洋 齐国良 李洪君 庄犹峻 高 尚 王正安 肖 岚 魏广庆 朱 锦 吕明胜 陈 青	中东公司	海外油气合作优秀员工	中油国际（CNODC）
12	2020年	成志军 杨意峰 陈 鑫 郭 冬 郭 泳 贺晓珍 李 峰 李 瑾 孙祥林 涂阿朋 周 兵 朱 锦 刘 敏 刘晓锋	中东公司	HSSE先进个人	中油国际（CNODC）
13	2020年	迟化昌 刘 敏	中东公司	海外油气业务杰出员工	中油国际（CNODC）
14	2020年	刘金明 夏 庆 朱克楠 李国杰 朱 辉 黄颂婷 焦海中 周文银 占焕校 于立松 刘 璐 李建设 王 刚 谭红旗 徐忠军 赵文增 贺 鹍 桑曹龙 陈 青 宋晓威 王慧琴 刘晓锋 石建科 周景伟 胡菁菁	中东公司	海外油气业务优秀员工	中油国际（CNODC）
15	2021年	成忠良 吴大伟 张奎文 张 密 何学海 夏 凉 贺晓珍 孙 鹏 朱 辉 胡元甲 付依力 冯光彬 罗 亮 王 刚 谭红旗 郭 泳 涂阿朋 洪龙超 刘卫东 石军辉 李 荣 杨传勇 刘 浪 冀成楼 汪 华	中东公司	2021年"两优一先"优秀骨干员工	中油国际（CNODC）
16	2021年	王正安 尚松峰 蔡 磊 吉 飞 崔可平 陈翰林 徐忠军 曹桑龙 沈海东 成 勇	中东公司	2021年"两优一先"优秀骨干管理人员	中油国际（CNODC）
17	2021年	徐 东 孙祥林 徐 浩 姜学义 韩国金 李 瑾 陈 铁 胡元甲 汪 冲 冀亚锋 焦海中 林云涛 石 航 王 玮 胡嘉靖 郭 冬 张 冲	中东公司	2021年度QHSE先进个人	中油国际（CNODC）
18	2021年	魏 颖 彭笑威 夏 凉 谭红旗 闫吉森 刘德峰 孙 燕 刘晓峰	中东公司	海外油气业务先进工会工作者	中油国际（CNODC）

续表

序号	获奖时间	姓名	单位	荣誉称号	授予单位
19	2021年	徐东 成勇	中东公司	海外油气业务杰出员工	中油国际（CNODC）
20	2021年	王冠 张启德 皮蔚峰 杜博 黄颂婷 陈彦东 迟愚 徐炜 崔可平 曹磊 李博文 郭泳 谭红旗 李树春 陈翰林 徐忠军 蔺雨辰 李默然 饶良玉 薛磊 闫吉森 吴大伟 石建科 刘敏 李振	中东公司	海外油气业务优秀员工	中油国际（CNODC）
21	2022年	王冠 张启德 皮蔚峰	中东公司	海外油气业务优秀员工	中油国际（CNODC）
22	2022年	刘晓锋	中东公司	海外油气业务先进工会工作者	中油国际（CNODC）
23	2022年	魏颖	中东公司	先进工会工作者	中油国际（CNODC）
24	2022年	冀亚锋 石航	中东公司	QHSE先进个人	中油国际（CNODC）
25	2022年	罗永灿	中东公司	海外油气业务"十四五"规划编制工作先进个人	中油国际（CNODC）

三、中油国际（CNODC）公司级科研与管理成果荣誉

表11-2-17　2015—2021年中东公司获中油国际（CNODC）公司级科技成果奖

序号	获奖时间	项目名称	奖项名称	获奖人员	授予单位
1	2015年	阿扎德甘早产试采井工作制度优化及措施增产方案研究	科学技术进步奖三等奖	黄贺雄 董俊昌 南小振 刘辉 李洪君 衣英杰	中油国际（CNODC）
2	2015年	北阿扎德甘湿地大型碳酸盐岩含硫油田丛式井钻完井与酸化配套工程技术研究与应用	科学技术进步奖一等奖	徐中军 范洪祖 李荣 于成金 姜治 邹学智 张明坤 朱丽军 涂阿鹏 周云章 辛俊和 冯佩真 朱怀顺 李洪君 刘俊杰	中油国际（CNODC）
3	2016年	中东鲁迈拉油田年产6500万吨关键技术研究与应用	科学技术进步奖一等奖	中国石油伊拉克公司	中油国际（CNODC）
4	2016年	海外HSE和社会安全信息化技术开发与应用	科学技术进步奖二等奖	孙祥林	中油国际（CNODC）
5	2018年	陆海项目一区块油气聚集规律新认识及Nahaidiin地区勘探重大发现	科学技术进步奖二等奖	纪迎章 吕明胜 毛德民 罗贝维 胡勇 资斗宏 朱锦 段海岗 贾民强 胡新立	中油国际（CNODC）
6	2019年	阿曼5区开发项目延期关键配套技术政策研究与应用	科学技术进步奖三等奖	张建立 刘晓锋 刘浪 成勇	中油国际（CNODC）

表 11-2-18　中东公司获中油国际（CNODC）特殊贡献奖

序号	获奖时间	项目名称	奖项名称	单　位	授予单位
1	2017年	2017年升级管理，份额储量评估有效降低折旧折耗，助理超额完成利润指标	特殊贡献奖	中东公司阿曼项目	中油国际（CNODC）

表 11-2-19　中东公司获中油国际（CNODC）管理创新奖

序号	获奖时间	项目名称	奖项名称	获奖人员	授予公司
1	2020年	伊朗北阿扎德甘项目成功实现静态回收	2020年度管理创新成果奖三等奖	徐中军　王建军　蔺雨辰　徐　东　洪龙超　赵文增　韩国金　李洪君　范洪祖　姜　治	中油国际（CNODC）
2	2020年	北阿油田新冠疫情及洪灾叠加情况下保证安全生产运行的应对实践	2020年度管理创新成果奖三等奖	中油国际（伊朗）北阿扎德甘公司	中油国际（CNODC）
3	2020年	基于"纵深防御"理论，发挥桥头堡作用，构建中国石油全球防疫共同体	2020年度管理创新成果奖一等奖	王贵海　冀成楼　赵宏展　陈楚薇　尚卫忠　周　兵　曹民权　姜　民　孙祥林　杨　永　梁政伟　赵明法	中油国际（CNODC）
4	2021年	立足商务和管理特点，创新施策，成功应对多重困难叠加挑战	2021年度管理创新成果奖三等奖	张建立　刘晓锋　刘　浪　张传进　成　勇　陈　铁　王永利　王金钻	中油国际（CNODC）

第三章　资源国荣誉

中东公司在中东地区加强与各地政府的联系和合作，履行社会责任，注重绿色开发和环境保护，为当地政府社会和经济发展作出积极贡献，在环境保护、HSSE、技术应用、油田生产建设等得到资源国的好评和表扬，获资源国荣誉。

第一节　资源国集体荣誉

中东公司在资源国安全、环保、履行社会责任等方面作出贡献，所属项目获资源国 13 次荣誉。

表 11-3-1　1997—2022 年中东公司获资源国集体荣誉

序号	获奖时间	项目名称	奖项名称	主要完成单位	授予单位
1	2015 年	阿曼 5 区项目	2014 年度履行社会责任最佳单位奖	中油国际（阿曼）公司	阿曼政府
2	2016 年	MIS 项目	马斯吉德苏莱曼市荣誉奖	中油国际（伊朗）MIS 项目公司	伊朗 MIS 市劳工部
3	2016 年 2 月 21 日	伊朗北阿扎德甘项目	环保荣誉证书	中油国际（伊朗）北阿扎德甘公司	伊朗胡泽斯坦省霍韦伊泽安全环保部
4	2016 年	伊朗北阿扎德甘项目	4200 安全工时荣誉证书	中油国际（伊朗）北阿扎德甘公司	伊朗国家石油公司石油工程开发公司
5	2017 年	MIS 项目	最佳环境绩效和环境法规履行企业	中油国际（伊朗）MIS 项目公司	伊朗 MIS 市环保部
6	2017 年	MIS 项目	最佳 HSE 和技术表现企业	中油国际（伊朗）MIS 项目公司	伊朗 MIS 市劳工部
7	2017 年	中油国际（伊朗）公司	安全资质证书	中油国际（伊朗）公司	伊朗劳工部
8	2018 年	MIS 项目	最佳 HSE 行为表现企业	中油国际（伊朗）MIS 项目公司	伊朗 MIS 健康中心
9	2018 年	阿曼项目	2017 年度最佳技术实践奖	中油国际（阿曼）公司	阿曼石油服务社团

续表

序号	获奖时间	项目名称	奖项名称	主要完成单位	授予单位
10	2019年	MIS项目	最佳HSE和技术表现企业	MIS项目	伊朗MIS市劳工部
11	2019年	伊朗北阿扎德甘项目	HSE荣誉证书	伊朗北阿扎德甘项目	伊朗国家石油公司石油工程开发公司
12	2020年	MIS项目	最佳HSE和技术表现企业	中油国际（伊朗）MIS项目公司	伊朗MIS市劳工部

第二节　资源国个人荣誉

中东公司员工徐占峰在伊拉克艾哈代布项目3次获资源国个人荣誉。

表11-3-2　2009—2022年资源国个人荣誉

序号	获奖时间	姓名	单位	荣誉称号	授予单位
1	2012年	徐占峰	中油国际（伊拉克）艾哈代布公司	特别贡献与杰出工作奖	伊拉克政府
2	2019年	徐占峰	中油国际（伊拉克）艾哈代布公司	中伊双方友谊纪念牌	伊拉克瓦西特省政府
3	2020年	徐占峰	中油国际（伊拉克）艾哈代布公司	体育荣誉盾	伊拉克瓦西特省政府

第四章　中东公司级荣誉

中东公司全体干部员工面对复杂严峻的地缘政治和社会安保形势，以及国际油价剧烈波动、新冠肺炎疫情蔓延、政府限产等挑战，坚决贯彻落实中国石油（CNPC）和中油国际（CNODC）决策部署，围绕"十三五""十四五"工作目标，坚持安全生产、疫情防控，一体推进主题教育和提质增效工作，勇于担当，主动作为，经营指标良好，重点产能项目有效推进，重点商务问题有效解决，重点基础工作按计划完成，疫情防控取得阶段性成果，实现"十三五"圆满收官，"十四五"良好开局。2016年以来，中东公司全体干部员工大力弘扬石油精神，扎实工作，锐意进取，把握机遇，乘势而上，为实现"做大中东"，高质量打造中国石油（CNPC）国际化经营和"一带一路"油气合作"旗舰"，涌现出大批先进集体和先进个人。

第一节　中东公司级集体荣誉

2016—2022年，中东公司为表彰在工作中作出突出贡献的单位，每年对机关部门和所属项目进行先进集体评选活动。

表 11-4-1　2016—2022 年中东公司级集体荣誉

序号	时间	奖项名称	获奖单位	授予单位
1	2016年	中东公司先进集体	艾哈代布项目生产管理部、哈法亚项目财务部、鲁迈拉项目办公室、西古尔纳项目开发部、伊朗北阿扎德甘项目综合办公室、伊朗MIS项目财务计划部、阿联酋陆海项目、阿曼项目、机关销售采办部	中东公司
2	2017年	中东公司先进集体	艾哈代布项目地面工程部、哈法亚项目采办部、鲁迈拉项目开发部、西古尔纳项目财务部、伊朗北阿项目财务部、伊朗MIS项目工程建设部、阿布扎比项目、阿曼项目、综合办公室、人力资源部	中东公司
3	2018年	中东公司先进集体	中油国际（伊拉克）艾哈代布公司钻井作业部、中油国际（伊拉克）哈法亚公司采办部、中油国际（伊拉克）哈法亚公司工程建设部、中油国际(伊拉克)鲁迈拉公司生产部、中油国际(伊拉克)西古尔纳公司采办部、中油国际（伊朗）北阿扎德甘公司采油厂、中油国际（伊朗）MIS项目公司HSSE部、中油国际（阿布扎比）公司综合办公室、中油国际（阿曼）公司、中油国际中东公司财务部	中东公司

续表

序号	时间	奖项名称	获奖单位	授予单位
4	2019年	中东公司先进集体	中油国际（伊拉克）哈法亚公司作业部、中油国际（伊拉克）哈法亚公司HSSE部、中油国际（伊拉克）艾哈代布公司综合办公室、中油国际（伊拉克）鲁迈拉公司作业部、中油国际（伊拉克）西古尔纳公司开发部、中油国际（伊朗）北阿扎德甘公司综合办公室、中油国际（伊朗）MIS项目公司油田现场、中油国际（阿布扎比）公司开发部、中油国际（阿曼）公司、中东地区办公室、中油国际中东公司销售采办部	中东公司
5	2020年	中东公司先进集体	中油国际（伊拉克）艾哈代布公司HSSE部、中油国际（伊拉克）哈法亚公司财务会计部、中油国际（伊拉克）哈法亚公司勘探开发部、中油国际（伊拉克）鲁迈拉公司采办部、中油国际（伊拉克）西古尔纳公司生产部、中油国际（伊朗）北阿扎德甘公司综合办公室、中油国际（阿布扎比）公司综合办公室、中油国际（阿曼）公司阿曼项目、中油国际中东公司机关HSSE部、中油国际中东公司机关规划计划部	中东公司
6	2021年	中东公司先进集体	中油国际（伊拉克）艾哈代布公司财务部、中油国际（伊拉克）哈法亚公司生产部、中油国际（伊拉克）鲁迈拉公司HSE部、中油国际（伊拉克）西古尔纳公司生产部、中油国际（伊朗）北阿扎德甘公司财务部、中油国际（伊朗）MIS项目公司、中油国际（阿布扎比）公司股东事务部、中油国际（阿曼）公司、中国石油中东公司HSSE部、中国石油中东公司股东与法律事务部	中东公司
7	2022年	先进集体	中国石油（伊拉克）鲁迈拉公司开发部、中国石油（伊拉克）哈法亚公司QHSE部（安保部）、中国石油（伊拉克）艾哈代布公司勘探开发部、中国石油（伊拉克）西古尔纳公司作业部、中国石油伊朗公司北阿扎德甘项目综合办公室（后勤保障部）、中国石油伊朗公司MIS项目前线基地、中国石油（阿曼）5区公司、中国石油阿布扎比公司销售采办部、中国石油中东公司办公室、中国石油中东公司财务部	中东公司

第二节　中东公司优秀个人荣誉

2016—2021年，中东公司为表彰在工作中贡献突出的员工，每年评出"十佳"员工和优秀员工。

表11-4-2　2016—2022年中东公司级"十佳"员工

序号	时间	姓名	荣誉称号	授予单位
1	2016年	周勇　周家胜　胡显伟　王恒亮　孙旭峰　吕明胜　刘晓峰　高尚　韩凤君　王刚（财务部）	中东公司"十佳"员工	中东公司
2	2017年	定明明　肖岚　丁燕飞　肖博元　金立浩　马思　路辉　李国杰　桑曹龙　韩乙四夫	中东公司"十佳"员工	中东公司
3	2018年	肖岚　郭先锋　万宏罡　马智　刘扬　吴大伟　张密　赵向国　王冠　赵玉宏	中东公司"十佳"员工	中东公司

续表

序号	时间	姓名	荣誉称号	授予单位
4	2019年	魏广庆 罗永灿 张 财 崔 嫕 张建国 郭 泳 赵文增 陆宏剑 赵向国 刘晓锋	中东公司"十佳"员工	中东公司
5	2020年	王任飞 安益辰 路 辉 李 瑾 王欣然 张明江 高 尚 朱 锦 王永利 李 振	中东公司"十佳"员工	中东公司
6	2021年	汪 华 李志国 刘亚东 朱 辉 尹 鹏 王 刚 洪龙超 高 尚 陈 青 刘 浪	中东公司"十佳"员工	中东公司
7	2022年	陈 刚 王小勇 邹 晋 张 勐 曹建林 孙唯童 叶 研 刘晓锋 许寒冰 李 振	中东公司"十佳"员工	

表11-4-3　2016—2022年中东公司级优秀员工

序号	时间	姓名	荣誉称号	授予单位
1	2016年	成 勇 李应光 田国臣 赵庆怀 李高彦 何国平 王 康 王慧琴 何卫平 张 密 林 健 曹 磊 尚松峰 谷孟哲 肖 岚 朱志军 王 磊 李 荣 肖博元 尚荣江 张 焱 张喜雨 王士平 蔡 磊 何 涛 赵超越 黄漱涵 雒维旗 安 乐 陈晓远 张津中 王 锐 任红军 高 亮 闫 琦 王立超	中东公司优秀员工	中东公司
2	2017年	陈日吉 陈耿毅 周贤文 刘 昂 韩延忠 李荣发 陈 良 金 钟 张云海 吉 飞 金光军 陈 辉 马英哲 胡元甲 郭 冬 魏 娟 赵学斌 赵志强 陈 军 成奇明 郭肆伟 江天海 齐国良 赵世昱 高启军 王振伟 洪龙超 庄犹峻 李会平 王慧琴 赵宇芳 资斗红 李默然 王永利 陈 青 崔吉秀 欧 瑾 杨 倩 张 琳 周 翔 孙建平	中东公司优秀员工	中东公司
3	2018年	魏 颖 蔡佳明 江天海 张奎文 赵 凯 李高彦 刘 琼 陈 刚 陈玉峰 邓文华 焦海中 孙存来 张云海 周 默 车洪昌 刘 璐 孙应桃 张津中 尹 鹏 陈翰林 王俊文 袁 波 陈 龙 李 振 王振伟 肖博元 杨 倩 高 尚 张明江 陈 青 吕明胜 王彦军 赵宇芳 王永利 孙建平 王 刚（财务部） 王 刚（人力资源部） 孙玉君 陈 鑫 刘 浪	中东公司优秀员工	中东公司
4	2019年	田国臣 李全明 齐晓成 尚松峰 杨意峰 张 密 王忠飞 蔡慧敏 焦海中 金光军 刘启智 孙松林 杨维丽 张华北 崔 勇 丁燕飞 任红军 赵益康 甘俊奇 李锋辉 唐 滨 陈 龙 孙祥林 范洪祖 韩国金 张明江 李 骥 吴大伟 陈 青 钱一晨 宋晓威 王慧琴 徐利军 王永利 刘 敏 李 振 王孝金 王 刚 安 艺 孙建平	中东公司优秀员工	中东公司
5	2020年	周 聪 成奇明 姜卫东 孙立夫 叶玉峰 李国光 韦 旺 韦宇泽 张明坤 张旭光 罗 亮 曹 磊 车洪昌 张华北 彭丹丹 刘 扬 洪龙超 李默然 雒维旗 孙祥林 赵世昱 田文元 周天航 李 荣 许寒冰 李 郁 孙 燕 王孝金 吴大伟 周 兵	中东公司优秀员工	中东公司

续表

序号	时间	姓名						荣誉称号	授予单位
6	2021年	郭先锋 张聿中 孙祥林 王永利	陈 军 金光军 刘以胜 齐国良 于久柱	李高彦 王多一 曹建林 涂阿朋 靳 松	王任飞 夏 凉 胡力耀 张明江 胡菁菁	王苏峰 杨维丽 刘 扬 和冠慧 林云涛	张文仲 游 嘉 马 思 李 骥	陈 辉 翟 墨 周景伟 许寒冰	中东公司优秀员工	中东公司
7	2022年	成奇明 郭 冬 杨德红 管 磊 段瑞溪	韩乙四夫 胡元甲 刘 璐 陈瀚林 李佳鸿	贾雪丹 姜力玮 崔 勇 李默然 杨传勇	王 刚 李国杰 张华北 范洪祖 王朝丽	徐发强 王家兴 杨月庆 赵文增 胡菁菁	蔡 磊 韦 旺 王永海 李 骥 石建科	赵超越 魏 俊 周天航 成 勇 王孝金	中东公司优秀员工	中东公司
8	2022年	韩凤君 李庆伟 王 刚 饶良玉	魏 颖 吕万一 陈瀚林 李 荣	李 明 徐 浩 马 思 宋晓威	彭笑威 崔可平 李洪君 冀成楼	李国杰 任红军 范洪祖 李 振	郭 冬 尹 鹏 韩国金 王朝丽	李沛桓 曹 磊 刘德峰	中东地区2021—2022年度优秀中方骨干员工	中东公司
9	2022年	王正安 涂阿朋	孙 燕 桑曹龙	王 锐 赵向国	陈文昱 薛钢军	杨 池	韩延忠	谭红旗	中东地区2021—2022年度优秀中方骨干管理人员	中东公司

附 录

附录一 访谈录

一、王贵海[1]访谈录

请您介绍一下中国石油在中东项目的进展情况？

以 2002 年阿曼 5 区项目开始，中东公司相继在阿曼、叙利亚、伊拉克、伊朗、阿联酋等 5 个国家开展项目合作，同时与世界主要的一流能源公司作为合作伙伴，如埃克森美孚、道达尔、英国石油等。中国石油参与的阿曼 5 区项目，2002 年接手时油田产量只有 4500 桶/日，2019 年采用滚动勘探开发水平井注水技术，提高到 54000 桶/日左右；在伊朗采用初期衰竭开采加气举技术油气产量稳产 5 年，现在还是每天 75000 桶；中国石油参与投资运作的伊拉克三大上游项目，如艾哈代布、哈法亚、鲁迈拉项目均比合同要求提前建成投产，加快伊拉克石油产业的振兴步伐；我们以入股的方式参与到阿联酋的陆上和海上石油勘探和开发，与世界著名的几大油公司同台合作。投资带动服务，中国石油在中东能源合作实现多点开花，带动中国石油技术服务进入中东市场。10 多年来，中国石油充分发挥比较优势服务当地油气工业，在伊拉克不仅提高资源国油气产量，更重要的是增强当地石油工业的可持续发展能力，让更多的伊拉克人分享到石油工业复兴的成果，助力伊拉克国家和人民实现石油复兴梦。

请您介绍一下中国石油是如何融入当地社会的？

一直以来，中国石油合作项目高度重视资源国政府、合作伙伴、当地社区的合理关切，努力建设双赢、多赢的命运共同体。中国石油优选先进适用的技术、设备应用到所服务的项目中，取得显著的成效。我们建立一支以全球油气行业一流人才为支持、以当地人为主体的员工团队。中国石油倡导尊重、分享、学习和成长的价值观，越来越多的当地籍员工成长为技术和管理骨干。油田建设过程中，中国石油主动帮助当地社区民众获得改善生活质量的机会，并积极为当地架桥打井、修建水电设施、建造学校幼儿园等，全面融入当地经济社会发展，履行中国企业社会责任，扩大本土化就业，着力培养石油工业专业人才。

请您谈谈中国石油在中东能源合作的前景？

立足于以往合作的坚实基础，我们坚信，中国石油在中东的油气合作有着光明的前景。中国石油将继续发挥技术优势和一体化优势参与中东油气合作，我们也相信中国石油在中东石油领域的合作必将迎来新的发展机遇，迈入更广阔的合作发展阶段。

---

[1] 王贵海，中东公司组织工作负责人、总经理；中国石油中东地区协调组组长。

中国石油将始终秉承公平竞争的原则，始终做值得信赖的合作伙伴，继续加强与当地政府、组织和当地居民的联系，巩固石油合作成果，扩大油气合作范围，进一步履行社会责任，为当地人民提供更多就业机会，改善当地基础设施建设，带动当地社会的经济发展，提升传统友谊。愿中东合作行稳致远、硕果满园。

二、范建平[1]访谈录

鲁迈拉油田是中国石油与英国石油合作的特大型项目，请您谈谈合作感受？

通过与国际一流公司工作和交流，我们有了更进一步的了解。国际一流油公司，特别有以下5个方面尤为突出的特点。

（一）灵活高效的机构设置

英国石油对海外项目实行两级管理，即板块和项目两个层级。

鲁迈拉项目的油藏、地面工程、采办、HSE、财务、IT等部门分伦敦和现场两地办公，采油、钻修井、后勤支持都转移到了现场。人事由板块代管，计划设在财务部内。项目设有专门的技术支持团队，研究人员也负责生产；中东地区不设机构，总经理团队主要负责地区安全、政府关系，以及重大商务等；板块业务部门不仅管业务，还具有人事职能。业务部门定期召开全球业务交流会，分享行业发展趋势、管理动态和技术实践。

（二）标准化的制度保障

英国石油的标准化管理流程，具有可复制性、全球一致性的特点，是其高效管理的保障。针对不同的业务范围，英国石油在部门、业务单元及岗位职责分工上，建立了统一的标准化流程，业务界面清晰，形成了易操作、易监控的模板化管理。

（三）持续改进的机制

英国石油持续改进的核心理念是，通过不断地查找差距或不足构建持续改进的机制，并使其成为一种思维方式和工作习惯。具体为7步法，即发现问题、评估、找出原因、提出解决方案、实施、监控、总结。发现问题包括主动识别，全球经验分享与对标等。如鲁迈拉钻井部，经过承包商自查、部门检查、钻井审计、全球经验分享等，发现各类问题17个。通过评估，提出改进方案并组织实施。经过10年的持续改进，4千米井的钻井周期从2010年的60天，减少至30天；单井大包费从2010年的1160万美元，下降至450万美元。

（四）高效的开发部署

鲁迈拉油田主要产层砂岩油藏为高效开发的典型。该油藏1954年投产，1974—2017年连续12年稳产在5000万吨以上，年均开井103口，采油速度1.68%。无水采油期22年，无水采收率高达21.6%。采出程度57.4%，可采储量采出程度高达84.5%，年产能力3300万吨，综合含水率仅为36%。主要做以下五个方面的工作：一是在构造脊部部署高效油井井排，充分利用边水能量自喷开采。二是适时边缘注水保压。1979年压力降70%时，开始边缘注水，注采比控制在0.2—0.8。

---

[1] 范建平，曾任中东公司副总经理，中油国际（鲁迈拉）公司总经理。

三是合理控制采油速度。高峰期采油速度保持在 1.5%—2.0%。四是钻高效加密井和措施井。2010 年以来，投产新井 203 口、上返作业 93 井次、卡堵水 132 井次，平均日增油 49.1 万桶。综合含水率降低 4.8 个百分点。

（五）可持续发展的价值观

英国石油经过百年积淀，形成其价值共识：安全、尊重、卓越、勇气、团队。它为做大做强和可持续发展提供强有力的保障。

安全不仅是安全部门的工作，而且是全员的责任；对法规的遵守和对人的尊重，是和谐、可持续发展的基础；卓越要求把每一项工作都做到极致，一流就成为必然；勇气体现了追求真理的精神；团队凝聚多元智慧，合力才能创造奇迹。

三、姜明军[1]访谈录

您参加了多个海外项目合作，请您谈谈都参加哪些项目，有何感想？

众所周知，中东地区是世界上石油蕴藏量最为丰富的地区，进入石油学院以后，经常听到老教授们在课堂上引用中东的案例，渐渐萌生将来能够到中东看看甚至是工作。1986 年，教育部为了支援科威特及也门的发展，决定抽调一批懂专业的，学习阿拉伯语，将来到这两个国家技工学校培养当地人，我有幸成为其中一员。

真正参加中东石油合作始于 1996 年，当时苏丹六区由中原油田主导签订了产品分成合同，中国石油决定国际合作局（CNODC 当时在广州注册）参与，考虑到我是学石油的同时又懂阿拉伯语，因此，从胜利油田借调到国际合作局，准备派往苏丹六区项目；而从 1996 年上半年开始启动艾哈代布项目，当时更需要人，因此参与到艾哈代布项目前期谈判工作；在此期间，1997 年底，中国石油工程建设公司与胜利油田一起承包了科威特集输站工程，作为专业及语言都对口的工程人员，我被胜利油田派往科威特集输站项目，由于项目初期到前线人手有限，在现场做监理的同时，业余也兼职一部分行政工作；1998 年 8 月，由于当时伊方绿洲公司督促我们启动艾哈代布项目，我又回到绿洲公司。但是，由于当时的国际局势，项目实质启动仍困难重重，期间主要为伊拉克培训，维持关系。2000 年初，苏丹项目即将投产，需要更多人员，我又从伊拉克项目转到苏丹 1/2/4 项目，期间见证了第一船原油外运；随着 1/2/4 项目投产，苏丹炼厂也顺利投产，为梳理中国石油在苏丹的形象，同时为保障项目作业的需要，公司决定建立石化贸易公司，负责成品油批发及零售，基于我的专业，我被任命为石化贸易的兼职总经理，白天在联合公司工作，晚上及周末，处理石化贸易公司的日常工作，虽然很辛苦，但是，看着中国石油的加油站在喀土穆矗立，还是有些自豪。随着 1/2/4 项目逐步走向正轨，苏丹六区投产进入冲刺阶段，我又被调到苏丹六区，任行政大部总经理，参与到六区最后冲刺；六区投产后，伊朗市场开拓取得进展。2004 年 5 月，我离开苏丹，赴任伊朗 MIS 项目总经理。这是我们接手的第一个回购合同，鉴于伊朗丰富的油气资源，为深入理解合同，公司决定以 MIS 项目为抓手，了解合同本质，为开拓市场积累

---

[1] 姜明军，曾任中东公司副总经理，中油国际（阿布扎比）公司总经理。

经验，因此，主要以合同谈判，修改投资上限为主要目的。由于家庭原因，2005 年底回到总部业务发展部，主要负责中东新项目。对中东有了全面的了解，其中主持了伊拉克招标前期资质预审及第一批资料收集，艾哈代布项目重新谈判，伊朗项目的主谈。2010 年 7 月，我又重新回到伊朗，协助伊朗公司主要领导负责商务外联，同时负责南阿扎德甘商务工作，主要完成了南阿扎德甘项目收购，合同修改及早产建设，很遗憾由于国际形势及公司策略，南阿扎德甘项目投资基本处于停滞，最终伊方终止了合同。2018 年底，我被派往阿布扎比公司，代表中国石油，行使对所参股项目进行股权管理。

回首海外 20 多年的经历，使我从一个普通石油员工，逐步走向一个管理人员，尤其是国际化经营，我从老一辈石油人身上学到了很多，合作方的契约精神，依照合同进行管理的工作思路，使我真正懂得了国际化经营的内涵。

四、雷明[1]访谈录

您最早是在哪一年参加中东地区石油合作？

当时合作项目的情况怎样？我 1997 年 10 月加入绿洲公司。当时，艾哈代布项目是中国石油在中东地区仅有的一个石油合作项目。由于国际制裁，项目的执行非常困难。伊拉克当时被划为禁飞区，因此没有直飞巴格达的国际航班。要到巴格达只能先飞安曼，然后再换乘汽车，走需用时一整天、100 千米的"外交官死亡之路"才能到达，极为不便。也是由于国际制裁，伊拉克石油工业所需的所有原材料、配件几乎全部消耗殆尽，且完全没有，也不能得到补充（虽然有联合国项下的石油换食品项目，但仅限于食品及审批通过的、用于该项目的设备和配件）。考察时我们看到，不论是钻井、修井，还是测井、物探设备，都破旧不堪，且只有少数在带病运转。石油生产设施也一样，都是在勉强维持着，好在都是自喷井，没有抽油机井。除少部分石油工业活动外，其他几乎所有的工业活动均处于停滞状态。电力设施、设备严重老化，市区要轮流停电；通信系统得不到更新，遇有紧急情况只能依靠海事卫星；办公用品缺乏，维修也很困难。所有这些都给项目的执行带来了巨大的困难。比如，虽然绿洲公司与伊拉克勘探公司签署了三维地震采集合同，1997 年 7 月，绿洲公司专家组去考察时曾用手提行李给他们带去了价值 12 万美元的物探设备配件。但是作为乙方的勘探公司没有炸药，也搞不到炸药，而炸药是国际禁运的重中之重，我们也实在是爱莫能助，最终合同不了了之。再比如，探井试采，虽然双方也都达成了一致，但是也因为缺乏材料而不能执行。因为不具备执行项目的环境和条件，艾哈代布项目始终未能得以顺利执行。伊拉克人还给绿洲公司施加压力，几乎每次联管会上都指责公司没有履约，并不止一次地威胁说要"取消合同"，给绿洲公司造成了巨大的压力。

请您谈谈当时国际合作的能力？

当时我是从大港油田调来的。加入绿洲公司之前国际合作经历不多，只 1993—1994 年参与过

---

[1] 雷明，曾任绿洲石油有限公司总地质师，勘探开发公司勘探开发部经理、中油国际（尼罗河）公司副总经理兼苏丹 1/2/4 区项目开发生产部经理。

秘鲁塔拉拉油田六区项目的投标工作，几乎要从头学起。

请您谈谈中国石油为什么要在伊拉克等中东地区国家搞石油合作？

中东地区是世界最为重要的产油区。那时中国石油的海外事业刚刚起步不久，进入中东地区很困难。而伊拉克当时的国际环境对中国石油来说是个可遇不可求的绝佳机会，中国石油也确实抓住了这个机遇，而且是力拔头筹——艾哈代布是伊拉克战后签署的第一个对外合作项目，为其后在该地区的发展、壮大打下基础。

中国石油在中东石油合作不断扩大，您作为开拓者之一，长期在海外工作直到退休，请您谈谈有何感想？

回顾当初艾哈代布项目的艰难时光，再看如今中国石油在中东地区的蓬勃发展，真可说是心潮澎湃、百感交集！作为中国石油中东地区项目的参与者，想到自己也曾经为项目尽过一点绵薄之力，甚感欣慰！记得我在上小学的时候读过《一千零一夜》的故事，清楚地记得"巴格达"这个城市的名字，没想到后来真的到了那里，亲眼看到了那个女仆和大水罐的街头雕塑。随着战后项目的重启，中国石油拿下了伊拉克战后首个项目，再后来，还参与伊拉克石油部项目投标的工作，携手英国石油共同赢得伊拉克最大油田鲁迈拉项目。虽然期间也到其他项目工作了一段时间，然而最后还是在中东地区直至退休。我想，这也就是我的伊拉克情节吧……

请您谈谈对中东石油合作的展望？

伴随着中国石油国际合作经验的不断丰富，也伴随着中国石油海外事业的不断拓展，我相信中国石油中东地区项目今后还会有更大发展，按照中国石油海外发展战略，还会开拓更多项目，创造更大效益。也希望公司能够在为国家能源安全作出贡献的同时，为中国石油海外事业培养出更多适合于海外业务的人才，确保我们的事业后继有人。因为，人是第一位的，不管什么竞争，最终都是人才的竞争。

附录二 文章摘录

奏响互利共赢最强音
——中国石油中东合作区建设十周年纪实

黄永章 [1]

10年来,中国石油在中东油气开发大潮里劈波斩浪,砥砺前行,已形成集油气勘探开发、工程技术服务、贸易等于一体的完整业务链,中东地区由此成为海外油气合作的高地,更是我国开展"一带一路"能源国际合作的重地。

有这样一个10年,注定会在中国石油海外创业史册上留下浓墨重彩的一笔。

2008年11月,中国石油与伊拉克新政府经过多轮谈判,重新签署艾哈代布油田服务合同,中东合作区建设迈出了第一步,进入规模高效发展新阶段。

10年来,中国石油秉持"互利共赢、合作发展"的原则,在伊拉克、阿联酋、阿曼等5个国家运营着15个投资项目,今年将实现原油作业产量9500万吨,约占海外总作业产量的50%,为我国实现资源进口多元化、增强能源供应保障能力发挥重要的促进作用。

扎根波斯湾　永结石油情缘

中东是世界最重要的能源供应源,石油也是中东产油国的经济命脉,其社会经济发展在很大程度上有赖于油气资源开发。通过能源合作,中东产油国引进国际石油公司的资金和先进技术,油气产量稳步增长,油气资源利用程度大幅提升,创造了巨大的物质财富,提升了资源国在所在地区及全球的石油地位和话语权。

10年来,中国石油充分发挥管理和特色技术优势帮助中东资源国发现了更多的储量,与合作伙伴互惠共赢,赢得多方广泛赞誉。春耕秋实,中国石油中东业务不断加速发展,作业产量一年一个台阶,年均复合增长率超过10%,远远超过同期国际大石油公司的增长水平。

哈法亚油田发现于1976年,是伊拉克七大巨型油田之一,因地下情况复杂、开采难度大,一直未能有效开发。

2009年12月,中国石油以作业者身份,携手道达尔和马来西亚石油公司,获得该油田开发生产服务合同,成为中国石油海外最大规模作业者项目。中国石油不断优化开发方案,哈法亚项目一、二、三期产能建设速度均超预期,"中国速度"令伊拉克石油界惊叹。一期比合同要求提前

---

[1] 黄永章,原中东公司组织工作负责人。现任中国石油党组成员、副总经理,中国石油股份公司总裁。

15个月投产，二期比合同要求提前2年投产，三期建设提前70天投产，产能达到2000万吨/年，被伊拉克政府称为"速度最快、执行最好的国际合作项目"。

在伊拉克，继艾哈代布项目之后，2009年6月，中国石油和英国石油联合中标鲁迈拉油田项目，成为战后伊拉克首轮公开招标中唯一中标的项目。2010年1月，中国石油、道达尔公司、马来西亚石油公司联合中标哈法亚油田项目；2013年，又参股西古尔纳项目。在伊拉克，中国石油与英国石油、埃克森美孚、道达尔等国际一流石油公司同台竞技、合作共赢，开创中国石油国际化运作实践新蓝本。中国石油参与油田商业生产创造的价值占伊拉克GDP的"半壁江山"，提供4万多个就业机会，员工本土化率85%。

在中东地区，中国石油发挥优势，一步一个脚印，实现稳健发展。在项目选择上，以中国石油比较擅长的老油田开发和提高采收率项目为进军国际市场的切入点。在业务发展策略上，从中国石油拥有特色技术和比较优势的石油勘探开发起步，逐步完善上下游一体化产业链。在合作模式上，以服务合同为切入点，不断积累经验，逐步向产品分成、合资经营、跨国并购等多种合作模式扩展。

如今，中国石油越来越深入地参与中东地区油气资源开发，与中东主要产油国、国际石油公司及国际能源组织建立交流合作关系，有力地推动集团国际一流综合性能源公司建设。

致力创新　合作油田焕发青春

回望10载征程，面对复杂多变的中东地区政治经济环境，中国石油坚持管理和技术创新，探索能源合作新模式，不断提升市场开发、项目管控和商务运作能力，走出一条国际化经营的新路。

在国际油气合作进程中，中国石油发挥整体技术优势，不断推进技术进步，以半个多世纪的技术积淀，集成创新已有技术，从跟随到领跑，先后形成涵盖地质勘探、油气田开发等十大优势技术体系。这些技术广泛运用于勘探、开发、工程建设、管道等业务中，成功破解中东地区不同类型油田生产难题。如今，中国石油在中东开发利用技术方面有些达到或接近世界水平，甚至超过世界先进水平，注水开发技术、水平井技术、数字地震技术的不断提高，对特种油藏开发技术的研究和逐步完善，都大大拓展勘探领域，提高勘探成功率和石油开采率。

阿曼5区块拥有4个油田，经过十几年的衰竭式开采，日产油不到700吨，地下压力严重亏空，效益开发面临极大的挑战。一家日本公司在这里坚持数年探索无果后，只得放弃。

中油国际中东公司阿曼项目接手该区块后，因地制宜，大规模应用水平井注水开发技术，并建立起适合项目灰岩和泥岩地层的井身结构、套管组合及水平井裸眼完井技术，总结并建立6套地质导向模型，水平井钻井成功率保持100%。通过应用多分支水平井钻井技术，阿曼5区块再次焕发青春，累计生产原油超千万吨，产量大幅提高，是刚接手时的10倍。

中国石油创新大型碳酸盐岩高效开发关键技术，使得艾哈代布项目提前3年投产并连续4年稳产，油田投资和生产抓住高油价的有利时期，据估算与原合同预期相比，相当于为伊拉克政府多贡献100亿美元的收入。

在项目管理上，中国石油实施从项目开发、建设到运营的全生命周期管理。海外油气建设项目投资动辄数亿美元甚至数十亿美元，投资、质量、进度之间的匹配和协调十分重要。中东公司各项目公司作为项目建设的业主，通过国际招标确定项目建设的设计商、承包商、供应商和服务商。

在项目运营上，采取完全国际化的管理运营方式；在项目开发上，建立严格的项目筛选和决策体系，广泛捕捉信息，建立涵盖机会筛选、评价、报批、决策等环节的新项目开发流程。

独行快，众行远，互利共赢才能行稳致远。在国际化经营过程中，中国石油将遵循国际惯例与发挥自身综合一体化特长相结合，形成一套融合国际惯例和自身特色的"五化"管理模式，即"全球化思维、差异化定位、专业化管理、一体化运作、本地化立足"，给国际合作带来具有中国特色的互利共赢新模式，带动油气行业的整体发展。

融合发展友谊之花绽放中东

作为"一带一路"倡议的践行者，中国石油在中东地区多年成功实施的一系列能源合作项目，成为丝路经济带建设的有力支撑点和强力引擎。

近年来，我国积极参与国际能源治理机制和政府间能源对话机制，为中国石油企业不断扩大中东油气合作和贸易规模创造良好的环境，为中国石油及其他合作伙伴探索跨国经营新模式、新机制提供新思路。

油气为媒，融合发展。中东地区作为"丝绸之路经济带"的重要地区，中国石油在这里走出一条合作共赢之路。借力"丝绸之路经济带"建设契机，中国石油提出将中东地区打造成为"一带一路"油气合作的旗舰，加速推进提质增效创新升级。"中国的经济发展模式为阿联酋提供借鉴。关于贸易、和平与繁荣之间的联系，两国拥有相同理念。这有助于双方将蓝图转化为行动，最好的表现就是双边贸易额的不断提升。"阿联酋国务部部长苏尔坦·贾比尔在接受记者采访时说。

在阿联酋，2013年中阿开启陆海项目合作后，借助"一带一路"倡议提出的东风，中阿石油企业互惠合作向着更深层次、更宽领域发展。2017年双方签约陆上合作项目，今年3月再度牵手海上合作项目。中东公司抓住机遇着力提高资本配置和运行效率，积极稳妥推进油气全产业链合资合作，实现规模与效益同步发展，成为中国石油海外油气业务规模最大的合作区。

与此同时，油气投资业务有力地带动服务保障业务的协同发展，中东地区一体化发展机制与格局基本形成，并不断完善。在中东地区中国石油工程技术服务单位达到19家。

在中东，中国石油重合同、守信用，圆满履行合同义务，与一流国际大石油公司深度合作，树立国际大公司的良好形象，成为资源国和国际油公司的优选合作伙伴。

借助"一带一路"倡议，中国石油与中东国家深度交融，在实现自身发展的同时也为当地经济注入强劲动力。10年来，中国石油以企业公民的身份积极履行社会责任，严格遵守资源国法律法规、尊重当地文化习俗、遵从国际惯例运作，在促进就业、热心公益、保护环境等方面积极发挥作用，在回报资源国、回报社会的同时为自己赢得可持续发展的空间。在鲁马利亚镇，艾哈代布项目修建的环城公路解决油区百姓出行难的问题。在巴士拉，鲁迈拉电站将电力源源不断地输送到鲁迈拉地区千家万户及油田，每年可有效利用5.2亿立方米伴生天然气，解决当地用电短缺问题。

在中东合作项目建设中，中国石油积极推动人才本地化工作。一批具有国际项目管理能力与运作经验的本土人才队伍不断成长，极大地提高资源国可持续发展的能力。

十年筚路蓝缕，由小到大、由弱变强，中东合作区建设实践表明，中国石油"走出去"参与全球能源治理已成为推动资源国经济持续稳定增长的动力引擎，为加快世界石油工业发展提供中国智慧和中国方案。面向未来，中东地区能源合作必将凝聚世界各方智慧和力量，共同书写互利共赢新篇章。

（选自《印记——十年创业筑梦中东故事集》，中油国际中东公司编）

三进伊拉克

史训知 ❶

当时伊拉克受国际制裁，进入伊拉克只有一条通道，就是从约旦首都安曼走陆路到巴格达。租好车，带上午饭我们就出发了。到了中午，室外温度达到 50 度，汽车空调吹的都是热风，人坐在汽车里又蒸又烤，途中还遇上了沙尘暴，十来米看不见人，大约下午 1 点半左右才到达伊拉克边境。到达边境入关时，海关人员把我们带的所有物品都一一翻开检查，这在国内是不曾遇到的。直到晚上 10 点多我们才住进中国驻伊拉克大使馆的招待所。

时任中国驻伊拉克的孙必干大使对中国石油到伊拉克开发石油项目非常重视，也非常支持，指示当时主持使馆工作的武官支持配合我们在伊拉克开展石油项目。

经过使馆的联系和精心准备，我们拜访了伊拉克石油部副部长，并与石油部勘探司司长进行了会谈，他们都对中国石油表示欢迎，愿意加强双方石油项目合作。

在与伊拉克石油部副部长洽谈后，没想到他痛快地给了我们 3 亿美元的项目，并列出 3 个油田让我们挑。我们经过反复对比考量，选中艾哈代布油田。当时这个项目打了 7 口井，除其中 1 口井打到油水边界，其他的油井都出油了，有 3 口井是完整的构造，基本没有断层，单井产量近 1000 吨。在考察中，伊方代表说明现在他们缺乏钢管、套管、钻杆等大量石油物资，希望我们到伊拉克进行物探、钻井，开采石油。

回国后，我们向王涛总经理进行汇报，他非常高兴，然后组织召开党组会议，听取有关艾哈代布油田情况汇报，公司党组成员一致赞成，并表示支持。王涛总经理说，到 20 世纪末，我们国家每年缺 2000 万吨原油，如果伊拉克每年能拿回 1000 万吨那是最好不过了。

当时国内还没有走出去采油的先例，王涛总经理带我先到外交部部长钱其琛办公室汇报工作，钱其琛明确指出，中国石油到伊拉克找油，这对解决我国的能源问题是非常必要的，与中央说的利用国内外两种资源、两个市场的精神相符合，中国驻伊使馆一定大力支持中国石油走出去找油。随后，我们又向李岚清副总理做汇报，不仅得到赞成，而且还解决外汇指标。

1995 年，借着伊拉克石油部部长访华的机会，我们准备第二次进入伊拉克。当时伊拉克是受国际制裁的，石油设备极缺。我们给伊拉克石油部带去最好的礼品就是各种石油物探的仪器配件，东西不是很多，但是很贵，为了避免入境时被查出来，我们每人分开用衣服包上放在箱子里。伊

---

❶ 史训知，曾任中国石油中俄油气合作领导小组组长，勘探开发公司董事长兼党委书记，中国石油天然气集团公司党组成员，纪检组组长，总经理特别助理（副部级）。

拉克石油部非常感谢，马上领着我们去看了更为诱人的哈法亚油田。哈法亚是宽阔的平原，油田构造很大，沿着大公路一条轴线，两端打了两口井，单井产量1万吨。考察还没有结束，我们就当场敲定了进入哈法亚油田的思路。

1995年11月，在总公司主要领导的率领下，我们第三次去了伊拉克。在参观了艾哈代布油田后，第二天我们又看了哈法亚。带队的总公司领导说这几个油田太好了，嘱咐我们要把这两个油田都拿下。当时伊拉克没有恐怖分子的袭击，治安不像现在这么糟糕。

1996年4月，国务院批准中国石油和北方公司共同合作，开发伊拉克艾哈代布油田。5月，中国石油天然气总公司决定成立绿洲公司，负责艾哈代布油田的开发，王永杰任总经理，陈沛任副总经理。伊拉克艾哈代布油田的开发开创了中国石油在海外勘探区块合作的先河，意义不同凡响。

绿洲公司启动不到两年，海湾战争爆发了，项目一度搁浅。1997年底，中方人员全部安全撤回国内。然而，中国石油重新启动项目的坚定信心始终没有停止。期间，一直派人在巴格达保持与伊拉克石油部的联络，并在不违反联合国决议的前提下开展油田地震资料解释处理等研究工作。2007年，启动艾哈代布油田恢复谈判工作，终于在2008年11月10日签约获得艾哈代布项目。

（选自《印记——十年创业筑梦中东故事集》，中油国际中东公司编）

重返伊拉克

王莎莉[1]

2003年3月20日，时任美国总统布什对伊拉克宣战，数十万美军士兵长驱直入，数周之内摧枯拉朽般推翻了萨达姆政权。战争结束后，曾经辉煌的历史名城巴格达遭受重创，一处处残垣断壁、一片片枯木焦土，似乎都在泣诉战火的无情……

"终于到了阿里巴巴的故乡了啊，不知道能不能碰到美加娜呀？"飞机正在约旦机场降落，乘客都在讨论着脚下这个神奇的地方，这里不仅有着众多美丽神奇的故事，还有迷人的沙漠风光和死海风景，更有令人叫绝的沙画艺术。我看了下表，今天是2007年3月7日。记得六年前我去伊拉克时就在约旦中转，那一次，是心情愉悦地领略这里的美丽风光和纯朴民风。而这次去伊拉克也是在约旦中转，但我心中却有种莫名其妙的恐惧，隐约中仿佛能嗅到远方传来的火药味。

下了飞机，约旦机场比我上次来的时候要破旧不少，原来的花坛已经变成岗哨，以往迎接游客的吉祥物早已换成了荷枪实弹的安检人员，游客脸上的"美加娜"早被吓到了九霄云外。晚上住在北方公司，大家还一番感慨，议论一会儿，就抓紧时间研究伊拉克新的石油法规和原来的艾哈代布油田合同。

第二天，我们要进入伊拉克了，大家都略显紧张，同行的王钦贵居然连护照都落在房间了，

---

[1] 王莎莉，原中国石油伊拉克公司总经理、中国石油伊拉克地区企业协调组组长。曾任海外勘探开发公司党委书记、副总经理。

到机场才发现没带，赶紧请北方公司人员找到后送过来，大家才有惊无险地顺利登机。

2007年3月8日上午10点，我们一行走下舷梯。"欢迎来到伊拉克，希望此行大家能够愉快！"伊拉克副总理助手早早地等候在机场迎接我们。

双方握手致意后，副总理助手用正式的语气说："请上防弹汽车，大家将由重兵护送直达目的地。"我们以为他在开玩笑，但身旁坐着手握钢枪的警卫军人，让我们心中不免有些惊恐。车辆驶出机场后，风驰电掣般驶向目的地，穿过了安检路口，沿着被灰色水泥块隔成迷宫一样的道路前行。透过车窗清晰地看见巨大的水泥块搭起的掩体和大型路障。三五成群身穿着防弹背心、手端着钢枪的士兵认真地检查着公路上来往的车辆。公路上不时还传来悍马装甲车和大型坦克车的轰鸣声，如雷声般滚滚不绝于耳！

汽车驶过往日繁华的萨达姆广场，这里现在格外萧条凄凉，广场上没有人，老萨的雕像也不见了，到处布控着悍马军车、坦克车、士兵和军警。通过几个关卡，我们便来到了美军"安全区"——绿区！这里原是老萨的"行宫"，面积有4平方千米，现在的居民是政府高官。总统和副总理住在库尔德区，石油部部长住在什叶派区，每个区都有自己的军队守卫。随后我们的车开到了什叶派区，停在一个黑色的大门前面，我知道这应该就是我们的住所了。推开大门进来以后，大家都呆了，没有想到的是院子里环境异常优美，房间内部的设计也很是讲究，装饰优雅，配套有单独的卫生间和盥洗室。在这块战火纷飞的土地上，这样的地方可谓是人间天堂了。

我坐在床上望着别致的庭院，又想起了院子外面的情景，心里五味杂陈，个中滋味难以言表。

（选自《印记——十年创业筑梦中东故事集》，中油国际中东公司编）

瞄准国际一流水准

李庆学[1]

哈法亚一期高质量、高速度投产，实现了"最快的速度、最少的投资、最高的产能"的"三最"目标，不仅对伊拉克战后经济重建意义非凡，也是对中国石油主导运作这一大型复杂国际化综合项目能力的全面检验。

项目伊始，哈法亚快速组建了一支以中方主导的高素质国际化队伍，国际雇员来自32个国家。借鉴中国石油苏丹1/2/4区的成功运作经验，形成了独具特色的一套完整的、与国际接轨的管理体系，以及强有力的技术支持体系。

2010年9月20日，哈法亚初始开发方案获得批准，成为伊拉克第二轮中标7个项目中，第一个提交初始开发方案并获得批准的项目。方案成功实现对合同的合理突破，解决了天然气处理和原油外输瓶颈，初始商业产量由每日7万桶扩大到每日20万桶，大大降低了前期投资，缩短了

---

[1] 李庆学，原中东公司副总经理兼中油国际（叙利亚）公司总经理，曾任伊拉克公司组织工作委员会委员兼哈法亚项目公司副总经理。

建设周期，提高了项目收益率。

中国石油一体化优势，在哈法亚得到充分体现。哈法亚严格按照国际规范运作，建立了以"中方为主、国际知名公司参与、充分照顾当地公司"的服务体系，在与斯伦贝谢、哈里伯顿等国际大公司同台竞技的国际高端舞台，带动和促进中国石油工程技术服务队伍协同发展。按照中国石油"三大一统一"战略部署，哈法亚项目形成了安保物理防御措施纵深合理、安保力量配备充足、管理措施执行到位的安防体系，努力营造与当地社区和谐共荣的"大环境"。

战后伊拉克，安保形势恶化。2011年春节，在哈法亚必经之路卡哈拉桥下恐怖分子埋下了75千克炸药；2011年9月16日，恐怖分子将4枚火箭弹对准了项目营地。都是得益于当地百姓及时举报，躲过一劫。"三大一统一"战略的有效践行，筑起哈法亚另一道"防弹墙"。

伊拉克阿玛拉军区司令阿布杜拉·阿米尔表示，这里的安防设施非常完备，11道安防设施、3道人防设施非常安全，我们更会努力去保护每一个中方人员的安全，保护项目人员的本身就是在保护我们的经济发展。

哈法亚的创业之路，困难重重，步履维艰，却书写骄傲，创造传奇。火炬，让哈法亚荒原从此不夜。

这奇迹般的变化可谓是一个象征，象征着哈法亚项目正以强劲的动力，带动着油田所在地米桑省，乃至伊拉克走向繁荣、走向富庶、走向美好。

伊拉克米桑石油公司总经理阿里说："哈法亚项目在运行过程中，各项工作都走在其他项目的前面，令我们很震惊，更令我们信服。"

伊拉克石油部部长阿卜杜·克里木·鲁艾比这个国际石油界颇具影响力的人物对哈法亚也给予了最公正、最权威的肯定。他说："哈法亚项目是伊拉克第二轮招标中，运行最好的项目，仅仅2年时间完成了3年的工作量。按原计划提前实现初始商业能迅速投产，为伊拉克战后经济重建奠定了良好的基础。"

（选自《印记——十年创业筑梦中东故事集》，中油国际中东公司编）

哪里需要哪安家

王贵海 [1]

对于很多海外石油人来讲，因为工作的需要，转战各海外项目是常有的事。有人开玩笑说，我是从一个艰苦的地方到了另一个更艰苦的地方。

2011年7月，根据中国石油加强鲁迈拉力量，集中优势兵力建设"海外大庆"的战略部署，我服从组织安排，从苏丹项目转战到伊拉克鲁迈拉项目，任鲁迈拉项目副总经理。

在我看来，从非洲到中东，工作地域不同了，但为祖国"加油"，为国争光的坚定信念没有变；争创国际一流业绩，书写海外精彩人生的踏实劲儿没有变。我时刻准备着，服从组织安排，不管哪个项目有需求，随时准备背起行囊奔赴项目现场开展工作。

---

[1] 王贵海，中东公司组织工作委员会负责人、总经理；中国石油中东地区企业协调组组长。

7月,我初到伊拉克时,正是巴士拉一年中最热的时候,室外50多摄氏度的气温,让人望而却步。更为重要的是,从苏丹到伊拉克,对于我来说,面临的是一个全新的环境,更面临着新的挑战。鲁迈拉项目是中国石油与英国石油携手,开启中国石油国际化运作的重要项目。从工作标准、管理方式、运作模式来看,都与苏丹项目完全不一样。这意味着,不可能照搬以往"套路"施展拳脚了。

为了尽快进入角色,我踏踏实实做足了功课。没到现场时,我就提前和项目上的一些老同志打电话、发邮件进行沟通,详细了解鲁迈拉油田的相关情况。来到项目后,我冒着酷暑和沙尘到油田现场,走遍生产每一个核心的地方,收集掌握鲁迈拉油田的生产设施和流程方面的基本资料,研究项目的组织结构和人员构成情况,并且迅速融入了英国石油推行的油田运行管理体系之中。

然而,那段时间,可谓是新资料、新情况一大堆,油田上产又是最让人头疼的问题,无时不考验着我的意志和能力。

刚上项目不久,我就赶上DS2站大罐到外输泵间原油外输不畅,导致频繁关站停产的问题。当时,当地员工和英国石油员工都认为是传输管线堵塞所致,并动员合同方对管线进行蒸汽清洗。我得知消息后,亲临现场调研。经过对设施背景情况的深入了解和已经采取措施的分析判断,当即做出决定"采取适当提高大罐的液位、对大罐出口和泵入口的压力进行监控和记录"等措施,最终探明真正原因是大罐内沉积物太多导致外输泵入口的滤网不断堵塞,所以停输停产。在对症下药采取措施后,DS2站恢复正常生产。

DS1站第三、第四级火炬冒出的滚滚黑烟是鲁迈拉项目接手之前就存在的问题,伊拉克政府和当地员工对此事也一直有所抱怨。我到任后,一直关心着该问题的解决和进展情况,先后和生产、工程、设计人员交流和探讨,寻求如何在有限的资源下尽快解决这个影响环境和项目形象的问题。这项工作正在得到积极推动和解决。

在拥有海外油田多年管理经验的基础上,我迅速打开局面,很快掌握了鲁迈拉油田的特点。由此,确定了"新井投产、老井生产优化、设备维护抢修"为主线的工作思路,并制订出具体可行的稳产与增产方案,协同三方立刻实施,充分发挥了生产运行部在安全生产和稳产提产方面的重要作用。

由于鲁迈拉联合作业机构是联合公司,有时中方员工倾向于能找中方员工就不找外方员工的想法,有时确实使工作推进起来更快更直接,但这其实不利于与外方的融合。我则是完成摒弃这种做法,完全按照每个人的岗位职责来安排和解决工作,我经常指导中方员工多与伙伴方沟通交流,使各伙伴方关系更加和谐,使中外方员工更好地因工作而融合起来。

2016年7月,我调到哈法亚项目工作,这里成为我在伊拉克的又一个家。工作中,我与中外方同事协同作战,奋力拼搏,2018年9月20日,哈法亚三期顺利投产,标志着哈法亚建成了合同要求的2000万吨高峰产能,为"做大中东"作出新贡献,续写自己无怨无悔的海外人生。

(选自《印记——十年创业筑梦中东故事集》,中油国际中东公司编)

阿布扎比公司的"逆行者"

李 骥[1]

阿布扎比公司在紧抓新冠肺炎疫情防控的同时，始终没有放松生产作业的脚步。截至 2020 年 3 月底，阿布扎比公司所属的陆海项目、陆上项目、海上下扎库姆项目和海上乌纳项目均平稳有序运行，累计权益原油产量超过全年计划的 25.2%。这背后凝聚着全体中方员工的辛勤付出和无私奉献，也涌现出以骨干员工干部为代表起到表率作用的"逆行者"。

沈海东，中油国际阿布扎比项目总会计师；定明明，中油国际阿布扎比项目总经理助理；徐利军，中油国际阿布扎比项目股东事务部经理，他们也都是 10 多年骨干员工。新冠肺炎疫情暴发之际，正值 3 位在国内休假。从疫情蔓延伊始，阿布扎比项目快速反应，迅速成立疫情防控小组，制订应急响应预案。作为项目的中坚力量，远在国内的 3 位老骨干员工，也立即肩负起责任使命。

他们在国内始终心系项目，24 小时待命，积极开展远程办公。坚持跟踪项目生产动态，审核财务报表，协助制定"十四五"规划，处理股东会议安排，全力协助奋战在一线的同事，保障项目的平稳运行。虽然两地四个小时的时差，但工作需要，有时午夜 12 点参加视频会议、凌晨 3 点接到需要快速批复的文件都是常态。"没有时差概念，不能因为我们个人迟滞工作"，这是他们用自身的行动发出的心声。

与此同时，他们利用网络认真学习习近平总书记关于新冠肺炎疫情防控等方面的重要指示精神，每天关注国内和国际新闻，以及公司防疫工作的相关通知，及时了解疫情防控的工作情况。

在国内待命的时间里，他们也殷切地等待着可以返回项目的通知。当"项目需要你"的动员令漂洋过海来到他们面前时，踌躇满志的他们，没有丝毫的犹豫。"若有战、召必回、战必胜"，这是他们给项目的承诺。而"逆行"，就是在这场不平凡的战"疫"中，三位老骨干员工的郑重选择！

随着阿联酋疫情形势越来越严峻，从疫情得到有效控制的中国前往阿联酋，成为这个阶段真真正正的"逆行者"。

"公司一声令下，我们就必须尽快行动。临走前，孩子哭了，真舍不得，但是必须走。"徐利军说。指令到了，就迅速做好所有准备，从接到通知到启程，他们只有两天的时间。冲在前面，既要"胆大"，更要"心细"，才能够把感染风险降至最低，才能够确保不把危险带到项目和资源国。除了公司提供的口罩等装备，他们准备了护目镜、防护服，力争把各个细节都考虑周到。在整个旅途过程中，他们不吃饭，全程戴好口罩护目镜等装备，尽量不去厕所，并且做好了多种应急预案。这一切的一切，既是出于保障自身的考量，更是出于保障项目安危的考量。

"有祖国做后盾，有项目的支持，还有个人的信仰做支撑，当需要我们的时候，我们要义无反顾地冲在前面。"这是他们的心声，更是奋战在抗疫一线和工作一线的所有骨干员工的初心与使命！

---

[1] 李骥，中油国际（阿布扎比）公司员工。

随着骨干员工领导干部冲锋在前，万里逆行的表率示范，每一位员工都得到了莫大的激励。无论是这三位"逆行"的老骨干员工，抑或是坚守项目的一线员工，都以实际行动诠释了石油精神在这场抗疫斗争中的优良传承！

（摘自《中东油气合作》2020年第一期，中国石油中东公司编）

阿曼公司：寻找新平衡适应新常态

刘　浪[1]

低油价叠加政府限产，行业"寒冬"俨然而至。如何最大限度维持油田的产能潜力，在解决油田短期生产经营困难和维持中长期可持续发展上寻找新的平衡，适应"冬训"新常态？阿曼公司第一时间同伙伴公司沟通，"五个优化"多措并举，寻找新平衡，适应新常态。

优化一：优化新井井位　提高钻井效率

一方面，应对低油价和政府限产双重挑战，联合作业公司召开管理层会议，制定了全面的应对措施。在钻井方面，在不终止钻井合同的情况下，压减钻井工作量，并制定了详细实施方案。既保证了不解雇井队阿曼籍雇员，同时该措施保持钻井合同，可在将来油价恢复后，即可恢复钻机进行新井钻井，最大程度保持油田作业的可持续性。

另一方面，由于钻井工作量减少，项目开展了对新井井位的优化工作，并且通过激励措施缩短钻机搬迁时间，整体优化提高钻井效率。上半年项目钻井效率大幅提高，钻机搬家时间最短缩短至半天，单井钻井时间从18—22天，缩短至16天左右，最短至12天，有效提高了钻井效率，降低了单井钻井成本。

优化二：优化增产措施作业　提高措施效果

随着阿曼公司油水井数逐年增加，对措施作业量需求也有所增加。为了进一步压减成本，勘探开发部和作业部在新井井数减少和油田部分限产的基础上，优化和减少了措施工作量。

与此同时，对措施备选井进一步分类评估和筛选，根据措施预期效果和增油量安排措施优先级，优先安排对产量影响大、预期增油量高的修井、酸化和卡堵水作业。

通过应用市场上较成熟的新技术AICD井下流动控制设备，进行高含水水平井卡堵水措施作业，上半年实施1口井，措施后油井含水从92%降低至36%，日产油从50桶增加值85桶，有效降低了油井含水，措施增油效果明显。

优化三：优化作业设计缩短作业时间

作为阿曼油气部关注的项目2020年项目勘探重点工作安排，计划对2019年完钻的项目第一口深层探井进行压裂和测试，评价区块深层油气潜力。经过前期设计和井筒准备，在完成第一层压裂和测试后，发现由于井深较深，压裂液返排和测试时间较长，第一层返排和测试时间共用时6天。

勘探开发部与现场施工队伍进行沟通，对施工设计和作业流程进行优化，更新优化现场作业

---

[1] 刘浪，中油国际（阿曼）公司员工。

流程后,在满足对深层油气潜力验证的情况下,有效缩短了压裂液返排和测试时间,减少了现场施工时间12天左右,降低了作业成本。

优化四:优化生产和注水恢复油藏压力

由于政府限产,油田需要减少产量30%左右的产量,关停部分油井。如何进行产量关停,关停哪些油井,同时保持油藏生产的灵活性,成为主要问题。阿曼公司从油藏的生产能力和油藏保护的角度出发,在日常对油田各区块、单井跟踪分析的基础上,对比了各区块油藏压力、单井产量、油井抽油机吸入压力、抽油机示功图、注水井网完善性等基础信息和资料,优先相关区块进行关停。

同时,利用限产产量减少的机会,利用油田由于减产导致的富余注水设施和注水能力,适当提高在产区块的注水量,提高注采比,适当提高油藏压力,将在产区块注采比,从0.79提高到0.9左右,帮助在产油藏适当恢复压力,适度提高油藏压力保持水平。

优化五:优化试验流程降低试验成本

阿曼5区块开发进入了开发中后期和高含水阶段,为了进一步提高水驱阶段后的原油采收率,维持油田生产长期的可持续性,油田从2003年开始,进行了一系列提高采收率技术的室内评价和现场井组试验。

受油价和政府限产的双重影响,项目公司综合评估2020年试验项目的可行性和必要性,选择推迟了投资较大的试验,保留从3月已开始的现场施工试验。同时,在前期经验基础上,对试验流程进行优化。据测算,如试验达到增油量目标,可有效降低增油桶油成本。

每一次危机当中,往往也蕴藏着机会。阿曼项目公司集思广益,主动挖潜,科学分析,有效执行,大力采取各种减控成本和提质增效措施,全力在满足政府限产及社会稳定要求、项目短期生存和中长期持续发展3个方面取得有效的平衡,将"熬冬"真正变成一次对项目团队的"冬训"。

(摘自《中东油气合作》2020年第二期,中国石油中东公司编)

在伊朗筑梦"一带一路"的中国石油人

新华社记者 穆 东 马 骁

伊朗西南部,夏季高温酷暑,冬季干旱少雨。这里坐落着中国石油在伊朗和伊拉克边境地区的海外油田重点开发项目——北阿扎德甘油田。井场里、厂区中,处处闪动着身穿黄色工服工人的身影。

过去一年里,"一带一路"建设在伊朗取得长足进展,2017年中伊合作在建项目金额达260亿美元。中资企业在伊朗常驻人员约2000人,中国建设者们用自己的辛勤汗水,在"一带一路"的征程上浇灌出累累硕果。

在伊朗"一带一路"建设中,中国石油中东公司副总经理、伊朗北阿项目总经理成忠良和他带领的北阿团队作出了突出贡献。

成忠良在业内被称为"油田拼命三郎"。来伊朗工作之前,他在自然环境艰苦、战乱不断的苏丹一干就是近10年。他团队中的许多人也都有着10年左右的海外工作经历,有的长达20年,几乎把一辈子都奉献给了能源事业。

成忠良告诉记者："为了祖国的能源事业，吃些苦算什么！"

北阿项目是中国石油在中东地区的主要投资合作项目。但是，在460平方千米的沼泽湿地建设年产近400万吨的大油田，不仅要跨越战争雷区，还要挑战世界热极，无论是设计、运输还是施工等，都面临重重艰难险阻。

2015年10月，北阿扎德甘油田投产试运营。2016年4月，项目正式启动原油外输，年产原油400万吨，提升了伊朗原油出口份额。2016年10月，项目生产的300万桶原油运回中国，标志着近年来中伊能源合作回购合同模式顺利进入成本回收阶段。伊朗总统鲁哈尼代表伊朗政府为成忠良和他的团队颁发油田建设特殊贡献奖，感谢其为油田建设作出的努力。

北阿项目启动以来，中国石油注重发挥一体化优势，无论是质量、环保还是成本控制，都采取高标准、严要求，受到伊朗各方积极评价，成为伊朗对外合作项目中首个荣获当地政府颁发环保奖的模范项目，为中伊石油合作开辟了广阔空间。

这些荣誉的背后，是油田建设者们的汗水，还有他们家人无怨无悔的支持与付出。"为了家人幸福，更为了国家能源安全，确保企业效益回收，我们时时刻刻守护着我国海外合作项目，都记不清有多少个春节在海外度过。"项目现场的项目总经理助理朱怀顺说。他主要负责油田现场作业支持和后勤保障，工作性质决定了他要长期坚守。

"都说一线的石油人是铁打的。其实哪有什么铁打的，只不过是多了一份坚持。"项目作业部副经理李荣说。

（摘自《中东油气合作》2018年第二期，中国石油中东公司编）

北阿：两伊边境"绿色油田"

周 兵　李祖祥[1]

位于伊朗西南部胡泽斯坦省、紧邻两伊边境的北阿扎德甘油田是目前中国石油在伊朗最大的油气投资项目。油田坐落在中东地区面积最大的 Hur Al Azim 湿地中（北阿油田工区内湿地面积为372.7平方千米），湿地中生存着大量动植物，其中不乏很多稀缺物种，是生物多样性的摇篮，有着浑然天成的湿地景观。

北阿扎德甘油田在地处两伊边境的湿地环境敏感区，其开发难度可想而知。在北阿扎德甘油田的开发建设中，中国石油始终坚持把能源开发与环境保护有机结合起来，努力实现能源与环境的和谐统一。2016年4月投产外输的北阿扎德甘油田，正发展成为一个充满勃勃生机和无穷魅力的"绿色油田"。

四级环保管理网络

走进油田，只见清澈见底的流水和一望无垠的芦苇与蓝天相接，头顶朵朵白云、飞鸟围绕，鱼儿不时跃出水面，虫鸣蛙声阵阵传来，置身其中，犹如公园而非油田。原来油田所有采油设施

---

[1] 周兵、李祖祥均为中油国际（伊朗）北阿扎德甘公司员工。

都掩映在芦苇丛中，油气集输管道则全部埋藏于地下，油田内有总长约110千米的地下管线将油井与油田的中心处理站相连。

为满足当地政府提出的34项有关环保法律法规和标准，中国石油在油田开发前期严格落实环境影响评价制度，对开发建设中可能造成的环境影响进行分析、预测和评估，提出预防或者减轻不良环境影响的对策和措施，为有效保护环境提供科学依据，并依此制订严格的环境管理计划。

在油田开发建设中，中国石油始终坚持"高起点、高标准、严要求、精细化"的原则，落实环境影响评价提出的环保措施，投入高额环保资金，全力保护当地独特的湿地生态环境。在设计阶段，把好图纸审核关，保证环保设施、措施同步到位。在施工阶段，做好过程监督关，确保无污染、无泄漏、无环保事故。在竣工阶段，把好验收关，对环保设施及作业现场的环保情况进行验收，对存在的问题督促作业单位及时整改。油田开发过程中的环保隐患从源头得到了有效控制，使油田开发对湿地环境特别是空气、水、土壤、地貌、动植物等的影响降至最低。

北阿扎德甘油田把生态环境保护提到发展战略的高度，构建项目公司、油田现场、责任部门、作业班组四级环保管理网络，推进责任落实、环保监督、风险排查、激励约束等长效机制，将环保管理纳入制度化轨道，将行之有效的管理方法固定化和常态化。开发期间，HSE人员不间断巡查油田作业现场各个施工点的环保措施落实、废弃物运输记录单等所有环节，确保环保管控不留死角。同时，邀请当地拥有环保监测资质的第三方机构，定期监测湿地区域水、土壤、大气和噪音指标，做到及时排查、及时发现环境隐患。

在服务商管理方面，在施工作业中要求严格遵守当地环保法律法规，与当地环保部门指定接收点签订废弃物运输处理合同，确保现场所有废弃物合法合规运送至处理点进行处理，并确保运输过程中无任何泄漏或违规排放，以保护湿地环境。

关爱自然就是关爱自己

为提升员工环保意识，公司鼓励全体员工积极参与环境保护，自己动手，义务献工，清扫油田道路两侧生活垃圾，以实际行动呵护湿地、保护环境。工区内的环保告示牌时时刻刻提醒着当地员工关爱自然就是关爱自己，倡导"自然是我们赖以生存的家园，保护环境就是保护自己，要像爱护眼睛一样爱护环境，像珍惜生命一样关爱自然"的环保观念，把环保理念的种子深深地扎在这里。通过坚持不懈的努力，"少排一滴水，少落一滴油，建设绿色油田"已经成为广大当地员工的一种理念、一种共识、一种承诺和自觉的行动。碧水、蓝天、白云、芦苇交相辉映，和谐美丽的"绿色油田"已呈现眼前。

中国石油在北阿扎德甘油田既高效又环保的开发模式，获得当地政府的高度认可，2016年2月21日，伊朗当地环保部为北阿项目颁发环保荣誉证书，表彰中国石油保护作业区湿地和当地生态环境所做出的不懈努力和取得的显著成绩，充分体现了当地政府对北阿扎德甘项目环境保护工作的肯定，也使得中国石油成为近十年来伊朗对外合作油气项目中首个获此殊荣的国际油气公司。

绿色油田和谐发展

北阿扎德甘油田的开发建设对湿地环境的影响很小，油田附近村民们照常打鱼、牧民依旧放牧，周边社区村民的生活非但没有受到影响，而且大有收获。

北阿扎德甘油田的开发建设极大带动了周边区域经济的发展和基础设施建设，建设高峰期曾为当地百姓提供了多达4000多个工作岗位，为百姓的生活带来了满满的实惠和幸福，村民们脸庞上绽放的笑容就是给出的最真诚最美丽的赞赏！

北阿扎德甘油田投产后，伊朗政府邀请美国有线电视新闻网（CNN）、彭博社及当地50余家媒体到油田现场采访报道，并在德黑兰和阿瓦士等地举办建设、投产历程展览。伊朗北阿油田已经成为伊朗能源对外合作的一张名片，同时也为中国石油在伊朗的油气合作树立了良好形象。

在北阿扎德甘油田的开发运行中，中国石油一直坚守着对资源国社会责任的承诺。通过中国石油人在北阿扎德甘油田的奋发、包容、恪守，呵护，油田开发与湿地环境融为一体，和谐发展，"绿色油田"的建成为中伊能源合作"一带一路"建设加油。

（摘自《中东油气合作》2018年第二期，中国石油中东公司编）

附录三　媒体报道列表

一、中国网报道

序号	报道时间	文章名
1	2017年	艾哈代布油田项目中伊合作的"中东样本"

二、《中国能源报》报道

序号	报道时间	文章名
1	2018年	逐鹿中东竞风流——中国石油推进中东地区合作建设纪实
2	2018年	哈法亚：荒漠上崛起现代化绿色油田丨中国石油哈法亚项目建设纪略

三、《中国石油报》报道

序号	报道时间	文章名
1	2016年	中国石油在中东忙活着这些事儿
2	2016年	哈法亚的百家讲坛
3	2016年	伊拉克首家自动化岩心库走笔
4	2016年	中国石油北阿项目投产
5	2016年	中东公司北阿项目投产追踪记
6	2016年	创新战略下的多赢样本
7	2016年	德黑兰机场的宝石花
8	2016年	哈法亚投产4周年特写
9	2016年	世界大油田变身湿地大公园竟然可以这样美
10	2016年	北阿，伊朗对外开放的名片
11	2016年	搏击中东　打造精品
12	2016年	有一种远方叫北阿
13	2016年	阿巴斯的底格里斯河畔时光

续表

序号	报道时间	文章名
14	2016年	中伊能源合作闪亮北阿名片
15	2016年	中国石油主建伊拉克战后第一个投产油田，投产5年改变了什么？
16	2017年	古巴比伦走出的中国石油人
17	2017年	中国石油阿联酋项目首船权益油启运中国
18	2017年	古巴比伦走出的中国石油人
19	2017年	工程建设公司拓展中东高端市场
20	2017年	中国石油与阿布扎比国家石油公司签署合作协议
21	2017年	阿联酋响应"一带一路"倡议 借力油价回升
22	2017年	中国石油工程建设有限公司拓展中东高端市场
23	2017年	沙特阿美重油管道项目开球
24	2017年	中国石油中东市场2017年原油产量创新高
25	2018年	"一带一路"上的和谐绿洲——艾哈代布项目可持续发展纪实
26	2018年	底格里斯河畔的"中东合作样本"——中东公司艾哈代布项目发展纪略
27	2018年	"一带一路"上的和谐绿洲——艾哈代布项目可持续发展纪实
28	2018年	中东公司深度参与油气区建设提高国际竞争力
29	2018年	中国石油加强在伊油气合作推进共同发展纪实
30	2018年	能源合作为中阿全面战略伙伴关系发展注入新动力
31	2018年	中国石油深化海湾国家能源合作 扩大"朋友圈" 再绘新图景
32	2018年	中东地区社会安全和HSE工作会议召开
33	2018年	中国石油阿布扎比陆海项目首次提油
34	2018年	中东地区召开份额油提油销售一体化研讨会——深挖一体化潜力 实现集团利益最大化
35	2018年	中国石油技术出海 深入"羚羊之地"扩大朋友圈——第二十一届阿布扎比国际石油展览暨会议（ADIPEC）亮点
36	2018年	中东公司油气业务资产布局显著优化
37	2018年	中东公司艾哈代布项目发展纪略
38	2018年	中东公司：新引擎激发新动力
39	2020年	中东公司原油权益产量突破5200万吨
40	2020年	中东公司防疫：确保项目新冠肺炎零输入

续表

序号	报道时间	文章名
41	2020 年	戴厚良慰问奋战在海外抗疫一线员工——强调：抓实防疫关键节点 保障远安宫健康安全
42	2020 年	中东公司原油生产保持平稳增长态势
43	2020 年	中国石油国际业务全球战"疫"走深走实
44	2020 年	中东公司深挖多种合同模式创效潜力
45	2020 年	跨国速递：哈法亚项目分发阿语版防疫手册
46	2020 年	齐心协力守护我们的"家"——中国石油中东地区抗疫情保生产纪实
47	2020 年	变中求胜：大幅减记油气资产，行业迎来哪些变化？
48	2020 年	聚焦公司发展战略着眼疫情对能源转型的影响
49	2020 年	"现场员工安危是我最大动力"——记中油国际中东公司 HSSE 部经理冀成楼

附录四 出版著作列表

一、公开发行

序号	出版时间	著作/期刊名	作者	出版单位
1	2020年9月	《中国故事》杂志中国石油中东特刊	中东公司	中国故事杂志社
2	2020年	伊拉克艾哈代布油田钻完井技术与实践	中油国际（伊拉克）艾哈代布公司	石油工业出版社

二、内部刊物

序号	出版时间	著作名	作者	出版单位
1	2016年	《中东油气合作》两期	中东公司	中东公司内部刊物
2	2017年	《中东油气合作》两期	中东公司	中东公司内部刊物
3	2018年	《中东油气合作》两期	中东公司	中东公司内部刊物
4	2019年	《中东油气合作》三期	中东公司	中东公司内部刊物
5	2019年	《见证中东十年系列》	中东公司	中东公司内部刊物
6	2019年	RUMAILA Way（1st Collection of BP & PetroChina Forum）	中油国际（伊拉克）鲁迈拉公司	中东公司内部刊物
7	2020年	《中东油气合作》两期	中东公司	中东公司内部刊物
8	2020年	《见证：十年创业 逐梦中东》杂志	中东公司	中东公司内部刊物
9	2020年	《印记：十年创业·逐梦中东故事集》图书	中东公司	中东公司内部刊物
10	2020年	一流源于对卓越不懈的追求——鲁迈项目BP管理实践与经验总结	中油国际（伊拉克）鲁迈拉公司	中东公司内部刊物
11	2021年	《中东油气合作》两期	中东公司	中东公司内部刊物
12	2022年	《中东油气合作》两期	中东公司	中东公司内部刊物

附录五　油田数据统计表

附表 5-1　中东公司 2015—2022 年度原油生产统计表

时间	作业产量（万吨）	权益产量（万吨）	总油井数（口）	开油井数（口）
2015 年	6244	2688	1836	1134
2016 年	7551	3368	2009	1306
2017 年	8702	4236	3625	2727
2018 年	9611	4814	4590	3109
2019 年	10399	5241	5087	3279
2020 年	10266	5066	5171	3171
2021 年	10394	5093	5195	3746
2022 年	10768	5338	5654	3877

附表 5-2　中东公司 2015—2022 年度勘探工作量统计表

时间	完钻探井（口）	探井进尺（米）	二维采集（千米）	二维处理（千米）	三维采集（平方千米）	三维处理（平方千米）
2015 年	1	0	0	0	400	0
2016 年	3	8841	0	0	0	0
2017 年	1	0	0	0	0	0
2018 年	6	9198	0	140	1442	845
2019 年	6	24898	0	0	442	1542
2020 年	2	3226	0	0	0	0
2021 年	4	10421	0	0	0	0
2022 年	3	6974	0	0	726	0

附表5-3　中东公司2015—2022年度开发钻完井统计表

时间	钻机（部）	开钻数（口）	完钻开发井（口）	完井数（口）	完成进尺（米）	投产（口）
2015年	26	208	176	167	581693	157
2016年	27	182	196	191	560205	172
2017年	78	456	449	446	1504735	155
2018年	70	220	730	679	1951865	189
2019年	76	264	604	584	2247878	226
2020年	68	116	444	455	1552725	104
2021年	55	353	342	344	1349157	267
2022年	76	484	447	453	1652859	148

附表5-4　中东公司2015—2022年度注水工作量统计表

时间	年注水目标（万桶/日）	注水井总井数（口）	注水井开井数（口）	注水量年均日注（万桶）	注水量年累（万桶）	注采比当年	注采比累计	投注水井（口）
2015年	—	444	337	138	52428	—	—	—
2016年	—	505	378	148	53949	—	—	31
2017年	428.3	1351	1125	370	134973	—	—	40
2018年	421.1	1877	1534	507	146794	0.73	0.20	47
2019年	508.0	1971	1582	537	198059	0.71	0.14	81
2020年	554.6	2019	1605	572	209278	0.91	0.66	30
2021年	586.5	2062	1613	614	224148	1.07	0.67	36
2022年	582.6	2132	1705	663	242172	0.91	0.68	42

附表 5-5 中东公司 2015—2022 年度措施作业统计表

时间	2015年 井次(口)	2015年 增油(万桶)	2016年 井次(口)	2016年 增油(万桶)	2017年 井次(口)	2017年 增油(万桶)	2018年 井次(口)	2018年 增油(万桶)	2019年 井次(口)	2019年 增油(万桶)	2020年 井次(口)	2020年 增油(万桶)	2021年 井次(口)	2021年 增油(万桶)	2022年 井次(口)	2022年 增油(万桶)
补孔改层	49	16.8	54	363.9	63	169.1	45	712.0	32	376.6	17	59.2	23	76.5	27	144.3
气举诱喷	52	58.9	259	295.0	0	4.1	20	346.5	29	383.0	14	421.2	31	0.0	46	1086.0
压裂	—	—	4	—	0	—	3	16.0	1	—	1	7.0	3	0.0	1	4.8
酸化	54	63.0	135	384.0	34	61.8	38	247.7	47	241.2	39	159.4	85	182.8	91	238.5
防砂	1	4.0	—	—	—	—	—	—	—	—	—	—	—	—	—	—
下电泵	68	33.8	105	3286.3	63	505.0	64	1971.3	127	3130.0	57	1305.8	87	2033.0	138	3169.4
转抽油机	2	0.0	39	3.8	2	6.1	14	41.3	14	32.0	8	18.0	59	7.6	69	6.9
转气举	1	0.0	0	0.0	0	0.0	35	319.1	19	267.0	14	97.5	12	129.1	0	0.0
卡堵水	7	0.0	45	0.0	71	167.7	49	1205.6	49	1242.2	58	1134.0	59	837.5	57	881.8
修电泵	2	2.0	35	784.5	—	0.0	47	1537.5	74	1930.8	70	1882.0	105	2794.7	94	2965.4
抽汲诱喷	1	0.0	36	320.1	5	1.8	15	219.3	6	95.8	6	304.7	1	0.0	0	0.0
其他	48	41.0	26	1145.1	55	221.8	17	3.2	—	—	7	14.2	22	70.0	31	79.3
合计	285	219.5	663	6582.7	293	1137.4	347	6619.4	398	7698.6	291	5402.8	487	6131.3	554	8576.4

附录六 英文缩写与中文对照表

序号	英文与缩写	中文对照	备注
1	Abdel Aziz	阿布德拉阿兹兹	地名
2	ADIPEC (Abu Dhabi International Petroleum Exhibition&Conference)	阿布扎比国际石油展	公司名
3	Adnoc OPCO(Adnoc Operating Company)	阿布扎比国家石油公司的全资作业公司	公司名
4	ADNOC (Abu Dhabi National Oil Company)	阿布扎比国家石油公司	公司名
5	AFPC (Al Furat Petroleum Company)	幼发拉底河石油公司（Al Furat Petroleum Company）	公司名
6	AICD (Autonomous Inflow Control and Delay gas)	自动流量控制装置	设备名
7	Al Dabb'iya	阿拉达比亚	油田名
8	Amara	阿玛拉	地名
9	AOGC (Arvandan Oil&Gas Company)	阿尔万丹油气公司，伊朗国家石油公司负责油田生产的子公司	公司名
10	APEX Reservoir Service, Inc.	阿派克斯油藏服务公司	公司名
11	API	API 用来表示石油流体相对于水的比重	石油流体比重单位
12	Azraq	阿兹拉克	油田名
13	Backlimb	后利蒙布	地名
14	BECL (Basra Energy Company)	巴士拉能源有限公司，中国石油与 BP 在鲁迈拉项目中合资组建的合资公司	公司名
15	Belbazem	贝勒巴泽姆	油田名
16	BGC (Basra Gas Company)	巴士拉天然气公司	公司名
17	BGP (Bureau of Geophysical Prospecting)	中国石油东方物探公司	公司名
18	BHGE (Baker Hughes)	贝克休斯公司	公司名
19	BOC (Basra Oil Company)	巴士拉石油公司	公司名
20	BP (British Petroleum)	英国石油公司	公司名
21	BPR (Baseline Production Rate)	油田基础产量	英文缩写
22	BSI (British Standards Institution)	英国标准协会	组织名
23	Bu Haseer	布哈塞	油田名

续表

序号	英文与缩写	中文对照	备注
24	Buyback Contract	回购合同	合同模式
25	BV (Bureau Veritas Group)	必维国际检验集团（法国船级社）	公司名
26	BVI (The British Virgin Islands	英属维尔京群岛，在此注册的公司被称作 BVI 公司	英文缩写
27	CAPEX (Capital expenditure)	投资费用	英文缩写
28	CCM (Contractor Committee of Management)	合同商管理委员会	英文缩写
29	CCTV (Closed Circuit TeleVison)	闭路电视（一种视频监控系统）	英文缩写
30	CFO (Chief financial officer)	首席财务官	英文缩写
31	CNODC (China National Oil and Gas Exploration and Development Company Ltd)	中国石油勘探开发公司	公司名
32	CNOOC (China National Offshore Oil Corporation)	中国海洋石油集团有限公司	公司名
33	CNPCI (CNPC International Ltd)	中国石油国际有限责任公司	公司名
34	CNPCI DUBAI Branch	中油国际迪拜分公司	公司名
35	CNPCIO (CNPC International-Oriental)	中油国际东方公司（CNPC International-Oriental）	公司名
36	COO (Chief Operation Officer)	首席作业官	英文缩写
37	CPE (China Petroleum Engineering Company Limited)	中国石油工程建设公司北京分公司	公司名
38	CPECC(China Petroleum Engineering&Construction Company Limited)	中国石油工程建设集团公司	公司名
39	CPF (Center Processing Facility)	油气中心处理站	英文缩写
40	CPP (China Petroleum Pipeline Engineering Co., Ltd.)	中国石油管道局有限公司	公司名
41	CPTDC (China Petroleum Technology and Develoment Corporation)	中国石油技术开发公司	公司名
42	CSSP (Common Seawater Supply Project)	公共海水供应项目	英文缩写
43	CTC (Contractor Technical Committee)	西古尔纳 1 项目合同者技术委员会	英文缩写
44	Daleel	达利	油田名
45	Daleel Petroleum LLC	达利石油有限责任公司	公司名
46	Das	达斯	地名
47	Delta Crescent Energy	三角洲新月能源公司	公司名
48	Dezful	德兹夫	地名
49	Dhahirah	达黑拉	地名
50	DHCP (Dynamic Host Configuration Protocol)	动态主机配置协议	英文缩写

续表

序号	英文与缩写	中文对照	备注
51	DNS (Domain Name System)	域名解析系统	英文缩写
52	Dora	杜拉	地名
53	Dunham	杜哈姆	地名
54	El Ward	艾拉瓦德	地名
55	EMIL (ExxonMobil Iraq Limited)	埃克森美孚伊拉克有限公司	公司名
56	ENI (Ente Nazionale Idrocarburi)	意大利安尼石油公司	公司名
57	EOR (Enhanced Oil Recovery)	提高采收率	英文缩写
58	EPC (Engineering, Procurement, and Construction)	工程设计、采购和建造	英文缩写
59	EPCC (Engineering, Procurement, Construction, and Commissioning)	工程设计、采购、建设和试运行	英文缩写
60	EPCI (Engineering, Procurement, Construction, and Installation)	工程采办建造和安装	英文缩写
61	ERP (Enterprise Resource Planning)	企业资源管理系统	英文缩写
62	ESP (Electric Submersible Pump)	电潜泵	英文缩写
63	ExxonMobil	埃克森美孚石油公司	公司名
64	EZIP	可膨胀式封隔器	井下工具名
65	FAO	法奥	地名
66	Fars	法尔斯	地名
67	FCP (First Commercial Production)	初始商业产能	英文缩写
68	FDP (Final Development Plan)	最终开发方案	英文缩写
69	FEED (Front End Engineering Design)	前端工程设计	英文缩写
70	FOB (FREE ON BOARD)	离岸	英文缩写
71	Furat	发拉底	地名
72	Gbeibe	戈贝贝	油田名
73	GOR (Gas Oil Ratio)	气油比	英文缩写
74	GPP (Gas Processing Plant)	哈法亚油田天然气处理厂	英文缩写
75	GWDC (Greatwall Drilling Company)	中国石油长城钻探有限公司	公司名
76	GWS (Goverance Work Stream)	监管工作流	英文缩写
77	Halliburton	哈利伯顿公司	公司名
78	HAZOP (Hazard And Operability Study)	危险与可操作性研究	英文缩写
79	HDPE (High Density Polyethylene)	高密度聚乙烯纤维	英文缩写
80	HOA (Head of Agreement)	框架协议	英文缩写

续表

序号	英文与缩写	中文对照	备注
81	HSSE (Health, Safety, Security and Environment)	健康、安全、安保、环境	英文缩写
82	Ibri	伊布日	城市名
83	ICD (Inflow and Injection Cotrol Device)	流量和注水控制装置	英文缩写
84	IDC (Iraq Drill Company)	伊拉克钻井公司	公司名
85	Ilam	伊纳姆	地层名
86	Incoloy825	因科镍铬不锈钢	材料名
87	INPEX (Japanese oil company)	日本石油公司	公司名
88	Internet Protocol	互联网协议	
89	IOT (Initial Oil Train)	初始原油处理列（西古尔纳-1项目联合公司修建的首台原油处理装置）	英文缩写
90	IoT (Internet of Thing)	物联网	英文缩写
91	IPAC (International Petro Asmari Co.)	国际石油阿斯玛瑞公司	英文缩写
92	IPC (Iran Petroleum Contract)	伊朗石油合同	英文缩写
93	IPS (Iran Petroleum Standard)	伊朗石油标准	英文缩写
94	IPSEC VPN (Internet Protocol Security Virtual Private Network)	互联网加密隧道协议	英文缩写
95	ISIS (Islamic State of Iraq and Syria)	伊斯兰国恐怖组织	组织名
96	Itochu	伊藤忠商事株式会社	公司名
97	IPT (Improved Production Target)	改进的产量目标	英文缩写
98	IVMS (In Vehicle Monitoring System)	车辆追踪系统	英文缩写
99	JAPEX (Japan Petroleum Exploration Company Limited)	日本石油勘探公司	公司名
100	Jbissah	居比萨	地名
101	JCDS (Joint Capital Cost Ceiling Determination Subcommittee)	联合资本上限确定分委会	英文缩写
102	JECC (Jahanpars Engineering and Construction Company)	贾汉帕斯工程建设公司	公司名
103	JICSC (Joint Iranian Content Subcommittee)	联合伊朗当地化分委会	英文缩写
104	JMC (Joint Management Committee)	联合管理委员会	英文缩写
105	JOA (Joint Operation Agrement)	联合作业协议	英文缩写
106	JTOTS (Joint Transfer of Technology Subcommittee)	联合技术移交分委会	英文缩写
107	KPI (Key Porformance Index)	主要性能指标	英文缩写
108	LAVAN	拉万（伊朗地名）	地名

续表

序号	英文与缩写	中文对照	备注
109	LIBOR (London Inter-Bank Offered Rate)	伦敦银行同业拆借利率	英文缩写
110	Lower Zakum	下扎库姆项目	项目名
111	LPG (Liquefied Petroleun Gas))	液化石油气	英文缩写
112	Markazia	玛卡兹	地名
113	Mazoon	玛祖恩	油田名
114	MDOC (MiDland Oil Company)	伊拉克中部石油公司	公司名
115	MDP (Main Development Plan)	主体开发方案	英文缩写
116	MDT (modular formation dynamics tester)	重复式地层压力测试	英文缩写
117	Mender	蒙德	油田名
118	MFDP (Modified Final Development Plan)	修改的哈法亚油田最终开发方案	英文缩写
119	MIS (Masjed-I-Suleyman)	伊朗 MIS 项目公司简称	项目名
120	MOC (Missan Oil Company)	米桑石油公司	公司名
121	MOD (Main Outfall Discharge)	主河口排放点（西古尔纳-1 油田注水等用水水源点）	英文缩写
122	MOEP (Missan Oil Export Pipeline)	米桑省原油外输管线	英文缩写
123	MOM (Minutes of Meeting)	会议纪要	英文缩写
124	Monte Carlo	蒙特卡洛	人名
125	MoO (Ministry of Oil)	伊拉克石油部	英文缩写
126	MOTD (Mobile Oil Treating De-salter)	移动原油处理与脱盐列	英文缩写
127	MOU (Memorandum of Understanding)	备忘录	英文缩写
128	MPLS (Multi-Protocol Label Switching)	网络多协议标签交换技术	英文缩写
129	MRC	通过水平井、多分支井等特殊轨迹井的方式增大储层接触井眼长度，以获得尽可能大的储层接触程度和泄油面积的建井方式，此类有关的技术称为 MRC	技术名
130	Murban	穆班	地名
131	MWD (Measurement While Drilling)	随钻测量	技术名
132	Nasiriyah	纳斯日亚赫	地名
133	NESCO (Naftgaran Engineering Services Company)	伊朗纳夫特格兰工程服务公司	公司名
134	NICO (Naftiran Intertrade Company Limited)	伊朗纳夫提兰国贸公司	公司名
135	NIOC (National Iranian Oil Company)	伊朗国家石油公司	公司名
136	NISOC (National Iranian South Oil Company)	伊朗国家南方石油公司	公司名
137	OA (Office Automation)	协同办公系统	英文缩写

续表

序号	英文与缩写	中文对照	备注
138	OEC (Oil Exploration Company)	伊拉克石油勘探公司	公司名
139	OFM (Oilfield Manager)	斯伦贝谢油田监控与管理软件	软件名
140	OGM (Oil Gathering Manifold)	集油歧管，集油站	英文缩写
141	Omar	奥马尔	油田名
142	ONGC (Oil and Gas Company)	印度国家石油公司	公司名
143	OPEX (Operating Expenses)	操作费用	英文缩写
144	P2P (Purchase to Pay)	采购端到付款端流程	英文缩写
145	PBX (Private Branch Exchange)	电话交换系统	英文缩写
146	PCLD(Petroleum Contracts and Licensing Directorate)	伊拉克石油合同局	英文缩写
147	PCP(Progressing Cavity Pumping)	螺杆泵	英文缩写
148	PEDEC(Petroleum Eengineering and Development Company)	伊朗国家石油工程开发公司	公司名
149	Pertamina	印度尼西亚国家石油公司	公司名
150	petrel	petrel 是由 Schlumberger 开发出品，基于电脑 windows 以三维地质模型为中心的勘探开发一体化平台，属于地球物理专业软件	软件名
151	Petro-Canada	加拿大石油公司	公司名
152	FZE(PetroChina International Iraq FZE)	中油国投伊拉克公司	公司名
153	PetroChina Investment Overseas(Middl East) Limited	中国石油国际投资有限公司	公司名
154	Petrogas(Petrogas LLC Oman)	阿曼石油天然气有限责任公司	公司名
155	PETRONAS	马来西亚石油公司	公司名
156	Petronas(Petroliam Nasional Berhad (National Petroleum Limited))	马来西亚国家石油公司	公司名
157	PLT(Production Logging Tool)	生产测井	英文缩写
158	PMC(Project Management Company)	项目管理承包商	英文缩写
159	PMT(Project Managment Team)	项目管理组	英文缩写
160	PNL(Pulsed Neutron Looging)	脉冲中子测井	英文缩写
161	POGC(Pars Oil and Gas Company)	伊朗帕斯石油天然气公司	公司名
162	ppm	单位，百万分之一	单位名
163	PSC(Production Sharing Contract)	产品分成合同	英文缩写
164	psi	磅力/英寸^2	单位名
165	PT. Pertamina Irak Eksplorasi Produksi	印尼石油公司伊拉克勘探生产分公司	公司名

续表

序号	英文与缩写	中文对照	备注
166	QRI(Quantum Reservoir Impact)	QRI公司从事油田技术咨询服务	公司名
167	RMDP(Revised Main Development Plan)	修改的主体开发方案	英文缩写
168	ROO	鲁迈拉项目联合作业机构（Rumaila Operating Organization）	英文缩写
169	ROR(Rate of Return)	投资收益率	英文缩写
170	RTP(Reinforced thermoplastic pipe)	增强热塑性塑料管	英文缩写
171	SARB	萨伯	地名
172	Shadi South	沙迪南	地名
173	Shell	壳牌石油公司	公司名
174	SLB(Schlumberger)	斯伦贝谢公司	公司名
175	SMG(Soft Moveable Gel)	可动微凝胶	英文缩写
176	Smith	斯密思	人名
177	SOC(South Oil Company)	伊拉克南方石油公司	公司名
178	SOMO(State Oil Marketing Organisation)	伊拉克国家石油销售公司	公司名
179	Southlimb	南利蒙布	地名
180	SPDP(Supplement Preliminary Development Plan)	初始开发方案的补充方案	英文缩写
181	SRP(Sucker Rod Pump)	有杆抽油泵	英文缩写
182	SSD(Sliding Sleeve Diverter)	滑动套，一种井下工具	英文缩写
183	SSKOC(Syria-Sino Al Kawkab Oil Company)	叙中阿尔考卡布石油公司	公司名
184	SSSV(Subsurface Safety Valve)	井下安全阀	英文缩写
185	StethoScope	随钻测井工具听诊器	技术名
186	Swab	斯瓦布	井名
187	Tandem Roller Reamer	滚子扶正器	
188	TETRA(Trans European Trunked Radio)	泛欧集群无线电系统	英文缩写
189	TLC/FMI(Tough Logging Condition /Fomation Measurement Imaging)	复杂条件下电成像测井	英文缩写
190	TLC/XPT	复杂条件下地层压力测试	英文缩写
191	TOC(Total organic carbon)	总有机碳	英文缩写
192	Total Energies	法国道达尔能源公司	公司名
193	TSC(Technical Service Contract)	技术服务合同	英文缩写
194	Tuba	图巴	地名
195	Umm Shaif	乌姆沙依夫油田	油田名

续表

序号	英文与缩写	中文对照	备注
196	VSAT(Very Small Aperture Terminal)	卫星小站	英文缩写
197	WAG(Water Alternating Gas Injection)	水气交替注入法	英文缩写
198	Weatherford	威德福	公司名
199	WiFi(Wireless Fidelity)	无线网络	英文缩写
200	WMS(Warehouse Management System)	库房管理系统	英文缩写
201	WPB(Working Plan and Budget)	工作计划和预算	英文缩写
202	WQ1FOD(West Qurna1 Field Operation Division)	西古尔纳-1油田作业部	英文缩写
203	Yibal	伊巴勒	城市名
204	Zagros	扎格罗斯	构造名
205	Zahirieh	扎赫热合	地名
206	Zirku	泽库岛	地名
207	Zubaidiyah	祖拜迪亚赫	地名

附录七　常用单位换算表

	单位换算	
长度	1 英尺（ft）	0.3048 米（m）
	1 英寸（in）	2.54 厘米（cm）
	1 米（m）	3.28 英尺（ft）
	1 厘米（cm）	0.393 英寸（in）
面积	1 平方米（m²）	10.764 平方英尺（ft²）
	1 平方千米（km²）	0.386 平方英里（mile²）
	1 平方千米（km²）	100 公顷（ha）
	1 平方千米（km²）	247.1 英亩（acre）
体积	1 立方米（m³）	6.289 桶（bbl）
	1 桶（bbl）	0.1289 立方米（m³）
	1 百万桶（MMbbl）	12.89 万立方米（m³）
	1 立方米（m³）	35.335 桶（bbl）
	1 万亿立方米（m³）	0.128 万亿立方英尺（TCF）
	1 立方英尺（cf）	0.02832 立方米（m³）
	1 百万立方英尺（MMcf）	2.8317 万立方米（m³）
	1 千亿立方英尺（BCF）	0.28317 亿立方米（m³）
	1 万亿立方英尺（TCF）	283.17 亿立方米（m³）
	1 立方英寸（in）	16.3871 立方厘米（cm³）
	1 立方英尺（cf）	28.317 升（l）
	1 立方英里（mile）	4.1682 立方千米（km³）
	1 英加仑（gal）	4.546 升（l）
	1 立方米（m³）	1000 升（liter）

续表

	单位换算	
重量	1千克（kg）	2.2046226磅（lb）
	1千克（kg）	35.27396192盎司
	1千克（kg）	5000克拉
	1磅（bl）	453.59克
	1磅（bl）	16盎司
	1磅（bl）	0.4536公斤（千克）
	1克（g）	5克拉（ct）
压力	1psi	0.0689476巴（bar）
	1psi	6.895千帕（kPa）
	1psi	0.006895兆帕（MPa）
	1标准大气压（atm）	14.696磅力/英寸^2（psi）
	1兆帕（MPa）	145psi
	1兆帕（MPa）	10巴（bar）
	1兆帕（MPa）	10个大气压力
	1个标准大气压力	0.1兆帕（MPa）
	1个标准大气压力	101.325千帕（kPa）
	1巴（bar）	100千帕（kPa）
密度	1千克/米^3（kg/m^3）	0.001克/厘米^3（cm^3）
	1千克/米^3（kg/m^3）	0.0624磅力/英尺^3（lb/ft^3）
	1磅力/英尺^3（lb/ft^3）	16.02千克/米^3（kg/m^3）
	1磅力/英寸^3（lb/in^3）	27679.9千克/米^3（kg/m^3）
	1磅力/（石油）桶（lb/bbl）	27679.9千克/米^3（kg/m^3）
力学	1牛顿（N）	0.225磅力（1bf）
	1牛顿（N）	0.102千克力（kgf）
	1千克力（kgf）	9.81牛顿（N）
黏度	1泊（P）	0.1帕·秒（Pa·s）
	1厘泊（cP）	0.001帕·秒（Pa·s）
	1泊（P）	100毫帕·秒（mPa·s）

续表

单位换算		
功力	1 米制马力（hp）	735.499 瓦（W）
	1 英热单位/时（Btu/h）	0.293071 瓦（W）
温度	F（摄氏度）	9/5（C（华氏度）+32）
汽油比	1 英尺^3/桶（ft^3/bbl）	0.2067 立方米/吨（m^3/t）
热功	1 桶原油	5.8×10^6 英热单位（Btu）
	1 焦耳	0.000948 英热单位
	1 焦耳	0.0002389 千卡
	1 焦耳	0.10204 千克·米
	1 卡（cal）	4.1868 焦耳（J）
	1 英热单位（Btu）	1055.06 焦耳（J）
	1 千瓦·时（kW·h）	3600000 焦耳（J）
	1 千瓦·时（kW·h）	3412.8 英热单位（Btu）
比容热	1 千卡/（千克·℃）[kcal/（kg·℃）]	1 英热单位/（磅·℉）[Btu/（lb·℉）]
渗透率	1 达西	1000 毫达西（mD）
数据存储	8 比特	1 字节（B）
	1024 字节	1 千字节（KB）
	1024 千字节	1 兆字节（MB）
	1024 兆字节	1 千兆字节（GB）
	1024 千兆字节	1 太字节（TB）

后 记

为全面系统地展现中东公司26年来海外石油合作艰辛、辉煌的发展过程以及成功的做法和经验，发挥"以史为鉴，资政育人"作用，按照中国石油国际勘探开发有限公司统一部署，中东公司于2020年12月启动《中国石油中东公司志1996—2022》（简称《中东公司志》）编纂工作，历时3年完成这部历史文献的编纂和出版工作，为中国石油海外"走出去"30周年献上了一份厚礼。

中东公司高度重视《中东公司志》编纂工作，专门成立《中东公司志》编委会，下发《中东公司志与年鉴编纂通知》，成立编委会办公室。编委会办公室从组织、任务、程序完成公司志编纂工作部署，统筹规划志书编纂方案和内容框架，协调志编纂重要事项、对编纂工作督促指导。在编纂工作方式上，确立编、研、审一体化运作方式。在编纂顶层设计上，制订编纂方案、收录标准、工作流程和审稿原则，排定时间运行表，明确责任人，将编纂任务和要求落到实处；在学研结合上，采取边学习培训、边研究提升，滚动推进；在工作组织上，采取分散编写与集中研讨相结合的方式，召开编辑人员研讨会2次，聘请有关史志专家，召开专家研讨会6次；对涉及的历史事件反复考证，走访历史当事人，确保资料真实和据实记述；在资料采用上，档案资料与公开文献资料相结合，以档案资料为主。

《中东公司志》编纂要求高、时间短、基础差，涉及伊拉克、伊朗、阿曼、阿联酋、叙利亚等16个项目和12个机关相关部门。所记述内容时间跨度长、涉及领域宽、承载内容广。处于海外特殊工作环境的制约，有的项目已关闭，人员遣散，档案不健全；非作业者项目，一些档案不掌握在中方人员手中；特别是在3年新冠肺炎疫情的影响下，编纂工作面临诸多挑战，其巨大工作量也超出预料。编写组发扬"有条件要上，没有条件也要上"的精神，利用多种渠道想方设法收集资料，先后查阅档案资料50多件，查阅中东油气合作等内部和公开出版物10余种、各类资料总计100余万字，收集整理图片200余幅。同时，沟通协调20余家相关单位提供文字材料40余万字、图片资料50余幅。为志书编纂打下较为坚实基础。

《中东公司志》设置彩页、凡例、概述、大事记、组织机构、油气勘探、开发地质与开发部署、钻井与地面工程、采油技术与油气生产、合同模式与管理体系、经营管理、科技创新与信息化建设、质量与健康安全环保、企业文化建设、人物与荣誉、附录和后记等内容和篇目。彩页主要是收集有关领导关怀、现场调研、重要事件、油田建设、安全环保、社会责任、荣誉评价、文体活动的记录照片；概述主要对中东公司基本情况进行简介、对中东公司在中东履行国家"走出去"战略的发展历程、对油气开发、国际化经营管理取得的成果、经验和教训、面临的挑战和机遇进行概括；大事记记述中东地区项目开展以来发生的大事和要事；组织机构篇记述中东公司的前身中国石油股份公司伊拉克公司、中国石油天然气集团公司伊朗公司及整合后的中国石油中东公司组织机构；油气勘探篇记述项目所在区域地质背景、盆地情况、盆地构造和沉积特征、石油地质特征和油气富集规律，以及主要勘探项目勘探技术和勘探成果；开发地质与开发部署篇记述油气田构造、储层、油藏特征、油田储量和陆上未开发、已开发和海上油气田开发部署；钻井与地面工程篇记述水平井钻井、钻井新技术应用和陆上油田产能建设、升级改扩建及海上项目工程建设。采油技术与油田生产篇记述油田注水、气举、完井与措施和主要油田配套技术与油田生产情况；合同模式与管理体系篇记述项目合作的5种合同模式和中东区域管理体系及管理创新成果；经营管理篇记述中东公司成立以来规划计划、财务管理、物资采购、法律与股东事务、审计与内控、人力资源管理、行政管理工作；质量与健康安全环保篇记述中东公司成立以来质量、健康、安全和环保的工作成果和做法；企业文化建设篇记述中东地区组织、企业文化以及公司履行社会责任情况；人物与荣誉篇记述中东公司前期组织机构主要领导和中东公司历任领导班子及劳动模范个人简介，记述获中国石油及以上、资源国、中油国际（CNODC）、中东公司荣誉。

在志书的编纂过程中，感受最深的四点体会，一是参编人员学习积极性高。大部分编辑和联系人参加志的视频讲座培训，有人通过网络查询学习志的编纂知识，有人通过邮件和微信与编纂小组人员反复沟通探讨志的编写方式。二是编纂人员责任心强，工作认真。在志的编纂过程中，为了把历史摸清楚、时间和名字搞准确，编辑人员不厌其烦反复核对资料。三是领导亲自抓。各个项目公司有分管领导和编纂小组，机关部门有部门分管经理，各个单位领导最终亲自审查、签字审查表。中东公司领导对志书编纂工作高度重视，韩绍国副总经理亲自抓，多次通过视频主持召开志书与年鉴编纂工作交流会，有力推动和促进《中东公司志》的编纂工作。四是中国石油国际勘探开发有限公司志和年鉴编委会组织有力，中油国际（CNODC）副总经理宋泓明主持组织召开6次中东公司志专家审查会，专家意见和建议中肯，冯辉、时菁、李晓双组织协调到位。

《中东公司志》的编辑出版，始终得到中东公司领导和所属各项目公司领导的关心和支持，得到中东公司机关各部门、项目各级单位的大力协助和帮助。特别感谢退休老同志、老领导雷明和秦安江提供历史资料，外聘专家王国庆老师的精心指导，专家王志明、王铁夫、尚真、马纪在每次审查会提出的宝贵意见，以及海外专家中心和中油国际（CNODC）本部的各位专家对志书的审稿建议！由于正值新冠肺炎疫情在全球蔓延，资料提供人员和编纂人员为此付出不懈努力和艰辛劳作，在此，特向参与中东公司志编辑和提供资料的人员表示崇高敬意，向参与志编纂的贡献者和出版社编辑部邵冰华等仔细编辑和校对表示由衷感谢！

用志书的形式记载海外石油合作历史，对于我们是一次探索和尝试。由于中东公司志资料收集影响因素较多，加之编纂和统稿人员水平有限，难免存在疏漏和不足，敬请广大读者批评、指正。

本书编写组
2024年6月